KB039009

제 8 판

新형법입문

오영근

박영사

An Introduction to Criminal Law

제 8 판 머리말

2020. 12. 8. 개정된 형법이 2021. 12. 9.부터 시행되었다. 제 7 판은 2021. 2.에 출판되었기 때문에 구형법의 조문과 개정형법의 조문을 병기하였다. 그러나 2022년이 되었으므로 제 8 판에서는 구형법의 조문은 모두 삭제하고, 개정형법의 조문만을 표기하였다. 이와 아울러 제 7 판 이후에 선고된 대법원판결들도 소개하였다.

2020. 12. 개정형법은 형법에 사용되는 용어를 쉬운 용어로 바꾸기 위한 것이었다. 평소 많이 사용하는 '기타'라는 용어를 굳이 '그 밖의'로 바꿀 필요가 있는지 의문이고, 어느 조문에서는 바꾸고 다른 조문에서는 그대로 두는 등 철저하지 못한 점도 있었다. 그러나 대부분의 개정내용은 예를 들어 '형무소'를 '교정기관'으로, '작량감경'을 '정상참작감경'으로 바꾼 것과 같이 바람직한 것이었다. 쉬운 용어로의 변경과 함께, 예를 들어 구형법에서는 항공기가 주거침입죄나 주거침입강도죄의 객체로 규정되어 있지만 야간주거침입절도죄의 객체로는 규정되어 있지 않은 문제점이 있었지만, 야간주거침입절도죄의 객체에 항공기를 추가하는 조문 내용의 개정도 일부 이루어졌다.

1953년 제정된 형법은 70년이 지난 지금까지 22차례의 부분개정되었지만 전면개정에는 이르지 못하고 있다. 대신 엄벌주의를 따르는 형사특별법들이 부지기수로 생겨나 이제 원칙법인 형법보다 예외법인 형사특별법이 훨씬 더 많이 적용되는 상황이 되고 말았다. 하루 속히 형사특별법을 형법전에 편입하고, 범죄와 형벌의 내용을 합리적으로 조정하는 형법의 전면개정이 필요한 때이다.

 제 8 판을 출간하는 데에 수고하여 주신 박영사의 안종만 회장님, 조성호 이사님, 김선민 이사님을 비롯한 모든 관계자 분들께 감사드린다.

2022. 4.

저 자

머 리 말

　이 책은 형법공부를 시작하는 학생들에게 형법 전반에 관한 내용을 소개하기 위한 것이다. 형법에는 객관주의와 주관주의, 응보형론과 예방형론 등 형법의 이념과 목적, 내용과 범위 등에 대해 근본적으로 서로 다른 입장을 취하는 학설들이 있다. 이 때문에 형법에 입문한 사람들이 당초의 기대와는 달리 학설의 늪에 빠진 듯한 좌절감과 어려움을 겪기도 한다. 여기에 주로 독일형법학에서 사용되는 용어들을 우리 형법학에 직역하여 사용함으로써 더욱 형법의 내용이 이해하기 어렵게 되어 있다.

　이러한 사정을 감안하여, 이 책에서는 형법의 나무보다는 숲을 볼 수 있도록 하는 데에 중점을 두었다. 이를 위해 될 수 있는 대로 자세한 학설대립을 다루는 것은 지양하고, 통설·판례의 입장에서 내용을 서술하였다.

　법률문제는 다양한 관점에서 바라봐야 올바른 해결책을 찾을 수 있다. 형법공부도 마찬가지이다. 다양한 관점에서 쓰여진 책들을 통해 조금씩 실력을 늘려 나아가야 한다. 과거처럼 하나의 책을 암기하는 방법의 공부는 매우 비효율적이고 위험하기까지 한 방법이다. 먼저 형법내용의 전반을 파악하고 이어 세부적인 문제를 심층적으로 공부하는 것이 올바른 공부방법이라고 할 수 있다. 이 책이 형법을 시작하는 학생들에게 조금이나마 도움이 되기를 바란다.

　이 책을 출간하는 데에 감사드릴 분들이 많이 계시다.

　박영사의 안종만 회장님, 조성호, 박노일 부장님은 이 책을 기획하여 주셨다. 노현 부장님은 이 책의 편집과 교정을 맡아 주셨다. 한양대학교 대학원 박사과정에 재학 중인 김민규, 한성훈, 이정주 법학석사는 이 책의 교정을 위해 수고해 주었다. 모든 분들께 이 자리를 빌어 감사를 드린다.

2009. 7.

한양대학교 법학전문대학원 연구실에서　저　자

차 례

제 2 장 범 죄 론

제 3 장 형 벌 론

제 2 편 각 론

제 1 장 개인적 법익에 대한 죄

제 1 절 생명 · 신체에 대한 죄

제 1 관 살인의 죄

제 2 장　사회적 법익에 대한 죄

제 1 절　공공의 안녕과 평온에 대한 죄

제 1 관　공안을 해하는 죄

제 3 장 국가적 법익에 대한 죄

제 1 편 ─────────

총   론 ─

제1장

서 론

제 1 절 형법의 기본개념

Ⅰ. 형법의 의의   [1]

1. 실질적 의미의 형법과 형식적 의미의 형법

형법은 범죄와 그에 대한 형벌과 보안처분 등 형사제재(刑事制裁; criminal sanction)를 규정한 법이라고 할 수 있다. 이것을 실질적 의미의 형법이라고 한다. 실질적 의미의 형법이란 명칭과 법률상의 위치 여하를 막론하고 범죄와 그에 대한 형사제재를 정해 놓은 모든 법규정을 말한다.

실질적 의미의 형법규정을 가진 법률은 그 수가 대단히 많지만 이들 중 가장 중요한 것으로서 1953년 법률 제293호로 제정된 '형법'이라는 명칭을 지닌 법률을 들 수 있다. 이것을 '형법전(刑法典)' 혹은 형식적 의미의 형법이라고 한다. 형식적 의미의 형법 속에는 대부분 실질적 의미의 형법이 들어있지만, 예를 들어 친고죄(제312조 1항 등), 반의사불벌죄(제312조 2항 등)와 같이 실질적 의미의 형사소송법 규정도 들어있다.

실질적 의미의 형법과 형식적 의미의 형법을 구별하는 실익은 죄형법정주의와 같은 형법의 일반원리가 모든 실질적 의미의 형법에 대해서 적용된다는 데에 있다.

2. 형법전과 형사특별법 및 행정형법

형법이라는 명칭을 지닌 법률, 즉 형식적 의미의 형법은 범죄와 형벌을 규정한 기본법이다.

형법전 이외에도 범죄의 성립과 처벌의 특례를 정해놓은 수많은 법률들이 있는데 이를 형사특별법이라 한다. '군형법', '국가보안법', '특정범죄가중처벌 등에 관한 법률'(이하 '특정범죄가중법'이라 함), '특정경제범죄 가중처벌 등에 관한 법률'(이하 '특정경제범죄법'이라 함), '폭력행위 등 처벌에 관한 법률'(이하 '폭력행위처 벌법'이라 함), '성폭력범죄의 처벌 등에 관한 특례법'(이하 '성폭력처벌법'이라 함) 등 이 그 예이다.

형법전과 형사특별법 이외에 범죄와 형벌에 관한 규정을 담고 있는 법률 들로서 소위 행정형법이 있다. 이러한 법률들은 주로 행정법적 내용을 담고 있는 것이지만 그 목적을 달성하기 위해 일정한 행위들을 범죄로 규정하고 그에 대해 형벌을 과하고 있다. '수질 및 수생태계보전에 관한 법률', '식품위 생법', '도로교통법'상의 벌칙규정들이 그 예이다.

3. 형법전의 구성

형법전은 제1편 총칙(總則)과 제2편 각칙(各則)으로 구성되어 있다.

형법 제1조부터 제86조까지가 총칙이다. 총칙은 제1장 형법의 적용범 위(제1조-제8조), 제2장 죄(제9조-제40조), 제3장 형(제41조-제82조), 제4장 기간 (제83조-제86조) 등 4개 장으로 구성되어 있다. 이들 규정들은 모든 범죄와 형벌 에 공통적으로 적용되는 일반원리를 규정한 것이다. 형법총론은 형법총칙 규 정들의 의미·내용을 분명하게 하는 해석학적 접근을 위주로 한다.

형법 제87조부터 제372조까지가 각칙이다. 각칙은 42개의 장으로 구성되 어 있고, 개별 범죄와 그에 대한 형벌을 규정하고 있다. 각칙상의 범죄들은 국가적 법익에 관한 죄, 사회적 법익에 관한 죄, 개인적 법익에 관한 죄로 나 눌 수 있다. 형법각론은 형법각칙의 의미·내용들을 분명하게 하는 해석학적 접근을 위주로 한다.

Ⅱ. 형사제재의 종류와 형법의 보충성   [2]

역사적으로 형사제재에는 형벌만이 존재했지만, 19세기 후반부터 많은 국가에서 보안처분이라는 새로운 형태의 형사제재를 받아들임으로써 형벌과 보안처분이라는 이원적 형사제재 체계가 수립되었다. 최근에는 보호관찰, 사회봉사명령, 수강명령, 위치추적 전자장치 부착명령, 성충동약물치료명령, 신상공개명령 등 형벌과 보안처분의 성격을 모두 지닌 다양한 형태의 형사제재가 생겨나고 있다.

통설에 의하면 형벌은 과거의 범죄에 대한 처벌로서 고통을 내용으로 하고 있지만, 보안처분은 장래의 범죄를 예방하기 위한 수단으로서 반드시 고통을 내용으로 할 필요는 없다.

1. 형사제재의 종류

(1) 형벌의 종류

형법 제41조에는 사형, 징역, 금고, 자격상실, 자격정지, 벌금, 구류, 과료, 몰수의 9가지의 형벌이 규정되어 있다.

① 사형은 범죄인의 생명을 박탈하는 것을 내용으로 하는 형벌로서 교정시설 안에서 교수(絞首)하여 집행한다(제66조).

② 징역은 범죄인을 교정시설에 수용하여 집행하며 정해진 노역(勞役)에 복무하게 하는 형벌이다(제67조). 징역은 무기징역과 유기징역으로 나뉜다(제42조).

③ 금고는 범죄인을 교정시설에 수용하여 집행하는 형벌로서(제68조), 수형자가 정역에 복무할 의무가 없다는 점에서 징역과 구별된다.

④ 자격상실이란 일정한 형의 선고가 있는 경우 그 효력으로써 일정한 자격이 상실되도록 하는 형벌이다(제43조).

⑤ 자격정지란 1년 이상 15년 이하의 기간 동안 일정한 자격의 전부 또는 일부를 정지시키는 형벌이다(제44조).

⑥ 벌금과 과료(科料)는 모두 일정한 금액을 납부하도록 하는 형벌로서 그 액수에 따라서 구별된다. 벌금은 원칙적으로 5만원 이상이고(제45조), 과료는 2천원 이상 5만원 미만이다(제47조). 벌금이나 과료를 납부하지 않는 경우에는 노역장에 유치하거나(제69조 2항) 강제집행을 한다(형소법 제477조).

⑦ 구류는 1일 이상 30일 미만의 기간 동안 교정시설에 수용하여 집행하는 형벌이다(제46조, 제67조).

⑧ 몰수는 범죄행위와 관련된 물건을 국고에 강제 귀속시키는 형벌을 말한다(제48조 1항).

(2) 보안처분의 종류

치료감호법상 치료감호와 보호관찰, 보안관찰법상 보안관찰을 보안처분의 예로 들 수 있다.

① 치료감호는 금고 이상의 형에 해당하는 죄를 짓고 치료를 받을 필요가 있고 재범의 위험성이 있는 심신장애인, 마약류 등의 중독자 또는 정신성적 장애인들을 치료감호소에 수용하여 치료를 위한 조치를 하는 처분을 말한다(치료감호법 제2조).

② 치료감호법상 보호관찰은 치료감호가 가종료한 자에 대해 일정기간 보호관찰관의 지도, 감독을 받으면서 사회생활을 하도록 하는 처분을 말한다(동법 제32조 이하).

③ 보안관찰은 국가안전에 관한 범죄(보안관찰법 제2조)를 범해 금고 이상의 형의 집행을 받은 후 출소하였으나 재범의 위험성이 있는 자에 대하여 경찰의 감독을 받게 하는 처분을 말한다. 법원이 아닌 행정기관이 부과한다는 점에 특징이 있다.

(3) 기타의 형사제재

소년법상의 보호처분(제32조), 형법상의 보호관찰, 사회봉사명령, 수강명령(제59조의2, 제62조의2, 제73조의2), '특정 범죄자에 대한 위치추적 전자장치 부착 등에 관한 법률'에 의한 '전자감시제도', '성폭력범죄자의 성충동약물치료에 관한 법률'상의 성충동약물치료명령, 성폭력처벌법상의 신상공개명령 등은 형벌과 보안처분의 성격을 모두 지니고 있는 새로운 형사제재라고 할 수 있다. 그러나 판례는 이러한 제재들을 보안처분이라고 한다.

2. 형법의 보충성원칙

형사제재는 생명, 신체, 자유 등 인간의 기본적 인권을 제한하는 것을 그 내용으로 하므로 재산을 대상으로 하는 민사제재나 행정제재에 비해 훨씬 심각한 제재이다. 여기에서 형법의 보충성의 원칙이 등장하게 된다. 형법의 보충성원칙은 형사제재의 최후수단성과 비례성을 포함하는 개념이다.

형사제재의 최후수단성이란 국가가 법적 제재수단을 동원할 때에 민사제재나 행정제재 등을 우선적으로 동원하고 이것들만으로는 부족할 때에 최후수단(ultima ratio)으로 형사제재를 동원해야 한다는 것이다. 비례성원칙이란 형사제재를 동원할 때에도 필요한 최소한의 범위에서 동원해야 한다는 것이다. 이는 구체적으로 과잉범죄화(overcriminalization), 과잉형벌화(overpenalization)의 금지를 의미한다.

Ⅲ. 형법의 기능   [3]

1. 보호적 기능

범죄는 인간의 생명, 신체, 자유, 재산, 국가나 사회의 안녕 등 법익을 침해하거나 법익에 위험을 초래한다. 형법은 이러한 범죄들을 처벌함으로써 범죄로부터 법익을 보호하는데 이것을 (법익)보호적 기능이라고 한다.

형법이 법익보호적 기능을 최대한 발휘하기 위해서는 일정한 법익을 형벌을 동원해서라도 보호할 가치가 있는가(보호의 가치), 일정한 행위를 범죄로 규정할 경우 국가가 그것을 단속하고 처벌할 능력이 있는가(보호의 능력)를 신중하게 고려하여야 한다. 또 국가가 형사제재를 동원할 때에는 확실성(certainty), 공평성(fairness) 및 신속성(swifty)을 갖춰야 한다.

국가의 보호의 능력을 고려하지 않고, 범죄를 규정하였다가 실패한 대표적 예로는 미국의 금주법(禁酒法)을 들 수 있다. 1920년부터 금주법이 시행되었지만, 금주법위반행위를 확실·공평하게 단속·처벌할 수 있는 국가의 능력이 부족했기 때문에 오히려 밀조·밀매 등에 따르는 범죄만 크게 늘어나는 부작용을 초래하였고, 결국 1933년 폐지되었다.

2. 보장적 기능

형벌권이 남용되는 경우 무고(無辜)한 국민들의 인권을 침해할 수 있다. 따라서 형법은 무고한 국민들의 인권을 침해하지 않는 방법으로 형벌권이 행사될 수 있도록 해야 한다. 이를 형법의 (인권)보장적 기능이라고 한다. 형법은 일반국민의 인권만이 아니라 범죄인의 인권도 보장하는 기능을 한다. 이 때문에 형법을 '범죄인의 마그나 카르타'라고 한다.

형법의 보장적 기능을 수행하기 위한 가장 중요한 원리가 죄형법정주의이다.

3. 규범적 기능

형법은 평가규범·재판규범임과 동시에 행위규범·의사결정규범이다. 형법은 범죄행위를 (평가규범) 금지하고 이에 위반할 때에는 형벌을 과함으로써 (재판규범) 일반국민들로 하여금 범죄행위를 하지 않도록 자신의 의사 및 행위를 결정하도록 한다(의사결정규범). 이를 규범적 기능이라 한다.

제 2 절 형법의 역사

Ⅰ. 근대의 범죄 및 형벌관 [4]

1. 고전학파(classical school)

(1) 고전학파의 인간상

17, 18세기에 형성된 고전학파는 근대 시민계급(부르조아)의 세계관과 인간관, 즉 모든 인간은 자유롭고 평등하다는 사상을 형법에 반영하였다. 고전학파에 의하면 범죄는 합리적인 인간이 자유의지를 남용하여 타인에게 피해를 준 것이다. 따라서 형벌은 합리적 인간에게만 과할 수 있는 것으로서 응보나 일반예방(범죄인을 처벌함으로써 일반인들이 범죄를 저지르지 않도록 예방하는 것)의 목적을 지닌다. 다만 고전학파는 범죄와 형벌 사이의 균형을 강조한 점에서 무조건 무거운 형벌을 강조했던 중세나 근대초기의 위하적(威嚇的; 겁주기) 형벌관과는 다른 입장을 취했다.

(2) 고전학파의 주요학자

고전학파의 학자들은 응보형론자들과 일반예방론자로 나눌 수 있다.

응보형론자들은 형벌의 목적은 응보이고, 형벌은 그 자체가 정당하고 그 자체로서 목적이지, 다른 목적을 위한 수단이 아니라고 한다. 이에 대해 일반예방론자들은 형벌은 그 자체로서 목적이 될 수는 없고, 일반예방이라는 정당한 목적을 달성하기 위한 필요악적인 수단이라고 한다.

대표적인 응보형론자로 칸트(Kant)와 헤겔(Hegel)을 들 수 있다. 칸트는 형벌은 선한 것으로 그 자체가 목적이며, 형벌의 내용은 범죄와 일치해야 한다는 동해보복론(同害報復論)을 주장하였다. 헤겔은 형벌의 내용이 범죄와 같을 필요가 없고 범죄와 동일한 가치의 것이면 된다고 하는 등가보복론(等價報復論)을 주장하였다.

대표적인 일반예방론자로 포이에르바하(Feuerbach)와 베카리아(Beccaria)를 들 수 있다. 포이에르바하는 형벌은 그 자체가 목적이 아니라 일반예방목적을 달성하기 위한 수단이라고 한다. 또한 사람들이 범죄에는 형벌의 고통이 따른다는 것을 알게 되면 그 심리가 강제되어 범죄를 저지르지 않는다고 하는 심리강제설(心理强制說)을 주장하였다. '근대형법의 아버지'라고 불리우는 베카리아는 그의 저서 「범죄와 형벌」(1764)에서 형벌은 일반예방목적을 달성하기 위한 수단이지만 형벌이 과도해서는 안 되고 범죄와 형벌 사이에 균형을 이루어야 한다고 하는 균형론(均衡論)을 주장하였다.

(3) 고전학파의 영향

고전학파의 인도주의적 형법관은 서구 각국의 형법 및 형사사법제도에 커다란 영향을 미쳤고, 이에 따라 각국에서는 이전의 야만적인 형벌을 폐지하고 인도주의에 입각한 형벌제도로의 전환이 이루어졌다.

2. 근대학파(positive school)

(1) 근대학파의 인간상

19세기 후반에 형성된 근대학파는 자연과학적 실증주의를 형법학에 도입하였다. 근대학파는 현실세계의 인간은 자유롭고 평등한 존재가 아니라, 생물학적 소질(素質)과 환경에 구속되는 불평등한 존재라고 하였다. 따라서 범죄는 자유의지의 남용이 아니라 소질과 환경의 산물이고, 범죄대책도 범죄인의 소질과 환경에 맞추어야 한다고 하였다. 이에 따라 형벌의 목적은 응보, 일반예방이 아니라 범죄인의 개선·교육을 통한 재범방지, 즉 특별예방이라고 하였다.

(2) 근대학파의 주요학자

근대학파는 범죄의 생물학적 원인을 강조하는 범죄생물학파와 범죄의 환경적 원인을 강조하는 범죄사회학파로 나뉜다.

근대학파의 효시로서 롬브로조(C. Lombroso)를 든다. 롬브로조는 범죄인이 범죄를 저지르는 것은 자유의지를 남용해서가 아니라 타고난 범죄소질 때문이라고 하는 생래범죄인설(生來犯罪人說)을 주장하였다.

이에 비해 페리(E. Ferri)는 생물학적 원인보다는 사회적 원인이 가장 중요하고, 범죄를 유발하는 사회적 조건을 제거해야 범죄가 없어질 수 있다고 하였다. 그리고, 이를 위해 '책임과 형벌없는 형법전'을 주장하였다.

독일의 리스트(F. v. Liszt)는 범죄생물학이론과 범죄사회학이론을 절충하여 범죄는 소질과 환경의 산물이라고 하고, 범죄원인에 따라 범죄인에 대한 형벌을 개별화할 것을 주장하였다. 그는 개선가능한 범죄인에 대해서는 개선처분, 개선불가능한 범죄인에 대해서는 제거 또는 격리처분, 우발적 범죄인에 대해서는 위하(威嚇)를 해야 한다고 하였다.

(3) 근대학파의 영향

근대학파는 다양한 범죄원인에 상응하는 개별화된 다양한 대책을 세워야 한다고 하였다. 이러한 근대학파의 이론 역시 모든 나라의 형사정책에 반영되었다. 형벌만으로는 사회방위와 특별예방의 목적을 달성하기 어려우므로 19세기 말부터 20세기 초에 걸쳐서 유럽 각국은 형법전이나 특별법에 보안처분을 도입하여 형벌과 보안처분의 이원적 형사제재 체제를 갖추게 되었다.

Ⅱ. 한국형법의 역사   [5]

1. 한일합방 이전까지의 형법

고조선시대의 형법이라고 할 수 있는 8조법금(法禁; 금지규범) 중 현재까지 전해지는 것은 3개뿐인데, 그 내용은 살인죄는 사형, 상해죄는 곡물배상, 절도죄는 노비로 삼는 것 등이다. 삼국시대의 형법은 같은 시대의 서양의 형벌과 같이 엄격한 내용을 지니고 있었다. 고려시대에는 당나라의 당률(唐律)을 모방한 고려율이 있었다. 고려율에는 태형(笞; 조그만 곤장으로 때리는 형벌), 장(杖; 커다란 곤장으로 때리는 형벌), 도(徒; 중노동형), 유(流; 귀양), 사(死; 사형)의 5가지 형벌이 있었다.

조선시대의 가장 중요한 법전은 경국대전이고, 그 중 제5권이 형전(刑典)
이다. 형전은 중국 명나라의 대명률을 의용하는 규정을 두고 있다. 또한 여러
가지 범죄구성요건이 자세히 규정되어 있고, 고려시대와 같이 태, 장, 도, 유,
사의 오형 이외에 다양한 형벌이 규정되어 있다. 조선시대의 형법은 사회적
신분에 따른 차별이 있었고, 형벌의 내용이 가혹하였다는 점에서 서양의 전
근대적 형법과 별로 다르지 않았다고 할 수 있다.

2. 한일합방 이후부터 1953년 형법제정시까지의 형법

우리나라에 근대형법이 도입된 것은 한일합방 이후인 1911년 조선형사령
에 의해 일본형법이 우리나라에 의용되면서부터이다. 1880년 제정되고 1907
년 개정된 일본형법은 독일형법의 영향을 강하게 받았고, 근대학파의 형법이
론을 대담하게 수용하여, 인권보장보다는 사회방위를 우선시했다고 평가된다.

해방 이후에도 미군정법령 제21호에 의해 일본의 법률들이 계속 우리나
라에 의용되다가, 1953. 9. 18. 법률 제293호로 형법이 제정·공포되어 그 해
10월 3일부터 시행되었는데 이것이 현행형법이다.

3. 형법의 개정작업

형법이 제정된 지 30년이 지나면서 신종범죄들이 많이 출현하였고, 각종
의 형사특별법이 제정됨으로써 형법의 체계가 산만하여지자, 1985년 법무부
는 형법개정특별심의위원회를 구성하여 형법의 전면개정작업을 진행하였다.
동위원회는 1992년 형법개정법률안을 만들었고, 이것이 국회에 제출되었지만
국회에서 1995년의 형법 일부개정법률로 대체되었다.

법무부는 2007년부터 다시 형법의 전면개정작업을 시작하여 2011년 형법
총칙개정법률안을 국회에 제출하였으나 국회의 임기만료로 폐기되었다. 이
개정작업은 현재 중단상태이다. 따라서 형법제정부터 현재까지 전면개정은
없었고 총 22차례의 부분개정이 이루어졌다.

제 3 절 죄형법정주의

Ⅰ. 죄형법정주의의 의의   [6]

1. 죄형법정주의의 개념 및 사상적 배경

죄형법정주의란 '범죄(죄)와 형벌(형)은 반드시 성문법에 의해 정해져야(법정) 한다는 원칙(주의)'을 말한다. 죄형법정주의에서 '법'이란 성문법(statute, Gesetz) 만을 의미한다. 헌법 제12조 제 1 항과 제13조 제 1 항 및 제37조 제 2 항 등은 죄형법정주의가 헌법적 원리임을 선언하고 있다. 형법 제 1 조 제 1 항 "범죄의 성립과 처벌은 행위시의 법률에 의한다"도 죄형법정주의를 표현한 것이라고 할 수 있다.

죄형법정주의는 국가의 형벌권으로부터 국민의 인권을 보장하기 위한 원리라고 할 수 있다. 죄형법정주의의 배경이 된 사상으로 1215년 영국의 대헌장, 몽테스키외의 권력분립론, 포이에르바하의 심리강제설, 베카리아의 균형론 등이 제시된다. 이러한 사상들은 모두 국가의 형벌권행사로부터 국민의 인권을 지키기 위한 원리들을 포함하고 있다.

2. 죄형법정주의의 현대적 의의

17, 18세기에 형성된 고전적인 죄형법정주의는 19세기에 들어오면서 여러 측면에서 도전을 받게 된다.

인간이 합리적 존재가 아니라고 하는 근대학파의 이론은 심리강제설과 같은 죄형법정주의의 기본사상과 내용들을 거부하게 되었다. 독재권력들은 형식적 의미의 죄형법정주의만을 강조하여 국민의 인권을 부당하게 제약하는 악법을 만들어 놓고 그것에 근거하여 범죄와 형벌을 정하였다. 반면, 사법부가 법률을 기계적으로 적용해야 한다는 고전적 삼권분립원칙을 고수하게 되면 복잡다단한 현실문제를 합리적으로 해결할 수 없다는 문제점이 노출되었다.

이 때문에 오늘날에는 범죄와 형벌은 성문법에 정해져야 한다는 형식적 의미의 죄형법정주의와 함께 인권보장이라는 죄형법정주의의 기본정신을 효과적으로 실천하기 위해 실질적 의미의 죄형법정주의가 강조된다. 실질적 의미의 죄형법정주의에서는 범죄와 형벌을 규정한 법률의 내용이 적정할 것을 요구하고, 형법의 해석·적용에서 법관의 재량권을 인정하여 피고인에게 유리한 경우에는 유추해석도 허용한다.

Ⅱ. 죄형법정주의의 내용　　　　　　　　　　　　　　　　[7]

1. 성문법주의

성문법주의란 범죄와 형벌은 반드시 성문법률에 규정되어야 한다는 원칙이다. 이는 법률주의와 관습법배제원칙이라는 두 가지 내용을 담고 있다.

(1) 법률주의

법률주의란 범죄와 형벌은 반드시 국회가 제정한 법률에 의해 규정되어야 하고, 명령·규칙·자치법규 등에 의해 범죄와 형벌을 규정할 수 없다는 것이다. 그러나 오늘날 사회가 복잡해짐에 따라 형사처벌에 관련된 모든 법규를 예외 없이 형식적 의미의 법률에 의하여 규정한다는 것은 불가능하다.

이 때문에 범죄와 형벌의 주내용은 법률에서 정하되, 그 구체적 내용은 다른 법률 또는 명령·규칙 등 하위법규에 위임해야 할 필요가 있게 된다. 이 경우 위임하는 법률을 수권법률(授權法律) 또는 위임법률이라고 하고, 위임받는 법률 또는 명령·규칙 등 하위법규를 보충규범이라고 한다. 그러나 위임의 범위를 너무 넓게 인정하면 법률주의의 정신이 훼손될 수 있으므로 위임입법은 다음과 같은 엄격한 요건하에서만 허용된다.

[대판 2002. 11. 26. 2002도2998] 특히 긴급한 필요가 있거나 미리 법률로써 자세히 정할 수 없는 부득이한 사정이 있는 경우에 한하여 수권법률(위임법률)이 구성요건의 점에서는 처벌대상인 행위가 어떠한 것인지 이를 예측할 수 있을 정도로 구체적으로 정하고, 형벌의 점에서는 형벌의 종류 및 그 상한과 폭을 명확히 규정하는 것을 전제로 위임입법이 허용되며, 이러한 위임입법은 죄형법정주의에 반하지 않는다.

(2) 관습법배제의 원칙

관습법이란 일정한 관행이 법적 확신을 얻게 된 것을 말한다. 관습법배제 원칙이란 관습법은 형법의 간접적 법원(法源; 법의 존재형태)은 될 수 있지만 직접적 법원은 될 수 없다는 원칙이다. 즉, 범죄와 형벌을 직접 규정한 법률은 관습법의 형태로는 존재할 수 없다는 것이다.

예를 들어 어느 동네에서 불효막심한 사람을 절도범과 같은 사람으로 취급하고 창고에 가둬두는 형벌을 과하는 관습법이 있다고 하더라도, 국가가 불효막심한 행위를 범죄로 인정하거나 불효막심한 사람을 창고에 가둬두는 형벌을 과할 수는 없다.

2. 명확성원칙

명확성원칙이란 범죄와 형벌의 내용이 명확하게 규정되어야 한다는 원칙이다. 이는 국민들에게 예측가능성과 법적 안정성을 보장하기 위한 것이지만, 법규범의 성격상 형법에 규정된 개념들이 어느 정도 불명확성을 띠는 것은 불가피하다. 따라서 명확성원칙은 명확성의 유무가 아니라 명확성의 정도의 문제라고 할 수 있다.

명확성원칙은 범죄를 규정한 구성요건이 명확할 것을 요구한다. 예를 들어 형법 제243조, 제244조에서 '음란'이라는 개념을 사용하는 것은 명확성원칙에 반하지 않지만(대판 1995. 6. 16. 94도2413), "공공의 안녕질서 또는 미풍양속을 해하는"이라는 불온통신의 개념은 명확성원칙에 반한다(헌재 2002. 6. 27. 99헌마480).

명확성원칙은 형사제재의 명확성도 요구한다. 예를 들어 피고인을 1년 이상 1년 6개월 미만의 징역에 처한다고 하는 상대적 부정기형은 허용될 수 있지만, 기간의 장단을 정하지 않은 절대적 부정기형이나 절대적 부정기 보안처분은 허용되지 않는다.

3. 소급효금지원칙

(1) 소급효금지원칙의 의의

소급효금지원칙이란 범죄와 그 처벌은 행위 당시의 법률에 의해야 하고 행위 후에 법률을 제정하여(사후입법) 그 법률 제정 이전의 행위를 처벌해서는 안 된다는 원칙을 말한다. 사후법률에 의해 이전의 행위를 처벌하기 위해서는 사후법률의 소급효를 인정해야 하는데 이를 금지하는 원칙이다. 형법 제1조 제1항은 "범죄의 성립과 처벌은 행위시의 법률에 의한다"고 하여 소급효금지원칙을 규정하고 있다.

(2) 소급효금지원칙의 적용범위

1) **형벌을 완화하는 법률과 소급효**　　피고인에게 유리한 경우에는 소급효가 허용된다. 즉, 형벌을 새로이 규정하거나 강화하는 법률의 소급효는 인정되지 않지만, 형벌을 폐지하거나 감경하는 내용의 법률은 소급효가 인정될 수 있다. 형법 제1조 제2, 3항은 이를 규정하고 있다.

2) **보안처분과 소급효금지**　　이에 대해 긍정설과 부정설이 있지만, 판례는 부정설을 따른다.

> [대판 1988. 11. 16. 88초60] 보안처분은 반사회적 위험성을 가진 자에 대하여 사회방위와 교화를 목적으로 격리수용하는 예방적처분이라는 점에서 형벌과 구별되어 그 본질을 달리하는 것으로서 형벌에 관한 죄형법정주의나 일사부재리 또는 법률불소급의 원칙은 보안처분에 그대로 적용되지 않는다.

3) **형사절차법과 소급효금지**　　다수설과 판례는 소급효금지원칙은 범죄의 성립과 형벌을 규정한 실체법인 실질적 의미의 형법에만 적용되고, 절차법에는 적용되지 않는다고 한다(헌재 1996. 2. 16. 96헌가2).

4) **판례의 변경과 소급효금지**　　행위 당시의 판례에 의하면 처벌받지 않던 행위로 소추된 사람에 대해 법원이 판례를 변경하여 처벌할 수 있는지 문제된다. 다수설과 판례는 소급효금지원칙은 법률에만 적용되고 판례에

는 적용되지 않으므로 처벌할 수 있다고 한다(대판 1999. 9. 17. 97도3349).

　5) 신법적용을 배제하는 경과규정　　통설·판례는 형벌을 완화하는 개정을 하면서 신법에 '구법시의 행위에 대해서는 구법을 적용한다'고 하는 경과규정을 두는 것은 허용된다고 한다(대판 1999. 12. 24. 99도3003).

4. 유추해석금지원칙

　유추해석이란 두 개의 사건이 유사한 경우 한 사건에 적용되는 법규를 다른 사건에도 적용하는 것, 또는 일정한 사항을 직접 규정하고 있는 법규가 없는 경우 그와 가장 유사한 사항을 규정하고 있는 법규를 적용하는 것을 말한다.

　예를 들어 甲이 1만원짜리 USB를 절취한 경우 재물을 절취한 것이므로 절도죄로 처벌된다(형법 제329조). 그런데 甲이 USB가 아니라 USB에 들어있는 고급정보를 빼낸 경우 이를 절도죄로 처벌할 수 있는지 문제될 수 있다. 고급정보는 재물이 아니지만 甲의 행위는 절도죄와 유사하기 때문이다. 이 경우 만약 절도죄로 처벌할 수 있다고 한다면 이것은 형법 제329조를 유추해석·적용한 것으로서 피고인에게 불리하므로 허용되지 않는다.

　유추해석금지원칙은 모든 유추해석을 금지하는 원칙이 아니라 피고인에게 유리한 유추해석은 허용되지만, 피고인에게 불리한 유추해석은 금지된다는 원칙이다.

5. 적정성원칙

　적정성원칙이란 실질적 의미의 죄형법정주의에서 강조되는 원칙으로서, 범죄와 형벌을 규정한 법률의 내용도 적정해야 한다는 원칙이다. 적정성원칙에 반하는 범죄와 형벌규정은 헌법상 과잉금지원칙, 비례원칙에 반한다.

　예를 들어 '공공장소에서 안경을 쓴 사람은 1년 이하의 징역에 처한다', '타인의 재물을 절취한 자는 사형에 처한다'와 같은 규정이 있다면 이는 모두 그 내용이 적정하지 않은 것으로서 실질적 의미의 죄형법정주의에 반하고 따라서 헌법상의 과잉금지원칙이나 비례성원칙에 반하게 된다.

제4절 형법의 적용범위

Ⅰ. 시간적 적용범위   [8]

> 제1조(범죄의 성립과 처벌) ① 범죄의 성립과 처벌은 행위 시의 법률에 따른다.
> ② 범죄 후 법률이 변경되어 그 행위가 범죄를 구성하지 아니하게 되거나 형이 구법(舊法)보다
> 가벼워진 경우에는 신법(新法)에 따른다.
> ③ 재판이 확정된 후 법률이 변경되어 그 행위가 범죄를 구성하지 아니하게 된 경우에는 형의
> 집행을 면제한다.

1. 행위시법주의와 재판시법주의

어떤 사람이 죄를 범한 시점의 법률(행위시법)과 그 범죄로 재판을 받는 시점의 법률(재판시법)이 다른 경우 어떤 시점의 법률을 적용해야 하는가가 문제된다.

행위시법주의는 행위시의 법을 적용하는 원칙을 말한다. 이 경우 행위시에만 존재했고 재판시에는 존재하지 않는 법률인 행위시법(구법)이 재판시에까지 효력을 발휘하는 추급효(追及效)를 갖게 된다. 재판시법주의는 재판시의 법률을 적용하는 원칙을 말한다. 이 경우 재판시에는 존재하였지만 행위시에는 존재하지 않던 법률인 재판시법(신법)이 과거에 행해진 행위에 적용되는 소급효(遡及效)가 인정된다.

2. 행위시법주의(구법주의)

형법 제1조 제1항은 "범죄의 성립과 처벌은 행위시의 법률에 따른다"

라고 하여 행위시법주의를 기본원칙으로 규정하고 있다.

여기서 행위시란 '범죄행위종료시'를 의미한다. 따라서 범죄행위가 계속되고 있던 중 법률이 변경된 경우에는 신법을 적용해야 한다. 甲이 A를 살해하기 위해 칼로 심장을 찔렀지만 A가 즉사하지 않고 1달 동안 병원에서 치료를 받다가 사망하였는데 그 사이에 법률이 변경된 경우와 같이 범죄행위종료시와 결과발생시 사이에 법률의 변경이 있는 경우 범죄행위종료시의 법률을 적용해야 한다는 입장과 결과발생시인 A의 사망시의 법률을 적용해야 한다는 입장이 대립한다.

3. 재판시법주의(신법주의)

(1) 형법 제1조 제2, 3항

형법 제1조 제2, 3항은 각각 "범죄 후 법률이 변경되어 그 행위가 범죄를 구성하지 아니하게 되거나 형이 구법보다 가벼운 때에는 신법에 의한다", "재판이 확정된 후 법률이 변경되어 그 행위가 범죄를 구성하지 아니하게 된 경우에는 형의 집행을 면제한다"고 규정하여, 행위시법보다 재판시법을 적용하는 것이 피고인에게 유리한 경우에는 재판시법주의를 택하고 있다. 이 경우 신법의 소급효가 인정된다.

(2) 동기설

판례는 형법 제1조 제2, 3항의 적용범위와 관련하여 동기설(動機說)이라는 독특한 입장을 취하고 있다. 동기설이란 신법에 의해 형이 폐지되거나 가볍게 변경된 경우 그 변경의 동기가 무엇이냐에 따라 행위시법 혹은 재판시법을 적용한다는 입장이다. 법률이념의 변경, 즉 이전에 처벌하던 것이 잘못되었다는 반성적 고려에 의해 법률이 변경된 경우에는 피고인에게 유리한 신법을 적용하여야 하지만, 단순히 사실관계가 변경되어 법률이 변경된 때에는 제1조 제2, 3항의 문언에도 불구하고 피고인에게 불리한 행위시법을 적용해야 한다는 것이다.

예를 들어 장발을 한 사람을 처벌하는 법률이 폐지되었다고 할 경우 장발처벌규정이 시행되던 시기에 장발을 했던 甲을 법률폐지 이후에도 처벌할 것인가에 대해 다음과 같이 해결한다는 것이다. 즉, 만약 장발처벌은 신체의 자유에 대한 과도한 제한으로서 잘못된 것이라는 이유로 장발처벌규정이 폐지되었다면 이것은 법률이념의 변경에 의한 법률의 변경이므로 재판시법(신법)을 적용하여 甲을 처벌하지 않는다. 그러나 장발을 처벌했던 것 자체는 잘못이 없지만 유행이 지나 장발을 하는 사람이 없어서 장발처벌규정이 폐지되었다면 이는 사실관계의 변경에 의한 법률의 변경이므로 행위시법(구법)을 적용하여 甲을 처벌한다.

4. 한시형법

(1) 한시법의 개념과 추급효

일반적으로 한시법이란 유효기간이 명시된 법규를 말하므로, 한시형법이란 범죄와 형벌을 규정한 것으로서 유효기간이 정해진 법률을 말한다.

피고인이 한시형법의 유효기간 중 범죄를 저질렀으나 유효기간 경과 후 재판을 받는 경우 행위시법인 한시형법을 적용하여 피고인을 처벌할 수 있는가 아니면 유효기간이 경과하여 더 이상 처벌법규가 존재하지 않으므로 재판시법을 적용하여 피고인을 처벌할 수 없는지가 문제된다. 처벌할 수 있다고 한다면 한시형법의 추급효를 인정하는 것이라고 할 수 있다.

(2) 추급효의 인정여부

한시법의 추급효인정설은 ① 법규범을 위반한 사람은 비난가능성이 있으므로 유효기간이 경과하더라도 처벌해야 하고, ② 추급효를 인정하지 않으면 한시법의 유효기간의 종료가 가까워질수록 위반행위가 속출하여도 결국 처벌할 수 없어 한시형법의 목적을 달성할 수 없다는 것 등을 근거로 든다.

추급효부정설은 ① 그 유효기간이 경과하면 당연히 한시형법의 효력을 인정할 수 없고, ② 추급효를 인정하는 것은 형법 제 1 조 제2, 3항에 반하고, ③ 유효기간의 종료가 가까워질수록 위반행위가 늘어나는 것은 한시형법의 성격상 자연스러운 것이라는 점 등을 근거로 든다.

판례는 한시법의 추급효 인정여부에 대해 명확히 언급하고 있지 않지만, 판례가 따르는 동기설에 의하면 추급효인정설에 가깝다. 왜냐하면 한시법의 제정 내지 폐지는 대부분 사실관계의 변경으로 인해 이루어지기 때문이다.

Ⅱ. 장소적·인적 적용범위 [9]

1. 속지주의

> 제 2 조(국내범) 본법은 대한민국 영역 내에서 죄를 범한 내국인과 외국인에게 적용한다.
> 제 4 조(국외에 있는 내국선박 등에서 외국인이 범한 죄) 본법은 대한민국 영역 외에 있는 대한민국 의 선박 또는 항공기 내에서 죄를 범한 외국인에게 적용한다.

속지주의란 자기 나라의 영역(領域) 내에서 발생한 범죄에 대해서는 내국 인이든 외국인이든 자기 나라의 형법을 적용한다는 원칙이다. 형법 제 2 조는 "본법은 대한민국 영역 내에서 죄를 범한 내국인과 외국인에게 적용한다"고 하여 속지주의를 규정하고 있다. '대한민국에서 죄를 범한'의 의미에 대해, 통설·판례는 범죄실행행위와 결과 중 어느 하나라도 대한민국의 영역 내에 서 발생하면 족하다고 한다.

과거 제국주의시대에는 속지주의의 예외로 치외법권(治外法權)을 인정한 예가 있지만, 오늘날의 국제법이론에서는 치외법권이라는 개념을 인정하지 않는다. 따라서 국내에 있는 외국공관에서 행해진 범죄에 대해 당연히 우리 형법이 적용된다. 또한 외국 원수나 외교관이 우리나라에서 죄를 범한 경우 에도 우리 형법이 적용된다. 다만 직무수행 중 저지른 범죄에 대해서는 국제 법상 외교관의 면책특권에 의해 처벌되지 않을 수 있을 뿐이다.

2. 속인주의

> 제 3 조(내국인의 국외범) 본법은 대한민국 영역 외에서 죄를 범한 내국인에게 적용한다.

속인주의란 자국민(自國民)의 범죄행위에 대해서는 그것이 어디에서 행해 졌든 자국의 형법을 적용한다는 원칙이다. 형법 제 3 조는 "본법은 대한민국 영역 외에서 죄를 범한 내국인에게 적용한다"라고 하여 속인주의를 규정하고 있다.

헌법 제84조는 "대통령은 내란 또는 외환의 죄를 범한 경우를 제외하고는 재직 중 형사상의 소추를 받지 아니한다", 제45조는 "국회의원은 국회에서 직무상 행한 발언과 표결에 관하여 국회 외에서 책임을 지지 아니한다"고 규정하고 있다. 이에 대해 속인주의의 예외라고 하는 견해와 속인주의의 예외가 아니라 형사소추상의 특칙을 규정한 것뿐이라는 견해가 대립한다.

3. 보호주의

> 제5조(외국인의 국외범) 본법은 대한민국 영역 외에서 다음에 기재한 죄를 범한 외국인에게 적용한다.
> 1. 내란의 죄
> 2. 외환의 죄
> 3. 국기에 관한 죄
> 4. 통화에 관한 죄
> 5. 유가증권, 우표와 인지에 관한 죄
> 6. 문서에 관한 죄 중 제225조 내지 제230조
> 7. 인장에 관한 죄 중 제238조
> 제6조(대한민국과 대한민국 국민에 대한 국외범) 본법은 대한민국 영역 외에서 대한민국 또는 대한민국 국민에 대하여 전조에 기재한 이외의 죄를 범한 외국인에게 적용한다. 단 행위지의 법률에 의하여 범죄를 구성하지 아니하거나 소추 또는 형의 집행을 면제할 경우에는 예외로 한다.

보호주의란 외국인이 외국에서 죄를 범했더라도 그것이 우리나라 또는 우리나라 국민에 대한 범죄이면 우리나라의 형법을 적용하는 원칙을 말한다. 형법 제5조와 제6조는 보호주의를 규정하고 있다.

4. 세계주의

> 제296조의2(세계주의) 제287조부터 제292조까지 및 제294조는 대한민국 영역 밖에서 죄를 범한 외국인에게도 적용한다.

세계주의란 외국인이 외국에서 외국 혹은 외국사람에 대해 범죄를 저지른 경우에도 우리나라의 형법을 적용한다는 원칙이다. 세계주의는 집단살인, 인신매매와 같은 반인륜적 범죄나 테러, 항공기납치, 마약범죄 등과 같이 국제적 영향력이 큰 범죄들에 대해서만 적용하는 것이 보통이다. 구형법은 세계주의를 규정하지 않았으나, 2013년 개정형법은 약취, 유인 및 인신매매의 죄에 대해 세계주의를 규정하였다(제296조의2).

Ⅲ. 관할의 경합

예를 들어 한국인이 독일에서 미국인에게 폭행을 한 경우 속인주의에 의하면 한국형법, 속지주의에 의하면 독일형법, 보호주의에 의하면 미국형법이 적용되어 관할의 경합이 발생하게 된다. 이 경우 현실적으로는 범죄인이 소재하는 국가에서 처벌하겠지만, 국가간의 조약이나 범죄인인도조약 등에 의해 어느 국가가 처벌할 것인가가 결정될 것이다.

죄를 지어 외국에서 형의 전부 또는 일부가 집행된 사람에 대해서는 그 집행된 형의 전부 또는 일부를 선고하는 형에 산입한다(제 7 조). 예를 들어 외국에서 범한 죄로 그 나라에서 10년 형을 선고받고 3년 형이 집행된 사람이 우리나라에서 그 죄로 5년 형을 선고할 경우 3년 형이 산입된다.

그러나 외국에서 집행된 미결구금(확정판결 이전의 구속)기간은 산입할 수 없다(대판 2017. 8. 24. 2017도5977 전합).

제2장

범죄론

제1절 범죄론의 기본개념

제1관 범죄의 개념과 종류

Ⅰ. 범죄의 개념 [10]

1. 형식적 범죄개념

형식적 범죄개념에 의하면 범죄란 '구성요건에 해당하고 위법하고 유책한 행위'이다. 다시 말해 형식적 의미의 범죄가 성립하기 위해서는 어떤 행위가 성문법에 규정되어 있는 범죄행위의 유형(구성요건)*과 부합해야 하고(구성요건해당성), 그 행위가 법질서에 어긋난다는 평가를 받아야 하고(위법성), 그 행위를 한 사람에 대해서도 비난이 가능해야 한다(책임).

형법해석학에서는 주로 이 형식적 범죄개념을 사용한다. 그러나 형식적 범죄개념은 예를 들어 성매매죄는 "법률에 범죄로 규정되어 있기 때문에 범죄이다"라는 동어반복에 불과하고, "왜 성매매죄를 범죄로 규정해야 하는가"와 같은 입법론적 질문에는 대답을 하지 못하는 한계가 있다.

2. 실질적 범죄개념

실질적 범죄개념은 범죄행위가 범죄 아닌 행위와 구별되는 범죄의 실체, 성격, 범위 등은 무엇인가라는 질문에 답하기 위한 것이다. 범죄의 실체 내지

---

* 구성요건의 개념에 대해서는 후술하는 [19] 참조.

본질과 관련하여 다음과 같은 견해들이 대립한다.

(1) 권리침해설

권리침해설은 범죄의 본질은 권리의 침해에 있다고 한다. 반드시 타인이 권리를 침해해야 범죄가 될 수 있고 단순히 의무위반행위나 권리가 아닌 이익을 침해하는 행위만으로는 범죄가 될 수 없다는 것이다.

이 견해에 의하면 예를 들어 성매매여성을 속여 성매매대가를 지급하지 않은 경우 성매매계약은 무효여서 성매매여성에게는 성매매대가를 지급받을 '권리'가 없으므로 권리침해는 없고 따라서 사기죄가 성립하지 않는다고 한다.

(2) 법익침해설

법익침해설은 범죄의 본질은 법익의 침해 또는 위태화에 있다고 한다. 이때의 법익이란 권리보다는 좀더 광범위한 개념으로서 권리에까지 이르지는 않지만 법적으로 보호해야 할 사실상의 이익을 포함한다. 통설의 입장이다.

이 견해에 의하면 위의 성매매 사례에서 성매매여성의 사실상 이익의 침해가 있으므로 사기죄가 성립한다고 할 수도 있다(대판 2001. 10. 23. 2001도2991).

(3) 의무위반설

의무위반설은 범죄의 본질은 권리침해나 법익침해가 아니라 의무위반, 즉 작위범에서는 부작위의무위반, 부작위범에서는 작위의무위반에 있다고 한다.

이 견해에 대해서는 과실범의 경우 주의의무위반이 있더라도 결과발생이 없으면 범죄가 성립하지 않는 이유를 설명하기 어렵다는 비판이 제기된다.

Ⅱ. 범죄의 성립조건·처벌조건·소추조건   [11]

1. 범죄의 성립조건

통설에 의하면 범죄가 성립하기 위해서는 구성요건해당성, 위법성, 책임이 있어야 한다.

(1) 구성요건해당성

구성요건이란 '형법에 규정된 범죄행위의 유형'이다. 살인죄의 구성요건

은 제250조 제 1 항의 '사람을 살해한 자'이고, 존속살해죄의 구성요건은 제 2
항의 '자기 또는 배우자의 직계존속을 살해한 자'이다.

　구성요건요소에는 객관적 구성요건요소와 주관적 구성요건요소가 있다.
객관적 구성요건요소로서는 행위의 주체, 객체, 태양, 결과, 인과관계(객관적
귀속) 등을 들 수 있다. 주관적 구성요건요소로는 고의 또는 과실이 문제되고,
목적, 경향, 동기 등은 고의 및 과실과 구별되는 초과주관적 구성요건요소로
문제된다.

　구성요건해당성이란 '어떤 행위가 구성요건에 포함되어 있는 모든 요소
를 충족하는 성질을 가진 것'을 말한다.

(2) 위법성

　위법성이란 구성요건에 해당하는 행위가 법에 어긋나는 성질, 즉 우리 법
질서가 금지하는 성질을 가진 것을 말한다. 구성요건에 해당하는 행위에 대
한 법질서 전체적 관점에서의 비난(가능성)이라고도 할 수 있다.

　통설에 의하면 구성요건해당성이 있는 행위라고 하더라도 정당행위(제20
조), 정당방위(제21조), 긴급피난(제22조), 자구행위(제23조), 피해자의 승낙에 의한
행위(제24조) 등에 해당되면 위법성이 조각될 수 있다.

(3) 책　임

　책임이란 구성요건해당성과 위법성이 있는 행위를 한 행위자에 대한 비
난가능성이다. 위법한 행위를 하였더라도 책임무능력자(제 9 조, 제10조 1항), 한정
책임능력자(제10조 2항, 제11조), 강요된 행위를 한 자(제12조), 법률의 착오에 의해
행위한 자(제16조) 등은 책임이 조각되거나 감경될 수 있다.

2. 처벌조건

　처벌조건이란 범죄가 성립된 경우 국가형벌권이 발동하기 위한 조건을
말한다. 범죄가 성립하였다고 하여도 처벌조건이 충족되어 있지 않은 경우에
는 국가형벌권을 발동할 수 없다.

　처벌조건에는 객관적 처벌조건과 주관적('주관적'이라는 말은 '인적'(人的)이라는
의미로 사용되기도 하고, '내심적'(內心的)이라는 의미로 사용되기도 한다. 여기에서는 인적이라는

의미이지만, 후술하는 주관적 구성요건요소에서 주관적은 인적이 아니라 내심적이라는 의미이다)
처벌조건이 있다. 객관적 처벌조건이란 범죄가 성립한 경우 국가형벌권이 발
동할 수 있도록 하는 일정한 외적·객관적 조건을 말한다. 사전수뢰죄(제129조
2항)로 처벌하기 위해서 '공무원 또는 중재인이 될 것'이라는 객관적 조건이
충족되어야 하고, 파산범죄로 처벌하기 위해서는 '파산선고의 확정'(채무자회생
및 파산에 관한 법률 제650조, 제651조)이라는 객관적 조건이 충족되어야 한다.

주관적 처벌조건이란 범죄가 성립한 경우 국가형벌권이 발동되기 위한 인
적 조건을 말한다. 예를 들어 아들이 아버지의 돈을 훔쳐서 절도죄가 성립하
였어도 친족이라는 인적 관계 때문에 주관적 처벌조건이 없어서 처벌되지 않
는다(제328조, 제344조). 이 경우 친족관계가 없다는 것이 주관적 처벌조건이고,
친족관계는 인적 처벌조각사유이다.

3. 소추조건

소추조건 혹은 소송조건이란 형사소송을 개시하거나 계속하기 위해 필요
한 조건이다. 범죄의 성립조건, 처벌조건이 실체법상의 개념인 데에 비해 소
추조건은 절차법상의 개념이다.

친고죄에서의 고소 또는 고발의 존재, 반의사불벌죄에서 처벌을 원치 않
는 명시적 의사표시의 부존재 등이 그 예이다. 친고죄를 정지조건부 범죄, 반
의사불벌죄를 해제조건부 범죄라고 하기도 한다,

소추조건이 충족되지 않는 경우 소송을 개시하거나 계속할 수 없으므로
법원은 공소기각의 판결로써 소송을 종료해야 한다(형사소송법 제327조 5, 6호). 고
소없이 모욕죄로 공소가 제기되거나 공소제기 후 고소가 취소된 경우 소추조
건이 결여되어 소송을 계속할 수 없으므로 법원은 공소기각의 판결로써 소송
을 종료해야 한다(형사소송법 제327조 5호).

Ⅲ. 범죄의 종류   [12]

1. 침해범과 위험범

이는 보호법익에 대한 보호의 정도에 따른 구별이다.

모든 범죄규정에는 그 범죄를 처벌함으로써 보호하려는 법익이 있는데 이를 보호법익이라 한다. 예를 들어 살인죄의 보호법익은 사람의 생명이고, 내란죄의 보호법익은 국가의 존립과 안전이다.

침해범은 보호법익이 침해되어야 기수가 되는 범죄로서 살인죄, 상해죄, 강도죄 등을 예로 들 수 있다. 위험범은 보호법익이 침해되지 않고, 보호법익을 침해할 위험만 발생시키면 기수가 되는 범죄이다. 위태범이라고도 한다. 폭행죄, 유기죄, 모욕죄 등을 예로 들 수 있다.

위험범은 구체적 위험범과 추상적 위험범으로 나뉜다. 구체적 위험범은 보호법익이 침해될 구체적 · 현실적 위험을 발생시켜야 기수가 되는 범죄이고, 대체로 " …의 위험을 발생시킨 자는"이라는 형식으로 되어 있다(제167조, 제172조 등). 추상적 위험범은 구성요건적 행위(내지 결과)가 있으면 성립하고 보호법익에 대한 구체적 · 현실적 위험발생을 필요로 하지 않는 범죄이다.

어떤 범죄가 침해범인가 위험범인가는 명문에 규정되어 있지 않고 해석에 의해 결정된다.

2. 일반범과 신분범

이는 범죄의 주체가 특정한 신분을 가진 사람으로 제한되어 있는지 여부에 의한 구별이다.

일반범은 누구든지 범죄의 주체가 될 수 있는 범죄를 말한다.

신분범은 범죄의 주체가 일정한 신분을 가진 사람으로 제한되어 있는 범죄를 말한다. 신분범에는 진정신분범과 부진정신분범이 있다. 진정신분범이란 일정한 신분을 가진 사람만이 범죄의 주체가 될 수 있고, 비신분자는 범죄의 주체가 될 수 없는 범죄를 말한다. 뇌물죄(제129조), 위증죄(제152조 1항) 등은 공무원, 중재인, 법률에 의해 선서한 증인 등만이 범할 수 있는 진정신분범이다. 부진정신분범이란 비신분자도 범죄의 주체가 될 수 있지만 신분자가 죄를 범한 경우에는 형벌이 가중되거나 감경되는 범죄를 말한다. 예를 들어 존속살해죄(제250조 2항)는 가중적 부진정신분범이고 영아살해죄(제251조)는 감경적 부진정신분범이다.

3. 거동범과 결과범

이는 범죄성립에 범죄행위 이외에 일정한 결과발생을 요하는가에 따른 구별이다.

거동범 혹은 형식범은 일정한 행위만으로 범죄가 성립하고 결과발생을 요하지 않는 범죄를 말한다. 결과범 혹은 실질범은 행위 이외에 일정한 결과발생을 요하는 범죄를 말한다. 폭행죄, 명예훼손죄 등은 거동범으로서 폭행행위, 명예훼손행위만으로 성립하고 사람의 몸을 때리는 결과나 명예훼손의 결과발생을 요하지 않는다. 살인죄, 상해죄는 살인행위, 상해행위 이외에 사망, 상해라는 결과까지 필요로 하는 결과범이다.

거동범에서는 범죄행위의 존재만이 문제되는 데 비해, 결과범에서는 범죄행위의 존재 이외에 결과의 발생 및 범죄행위와 결과 사이의 인과관계 내지 객관적 귀속도 문제된다.

4. 단일범과 결합범

단일범은 하나의 행위로 성립되는 범죄이고, 결합범은 복수의 행위가 결합되어 성립되는 범죄이다.

폭행죄, 상해죄 등 대부분의 범죄들은 단일범이다. 이에 비해 예를 들어 강도상해죄는 강도죄와 상해죄, 강도치상죄는 강도죄와 과실치상죄가 결합되어 성립하는 범죄이다.

결합범이 성립하기 위해서는 선행범죄가 '완료'되기 이전에 후행범죄가 행해져야 한다.

5. 작위범과 부작위범

범죄행위가 신체거동을 수반하느냐의 여부에 따른 구분이다. 부작위범에서는 작위의무있는 사람만이 범죄의 주체가 될 수 있다는 점에서 누구나 주체가 될 수 있는 작위범과 구별된다.

부작위범에는 진정부작위범과 부진정부작위범이 있다. 진정부작위범은 퇴거불응죄(제319조 2항), 다중불해산죄(제116조)와 같이 구성요건 자체가 부작위로 규정되어 있는 범죄를 말한다. 부진정부작위범이란 구성요건 자체는 작위범의 형태처럼 보이지만 그 구성요건을 부작위에 의해 실현하는 범죄를 말한다. 예를 들어 사람에게 독약을 주어 살해하는 행위는 살인죄의 작위범이고, 사람에게 음식을 주지 않음으로써 굶어 죽게 하는 것은 살인죄의 부진정부작위범이다.

6. 계속범과 상태범

이는 기수가 된 이후에도 범죄행위가 계속되는가에 의한 구별이다.

계속범은 주거침입죄(제319조 1항), 체포·감금죄(제276조) 등과 같이 기수가 된 이후에도 범죄행위가 계속되는 범죄로서 기수시기와 범죄종료시기가 일치하지 않는다. 상태범은 기수가 되면 범죄도 종료하는 범죄로서 기수시기와 범죄종료시기가 일치한다.

계속범과 상태범의 구별실익은 공소시효의 기산점과 기수 이후 공범의 성립여부이다. 공소시효는 기수시가 아니라 범죄종료시부터 기산되고(형사소송법 제252조), 계속범의 경우 기수 이후에도 공동정범, 교사범, 방조범 등 공범이 성립할 수 있으나 상태범에서는 기수 이후에는 공범이 성립할 수 없다.

7. 고의범과 과실범

이는 범죄행위시의 행위자의 내심상태에 따른 구분이다.

고의범은 범죄행위시 행위자가 객관적 구성요건요소들을 인식하고 인용하거나 의욕하는 내심상태를 가진 경우를 말한다(제13조). 과실범이란 행위자가 범죄결과를 예견 또는 방지할 주의의무에 위반하여 범죄결과를 발생시킨 경우를 말한다(제14조).

형법은 원칙적으로 고의범을 처벌하고 과실범은 법률에 특별한 규정이 있는 경우에만 예외적으로 처벌한다(제14조).

8. 목적범과 경향범

목적범이란 고의 이외에 일정한 목적(초과주관적 구성요건요소)을 달성하려는 내심상태를 필요로 하는 범죄이다. 목적범도 진정목적범과 부진정목적범으로 나눌 수 있다. 진정목적범은 각종 위조죄(제207조, 제214조, 제225조, 제239조 등)와 같이 일정한 목적이 있어야만 성립하는 범죄를 말한다. 부진정목적범이란 목적이 없어도 성립하지만 목적이 있는 경우 형벌이 가중, 감경되는 범죄를 말한다. 모해위증죄(제152조 2항), 영리목적미성년자약취 · 유인죄(제288조 1항) 등은 가중적 부진정목적범이고, 구 형법에서 결혼목적약취 · 유인죄(구형법 제291조 2항) 등은 감경적 부진정목적범이었지만, 현행 형법에서는 부진정목적범은 규정되어 있지 않다.

경향범이란 행위자에게 고의 이외에 일정한 성향을 요하는 범죄라고 한다. 경향범의 인정여부나 범위에 대해서는 견해가 대립한다.

제 2 관　형법이론

Ⅰ. 객관주의와 주관주의　　　　　　　　　　　　　　　　　[13]

여러 가지 범죄의 요소들 중 객관주의는 객관적으로 관찰할 수 있는 범죄행위 및 결과라는 객관적 요소를, 주관주의는 행위자의 범죄의사나 인격 등에서 나타나는 사회적 위험성과 같은 주관적 · 인적 요소를 중시한다.

객관주의는 — 논리필연적인 것은 아니지만 — 고전학파의 자유 · 평등한 인간상을 전제로 하여 범죄와 형벌에서 인적 요소보다는 범죄행위 및 그 결과라고 하는 객관적 요소를 중시한다. 주관주의는 역시 논리필연적인 것은 아니지만 근대학파의 소질과 환경에 구속되고 불평등한 인간상을 전제로 하여, 범죄행위도 행위자의 인격 · 소질 · 환경의 필연적 산물이라고 한다. 따라서 범죄와 형벌에서도 중요한 것은 범죄행위와 그 결과가 아니라 행위자의 범죄의사나 사회적 위험성이라고 한다.

Ⅱ. 현행형법의 입장　　　　　　　　　　　　　　　　　　[14]

객관주의와 주관주의는 형법의 입법이나 해석에서 많은 차이를 보이지

제1절 범죄론의 기본개념 37

만, 양자 모두 장·단점을 지니고 있기 때문에 현행형법은 양자를 절충하는 입장을 취하고 있다.

예를 들어 객관주의에 의하면 제25조 장애미수와 제26조 중지미수 모두 형을 필요적으로 감경해야 한다. 양자 모두 객관적으로 보아 기수보다 행위나 결과가 가볍기 때문이다. 반면 양자 모두에서 형을 면제할 수는 없다. 왜냐하면 장애미수와 중지미수 모두 객관적으로 보면 실행에 착수하여 범죄의 일부를 수행하였기 때문에 이에 대해서는 형벌을 과해야 하기 때문이다. 그리고 제27조 불능미수는 객관적으로 결과발생이 불가능한 경우이기 때문에 처벌할 필요가 없다고 할 수도 있다.

이에 대해 주관주의에 의하면 장애미수와 불능미수는 기수와 동일하게 처벌해야 하고, 중지미수는 처벌할 필요가 없다. 왜냐하면 장애미수와 불능미수의 경우 우연히 혹은 행위자의 착오로 인해 결과가 발생하지 않더라도 실행에 착수한(범죄를 시작한) 행위자의 범죄의사나 반사회적 위험성은 기수범과 다를 게 없기 때문이다. 이에 대해 범행을 중지한 행위자는 범죄의 세계를 떠나려고 한 것으로서 재범위험성이 없으므로 미수에 그친 행위나 결과가 있더라도 형벌을 면제할 수 있다.

그런데 형법 제25조 제2항은 장애미수의 형벌에 대해 임의적 감경, 제26조는 중지미수에 대해 필요적 감면, 제27조는 불능미수에 대해 임의적 감면을 규정하여 절충적 입장을 취하고 있다. 장애미수의 형은 임의적 감경이므로 감경하면 객관주의, 감경하지 않으면 주관주의 입장과 같다. 중지미수의 형벌은 필요적 감면이므로 감경만 하면 객관주의, 면제를 하면 주관주의 입장과 같다. 불능미수의 형은 임의적 감면이므로 면제나 감경을 하면 객관주의, 면제나 감경을 하지 않으면 주관주의와 같은 입장이다.

미수범뿐만 아니라 공범, 죄수, 형벌에 관한 규정 등 형법 전반에서 현행형법은 객관주의와 주관주의를 절충하는 입장을 취하고 있다.

제3관 행위론과 범죄체계

Ⅰ. 행위론의 주장근거 [15]

'범죄는 구성요건에 해당하고 위법하고 유책한 행위'라는 정의는 '범죄는 행위이다'라는 정의에서 출발하여 구성요건, 위법성, 책임이라는 수식어들이 붙어가는 것이다. 이 때문에 범죄를 이해하는 첫걸음은 행위의 개념을 이해하는 것이라는 사고가 생겨났다. 이에 따라 독일에서 여러 가지 행위론이 주장되었고 이것들이 우리나라에도 받아들여졌다.

행위론은 그 자체로는 별 의미가 없는 것이었지만, 논의과정에서 범죄체계론의 확립에 기여할 수 있게 되었다.

Ⅱ. 행위론의 내용 [16]

1. 인과적 행위론

인과적 행위론은 행위를 인과적으로 파악하여 행위는 인간의 내심상태가 원인이 되고 그것이 외부적 신체동작이라는 결과로 나타난 것이라고 하고, 행위를 '유의적(有意的) 신체거동'이라고 정의한다. 인과적 행위론은 외적·객관적 요소는 구성요건과 위법성에, 주관적·내적 요소는 책임요소로 파악하는 인과적 범죄체계를 주장하였다. 즉, 행위나 구성요건 단계에서는 의사의 존재 여부만 문제삼고, 의사의 구체적 내용은 책임단계에서 파악한다는 것이다. 이에 의하면 고의·과실은 구성요건요소가 아니라 책임요소가 되고, 책임의 형식은 고의책임과 과실책임으로 나뉜다.

2. 목적적 행위론

목적적 행위론은 인간이 어떤 행위를 하는 이유는 일정한 목적을 달성하기 위해서라고 한다. 즉 행위는 목적달성을 위한 수단이라는 것이다. 목적적 행위론에 의하면 어떤 행위가 어떤 범죄의 구성요건에 해당하는 행위인가를 알기 위해서는 의사의 존재만이 아니라 의사의 내용까지 고려해야 한다. 예를 들어 사람의 머리를 때리는 행위가 상해행위, 폭행행위, 살인행위 중 어디에 해당하는지는 행위자의 내심상태를 파악해야 알 수 있다는 것이다. 따라서 고의·과실과 같은 내심상태는 책임요소가 아니라 주관적 구성요건요소가 된다고 하는 목적적 범죄체계를 주장한다.

3. 사회적 행위론

사회적 행위론은 행위를 '사회적으로 중요한 인간의 행태(行態, Verhalten) 또는 행동(behavior)'이라고 파악한다. 사회적 행위론은 대체로 목적적 행위론의 범죄체계를 따르되 인과적 행위론의 범죄체계도 받아들인다. 이에 따라 고의·과실은 구성요건요소임과 동시에 책임요소라고 하는 이중적 기능설을 주장하기도 한다. 현재 우리나라의 다수설이다.

Ⅲ. 형법상의 범죄행위 [17]

형법에서도 범죄행위에는 고의·과실, 작위·부작위 행위가 있고 이를 조합하면 고의작위행위, 과실작위행위, 고의부작위행위, 과실부작위행위의 4가지가 된다. 이러한 행위개념들을 가지고 형법적 문제를 고찰해야 한다.

예를 들어 변사체가 발견되었다고 할 경우, ① '누가 그 사람을 때리거나 독약을 주어 살해하지 않았는가' 하는 고의작위범, ② '실수로 이 사람을 밀거나 독약을 주어 죽인 사람이 있지 않은가' 하는 과실작위범, ③ '그 사람의 죽음을 방지해야 할 사람이 일부러 방지하지 않지 않았는가' 하는 고의부작위범, ④ '그 사람의 죽음을 방지해야 할 사람이 실수로 방지조치를 취하지 않지 않았는가' 하는 과실부작위범을 생각해야 한다.

순서는 상관이 없지만 이 네 가지 범주에 해당되는가의 여부를 반드시 생각해봐야 한다. 네 가지 어디에도 해당되지 않는다면 그 사건은 범죄행위로 인한 것이 아니라 불행한 사고에 불과한 것으로서 형법적 고찰의 대상이 아니다.

Ⅳ. 범죄체계론   [18]

1. 범죄체계론의 의의

범죄가 성립하기 위해서는 수많은 요소들이 필요한데, 수많은 범죄성립요소들을 어떤 위치에 두고 어떤 순서로 어떻게 다루어야 하는가가 문제될 수 있다. 범죄체계론은 범죄를 가장 올바르게 이해하기 위해서 범죄성립요소에는 어떤 것이 있고, 이를 어느 위치에서 어떻게 다루어야 하는가를 탐구하는 분야이다. 범죄가 성립하기 위해서 구성요건해당성, 위법성, 책임이라는 조건이 필요하다는 것도 범죄체계론의 발전에 의한 것이다.

2. 범죄체계론의 내용

(1) 인과적 범죄체계론

인과적 범죄체계론은 범죄를 고의·과실 등 인간의 내심상태가 원인이 되어 범죄라는 외부적 결과로 나타난 것이라고 하여 범죄의 주관적·내적 요소와 객관적·외적 요소를 엄격히 분리하여 고찰한다. 이 이론은 규범적 요소와 사실적 요소도 엄격히 분리하여 판단한다.

이 입장은 대체로 고의·과실은 책임요소라고 하고, 이에 따라 구성요건해당성은 객관적 사실판단, 위법성은 객관적 가치판단, 책임은 행위자의 내심상태에 대한 주관적 사실판단(심리적 책임론)이라고 한다. 또한 위법성인식(가능성)을 고의의 한 구성요소로 보는 고의설을 따른다.

(2) 목적적 범죄체계론

목적적 범죄체계론에서는 인간은 일정한 목적을 달성하기 위해 행위를 하므로 행위자의 내심상태를 고려하지 않고 행위의 의미를 파악하는 것은 불가능하다고 한다. 이에 따라 고의·과실은 책임요소가 아니라 주관적 구성요건요소이고, 목적·동기 등은 초과주관적 구성요건요소라고 한다.

이 입장은 구성요건요소에도 사실적 요소만이 아니라 규범적 요소가 있다고 하고(규범적 구성요건요소), 책임도 사실판단이 아닌 규범적 판단이라고 하는 규범적 책임론을 주장한다. 또한 위법성인식은 고의의 한 구성요소가 아니라 고의와는 무관한 독자적인 책임요소라고 하는 책임설을 주장한다.

(3) 절충적 범죄체계론

절충적 범죄체계론에서는 목적적 범죄체계론의 입장을 대부분 수용하되 고의·과실이 주관적 구성요건요소로서만이 아니라 책임요소로서도 기능한다고 하여 고의·과실의 이중적 기능을 인정한다. 또한 이를 기초로 오상방위나 오상피난과 같은 위법성조각사유의 요건(전제)사실의 착오(예를 들어 가게주인이 가게 안으로 들어오는 손님을 강도로 오인하고 정당방위 의사로 폭행한 경우)에서 구성요건적 고의는 인정되지만 책임고의가 탈락하므로 과실범의 책임만을 인정하는 법효과제한책임설을 주장하기도 한다. 현재의 다수설이다.

제 2 절 구성요건해당성론

제 1 관 구성요건이론

I. 구성요건의 개념과 기능 [19]

1. 구성요건의 개념

구성요건이라는 개념은 이전부터 쓰였지만, 오늘날과 같은 의미의 구성요건이라는 개념을 최초로 사용한 학자는 벨링(Beling)이다. 벨링은 구성요건해당성, 위법성, 책임이라고 하는 범죄성립 3원론을 확립하였다.

구성요건이란 '성문형법에 규정되어 있는 범죄의 유형'이라고 정의할 수 있다. 예를 들어 절도죄의 구성요건은 '타인의 재물을 절취한 자'(제329조), 강도죄의 구성요건은 '폭행 또는 협박으로 타인의 재물을 강취하거나 재산상의 이익을 취득한 자'(제333조)이다.

이 밖에 많이 사용되는 개념으로 기본적 구성요건과 수정적 구성요건이라는 용어가 있다. 수정적 구성요건에는 가중적 구성요건과 감경적 구성요건이 있다. 살인죄의 기본적 구성요건은 제250조 제 1 항의 보통살인죄이다. 제250조 제 2 항의 존속살해죄는 보통살인죄의 가중적 구성요건이고, 제251조의 영아살해죄는 보통살인죄의 감경적 구성요건이다.

2. 구성요건의 기능

(1) 보장적 기능

구성요건은 예시적(명문에 없는 사항도 포함될 수 있음)인 것이 아니라 열거적(명문에 없는 사항은 포함할 수 없음)인 것이다. 즉 형법에 범죄로 규정되어 있는 행위 이외의 행위는 아무리 비난받을 행위라도 범죄가 아니다. 따라서 일반국민들은 구성요건에 범죄로 규정되어 있는 행위 이외의 행위에 대해서는 국가형벌권의 간섭을 받지 않을 자유가 보장된다. 이를 구성요건의 보장적 기능이라고 한다.

(2) 연결·결합적 기능

구성요건에 해당하는 행위만이 위법성판단의 대상이 되고, 위법한 행위만이 책임판단의 대상이 되므로 구성요건은 형법해석학의 출발점이 된다. 이를 구성요건의 연결·결합적 기능이라고 한다.

(3) 규범적 기능

구성요건은 일반인들에게 금지되는 행위가 무엇인지 알려주고, 그 행위를 하지 않도록 의사결정할 것을 요구한다. 이것을 규범적 기능이라고 한다. 나아가 구성요건해당성이 있는 행위는 원칙적으로 위법하므로 구성요건은 구성요건에 해당하는 행위를 하는 사람에게 그의 행위가 위법할 수 있음을 경고하거나 주의를 환기하는 기능도 한다.

3. 구성요건해당성

구성요건해당성이란 어떠한 행위가 법률에 규정된 구성요건상의 객관적·주관적 요소를 모두 충족하였다는 판단이다. 구성요건 개념은 정적인 개념인 데 비해 구성요건해당성은 법규정과 현실을 비교하는 동적 개념이라고 할 수 있다.

예를 들어 甲이 코피를 낼 것을 의도하고 주먹으로 A의 코를 강타하였는데 A가 피한 경우 甲의 행위는 살인의 고의가 없어 살인미수죄의 구성요건해당성이 없고, 피가 나지 않았으므로 상해기수죄의 구성요건해당성도 없다.

이 경우에는 상해미수죄의 구성요건해당성이 인정된다.

4. 소극적 구성요건요소이론

통설은 범죄성립요소로서 구성요건해당성, 위법성, 책임이 필요하다는 범죄성립 3원론을 따른다. 이에 의하면 구성요건해당성 판단과 위법성 판단은 서로 독립된 것이고, 구성요건해당성은 위법성의 인식근거로서 구성요건해당성이 있는 행위는 위법성을 사실상 추정받다가 위법성조각사유의 존재가 확인되면 위법하지 않은 행위로 인정된다.

이에 대해 소극적 구성요건요소이론은 위법성은 구성요건해당성의 소극적 요소 혹은 소극적 측면이라고 하고 통설의 구성요건해당성과 위법성을 합친 총체적 불법구성요건이라는 개념을 사용한다. 그리고 범죄성립조건을 불법(총체적 불법구성요건해당성)과 책임의 두 가지라고 하는 범죄성립 2원론을 주장한다. 이 이론에 의하면 구성요건해당성은 위법성의 존재근거이다. 즉, 총체적 불법구성요건에 해당하는 행위는 언제나 위법하고, 위법하지 않은 행위는 총체적 불법구성요건해당성이 없다.

예를 들어 甲이 자신을 살해하려고 하는 A를 정당방위로 살해한 경우에 대한 통설과 소극적 구성요건요소이론의 설명은 다음과 같다.

통설에 의하면 甲의 행위는 살인죄의 구성요건에 해당하고, 일단 그 행위가 위법한 것으로 사실상 추정되다가(인식근거) 甲의 행위가 정당방위로 판명되면 위법하지 않은 것으로 평가된다. 이에 비해 소극적 구성요건요소이론은 甲의 행위는 정당방위이므로 아예 살인죄의 총체적 불법구성요건 해당성이 없다고 한다. 통설은 아예 구성요건해당성이 없는 행위(모기를 죽이는 행위)와 구성요건해당성이 있지만 위법하지 않은 행위(정당방위로 사람을 살해하는 행위)에는 질적 차이가 있다고 한다. 이에 비해 소극적 구성요건요소이론에서는 양자 사이에 아무런 질적 차이가 없다고 한다.

Ⅱ. 구성요건요소 [20]

구성요건에는 여러 가지 요소가 있고, 여러 가지 개념들이 사용되고 있는

데, 이들을 다음과 같이 분류해 볼 수 있다.

1. 사실적 구성요건요소와 규범적 구성요건요소

사실적(서술적) 구성요건요소란 가치판단·규범적 판단을 하지 않고 오감 (五感)을 통한 사실판단이나 상식을 통해서도 확정할 수 있는 개념들을 말한 다. 규범적 구성요건요소란 가치판단·규범적 판단을 통해서야 확정되는 개 념을 말한다.

예를 들어 형법 제24조의 '음란한 물건을 제조, 소지, 수입 또는 수출한 자'에서 '물건', '제조', '소지', '수입', '수출', '자' 등은 사실적 구성요건요소 이다. 그러나 '음란'은 단순히 오감만으로 결정될 수 없고 규범적 가치판단을 거쳐야 확정될 수 있는 개념이므로 규범적 구성요건요소이다.

2. 객관적 구성요건요소와 주관적 구성요건요소

객관적 구성요건요소란 구성요건요소 중 객관적으로 관찰가능한 것을 말 한다. 주관적 구성요건요소란 구성요건요소 중 객관적으로 관찰가능하지 않 은 행위자의 내심상태를 말한다(여기에서 '주관적'이란 '인적'이라는 의미가 아니라 '내심 적'이라는 의미이다). 인과적 범죄체계에서는 주관적 구성요건요소를 인정하지 않 지만, 목적적 범죄체계나 절충적 범죄체계에서는 주관적 구성요건요소를 인 정한다.

예를 들어 형법 제259조 상해치사죄의 구성요건인 '사람의 신체를 상해 하여 사망에 이르게 한 자'에서 '사람', '신체', '상해', '사망' 등은 객관적으 로 관찰할 수 있는 것이므로 객관적 구성요건요소라고 한다. 객관적 구성요 건요소에는 행위의 주체, 객체, 태양(방법), 결과, 인과관계 등이 있다. 이에 비 해 이러한 행위를 할 당시 행위자의 내심상태를 주관적 구성요건요소라고 한 다. 상해치사죄가 성립하기 위해서는 행위자에게 상해의 고의와 사망에 대 한 과실이라고 하는 주관적 구성요건요소가 있어야 한다. 행위자에게 사망 에 대한 고의가 있는 경우에는 살인죄가 성립하고 상해치사죄가 성립하지 않 는다.

상해치사죄에서는 예를 들어 원수를 갚는다는 목적과 같은 목적이 주관

적 구성요건요소가 될 수 없지만, 목적범에서는 목적이 (초과) 주관적 구성요
건요소가 된다. 약취·유인하는 사람에게 추행의 목적이 있는 경우에는 그
행위가 추행목적의 약취·유인죄(제288조 1항)의 구성요건에 해당되지만, 성매
매의 목적이 있는 경우에는 그 행위가 성매매목적 약취·유인죄(제288조 2항)의
구성요건에 해당된다.

어떤 범죄이든 고의 또는 과실 중 어느 하나는 반드시 있어야 성립하므
로(과실책임의 원칙), 고의·과실을 주관적 구성요건요소라고 한다. 이에 비해 일
정한 범죄에서는 고의 이외에 목적·동기·불법영득의사 등이 있어야 구성
요건해당성이 인정될 수 있다. 따라서 목적·동기·불법영득의사 등을 초과
주관적 구성요건요소라고 한다.

제 2 관   법인의 형사책임

Ⅰ. 법인과 형사책임(양벌규정과 법인의 형사책임)   [21]

사회에서 법인이 차지하는 역할이 커지면서 사법이나 공법의 영역에서는
법인도 권리와 의무의 주체가 되고 그 기관을 통해 법률행위뿐만 아니라 불
법행위를 할 수 있는 존재로 인정되었다. 여기에서 더 나아가 법인도 범죄
행위의 주체가 될 수 있는가 또는 법인에 대해서도 형벌을 과할 수 있는가
가 문제되고 있다. 전자가 법인의 범죄능력, 후자가 법인의 형벌능력의 문제
이다.

현행법률 중에는 법인의 종업원이 범죄행위를 한 경우 종업원을 처벌할
뿐만 아니라 법인에게도 벌금형을 과하는 양벌규정을 두고 있는 법률들이 많
이 있다. 예를 들어 도로교통법 제159조는 "법인의 대표자나 법인 또는 개인
의 대리인, 사용인, 그 밖의 종업원이 법인 또는 개인의 업무에 관하여 제148
조, 제148조의2, 제149조부터 제157조까지의 어느 하나에 해당하는 위반행위
를 하면 그 행위자를 벌하는 외에 그 법인 또는 개인에게도 해당 조문의 벌
금 또는 과료의 형을 과한다. 다만, 법인 또는 개인이 그 위반행위를 방지하

기 위하여 해당 업무에 관하여 상당한 주의와 감독을 게을리하지 아니한 경우에는 그러하지 아니하다"라고 규정하고 있다.

이러한 양벌규정과 관련하여 법인의 범죄능력 및 형벌능력을 인정할 것인가, 인정한다면 그 법적 성격은 무엇인가가 문제된다.

Ⅱ. 법인의 범죄능력   [22]

1. 법인의 본질론과 범죄능력

법인의 본질에 대해서는 법인의제설과 법인실재설이 대립하였다.

법인의제설은 법인은 사회적 실체가 아니라 법률에 의해 법인격이 있는 것으로 간주되는 존재에 불과하다고 하고, 법인실재설은 법인은 자연인 이외에 또 하나의 사회적 실체라고 한다. 법인실재설에 의하면 법인의제설에 비해 법인의 범죄능력을 인정하기 용이하지만, 오늘날 이러한 견해의 대립은 무의미해졌다. 법인의 범죄능력의 인정여부는 법인본질론뿐만 아니라 범죄와 형벌의 본질, 기능, 임무 등에 대한 이해 및 형사정책적 고려 등 종합적 요인에 의해 결정된다고 할 수 있기 때문이다.

2. 범죄능력 인정여부에 관한 학설

양벌규정이 있는 경우 법인의 범죄능력을 인정할 수 있지만, 양벌규정이 없는 경우에도 법인에게 범죄능력이 인정되는지에 대해 견해가 대립한다.

(1) 범죄능력 부정설

부정설은 ① 법인은 육체와 의사가 없으므로 범죄행위를 할 수 없고 법인에게 형벌을 과할 수도 없고, ② 법인은 목적범위에서만 활동할 수 있는데 범죄는 법인의 목적이 될 수 없고, ③ 법인에게는 자유의사가 없으므로 법인에 대한 윤리도덕적 비난이 의미가 없고, ④ 법인을 처벌하면 범죄와 무관한 법인의 다른 구성원들까지 처벌당하는 결과가 생기고, ⑤ 개인과 법인을 모두 처벌하는 것은 이중처벌이고, ⑥ 법인에게는 오늘날 가장 중요한 형벌인 자유형을 과할 수 없고, ⑦ 법인을 처벌할 필요가 있는 경우에는 영업정지나 영업취소 등과 같이 행정벌 혹은 질서위반벌을 가하면 족하다는 것 등을 근거로 법인의 범죄능력을 부정한다.

(2) 범죄능력 긍정설

긍정설은 ① 법인은 기관을 통하여 범죄행위를 할 수 있고, ② 법인이 그 활동과정에서 범죄행위를 하는 것이 현실이고, ③ 법인에 대해서도 윤리도덕적 비난이 가능하고, ④ 자연인을 처벌하는 경우에도 범죄와 무관한 사람들이 간접적 피해를 입는 것은 마찬가지이고, ⑤ 법인은 자연인인 기관을 통해서 활동하기 때문에 자연인과 법인을 함께 처벌해도 이중처벌이나 자기책임의 원리에 반하지 않고, ⑥ 오늘날 벌금형의 중요성이 점차 커지고 있는데 벌금형은 법인에게 적절한 형벌이고, ⑦ 행정제재로는 법인이 행한 반사회적 행위에 상응하지 못하고 법인의 재범방지에도 효과적이지 못할 수가 있다는 것 등을 근거로 법인의 범죄능력을 인정한다.

(3) 부분적 긍정설

형사범에서는 법인의 범죄능력을 부인하고 행정범에서는 법인의 범죄능력을 인정하는 견해이다.

Ⅲ. 양벌규정과 법인의 형벌능력 [23]

양벌규정에 의해 법인을 처벌할 경우 그 근거는 무엇인가에 대해 다음과 같은 학설의 대립이 있다.

1. 무과실책임설

법인의 범죄능력을 부인하는 입장에 의하면 양벌규정은 범죄를 저지르지 않았음에도 불구하고 법인을 처벌하는 것이기 때문에 법인은 무과실책임을 지는 것이라고 한다.

2. 과실책임설

양벌규정으로 법인이 처벌받는 것은 종업원에 대한 법인의 선임·감독상의 과실에 의한 것이라고 한다.

과실책임설에는 순수한 과실책임설과 과실추정설, 과실의제설 등이 있다. 그러나 과실추정설과 과실의제설은 헌법상 무죄추정의 원칙에 반한다.

Ⅳ. 판례의 입장

판례는 양벌규정이 없는 경우 법인의 범죄능력을 부정한다.

[대판 2009. 5. 14. 2008도11040; 대판 1997. 1. 24. 96도524] 법인격 없는 사단과 같은 단체는 법인과 마찬가지로 사법상의 권리의무의 주체가 될 수 있음은 별론으로 하더라도 법률에 명문의 규정이 없는 한 그 범죄능력은 없고 그 단체의 업무는 단체를 대표하는 자연인인 대표기관의 의사결정에 따른 대표행위에 의하여 실현될 수밖에 없다.

양벌규정이 있는 경우에는 법인의 범죄능력을 인정한다. 법인의 기관이 범죄행위를 한 경우 법인은 과실책임뿐만 아니라 고의책임도 지지만, 법인의 종업원이 범죄행위를 한 경우에는 과실책임을 진다고 한다.

[대판 2010. 9. 30. 2009도3876; 헌재 2010. 7. 29. 2009헌가25] 법인은 기관을 통하여 행위하므로 … 대표자의 고의에 의한 위반행위에 대하여는 법인 자신의 고의에 의한 책임을, 대표자의 과실에 의한 위반 행위에 대하여는 법인 자신의 과실에 의한 책임을 지는 것이다.
[대판 2010. 4. 15. 2009도9624] 지입회사인 법인은 지입차주의 위반행위가 발생한 그 업무와 관련하여 법인의 상당한 주의 또는 관리감독의무를 게을리한 과실로 인하여 처벌되는 것이다(헌재 2007. 11. 29. 2005헌가10도 같은 취지).

제 3 관 인과관계와 객관적 귀속

제17조(인과관계) 어떤 행위라도 죄의 요소되는 위험발생에 연결되지 아니한 때에는 그 결과로 인하여 벌하지 아니한다.

Ⅰ. 인과관계의 형법적 의의   [24]

거동범(형식범)은 일정한 행위만으로 성립하지만 결과범(실질범)은 행위가 존재해야 할 뿐만 아니라 결과가 발생해야 하고 범죄행위와 결과 사이에 인과관계까지 있어야 범죄가 성립하거나 기수가 될 수 있다. 예를 들어 甲이 살인의 고의로 A의 심장을 찔렀지만 A가 경상만을 입고 앰뷸런스에 실려 병원으로 가던 중 교통사고로 사망한 경우, 甲의 살인행위도 있고 A의 사망이라는 결과도 있었지만, 甲에게 살인기수죄를 인정할 수 있는가 문제된다.

위의 경우 甲이 A를 칼로 찌른 행위가 원인이 되어 A의 사망의 결과가 발생하였다고 한다면 甲의 행위와 A의 사망 사이에는 인과관계가 있다는 의미가 된다. 반면 A의 사망의 원인은 甲이 칼로 찌른 행위가 아니라 교통사고였다고 한다면 甲의 행위와 A의 사망 사이에는 인과관계가 없다는 의미가 된다. 이에 따라 전자의 경우 살인기수, 후자의 경우 살인미수가 인정된다.

인과관계가 문제되는 결과범에는 고의결과범, 과실범, 결과적 가중범 등이 있다. 고의결과범에서 인과관계는 범죄의 기수 또는 미수를 결정짓는 기능을 한다. 범죄행위가 있고 결과가 발생하였고 양자 사이에 인과관계가 인정되는 경우에는 기수, 인정되지 않는 경우에는 미수가 된다. 과실범은 모두 결과범이므로 주의의무위반과 결과발생이 있고 양자 사이에 인과관계가 있는 경우에는 과실범이 성립하지만, 인과관계가 없는 경우에는 과실범의 미수가 되는데 과실범의 미수는 벌하지 않으므로 무죄가 된다. 기본범죄행위가 있고 무거운 결과가 발생하였고 양자 사이에 인과관계가 있는 경우에는 결과적 가중범이 성립할 수 있으나, 인과관계가 없는 경우에는 기본범죄만이 성립한다.

Ⅱ. 인과관계에 관한 학설   [25]

1. 형법 제17조

형법 제17조는 인과관계에 관해 규정하고 있지만, 매우 추상적인 내용으로 되어 있다. 이 때문에 인과관계에 관한 다양한 학설들이 제시되고 있다.

2. 조건설

어떤 결과가 발생하기 위해서는 무수한 조건들이 필요하다. 조건설은 결과발생에 필요한 '모든 조건'들을 결과발생의 '원인'이라고 한다. 조건들의 우열을 따지지 않고 모든 조건을 동일하게 결과발생의 원인으로 파악한다는 점에서 등가설(等價說)이라고도 한다.

인과관계에 관한 조건설에는 전통적 조건설과 합법칙적 조건설이 있다.

전통적 조건설은 '앞의 행위가 없었다면 뒤의 결과가 발생하지 않았을 것'이라고 인정되는 경우 행위와 결과 사이의 인과관계를 인정한다. 이를 '가설적 제거공식'(c.s.q.n.; conditio sine qua non)이라고 한다. 자연과학에서 사용되는 인과관계 개념을 형법에도 그대로 받아들이는 입장이다.

합법칙적 조건설은 조건설이 따르고 있는 c.s.q.n.공식이 아니라 행위와 결과 사이에 경험법칙상의 관련성이 존재하느냐에 의해 인과관계 유무를 결정하는 이론이다.

조건설은 일상생활에서 많이 사용되고, 도덕적 책임이나 정치적 책임을 인정하는 데에는 적합할 수도 있다. 그러나 전통적 조건설이든 합법칙적 조건설이든 인과관계를 인정하는 범위가 너무 넓어 법적 책임을 묻는 데에 적합하지 않고 특히 형사책임을 제한하는 기능을 제대로 수행하지 못한다는 비판이 제기된다. 예를 들어 甲이 상해의 의사로 A의 다리를 찔렀고 상해를 입은 A가 병원에 입원하였으나 그 날 병원에 화재가 발생하여 A가 사망한 경우, 甲이 다리를 찌르지 않았으면 A가 사망하지 않았을 것이라는 관계가 인정되므로 전통적 조건설이나 합법칙적 조건설에 의하면 인과관계가 인정된다. 이에 따라 甲에게 상해치사죄의 책임이 인정될 가능성이 있다. 이 때문에 조건설을 취하는 경우에는 객관적 귀속론을 통해 형사책임을 제한해야 할 필요가 생긴다.

3. 상당인과관계설

(1) 상당인과관계설의 내용

상당인과관계설은 인과관계를 원인과 결과의 관련성으로만 파악하는 것이 아니라 형법상 책임인정의 근거로도 파악한다. 상당인과관계설에서는 행위와 결과 사이에 경험법칙상 상당성이 있을 때에만 인과관계를 인정한다. 상당성이란 '고도의 가능성', 즉 '개연성'(probability)을 의미한다. 따라서 일정한 행위가 있으면 일정한 결과가 발생할 개연성이 있는 경우에만 행위와 결과 사이의 인과관계를 인정하고, 일정한 행위에서 일정한 결과가 발생할 개연성까지는 없고 가능성(possibility)만이 있는 경우에는 인과관계를 인정하지 않는다.

위의 사례에서 사람의 다리를 찌를 경우 그가 병원에 입원했다가 화재로 사망할 가능성이 있다고 할 수 있지만 개연성 내지 상당성까지 있다고는 할 수 없다. 따라서 甲의 상해행위와 A의 사망 사이에는 상당인과관계가 인정되지 않으므로 甲은 A의 사망에 대해서는 책임을 지지 않게 되어 상해치사죄가 아닌 상해죄의 책임만을 진다.

(2) 상당인과관계설의 종류

상당인과관계설은 상당성 판단의 자료를 무엇으로 할 것인가, 즉 행위 당시에 어떤 사정이 있다는 것을 전제로 하여 행위와 결과발생 사이의 상당성을 판단할 것인가에 따라 주관적·객관적·절충적 상당인과관계설로 나뉜다.

주관적 상당인과관계설은 '행위 당시 행위자가 인식하였거나 인식할 수 있던 사정'을, 객관적 상당인과관계설은 '행위 당시에 존재했던 모든 사정'을, 절충적 상당인과관계설은 '행위 당시 일반인이 인식할 수 있었던 사정과 행위자가 특별히 알고 있었던 사정'을 기초로 한다. 그리고 이러한 사정하에서 사회경험칙상 어떤 행위가 있으면 어떤 결과가 발생할 고도의 가능성, 즉 상당성이 있는지 여부에 따라 인과관계 유무를 판단한다.

세 학설은 상당성 판단의 자료를 무엇으로 할 것인가에 따라 구별되는 것이고, 상당성 판단의 방법은 세 학설 모두 사회경험칙에 의해 객관적으로 판단하는 방법을 사용한다.

4. 기타의 학설

현재 아래에서 소개되는 학설들을 따르는 학자들은 없지만, 모두 조건설에 의하면 인과관계의 범위가 너무 넓어진다는 문제점을 시정하기 위한 목적으로 등장한 것이다.

(1) 원인설

원인설은 결과발생의 모든 조건 중 '일정한 조건', 예를 들어 최종조건, 최유력조건, 필연조건 등만이 원인이 될 수 있다고 한다. 최종조건설에 의하면 위의 사례에서 A의 사망의 최종조건은 병원의 화재이므로 甲의 상해행위와 A의 사망 사이에는 인과관계가 인정되지 않는다.

(2) 인과관계중단설

행위와 결과발생 사이에 고의·과실행위나 자연적 사실이 개입된 경우 인과관계가 중단된다는 이론이다. 이 입장에 의하면 위의 사례에서 甲의 상해행위와 A의 사망 사이에 병원의 화재라는 사실이 개입되었기 때문에 甲의 상해행위와 A의 사망 사이에서 인과관계가 중단되고, 이에 따라 甲은 A의 사망에 대해 책임을 지지 않는다.

5. 판 례

대법원은 일찍부터 상당인과관계설을 따른다고 표방하였고(대판 1967. 2. 28. 67도45), 이러한 태도를 지금까지 유지해 오고 있다(대판 2020. 1. 16. 2017도12742).

판례에 의하면 고등학교 교사가 제자의 잘못을 징계코자 왼쪽뺨을 때려 뒤로 넘어지면서 사망에 이르게 하였더라도 위 피해자는 두께 0.5미리밖에 안 되는 비정상적인 얇은 두개골이었고 또 뇌수종을 가진 심신허약자로서 좌측뺨을 때리자 급성뇌성압상승으로 넘어지게 된 경우(대판 1978. 11. 28. 78도1961) 교사의 행위와 학생의 사망 사이에 상당인과관계가 인정되지 않는다.

이러한 입장은 객관적 상당인과관계설을 따른 것이라고 할 수는 없다. 왜냐하면 교사가 알았든 몰랐든 행위당시 존재했던 모든 사정은 교사가 비정상 체질의 심신허약자인 학생의 뺨을 때린다는 것인데, 이 경우 학생이 사망할 가능성(possibility)뿐만 아니라 개연성(probability)까지 존재한다고 할 수 있기 때문이다. 이에 비해 주관적 또는 절충적 상당인과관계설에 의하면 행위자나 일반인이 인식할 수 있었던 사정은 교사가 건강한 학생의 뺨을 때린다는 것인데, 이 경우 학생이 사망할 가능성은 있어도 개연성까지 있다고 할 수 없기 때문이다.

Ⅲ. 객관적 귀속론 [26]

1. 객관적 귀속론의 의의

조건설 내지 합법칙적 조건설만으로는 형사책임의 범위가 넓게 인정되므로 이것을 줄이기 위한 다른 기준이 필요하게 되는데, 그 중 하나가 객관적 귀속론이다. 객관적 귀속론은 인과관계의 문제와 형법상 책임귀속의 문제를 구별하여, 전자는 자연적 내지 전법률적 인과관계 개념에 의해 해결하고, 조건설적 인과관계가 인정되는 '모든' 결과를 행위자의 구성요건적 행위에 귀속시키는 것이 아니라 '일정한' 결과만을 행위자의 구성요건적 행위에 귀속시키려고 한다.

예를 들어 앞의 판례의 사례에서 학생의 사망이라는 결과를 교사의 폭행행위라는 구성요건적 행위에 귀속시킬 것인지 아니면 구성요건적 행위가 아닌 허약체질 등 다른 요인에 귀속시킬 수 있는지 문제될 수 있다. 만약 전자를 인정할 수 있다면 교사의 행위가 폭행치사죄에 해당된다고 할 수 있지만, 인정할 수 없다면 폭행치사죄에 해당될 수 없다.

2. 객관적 귀속의 기준

발생된 결과를 구성요건적 행위에 귀속시키기 위한 기준으로서 지배가능성이론, 위험증대이론, 규범의 보호범위이론 등이 제시되고 있다.

(1) 지배가능성이론

지배가능성이론이란 행위자가 그 결과발생 여부를 지배할 수 있었던 경우에만 객관적 귀속을 인정할 수 있고, 그 결과발생 여부를 지배할 수 없었던 경우에는 객관적 귀속이 인정되지 않는다는 이론이다. 예를 들어 지진으로 댐이 붕괴된 경우 댐관리자가 댐관리를 소홀하게 하였다고 하더라도 댐의 붕괴라는 결과를 댐관리소홀 행위에 귀속시킬 수 없다고 한다.

(2) 위험증대이론

위험증대이론은 일정한 행위에 의해 일정한 결과가 발생된 경우 그 행위가 보호객체에 대한 위험을 야기하거나 증대시키는 행위인 경우에만 발생된 결과를 그 행위에 귀속시킬 수 있고, 그 행위가 위험을 감소시킨 행위나 허용된 위험의 범위 내에서의 행위인 경우에는 발생된 결과를 그 행위에 귀속시킬 수 없다는 이론이다. 예를 들어 총알이 날아오자 경호원이 피보호자의 생명을 보호하기 위해 그를 세게 밀쳐 상처를 입혔다고 하더라도 그 상해의 결과를 경호원의 밀치는 행위에 객관적으로 귀속시킬 수 없다고 한다.

(3) 규범의 보호목적이론

규범의 보호목적이론은 규범을 위반하여 위험을 증대시켰거나 허용되지 않는 위험을 야기시킨 경우라고 하더라도 발생된 결과가 규범의 보호목적범위에 속하지 않는 경우에는 그 결과를 규범위반행위에 귀속시킬 수 없다는 이론이다. 예를 들어 甲이 A를 폭행하고 이를 비관한 A가 자살하였다고 하더라도 A의 사망의 결과는 甲의 폭행행위에 객관적으로 귀속되지 않는다고 한다. 폭행죄를 금지하는 규범의 보호목적에는 폭행당한 사람이 자살하는 것을 방지하는 목적까지 포함되어 있다고 할 수 없기 때문이라는 것이다.

제 4 관   주관적 구성요건요소

Ⅰ. 고 의   [27]

제13조(고의) 죄의 성립요소인 사실을 인식하지 못한 행위는 벌하지 아니한다. 다만, 법률에 특별한 규정이 있는 경우에는 예외로 한다.

1. 형법 제13조

형법 제13조는 고의라는 제목하에 "죄의 성립요소인 사실을 인식하지 못한 행위는 벌하지 아니한다. 다만 법률에 특별한 규정이 있는 경우에는 예외로 한다"라고 규정하여, 고의에 필요한 최소한의 요건으로서 '죄의 성립요소인 사실'의 인식이 있어야 함을 규정하고 있다. 그러나 나아가 고의성립에 어떤 요소가 더 필요한가는 언급하고 있지 않다.

2. 고의의 인정범위

(1) 문제점

구성요건적 행위를 하여 결과를 초래한 행위자의 내심상태로서 형법적 의미를 가진 경우는 ① 객관적 구성요건요소를 인식하고 이를 실현하겠다고 의욕까지 한 경우, ② 객관적 구성요건요소를 인식하고 그 실현을 원하지는 않지만 실현되도 할 수 없다고 인용한 경우, ③ 객관적 구성요건요소를 인식하고 그 실현도 인식하였지만 구성요건이 실현되지 않으리라고 생각한 경우, ④ 객관적 구성요건요소를 아예 인식하지 못한 경우 등 4가지가 있다. 이 경우 어디까지를 고의라고 할 것인가에 대해 견해가 나뉜다.

(2) 인식설 및 의사설

인식설은 고의의 지적 요소를 강조하여 객관적 구성요건요소에 대한 인식만 있으면 고의가 성립된다고 한다. 이에 의하면 위의 ①, ②, ③에서는 고의가 인정되고, ④에서는 고의가 인정되지 않는다. 의사설은 구성요건요소에 대한 인식과 아울러 의욕까지 필요하다고 한다. 이에 의하면 ①에서만 고의가 인정되고, ②, ③, ④에서는 고의가 인정되지 않는다.

인식설은 고의를 너무 넓게 인정하고 의사설은 고의를 너무 좁게 인정한다는 문제점이 있다.

(3) 인용설

인용설은 고의가 성립하기 위해서 객관적 구성요건요소에 대한 인식이 필요하지만 구성요건실현을 의욕할 필요까지는 없고 이를 인용 내지 감수하면 족하다고 한다. 이에 의하면 위의 ①, ②에서는 고의가 인정되고, ③, ④에서는 고의가 인정되지 않는다. 그리하여 행위자의 내심상태를 위의 순서에 따라 ① 확정적 고의, ② 미필적 고의, ③ 인식있는 과실, ④ 인식없는 과실로 나눈다.

학설 중에는 인용설과 감수설을 구별하여 감수설이 타당하다는 입장이 있으나 감수설은 인용설과 같다고 할 수 있다.

(4) 판 례

판례는 다음과 같이 인용설을 따르고 있다.

> [대판 2004. 5. 14. 2004도74] 범죄구성요건의 주관적 요소로서 미필적 고의라 함은 범죄사실의 발생 가능성을 불확실한 것으로 표상하면서 이를 용인하고 있는 경우를 말하고, 미필적 고의가 있었다고 하려면 범죄사실의 발생 가능성에 대한 인식이 있음은 물론 나아가 범죄사실이 발생할 위험을 용인하는 내심의 의사가 있어야 한다. [대판 1982. 11. 23. 82도2024] 피고인이 … 사경에 이른 피해자를 그대로 방치한 소위는 피해자가 사망하는 결과에 이르더라도 용인할 수 밖에 없다는 내심의 의사 즉 살인의 미필적 고의가 있다고 할 것이다.

3. 고의의 종류

(1) 확정적 고의

확정적 고의란 행위 당시 구성요건사실을 확실히 인식하고 나아가 의욕하는 행위자의 내심상태를 말한다. 구성요건사실에 대한 미필적·불확정적 인식이나 구성요건적 사실을 인용하는 것에 불과한 미필적 고의와 구별된다.

(2) 불확정고의

불확정고의란 행위자가 행위시에 구성요건실현에 대해 확실하게 결정하지 않은 상태에서 구성요건실현을 인용하거나 불특정대상에 대해 구성요건실현을 의욕 또는 인용하는 경우를 말한다.

　1) 미필적 고의　　미필적 고의란 행위자가 행위 당시 구성요건요소를 인식하기는 했지만 구성요건실현을 의욕하지 않고 인용(認容)만 하는 내심상태(결과가 발생해도 할 수 없다는 내심상태)를 말한다. 구성요건실현을 의욕하지 않았다는 점에서 확정적 고의와 구별되고, 구성요건실현을 인식하고 나아가 인용까지 하였다는 점에서 인용은 없는 인식있는 과실과 구별된다. 미필적 고의도 확정적 고의와 형법적 효과는 같다. 다만, 법관의 양형에는 영향을 미칠 수 있다.

　2) 택일적 고의　　택일적 고의란 구성요건실현 자체는 의욕 또는 인용하였으나 결과가 발생할 대상이 확실하게 정해지지 않은 경우의 고의를 말한다. 예를 들어 A와 B 중 아무나 맞아도 좋다고 생각하고 총을 발사한 경우

의 고의를 말한다.

(3) 개괄적 고의

개괄적 고의란 후술하는 개괄적 고의 사례(예를 들어 甲이 ① A를 살해하기 위해 몽둥이로 머리를 가격하고 A가 정신을 잃고 쓰러지자 ② 사망한 것으로 오인하고 그의 사체를 은닉하기 위해 모래웅덩이에 파묻었으나 A가 몽둥이에 맞아 사망한 것이 아니라 모래웅덩이에서 질식사한 경우)에서 행위자에게 고의기수의 죄책을 인정하기 위해 고안된 개념이다. 이 경우 고의를 개괄적으로 보아 甲의 가격행위(①행위)에 존재했던 살인의 고의가 A의 사망을 초래한 모래웅덩이에 파묻는 행위(②행위)에도 효력을 미친다고 한다면 甲에게 살인미수죄와 과실치사죄가 아닌 살인기수죄를 인정할 수 있다. 만약 이러한 형태의 고의를 인정한다면 이것이 개괄적 고의이다. 그러나 개괄적 고의는 고의로서의 효력이 인정되지 않는다.

(4) 사전고의와 사후고의

사전고의란 행위 당시에는 존재하지 않고 행위 이전에 존재했던 고의를 말한다. 사후고의란 행위 당시에는 고의가 없었지만 행위 이후에 생긴 고의를 말한다.

예를 들어 甲이 평소 A를 살해할 고의를 가지고 있었는데 어느 날 차를 몰고 가다 행인 한 명을 하나 치어 사망케 하였는데 그 행인이 A였던 경우, 甲이 차로 A를 치는 순간에는 살인고의를 가지고 있지 않았으므로 甲이 그 이전에 가지고 있었던 고의를 사전고의(事前故意)라고 한다. 甲이 자동차를 몰고 가다가 행인을 치어 사망케 한 후 그 사람이 평소 미워하던 A였던 것을 발견하고 잘 죽었다고 생각한 경우 자동차로 친 이후에 생긴 살인의 고의를 사후고의(事後故意)라고 한다.

고의는 행위당시에 존재해야 하기 때문에 사전고의나 사후고의 모두 고의로서의 효력이 인정되지 않는다. 따라서 위의 사례 모두에서 甲은 고의살인죄가 아닌 과실치사죄의 죄책을 진다.

4. 고의의 성립요건

인용설에 의할 경우 고의가 성립하기 위해서는 지적 요소로서 객관적 구성요건요소에 대한 인식 및 의지적 요소로서 그에 대한 의욕 또는 인용이 필요하다.

(1) **지적 요소**

1) **사실 및 의미의 인식**   고의의 지적 요소는 '죄의 성립요소인 사실'을 인식하는 것이다. 죄의 성립요소인 사실에는 구성요건적 사실, 위법성 관련 사실, 책임 관련 사실도 포함된다고 할 수도 있다. 그러나 통설에 의하면 죄의 성립요소인 사실은 객관적 구성요건요소와 그 의미를 인식하는 것이다. 객관적 구성요건요소에는 행위의 주체, 객체, 방법, 행위상황, 결과 등이 있는데 이들 요소들의 사실적 측면 및 그 의미를 인식해야 한다. 이에 비해 객관적 구성요건요소가 아닌 책임능력이나 기대가능성 등 책임요소, 처벌조건, 소추조건 등에 대한 인식은 고의성립에 필요하지 않다.

사실적 구성요건요소뿐만 아니라 '음란', 위증죄에서 '허위' 등과 같은 규범적 구성요건요소에 대한 의미의 인식도 필요하다. 의미의 인식은 '일반인 내지 보통사람들 수준에서의 인식'(보통 이를 '문외한으로서의 소박한 인식'이라고 표현한다)이면 족하다. 인식은 확정적 인식뿐만 아니라 미필적 인식으로도 족하다.

2) **행위의 주체**   신분범에서는 신분에 대한 인식이 있어야 고의가 성립할 수 있다. 예를 들어 수뢰죄(제129조)에서는 공무원 또는 중재인이라는 인식이 있어야 한다.

3) **행위의 객체**   존속살해죄에서 자기 또는 배우자의 직계존속(제250조 2항), 절도죄에서 타인의 재물(제329조) 등 행위의 객체를 인식해야 한다. 예를 들어 타인의 재물을 자기의 재물인 줄 잘못 알고 가져온 경우에는 절도의 고의가 인정되지 않는다.

4) **행위의 태양(방법) 및 상황**   살인죄에서 '살해', 강도죄에서 '폭행 또는 협박' 등 행위의 태양을 인식해야 한다. 특수폭행·협박죄 등과 같이 특수한 행위방법이 규정되어 있는 경우 그것도 인식해야 한다.

야간주거침입절도죄나 특수강도죄에서 '야간'(제330조, 제334조 1항) 등과 같이 특수한 행위상황이 규정되어 있는 경우 이를 인식해야 한다.

5) **결과 및 위험발생**   결과범이나 일정한 구체적 위험범에서는 법

익침해나 법익에 대한 구체적 위험발생에 대한 인식이 있어야 한다. 결과 내지 구체적 위험 발생을 인식하지 못한 경우에는 기수의 고의가 아닌 미수의 고의만이 인정되는데, 미수의 고의는 고의로서의 효력이 없다.

6) 인과관계 내지 인과과정의 인식　　통설은 고의의 성립에 인과관계의 인식이 필요하다고 한다. 인과관계에 대한 인식이 없거나 인과관계를 잘못 인식한 경우에는 과실범이나 불능미수 혹은 불능범이 성립할 수 있을 뿐이다.

통설은 고의의 성립에 인과과정에 대한 인식도 필요하다고 한다. 인과과정이란 범죄행위에서부터 결과발생에까지 이르는 과정을 말한다. 다만 인과과정의 본질적 또는 중요한 부분에 대한 인식이 있으면 족하다. 왜냐하면 세부적 인과과정에 대한 정확한 인식은 일반인은 물론 전문가들조차 하기 어렵기 때문이다.

(2) 의지적 요소

고의의 의지적 요소는 객관적 구성요건요소에 대한 의욕 또는 인용(認容)이다. 인용이란 '그러한 결과가 발생해도 할 수 없다'는 내심상태를 말한다.

예를 들어 타인의 재물인지 자신의 재물인지 잘 모르는 상태에서 '내 것인지 남의 것인지 모르겠지만, 남의 것이어도 할 수 없다'고 생각하고 가져온 경우에는 타인의 재물절취에 대한 인식뿐만 아니라 인용이 있어서 절도의 미필적 고의가 인정된다. 그러나 '내 것인지 남의 것인지 모르겠지만, 내 것이겠지'라고 생각한 경우에는 타인의 재물절취에 대한 인식은 있지만 인용이 없어 인식있는 과실절도가 될 뿐이어서 처벌받지 않는다.

5. 고의의 체계적 지위

인과적 범죄체계에서는 고의는 구성요건요소가 아닌 책임요소로 파악하였으나, 목적적 범죄체계에서는 고의를 책임요소가 아닌 주관적 구성요건요소로 파악하였다.

절충적 범죄체계에서는 고의는 주관적 구성요건요소임과 동시에 책임요소라고 하는 고의의 이중적 기능을 인정하기도 한다. 즉, 고의는 구성요건단계에서는 행위의 의미를 결정하는 기능을, 책임단계에서는 행위자의 비난가능성의 유무나 정도를 결정하는 기능을 한다는 것이다.

Ⅱ. 과 실 [28]

> 제14조(과실) 정상적으로 기울여야 할 주의(注意)를 게을리하여 죄의 성립요소인 사실을 인식하지
> 못한 행위는 법률에 특별한 규정이 있는 경우에만 처벌한다.

1. 과실의 개념

(1) 과실범과 과실

인간은 다른 사람과 더불어 살아가므로 항상 자신의 행위로 인해 다른 사람이 피해를 받지 않도록 주의해야 할 의무가 있는데, 이를 주의의무라고 한다. 이러한 주의의무를 위반하여 타인의 법익을 침해하는 결과를 발생시키고 그로 인해 형사처벌되는 행위를 과실범이라고 하고, 과실범을 범할 당시 행위자의 내심상태를 과실이라고 한다.

과실범은 주의의무위반만으로는 처벌하지 않고(과실범의 미수 불처벌), 중대한 법익침해의 결과를 발생시킨 경우에만 처벌하는 결과범이다. 형법에서 과실범을 처벌하는 특별규정을 둔 경우는 실화죄(제170조), 과실폭발성물건파열죄(제173조의2), 과실일수죄(제181조), 과실교통방해죄(제189조), 과실치사상죄(제266조-제268조), 업무상과실장물취득죄(제364조) 등 여섯 가지이다. 과실범은 예외적으로 처벌규정이 있는 경우에만 처벌하고 과실범을 처벌하는 경우에도 그 형벌은 고의범에 비해 현저히 가볍다(제257조와 제266조 비교).

형법 제14조는 과실이라는 제목하에 "정상적으로 기울여야 할 주의를 게을리하여 죄의 성립요소인 사실을 인식하지 못한 행위는 법률에 특별한 규정이 있는 경우에 한하여 처벌한다"고 규정하고 있다. 이는 인식없는 과실만을 규정한 것이지만 인용설에 따르면 죄의 성립요소인 사실을 인식하였어도 그것을 인용하지 않았으면 고의가 될 수 없고, 인식있는 과실이 된다.

(2) 과실범과 고의범의 비교

과실범은 고의범과는 다른 구조를 지니고 있다. 고의범에서는 행위 당시에 행위자가 실제로 인식하고 의욕·인용한 사실이 중요하다. 그러나 과실범

에서는 행위자가 실제로 인식하고 의욕·인용한 사실이란 형법적으로 중요하지 않다. 예를 들어 약속장소에 제 시간에 가기 위해 서두르다가 실수로 다른 사람을 상해한 경우 행위자가 인식한 사실은 약속장소에 제 시간에 가기 위해 서두른다는 것인데, 이것은 형법상 중요하지 않다. 과실범에서 중요한 것은 행위 당시 행위자에게 주의의무위반이 있었는가 하는 규범적 평가이다.

2. 과실의 종류

(1) 인식없는 과실과 인식있는 과실

인식없는 과실이란 행위자가 행위 당시에 주의의무를 다하지 않아 객관적 구성요건요소를 인식하지 못한 경우를 말한다. 인식있는 과실이란 행위자가 행위 당시 객관적 구성요건요소를 인식하였지만 인용하지 않은 경우를 말한다.

예를 들어 옆에 휘발유가 있다는 사실을 전혀 모르고 담배를 피우다가 휘발유에 불이 붙어 화재가 발생한 경우는 화재발생에 대한 인식조차 없어서 인식없는 과실에 의한 실화이고, 옆에 휘발유가 있어서 불이 붙을지도 모르지만 어느 정도 거리가 있으니 괜찮을 것이라고 생각하고 담배를 피우다가 화재를 발생시킨 경우 화재발생에 대한 인식은 있지만 인용이 없어서 인식있는 과실에 의한 실화가 된다.

인식있는 과실과 인식없는 과실의 형법적 효과는 동일하다. 단, 법관이 양형을 할 때 양자에 차이를 둘 수는 있다.

(2) 경과실, 중과실, 업무상과실

중과실이란 주의의무위반의 정도가 큰 경우를 말하고, 경과실이란 주의의무위반의 정도가 중과실의 경우처럼 크지 않은 것을 말한다. 보통의 과실이라고 하면 경과실을 의미한다. 중과실과 경과실의 구별은 구체적인 경우에 사회통념을 고려하여 결정한다.

업무상과실이란 일정한 업무에 종사하는 사람들의 주의의무위반을 말한다. 업무란 '사회생활상의 지위에 기하여 계속적으로 종사하는 사무나 사업'을 의미한다. 일회적으로 종사하는 사무는 업무라고 할 수 없다. 형법에서는 업무상과실의 형벌을 중과실의 형벌과 같이 규정하는 경우가 많다(제268조 등).

이와 같이 업무상과실을 가중처벌하는 이유는 업무자들은 일반인들보다 주의
능력이 더 많고, 또 주의능력을 더 많이 갖출 것이 요구되기 때문이다.

3. 과실의 범죄체계상 지위

인과적 범죄체계에서는 과실은 구성요건요소가 아닌 책임요소라고 하였
으나, 목적적 범죄체계에서는 과실을 책임요소가 아닌 주관적 구성요건요소
라고 하였다.

절충적 범죄체계에서는 과실은 주관적 구성요건요소임과 동시에 책임요
소라고 하는 과실의 이중적 기능을 인정한다. 즉, 과실도 구성요건단계에서는
행위의 의미를 결정하는 기능을, 책임단계에서는 행위자의 비난가능성의 유
무나 정도를 결정하는 기능을 한다는 것이다.

과실이 위법성요소라고 하는 견해가 있었으나 현재 이를 주장하는 학자
는 없다.

4. 과실범의 성립요건

과실범이 성립하기 위해서는 첫째, 결과가 발생해야 하고, 둘째, 주의의
무위반이 있어야 하고, 셋째, 주의의무위반과 결과발생 사이에 인과관계(및 객
관적 귀속)가 인정되어야 한다.

(1) 결과의 발생

과실범의 미수는 벌하지 않으므로 설사 주의의무위반이 있다 하더라도
결과가 발생하지 않으면 벌하지 않는다. 과실범에서 요구되는 결과발생은 사
망·상해, 장물취득(제364조) 등과 같은 법익의 침해와 공공의 위험발생(제166조
등) 등과 같은 법익에 대한 위험발생(법익의 위태화) 등이 있다. 어떤 결과가 발
생해야 하는가는 각 과실범의 구성요건에 규정되어 있다.

(2) 주의의무위반

1) 주의의무의 내용　　　주의의무는 결과예견의무와 결과회피의무이다.
예를 들어 차를 몰고 골목길 앞을 지나가는 사람은 그 골목에서 사람이 갑
자기 뛰어나와 차에 부딪칠 수 있다는 것을 예견하고(결과예견의무), 이러한 결

과발생을 방지하기 위해 서행을 하거나 경적을 울리는 등의 조치를 취해야 한다(결과회피의무).

2) 허용된 위험의 법리

가. 허용된 위험의 의의　　자동차운행, 건설공사 등과 같이 비록 법익침해의 위험성을 수반하는 행위라도 그로 인한 사회적 이익이 그 위험성에 비해 현저히 큰 경우에는 일정한 조건하에서 그 행위를 허용해야 할 필요가 있게 된다. 이를 허용된 위험이라고 한다.

나. 허용된 위험의 형법적 효과　　사회적으로 허용된 행위에 의해 법익의 침해나 위태화란 결과가 발생한 경우 어떤 형법적 효과가 인정되는지 문제된다. 통설은 허용된 위험에 따른 행위는 고의·과실범죄의 구성요건에 조차 해당하지 않는다고 하는 구성요건해당성배제설을 따른다.

다. 신뢰의 원칙　　허용된 위험의 법리가 좀 더 구체화된 것이 신뢰의 원칙이라고 할 수 있다. 신뢰의 원칙이란 자신의 주의의무를 다하는 사람은 다른 사람도 역시 주의의무를 다하리라고 믿어도 좋다는 원칙, 즉 상대방의 적법행위를 신뢰해도 좋다는 원칙이다. 신뢰의 원칙이 적용될 경우 법익침해의 결과가 발생하였더라도 주의의무위반이 인정되지 않기 때문에 과실범의 구성요건해당성이 인정되지 않는다.

신뢰의 원칙은 1930년대 독일에서 인정되기 시작하였고 우리나라에서는 1970년대부터 법원이 교통사고의 경우 차(車) 대 차(車)의 관계에서 인정하기 시작하여 이후 고속도로나 넓은 도로 등에서는 차(車) 대 사람과의 관계에서도 그 적용범위를 확장하였다(대판 1988. 10. 11. 88도1320). 나아가 대법원은 교통사고 이외의 사건(대판 1992. 3. 10. 91도3172) 및 의료사고에서도 신뢰의 원칙을 적용하고 있다(대판 2003. 1. 10. 2001도3292; 대판 2003. 8. 19. 2001도3667).

그러나 다른 사람의 적법행위를 신뢰할 수 없는 특별한 사정이 있는 경우에는 신뢰의 원칙이 적용되지 않는다. 예를 들어 고속도로를 운전하는 사람은 고속도로 위로 사람이 다니지 않을 것을 신뢰해도 좋지만, 예외적으로 고속도로에서 공사가 진행 중일 때에는 고속도로 위로 사람이 다니지 않을 것을 신뢰해서는 안 된다.

3) 주의의무의 판단기준　　주의의무위반 여부의 판단기준에 대해서

는 객관설과 주관설이 대립하고 있다. 객관설은 주의의무위반 여부를 평균인 혹은 사회일반인의 주의능력을 기준으로 하여 판단하고, 주관설은 구체적 행위자의 주의능력을 기준으로 하여 주의의무위반 여부를 판단한다.

비유적으로 말하면 100명 중 항상 100등을 하던 학생이 어느 시험에서 90등을 한 경우, 객관설에 의하면 90등은 공부를 잘 한 것이라고 할 수 없지만(과실있음), 그 학생의 능력을 기준으로 판단하면 90등은 기적적인 성적이 된다(과실없음).

판례는 "평균인의 관점에서 객관적으로 볼 때"라고 하여 객관설을 따르지만, "같은 업무와 직무에 종사하는 일반적 보통인의 주의정도를 표준으로 할 때"라고 하여 주관설도 가미한다(대판 2001. 6. 1. 99도5086; 대판 2003. 1. 10. 2001도3292).

(3) 인과관계와 객관적 귀속

주의의무위반과 결과발생이 있어도 양자 사이에 인과관계가 있어야 하고, 객관적 귀속론에 따르면 발생된 결과를 주의의무위반에 객관적으로 귀속시킬 수 있어야 과실범이 성립할 수 있다. 인과관계나 객관적 귀속이 부정되는 경우에는 과실범의 미수가 되는데, 과실범의 미수는 처벌하지 않는다.

제 5 관   결과적 가중범

> 제15조(사실의 착오) ② 결과 때문에 형이 무거워지는 죄의 경우에 그 결과의 발생을 예견할 수 없었을 때에는 무거운 죄로 벌하지 아니한다.

Ⅰ. 결과적 가중범의 의의   [29]

1. 결과적 가중범의 개념

결과적 가중범이란 행위자가 의도한 결과보다 중대한 결과가 발생함으로 인해 행위자가 의도했던 범죄에 대한 형벌보다 더 무거운 형벌로 처벌하는 형태의 범죄를 말한다.

예를 들어 甲이 상해의 고의로 A의 머리를 강타하였는데 A가 머리를 맞고 뇌출혈로 사망한 경우, 甲은 상해죄(제257조 1항)만을 의도하였지만, 사망이라는 더 무거운 결과가 발생하였고, 이로 인해 상해치사죄(제259조)가 성립할 수 있다. 이 경우 상해죄를 기본범죄, 상해치사죄를 결과적 가중범이라고 한다. 현행 형법전상의 결과적 가중범의 기본범죄는 모두 고의범이다.

2. 가중처벌의 근거

위의 예에서 만약 상해치사죄가 형법에 규정되어 있지 않았다면 甲은 상해기수죄와 과실치사죄(제267조)의 상상적 경합범(제40조)의 죄책을 지게 되어 7년 이하의 징역, 10년 이하의 자격정지 또는 1천만원 이하의 벌금에 처해진다. 그런데 상해치사죄의 규정이 있음으로 인해 甲을 자격정지나 벌금형으로 처벌할 수 없고, 3년 이상 30년 이하의 징역으로 가중처벌하게 된다.

어떤 행위를 가중처벌하려고 할 경우에는 가중처벌의 합리적 근거가 있어야 하고 가중의 정도도 합리적인 범위 내에서 이루어져야 한다. 절도치사죄나 사기치사죄 등은 규정하지 않으면서 상해치사죄는 가중처벌하는 이유는 상해죄에 수반하여 사망의 결과가 발생할 개연성은 있지만, 절도죄나 사기죄에 수반하여서 사망의 결과가 발생할 개연성까지 있다고 할 수는 없기 때문이다.

Ⅱ. 결과적 가중범의 종류 [30]

통설·판례는 결과적 가중범을 진정결과적 가중범과 부진정결과적 가중범으로 나눈다.

1. 진정결과적 가중범

진정결과적 가중범이란 결과적 가중범의 전형적인 형태로서, 고의의 기본범죄와 무거운 결과에 대한 과실범의 결합범의 형태로 이루어진 것이다. 상해치사죄, 폭행치사상죄, 강도치사상죄 등의 결과적 가중범이 이에 속한다. 진정결과적 가중범에서는 행위자가 무거운 결과에 대해 고의를 가진 경우에는 결과적 가중범이 성립하지 않는다. 예를 들어 상해치사죄는 행위자에게 상해의 고의와 사망에 대한 과실이 있을 때에만 성립할 수 있고, 행위자가 사망에 대해 고의를 가진 경우에는 상해치사죄가 아니라 살인죄가 성립한다. 강도가 사망에 대해 고의가 있는 경우에는 강도치사죄가 아닌 강도살인죄가 성립한다.

2. 부진정결과적 가중범

(1) 부진정결과적 가중범의 개념

부진정결과적 가중범이란 기본범죄에 대해 고의가 있고, 무거운 결과에 대해서는 과실뿐만 아니라 고의가 있는 경우에도 성립하는 형태의 결과적 가중범을 말한다. 현주건조물방화치사상죄(제164조 2항), 중상해죄(제258조), 특수공무방해치상죄(제144조 2항), 교통방해치상죄(제188조), 음용수혼독치상죄(제194조), 중권리행사방해죄(제326조) 등이 이에 속한다.

(2) 부진정결과적 가중범의 인정이유

부진정결과적 가중범은 형벌의 불균형을 시정하기 위해 고안된 개념이다. 예를 들어 현주건조물방화치사죄를 진정결과적 가중범으로 해석하게 되면 사람을 살해할 고의로 현주건조물에 방화를 한 자에 대해서는 현주건조물방화치사죄를 적용할 수 없다. 또한 현주건조물방화살인죄를 별도로 처벌하는 규정도 없으므로, 결국 살인죄와 현주건조물방화죄의 상상적 경합으로 하여 무거운 죄인 살인죄의 형벌을 과하게 된다(제40조). 그런데 살인죄의 형벌(사형, 무기, 5년 이상의 징역)이 현주건조물방화치사죄의 형벌(사형, 무기, 7년 이상의 징역)보다 가볍다.

이렇게 되면 현주건조물에 방화하여 고의로 사람을 사망케 한 사람을 과실로 사망케 한 사람보다 가볍게 처벌하는 것이 되어 불합리하다. 그런데 현주건조물방화치사죄를 부진정결과적 가중범으로 해석하면, 과실로 사망의 결과를 발생시킨 사람뿐만 아니라 고의로 사망의 결과를 발생시킨 사람도 현주건조물방화치사죄로 처벌할 수 있게 된다. 이렇게 함으로써 현주건조물에 방화하여 고의로 사망의 결과를 발생시킨 사람이 과실로 사망의 결과를 발생시킨 사람보다 가볍게 처벌되는 것만은 피할 수 있게 된다.

[진정결과적 가중범과 부진정결과적 가중범]

진정 결과적 가중범	의 의	기본범죄에 대해 고의가 있고 무거운 결과에 대해 과실이 있는 경우에만 성립(고의범 + 과실범의 결합형태)
	유 형	상해치사죄(§ 259), 폭행치사상죄(§ 262), 강도치사상죄(§ 337), 강 간치사상죄(§ 301), 낙태치상죄(§ 269③, § 270③), 유기치사상죄(§ 275), 체포감금치사상죄(§ 281), 교통방해치사죄(§ 188), 일수치사 죄(§ 177②)
부진정 결과적 가중범	의 의	기본범죄에 대해 고의가 있고 무거운 결과에 대해 과실이 있을 때뿐만 아니라 고의가 있을 때에도 성립하는 범죄(고의범 + 과실 범 또는 고의범의 결합형태)
	유 형	현주건조물방화치사상죄(§ 164②), 중상해죄(§ 258), 특수공무방해 치상죄(§ 144②), 교통방해치상죄(§ 188), 일수치상죄(§ 177②), 중 권리행사방해죄(§ 326), 중손괴죄(§ 368①)

Ⅲ. 결과적 가중범의 성립요건 [31]

형법 제15조 제2항은 "결과 때문에 형이 무거워지는 죄의 경우에 그 결과의 발생을 예견할 수 없었을 때에는 무거운 죄로 벌하지 아니한다"고 규정하고 있다. 이에 의하면 결과적 가중범이 성립하기 위해서는 고의의 기본범죄가 있어야 하고, 더 무거운 결과가 발생해야 하고, 더 무거운 결과에 대한 예견가능성이 있어야 한다. 또한 결과적가중범은 결과범이므로 기본범죄행위와 무거운 결과 사이에 인과관계(내지 객관적 귀속)가 인정되어야 한다.

1. 고의의 기본범죄

형법전상 결과적 가중범의 기본범죄는 고의범에 국한된다. 기본범죄에 대한 고의가 있으면 족하고, 기본범죄가 기수에 이르러야 하는가에 대해서는 견해의 대립이 있다.

2. 더 무거운 결과의 발생

결과적 가중범이 성립하기 위해서는 행위자가 의욕·인용했던 것보다 더 무거운 결과가 발생해야 한다. 더 무거운 결과는 상해·사망 등과 같이 생명·신체 등의 법익을 침해하는 결과인 경우가 대부분이지만, 중상해죄·중권리행사방해죄·중손괴죄 등에서와 같이 생명에 대한 위험발생, 즉 법익침해의 구체적 위험(具體的 危險)발생이나 장물취득 등(제364조)인 경우도 있다.

3. 기본범죄와 더 무거운 결과 사이의 인과관계(및 객관적 귀속)

결과적 가중범이 성립하기 위해서는 기본범죄와 무거운 결과 사이에 인과관계가 인정되어야 한다. 판례는 상당인과관계설에 의해 기본범죄와 더 무거운 결과 사이의 인과관계 존재여부를 판단한다.

객관적 귀속론을 따르면 기본범죄와 더 무거운 결과 사이에(합법칙적 조건설에 따른) 인과관계가 인정되어야 하고, 또한 더 무거운 결과를 기본범죄에 객관적으로 귀속할 수 있어야 한다. 객관적 귀속기준으로서 지배가능성의 원칙, 위험증대의 원칙, 직접성의 원칙 등이 제시된다.

4. 더 무거운 결과에 대한 예견가능성

더 무거운 결과가 발생하였더라도 그에 대한 예견가능성이 있어야 한다. 통설에 의하면 더 무거운 결과에 대한 예견가능성이 있다는 것은 행위자가 과실로 더 무거운 결과를 예견하지 못하였다는 의미이다. 통설·판례는 더 무거운 결과에 대한 과실 혹은 예견가능성을 평균인을 기준으로 행위자의 특별한 능력이나 경험을 함께 고려하는 절충설을 따른다.

부진정결과적 가중범에서는 더 무거운 결과에 대한 과실 또는 고의를 요한다.

Ⅳ. 진정결과적 가중범의 미수   [32]

1995년의 개정형법 이전의 형법전에는 진정결과적 가중범의 미수를 처벌하는 것을 의식적으로 피하는 듯한 규정을 두고 있었다. 그런데 1995년 개정형법은 인질상해·치상죄와 인질살해·치사죄 및 강도상해·치상죄와 강도살인·치사죄 및 해상강도상해·치상죄와 해상강도살인·치사죄의 미수범처벌규정(제324조의5, 제342조)을 두었다. 이 때문에 인질치사상죄, 강도치사상죄,

해상강도치사상죄 등 진정결과적 가중범의 미수를 인정할 것인가에 대해 견해가 대립한다.

소수설은 강도미수범이 과실로 상해나 사망의 결과를 발생시킨 경우와 같이 기본범죄가 미수에 그치고 더 무거운 결과가 발생한 경우를 진정결과적 가중범의 미수라고 한다.

이에 대해 다수설은 진정결과적 가중범의 미수를 인정하지 않고, 위의 경우 강도치사상죄의 기수를 인정한다. 다수설은 제324조의5와 제342조가 인질상해·살인죄, 강도상해·살인죄, 해상강도상해·살인죄의 미수만을 규정한 것이고 인질치사상죄나 강도치사상죄 등을 규정한 것은 아니라고 해석한다.

V. 결과적 가중범의 공범 [33]

1. 결과적 가중범의 공동정범

판례 및 다수설은 기본범죄를 공동으로 한 공범은 다른 공범이 고의 또는 과실로 더 무거운 결과를 발생시킨 경우 그에 대한 예견가능성이 있으면 결과적 가중범의 공동정범의 죄책을 진다고 한다. 예를 들어 甲과 乙이 공동으로 강도를 하다가 乙이 고의 또는 과실로 피해자를 상해하거나 살해한 경우 甲이 이를 예견할 수 있었다고 인정되는 경우 甲은 강도치상죄 또는 강도치사죄의 공동정범의 죄책을 진다고 한다.

> [대판 1991. 11. 12. 91도2156] 수인이 합동하여 강도를 한 경우 그 중 1인이 사람을 살해하는 행위를 하였다면 그 범인은 강도살인죄의 기수 또는 미수의 죄책을 지는 것이고 다른 공범자도 살해행위에 관한 고의의 공동이 있었으면 그 또한 강도살인죄의 기수 또는 미수의 죄책을 지는 것이 당연하다 하겠으나, 고의의 공동이 없었으면 피해자가 사망한 경우에는 강도치사의, 강도살인이 미수에 그치고 피해자가 상해만 입은 경우에는 강도상해 또는 치상의, 피해자가 아무런 상해를 입지 아니한 경우에는 강도의 죄책만 진다고 보아야 할 것이다.

2. 결과적 가중범의 교사·방조범

통설·판례는 피교사자가 교사행위를 초과하여 더 무거운 결과를 발생시켰을 경우 교사·방조자가 더 무거운 결과에 대해 과실이 있다면 결과적 가중범의 교사·방조범이 성립한다고 한다.

[대판 1997. 6. 24. 97도1075] 교사자가 피교사자에 대하여 상해를 교사하였는데 피교사자가 이를 넘어 살인을 실행한 경우, 일반적으로 교사자는 상해죄에 대한 교사범이 되는 것이고, 다만 이 경우 교사자에게 피해자의 사망이라는 결과에 대하여 과실 내지 예견가능성이 있는 때에는 상해치사죄의 교사범으로서의 죄책을 지울 수 있다.

제 6 관 사실의 착오

제15조(사실의 착오) ① 특별히 무거운 죄가 되는 사실을 인식하지 못한 행위는 무거운 죄로 벌하지 아니한다.

Ⅰ. 착오의 일반적 개념   [34]

1. 형법상의 착오

일반적으로 착오라 함은 행위자가 의욕·인식한 내용과 객관적으로 발생한 내용이 일치하지 않는 것, 즉 행위자의 주관적 측면과 객관적 측면의 불일치라고 할 수 있다. 형법에서 문제되는 착오를 도표로 표시하면 다음과 같다.

[주관적 측면과 객관적 측면의 불일치]

구분	주관적 측면	객관적 측면	형법상의 개념
1	구성요건해당성 없음	구성요건해당성 있음	과실범
2	A라는 범죄실현	B라는 범죄실현	사실의 착오
3	구성요건해당성 있음	구성요건해당성 없음	환각범(幻覺犯) 미신범(迷信犯) 불능범(不能犯)
4	범죄의 전체실현	범죄의 일부실현	미수범
5	기본범죄만 실현	더 무거운 결과의 발생	결과적 가중범
6	위법함	위법하지 않음	환각범, 불능범
7	위법하지 않음	위법함	법률의 착오

2. 사실의 착오의 개념

광의의 사실의 착오는 법률의 착오와 대립되는 경우로서 과실범(위 표의 1)
과 협의의 사실의 착오(위 표의 2)를 모두 포함하는 개념이다. '사실의 착오는
원칙적으로 고의를 조각한다'라고 할 때 사실의 착오는 광의의 개념이다. 구
성요건적 착오라고도 한다.

협의의 사실의 착오는 행위자가 A라는 범죄결과를 발생시키려고 하였으
나 실제로는 B라는 범죄결과가 발생한 경우이다. 한 예로 A를 살해하려고
총을 발사하였으나 총알이 빗나가 옆에 있던 B가 맞아 사망한 경우를 들 수
있다. 여기에서는 사실의 착오가 고의를 조각하는지 문제된다. 즉, 발생된 결
과에 대해 행위시의 고의를 인정하여 발생사실에 대한 고의기수죄를 인정할
것인지 아니면 의도했던 범죄의 미수범과 발생된 결과의 과실범의 상상적 경
합범을 인정할 것인지 문제된다. 고의의 인정범위의 문제라고도 할 수 있다.

이하에서는 협의의 사실의 착오에 대해서 언급하기로 한다.

Ⅱ. 사실의 착오의 유형 [35]

1. 객체의 착오와 방법의 착오

객체의 착오란 행위자가 행위객체의 정체성(identity, 동일성)에 대해 착오를
일으킴으로써 의욕·인용한 결과와 다른 결과를 발생시킨 경우이다. 예를 들
어 甲이 앞에 서 있는 사람이 A라고 생각하고 총을 쏘았으나 그 사람이 A가
아니고 B인 경우, 甲은 자신이 총을 쏘는 대상, 즉 객체의 정체성에 대해 착
오를 일으켜 B를 A로 착오한 것이다.

방법의 착오란 행위자가 행위객체의 정체성(동일성)은 정확하게 파악하였
지만 범죄행위의 방법(행위객체에 대한 타격)을 잘못함으로써 자신이 의욕·인용
하였던 결과와 다른 결과를 발생시킨 경우이다. 타격의 착오라고도 한다. 한
예로 A와 B가 누구인지 정확히 알고 A를 향해 돌을 던졌지만 그 돌이 빗나
가 B에게 명중한 경우를 들 수 있다.

방법의 착오와 객체의 착오를 구분하는 실익은 후술하는 것과 같이 구체

적 부합설에서 구체적 사실의 착오 중 객체의 착오와 방법의 착오의 형법적 효과를 달리 인정하기 때문이다.

2. 구체적 사실의 착오와 추상적 사실의 착오

구체적 사실의 착오란 행위자가 인식한 사실과 실제 발생한 사실이 동일한 구성요건 혹은 동종의 구성요건에 속한 경우를 말한다. 추상적 사실의 착오란 양자가 동일한 구성요건이나 동종의 구성요건에 속하지 않은 경우를 말한다. 예를 들어 A를 살해하려다(살인죄) B를 살해(살인죄)한 경우는 구체적 사실의 착오이고, A를 살해하려다(살인죄) A의 개(犬)를 살해(손괴죄)한 경우는 추상적 사실의 착오이다.

구체적 사실의 착오와 추상적 사실의 착오를 구분하는 주된 실익은 후술하는 바와 같이 사실의 착오에 관한 학설들이 구체적 사실의 착오와 추상적 사실의 착오의 형법적 효과를 달리 인정하기 때문이다.

3. 종 합

객체의 착오와 방법의 착오, 구체적 사실의 착오와 추상적 사실의 착오를 조합하면 다음의 4가지 유형이 있다.

[사실의 착오의 종류]

구체적 사실의 착오	객체의 착오	A인 줄 알고 살해하였으나 B를 살해한 경우
	방법의 착오	A와 B 중 A를 살해하려고 총을 쏘았으나 빗나가 B가 맞아 사망한 경우
추상적 사실의 착오	객체의 착오	A인 줄 알고 살해하였으나 A의 개를 살해한 경우
	방법의 착오	A와 그의 개 중 A를 살해하려고 총을 쏘았으나 빗나가 A의 개를 살해한 경우

Ⅲ. 사실의 착오의 형법적 효과   [36]

1. 문제의 소재

형법 제15조 제1항은 "특별히 무거운 죄가 되는 사실을 인식하지 못한 행위는 무거운 죄로 벌하지 아니한다"고 규정하고 있다. 이것은 예컨대 아버지 친구를 살해한다고 생각하였는데 아버지를 살해한 경우와 같이 존속살해죄의 결과가 발생하였지만 행위자에게 보통살인죄의 고의는 있지만 존속살해죄에 대한 고의가 없는 경우 행위자를 존속살해죄로 벌하지 않는다는 것을 의미한다. 그러나 제15조 제1항은 위와 반대의 경우나 예컨대 A를 살해하려다가 B를 살해한 경우 어떻게 벌해야 하는지에 대해서는 규정하고 있지 않으므로 이러한 문제들의 해결은 학설에 맡겨져 있다.

사실의 착오에 관한 학설들은 '발생사실'에 대한 '고의기수범'을 인정하기 위해서는 행위자가 의욕·인용한 사실과 발생한 사실이 어느 정도로 일치하여야 하는가에 대해 견해를 달리한다. 발생사실에 대한 고의기수범이 인정되지 않으면 인식사실의 미수범과 발생사실의 과실범의 상상적 경합범을 인정한다는 점에서는 같다.

2. 구체적 부합설

구체적 부합설은 행위자가 의욕·인용한 사실과 발생한 사실이 구체적인 부분까지 일치(부합)할 때에만 행위시의 고의를 발생사실에 적용하여 발생사실의 고의기수범의 죄책을 인정하고 그렇지 않은 경우에는 의욕·인용한 사실의(고의) 미수범과 발생사실의 과실범의 상상적 경합을 인정한다.

구체적 부합설에 의하면 사실의 착오에서 행위자가 의욕·인용한 사실과 발생한 사실이 구체적으로 일치(부합)하지 않으므로 의욕·인용한 사실의 미수범과 발생사실의 과실범을 인정한다. 다만, 구체적 사실의 착오 중 객체의 착오에 대해서는 '발생사실의 고의기수범'을 인정한다.

3. 법정적 부합설

(1) 법정적 부합설의 내용

법정적 부합설은 행위자가 의욕·인용한 사실과 발생한 사실이 법률에 규정되어 있는 만큼(법정적) 일치(부합)하는 경우에는 발생사실의 고의기수죄를 인정할 수 있다고 한다. 이에 의하면 구체적 사실의 착오는 의욕·인용한 사실과 발생사실이 법률에 규정되어 있는 만큼 일치하므로, 즉 법정적으로 부합하는 경우이기 때문에 객체의 착오이든 방법의 착오이든 발생사실의 고의 기수죄를 인정할 수 있다고 한다.

판례가 취하고 있는 입장이다.

[대판 1984. 1. 24. 83도2813] 소위 타격의 착오가 있는 경우라 할지라도 행위자의 살인의 범의 성립에 방해가 되지 아니한다.

(2) 구성요건부합설과 죄질부합설

직계존속을 살해하려다(제250조 2항) 보통살인죄(제250조 1항)를 범한 경우와 같이 의욕·인용한 사실과 발생사실이 가중적 혹은 감경적 구성요건 내지는 동일한 죄질의 구성요건에 속하는 경우 이를 구체적 사실의 착오로 볼 것인가 추상적 사실의 착오로 볼 것인가가 문제된다.

구성요건부합설은 이 경우 구성요건 자체가 다르므로 추상적 사실의 착오로 보고, 죄질부합설은 구성요건은 다르나 죄질이 같으므로 구체적 사실의 착오로 본다.

4. 추상적 부합설

추상적 부합설은 범죄의사로써 범죄의 결과를 발생시킨 사람에게는 의욕·인용한 사실과 발생사실이 모두 범죄라는 점에서 일치(추상적으로 부합)하므로 어떤 형태이든 고의기수죄를 인정하겠다는 입장이다.

따라서 구체적 사실의 착오에서는 발생사실의 고의기수죄를 인정한다. 추상적 사실의 착오에서도 고의기수죄를 인정하기 위해, 의욕·인용한 사실과 발생한 사실 중 일단 가벼운 사실에 대한 고의기수죄를 인정한다. 그리고 무거운 사실에 대한 고의기수죄를 인정할 수는 없으므로 무거운 사실에 대한 미수범 또는 과실범을 인정한다. 예를 들어 사람을 살해하려다가 개를 살해하거나, 개를 살해하려다 사람을 살해한 경우 가벼운 사실인 개를 살해한 사실에 대해 손괴기수죄를 인정하고, 무거운 사실인 사람을 살해한 사실에 대해서는 살인미수죄(앞의 사례)나 과실치사죄(뒤의 사례)를 인정한다.

[사실의 착오의 효과에 대한 학설의 정리]

구 분		구체적 사실의 착오	추상적 사실의 착오
구체적 부합설	객체의 착오	발생사실의 고의 기수범	의욕·인용사실의 (불능)미수범 + 발생사실의 과실범
	방법(타격)의 착오	(의욕·인용한 사실의) 미수범 + (발생사실의) 과실범	
법정적 부합설	객체의 착오	발생사실의 고의 기수범	의욕·인용사실의 (불능)미수범 + 발생사실의 과실범
	방법(타격)의 착오		
추상적 부합설	객체의 착오	고의기수범	·무거운 죄 고의로 가벼운 결과야기 (무거운 죄 미수범 + 가벼운 죄 기수범) ·가벼운 죄 고의로 무거운 결과야기 (가벼운 죄 기수범 + 무거운 죄 과실범)
	방법(타격)의 착오		

제 7 관 인과과정의 착오

Ⅰ. 인과과정의 착오의 개념과 유형 [37]

1. 인과과정의 개념

인과과정(因果過程)이란 '범죄의 원인행위부터 결과발생에까지의 과정'을 말한다. 예를 들어 甲이 A를 살해하기 위해 칼로 A의 심장을 찔렀고 중상을 입고 쓰러진 A를 지나가던 행인이 병원에 옮겼으나 A가 이틀 동안 치료를 받았음에도 불구하고 사망한 경우, 甲이 A를 칼로 찌르는 행위부터 A가 병원에서 사망하기까지의 전 과정을 인과과정이라고 한다.

통설에 의하면 고의가 성립하기 위해서는 인과과정의 본질적 부분 혹은 중요부분을 인식해야 한다. 이는 위의 예에서 '사람의 심장을 찌르면 그 사람이 죽을 수 있다'는 정도의 인식을 말한다.

2. 인과과정의 착오의 개념과 유형

인과과정의 착오란 범죄행위도 있었고 범죄결과도 발생하였지만 행위자가 인식·예견한 과정과는 다른 과정을 거쳐서 범죄결과가 발생한 경우를 말한다. 인과과정의 본질적 혹은 중요한 부분을 인식해야 고의가 성립한다는 말은 인과과정의 본질적 부분 혹은 중요부분에 착오를 일으킨 경우에는 발생사실에 대한 고의를 인정할 수 없다는 의미이다.

이와 같이 인과과정의 착오가 행위자의 고의기수범의 인정여부에 영향을 미칠 수 있는 유형으로 소위 '교각살해 사례', '개괄적 고의 사례', '조기결과 발생 사례' 등이 제시된다.

II. 교각살해 사례 [38]

교각살해 사례는 하나의 범죄행위가 있었고 그 행위에 의해 결과가 발생하였지만 행위자가 인식·예견한 것과 다른 과정을 거쳐 결과가 발생한 경우를 말한다. 예를 들어 甲이 A를 강물에 익사시키기 위해 다리 밑으로 던졌는데 A가 강물에서 익사한 것이 아니라 추락 도중 교각(다리의 다리)에 머리를 부딪쳐 사망한 경우와 같은 것이다.

이 사례에서는 甲이 인식한 인과과정과 실제 발생한 인과과정 사이에 차이가 있지만 그 차이가 우리 생활경험상 중요한 차이라고 할 수 없기 때문에 살인기수죄를 인정하는 데에 견해가 일치한다.

III. 개괄적 고의 사례 [39]

1. 개괄적 고의 사례의 개념

개괄적 고의 사례란 행위자가 구성요건적 결과가 발생하기까지 두 개의 행위를 하였고, 행위자는 두 개의 행위 중 첫번째 행위를 통해 구성요건적 결과를 발생시키려고 하였으나, 실제로는 첫번째 행위가 아닌 두 번째 행위에 의해 구성요건적 결과가 발생한 경우이다.

판례에 나타난 사례로 예를 들면 다음과 같다. 즉, 甲이 A를 살해하기 위해 돌멩이로 A의 가슴과 머리를 내리쳤고(제1행위) A는 정신을 잃고 축 늘어졌다. 甲은 A가 사망한 것으로 오인하고 그 사체를 몰래 파묻어 증거를 인멸할 목적으로 피해자를 그곳에서 150m 떨어진 개울가로 끌고 가 삽으로 웅덩이를 파고 A를 매장하였다(제2행위). 그런데 실제로는 A가 첫번째 행위인 돌멩이에 맞아 죽은 것이 아니라 두 번째 행위로 인해 웅덩이에서 질식사한 경우이다(대판 1988. 6. 28. 88도650).

2. 개괄적 고의 사례의 형법적 효과

(1) 고의기수설

판례 및 다수설은 위의 개괄적 고의 사례에서 甲에게 살인기수죄를 인정한다. 판례는 "… 전 과정을 개괄적으로 보면 피해자의 살해라는 처음에 예견된 사실이 결국은 실현된 것으로 …"라고 한다(대판 1988. 6. 28. 88도650). 이것은 ① 제1행위와 제2행위가 하나의 행위라는 의미일 수도 있고, ② 행위는 두 개이지만 제1행위시에 존재했던 살인고의가 사망의 결과를 발생시킨 제2행위에도 효력을 미친다는 의미로서 개괄적 고의를 인정하는 것이라고 할 수도 있다. 그러나 전자의 입장에 가깝다고 할 수 있다.

다수설은 행위자가 인식했던 인과과정과 실제발생한 인과과정의 차이가 본질적이거나 중요하지는 않기 때문에 행위자에게 살인기수죄를 인정할 수 있다고 한다.

(2) 미수범과 과실범의 경합범설

소수설은 행위시에 고의가 존재해야 한다는 원칙에 따라 제1행위시에는 살인의 고의가 있었지만 사망의 결과를 발생시킨 제2행위시에는 사체은닉의 고의만 있었고 살인의 고의는 없었으므로 살인기수를 인정할 수는 없고, 첫번째 행위에 의한 살인미수죄와 두 번째 행위에 의한 과실치사죄의 경합범의 죄책을 인정하자고 한다.

Ⅳ. 조기결과발생 사례   [40]

조기결과발생 사례란 행위자가 두 번째 행위에 의해 결과를 발생시킬 것을 의도하고 두 번째 행위까지 하였으나 사실은 첫번째 행위에 의해 결과가 발생한 경우를 말한다. 예를 들어 甲이 A를 폭행하여 실신시킨 뒤 달려오는 기차에 A를 던져 살해하려는 의도로 A를 폭행하여 실신시킨 뒤 기차에 던졌으나 A는 이미 甲의 폭행에 의해 사망한 경우를 말한다.

이 사례에서도 甲에게 살인기수죄를 인정하는 견해와 폭행(상해)치사죄와 살인죄의 불능미수의 경합범을 인정하는 견해가 있을 수 있다.

제 8 관 부작위범

제18조(부작위범) 위험의 발생을 방지할 의무가 있거나 자기의 행위로 인하여 위험발생의 원인을 야기한 자가 그 위험발생을 방지하지 아니한 때에는 그 발생된 결과에 의하여 처벌한다.

Ⅰ. 부작위범의 의의 [41]

형법 제18조는 부작위범이란 제목하에 "위험의 발생을 방지할 의무가 있거나 자기의 행위로 인하여 위험발생의 원인을 야기한 자가 그 위험발생을 방지하지 아니한 때에는 그 발생된 결과에 의하여 처벌한다"고 규정하고 있다. 부작위범이란 어떤 행위를 해야 할 사람(작위의무자)이 '해야 할 행위(작위)를 하지 않음'(부작위)으로써 성립하는 범죄이다.

예를 들어 남의 집에 들어간 사람이 주인의 퇴거요구에 응하지 않고 가만히 있는 경우 그 부작위로 인해 퇴거불응죄(제319조 2항)가 성립할 수 있고, 환자를 수술해야 할 의사가 환자를 살해할 고의로 수술을 하지 않아 환자가 사망한 경우 부작위에 의한 살인죄가 성립할 수 있다.

Ⅱ. 부작위범의 종류 [42]

통설·판례는 법률에 규정되어 있는 형식에 따라 부작위범을 진정부작위범과 부진정부작위범으로 나눈다.

1. 진정부작위범

진정부작위범은 구성요건 자체가 부작위의 형식으로 규정되어 있는 범죄이다. 퇴거불응죄(제319조 2항), 다중불해산죄(제116조), 전시공수계약불이행죄(제117조), 전시군수계약불이행죄(제103조), 집합명령위반죄(제145조 2항)를 그 예로 들 수 있다. 이러한 구성요건에는 모두 불응, 불해산, 불이행 등 부작위가 규정되어 있다.

[대판 1994. 4. 26. 93도1731] 일정한 기간 내에 잘못된 상태를 바로잡으라는 행정청의 지시를 이행하지 않았다는 것을 구성요건으로 하는 범죄는 이른바 진정부작위범이다.

2. 부진정부작위범

일반적으로 부작위범이라고 하면 부진정부작위범을 가리킨다.

부진정부작위범이란 구성요건 자체는 작위범의 형태로 되어 있는 것처럼 보이는 죄를 부작위에 의해 실현하는 범죄라고 한다. 응급환자를 소생시켜 줘야 할 의사가 고의 또는 과실로 환자를 소생시키지 않아 사망케 하거나, 아기를 돌봐줘야 할 부모나 유모가 고의·과실로 돌봐주지 않아 아기가 다친 것과 같은 경우이다. 따라서 ― 타당한 용어는 아니지만 ― 부진정부작위범을 '부작위에 의한 작위범'이라고 하기도 한다.

Ⅲ. 부작위범의 성립요건   [43]

1. 부작위범 성립의 특수성

작위범과 마찬가지로 부작위범이 성립하기 위해서는 구성요건해당성, 위법성, 책임이 갖추어져야 한다. 그런데 부작위범에는 작위범과 다른 특성이 있다.

작위범의 경우에는 사람이 일정시점에서 할 수 있는 작위가 제한되어 있고, 작위가 있는 경우 행위자가 바로 특정되므로, 작위가 있었다는 것만으로도 행위자에 대한 평가가 가능하다. 이에 비해 부작위범에서는 어느 한 사람이 할 수 있는 부작위가 무한하므로, 부작위가 있어도 외견상 행위자가 특정되어 있지 않다. 예를 들어 일을 하고 있는 사람은 독서, 데이트, 영화감상을 하고 있지 않는 등 무한한 부작위를 하고 있기 때문에, 강물에 빠진 사람을 구조하지 않아 그 사람이 사망한 경우 부작위한 사람은 세상 모든 사람이다.

따라서 인간이 동시에 할 수 있는 수많은 부작위 중에서 형법적으로 의미 있는 부작위를 추출해내고 작위범에 없는 부작위범만의 특성을 고려하여 형법적 평가를 하는 것이 중요하다. 이 때문에 통설·판례는 부작위범의 객관적 구성요건해당성이 있기 위해서는 ① 작위의무자가, ② 결과발생을 방지할 수 있는 가능성이 있고, ③ 자신에 의해서만 결과발생이 방지될 수 있는 상황에서, ④ 부작위를 하고, ⑤ 그 부작위가 작위에 의한 범죄실행과 동가치성(同價値性)이 있어야 한다고 한다. 나아가 고의, 과실이나 초과주관적 구성요건요소가 필요한 범죄에서는 이러한 주관적 요소를 모두 갖춰야 부작위범의 구성요건해당성이 있다.

> [대판 2002. 1. 22. 2001도2254] 형법상 부작위범이 인정되기 위하여는 형법이 금지하고 있는 법익침해의 결과발생을 방지할 법적인 작위의무를 지고 있는 자가 그 의무를 이행함으로써 결과발생을 쉽게 방지할 수 있었음에도 불구하고 그 결과의 발생을 용인하고 이를 방관한 채 그 의무를 이행하지 아니한 경우에, 그 부작위가 작위에 의한 법익침해와 동등한 형법적 가치가 있는 것이어서 그 범죄의 실행행위로 평가될 만한 것이어야 한다.

2. 행위의 주체

(1) 작위의무자

부작위범의 주체는 위험의 발생을 방지할 작위의무가 있는 자이다. 통설·판례에 의하면 작위의무의 발생근거는 법령, 계약 등 법률행위, 선행행위, 관습, 신의성실의 원칙, 사회상규, 조리 등이 있다.

> [대판 1996. 9. 6. 95도2551] 작위의무는 법적 의무이어야 하므로 단순한 도덕상 또는 종교상의 의무는 포함되지 않으나 작위의무가 법적인 의무인 한 성문법이건 불문법이건 상관이 없고 또 공법이건 사법이건 불문하므로, 법령, 법률행위, 선행행

위(先行行爲)로 인한 경우는 물론이고 기타 신의성실의 원칙이나 사회상규 혹은 조리상 작위의무가 기대되는 경우에도 법적인 작위의무는 있다.

1) **법 령**　　　작위의무는 법령에 의해 발생할 수 있다. 법령에는 형벌법령뿐만 아니라 사법 혹은 공법상의 법령도 포함된다. 민법상 부부간의 부양의무(제826조), 친권자나 후견인의 보호의무(제913조, 제945조), 친족간의 부양의무(제974조), 교통사고운전자의 피해자구호의무(도로교통법 제54조 1항), 경찰관의 요보호자에 대한 보호조치의무(경찰관직무집행법 제4조), 의사의 진료와 응급조치의무나 진료기록부에의 기록의무(의료법 제15조, 제22조) 등을 예로 들 수 있다.

2) **계약 등 법률행위**　　　작위의무는 계약 등 법률행위에 의해 발생할 수 있다. 판례에 의하면, 백화점에서 바이어를 보조하여 특정매장에 관한 상품관리 및 고객들의 불만사항 확인 등의 업무를 담당하는 직원은 자신이 관리하는 특정매장의 점포에 가짜 상표가 새겨진 상품이 진열·판매되고 있는 사실을 발견하였다면 즉시 그 시정을 요구하고 바이어 등 상급자에게 보고하여 이를 시정하도록 할 근로계약상·조리상의 의무가 있다(대판 1997. 3. 14. 96도1639).

3) **선행행위**(先行行爲)　　　형법 제18조는 자기의 행위로 위험발생의 원인을 야기한 자를 작위의무자로 규정하고 있는데, 이것이 선행행위에 의한 작위의무이다. 선행행위에 의한 작위의무가 인정되기 위해서는 ① 선행행위로 인해 직접적으로 위험이 발생되어야 하고, ② 선행행위에 포함된 위험을 초과하는 위험이 발생하여야 하고, ③ 선행행위가 위법해야 한다(통설).

4) **신의칙 및 조리**　　　통설·판례는 신의칙 및 조리에 의한 작위의무를 인정하고 있다. 판례에 의하면, 인터넷 포털 사이트 내 오락채널 총괄팀장과 오락채널 내 만화사업의 운영 직원은 콘텐츠제공업체들이 게재하는 음란만화의 삭제를 요구할 조리상의 의무가 있다(대판 2006. 4. 28. 2003도4128).

(2) **작위의무의 체계적 지위**

통설은 보증인지위는 구성요건요소, 보증인의무는 위법성요소라고 하는 이원설을 취한다. 따라서 보증인지위에 대한 착오는 사실의 착오 내지 구성요건적 착오이고, 보증인의무에 대한 착오는 법률의 착오라고 한다.

예를 들어 甲이 강가에서 독서를 하고 있는데 어떤 아이가 물에 빠져 허우적거리는 것을 발견하였으나 ① 귀찮아서 그대로 방치하였는데 실은 그 아이가 甲의 양자인 경우, ② 양자가 허우적거리는 것을 장난하는 것이라고 오해하여 방치한 경우, ③ 양자가 허우적거리는 것을 알았으나 구하는 것이 불가능하다고 생각하여 방치한 경우, ④ 다른 사람이 구해 줄 것이라고 생각하고 그대로 방치한 경우 등과 같이 보증인지위나 보증인적 상황에 대한 착오는 사실의 착오 내지 구성요건착오로서 고의가 조각되므로 甲은 부작위에 의한 과실치사죄의 책임만을 진다.

이에 대해 ⑤ 양자가 허우적거리는 것을 알았으나 양부인 자신이 구해줄 의무는 없다고 생각하고 그대로 방치한 경우에는 법률의 착오가 되어 고의가 조각되지 않고 따라서 甲은 부작위에 의한 고의살인죄의 책임을 질 수 있다.

3. 구성요건적 상황

작위범과 달리 부작위범에서는 작위의무가 현실화되는 특별한 구성요건적 상황이 필요하다. 이런 특별한 상황에서의 현실화된 작위의무를 보증인적 작위의무 혹은 보증인의무라고 한다.

특별한 구성요건적 상황이란 다음과 같다.

첫째, 작위의 가능성이 있어야 한다. 예를 들어 해양구조원이 물에 빠진 사람을 보았으나 파도가 너무 세기 때문에 구조할 수 없었을 때에는 작위의무(구조의무)는 존재하지만 구조행위를 할 가능성(작위가능성)이 없기 때문에 부작위범이 성립하지 않는다.

둘째, 보증인적 지위에 있는 사람에 의해서만 위험발생이 방지될 수 있어야 한다. 예를 들어 해양구조원 甲이 물에 빠진 A를 보았으나 다른 구조원 乙이 A를 구조하기 때문에 구조하지 않고 있었으나 乙이 구조에 실패하여 A가 사망한 경우에도 甲은 부작위범의 죄책을 지지 않는다.

4. 행위의 태양(방법)

부작위범의 행위방법 내지 행위태양은 부작위(不作爲)이다.

5. 작위와의 동가치성

부작위의 작위와의 동가치성이란 부작위행위를 어느 정도의 작위에 의한 범죄실행과 같은 것으로 볼 것인지의 문제이다. 예를 들어, 상점에서 절도범을 단속해야 할 甲이 절도범 A, B가 재물을 절취(제331조 1항의 특수절도죄)하는 것을 알고도 그대로 방치한 경우, 甲이 부작위에 의한 특수절도죄, 부작위에 의한 특수절도죄의 방조범, 부작위에 의한 단순절도죄, 부작위에 의한 단순절도죄의 방조범 중 어떤 죄책을 지는지 문제될 수 있다. 이 경우 만약 甲에게 특수절도죄의 방조범의 죄책을 인정한다면 甲의 부작위는 작위에 의한 특수절도 방조행위와 동가치성을 갖는 것이라고 할 수 있다.

> [대판 1997. 3. 14. 96도1639] 이러한 사실을 알고서도 점주 등에게 시정조치를 요구하거나 상급자에게 이를 보고하지 아니함으로써 점주로 하여금 가짜 상표가 새겨진 상품들을 고객들에게 계속 판매하도록 방치한 것은 작위에 의하여 점주의 상표법위반 및 부정경쟁방지법위반 행위의 실행을 용이하게 하는 경우와 동등한 형법적 가치가 있는 것으로 볼 수 있으므로, 백화점 직원인 피고인은 부작위에 의하여 공동피고인인 점주의 상표법위반 및 부정경쟁방지법위반 행위를 방조하였다고 인정할 수 있다.

6. 인과관계와 객관적 귀속

부작위범에도 거동범과 결과범이 있다. 부작위거동범에서는 부작위만 있으면 부작위범이 성립할 수 있지만, 부작위결과범에서는 부작위와 결과발생 및 양자 사이에 인과관계가 인정되어야 한다.

인과관계 이외에 객관적 귀속이 필요하다는 견해에 의하면 부작위범이 성립하기 위해서는 결과발생을 부작위에 객관적으로 귀속시킬 수 있어야 한다고 한다. 이 경우 객관적 귀속의 기준은 작위범에서와 같다.

7. 주관적 구성요건

고의부작위범이 성립하기 위해서는 결과발생을 인식하고 그것을 의욕하거나 인용하는 내심상태가 있어야 한다. 만약 이러한 내심상태가 없는 경우에는 과실부작위범이 성립할 수 있을 뿐이다. 목적이나 동기와 같은 초과주관적 구성요건요소가 필요한 범죄의 경우 부작위범에서도 작위범과 마찬가지로 고의 이외에 목적·동기 등 초과주관적 구성요건요소가 있어야 한다.

앞에서 본 것과 같이 통설인 이원설에 의하면, 과실에 의한 보증인지위나 보증인상황에 대한 착오는 사실의 착오 내지 구성요건적 착오로서 고의를 조각하지만, 보증인의무에 대한 착오는 법률의 착오로서 고의를 조각하지 못한다.

8. 위법성 및 책임

부작위범의 위법성과 책임 문제도 작위범과 동일하다. 따라서 부작위범의 구성요건에 해당하는 행위도 정당행위, 정당방위, 긴급피난, 자구행위, 피해자의 승낙에 의한 행위로 위법성이 조각될 수 있다. 또한 부작위범에서도 부작위자의 책임이 인정되기 위해서는 책임능력, 위법성의 인식, 기대가능성 등의 요건을 갖추어야 한다.

9. 처벌조건 및 소추조건

부작위범에 대한 처벌조건, 소추조건도 작위범과 동일하다. 예를 들어 친족간에 행한 부작위에 의한 절도죄는 인적 처벌조각사유에 해당하고, 부작위에 의한 명예훼손죄는 반의사불벌죄, 부작위에 의한 사자의 명예훼손죄는 친고죄가 된다.

제 3 절 위 법 성

제 1 관 위법성의 일반이론

Ⅰ. 위법성의 의의 [44]

1. 위법성의 개념

위법성이란 구성요건에 해당하는 행위가 법(法)에 어긋난다는(違; 어긋날 위) 판단이다. 법에 어긋난다는 것은 우리나라의 전체 법질서가 그 행위에 대해 부정적으로 평가하고 그 행위를 허용하지 않는다는 것을 의미한다. 책임이 '행위자에 대한 비난가능성'이라면 위법성은 '행위에 대한 비난가능성'이라고 할 수 있다.

다수설은 위법성과 불법을 구분하여 위법성은 질적·관계개념이고 불법은 양적·실체개념이라고 한다. 예를 들어 강도행위와 절도행위는 위법하다는 면에서는 똑같지만, 강도행위의 불법이 절도행위의 불법보다 크다고 한다.

2. 위법성과 구성요건해당성의 관계

소극적 구성요건요소이론은 불법과 책임의 범죄성립 2원론을 주장하고, 위법성은 소극적 구성요건요소이므로 위법성이 없는 행위는 총체적 불법구성요건해당성도 없다고 한다. 즉, 구성요건해당성은 위법성의 존재근거로서 위법하지 않는 행위는 모두 (총체적 불법) 구성요건해당성도 없다고 한다.

이에 대해 통설은 범죄성립 3원론을 취하고 구성요건해당성과 위법성은 독자적 판단이라고 한다. 그리고 구성요건에 해당하는 행위는 원칙적으로 위법하지만 위법성조각사유가 있는 경우는 예외적으로 위법하지 않다고 한다. 즉, 구성요건에 해당하는 행위는 일응 위법한 것으로 인식되지만(인식근거), 위법성조각사유가 있는 경우에는 위법성이 조각될 수 있다고 한다.

3. 위법성과 책임의 관계

통설에 의하면 위법한 행위를 한 사람은 원칙적으로 비난받고 예외적으로 책임조각·감경사유가 있는 경우 책임이 조각·감경된다. 따라서 위법성은 책임의 존재근거가 아닌 인식근거가 되므로, 책임이 없는 행위도 위법성은 있을 수 있다.

Ⅱ. 위법성의 본질과 평가방법   [45]

1. 형식적 위법성론과 실질적 위법성론

(1) 학설의 대립

위법성의 본질과 관련하여 형식적 위법성론과 실질적 위법성론이 대립한다.

형식적 위법성론은 위법성의 본질을 규범위반이라고 한다. 즉 '어떤 행위가 왜 위법한가' 하는 질문에 대해 그 행위를 금지하는 법규에 위반되었기 때문이라고 한다.

실질적 위법성론에서는 위법성의 본질은 권리침해(포이에르바하) 혹은 법익침해(리스트)라는 견해들이 제시되었다. 권리침해설에 의하면 권리에 이르지 않은 사실상의 이익만을 침해한 경우에는 위법하지 않게 된다. 통설·판례는 법적 권리로까지 승격되지 않은 이익을 침해해도 위법할 수 있다고 하는 법익침해설을 따른다.

예를 들어 甲이 대가를 줄 생각없이 성매매여성 A를 기망하여 성행위를 하였을 경우, 권리침해설에 의하면 A에게 대가청구권이 없기 때문에 甲의 행위는 권리를 침해하지 않았으므로 위법하지 않다. 그러나 법익침해설에 의하면 A에게 대가청구권이라는 권리는 없지만 A에게 형법적으로 보호할만한 사실상 이익이 있다고 한다면 甲의 행위는 그 이익을 침해하였으므로 위법하다.

[대판 2001. 10. 23. 2001도2991] 사기죄의 객체가 되는 재산상의 이익이 반드시 사법(私法)상 보호되는 경제적 이익만을 의미하지 아니하고, 부녀가 금품 등을 받을 것을 전제로 성행위를 하는 경우 그 행위의 대가는 사기죄의 객체인 경제적 이익에 해당하므로, 부녀를 기망하여 성행위 대가의 지급을 면하는 경우 사기죄가 성립한다.

(2) 형법의 입장

형법 제20조는 " … 사회상규에 위배되지 않는 행위는 벌하지 않는다"고 규정하고 있다. 이는 사회상규 위배여부를 기준으로 위법성을 판단하는 입장으로서 실질적 위법성론을 따른 것이라고 할 수 있다. 판례는 사회상규를 "법질서 전체의 정신이나 그 배후에 놓여 있는 사회윤리 내지 사회통념"이라고 한다(대판 2008. 10. 23. 2008도6999).

2. 주관적 위법성론과 객관적 위법성론

이는 위법성의 평가방법, 즉 위법성을 평가할 때에 행위자의 주관적 능력을 고려할 것인가에 관한 견해의 대립이다.

주관적 위법성론은 행위자의 주관적 능력을 고려하여 위법성을 판단해야 한다고 한다. 이에 의하면 위법성을 이해할 수 있는 능력을 지닌 사람들의 행위만이 위법하고 그렇지 못한 사람들의 행위는 위법하지 않다.

객관적 위법성론은 위법성판단은 법질서 전체적 관점에서 객관적으로 해야 하고 개개 행위자의 능력이나 사정을 위법성판단에서 고려해서는 안 된다고 한다. 이에 의하면 행위와 행위 당시의 행위자의 내심상태 및 그 결과를 고려하여 객관적으로 위법성판단을 해야 하고 여기에서 더 나아가 개개 행위자의 능력이나 동기 등을 고려하여 위법성판단을 해서는 안 된다는 것이다. 통설·판례는 객관적 위법성론을 따른다.

[대판 2008. 10. 23. 2008도6999] 어떠한 행위가 사회상규에 위배되지 아니하는 정당한 행위로서 위법성이 조각되는 것인지는 구체적인 사정 아래서 합목적적, 합리적으로 고찰하여 개별적으로 판단되어야 한다.

Ⅲ. 위법성조각사유의 일반이론   [46]

1. 위법성조각사유의 의의

(1) 위법성조각사유의 개념 및 종류

구성요건에 해당하는 행위도 특수한 경우에는 허용되는데, 이를 위법성조각(배제)사유 또는 정당화사유라고 한다.

형법 제20조 이하에는 다섯 가지의 위법성조각사유가 규정되어 있는데, 정당행위(제20조), 정당방위(제21조), 긴급피난(제22조), 자구행위(제23조), 피해자의 승낙(제24조)이 그것이다. 그리고 각칙인 제310조는 명예훼손죄에 대한 특별한 위법성조각사유를 규정하고 있다.

(2) 위법성조각사유의 구조

형법에 규정되어 있는 위법성조각사유 중 제20조의 '사회상규에 위배되지 않는 행위'가 일반적 위법성조각사유이고, 제20조의 나머지 규정과 제21조에서 제24조는 특별한 위법성조각사유라고 할 수 있다. 제310조 명예훼손죄의 위법성조각사유는 총칙상의 특별한 위법성조각사유 이외에 추가적인 특별한 위법성조각사유라고 할 수 있다.

그러므로 어떤 행위가 위법성이 조각되는지의 여부를 검토할 때에는 특별한 위법성조각사유에 해당하는지를 검토하고 특별한 위법성조각사유의 어디에도 해당되지 않을 경우에도 최종적으로 사회상규에 위배되는지의 여부를 검토해야 한다.

2. 위법성조각의 근거

(1) 일원설과 다원설

일원설은 모든 위법성조각사유에 공통되는 근거가 있다는 입장이다.

일원설 중 목적설은 구성요건에 해당하는 행위가 국가공동생활에 있어서 정당한 목적을 달성하기 위한 상당한 수단인 경우에는 위법하지 않다(정당하다)고 한다. 이익교량설은 좀 더 큰 이익을 보호하기 위해 좀 더 작은 이익을 침해하는 것은 위법하지 않다(정당하다)고 한다.

다원설은 모든 위법성조각사유에 공통되는 위법성조각원리는 없고, 개별 위법성조각사유마다 위법성조각의 근거가 달라질 수 있다고 한다. 다원설 중에는 피해자의 승낙에 의한 행위는 보호할 법익이 없기 때문에, 정당방위는 긴급성에 의해, 긴급피난 및 자구행위는 긴급성과 우월한 법익보호에 의해 위법성이 조각된다고 하는 견해도 있다.

(2) 형법의 규정

우리 형법은 이 문제를 입법적으로 해결하여 위법성조각의 근거를 사회상규라고 규정하고 있다. 이는 다원설의 입장에 따른 것이라고 할 수 있다. 판례도 다원설의 입장을 따른다.

[대판 2000. 4. 25. 98도2389] 정당행위를 인정하려면 첫째 그 행위의 동기나 목적의 정당성, 둘째 행위의 수단이나 방법의 상당성, 셋째 보호이익과 침해이익과의 법익균형성, 넷째 긴급성, 다섯째 그 행위 외에 다른 수단이나 방법이 없다는 보충성 등의 요건을 갖추어야 한다.

Ⅳ. 주관적 정당화(위법성조각) 요소 　　　　　　　　　　　[47]

1. 개　념

주관적 정당화(위법성조각)요소란 구성요건에 해당하는 행위를 하는 사람이 자신이 정당한 행위, 즉 위법성이 조각되는 행위를 하고 있다는 것을 인식, 인용 또는 의욕하는 내심상태를 말한다. 정당방위에서 방위의사, 긴급피난에서 피난의사 등과 같은 것이다.

2. 주관적 정당화요소의 필요여부

위법성조각사유가 성립하기 위해 주관적 정당화요소가 필요한가에 대해 견해가 대립한다.

통설·판례(대판 2000. 4. 25. 98도2389)는 ① 형법이 각각 '방위하기 위한 행위'(제21조), '피난하기 위한 행위'(제22조), '실행곤란을 피하기 위한 행위'(제23조)라고 규정하고 있고, ② 주관적 정당화요소가 있어야 행위불법(반가치)이 없어질 수 있다는 것 등을 근거로 필요설을 따른다.

3. 주관적 정당화요소의 내용

주관적 정당화요소 필요설에 의할 경우 주관적 정당화요소가 존재하기 위해서는 정당화상황(위법성조각사유의 객관적 요건을 충족하는 상황)을 인식해야 함은 물론이다. 여기에서 더 나아가 정당방위나 긴급피난 등을 인용하거나 의욕하는 의사적 요소까지 필요한지 문제된다.

통설은 의사적 요소가 필요하다고 한다. 판례도 정당행위를 인정하기 위해서는 행위의 동기나 목적의 정당성도 고려해야 한다고 하는데 이는 의사적 요소가 필요하다는 입장이라고 할 수 있다.

4. 주관적 정당화요소가 흠결된 경우의 효과

우연방위(甲이 원수를 갚기 위해 A를 살해하였으나, 그 순간 A도 甲을 살해하려 하였고 甲이 이를 알지 못한 경우) 등과 같이 정당화사유의 객관적 요건이 존재하지만 주관적 정당화요소가 흠결된 경우의 형법적 효과에 대해서 견해가 대립한다.

다수설은 우연방위 등은 형법 제27조의 불능미수와 유사하므로 행위자에게 불능미수의 죄책을 인정한다. 이에 대해 결과가 발생하였으므로 기수범의 죄책을 인정하여야 한다는 견해, 주관적 정당화요소 불필요설에 따라 무죄라고 하는 견해 등도 있다.

제 2 관   정당행위

제20조(정당행위) 법령에 의한 행위 또는 업무로 인한 행위 기타 사회상규에 위배되지 아니하는 행위는 벌하지 아니한다.

Ⅰ. 정당행위의 개념   [48]

1. 형법 제20조

형법 제20조는 "법령에 의한 행위 또는 업무로 인한 행위 기타 사회상규에 위배되지 아니하는 행위는 벌하지 아니한다"라고 하여 사회상규를 위법성판단의 일반적 기준으로 하여 위법성조각사유를 포괄적으로 규정한다.

정당방위, 긴급피난, 자구행위도 상당성이 없는 때에는 사회상규에 위배되고, 법령에 의한 행위, 업무로 인한 행위, 승낙에 의한 행위도 사회상규에 위배될 때에는 위법성이 조각되지 않는다.

이와 같이 사회상규는 위법성조각의 근거임과 동시에 위법성조각의 한계로서의 성격을 지니고 있다. 따라서 이러한 규정이 없는 독일 등에서는 '초법규적 위법성조각사유'라는 용어를 사용할 필요가 있으나 우리나라에서는 이러한 용어를 사용할 필요가 없다.

2. 사회상규의 개념

판례는 사회상규를 "그 입법정신에 비추어 국가질서의 존중성의 인식을 기초로 한 국민일반의 건전한 도의감"(대판 1956. 4. 6. 4289형상42) 또는 "법질서 전체의 정신이나 그 배후에 놓여 있는 사회윤리 내지 사회통념"(대판 2004. 8. 20. 2003도4732)이라고 정의한다.

Ⅱ. 법령에 의한 행위   [49]

법령에 의한 행위의 대표적 예를 들면 다음과 같다.

1. 공무원의 직무집행행위

(1) 적법한 공무집행행위

예를 들어 법무부장관의 사형집행명령(형소법 제463조)과 교도관의 사형집행(형법 제66조)은 각각 살인교사죄와 살인죄의 구성요건에 해당하지만 법령에 의한 행위로 위법성이 조각된다.

공무원의 직무집행행위가 법령에 의한 행위로서 위법성이 조각되기 위해서는 그 직무의 사항적·시간적·장소적 관할범위 내에서 이루어져야 하고, 법령에 정해진 형식과 절차에 의해서 행해져야 하며, 비례성의 원칙에 맞는 범위 내에서 이루어져야 하고(객관적 요건), 직무집행의 의사로써 이루어져야 한다(주관적 요건).

(2) 상관의 명령에 따른 행위

상관의 적법한 직무명령에 따른 공무원의 행위는 법령에 의한 행위로서 위법성이 조각된다. 상관의 부당한 명령에 따른 행위도 법령에 의한 행위라고 할 수 있다.

그러나 상관의 위법한 명령에 따른 행위는 법령에 의한 행위가 될 수 없어서 위법성이 조각될 수 없고, 기대가능성이 없음으로 인해 책임이 조각될 여지가 있을 뿐이다. 판례는 상관의 위법한 명령에 따른 행위의 위법성조각이나 책임조각을 거의 인정하지 않는다(대판 1999. 4. 23. 99도636; 대판 1988. 2. 23. 87도2358).

2. 사인(私人)의 법령에 의한 행위

(1) 현행범·준현행범의 체포

현행범 또는 준현행범은 누구든지 영장없이 체포할 수 있으므로(형소법 제211조, 제212조), 사인의 현행범체포행위는 형법 제276조 체포죄의 구성요건에 해당하지만 법령에 의한 행위로 위법성이 조각된다.

(2) 인공임신중절행위

2020. 12. 31.까지는 자기낙태죄(제269조 1항)와 업무상동의낙태죄(제270조 1항)에 해당하는 행위가 모자보건법 제14조의 요건을 갖춘 경우에는 위법성이 조각되었다. 그러나 위 두 규정에 대한 헌법불합치결정에도 불구하고 2020년 말까지 개정이 이루어지지 않아 위 두 규정은 효력이 상실되었다. 따라서 새로운 입법이 이루어지기까지는 위 두 규정에 해당하는 행위라고 하더라도 모자보건법상의 요건을 충족하였는지에 상관없이 위법성이 조각되는 것이 아니라 구성요건해당성이 없어 처벌되지 않는다.

다만 동의낙태죄(제269조 2항)는 효력이 상실되지 않았지만 — 모자보건법은 의사가 인공임신중절수술을 할 것을 요건하고 있으므로 — 법령에 의한 행위로 위법성이 조각될 수는 없고, 사회상규에 위배되지 않는 행위로 위법성이 조각될 수 있을 뿐이다.

(3) '장기등 이식에 관한 법률'에 의한 장기적출행위

'장기등 이식에 관한 법률'은 일정한 요건이 갖춰진 경우 살아있는 사람 내지 사망한 사람 및 뇌사자로부터의 장기적출을 규정하고 있다(동법 제11조 이하). 동법에 의한 장기적출행위는 사체손괴죄, 상해죄 내지 중상해죄 또는 살인죄의 구성요건에 해당되지만 법령에 의한 행위로 위법성이 조각된다.

(4) 징계행위

1) 부모의 체벌행위   부모가 자녀에 대해 체벌을 가하는 것이 법령에 의한 행위로 위법성이 조각될 수 있는가에 대해 판례는 일정범위의 체벌은 위법성이 조각된다고 한다(대판 2002. 2. 8. 2001도6468).

2) 학교장 및 교사의 체벌행위   판례는 초중등학교의 장이나 교사가 학생에게 체벌을 하는 것이 법령에 의한 행위로 위법성이 조각될 수 있다고 한다.

[대판 2004. 6. 10. 2001도5380] 학생에 대한 폭행, 욕설에 해당되는 지도행위는 학생의 잘못된 언행을 교정하려는 목적에서 나온 것이었으며 다른 교육적 수단으로는 교정이 불가능하였던 경우로서 그 방법과 정도에서 사회통념상 용인될 수 있을 만한 객관적 타당성을 갖추었던 경우에만 법령에 의한 정당행위로 볼 수 있을 것이다.

3) 군인의 체벌행위   군인복무규율 제15조는 체벌을 금지하고 있으므로 상관의 체벌은 법령에 의한 행위로서 위법성이 조각될 수는 없고, 사회상규에 위배되지 않는 행위로 위법성이 조각될 수 있을 뿐이다.

(5) 노동쟁의행위

노동관계법률에 따른 노동쟁의는 업무방해죄(제314조)의 구성요건에 해당하는 행위이지만 법령에 의한 행위로 위법성이 조각된다. 다만, 판례는 쟁의행위로서의 단순파업은 원칙적으로 업무방해죄의 구성요건해당성이 없다고 하므로(대판 2011. 3. 17. 2007도482 전합), 이 경우에는 위법성 여부가 문제되지 않는다.

판례는 노동쟁의의 위법성이 조각되기 위해서는 노동관계법률에 정한 실체법적·절차법적 요건을 모두 충족해야 한다고 한다(대판 2003. 11. 13. 2003도687).

(6) 기타 법령에 의한 행위

민법 제209조의 점유자의 자력구제행위, 정신질환자의 입원('정신건강증진 및 정신질환자 복지서비스 지원에 관한 법률' 제43조 및 제44조 등), 관계법령에 따른 복권의 발행행위 등도 법령에 의한 행위로 위법성이 조각된다.

Ⅲ. 업무로 인한 행위   [50]

형법에서 업무라 함은 '직업 또는 사회생활상의 지위에 기하여 계속적으로 종사하는 사무 또는 사업'을 말한다. 업무로 인한 행위의 위법성이 조각되는 이유는 사회적으로 용인된 사무나 사업의 직업윤리나 직업상의 의무를 따른 행위는 사회상규에 위배되지 않기 때문이다.

1. 의사의 수술행위

(1) 위법성조각설

다수설 및 판례는 의사의 수술행위는 상해죄의 구성요건에 해당하지만 위법성이 조각된다고 한다. 다만 과거에는 업무로 인한 행위로 위법성이 조각된다고 하였지만, 최근의 학설 및 판례는 피해자의 승낙이 있어야 위법성이 조각된다고 한다.

> [대판 1993. 7. 27. 92도2345] 의사가 자신의 시진(視診), 촉진(觸診)결과 등을 과신한 나머지 피해자의 병명을 자궁근종으로 오진하고 이에 근거하여 의학에 대한 전문지식이 없는 피해자에게 자궁적출술의 불가피성만을 강조하였을 뿐 위와 같은 진단상의 과오가 없었으면 당연히 설명받았을 자궁외임신에 관한 내용을 설명받지 못한 피해자로부터 수술승낙을 받았다면 위 승낙은 부정확 또는 불충분한 설명을 근거로 이루어진 것으로서 수술의 위법성을 조각할 유효한 승낙이라고 볼 수 없다.

(2) 구성요건해당성조각설

이 견해는 의사의 수술행위는 건강을 증진시키기 위한 행위이므로 환자의 승낙을 받고 의술의 법칙에 따라 행한 수술은 상해죄의 구성요건에조차 해당되지 않는다고 한다.

2. 성직자, 변호사의 직무행위

(1) 성직자의 직무행위

예를 들어 신부가 국가보안법 제10조 불고지죄의 구성요건에 해당하는 행위를 하였다고 하더라도 업무로 인한 행위로 위법성이 조각될 수 있다. 그러나 판례는 성직자의 업무범위를 초과하는 행위는 위법성이 조각될 수 없다고 한다(대판 1983. 3. 8. 82도3248).

(2) 변호사의 직무행위

변호사가 법정에서 피고인을 보호하기 위해 타인의 명예를 훼손할 만한 사실을 적시한 경우에도 업무로 인한 행위로 위법성이 조각된다. 법정 이외에서 한 행위라도 업무범위에 속한 경우에는 위법성이 조각될 수 있다. 그러나 변호사업무와 무관하게 사실을 적시한 경우에는 위법성이 조각되지 않는다.

3. 운동경기행위

권투나 레슬링과 같이 상대방에게 유형력을 행사하는 경기나 기타 고의·과실로 타인의 신체를 상해하거나 사망케 할 가능성을 수반하는 운동경기에서 경기규칙에 따라 경기한 운동선수가 상대방선수를 사망케 하거나 상해한 경우에도 업무로 인한 행위로 위법성이 조각될 수 있다.

Ⅳ. 사회상규에 위배되지 않는 행위   [51]

1. 안락사·존엄사

(1) 개 념

형법상 문제되는 안락사는 직접적으로 생명의 단축을 목적으로 하는 조치를 취하는 적극적·직접적 안락사이다. 존엄사란 생명을 연장하기 위한 조치를 취하지 않는 소극적 안락사를 말한다.

(2) 안락사·존엄사의 형법적 효과

적극적·직접적 안락사는 절대적 생명보호의 원칙과 안락사의 남용위험성을 이유로 위법성이 조각되지 않는다고 하는 견해가 있다. 이에 대해 ① 환자가 불치의 병으로 죽을 시기에 임박하였고, ② 환자의 육체적 고통이 극심하고, ③ 현대의학으로는 환자의 질환을 치료하거나 고통을 완화할 수 없고, ④ 원칙적으로 환자의 촉탁 또는 승낙이 있고, ⑤ 원칙적으로 의사가 시행하고 윤리적으로 타당한 방법을 사용할 것 등을 요건으로 하여 위법성이 조각된다는 견해도 있다.

존엄사에 대해 통설은 위법성이 조각된다고 한다.

2. 사회·경제적 사유에 의한 낙태행위

종래 사회·경제적 사유에 의한 낙태의 위법성조각이 문제되었지만, 헌법재판소는 낙태죄(제269조 1항)와 의사등의 동의낙태죄(제270조 1항)는 헌법에 불합치한다고 결정하였으나(헌재 2019. 4. 11. 2017헌바127), 2020. 12. 31.까지 개정되지 않았다. 따라서 새로운 입법이 이루어지기까지는 위 두 규정에 해당하는 행위라고 하더라도 모자보건법상의 요건을 충족하였는지에 상관없이 위법성이 조각되는 것이 아니라 구성요건해당성이 없어 처벌되지 않는다. 동의낙태죄(제269조 2항)는 효력이 상실되지 않았으므로 사회상규에 위배되지 않는 행위 등으로 위법성이 조각될 수 있다.

3. 경미한 법익침해행위

예를 들어 수퍼마켓에서 주인의 허락없이 땅콩 하나를 집어먹는 행위 등과 같이 경미한 법익침해의 경우 절도죄의 구성요건해당성이 없다는 견해도 있으나, 통설은 절도죄의 구성요건해당성은 있지만 사회상규에 위배되지 않는 행위로서 위법성이 조각된다고 한다.

제 3 관 정당방위

제21조(정당방위) ① 현재의 부당한 침해로부터 자기 또는 타인의 법익(法益)을 방위하기 위하여 한 행위는 상당한 이유가 있는 경우에는 벌하지 아니한다.
② 방위행위가 그 정도를 초과한 경우에는 정황(情況)에 따라 그 형을 감경하거나 면제할 수 있다.
③ 제 2 항의 경우에 야간이나 그 밖의 불안한 상태에서 공포를 느끼거나 경악(驚愕)하거나 흥분하거나 당황하였기 때문에 그 행위를 하였을 때에는 벌하지 아니한다.

I. 정당방위의 의의   [52]

1. 정당방위의 개념

(1) 정당방위

정당방위란 현재의 부당한 침해로부터 자기 또는 타인의 법익을 방위하기 위한 행위로서 상당한 이유가 있는, 즉 사회상규에 위배되지 않는 행위를 말한다(제21조 1항). 한 예로 보석을 훔쳐가는 사람을 폭행하여 훔쳐가지 못하게 한 경우를 들 수 있다.

정당방위는 부당한 침해에 대한 정당한 방위이므로 부정(不正) 대 정(正)의 관계에 있다는 점에서 정(正) 대 정(正)의 관계에 있는 긴급피난과 다르다. 따라서 긴급피난에서는 보충성과 보호되는 법익과 침해되는 법익 사이에 엄격한 균형이 요구되지만, 정당방위에서는 보충성과 균형성이 엄격하게 요구되지 않는다. 자구행위가 '자기'의 '청구권'을 보전하기 위한 경우에만 인정되는 데에 비해 정당방위는 청구권이 아닌 '법익' 또한 자기 아닌 '타인'의 법익을 방위하기 위한 경우도 인정된다.

(2) 과잉방위·오상방위 및 우연방위

정당방위의 객관적 요건이 충족되어 있고 정당방위 의사로 행위하였으나 방위행위가 정도를 초과한 경우를 과잉방위라고 한다. 과잉방위의 형법적 효과에 대해서는 제21조 제2, 3항이 규정하고 있다.

정당방위의 객관적 요건을 충족하는 사실관계가 존재하지 않음에도 불구하고 존재한다고 착오하거나 정당방위의 객관적 요건 그 자체를 잘못 알고 정당방위의 의사로 행위한 경우를 오상방위라고 한다. 반대로 정당방위의 객관적 요건은 충족되어 있지만 정당방위의 의사가 없는 상태에서 행위한 경우를 우연방위라고 한다.

2. 정당방위의 근거

(1) 자기보호의 원리

정당방위는 자력구제금지 원칙의 예외로서 부당하게 침해받는 자신의 법익을 스스로 보호하는 것을 허용하는 자기보호의 원리에 기초하고 있다. 개인적 차원의 자연권으로서의 정당방위의 성격이 강조된 것이다.

(2) 법질서 수호·확증의 원리

타인의 법익보호를 위한 정당방위는 타인간의 관계에서 무엇이 정의이고 무엇이 불법인지를 확증케 하고 이를 통해 정당한 법질서를 수호하는 기능을 한다. 사회적 차원의 자연권으로서의 정당방위의 성격이 강조된 것이다.

Ⅱ. 정당방위의 성립요건   [53]

1. 자기 또는 타인의 법익에 대한 침해

(1) 자기 또는 타인의 법익

자기의 법익뿐만 아니라 타인의 법익에 대한 침해에도 정당방위가 허용된다. 법익이란 생명, 신체, 자유, 명예, 프라이버시, 업무, 재산 등 법에 의해 보호되는 모든 이익을 포함하는 개념이다. 권리에 국한되지 않고 사실상 향유하는 이익이면 족하다.

(2) 국가·사회적 법익 보호를 위한 정당방위

국가·사회가 개인과 동등한 법적 지위에서 향유하는 법익이나 국가·사회적 법익이 개인의 법익과 관련된 경우에는 그것을 보호하기 위한 정당방위가 허용된다.

순수한 국가·사회적 법익을 위한 정당방위의 허용여부에 대해 부정설과 예외적 허용설이 대립하는데, 부정설이 다수설이다.

2. 현재의 부당한 침해

(1) '침해'가 있을 것

침해는 인간의 행위에 의한 것이어야 한다. 인간의 행위에 의하지 않은 자연현상은 정당·부당의 판단대상이 아니기 때문이다.

동물에 의한 침해의 경우 ① 주인없는 동물이 공격해오기 때문에 동물을 살해한 경우 형법적으로 문제되지 않거나 긴급피난으로 해결해야 하고, ② 주인의 사주 또는 관리소홀에 기인하여 공격해 오는 동물을 살해한 경우에는 정당방위가 되고, 그 공격이 부당하다고 할 수 없는 경우에는 긴급피난이 된다.

(2) '부당'한 침해가 있을 것

1) 부당의 개념　　　　정당방위는 부당한 침해에 대해서만 할 수 있고, 정당한 침해에 대해서는 할 수 없다. 다수설에 의하면 부당이란 위법을 의미하는데, 여기에서 위법이란 객관적으로 법질서를 침해하는 모든 행위로서 고의·과실이 없는 경우도 포함된다고 한다.

부당한 행위인지의 여부는 객관적으로 판단하게 되므로 책임무능력자의 행위, 강요된 행위 등과 같이 위법성이 있지만 책임이 조각되는 행위에 대해서도 정당방위가 가능하다. 그러나 정당행위, 정당방위, 긴급피난 등 정당한 행위에 대해서는 정당방위를 할 수 없다.

2) 싸움과 정당방위　　　　판례는 싸움에서는 원칙적으로 정당방위가 인정되지 않고 싸움에서 예상되는 정도 이상의 공격을 해 오는 경우와 같이 예외적인 경우에만 정당방위가 인정된다고 한다.

3) 도발한 침해행위　　　　첫째, 상대방의 침해행위를 도발한 후 이에 대해 정당방위를 하기 위한 목적으로 행한 방위행위는 정당방위가 될 수 없다.

둘째, 상대방이 공격해 올 것이라는 점을 예상하고 일정한 행위를 한 경우 ① 그 행위가 재산에 대한 강제집행과 같이 적법행위인 경우라면 그에 대한 침해에 대해 정당방위가 가능하지만, ② 그 행위가 욕을 하는 행위와 같이 위법 또는 부당한 경우라면 정당방위가 허용되지 않는다.

(3) '현재'의 침해가 있을 것

1) 현재의 침해의 개념 및 범위　　　정당방위는 과거의 침해에 대해서는 허용되지 않고 현재의 침해에 대해서만 허용된다. 여기에서 '현재'란 법익에 대한 침해가 발생하기 직전, 발생 이후 종료까지 및 종료 직후를 모두 포함하는 개념이다.

과거에 계속적으로 법익침해가 있었고 앞으로도 법익침해가 계속될 것이라고 예상되는 경우에 현재의 침해가 있다고 할 것인가에 대해서는 견해가 대립한다. 판례 중에는 긍정하는 듯한 판례도 있었지만(대판 1992. 12. 22. 92도2540), 판례가 긍정설을 따른다고 확실하게 말할 수는 없다.

2) 미래의 침해에 대한 정당방위　　　미래의 침해에 대한 정당방위는 불가능하다. 그러나 담 위에 철조망을 설치하는 것과 같이 미래의 침해에 대비하기 위한 현재의 방위조치는 현재로서는 정당방위가 아니지만, 침해행위가 일어난 시점에서는 현재의 침해에 대한 정당방위라고 할 수 있다.

3. 방위하기 위한 행위

정당방위가 성립하기 위해서는 자기 또는 타인의 법익에 대한 현재의 부당한 침해를 방위하기 위한 행위여야 한다. 방위행위란 그 침해가 계속되지 못하게 하거나 침해를 배제하는 모든 행위를 포함한다. 순수한 수비적 방어행위뿐만 아니라 침해자에 대한 적극적 반격을 포함하는 반격방어행위여도 무방하다.

방위행위가 되기 위해서는 행위자에게 주관적 정당화요소로서 방위의사가 필요하다. 정당방위의 객관적 요건이 갖추어졌다 하더라도 방위의사가 없는 경우에는 우연방위가 된다. 우연방위에 대해서는 기수설, 불능미수설(다수설) 및 불가벌설이 대립한다.

4. 상당한 이유가 있을 것

(1) 상당한 이유의 개념

정당방위가 성립하기 위해서는 방위행위에 상당한 이유, 즉 상당성이 있어야 한다. 방위행위가 사회적으로 상당한 것인지 여부는 침해행위에 의해 침해되는 법익의 종류, 정도, 침해의 방법, 침해행위의 완급과 방위행위에 의해 침해될 법익의 종류, 정도 등 일체의 구체적 사정들을 참작하여 판단하여야 한다(대판 2003. 11. 13. 2003도3606).

(2) 방위행위의 필요성

방위행위가 상당성을 갖기 위해서는 방위행위의 필요성이 인정되어야 한다. 정당방위의 객관적 요건이 충족되는 경우 필요성은 당연히 인정된다.

(3) 방위행위의 보충성

방위행위의 보충성이란 방위행위가 최후수단(ultima ratio)이어야 한다는 것과 필요한 최소한의 범위에서 이루어져야 한다는 것을 의미한다. 정당방위에서는 원칙적으로 보충성이 요구되지 않는다. 왜냐하면 정당방위는 부정(不正) 대 정(正)의 관계이므로 정(正)이 부정(不正)에 양보할 필요가 없기 때문이다.

(4) 법익균형성

법익균형성은 방위행위의 상당성을 판단하는 데에 있어서 중요한 기능을 한다. 그러나 정당방위에서는 긴급피난에서와 같은 엄격한 법익균형성이 요구되지 않는다.

5. 정당방위의 사회윤리적 제한

(1) 개념과 체계적 지위

정당방위가 성립하기 위한 요건의 하나로서 정당방위의 사회윤리적 제한이 문제된다.

정당방위의 사회윤리적 제한의 체계적 지위에 대해서는 상당한 이유와는 구별되는 또 하나의 요건이라고 하는 견해와 상당한 이유의 내용에 포함된다고 하는 견해가 대립한다. 사회윤리적 제한을 넘어서는 방위행위는 전자의 견해에 의하면 과잉방위도 될 수 없지만, 후자의 견해에 의하면 과잉방위가 될 수 있다.

정당방위의 사회윤리적 제한의 근거로는 권리남용금지의 원칙, 상당성원칙(과잉금지에서 유래하는 비례성 및 상당성), 기대가능성이론, 정당방위의 이념으로서 자기보호원리와 법질서수호원리 등이 제시되고 있다.

(2) 정당방위의 사회윤리적 제한의 내용

정당방위의 사회윤리적 제한을 주장하는 학자들은 어린이, 정신병자, 만취자 등 책임무능력이거나 책임능력이 현저하게 감소되어 있는 사람의 침해행위, 부부나 친족 등 긴밀한 관계에 있는 사람의 침해행위, 경미한 침해행위에 대해서는 사회윤리적 관점에서 정당방위가 제한된다고 한다. 즉, 이 경우에는 가급적 정당방위를 회피해야 하고(회피의 원칙), 정당방위를 하더라도 공격적 행위가 아닌 보호적 행위에 그쳐야 한다는 것이다(보호방위의 원칙).

Ⅲ. 정당방위의 효과 [54]

정당방위의 효과는 '벌하지 아니한다'(제21조 1항)이다. '벌하지 아니한다'는 위법성이 조각되어 범죄가 성립하지 않기 때문에 벌하지 않는다는 의미이다.

정당방위는 위법성이 조각되는 행위이므로 정당방위에 대한 정당방위는 허용되지 않는다.

Ⅳ. 과잉방위 [55]

1. 과잉방위의 개념 및 요건

과잉방위란 자기 또는 현재의 부당한 침해를 방위하기 위한 행위이지만 그 정도를 초과하여 상당한 이유가 없는 방위행위를 말한다. 한 예로 재물을 훔쳐가려는 절도범을 살해한 경우를 들 수 있다. 과잉방위가 성립하기 위해서는 상당한 이유 이외의 다른 정당방위요건은 다 갖춰져야 한다. 따라서 과거의 침해에 대한 방위행위나 침해가 종료한 이후의 방위행위는 정당방위는 물론 과잉방위에도 해당하지 않는다.

2. 과잉방위의 효과

과잉방위에 대해서는 정황(情況)에 따라 그 형을 감경 또는 면제할 수 있다(임의적 감면; 제21조 2항). 야간이나 그 밖의 불안한 상태에서 공포를 느끼거나 경악(驚愕)하거나 흥분하거나 당황하였기 때문에 과잉방위를 하였을 때에는 벌하지 않는다(불가벌, 제21조 3항).

형이 감경되거나 처벌되지 않는 이유는 과잉방위의 위법성이 조각되지는 않지만, 행위자에게 기대가능성이 없거나 감소됨으로 인해 그의 책임이 조각되거나 감경되기 때문이다. 형면제의 경우는 위법성이나 책임이 조각되지 않지만 정책적 고려에 의한 것이다(제328조의 형면제 참조).

V. 오상방위 [56]

1. 오상방위의 개념

오상방위란 ① 정당방위의 요건이나 상황에 대한 착오, 즉 정당방위의 법적 성립요건에 대해 착오를 일으켜 방위행위를 한 경우와 ② 정당방위의 법적 성립요건은 알고 있지만 정당방위의 객관적 요건을 충족하는 상황이 아님에도 불구하고 요건이 충족되는 상황이라고 착오를 일으켜 방위행위를 한 경우 두 가지를 총칭한다. 다수설은 후자만을 오상방위로 본다.

전자의 예로 과거의 침해에 대해서도 정당방위가 가능하다고 생각하고 방위행위를 한 경우, 후자의 예로 가게에 손님이 들어오는 것을 강도가 들어오는 것으로 오인한 가게주인이 그 손님을 폭행하여 내쫓은 경우를 들 수 있다. 전자는 정당방위의 성립요건 그 자체에 대해 착오를 일으킨 경우이고, 후자는 정당방위의 요건 그 자체에는 착오가 없지만 정당방위의 요건을 충족하는 사실이 없음에도 불구하고 있다고 생각한 경우로서, 정당방위의 요건(전제) 사실의 착오라고 한다.

2. 오상방위의 효과

정당방위의 요건 그 자체에 대한 착오에서는 정당방위의 성립요건 그 자체에 대해 착오를 일으키고 그로 인해 자신의 위법한 행위를 정당한 행위로 착오한 이중의 착오가 존재한다. 그러나 두 착오 모두 법적 평가상의 착오이므로 법률의 착오(제16조)로 다루어진다.

　정당방위의 요건(전제)사실의 착오에서는 정당방위의 요건을 충족하는 사실이 없음에도 불구하고 있다고 생각한 사실관계에 대한 착오와 이로 인해 자신의 위법한 행위를 정당방위로 착오한 법적 평가의 착오 등 이중의 착오가 존재한다. 그 형법적 효과에 대해서 다수설은 사실관계의 착오라는 점을 강조하여 과실범의 효과를 인정한다. 그러나 사실관계의 착오이지만 구성요건사실이 아닌 정당방위요건사실에 대한 착오이므로 법률의 착오로 다루어 고의가 조각되지 않는다고 하는 견해도 있다.

3. 오상과잉방위

　오상방위가 그 정도를 초과하여 상당한 이유가 없는 경우를 오상과잉방위라고 한다. 오상과잉방위를 오상방위로 다룰 것인가 아니면 과잉방위로 다룰 것인가에 대해서도 견해가 대립한다. 오상방위로 다룰 경우에는 제21조 2, 3항을 적용할 수 없게 되고, 과잉방위로 다룰 경우에는 오상방위에서와 같이 과실범의 효과를 인정할 수 없게 된다.

제 4 관 긴급피난

제22조(긴급피난) ① 자기 또는 타인의 법익에 대한 현재의 위난을 피하기 위한 행위는 상당한 이유가 있는 때에는 벌하지 아니한다.
② 위난을 피하지 못할 책임이 있는 자에 대하여는 전항의 규정을 적용하지 아니한다.
③ 전조 제 2 항과 제 3 항의 규정은 본조에 준용한다.

Ⅰ. 긴급피난의 의의　　　　　　　　　　　　　　　　　　　　　　[57]

1. 긴급피난의 개념

　긴급피난이란 자기 또는 타인의 법익에 대한 현재의 위난을 피하기 위한 행위로서 상당한 이유가 있는 행위를 말한다(제22조 1항). 한 예로 멧돼지의 공격을 피하기 위해 타인의 주거에 침입한 경우를 들 수 있다.

　정당방위에서와 달리 긴급피난에서는 피난행위에 의해 법익침해를 받는 사람에게는 아무런 잘못이 없으므로 정(正) 대 정(正)의 관계이다. 이로 인해 긴급피난에서는 보충성과 법익균형성이 요구된다. 즉 긴급피난은 최후수단이어야 하고, 피난행위에 의한 법익침해를 최소화해야 한다.

2. 과잉피난 · 오상피난 및 우연피난

과잉피난이란 자기 또는 타인의 법익에 대한 현재의 위난을 피하기 위한 행위이지만 그 정도를 초과하여 상당한 이유가 없는 경우를 말한다.

오상피난이란 긴급피난의 법적 요건을 잘못 알고 피난행위를 하거나(긴급피난의 요건 그 자체에 대한 착오) 자기 또는 타인의 법익에 대한 현재의 위난이 없음에도 불구하고 있다고 착오하고 피난행위를 하는 경우(긴급피난의 요건사실에 대한 착오)를 말한다.

우연피난이란 행위자가 피난의사 없이 범죄행위를 하였으나 객관적으로 긴급피난의 요건이 갖추어진 경우를 말한다.

Ⅱ. 긴급피난의 법적 성질   [58]

1. 견해의 대립

다수설은 우리 형법이 정당방위, 자구행위 등과 함께 긴급피난을 위법성조각사유의 하나로 규정하고 있으므로, 긴급피난은 큰 이익의 보호를 위해 작은 이익을 희생시키는 행위를 정당화하는 것으로서 위법성조각사유라고 한다.

소수설은 긴급피난은 위난에 대해 아무런 잘못이 없는 사람의 법익을 침해하는 것이므로 정당한 행위라고 할 수 없고, 다만 긴급피난행위를 한 사람에게 그 위난을 피하지 않을 기대가능성이 없음으로 인한 책임조각사유라고 한다.

기타 사물에 대한 긴급피난은 위법성조각사유이고 생명과 신체 등에 대한 긴급피난은 책임조각사유라는 견해 및 우월한 이익을 보호하기 위한 긴급피난은 위법성조각사유, 낮은 이익이나 동가치의 이익을 보호하기 위한 긴급피난은 책임조각사유라는 견해 등도 있다.

2. 긴급피난의 위법성조각 근거

긴급피난의 위법성조각의 근거에 대해 큰 이익을 위해 작은 이익을 희생한다는 이익교량의 원칙과 정당한 목적을 위한 상당한 수단이라고 하는 목적설 및 공동체원리에서 나오는 위험분산의 원칙 등이 제시된다.

Ⅲ. 긴급피난의 성립요건   [59]

1. 자기 또는 타인의 법익에 대한 현재의 위난

(1) 자기 또는 타인의 법익

자기의 법익뿐만 아니라 타인의 법익을 보호하기 위한 긴급피난도 인정된다. 법익은 권리에 국한되지 않고 사실상의 이익도 포함하는 개념이다. 다수설은 정당방위에서와는 달리 긴급피난으로 보호되는 법익은 개인적 법익뿐만 아니라 국가·사회적 법익도 포함된다고 한다.

(2) 현재의 위난

1) **위난의 개념**   '위난'이란 법익침해가 발생할 수 있는 구체적 위험성이 있는 상태를 말한다. 위난의 원인은 사람의 행위일 수도 있지만 자연현상일 수도 있다. 위난은 적법한 것임을 요하지 않는다. 위법행위에 의해 초래된 위난이라도 상관없다. 위법한 위난에 대해서는 정당방위를 할 수도 있고 긴급피난을 할 수도 있다.

2) **'현재'의 위난**   위난은 현재의 위난이어야 한다. '현재의 위난'이 존재하는 시기는 법익침해가 시작되기 직전부터 법익침해가 종료된 직후의 시점까지를 말한다.

과거의 위난이나 장래 초래될 위난에 대해서는 긴급피난이 허용되지 않는다. 장래의 위난에 대한 예방적 조치는 긴급피난이 될 수 없고, 사회상규에 위배되지 않는 행위 혹은 초법규적 책임조각사유로 고려될 수 있을 뿐이다.

3) **자초위난**(自招危難)   통설 및 판례는 ① 긴급피난을 통해 타인의 법익을 침해할 목적으로 위난을 자초한 경우에는 긴급피난이 될 수 없지만,

② 피난행위자에게 위난의 발생에 대한 책임이 있는 경우에도 원칙적으로 긴급피난이 인정될 수 있다고 한다(대판 1987. 1. 20. 85도221).

2. 피난의사

긴급피난이 성립하기 위해서는 피난자에게 주관적 정당화요소로서 피난의사가 있어야 한다.

긴급피난의 객관적 요건이 갖추어져 있지만 피난의사가 없는 경우를 우연피난이라고 한다. 그 형법적 효과에 대해서는 우연방위에서와 같이 기수설, 무죄설, 불능미수설(다수설)이 대립한다.

3. 상당한 이유

긴급피난은 정(正) 대 정(正)의 관계이므로 피난행위의 상당성은 방위행위의 상당성보다는 엄격한 개념이다.

(1) 보충성원칙

긴급피난이 상당한 이유가 있기 위해서는 다른 방법으로는 위난을 피할 수 없고 피난행위가 최후수단이어야 한다는 원칙과 피난행위를 할 경우에도 침해를 최소화해야 한다는 원칙에 따라야 한다.

(2) 이익형량의 원칙

긴급피난에서는 피난행위로 보호되는 이익이 피난행위로 침해되는 이익보다 우월해야 한다.

금전적 가치로 측정되는 이익의 경우 이익형량에 별 문제가 없다.

금전적 가치로 환산이 되지 않는 이익 중 ① 같은 종류의 이익 사이의 우열은 이익의 양에 의해서 결정될 수 있을 것이다. 예를 들어 자신에게 중상해를 입힐 위난을 피하기 위해 다른 사람에게 경상을 입히면서 피난한 경우 긴급피난이 인정될 수 있다. ② 다른 종류의 이익 사이의 우열은 다양한 기준을 종합적으로 고려하여 사회통념에 의해 결정할 수밖에 없다.

금전적 가치로 환산되는 이익과 환산되지 않는 이익 상호간의 우열은 금전적으로 환산되지 않는 이익 상호간의 우열비교와 같은 요령으로 해야 한다.

(3) 수단의 상당성

피난행위가 피난목적에 적합하고 사회상규에 위배되지 않는 수단에 의해 이루어져야 한다. 예를 들어 신장의 이상으로 사망할 위기에 처해있는 환자를 구하기 위해 동의없이 다른 사람의 신장을 적출하여 이식하는 행위는 보충성의 원칙 및 우월이익의 원칙을 충족하였더라도 사회적으로 상당한 수단이 아니기 때문에 긴급피난으로 위법성이 조각되지 않는다.

Ⅳ. 긴급피난의 효과 [60]

긴급피난은 벌하지 아니한다(제22조 1항).

형법 제22조 제2항은 "위난을 피하지 못할 책임이 있는 자에 대하여는 전항의 규정을 적용하지 아니한다"고 규정하고 있다. 여기에서 '위난을 피하지 못할 책임이 있는 자'란 119 구조대원이나 의사 등과 같이 위난에 대비할 것이 예정되어 있는 직업이나 업무에 종사하는 사람을 의미한다.

Ⅴ. 과잉피난, 오상피난, 과잉오상피난 [61]

1. 과잉피난

과잉피난이란 피난행위가 그 정도를 초과하여 상당한 이유가 없는 경우를 말한다. 과잉피난이 성립하기 위해서는 상당한 이유 이외의 다른 긴급피난의 요건은 모두 갖춰야 한다. 과거의 위난에 대한 피난행위나 피난의사가 없는 피난행위는 긴급피난은 물론 과잉피난도 될 수 없다.

과잉피난에 대해서는 형을 감경 또는 면제할 수 있는데(임의적 감면; 제22조 3항, 제21조 2항), 이는 책임감경(형감경의 경우) 또는 정책적 이유 때문이다(형면제의 경우).

과잉피난이 야간 기타 불안스러운 상태하에서 공포, 경악, 흥분 또는 당황으로 인한 때에는 벌하지 아니한다(제22조 3항, 제21조 3항). 이는 기대가능성이 없음으로 인해 책임이 조각되기 때문이다.

2. 오상피난

오상피난 및 오상과잉피난의 개념 및 효과는 오상방위 내지 오상과잉방위에서와 같다.

Ⅵ. 의무의 충돌   [62]

1. 의무충돌의 개념

의무의 충돌이란 두 개 이상의 의무가 존재하지만 그 중에서 하나밖에 이행할 수 없는 상황에서 하나의 의무만을 이행함으로써 다른 의무를 이행하지 못했고 그 의무불이행이 구성요건에 해당하는 경우를 말한다.

예를 들어 강물에 A, B 두 아이가 빠져서 익사할 위험에 처해 있으나 두 아이를 모두 구할 수는 없고 한 아이만 구할 수 있는 상황이므로 안전요원이 A만을 구하고 B는 방치함으로써 B가 익사한 경우이다. 이 경우 안전요원이 B를 구하지 않은 행위는 부작위에 의한 살인죄의 구성요건에 해당된다.

의무의 충돌은 의무의 경합과 구별된다. 의무의 경합이란 수개의 작위 혹은 부작위의무가 존재하지만 ① 수개의 의무 사이에는 이행의 우선순위가 있어서 선순위의무를 이행해야 하는 경우와 ② 수개의 의무 중 모든 의무를 다 이행할 수 있는 경우를 말한다.

2. 의무충돌의 요건

(1) 두 개 이상의 법적 의무의 충돌

의무의 충돌이 있기 위해서는 두 개 이상의 법적 의무의 충돌이 있어야 한다. 윤리·도덕적 의무와 법적 의무가 충돌하여 윤리·도덕적 의무를 이행하거나 법적 의무를 이행하지 않은 경우에는 위법성이 조각되지 않고 확신범의 문제가 된다.

(2) 의무 중 일부만의 이행

행위자가 의무를 모두 이행하였거나 모두 이행하지 않은 경우에는 의무의 충돌이 발생하지 않는다.

(3) 구성요건해당성의 존재

의무의 일부를 이행하지 않은 것이 구성요건에 해당되어야 한다. 구성요건에 해당되지 않을 때는 의무의 충돌을 논할 형법적 실익이 없다.

3. 법적 성격

다수설은 의무의 충돌의 경우 구체적 내용에 따라 위법성조각을 인정할 수도 있고 책임조각을 인정할 수도 있다고 한다.

의무의 충돌이 위법성이 조각될 경우 그 근거에 대해서는 긴급피난이라는 견해와 사회상규에 위배되지 않는 행위라는 견해 등이 있다.

4. 의무충돌의 형태

(1) 범죄행위의 형태에 따른 구별

작위범과 작위범 사이에서는 의무의 충돌이 인정될 여지가 없다. 많은 부작위의무를 동시에 이행하는 것이 가능하기 때문이다.

의무의 충돌의 전형적인 형태는 부작위범과 부작위범 사이에서 발생한다. 사람이 동시에 여러 가지 작위를 하는 것은 불가능하기 때문에, 여러 개의 작위의무 중 하나의 작위의무를 이행함으로써 다른 작위의무를 이행하지 못하고 이로 인해 형사책임 문제가 발생할 수 있다.

(2) 이익형량이 가능한 충돌과 불가능한 충돌

해결할 수 있는 충돌과 해결할 수 없는 충돌이라고도 한다. 전자는 생명을 구할 의무와 재산을 구할 의무 사이의 충돌과 같이 이익형량이 가능한 경우를, 후자는 생명을 구할 의무 사이의 충돌과 같이 이익형량이 불가능한 경우를 말한다.

5. 의무충돌의 효과

(1) 형법적 효과

이익형량이 가능한 의무의 충돌에서 ① 상위가치의 의무를 이행한 경우에는 위법성이 조각된다. ② 동등한 가치의 의무를 이행한 경우 위법성조각설과 책임조각설이 대립한다. 긴급피난에서는 피난의무가 없지만 의무의 충돌에서는 의무를 이행할 의무가 있으므로 위법성조각설이 타당하다. ③ 하위가치의 의무를 이행한 경우에는 위법성이 조각되지 않고, 책임이 조각·감경될 수 있을 뿐이다.

이익형량이 불가능한 의무충돌의 경우에는 사회상규에 위배되지 않는 행위로서 위법성이 조각되거나 책임이 조각될 수 있다.

(2) 행위자의 귀책사유에 의한 의무충돌의 효과

행위자의 귀책사유로 의무의 충돌을 일으킨 경우는 자초위난의 예와 같이 해결해야 한다.

제5관   자구행위

제23조(자구행위) ① 법률에서 정한 절차에 따라서는 청구권을 보전(保全)할 수 없는 경우에 그 청구권의 실행이 불가능해지거나 현저히 곤란해지는 상황을 피하기 위하여 한 행위는 상당한 이유가 있는 때에는 벌하지 아니한다.
② 제1항의 행위가 그 정도를 초과한 경우에는 정황에 따라 그 형을 감경하거나 면제할 수 있다.

I. 자구행위의 의의   [63]

1. 자구행위의 개념

자구행위란 법률에 정한 절차에 따라서는 청구권을 보전할 수 없는 경우에 그 청구권의 실행불능 또는 현저한 실행곤란을 피하기 위한 행위로서 상당한 이유가 있는 행위를 말한다(제23조). 자구행위는 국가가 개인의 청구권을 보호해 주는 것이 불가능하거나 곤란한 상황에서 개인이 국가를 대행하여 권리를 보전하는 행위이다.

통설에 의하면 자구행위는 부정(不正) 대 정(正)의 관계라는 점에서 정당방위와 같고, 긴급피난과 구별된다. 그러나 보충성을 요한다는 점에서는 긴급피난과 공통점을 지니고 있다. 다만 자구행위에서는 긴급피난에서와 같이 엄격한 이익형량의 원칙은 적용되지 않는다.

2. 자구행위의 법적 성격

통설에 의하면 자구행위는 부정(不正) 대 정(正)의 관계이고 과거의 부당한 청구권침해에 대한 사후적 긴급행위라는 점에서 사전적 긴급행위로서의 정당방위나 긴급피난과는 본질적으로 다른 법적 성격을 가지고 있다. 따라서 청구권에 대한 부당한 침해가 없는 경우에는 자구행위를 할 수 없고, 긴급피난만이 가능하다.

Ⅱ. 자구행위의 성립요건 [64]

1. 법정절차에 따른 청구권보전의 불가능

(1) 청구권

청구권은 사법상의 청구권으로서 상대방에 대해 일정한 행위를 요구할 수 있는 권리를 말한다. 채권뿐만 아니라 물권적 청구권도 포함된다. 청구권의 발생원인이 무엇인지는 중요하지 않다. 인지청구권, 동거청구권 등과 같은 가족법적 청구권도 포함되느냐에 대해서는 긍정설(다수설)과 부정설이 대립한다.

(2) 자기의 청구권

법규정에는 단순히 청구권으로 되어 있지만 학설은 일치하여 자기의 청구권이라고 한다. 다만, 청구권자로부터 위임을 받은 사람은 자구행위를 할 수 있다.

(3) 청구권에 대한 침해행위

통설에 의하면, 자구행위가 성립하기 위해서는 청구권의 실행불능 또는 실행곤란이 청구권에 대한 위법·부당한 침해행위에 의한 것이어야 한다. 따라서 적법행위나 자연현상에 의한 청구권의 실행불능 또는 실행곤란을 피하기 위한 행위는 긴급피난은 될 수 있지만 자구행위는 될 수 없다.

(4) 법정절차에 의한 청구권보전의 불능

자구행위는 법률에 정한 절차에 따라서는 청구권을 보전할 수 없는 경우에만 허용되고 법률에 정한 절차에 따라서 청구권을 보전할 수 있는 경우에는 허용되지 않는다. 이런 점에서 자구행위는 보충성을 지닌다.

[정당방위, 긴급피난, 자구행위의 비교]

	정당방위	긴급피난	자구행위
행 위	자기 또는 타인의 법익에 대한 현재의 부당한 침해를 방위하기 위한 행위	자기 또는 타인의 법익에 대한 현재의 위난을 피하기 위한 행위	(1) 법정절차에 의하여 청구권을 보전하기 불능한 경우에 (2) 그 청구권의 실행불능 또는 현저한 실행곤란을 피하기 위한 행위
위법성 조각근거	자기보호원리, 법수호원리	이익교량원칙, 목적설	자기보호원리
성 격	不正 대 正의 관계	正 대 正의 관계	不正 대 正의 관계(多)
	사전적 긴급행위	사전적 긴급행위	사후적 긴급행위(多)
대 상	자기 또는 타인의 법익	자기 또는 타인의 법익	자기의 청구권에 국한
	개인적 법익에 한함(多)	국가·사회적 법익도 포함(多)	
현재성	요함	요함	불요
침해원인	사람의 행위	제한없음	타인의 침해(多)
예외규정 (특 칙)	과잉방위(§21②) 불가벌적 과잉방위 (§21③)	과잉피난(§22③) 불가벌적 과잉피난(§22③) 위난을 피하지 못할 책임이 있는 자에 대한 예외(§22②)	과잉자구행위(§23②)
긴급행위의 허용범위	넓음	정당방위보다 좁음	정당방위보다 좁음
공통점	(1) 긴급상황에서 행해지는 긴급행위 (2) 주관적 정당화요소 필요 (3) 상당한 이유있는 행위		

법정절차란 청구권을 실현하기 위해 법규에 정해진 절차로서 민법상의 강제집행절차, 가처분, 가압류뿐만 아니라 행정공무원이나 경찰공무원에 의한 청구권보전절차도 포함하는 개념이다.

법률에 정한 절차에 따라서는 청구권을 보전할 수 없는 경우란 시간적·장소적 기타 사정상 재판절차나 기타 공무원 등에 의한 구제수단을 강구할 수 없는 긴급한 경우를 말한다.

2. 청구권의 실행불능 또는 현저한 실행곤란을 피하기 위한 행위

자구행위는 청구권의 실행불능이나 현저한 실행곤란을 피하기 위한 행위에 국한되므로 청구권을 실행까지 하는 행위는 자구행위가 될 수 없다. 단순히 입증의 불능 또는 곤란을 피하기 위한 행위도 자구행위가 될 수 없다.

3. 상당한 이유

(1) 보충성원칙

자구행위의 보충성원칙이란 ① 법률에 정한 절차에 따라서는 청구권을 보전할 수 없는 경우에만 자구행위가 허용되고, ② 청구권의 실행불능이나 현저한 실행곤란을 피하기 위한 행위에 국한된다고 하는 의미를 가지고 있다.

(2) 이익형량의 원칙

자구행위는 청구권을 보전하기 위한 행위이므로 정당방위에 비해서는 보다 엄격한 이익형량의 원칙이 적용된다. 그러나 부정한 침해행위에 대해 자구행위가 이루어지는 경우에는 보호이익이 침해이익보다 반드시 우월해야 하는 것은 아니다. 따라서 보전하려는 청구권보다 금액가치가 높은 재산에 대한 자구행위도 허용된다.

(3) 수단의 적합성

자구행위는 적합한 수단과 방법에 의해 이루어져야 한다.

4. 자구의사

자구행위가 성립하기 위해서는 주관적 정당화요소로서 자구의사가 필요하다. 자구의사 없이 행위하였으나 자구행위의 객관적 요건을 충족하는 우연 자구는 우연방위나 우연피난의 예에 따라 해결해야 한다.

Ⅲ. 자구행위의 효과 [65]

자구행위는 벌하지 않는다(제23조 1항). '벌하지 않는다'는 것은 위법성이 조각되므로 벌하지 않는다는 의미이다.

Ⅳ. 과잉자구행위 및 오상자구행위 [66]

과잉자구행위의 개념은 과잉방위, 과잉피난에서와 같다. 과잉자구행위에 대해서는 형을 감경 또는 면제할 수 있다(제23조 2항). 그러나 과잉방위나 과잉 피난에서와 같이 급박한 사정하에서의 책임조각(제21조 3항, 제22조 3항)사유가 규 정되어 있지 않다.

오상자구행위 및 오상과잉자구행위의 개념 및 효과는 오상과잉방위, 오 상과잉피난에서와 같다.

제 6 관 피해자의 승낙에 의한 행위

제24조(피해자의 승낙) 처분할 수 있는 자의 승낙에 의하여 그 법익을 훼손한 행위는 법률에 특별 한 규정이 없는 한 벌하지 아니한다.

Ⅰ. 승낙에 의한 행위의 의의 [67]

1. 승낙에 의한 행위의 개념

승낙에 의한 행위란 피해자의 승낙에 의한 행위를 말한다. 형법 제24조는 "처분할 수 있는 자의 승낙에 의하여 그 법익을 훼손한 행위는 법률에 특별 한 규정이 없는 한 벌하지 아니한다"고 규정하고 있다. 통설·판례는 이것을 위법성조각사유라고 한다.

2. 승낙에 의한 행위의 위법성조각의 근거

피해자의 승낙에 의한 행위가 위법성이 조각되는 근거에 대해, ① 승낙에 의한 행위는 사회적 상당성이 있기 때문이라는 상당성설, ② 처분권자가 자신의 법익을 포기하였으므로 국가법질서에 의해 그 법익을 보호할 필요가 없기 때문이라는 이익흠결설, ③ 법익보호 여부에 대한 개인의 자기결정권과 법익을 보호하려는 사회적 이익이 충돌되는 경우 전자를 우선하는 것이 합리적이라는 법률정책적 판단 때문이라는 법률정책설(다수설), ④ 인간사회에서 비록 개인이 처분할 수 있는 법익이라도 어느 정도 사회적 의미를 가지고 있으며 이를 완전히 무시할 수는 없다는 점에서 처분권자의 승낙은 그 자체만으로는 위법성을 조각시키지 못하고 승낙에 의한 행위가 사회상규에 위배되지 않는 경우에만 위법성이 조각되므로 승낙에 의한 행위가 위법성이 조각되는 근거는 사회상규에 위배되지 않기 때문이라는 설 등이 있다.

Ⅱ. 승낙의 형법적 효과   [68]

1. 구성요건해당성조각 승낙(양해)과 위법성조각 승낙

다수설은 위법성을 조각하는 승낙과 구성요건해당성을 조각하는 승낙을 구별하여 전자는 승낙, 후자는 양해(諒解)라고 한다.

상해죄, 폭행죄 등에서 상해, 폭행은 피해자의 의사에 반하는 경우도 있지만 피해자의 의사에 따르는 경우도 있다. 이에 대해 강간죄, 주거침입죄, 절도죄, 강도죄, 횡령죄 등에서 강간, 침입, 절취, 강취, 횡령 등의 행위는 이미 개념상 피해자의 의사에 반할 것이 예정되어 있다.

따라서 상해죄, 폭행죄의 경우 피해자의 승낙에 의한 행위라도 일단 구성요건적 행위에 속하고 승낙이 있음으로 인해 그 행위가 위법성이 조각될 수 있다. 그러나 후자의 범죄에서는 피해자의 승낙이 있는 경우에는 구성요건적 행위 자체가 존재하지 않아 구성요건해당성 자체가 없다고 할 수 있다.

2. 기타의 승낙

승낙살인죄(제252조 1항)나 동의낙태죄(제269조 1항, 제270조 1항)에서의 승낙은 구성요건해당성이나 위법성을 조각시키지는 못하고 위법성(혹은 불법)을 감소시킴으로써 형벌을 감경하는 효력만을 지닌다.

아동혹사죄(제274조), 피구금자간음죄(제303조 2항), 13세 미만의 미성년자에 대한 간음·추행죄 및 19세 이상의 사람이 13세 이상 16세 미만의 사람 간음·추행죄(제305조 1, 2항)에서의 승낙은 범죄성립 여부에 아무런 영향을 미치지 못한다. 이러한 경우의 승낙은 일반적으로 유효한 승낙이 지녀야 할 요소들을 지니지 못하기 때문에 일률적으로 승낙의 효력을 인정하지 않는 것이다.

Ⅲ. 승낙에 의한 행위의 성립요건   [69]

승낙에 의한 행위가 제24조에 의해 위법성이 조각되기 위해서는 ① 처분할 수 있는 자(처분권자)의 승낙이 있을 것, ② 처분할 수 있는 법익에 대한 승낙일 것, ③ 행위자가 승낙사실을 알고 있을 것, ④ 승낙에 의한 법익침해행위를 처벌하는 특별한 규정이 없을 것, ⑤ 승낙에 의한 행위가 사회상규에 위배되지 않을 것 등의 요건을 갖춰야 한다(통설·판례).

1. 처분권자의 승낙

(1) 승낙능력

승낙이란 자신의 법익에 대한 침해를 허용하는 의사를 말한다. 유효한 승낙이 있기 위해서는 승낙자가 승낙의 의미, 내용 및 효과를 잘 알 수 있는 능력을 지니고 있어야 한다. 이를 승낙능력이라고 한다. 승낙능력은 민법상의 법률행위능력과는 구별되는 것으로서 형법의 독자적 입장에서 결정된다. 구체적 사정하에서 승낙능력의 유무는 행위자의 연령, 지적 능력, 처분하는 법익, 법익침해행위의 성격 등을 종합적으로 고찰하여 결정한다.

(2) 자유로운 의사에 의한 승낙

승낙은 자유로운 의사에 기초해야 한다. 폭행, 협박, 강요, 기망, 위계, 유혹 등에 의한 승낙은 승낙으로서의 효력이 인정되지 않는다. 농담, 장난, 흥분, 분노의 표시로 승낙을 한 경우에도 승낙으로서의 효력이 인정되지 않는다.

(3) 승낙이 외부적으로 표시되어 행위시까지 존재할 것

승낙은 명시적 뿐만 아니라 묵시적인 것이어도 무방하지만 반드시 외부적으로 표현되어야 한다. 또한 승낙은 사전에 표시되어야 하고 행위시까지 존재해야 한다. 사후에 표시된 승낙은 승낙으로서의 효력이 없다. 사전에 표시된 승낙은 언제든지 철회할 수 있다.

2. 처분할 수 있는 법익에 대한 승낙

피해자의 승낙은 처분할 수 있는 법익에 대한 것이어야 한다.

국가적 · 사회적 법익은 개인이 처분할 수 있는 법익이 아니므로 승낙의 대상이 될 수 없다. 개인적 법익 중에서 어떤 것이 처분할 수 있는 법익이고 어떤 것이 처분할 수 없는 법익인가는 불분명하므로 개별적 범죄규정에 따라 달리 해석할 수밖에 없다.

3. 행위자가 승낙사실을 알고 있을 것

피해자의 승낙이 있다는 인식은 승낙에 의한 행위의 주관적 정당화요소이다. 피해자가 승낙의 의사표시를 하였으나 행위자가 승낙사실을 알지 못한 경우에는 우연승낙에 의한 행위라고 할 수 있다. 이는 우연방위, 우연피난, 우연자구행위와 같은 형법적 효과를 지닌다. 무죄설, 기수설, 불능미수설(다수설) 등이 있다.

4. 법률에 특별한 처벌규정이 없을 것

법률에 특별한 규정(각칙상의 처벌규정)이 있을 때에는 각칙의 규정은 제24조에 우선한다. 따라서 승낙살인죄나 동의낙태죄의 경우 위법성을 조각하지 못하고 위법성(불법)을 감경할 뿐이다. 피구금부녀간음죄, 미성년자의제강간죄

등에서 피해자의 승낙은 범죄성립에 영향을 미치지 못한다.

5. 승낙에 의한 행위가 사회상규에 위배되지 않을 것

통설·판례에 의하면 승낙에 의한 행위라도 사회상규에 위배되지 않아야 위법성이 조각된다고 한다.

[대판 1985. 12. 10. 85도1892] 형법 제24조의 규정에 의하여 위법성이 저(조)각되는 피해자의 승낙은 개인적 법익을 훼손하는 경우에 법률상 이를 처분할 수 있는 사람의 승낙을 말할 뿐만 아니라 그 승낙이 윤리적·도덕적으로 사회상규에 반하는 것이 아니어야 한다.

Ⅳ. 승낙에 의한 행위의 효과　　　　　　　　　　　　　　　　[70]

승낙에 의한 행위는 구성요건에 해당하지만 위법성이 조각되어 처벌되지 않는다. 피해자의 승낙은 고의범뿐만 아니라 과실범에도 인정된다. 예를 들어 권투경기를 하는 선수들은 상대방의 고의상해행위뿐만 아니라 과실에 의한 상해도 승낙한 것이라고 할 수 있으므로 경기 중 상대방에게 과실로 상해를 입혔다고 하더라도 과실치상행위의 위법성이 조각된다.

Ⅴ. 양해의 유효요건　　　　　　　　　　　　　　　　　　　　[71]

구성요건해당성을 조각하는 승낙, 즉 양해의 유효요건이 위법성을 조각하는 승낙의 유효요건과 같은가에 대해 견해가 대립한다.

구별설에서는 양해는 승낙과 달라서 순수한 사실적 성격을 가진 것이므로 승낙의 요건과 같은 엄격한 요건은 필요없다고 한다. 따라서 주거권자를 기망하여 허가를 받고 주거에 들어간 경우에도 주거침입죄가 성립하지 않는다고 한다.

이에 대해 불구별설(다수설)에서는 양해나 승낙이나 그 유효요건은 차이가 없다고 한다.

Ⅵ. 추정적 승낙   [72]

1. 추정적 승낙의 개념

추정적 승낙은 명시적·묵시적 승낙 등 현실적 승낙이 존재하지 않지만 행위 당시의 제반사정을 고려할 때 승낙이 있을 것이라고 인정되는 경우를 말한다. 한 예로 실신해 있는 응급환자를 발견한 의사가 환자의 승낙을 받지 않고 수술을 한 경우를 들 수 있다. 통설에 의하면 추정적 승낙은 일정한 요건하에서 위법성이 조각된다.

2. 추정적 승낙의 유형

(1) 상대방의 이익을 위한 행위

통설은 다리에 중상을 입은 환자의 생명을 구하기 위해 환자의 승낙을 받지 않고 다리를 절단 수술한 경우와 같이 상대방의 보다 큰 이익을 위해 작은 이익을 희생시키는 경우 위법성이 조각된다고 한다.

(2) 자신이나 제 3 자의 이익을 위한 행위

주인의 명시적 승낙없이 멸치가게에서 멸치 하나를 맛보는 행위와 같이 자기나 제 3 자의 이익을 위해 상대방의 경미한 이익을 침해하는 경우에는 위법성이 조각된다.

3. 추정적 승낙의 법적 성격

다수설에 의하면 추정적 승낙은 긴급피난이나 피해자의 승낙에 의한 행위와는 다른 독특한 구조를 가진 독자적 위법성조각사유이고, 사회상규에 위배되지 않는 정당행위의 일종이다.

4. 추정적 승낙의 성립요건

(1) 현실적 승낙과 같은 요건

추정적 승낙에 의한 행위가 위법성이 조각되기 위해서는 ① 처분할 수 있는 법익에 대한 추정적 승낙이어야 하고, ② 승낙에 의한 행위를 처벌하는 특별한 규정이 없어야 하고, ③ 추정적 승낙에 의한 행위가 사회상규에 위배되지 않아야 한다. 이는 현실적 승낙의 경우와 마찬가지이다.

(2) 추정적 승낙에 고유한 요건

추정적 승낙의 특징상 ④ 피해자의 명시적 반대의사가 없어야 하고, ⑤ 현실적 승낙을 받는 것이 불가능하고(추정적 승낙의 보충성), ⑥ 승낙의 추정은 객관적으로 이루어져야 한다는 요건이 필요하다.

따라서 피해자가 명시적 혹은 묵시적으로 승낙을 거부했을 경우, 피해자의 현실적 승낙을 받는 것이 가능했을 경우, 행위 당시의 모든 사정을 종합적으로 고려하여 객관적으로 승낙이 추정되지 않을 경우에는 추정적 승낙이 성립할 수 없다.

(3) 추정적 승낙에 대한 인식

행위자도 추정적 승낙이 있는 것으로 인식해야 위법성이 조각될 수 있다. 추정적 승낙에 대한 인식은 주관적 정당화요소이다.

5. 추정적 양해

추정적 승낙이 위법성을 조각한다면 구성요건해당성을 조각하는 추정적 양해가 있을 수 있다. 판례도 추정적 양해를 인정하고 있다.

[대판 2003. 5. 30. 2002도235] 사문서의 위·변조죄는 작성권한 없는 자가 타인 명의를 모용하여 문서를 작성하는 것을 말하는 것이므로 사문서를 작성·수정함에 있어 그 명의자의 명시적이거나 묵시적인 승낙이 있었다면 사문서의 위·변조죄에 해당하지 않고, 한편 행위 당시 명의자의 현실적인 승낙은 없었지만 행위 당시의 모든 객관적 사정을 종합하여 명의자가 행위 당시 그 사실을 알았다면 당연히 승낙했을 것이라고 추정되는 경우 역시 사문서의 위·변조죄가 성립하지 않는다.

제 4 절 책임론

제 1 관 책임이론

I. 책임의 개념   [73]

1. 행위자에 대한 비난가능성으로서의 책임

범죄성립의 세 번째 요건은 책임이다. 책임은 구성요건에 해당하고 위법한 행위를 한 행위자에 대한 비난(가능성)이다. 위법성이 '행위'에 대한 비난(가능성)이라고 한다면, 책임은 '행위자'에 대한 비난(가능성)이다.

이러한 책임개념은 도의적 책임론, 규범적 책임론, 행위책임론의 입장을 따른 것이다. 이들 책임론은 각각 사회적 책임론, 심리적 책임론, 행위자책임론과 대조되는 입장들이다.

2. 형사책임과 윤리적 책임 및 민사책임

행위자에 대한 비난가능성으로서의 형사책임은 어디까지나 법적 책임이므로, 윤리적 책임이나 종교적 책임과는 구별된다.

형사책임은 민사책임과도 구별된다. 민사책임은 발생된 손해에 대한 공평한 분담이 목적이지만, 형사책임은 행위자를 벌하는 데에 그 목적이 있다. 따라서 민사책임에서는 무과실책임도 인정되지만 형사책임에서는 무과실책임은 인정되지 않는다. 형법에서는 과실범은 예외적으로 처벌하고 그 형벌도 고의범에 비해 현저히 가볍지만, 민법에서는 고의·과실책임 간에 별 차이가 없다.

Ⅱ. 책임과 자유의사: 도의적 책임론과 사회적 책임론 [74]

1. 학설의 내용

자유의사의 존재여부와 관련하여 도의적 책임론과 사회적 책임론이 대립한다. 자유의사란 자신의 행위의 의미와 그 결과를 알고 그에 따라 자신의 행위를 결정할 수 있는 능력을 말한다.

도의적 책임론은 인간에게는 자유의사가 있고, 범죄행위를 한 자는 자유의사를 오용 또는 남용한 것이고 이 때문에 도의적 비난을 받는 것이라고 한다. 따라서 자유의사를 갖지 못한 심신상실자 등 책임무능력자는 도의적 비난을 받을 수 없고, 그의 행위는 범죄라고 할 수 없다. 이러한 의미에서 책임능력이란 범죄능력을 의미한다.

사회적 책임론은 인간의 자유의사를 부인하고, 책임은 행위자에 대한 비난이 아니라 행위자의 사회적 위험성 혹은 재범위험성이라고 한다. 자유의사를 지니지 않은 심신상실자 등도 (환경과 소질 등에 의해) 사회적 위험성이 인정되면 형벌을 과할 수 있다. 이러한 의미에서 책임능력은 형벌능력 내지 형벌필요성을 의미한다.

2. 실정법의 규정

형법 제10조는 책임능력의 판단기준으로 사물변별능력과 의사결정능력을 규정하고 있다. 이는 자유의사가 있다는 의미로 해석할 수 있으므로 제10조는 도의적 책임론에 입각해 있다.

그러나 책임무능력자 등의 재범위험성으로부터 사회를 보호할 필요성이 있으므로 치료감호법은 치료감호처분 등 보안처분을 인정하고 있는데, 이는 사회적 책임론에 따른 것이다.

Ⅲ. 책임의 개념: 심리적 책임론과 규범적 책임론 [75]

책임의 개념이 무엇인가에 대해서는 심리적 책임론과 규범적 책임론이 대립한다.

심리적 책임론은 책임을 사실판단의 문제로 파악하여, 행위 당시에 행위자가 고의·과실이라는 심리상태를 지니고 있었다는 사실 그 자체가 책임이라고 한다. 규범적 책임론은 책임은 사실판단이 아닌 규범적 판단으로서 구성요건에 해당하고 위법한 행위를 한 사람에 대한 비난가능성이라고 한다.

심리적 책임론에 대해서는 형사미성년자(제 9 조)나 강요된 행위(제12조)의 경우에도 행위자에게 고의·과실은 있기 때문에 책임을 인정할 수밖에 없다는 비판이 가해진다.

이 때문에 현재 순수한 심리적 책임론을 지지하는 학자는 없다. 다만, 규범적 책임론을 취하면서 고의·과실의 이중적 기능을 인정하는 견해는 심리적 책임론을 일부 수용한 것이다. 순수한 규범적 책임론에서는 고의·과실의 이중적 기능을 부인하기 때문이다.

Ⅳ. 책임의 근거: 행위책임론과 행위자책임론 [76]

이는 무엇을 근거로 책임의 유무나 정도를 결정할 것인가에 관한 이론이다.

행위책임론은 행위자가 행한 '행위 및 그 결과'를 근거로 책임의 유무 및 정도를 결정해야 한다고 한다. 이에 대해 행위자책임론은 행위 및 그 결과가 아니라 행위자의 소질, 환경, '인격형성'을 근거로 책임의 유무 및 정도를 결정한다. 인격적 책임론, 행상책임론(行狀責任論) 등은 행위자책임론에 속하는 책임론들이다.

행위책임론과 행위자책임론의 차이는 상습범의 처벌에서 잘 나타난다. 예를 들어 상해의 습벽이 없는 甲과 상해의 습벽이 있는 乙이 공동으로 제257조의 상해죄를 범했고 이들이 한 행위 내용은 똑같다고 할 경우, 행위책임론의 입장에서는 두 사람의 행위가 똑같으므로 책임도 같고 따라서 형벌도 같아야 된다고 한다. 이에 대해 행위자책임론에서는 상해의 습벽이 있는 乙

이 상해죄를 범했으므로 사회적 위험성이 더 크고 따라서 더 높은 형벌을 과하여야 한다고 한다. 이와 같이 甲, 乙의 행위가 같음에도 불구하고 乙의 책임이 甲보다 무거운 것은 乙의 상습성이라는 소질 내지 인격형성이 책임의 근거가 되기 때문이다.

통설은 형벌에서는 행위책임론, 보안처분에서는 행위자책임론을 따라야 한다고 한다. 형법도 원칙적으로는 행위책임론을 따르지만 상습범가중도 인정하고 있는데(제264조, 제279조 등 다수규정), 이는 행위자책임론을 따른 것이라고 할 수 있다.

V. 책임요소 [77]

구성요건에 해당하고 위법한 행위를 한 사람에게 책임을 인정하기 위해서는 행위자에게 ① 책임능력이 있어야 하고, ② 위법성을 인식하거나 인식할 가능성이 있어야 하고, ③ 적법행위에 대한 기대가능성이 있어야 한다는 데에는 의견이 일치한다. 그러나 고의·과실이 책임요소인가 하는 점, 즉 고의·과실이 행위자에 대한 비난 여부나 정도를 결정하는 기능을 하는가에 대해서는 견해가 대립한다.

책임은 사실판단이 아니라 비난가능성이라는 규범적 판단이라고 하는 규범적 책임론을 순수하게 고수하려는 입장에서는 고의·과실이라는 심리적 사실은 책임요소가 될 수 없다고 한다. 이에 대해 다수설은 고의·과실의 이중적 기능을 인정하여 고의·과실이 주관적 구성요건요소만이 아니라 책임요소도 된다고 한다.

VI. 위법성과 책임의 관계 [78]

통설에 의하면, 구성요건해당성은 위법성의 인식근거이고 따라서 구성요건해당성이 있으면 위법성이 사실상 추정되고, 위법성론에서는 위법성조각사유를 중심으로 논의가 전개된다.

이는 책임론에서도 마찬가지이다. 위법한 행위를 한 사람은 책임이 있는

것으로 사실상 추정된다. 따라서 책임론에서는 어떤 경우에 책임이 인정되는
지보다는 어떤 경우에 책임이 조각·감경되는지를 중심으로 논의가 전개된다.
형법에서도 책임의 조각·감경사유를 규정하고 있다(제9조 이하 제12조 및 제16조).

제 2 관 책임능력

Ⅰ. 책임능력의 개념과 판단방법　　　　　　　　　　　　　　　　[79]

1. 책임능력의 개념

형법은 제9조부터 제11조까지 책임능력에 관한 규정을 두고 이 중 제10
조는 책임능력이 있기 위해서는 사물변별능력과 의사결정능력이 있어야 한다
고 한다. 이는 도의적 책임론에 입각한 것이다. 이에 의하면, 사물변별능력이
나 의사결정능력 중 어느 하나라도 갖추지 못한 자의 행위는 범죄가 될 수는
없으므로 책임능력은 범죄를 저지를 수 있는 능력, 즉 범죄능력을 의미한다.

책임을 행위자의 사회적 위험성이라고 보는 사회적 책임론에 의하면 책
임능력은 형벌이나 보안처분 등 형사제재를 과할 필요성 또는 형사제재를 받
을 수 있는 능력, 즉 형벌능력을 의미한다.

2. 책임능력의 판단방법

책임능력의 판단방법에는 생물학적 방법, 심리적·규범적 방법, 혼합적
방법 등이 있다.

생물학적 방법은 정신병과 같은 일정한 생물학적(신체적·정신적) 비정상상
태에 있는 자를 책임무능력자 등으로 하는 방법이다. 형법 제9조(형사미성년자)
나 제11조(청각 및 언어장애인)는 이 방법을 따른 것이다. 심리적·규범적 방법은
행위자에게 생물학적 비정상상태가 있는지는 문제삼지 않고, 사물변별이나 의
사결정능력의 결여 혹은 미약만으로 책임능력을 판단하는 방법이다.

통설·판례(대판 1992. 8. 18. 92도1425)는 제10조의 심신장애인에 대해 혼합적
방법을 따른다. 혼합적 방법은 심신장애라는 행위자의 생물학적 비정상상태

를 기초자료로 하여 사물변별·의사결정능력이라는 심리적 요소를 판단하여
책임능력을 결정하는 방법이다.

Ⅱ. 책임무능력자 및 한정책임능력자 [80]

책임무능력자에는 형사미성년자(제9조)와 심신상실자(제10조 1항)가 있고,
한정책임능력자에는 심신미약자(제10조 2항)와 농아자(제11조)가 있다. 심신상실
자와 심신미약자를 합쳐서 심신장애인이라고 한다.

1. 형사미성년자

제9조(형사미성년자) 14세되지 아니한 자의 행위는 벌하지 아니한다.

만 14세 미만자의 행위는 벌하지 않는데(제9조), 이것은 만 14세 미만자를
일률적으로 책임무능력자로 파악하고, 이들에 대해서는 형법적 비난을 하지
않고 교육 내지 보호를 하겠다는 국가의 결단이 반영된 것이다.

만 14세 미만자에 대해서 형벌을 과할 수는 없지만, 만 10세 이상 만 14세
미만의 소년에 대해서는 소년법상의 보호처분을 과할 수는 있다(소년법 제4조).

2. 심신장애인(심신상실자, 심신미약자)

제10조(심신장애인) ① 심신장애로 인하여 사물을 변별할 능력이 없거나 의사를 결정할 능력이 없
는 자의 행위는 벌하지 아니한다.
② 심신장애로 인하여 전항의 능력이 미약한 자의 행위는 형을 감경할 수 있다.

(1) 심신장애인의 개념

심신장애인이란 범죄행위시 심신장애로 인해 사물변별능력이나 의사결정
능력이 없거나(심신상실자) 미약한 자(심신미약자)를 말한다.

(2) 심신장애인의 요건

1) 생물학적 요소(심신장애)　　　통설·판례에 의하면 심신장애(心神障碍)
란 정신병, 정신박약 또는 비정상적인 정신상태와 같은 정신적 장애를 의미
한다. 신체적 장애는 심신장애에 포함되지 않는다.

정신병으로 조현병(정신분열증), 노인성치매, 조울증, 간질, 뇌손상 등을 들 수 있지만, 정신병의 개념은 의학의 발달에 따라 달라진다. 정신박약 또는 정신지체란 선천적 혹은 후천적 원인에 의해 정신발달이 저지 또는 지체된 상태를 말한다. 비정상적인 정신상태란 실신, 마취, 혼수상태, 깊은 최면상태, 명정(만취), 극심한 피로, 충격 등에 의한 심한 의식장애를 말한다.

그러나 도박벽, 생리기간 중의 도벽 등과 같이 감정, 의지, 성격 등에 장애가 있는 것은 원칙적으로 심신장애에 속하지 않는다. 판례는 충동조절장애와 같은 성격적 결함은 원칙적으로 형의 감면사유인 심신장애에 해당하지 아니하지만 그것이 매우 심각하여 원래의 의미의 정신병을 가진 사람과 동등하다고 평가할 수 있는 경우에는 심신장애가 될 수 있다고 한다(대판 2006. 10. 13. 2006도5360). 그러나 반사회적 인격장애(소위 '사이코패스')는 심신장애에 속할 수 없다고 한다(대판 1985. 3. 26. 85도50).

2) 심리적 요소   심신장애가 있는 것만으로 심신상실자나 심신미약자가 될 수 없고 위법행위시에 사물변별능력이나 의사결정능력이 결여되었거나 미약해야 한다.

사물변별능력이란 '자기 행위의 의미내용 및 그 결과를 이해할 수 있는 지적 능력' 혹은 '사물의 선악과 시비를 합리적으로 판단하여 구별할 수 있는 능력' 또는 '행위의 불법을 통찰할 수 있는 능력' 등을 의미한다.

의사결정능력이란 '사물을 변별한 바에 따라 의지를 정하여 자기의 행위를 통제할 수 있는 능력' 또는 '불법에 대한 통찰에 따라 행동할 수 있는 능력'을 의미한다.

(3) 심신장애인의 형법적 효과

심신상실자는 책임이 조각되어 처벌되지 않고, 심신미약자는 형벌이 감경될 수 있다(필요적 감경에서 2018년 형법개정으로 임의적 감경으로 변경). 다만, 이들에게 재범위험성이 있는 경우에는 일정한 요건하에 '치료감호 등에 관한 법률'상의 치료감호처분을 할 수 있다(제2조).

3. 농아자

제11조(청각 및 언어 장애인) 듣거나 말하는 데 모두 장애가 있는 사람의 행위에 대해서는 형을 감경한다.

제11조는 생물학적 요소만으로 책임능력을 규정한 것으로서 듣거나(청각) 말하는 데(언어) 장애는 신체장애이므로 제10조의 심신장애에 해당되지는 않는다. 제10조의 심신(心神)은 심신(心身)이 아니기 때문이다. 듣거나 말하는 데 모두 장애가 있어야 하고, 장애는 전부 장애여야 하고 일부 장애는 포함되지 않는다.

그러나 이 규정은 청각 및 언어 장애인을 비장애인보다 열등한 사람으로 오해시킬 염려가 있으므로 삭제해야 한다.

III. 원인에 있어서 자유로운 행위 [81]

제10조(심신장애) ③ 위험의 발생을 예견하고 자의로 심신장애를 야기한 자의 행위에는 전2항의 규정을 적용하지 아니한다.

1. 원인에 있어서 자유로운 행위의 개념 및 특징

원인에 있어서 자유로운 행위란 책임능력이 있거나 미약한 상태에서 위험의 발생을 예견하고 자의로 심신장애를 야기하고(원인행위), 이 심신장애상태를 이용하여 범죄를 실행하는(결과실현행위) 형태의 범죄를 말한다(제10조 3항). 예를 들어 甲이 A를 살해할 것을 결심하고 술을 먹고 만취된 상태에서 A를 칼로 찔러 살해한 사례에서, 甲이 A를 칼로 찌를 때(결과실현행위)에는 심신상실 또는 심신미약 상태였지만, 이러한 결과(위험발생)를 예견하고 甲이 음주만취를 한(원인행위) 경우의 범죄형태를 말한다.

원인에 있어서 자유로운 행위는 책임능력이 존재하던 시점에서 이루어지는 원인행위와 책임능력이 없거나 미약해진 시점에 이루어지는 결과실현행위라는 두 가지 행위가 원인과 결과의 관계로 밀접하게 결합되어 이루어지는 범죄형태이다. 따라서 심신장애를 야기하는 행위와 결과실현행위가 우연히 이루어지는 경우에는 원인에 있어서 자유로운 행위가 되지 않는다.

2. 원인에 있어서 자유로운 행위의 실행의 착수시기

원인에 있어서 자유로운 행위의 실행의 착수시기가 언제인가(언제부터 범죄가 시작되는가)에 대해 원인행위시설과 결과실현행위시설이 대립한다.

원인행위시설은 '범죄행위와 책임능력의 동시존재원칙'에 충실하게 실행의 착수시기를 심신장애야기행위시로 파악한다. 그러나 원인행위시설에 의하면 음주나 약복용 등과 같은 행위를 범죄실행행위로 보기 때문에 '구성요건적 행위의 사회적 정형성'의 요구에 반한다. 이 때문에 다수설은 심신장애상태에서의 결과실현행위시를 실행의 착수시기로 파악한다.

3. 원인에 있어서 자유로운 행위의 가벌성의 근거

원인행위시설에 의하면 행위와 책임의 동시존재원칙이 만족되므로 원인에 있어서 자유로운 행위를 처벌하는 데에 별다른 근거를 요하지 않는다. 그러나 결과실현행위시설에 의할 때에는 범죄행위시 행위자가 심신장애상태에 있음에도 불구하고 정상적으로 벌하거나 형벌을 감경하지 않는 이유가 무엇인지 문제된다.

통설은 원인에 있어서 자유로운 행위에서 원인행위와 결과실현행위가 밀접불가분하게 연결되어 있다는 점에서 가벌성의 근거를 찾는다. 즉, 원인행위와 결과실현행위가 원인과 결과로 연결되어 있기 때문에 실행행위를 결과실현행위라고 하더라도 이를 처벌하는 근거는 원인행위로 볼 수 있고, 이 경우 행위와 책임의 동시존재원칙의 예외를 인정하는 것은 합리적이라고 한다.

4. 원인에 있어서 자유로운 행위의 성립요건

(1) 원인행위

원인행위는 위험발생을 예견하고 자의로 심신장애를 야기하는 행위이다.

1) **위험발생의 예견**　　　'위험발생'이란 장래적 개념으로서 결과실현행위에 의한 법익침해 또는 위태화의 모든 경우를 말한다. 예를 들어 원인행위시에는 A를 칼로 찔러 살해할 것을 예견하였는데, 결과실현행위시에는 총을

쏘아 살해한 경우에도 제10조 제 3 항이 적용된다. 그러나 원인행위시 예견했던 위험발생에 속하지 않는 경우에는 제10조 제 3 항이 적용되지 않는다. 예를 들어 원인행위시에는 A를 살해할 것을 예견하였는데 결과실현행위는 A의 집으로 향하다 B의 재물을 손괴한 행위인 경우이다. 원인행위시에 이러한 위험발생을 예견하면 족하고 위험발생을 인용하거나 의욕할 필요까지는 없다.

2) 자의에 의한 심신장애 야기　　　　　'심신장애'란 심신상실뿐만 아니라 심신미약을 포함한다. '자의로 심신장애를 야기한다'에서 '자의로'의 의미에 대해서는 '고의로'라는 의미로 해석하는 견해, '고의 또는 과실로'라고 해석하는 견해 및 고의·과실과는 상관없는 '스스로', 즉 '외부적 강요에 의하지 않고 자기 의사에 의해'라는 의미로 해석하는 견해가 대립한다.

(2) 결과실현행위

결과실현행위란 심신장애상태하에서의 구성요건실현행위를 말한다. 결과실현행위에는 고의·과실, 작위·부작위행위가 모두 포함된다.

5. 원인에 있어서 자유로운 행위의 유형

판례는 "형법 제10조 제 3 항의 규정은 고의에 의한 원인에 있어서의 자유로운 행위만이 아니라 과실에 의한 원인에 있어서의 자유로운 행위까지도 포함하는 것으로서 위험의 발생을 예견할 수 있었는데도 자의로 심신장애를 야기한 경우도 그 적용 대상이 된다고 할 것이어서"라고 하여(대판 1992. 7. 28. 92도999), 고의에 의한 원인에 있어서 자유로운 행위와 과실에 의한 원인에 있어서 자유로운 행위를 인정하고 있다.

판례가 말하는 과실에 의한 원인에 있어서 자유로운 행위란 위험의 발생을 예견까지 할 필요는 없고, 위험발생의 예견가능성이 있음에도 불구하고, 자의로 심신장애를 야기하고 심신장애상태에서 결과실현행위를 하는 경우를 말한다. 그러나 이에 대해서는 '예견하고'에 '(예견하지 못했지만) 예견가능한' 경우까지 포함시키는 것은 피고인에게 불리한 유추해석이라는 비판이 제기된다.

6. 원인에 있어서 자유로운 행위의 효과

원인에 있어서 자유로운 행위에는 "전2항의 규정을 적용하지 않는다"(제10조 3항). 즉 책임능력이 있는 상태에서 심신장애상태를 야기한 후 결과실현행위를 한 경우에는 책임능력이 있는 상태에서 범행을 한 것과 동일하게 취급한다. 심신미약상태에서 심신상실상태를 야기한 후 결과실현행위를 한 경우에는 심신상실상태에서 범행한 것이 아니라 심신미약상태에서 범행한 것과 동일한 형법적 효과를 인정한다.

제 3 관   기대가능성

Ⅰ. 기대가능성의 의의   [82]

1. 기대가능성의 개념

기대가능성이란 적법행위의 기대가능성, 즉 구성요건에 해당하고 위법한 행위를 한 사람이 위법행위를 하지 않고 적법행위를 할 가능성을 말한다. 규범적 책임론에 의하면 책임은 비난가능성인데, 적법행위의 기대가능성이 없거나 적은 때에는 비난가능성, 즉 책임이 조각·감경된다.

2. 형법규정

형법과 통설·판례도 기대가능성이론을 받아들이고 있다. 총칙상의 강요된 행위(제12조), 과잉방위(제21조 2, 3항), 과잉피난(제22조 3항), 과잉자구행위(제23조 2항) 규정과 각칙상의 친족간의 범인은닉(제151조 2항), 친족간의 증거인멸(제155조 4항), 도주원조죄에 비해 도주죄의 형벌이 가벼운 것(제145조-제147조), 위조통화취득후 지정행사죄(제210조)가 위조통화행사죄(제207조)보다 형벌이 가벼운 것 등의 규정은 기대가능성이 없거나 낮음으로 인해 책임이 조각·감경되는 경우이다.

Ⅱ. 기대가능성의 체계적 지위 [83]

기대가능성이 책임요소이지만, 적극적 책임요소인가 아니면 소극적 책임요소인가에 대해 학설이 대립한다.

적극적 책임요소설에 의하면, 비난가능성은 책임능력, 위법성의 인식 등의 책임조건과 동등한 위치를 차지하는 책임요소라는 견해이다. 이에 대해 소극적 책임요소설은 비난가능성은 책임능력, 위법성의 인식과 동등한 위치에 있지 않고, 책임능력과 위법성의 인식 등의 책임조건이 구비되면 원칙적으로 책임이 인정되고, 기대가능성은 오로지 책임조각과 책임감경 여부에 관한 사유로서 고려되면 된다고 한다(다수설).

Ⅲ. 기대가능성의 판단기준 [84]

기대가능성의 판단기준에 대해서는 다음과 같은 견해가 있다.

첫째, 국가표준설은 국가의 법질서 내지 국가이념에 따라 기대가능성을 판단해야 한다고 한다. 둘째, 행위자표준설은 행위 당시의 행위자의 구체적 능력을 기준으로 하여 기대가능성 여부를 판단해야 한다고 한다.

통설·판례는 평균인표준설을 취한다. 평균인표준설은 행위자가 아닌 일반인 혹은 평균인이 행위자와 동일한 사정하에 있을 때 어떻게 행위하였을 것인가를 기준으로 기대가능성을 판단하는 견해이다. 즉, 행위자가 처했던 상황에서 평균인도 위법행위를 하였으리라고 판단되면 기대가능성이 없고, 평균인이라면 그러한 사정하에서 적법행위를 하였으리라고 판단되면 기대가능성이 있다고 하는 견해이다.

Ⅳ. 기대불가능성으로 인한 책임조각·감경사유 [85]

1. 강요된 행위

제12조(강요된 행위) 저항할 수 없는 폭력이나 자기 또는 친족의 생명, 신체에 대한 위해를 방어할 방법이 없는 협박에 의하여 강요된 행위는 벌하지 아니한다.

(1) 개념 및 법적 성질

강요된 행위란 저항할 수 없는 폭력이나 자기 또는 친족의 생명·신체에 대한 위해(危害)를 방어할 방법이 없는 협박에 의하여 강요된 행위를 말한다(제12조). 강요된 행위는 기대가능성이 없음을 이유로 한 책임조각사유의 일종이다.

(2) 성립요건

1) 객관적 요건   강요된 행위가 성립할 수 있는 객관적 요건은 저항할 수 없는 폭력 또는 자기 또는 친족의 생명·신체에 대한 위해를 방어할 방법이 없는 협박에 의한 강요가 있고, 이러한 강요에 따라 행위가 이루어져야 할 것이다.

가. 저항할 수 없는 폭력   통설·판례(대판 1983. 12. 13. 83도2276)는 폭력을 절대적 폭력과 강제적(심리적) 폭력으로 나누고 강요된 행위에서의 폭력은 강제적(심리적) 폭력에 한정된다고 한다.

예를 들어 힘이 센 A가 힘이 약한 甲의 손을 잡아 억지로 허위문서에 서명하게 한 경우(절대적 폭력)에서는 甲의 서명행위는 행위라고 볼 수 없기 때문에 강요된 행위가 아예 문제되지 않는다. 강제적 폭력이란 강요된 행위를 하지 않을 수 없도록 피강요자의 의사결정의 자유를 박탈하는 폭력을 말한다. 예를 들어 A가 甲의 친족을 납치해 서명하지 않으면 친족을 죽이겠다고 협박하여 이 때문에 甲이 서명한 경우이다.

폭력은 저항할 수 없는 폭력이어야 한다. 저항할 수 있는지 없는지는 강요자, 피강요자, 행위상황 등 여러 가지 사정들을 종합적으로 고려하여 판단해야 한다.

나. 자기 또는 친족의 생명·신체에 대한 위해를 방어할 방법이 없는 협박

협박이란 상대방에게 공포심을 일으킬 만한 해악을 고지하는 행위이다. 협박은 자기 또는 친족의 '생명·신체'에 대한 위해를 가하는 것을 내용으로 해야 한다. 재산, 명예, 프라이버시, 비밀, 경제적·사회적 지위 등에 대한 위해를 내용으로 하는 협박이 있는 경우는 강요된 행위가 아니라 초법규적 책임조각사유인 준강요된 행위가 문제된다.

'위해'는 '자기 또는 친족'의 생명·신체에 대한 것이어야 하므로 친구,

동료, 이웃, 애인 등의 생명·신체에 대한 위해를 내용으로 하는 경우에도, 준 강요된 행위로서 초법규적 책임조각사유 여부가 문제될 수 있을 뿐이다.

방어할 방법이 없다는 것은 피강요자가 강요된 행위 이외에는 다른 행위를 할 수 없을 정도로 의사결정의 자유를 침해하는 것을 말한다. 방어할 방법이 없는지의 여부 역시 강요자, 피강요자, 강요되는 상황 등을 종합적으로 고려하여 판단해야 한다.

다. 강요된 행위　　　피강요자의 강요된 행위가 있어야 한다. 강요된 행위는 구성요건에 해당하고 위법한 행위를 의미한다.

라. 인과관계　　　강요행위와 강요된 행위 사이에는 인과관계가 있어야 한다.

마. 예견하거나 자초한 강요상태　　　다수설 및 판례(대판 1971. 2. 23. 70도 2629)는 행위자가 강요상태를 예기치 못했어야 하고 만일 행위자가 강요된 상태를 자초하였거나 예기하였다면 강요된 행위라고 할 수 없다고 한다.

2) 주관적 요건　　　피강요자가 강요된 행위를 할 당시에 강요상태를 인식하여야 한다. 폭력이나 협박이 있음에도 불구하고 이를 인식하지 못하고 한 행위는 강요된 행위가 될 수 없다.

(3) 강요된 행위의 효과

1) 피강요자의 죄책　　　강요된 행위는 벌하지 않는다. 이것은 기대가능성이 없음으로 인해 피강요자의 책임이 조각된다는 의미이다.

2) 강요자의 죄책　　　강요자는 강요된 행위의 교사범이 된다는 견해와 간접정범이 된다는 견해(다수설)가 대립한다. 강요자는 제324조 강요죄의 죄책도 진다. 강요죄의 실행의 착수시기는 폭력이나 협박을 개시한 시점이다. 이 경우 강요된 행위의 교사범 혹은 간접정범과 강요죄는 상상적 경합관계(제40조)에 있다. 예를 들어 甲이 A를 강요하여 상해죄를 범하게 한 경우 상해죄의 간접정범 또는 교사범과 강요죄의 상상적 경합범이 성립한다.

2. 초법규적 책임조각·감경사유

(1) 초법규적 책임조각·감경사유의 인정여부

통설은 형법에 명문으로 인정되는 책임조각·감경사유 이외에 명문으로 규정되어 있지 않은 초법규적인 책임조각·감경사유를 인정한다. 초법규적 책임조각사유로 다음과 같은 것들이 문제된다.

(2) 면책적 긴급피난

면책적 긴급피난이란 긴급피난의 요건을 완전히 충족하지 못하여 위법성이 조각되지 않지만 행위자에게 기대가능성이 없어서 책임이 조각·감경되는 경우이다.

(3) 상관의 위법하지만 구속력있는 명령에 복종한 행위

군대, 경찰 등 특수조직에서는 상관의 명령이 절대적 구속력을 갖는 경우가 있다. 이 경우 상관의 위법한 명령에 따른 부하의 책임이 조각·감경될 수 있는가에 대해 다수설은 긍정한다. 그러나 실제 사례에서는 책임조각이 거의 인정되지 않는다(대판 1999. 4. 23. 99도636 외 다수판결).

(4) 의무의 충돌에서 낮은 가치의 의무를 이행한 경우

의무의 충돌에서 낮은 가치의 의무를 이행하면 위법성이 조각되지 않지만 책임이 조각·감경되는 경우가 있다.

(5) 준강요된 행위

친구나 애인의 생명·신체에 대한 위해로 인해 강요된 행위나 자기나 친족의 재산, 명예 등에 대한 위해로 인해 강요된 행위 등은 강요된 행위가 될 수 없으나 준강요된 행위로 책임이 조각·감경될 수 있다.

제 4 관   위법성의 인식과 법률의 착오

I. 형법 제16조   [86]

> 제16조(법률의 착오) 자기의 행위가 법령에 의하여 죄가 되지 아니하는 것으로 오인한 행위는 그
>   오인에 정당한 이유가 있는 때에 한하여 벌하지 아니한다.

형법 제16조는 법률의 착오를 규정하고 있다. 법률의 착오는 위법한 행위
를 하는 사람이 행위 당시에 자기 행위가 위법하다는 인식없이 그 행위를 하
는 경우, 즉 위법성의 인식없이 위법한 행위를 하는 경우를 말한다.

형법 제16조를 해석하기 위해서는 위법성인식의 의미를 먼저 파악해야 한
다. 위법성인식의 개념을 넓게 파악하면 법률의 착오의 범위는 줄어들고, 위법성
인식의 개념을 좁게 파악하면 법률의 착오의 범위는 늘어나게 되기 때문이다.

II. 위법성의 인식   [87]

1. 위법성인식의 개념

위법성인식이란 위법한 행위를 하는 자가 자신의 행위가 위법하다는 것
을 인식하는 내심상태를 말한다.

자신의 행위가 위법하다는(나쁘다는) 것을 인식하면서도 위법한 행위를 한
사람에게는 비난가능성이 인정된다. 그러나 위법성의 인식없이 위법한 행위
를 한 사람의 경우 비난가능성이 없거나 감소된다. 이와 같이 위법성의 인식
은 행위자에 대한 비난가능성, 즉 책임에 영향을 미치는 책임요소이다.

위법성의 인식은 자신의 행위가 법질서에 어긋난다는 인식이고 단순히
윤리·도덕에 위반된다거나 관습에 위반된다는 인식은 포함되지 않는다.

2. 위법성인식의 요건

자신의 행위에 문제가 있다는 것을 어느 정도 인식해야 위법성인식이 있

다고 할 수 있는가에 대해 견해가 대립한다.

판례는 위법성인식을 가장 넓게 파악하여, 자신의 행위가 사회정의와 조리에 어긋난다는 것을 인식하면 족하다고 한다(대판 1987. 3. 24. 86도2673). 소수설은 자신의 행위가 형벌법규에 반한다는 인식이라고 한다.

이에 대해 통설은 단순한 윤리규범에 위반된다는 인식으로는 충분하지 않지만 형법위반의 인식까지는 필요하지 않고 민법이나 행정법 등 법질서에 위반된다는 인식이 있으면 족하다고 한다. 예를 들어 음주운전을 하면 범죄가 되지는 않지만 면허취소나 정지는 당할 수 있다고 생각한 경우 형법위반의 인식은 없지만 행정법위반의 인식은 있으므로 위법성인식이 있다는 것이다.

3. 위법성인식의 체계적 지위

고의와 위법성인식의 관계와 관련하여 다음과 같이 견해가 대립한다.

(1) 고의설

인과적 범죄체계에서 주장되는 이론이다. 이에 의하면, 고의는 책임요소이고 위법성의 인식은 사실의 인식과 함께 고의의 한 구성요소이므로 위법성의 인식이 없는 경우 원칙적으로 고의와 책임이 조각된다. 고의설은 위법성의 현실적 인식은 없으나 위법성의 인식가능성은 있는 경우에 과실책임을 인정할 것인가 아니면 고의책임을 인정할 것인가에 따라 엄격고의설과 제한고의설로 나누어진다.

1) **엄격고의설**　　　엄격고의설은 ① 위법성의 현실적 인식이 있는 경우에만 고의책임을 인정하고, ② 과실로 인해 위법성을 인식하지 못했을 경우(위법성의 인식가능성이 있는 경우)에는 과실책임이 인정되고, ③ 위법성을 인식하지 못한 데에 과실도 없는 경우(위법성의 인식가능성조차 없는 경우)에는 고의·과실책임 모두 조각된다고 한다.

2) **제한고의설**　　　제한고의설은 위의 ①, ③의 경우 엄격고의설과 동일한 결론을 내리지만, ②의 경우 과실책임이 아니라 고의책임을 인정한다.

(2) 책임설

통설인 책임설은 고의를 주관적 구성요건요소라고 하고 위법성의 인식(가능성)은 고의와는 무관한 독자적인 책임요소로 본다.

이에 의하면 고의·과실은 주관적 구성요건요소이고, 위법성인식(가능성)은 책임요소이므로 위법성인식(가능성)과 고의·과실은 아무 관계가 없다(엄격책임설). 즉, ① 위법성의 현실적(확정적·미필적) 인식이 있는 경우에는 책임이 완전히 인정되고, ② 과실로 인해 위법성을 인식하지 못한 경우(위법성인식의 가능성이 있는 경우)에는 책임이 감경되고, ③ 위법성인식의 가능성도 없는 경우에는 책임이 조각된다.

책임설은 고의·과실의 이중적 기능의 인정여부 또는 '위법성조각사유의 요건(전제)사실의 착오'(예를 들어 가게에 손님이 들어오는 것을 강도가 들어온다고 착오하고 정당방위의사로 폭행한 경우)의 형법적 효과를 어떻게 인정하느냐에 따라 엄격책임설과 제한책임설로 나뉜다.

1) 엄격책임설　　엄격책임설은 고의·과실은 구성요건요소일 뿐이고 책임영역에서는 완전히 배제되어야 한다는 입장이다. 이 견해는 위법성조각사유의 요건(전제)사실의 착오를 법률의 착오로 다룬다.

2) 제한책임설　　다수설이 따르는 제한책임설은 위법성의 인식이 책임에만 영향을 미치는 것이 아니라 고의·과실에도 영향을 미친다고 한다. 제한책임설은 위법성조각사유의 요건(전제)사실의 착오에 대해 다음과 같은 입장을 취한다.

가. 사실의 착오 유추적용설　　위법성조각사유의 요건(전제)사실의 착오에 대해 구성요건적 사실의 착오를 유추적용하여 구성요건적 고의가 조각된다고 하는 입장이다.

나. 법효과제한책임설　　고의가 주관적 구성요건요소임과 동시에 책임요소라는 고의의 이중적 기능을 인정하여 위법성조각사유의 요건(전제)사실의 착오에 대해 구성요건적 고의와 위법성은 인정되지만 책임고의가 탈락된다는 이유로 과실책임을 인정하는 입장이다. 다수설의 입장이다.

(3) 소극적 구성요건요소이론

위법성은 구성요건의 소극적 측면이라고 하는 소극적 구성요건요소이론에 의하면, 구성요건의 소극적 측면인 위법성의 인식은(불법) 고의의 한 성립요소이다. 따라서 구성요건착오, 위법성조각사유의 요건(전제)사실의 착오, 법률의 착오 모두 고의를 조각한다.

Ⅲ. 법률의 착오   [88]

1. 법률의 착오의 개념

법률의 착오란 위법한 행위를 하는 사람이 자신의 행위의 위법성을 인식하지 못하는 경우, 즉 위법성의 인식없이 위법한 행위를 하는 경우를 말한다.

사실의 착오(특히 과실범)에서는 이유를 불문하고 구성요건적 고의가 인정되지 않기 때문에 원칙적으로 처벌되지 않고 과실범으로만 처벌될 수 있다. 이에 비해 법률의 착오는 원칙적으로 처벌되고, 예외적으로 정당한 이유가 있는 경우에만 처벌되지 않는다는 점(제16조)에서 차이가 있다.

법률의 착오와 관련하여 다음의 사항들이 문제된다.

첫째, 소위 '법률의 부지'를 법률의 착오의 한 유형으로 볼 것인가이다.

둘째, 정당한 이유 유무를 어떻게 결정할 것이며, 정당한 이유가 있는 경우 벌하지 않는 이론적 근거는 무엇인가이다.

셋째, 형법 제16조를 반대해석하면 정당한 이유가 없는 경우에는 벌한다는 취지인데 이 경우 어떻게 처벌해야 하는가이다.

넷째, 위법성조각사유의 요건사실의 착오에 대해 어떤 효과를 인정할 것인가이다.

2. 법률의 착오의 유형과 법률의 부지

(1) 법률의 착오의 유형

1) **직접적 법률의 착오**   직접적 법률의 착오란 행위자가 자신의 행위를 금지하는 규범을 잘못 이해하여 위법성을 인식하지 못한 경우를 말한다.

가. **포섭의 착오**(혹은 해석의 착오)   포섭의 착오란 행위자가 금지규정의 존재는 알았지만 그 규정을 잘못 해석·적용하여 자신의 행위는 그 금지규정에 해당하지 않는다고 생각한 경우이다.

나. **효력의 착오**   효력의 착오란 유효한 금지규정을 무효라고 잘못

생각한 경우를 말한다.

2) **간접적 법률의 착오**   간접적 법률의 착오란 금지규범 그 자체가 아니라 위법성조각사유와 관련한 판단을 잘못하여 자신의 행위가 위법함에도 불구하고 그 위법성을 인식하지 못한 경우이다.

이에는 다음의 두 가지 형태가 있다.

가. **위법성조각사유의 요건 그 자체에 대한 착오**   이는 과거의 침해에 대해서도 정당방위가 성립할 수 있다고 착오한 경우와 같이 위법성조각사유의 법적 요건이나 의미, 한계 등을 잘못 앎으로써, 즉 잘못된 법률지식으로 인해 자신의 행위가 위법하다는 것을 인식하지 못한 경우이다.

나. **위법성조각사유의 요건(전제)사실에 대한 착오**   이는 위법성조각사유의 법적 요건이나 의미, 한계 등은 제대로 알았지만, 그러한 요건을 충족하는 사실이 없음에도 불구하고 있다고 생각하고 행위함으로써 위법행위를 하였지만 행위 당시 행위자에게 위법성의 인식이 없는 경우를 말한다. 가게주인이 손님을 강도로 오인하고 정당방위의사로 폭행한 경우를 예로 들 수 있다.

(2) 법률의 부지

법률의 부지란 일정한 행위를 금지하는 규범을 전혀 알지 못하고 그 금지규범에 위반하는 행위를 하는 경우를 말한다.

통설은 법률의 부지를 직접적 법률의 착오의 한 유형으로 보고 있다. 그러나 판례는 "형법 제16조의 법률의 착오는 단순한 법률의 부지의 경우를 말하는 것이 아니고 일반적으로 범죄가 되는 행위이지만 자기의 특수한 경우에는 법령에 의하여 허용된 행위로서 죄가 되지 아니한다고 그릇 인식한 것"이라고 한다(대판 1961. 10. 5. 4294형상208). 판례에 의하면 법률의 부지에는 제16조가 적용되지 않으므로 행위자는 법률의 부지에 정당한 이유가 있는지에 상관없이 책임을 지게 된다.

3. 법률의 착오와 정당한 이유

형법 제16조는 정당한 이유가 있는 경우에만 법률의 착오가 처벌되지 않는다고 한다. 통설·판례는 착오의 회피가능성이 있는 경우에는 정당한 이유가 없고, 착오의 회피가능성이 없는 경우에는 정당한 이유가 있다고 한다. 회피가능성 유무는 곧 법률의 착오에 대한 과실의 유무라고 한다. 즉 위법성을 인식하지 못한 데에 과실이 있는 경우에는 정당한 이유가 없고, 과실이 없는 경우에는 정당한 이유가 있다는 것이다.

예를 들어, 판례는 담당공무원이 잘못 알려주어 이 말을 믿고 위법하지 않다고 오인하고 위법행위를 한 경우에는 행위자에게 과실이 없어 법률의 착오에 정당한 이유가 있지만(대판 1995. 7. 11. 94도1814), 담당공무원에게 문의하지도 않고 위법하지 않다고 오인하고 위법한 행위를 한 경우에는 행위자에게 과실이 있어 법률의 착오에 정당한 이유가 없다고 한다.

4. 법률의 착오의 효과

정당한 이유가 있는 법률의 착오는 벌하지 않는다(제16조). 이것은 행위자를 비난할 수 없기 때문, 즉 책임이 조각되기 때문이다.

[대판 2017. 3. 15. 2014도12773] 정당한 이유는 행위자에게 자기 행위의 위법 가능성에 대해 심사숙고하거나 조회할 수 있는 계기가 있어 자신의 지적 능력을 다하여 이를 회피하기 위한 진지한 노력을 다하였더라면 스스로의 행위에 대하여 위법성을 인식할 수 있는 가능성이 있었는데도 이를 다하지 못한 결과 자기 행위의 위법성을 인식하지 못한 것인지에 따라 판단하여야 한다. 이러한 위법성의 인식에 필요한 노력의 정도는 구체적인 행위정황과 행위자 개인의 인식능력 그리고 행위자가 속한 사회집단에 따라 달리 평가되어야 한다.

정당한 이유가 없는 법률의 착오에서는 언제나 행위자에게 법률의 착오에 이르게 된 데 대한 과실이 인정된다. 과실이 있는 법률의 착오의 효과는 위법성의 인식의 체계적 지위를 어떻게 파악하느냐에 따라 달라진다.

첫째, 고의설 중 엄격고의설에서는 행위자에게 위법성의 현실적 인식이 없으므로 고의가 인정되지 않고 행위자는 과실범의 죄책을 진다고 한다. 제한고의설에서는 위법성의 인식가능성이 있으므로 고의책임을 인정한다.

둘째, 책임설 중 엄격책임설이나 제한책임설 모두 위법성조각사유의 요건사실의 착오를 제외한 모든 법률의 착오에서 행위자에게 고의책임을 인정하고 형벌을 감경할 수 있을 뿐이라고 한다.

셋째, 소극적 구성요건요소이론에서는 정당한 이유가 없는 법률의 착오에서도 불법고의는 없으므로 행위자는 과실범의 책임을 진다고 한다.

5. 위법성조각사유의 요건(전제)사실의 착오

(1) 개 념

위법성조각사유의 요건사실의 착오란 위법성조각사유의 객관적 성립요건을 충족하는 사실이 없음에도 불구하고 행위자가 그러한 사실이 있다고 오인하고 방위행위, 피난행위 등을 하는 경우를 말한다. 가게 주인이 물건을 집는 손님을 도둑으로 오인하고 정당방위의사로 폭행하였거나, 개가 자신에게 반갑다고 다가오는데 미친 개가 자신을 문다고 생각하고 긴급피난의사로 다른 사람의 집에 침입한 경우 등을 예로 들 수 있다.

위법성조각사유의 요건을 충족하는 사실이 없음에도 불구하고 있다고 착오하였다는 점에서 사실관계에 대한 착오가 있고, 이로 인해 자신의 행위의 위법성을 인식하지 못하였다는 점에서 법률의 착오도 있다.

(2) 효 과

정당한 이유가 있는 위법성조각사유의 요건(전제)사실의 착오, 즉 착오에 과실이 없는 경우 행위자의 책임이 조각된다.

정당한 이유가 없는 위법성조각사유의 요건사실의 착오, 즉 착오에 과실이 있는 경우의 효과에 대해서는 다음과 같은 견해가 대립한다.

1) **고의설**　　엄격고의설에 의하면, 위법성의 현실적 인식이 없으므로 행위자는 고의범의 죄책을 지지 않고, 행위자에게 과실이 있으면 과실범의 죄책을 진다. 제한고의설에 의하면 행위자에게 착오에 대한 과실이 있으면 고의범의 죄책을 진다.

2) **책임설**　　책임설은 고의를 책임요소가 아니라 주관적 구성요건요소로, 위법성의 인식을 독자적 책임요소로 파악한다.

첫째, 엄격책임설은 위법성조각사유의 요건(전제)사실의 착오를 법률의 착오로 취급하여, 행위자에게 착오에 대한 과실이 있으면 고의범의 책임을 인정한다.

둘째, 제한책임설은 위법성조각사유의 요건(전제)사실의 착오에 대해 과실
범의 효과를 인정하려고 한다. 이 중 ① 사실의 착오(과실범) 유추적용설은 사
실의 착오를 유추적용하여 과실범의 구성요건해당성, 위법성 및 책임을 인정한
다. ② 법효과제한책임설은 고의범의 구성요건해당성과 위법성은 있지만 행위
자에게 책임고의가 없으므로 고의책임을 물을 수는 없고, 착오에 과실이 있는
경우에는 과실범의 책임을 인정한다.

셋째, 소극적 구성요건요소이론은 행위자에게 위법성의 인식이 없으므로
불법고의가 조각된다고 하고, 착오에 과실이 있는 경우에는 과실범의 (총체적
불법) 죄책을 인정한다.

제 5 절 미 수 론

제 1 관 미수의 일반이론

Ⅰ. 범죄의 실현단계   [89]

고의범의 범죄실현단계를 분석하여 보면 ① 범죄의 결심, ② 범죄의사의 표시, ③ 범죄의 음모 또는 예비, ④ 실행의 착수, ⑤ 미수, ⑥ 기수, ⑦ 범죄의 종료, ⑧ 범죄의 완료 등으로 나눌 수 있다.

형법상의 범죄는 원칙적으로 기수에 달해야 처벌되지만, 예외적으로 그 이전단계에서 처벌되는 범죄도 다수 존재한다. 형법은 미수범이라는 제목하에 제25조에서 제29조까지의 규정을 두어 각 단계별 처벌여부를 규정하고 있다.

1. 범죄의 결심과 범죄의사의 표시

범죄를 결심하더라도 그것이 외부적 행위로 나타나지 않는 한 형법적 관심의 대상이 아니다.

범죄의사를 외부에 표시하였다 하더라도 이는 처벌의 대상이 아니다. 예를 들어 甲이 乙에게 A를 살해하겠다는 의사를 표시하였다 하더라도 이는 처벌의 대상이 아니다.

2. 예비 · 음모

음모는 2인 이상이 범죄실현을 위해 의사소통을 하는 것이고, 예비는 범죄실현을 위한 유형적·외부적 준비행위로서 실행의 착수에 이르기 이전 단계이다.

형법은 "범죄의 음모 또는 예비행위가 실행의 착수에 이르지 아니한 때에는 법률에 특별한 규정이 없는 한 벌하지 아니한다"(제28조)고 규정하여 음모·예비를 처벌하는 각칙상의 규정이 있을 때에만 예외적으로 벌하고 있다.

3. 실행의 착수

실행의 착수란 구성요건실현행위(실행)의 개시·시작을 말한다. 범죄는 이때부터 시작된다고 할 수 있다. 실행의 착수를 기준으로 음모·예비와 미수가 구별된다. 실행의 착수가 있게 되면 범죄는 범죄행위의 종료여부나 결과발생 여부와 상관없이 적어도 미수단계에 이르게 된다.

4. 미 수

미수란 범죄의 실행에 착수하여 범죄행위를 종료하지 못하였거나 범죄행위는 종료하였지만 결과가 발생하지 않은 경우를 말한다(제25조). 전자를 착수미수, 후자를 실행미수라고 한다.

형법은 장애미수(제25조), 중지미수(제26조), 불능미수(제27조)의 세 가지 형태의 미수를 규정하고 있다. 중지미수에서는 착수미수와 실행미수에 따라 중지미수의 성립요건이 달라지므로 양자를 구별할 실익이 있다.

형법은 "미수범을 처벌할 죄는 각칙의 해당 죄에서 정한다"라고 하여(제29조) 원칙적으로 기수범을 처벌하고 미수범은 각칙에 미수범 처벌규정이 있는 경우에 예외적으로 처벌하되, 기수범의 형을 기준으로 미수범의 종류에 따라 달리 처벌한다.

5. 기 수

기수란 범죄의 행위를 종료하였거나 결과를 발생시킨 경우이다. 거동범에서는 행위의 종료만으로 기수가 되지만 결과범에서는 행위의 종료만으로는 기수가 되지 못하고, 결과가 발생하고 행위와 결과 사이에 인과관계(및 객관적 귀속)가 인정되어야 기수가 된다.

6. 범죄의 종료

상태범에서는 기수와 동시에 범죄도 종료한다. 그러나 계속범에서는 범죄가 기수가 된 이후에도 범죄행위가 계속될 수 있다. 예를 들어 감금죄의 기수시기는 피해자를 감금한 때이지만, 감금죄의 종료시기는 피해자가 감금상태에서 풀려난 때이다.

범죄의 종료를 인정하는 실익은 기수와 종료 사이에도 공범의 성립이 가능하고, 공소시효는 범죄의 기수시가 아니라 범죄의 종료시부터 진행하고(형소법 제252조 1항), 기수 이후에도 종료 이전에는 형을 가중하는 사유가 실현될 수 있다는 점(예를 들어 제277조의 중감금죄는 감금죄의 기수 이후 종료 이전에 가혹행위를 하는 경우에 성립하는 범죄이다) 등이다.

7. 범죄의 완료

결합범 등 일정한 범죄에서는 범죄의 완료라는 개념이 문제된다. 범죄의 완료는 범죄의 종료보다 더 늦은 시점까지를 포괄하는 개념이다. 결합범에서는 앞의 범죄가 완료되기 이전에 뒤의 범죄가 행해져야 한다.

예를 들어 강도상해죄(제337조)나 강도살인죄(제338조)가 성립하기 위해서는 강도의 기수 및 종료단계를 지나 어느 정도의 시간이 흐르기 이전, 즉 범죄의 완료 이전에 상해, 살인행위가 행해져야 한다. 완료 이후에 살인, 상해가 행해지는 경우에는 강도죄와 살인죄 혹은 강도죄와 상해죄의 경합범이 될 수 있을 뿐이다.

다른 예로, 준강도죄(제335조)가 성립하기 위해서는 절도범행의 완료 이전에 폭행·협박이 행해져야 한다. 따라서 절도범이 피해자에게 발견되어 도망가다가 범행현장으로부터 200m 떨어진 곳에서 폭행을 가한 경우 절도죄의 완료 이전에 폭행이 행해진 것으로서 준강도죄가 성립한다(대판 1984. 9. 11. 84도 1398). 그러나 피해자의 집에서 절도범행을 마친 지 10분 가량 지나 피해자의 집에서 200m 가량 떨어진 버스정류장이 있는 곳에서 피고인을 절도범인이라고 의심하고 뒤쫓아 온 피해자에게 붙잡혀 피해자의 집으로 돌아왔을 때 비로소 피해자를 폭행한 경우에는 절도죄의 완료 이후에 폭행이 행해진 것으로서 준강도죄가 성립하지 않고(대판 1999. 2. 26. 98도3321), 절도죄와 폭행죄가 성립한다.

Ⅱ. 미수범의 처벌근거   [90]

1. 객관설

객관설은 미수범을 처벌하는 이유는 미수에 의해 발생한 법익침해의 객관적 위험성 때문이라고 한다. 객관설에 의하면 형벌은 범죄행위의 객관적 위험성에 비례(比例)하여 정해져야 하므로 장애미수와 중지미수의 형벌은 기수범에 비해 필요적 감경을, 결과발생과 법익침해의 가능성이 없는 불능미수는 처벌대상에서 제외해야 한다.

2. 주관설

주관설은 미수범의 처벌근거를 실행행위를 통해 나타난 행위자의 반사회적 위험성이라고 한다. 주관설에 의하면 미수범과 기수범에서 행위자의 반사회적 위험성은 차이가 없으므로 형벌도 동일(同一)하게 해야 하고, 중지미수는 행위자가 자의로 중지하여 반사회적 위험성이 사라진 것이라고 할 수 있으므로 원칙적으로 벌하지 말아야 하고, 불능미수의 경우 결과발생이 불가능하지만 행위자의 반사회적 위험성은 있으므로 처벌해야 한다.

3. 절충설

통설은 우리 형법이 주관주의요소와 객관주의요소를 모두 받아들였기 때문에 미수범의 처벌근거를 파악할 때에도 두 가지 입장을 모두 고려해야 한다고 한다.

절충설 중에는 객관설을 위주로 하는 입장과, 주관설을 위주로 하는 인상설이 있다. 인상설에 의하면 미수범의 처벌근거는 기본적으로 행위자의 범죄의사라고 하는 주관적 요소이지만, 미수행위로 인해 일반인에게 범죄적 인상을 주었다고 하는 객관적 요소도 미수범처벌의 근거가 된다고 한다.

Ⅲ. 실행의 착수   [91]

1. 실행의 착수의 개념

실행의 착수란 구성요건실현행위의 개시 또는 시작이다. 실행의 착수시
부터 비로소 범죄행위가 시작된다고 할 수 있다.

실행의 착수가 있게 되면 범죄행위는 예비·음모단계를 지나 적어도 미
수에 이르게 된다. 예비·음모를 처벌하는 범죄에 비해 미수를 처벌하는 범
죄는 훨씬 많으므로 실행의 착수가 있게 되면 그만큼 처벌의 가능성이 높아
진다. 예를 들어 절도죄의 예비·음모는 처벌규정이 없으므로 처벌되지 않지
만, 절도미수는 처벌규정이 있으므로(제342조) 절도죄의 실행의 착수가 인정되
면 행위자는 절도미수죄로 처벌된다.

실행의 착수시기에 대해서 통설은 주관적 객관설을 따르고, 판례는 범죄
에 따라 주관설, 실질적 객관설 및 주관적 객관설 등을 모두 따르고 있다.

2. 실행의 착수시기에 관한 학설

(1) 객관설

객관설은 행위자의 내심적 의사라는 주관적 요소를 고려하지 않고 행위
만을 객관적으로 보아 실행의 착수시기를 정하려는 입장이다.

1) 형식적 객관설   형식적 객관설은 구성요건으로 규정되어 있는
행위형식에의 해당여부를 중시하여 어떤 행위가 엄격한 의미의 구성요건적
행위의 일부라고 할 수 있는 경우에만 실행의 착수를 인정한다.

2) 실질적 객관설   실질적 객관설은 형식적 객관설을 완화하여 형
식적으로는 구성요건에 해당하는 행위가 아니더라도 실질적으로 실행행위로
서의 위험성을 가지고 있으면 실행의 착수를 인정하는 견해이다. '구성요건
행위의 직접 전단계의 행위', '보호법익에 대한 직접적 위험을 초래하는 행
위', '법익침해에 밀접한 행위' 등은 형식적으로는 구성요건에 해당하지 않지
만, 실질적으로는 구성요건에 해당하는 행위라고 할 수 있으므로 이 때에 실
행의 착수를 인정하자는 것이다.

(2) 주관설

주관설은 객관적인 행위보다는 행위자의 의사를 기준으로 하여 실행의 착수시기를 정하려고 한다. 그리하여 '범죄의사가 수행행위를 통해 확정적으로 나타날 때', '범의의 비약적 표동이 있을 때('범죄의사가 현저하게 겉으로 드러날 때'라는 의미)' 실행의 착수가 있다고 한다.

(3) 주관적 객관설

주관적 객관설은 행위자의 범행계획에 따르면 구성요건실현행위가 직접 개시되었을 때를 실행의 착수시기라고 한다. 객관설을 주로 하면서 행위자의 범행계획이라고 하는 내심상태를 고려한다는 점에서 주관설을 가미한 것이다.

3. 절도죄의 실행의 착수시기에 대한 판례

판례는 범죄에 따라 주관설, 실질적 객관설 및 주관적 객관설의 입장을 취하는데, 절도죄에서는 실질적 객관설인 물색행위설 내지 밀접행위설을 따르고 있다.

> 판례에 의하면, 자동차 안에 들어 있는 밍크코트를 발견하고 이를 절취할 생각으로 공범이 위 차 옆에서 망을 보는 사이 위 차 오른쪽 앞문을 열려고 앞문손잡이를 잡아당기다가 발각된 경우(대판 1986. 12. 23. 86도2256), 소매치기가 피해자의 양복상의 주머니로부터 금품을 절취하려고 그 호주머니에 손을 뻗쳐 그 겉을 더듬은 경우(대판 1984. 12. 11. 84도2524) 등에서는 실행의 착수가 인정된다.
> 그러나 주간에 절도의 목적으로 타인의 주거에 침입하여 절취할 물건의 물색행위를 시작하기 이전(대판 1992. 9. 8. 92도1650; 대판 1986. 10. 28. 86도1753), 노상의 자동차 안에 있는 물건을 훔칠 생각으로 유리창을 따기 위해 면장갑을 끼고 있었고 칼을 소지하고 자동차의 유리창을 통하여 그 내부를 손전등으로 비추어 본 경우(대판 1985. 4. 23. 85도464) 등에서는 실행의 착수가 인정되지 않는다.

4. 특별한 범죄유형에서 실행의 착수시기

(1) 결합범

결합범의 전체에 대한 고의가 있는 경우 그 실행의 착수시기는 최초의 행위가 시작된 때이다. 예를 들어 강도죄나 강간죄의 실행의 착수시기는 폭행·협박을 개시한 때이다. 그러나 이것은 논리필연적인 것은 아니다. 판례 중에는 야간주거침입강도죄의 실행의 착수시기를 주거침입시로 본 것도 있고 (대판 1992. 7. 28. 92도917), 폭행·협박시로 본 것도 있다(대판 1991. 11. 22. 91도2296).

(2) 부작위범

통설은 부작위범의 실행의 착수시기는 규범적 판단에 의할 수밖에 없기 때문에 구조행위(救助行爲)를 지체함으로써 보호법익에 대한 직접적 위험을 야기하거나 증대시킨 시점에서 실행의 착수가 있다고 한다.

(3) 원인에 있어서 자유로운 행위

원인에 있어서 자유로운 행위의 실행의 착수시기에 대해서는 원인행위시설과 결과실현행위시설(다수설)이 대립된다.

(4) 공동정범

공동정범의 실행의 착수시기는 전체적으로 판단하여야 한다. 공범 중의 1인이 공모한 대로의 범죄행위를 실행에 착수하는 시기에 전체 공모자가 실행에 착수한 것이라고 할 수 있다.

(5) 간접정범

간접정범의 실행의 착수시기에 대해서는 이용행위시설(다수설)과 피이용행위시설 및 구체적인 사례에 따라 주관적 객관설에 의해 정해야 한다는 설이 대립한다.

(6) 격리범

격리범이란 실행행위와 결과발생 사이에 시간적·장소적 간격이 있는 경우를 말한다. 전자를 격시범(隔時犯), 후자를 격지범(隔地犯)이라고 한다. 격리범의 실행의 착수시기는 결과발생시가 아니라 행위시이다.

Ⅳ. 미수범의 공통적 성립요건 [92]

1. 미수범의 종류와 공통적 성립요건

형법에는 제25조의 장애미수, 제26조의 중지미수, 제27조의 불능미수 등

세 가지 형태의 미수범이 규정되어 있다. 이 세 가지 미수범에 모두 공통되는 성립요건은 다음과 같다.

2. 객관적 성립요건

(1) 실행의 착수가 있을 것

미수범이 성립하기 위해서는 실행의 착수가 있어야 한다. 실행의 착수가 없는 경우에는 예비·음모죄는 성립할 수 있어도 미수범이 될 수 없다.

(2) 행위의 미종료 또는 결과의 불발생

1) 착수미수와 실행미수　　실행에 착수하여 행위를 종료하지 못한 경우를 착수미수, 행위를 종료하였으나 결과가 발생되지 않은 경우를 실행미수라고 한다. 양자는 중지미수에서 구별의 실익이 있다.

2) 거동범의 미수　　거동범 혹은 형식범에서는 행위가 종료하면 기수가 되므로 실행미수는 있을 수 없고 착수미수만 있을 수 있다.

3) 결과범의 미수　　결과범에서는 행위가 종료되지 않은 착수미수와 행위는 종료되었으나 결과가 발생하지 않은 실행미수 및 결과가 발생하였더라도 실행행위와 결과 사이에 인과관계(및 객관적 귀속)가 인정되지 않는 형태의 미수범이 있다.

3. 주관적 성립요건

미수범이 성립하기 위해 필요한 주관적 요소들은 기수범과 동일하다. 미수범이 성립하기 위해서는 기수의 고의가 있어야 하고 미수의 고의만 있을 때에는 미수범도 성립하지 않는다. 고의 이외에 목적, 동기 등 초과주관적 구성요건요소가 필요한 범죄에서는 미수범에서도 이를 모두 갖춰야 한다.

4. 관련문제

(1) 부작위범의 미수

부작위범에서도 실행의 착수와 실행의 종료를 인정할 수 있으므로 작위범과 동일하게 착수미수와 실행미수가 있을 수 있다. 부작위결과범에서는 부작위와 결과발생 사이에 인과관계나 객관적 귀속이 인정되지 않는 형태의 미수도 있을 수 있다.

(2) 결과적 가중범의 미수

진정결과적 가중범의 미수에 대해서는 앞의 [32]에서 살펴본 것과 같다.

제 2 관 예비 · 음모죄

제28조(음모, 예비) 범죄의 음모 또는 예비행위가 실행의 착수에 이르지 아니한 때에는 법률에 특별한 규정이 없는 한 벌하지 아니한다.

Ⅰ. 예비 · 음모의 개념   [93]

예비란 실행에 착수하기 이전에 이루어지는 범죄의 준비행위를 총칭하는 말이다. 예를 들어 강도를 하기 위해 흉기를 구입하는 행위, 살인을 하기 위해 독약을 음료수에 타는 행위와 같은 행위들이다. 음모는 범인들 사이의 의사소통행위를 말한다. 음모가 언어를 통한 무형적 준비행위라고 한다면, 예비는 유형적 준비행위라는 점에 차이가 있다.

예비 · 음모는 처벌규정이 있을 때에만 처벌된다(제28조). 형법은 중대한 범죄에 대해서만 예비행위를 처벌하는 규정을 두고 있다. 예를 들어 제250조 이하 개인적 법익에 관한 죄 중에서는 살인죄(제255조), 약취 · 유인 및 인신매매의 죄(제296조), 강도죄(제343조)의 예비 · 음모만을 처벌하고, 기타의 범죄에 대해서는 예비 · 음모를 처벌하지 않는다. 미수범 처벌규정과 달리 예비 · 음모처벌규정은 구체적 형벌을 규정하고 있다. 예비 · 음모 처벌규정에 구체적 형벌이 규정되어 있지 않으면 예비 · 음모로 처벌할 수 없다(대판 1979. 12. 26. 78도957).

Ⅱ. 예비죄의 법적 성격 [94]

1. 예비죄와 기본범죄와의 관계

예비죄는 기본범죄와는 별개의 독립된 범죄라고 하는 독립범죄설도 있으나, 통설과 판례는 예비행위는 기본범죄 실행행위의 전단계의 행위, 즉 발현행위에 불과하다고 한다. 따라서 예비죄도 독립된 범죄가 아니라 기본범죄의 수정적 구성요건이라고 한다.

독립범죄설에 의하면 예비행위는 실행행위이기 때문에 예비죄의 공동정범, 교사·방조범 등 공범이 당연히 인정되지만, 발현형태설에 의하면 예비행위는 실행행위가 아니기 때문에 예비죄의 공범성립이 원칙적으로 불가능하다.

2. 예비행위의 실행행위성

예비죄를 독립범죄로 보면 예비행위는 당연히 실행행위가 된다. 그러나 발현형태설에서는 실행행위성의 긍정설과 부정설이 나뉜다.

긍정설(다수설)은 예비죄의 처벌규정이 있는 이상 당연히 처벌규정상의 실행행위성을 인정할 수 있다고 한다. 이에 대해 부정설은 실행행위는 정범의 실행행위에 한정되고, 예비행위는 실행행위의 전단계의 행위이므로 실행행위성을 인정할 수 없다고 한다.

판례는 "정범이 실행의 착수에 이르지 아니하고 예비단계에 그친 경우에는, 이에 가공한다 하더라도 예비의 공동정범이 되는 때를 제외하고는 종범으로 처벌할 수 없다"(대판 1979. 5. 22. 79도552)라고 하여, 예비죄의 공동정범은 인정하나 예비의 방조범은 인정하지 않는데, 이는 절충적 입장이다.

Ⅲ. 예비죄의 성립요건 [95]

1. 객관적 성립요건

(1) 예비행위의 사회적 정형성

예비행위는 범죄실행을 목적으로 하는 외적 준비행위이다. 예비행위의 수단, 방법에는 제한이 없으므로 자칫 잘못하면 예비행위의 범위가 무한히 확대될 수 있다. 따라서 예비행위도 실행행위의 필요불가결한 준비행위라는 사회적 정형성을 갖추어야 한다.

(2) 불능예비

결과발생이 불가능한 예비행위로 예를 들어 소금으로 사람을 살해할 수 있다고 생각하고 살인의 목적으로 소금을 준비하는 행위와 같은 불능예비는 예비죄가 될 수 없다.

(3) 물적 예비와 인적 예비

다수설은 물적 예비뿐만 아니라 인적 예비도 긍정한다. 인적 예비의 예로 범행을 하기 위해 건물의 구조를 잘 알고 있는 사람으로부터 건물구조에 관한 정보를 수집하는 행위를 들 수 있다.

(4) 자기예비와 타인예비

자기예비란 자신이 실행행위를 할 목적으로 스스로 하는 예비행위를 말하고, 타인예비란 타인이 실행행위를 할 죄의 예비행위를 단독으로 혹은 공동으로 하는 것을 말한다. 자기예비는 예비행위가 될 수 있다. 타인예비가 예비죄에 해당되는가에 대해 다수설은 타인예비는 예비죄에 해당되지 않는다고 한다.

판례는 예비죄의 공동정범은 인정하고 예비죄의 방조범은 인정하지 않는다. 전자는 타인예비도 인정하는 입장이라고 할 수 있고, 후자는 타인예비를 인정하지 않는 입장이다.

2. 주관적 구성요건

(1) 고 의

예비죄도 범죄구성요건이므로 고의가 필요함은 당연하다. 따라서 과실로 예비행위를 했을 때에는 예비죄가 성립하지 않는다.

(2) 목 적

예비죄가 성립하기 위해서는 기본범죄를 범할 목적이 있어야 한다는 점에는 견해가 일치하지만 그 인식의 정도에 대하여는 미필적 인식으로 족하다고 한다(판례). 이에 대해 처벌범위가 확장되는 것을 막기 위하여 목적에 대한 인식은 확정적 인식이어야 한다는 입장도 있다.

Ⅳ. 예비죄의 공범   [96]

1. 예비죄의 공동정범

다수설 및 판례는 2인 이상이 공동으로 범죄를 실행할 것을 목적으로 같은 사람들이 공동으로 예비행위를 하는 경우뿐만 아니라 甲이 실행할 범죄를 목적으로 甲과 乙이 공동으로 예비행위를 하는 경우에도 예비죄의 공동정범을 인정한다.

2. 예비죄의 교사범

예비죄의 교사범은 두 가지 형태가 있을 수 있다.

첫째, 기본범죄에 대한 고의없이 예비죄만을 교사하는 경우이다. 예를 들어 甲이 乙에게 살인을 할 무기를 구입하라고 교사하는 것이다. 이 경우 예비죄의 교사범은 인정되지 않는다. 다만, 피교사자가 실행에 착수하였을 경우에는 방조범이 성립할 수 있다.

둘째, 기본범죄에 대한 고의를 가지고 교사하였으나 피교사자가 예비행위만을 한 경우이다. 예를 들어 甲이 乙에게 A의 재물을 강취하라고 교사하였으나 乙이 이를 승낙하고 범행에 필요한 도구만을 준비한 채 실행에 착수하지 않은 경우이다. 이 경우 제31조 제2항에 의해 교사자와 피교사자 모두 예비·음모에 준하여 처벌된다.

3. 예비죄의 종범

乙이 A의 재물을 강취하기 위해 도구를 구입하는데 甲이 그 자금을 지원한 경우 甲이 乙의 강도예비죄의 방조범이 되는가가 문제된다. 만약 乙이 강도의 실행행위로 나아갔다면 甲은 강도예비죄의 방조범이 아니라 강도죄의 방조범의 죄책을 진다. 乙이 강도의 실행행위를 하지 않은 경우 통설·판례는 강도예비죄의 방조범을 인정하지 않는다.

V. 예비의 중지(실행의 착수의 포기)   [97]

예비의 중지란 예비행위를 한 사람이 자의로 실행의 착수를 포기하는 것을 말한다. 이에 대해서는 중지미수규정의 유추적용 여부가 문제된다(뒤의 [105] 참조).

제 3 관   장애미수

제25조(미수범) ① 범죄의 실행에 착수하여 행위를 종료하지 못하였거나 결과가 발생하지 아니한 때에는 미수범으로 처벌한다.
② 미수범의 형은 기수범보다 감경할 수 있다.

Ⅰ. 장애미수의 개념   [98]

형법 제25조는 미수범에 관한 일반적 규정이기도 하면서, 협의의 미수, 즉 장애미수에 대한 규정이다. 장애미수란 '결과의 발생이 가능한 범죄의 실행에 착수하여 비자의적으로(혹은 내·외부적 장애에 의해) 행위를 종료하지 못하였거나 결과가 발생하지 않은 형태의 미수'라고 할 수 있다.

장애미수는 실행의 착수가 있다는 점에서 예비·음모와 비교되고, 행위를 종료하지 못했거나 결과가 발생하지 않았다는 점에서 기수와 구별된다. 장애미수는 행위의 미종료나 결과의 불발생이 행위자의 자의에 의한 것이 아니고 내·외부적 장애에 의한 것이라는 점에서 중지미수와 구별된다. 장애미수는 결과가 발생할 가능성이 있지만 결과가 발생하지 않았다는 점에서 처음부터 결과의 발생이 불가능한 불능미수와도 구별된다.

Ⅱ. 장애미수의 성립요건   [99]

1. 객관적 요건

(1) 실행의 착수가 있을 것

미수범이 예비·음모와 구별되는 것은 실행의 착수의 유무이다.

(2) 장애에 의한 범죄의 미완성

범죄의 미완성이란 거동범에서는 실행을 종료하지 못하는 착수미수, 결과범에서는 착수미수와 실행미수 및 행위와 결과 사이의 인과관계(및 객관적 귀속)가 부정되는 경우가 있을 수 있다.

장애미수가 성립하기 위해서는 범죄의 미완성이 자의에 의한 것이 아니라 장애에 의한 것이어야 한다.

(3) 행위의 종료 또는 결과발생이 가능했을 것

장애미수가 되기 위해서는 행위의 종료가 가능하거나(거동범) 결과발생이 가능하지만(결과범) 장애에 의해 행위를 종료하지 못하거나 결과가 발생하지 않아야 한다. 처음부터 행위의 종료나 결과발생이 불가능한 경우는 장애미수가 아니고 불능미수가 문제된다.

2. 주관적 요건

장애미수가 성립하기 위해서는 기수범에서와 같이 주관적 구성요건요소를 갖추어야 한다. 미수의 고의가 아닌 기수의 고의가 있어야 하고, 미수의 고의만이 있을 때에는 미수범도 성립할 수 없다. 또한, 목적, 동기, 불법영득의사 등 초과주관적 구성요건요소를 필요로 하는 범죄에서는 이러한 요소들도 모두 갖추어야 한다.

Ⅲ. 장애미수의 효과   [100]

제25조 제 2 항은 "미수범의 형은 기수범보다 감경할 수 있다"고 하여 주관주의와 객관주의를 절충한 형의 임의적 감경을 규정하고 있다.

제4관 중지미수

제26조(중지범) 범인이 실행에 착수한 행위를 자의(自意)로 중지하거나 그 행위로 인한 결과의 발생을 자의로 방지한 경우에는 형을 감경하거나 면제한다.

Ⅰ. 중지미수의 의의 [101]

1. 중지미수의 개념

중지미수란 행위자가 범죄실행에 착수한 이후 자의로 실행행위를 중지하거나, 실행행위를 종료하였지만 자의로 그 실행행위로 인한 결과발생을 방지함으로써 성립하는 미수범이다(제26조).

중지미수는 실행의 착수가 있다는 점에서 실행의 착수가 없는 예비·음모 및 예비의 중지(예비죄 성립 후 실행의 착수의 포기)와 구별된다. 중지미수는 행위가 종료하지 않았거나 결과가 발생하지 않았다는 점에서 기수와 구별된다. 중지미수는 행위의 미종료나 결과의 불발생이 행위자의 자의에 의한 것이었다는 점에서 장애미수와 구별된다. 중지미수는 결과발생이 가능하기도 하고 불가능하기도 했다는 점에서 결과발생이 불가능한 불능미수와 구별된다.

2. 중지미수의 처벌근거

중지미수의 형을 필요적으로 감면하는 근거에 대해 다음과 같은 견해들이 제시된다.

(1) 정책설

정책설은 형법이론적으로는 중지미수의 형벌을 필요적 감면으로까지 할 수 없고, 정책적 이유에서 필요적 감면을 인정한다고 한다.

첫째, 형사정책설은 미수단계에 이른 사람으로 하여금 지금이라도 중지하면 처벌받지 않겠다는 희망을 주고 이로써 범죄행위의 계속을 막기 위한 것이라고 한다. '황금의 다리이론'(the golden bridge theory)이라고도 한다.

둘째, 은사설(다수설)은 행위자가 범행을 중지하거나 결과발생을 방지해 합법의 세계로 돌아옴으로써 법질서침해에 대해 일반인이 갖는 부정적 인식을 회복시킨 공적을 인정하여 형벌을 필요적으로 감면하는 것이라고 한다.

(2) 법률설

법률설은 필요적 형감면에 대한 정책적 근거가 아닌 형법이론적 근거를 제시하고자 한다.

첫째, 위법성감소·소멸설은 중지의사가 위법성을 감소·소멸시키기 때문이라고 한다.

둘째, 책임감소·소멸설은 실행중지 또는 결과발생의 방지로 인해 행위자에 대한 비난가능성, 즉 책임이 감소·소멸되기 때문이라고 한다.

셋째, 형벌목적설은 형벌의 목적은 특별예방이나 일반예방인데 자의로 범행을 중지한 사람은 재범위험성이 없고, 범죄인의 처벌을 통한 일반인에 대한 위하(威嚇)가 필요없기 때문이라고 한다.

(3) 결합설

이 견해는 정책설이나 법률설 어느 하나로는 설명할 수 없고, 양자의 결합에 의해서만 설명할 수 있다는 입장이다. 즉, 중지미수에 대한 형의 감경은 법률설에 의해 설명할 수 있지만, 형면제에 대해서는 형사정책설로 설명이 가능하다고 한다. 결합설에는 ① 위법성감소·소멸설과 형사정책설의 결합설, ② 책임감소·소멸설과 형사정책설의 결합설(다수설) 및 ③ 위법성감소·소멸설과 책임감소·소멸설 및 형사정책설의 결합설이 있다.

Ⅱ. 중지미수의 성립요건   [102]

1. 주관적 성립요건

중지미수의 주관적 성립요건은 자의성이다. 자의성은 중지미수와 장애미수뿐만 아니라 중지미수와 불능미수의 구별기준도 된다. 자의성의 의미에 대해서는 다음과 같이 견해가 대립한다.

(1) 주관설

주관설은 자의성의 개념을 가장 좁게 파악한다. 후회, 동정, 연민, 죄책감

등 윤리적 동기가 있는 경우에만 자의성을 인정한다.

(2) 객관설

객관설은 자의성의 개념을 가장 넓게 파악한다. 즉, 외부적 사정에 의한 중지의 경우에는 자의성이 없지만 그 이외에는 모두 자의성이 있다고 한다. 따라서 윤리적 동기에 의한 중지뿐만 아니라 범행의 편의성, 성공가능성, 처벌에 대한 두려움 등을 고려하여 중지한 경우에도 자의성이 인정된다고 한다.

(3) 프랑크 공식

'범행을 계속할 수 있었지만 하기를 원치 않아서' 중지한 경우에는 자의성이 있지만, '범행을 계속하기를 원했지만 할 수가 없어서' 중지한 경우에는 자의성이 없다고 한다. 쉬운 말로 '안했으면' 자의성이 있고, '못했으면' 자의성이 없다는 것이다.

(4) 규범설

심리적 방법과 규범적 방법을 절충하여 비이성적 중지나 합법성으로의 회귀 등이라고 평가할 수 있을 때에는 자의성이 인정되지만, 기타의 경우에는 자의성이 인정되지 않는다고 한다.

(5) 절충설

통설·판례는 사회통념상 범죄실행에 대한 장애라고 여겨지는 경우에는 자의성이 없지만 그 이외의 경우에는 자의성이 있다고 한다.

판례에 의하면, 피해자를 강간하려다가 피해자가 다음 번에 만나 친해지면 응해 주겠다는 취지의 간곡한 부탁으로 인하여 강간행위를 중지한 경우 자의성이 인정된다(대판 1993. 10. 12. 93도1851).

그러나 피해자가 수술한 지 얼마 안 되어 배가 아프다면서 애원하거나 시장에 간 남편이 곧 돌아온다고 하면서 임신 중이라고 말하자 강간을 중지한 경우(대판 1992. 7. 28. 92도917; 대판 1993. 4. 13. 93도347), 피해자를 살해하려고 목과 왼쪽 가슴을 칼로 수회 찔렀으나 피해자의 가슴에서 많은 피가 나오자 겁을 먹고 그만둔 경우(대판 1999. 4. 13. 99도640) 등에서는 자의성이 인정되지 않는다.

2. 객관적 성립요건

(1) 실행의 착수가 있을 것

실행의 착수에 대해서는 앞에서 언급한 것과 같다.

(2) 실행행위를 중지하거나 결과발생을 방지할 것

1) 착수미수와 실행미수 구별　　중지미수가 성립하기 위해서 착수미수에서는 행위의 중지, 실행미수에서는 결과발생의 방지가 필요하다. 착수미수와 실행미수는 실행행위가 종료되었는가에 의해 결정되고, 실행의 종료는 실행의 착수와 마찬가지 기준(주관적 객관설 등)에 의해 해결된다. 예를 들어 주관적 객관설에 의하면 '행위자의 범행계획을 고려하여 법익침해의 직접적 행위가 종료된 때' 실행이 종료된다.

2) 착수미수의 중지미수　　착수미수의 경우 중지미수가 성립하기 위해서는 실행행위의 계속을 중지하고 결과가 발생하지 않아야 한다.

행위자가 행위를 계속하는 것이 가능하다고 생각하였다면 설사 외부적 장애나 기타 사정에 의해 그 행위를 계속하는 것이 불가능한 경우라도 중지미수가 성립할 수 있다.

범죄결과가 발생하지 않아야 한다. 실행행위를 중지하였으나 결과가 발생한 경우에는 기수가 되므로 중지미수가 될 수 없다.

3) 실행미수의 중지미수　　실행미수의 중지미수가 성립하기 위해서는 행위자가 결과발생을 방지하는 행위를 해야 하고, 결과가 발생하지도 않아야 한다. 범인이 결과발생방지를 위해 진지한 노력을 해야 하므로 부작위에 의한 결과발생방지는 불가능하다(통설).

실행미수에서도 중지미수가 되기 위해서는 결과가 발생하지 않아야 된다. 행위자가 결과발생의 방지를 위한 노력을 했다 하더라도 결과가 발생한 경우에는 기수범이 성립하고, 행위자의 결과방지의 노력은 양형에서 고려된다.

방지행위와 결과불발생 사이에 인과관계를 요하지는 않는다(통설).

Ⅲ. 중지미수의 효과 [103]

중지미수에 대해서는 형을 감면한다.

중지미수에 대한 형벌감경·면제는 인적 처벌감경·조각사유이다. 따라서 중지자에게만 적용되고 다른 공범에게는 적용되지 않는다. 예를 들어 甲과 乙이 공동으로 A를 살해하려고 칼로 찔렀으나 A가 상처만 입고 죽지 않자 乙은 그대로 가버리고 甲만이 A를 살리려고 노력하였고 A가 사망하지 않은 경우, 甲만 중지미수로 형이 감면되고, 乙은 장애미수로 처벌된다.

Ⅳ. 공범과 중지미수 [104]

1. 공동정범과 중지미수

통설·판례에 의하면 공동정범의 중지미수가 성립하기 위해서는 자신이 범행을 중지해야 할 뿐 아니라 다른 공범의 행위도 중지시키거나 결과발생을 방지해야 한다. 따라서 공동정범 중 일부가 자의로 실행행위를 중지하였으나 다른 공동정범이 결과를 발생시킨 경우에는 자의로 중지한 공동정범도 중지미수가 되지 않는다. 공동정범 중 甲이 乙의 범행까지 중지시킨 경우에는 甲은 중지미수, 乙은 장애미수의 죄책을 진다.

2. 교사·방조범과 중지미수

정범이 자의로 중지한 경우에는 정범만이 중지미수가 되고 교사·방조범은 교사·방조의 장애미수가 된다. 교사·방조범이 자의로 정범의 행위를 중지시켰거나 결과발생을 방지한 경우에도 교사·방조범만이 교사·방조의 중지미수의 죄책을 지고, 정범은 장애미수의 죄책을 진다.

Ⅴ. 예비의 중지(실행의 착수의 포기) [105]

1. 예비의 중지의 개념

예비의 중지란 예비죄를 범한 사람이 자의로 실행의 착수를 포기하는 경우를 말한다. 예비행위를 하다 중지한 경우에는 아예 예비죄가 성립하지 않으므로 예비의 중지란 '예비죄의 성립 후 중지' 또는 '예비죄의 성립 후 실행의 착수의 포기'라고 할 수 있다.

예비의 중지는 실행의 착수 이전에 이루어지는 실행착수의 포기이기 때문에 실행착수 이후의 실행의 중지를 규율하는 중지미수의 규정이 직접 적용될 수는 없고, 이를 유추적용할 것인가의 여부 및 방법에 대해 견해가 대립한다.

2. 유추적용부정설

소수설과 판례는 "중지범은 범죄의 실행에 착수한 후 자의로 그 행위를 중지한 때를 말하는 것이고 실행의 착수가 있기 전인 예비·음모의 행위를 처벌하는 경우에 있어서 중지범의 관념은 이를 인정할 수 없다"(대판 1966. 4. 21. 66도152 전합)라고 하여 부정설을 취하고 있다.

3. 유추적용긍정설

통설은 예비의 중지에 대해 제26조를 유추적용해야 한다는 입장이지만 그 방법에 대해서는 견해가 일치하지 않고 있다.

(1) 제한적 유추적용설

다수설은 예비의 중지에 대해 제26조를 유추적용하는 것은 이례적인 것이므로 유추적용의 범위를 최소화하려고 한다. 그리하여 예비죄의 형이 중지미수의 형보다 무거운 경우에만 중지미수규정을 유추적용하여 중지미수의 형으로 처벌하고, 예비죄의 형이 중지미수의 형보다 가벼운 경우에는 중지미수규정을 유추적용하지 말아야 한다고 한다.

(2) 전면적 유추적용설

소수설은 제26조의 유추적용범위를 넓게 인정하여 예비죄의 법정형에 그대로 제26조를 유추적용하자고 한다. 따라서 예비죄의 형 그 자체를 필요적으로 감면해야 한다고 한다. 예를 들어 강도예비의 중지에 대한 형은 1개월 이상 3년 6개월 이하의 징역 또는 면제, 일반이적예비의 중지는 1년 이상 15년 이하의 징역 또는 면제로 해야 한다는 것이다.

제 5 관 불능미수

> 제27조(불능범) 실행의 수단 또는 대상의 착오로 인하여 결과의 발생이 불가능하더라도 위험성이 있는 때에는 처벌한다. 단, 형을 감경 또는 면제할 수 있다.

I. 불능미수의 개념 [106]

불능미수란 실행의 수단 또는 대상의 착오로 인하여 결과의 발생이 불가능하더라도 위험성이 있는 형태의 미수범을 말한다(제27조).

예를 들어 피해자를 살해할 의사로 설탕을 독약으로 오인하고 그에게 준 경우, 설탕을 독약으로 오인하였으므로 실행의 수단에 착오가 있고, 설탕으로 사람을 살해할 수 없으므로 결과발생이 불가능하다. 이 경우 위험성이 있으면 불능미수, 위험성이 없으면 불능범이 된다. 형법 제27조는 불능범이라는 제목으로 되어 있지만, 통설은 이를 위험성이 있는 불능미수를 규정한 것으로 해석한다는 점에 주의해야 한다.

불능미수는 비록 결과를 발생시킬 수 없지만 외형상 실행의 착수가 있다는 점에서 예비·음모와 구별된다. 불능미수는 처음부터 결과발생이 불가능하다는 점에서 결과발생이 가능한 장애미수와 구별된다.

II. 불능미수의 성립요건 [107]

1. 실행의 착수가 있을 것

불능미수가 성립하기 위해서는 실행의 착수가 있어야 한다. 위험성이 있는 불능미수에서는 외형상으로 뿐만 아니라 실질적으로 실행의 착수가 있다. 그러나 위험성이 없는 불능범에서는 외형상으로는 실행의 착수가 있지만 실질적으로는 그것을 실행의 착수라고 볼 수 없다. 예를 들어 설탕을 먹이면 사람을 죽일 수 있다고 생각하고 설탕을 준 경우 불능범이 되는데, 여기에서 설탕을 준 행위는 아예 살인죄의 실행의 착수라고 볼 수 없다.

불능미수 및 불능범은 존재하는 구성요건상의 범죄행위를 하려고 하는 것이므로 존재하지 않는 구성요건상의 범죄행위를 하려고 하는 환각범(예를 들어 흡연이 범죄라고 생각하고 담배를 피운 경우)과 구별된다.

2. 실행의 수단 또는 대상의 착오로 결과발생이 불가능할 것

(1) 실행의 수단에 대한 착오

실행의 수단에 대한 착오란 결과를 발생시킬 수 없는 수단을 결과를 발생시킬 수 있는 수단으로 잘못 안 경우를 말한다. 예를 들어 치사량에 현저히 미달하는 독약이나 공포탄이 장전되어 있는 총으로 사람을 살해할 수 있다거나 간장을 먹이면 낙태를 시킬 수 있다고 착오한 경우 등을 말한다.

실행의 수단이 비과학적 방법인 때에는 불능범의 일종인 미신범이 된다. 예를 들어 타인의 얼굴을 벽에 그려놓고 그림을 향해 화살을 쏘면 그 사람이 죽는다고 착오한 경우는 불능미수를 논할 것 없이 미신범이 된다.

(2) 대상의 착오

대상의 착오란 그 대상에 대해서는 결과발생이 불가능함에도 불구하고 결과발생이 가능한 것으로 오인한 경우를 말한다. 예를 들어 자기의 재물을 타인의 재물로 착오하고 절취행위를 하거나 죽은 사람을 산 사람으로 오인하고 살해행위를 한 경우 등이다.

(3) 결과발생의 불가능

불능미수가 되기 위해서는 처음부터 결과발생이 불가능해야 한다. 결과발생이 불가능하다는 의미는 결과범에서의 결과발생이 불가능하다는 의미뿐만 아니라 거동범에서의 행위가 불가능하다는 의미도 포함한다. 예를 들어 마네킹을 사람으로 오인하고 모욕을 한 경우에도 결과발생이 불가능한 것에 포함된다.

결과발생이 불가능했느냐의 여부는 자연과학적·사실적 법칙에 의해 결정해야 한다. 예를 들어 일정량의 쥐약을 먹여 사람을 살해하려고 한 경우 과학적 법칙에 의하여 사람이 사망할 가능성이 있다면 장애미수, 사람이 사망할 가능성이 없다면 불능미수가 문제된다. 판례도 마찬가지의 입장이다(대판 1984. 2. 14. 83도2967 참조).

이러한 의미에서 결과발생 가능성 여부의 판단은 규범적 판단인 위험성 판단과 구별된다.

3. 위험성이 있을 것

통설에 의하면 제27조는 불능미수에 관한 규정이므로 위험성이 있어야 처벌되는 불능미수가 되고, 위험성이 없으면 처벌되지 않는 불능범이 된다. 위험성은 사실적 개념이 아니라 규범적 개념이므로, 그에 대해서는 여러 가지 견해가 대립하고 있다.

(1) 구객관설(절대적 불능·상대적 불능 구별설)

이 견해는 순수하게 객관적 기준에 의해 위험성을 판단하여, 결과발생이 절대적으로 불가능한 경우에는 위험성이 없어 불능범이 되고, 상대적으로 불가능한 경우에는 위험성이 있어 불능미수가 된다고 한다.

절대적 불능이란 솜방망이로 머리에 상해를 가하거나 사체를 살해하려고 하는 경우와 같이 결과발생이 개념적으로 불가능한 경우를 말한다. 상대적 불능이란 치사량미달의 독약으로 사람을 살해하려고 한 경우와 같이 결과발생이 개념적으로 불가능하지는 않고 구체적이고 특수한 상황에서만 결과발생이 불가능한 경우라고 한다.

결과발생의 불능을 법률적 불능과 사실적 불능으로 나누어 전자는 불능미수, 후자를 불능범이라고 하는 법률적 불능·사실적 불능설도 유사한 입장이다.

(2) 주관설

이 견해는 순수하게 주관적 위험성을 행위자의 주관적 위험성, 즉 반사회적 위험성이라고 한다. 이에 의하면 범죄의사로 범죄행위를 한 사람은 사회적 위험성이 있으므로 미신범을 제외하고 원칙적으로 불능범은 인정되지 않고 모두 불능미수가 된다.

(3) 추상적 위험설(행위자 위험설)

추상적 위험설은 주관설에 가까운 절충설이다. 이 견해는 행위자가 인식한 사실을 기초로 하여 일반인의 관점에서 결과발생의 가능성을 판단하여 결과발생이 가능하면 위험성이 있는 불능미수, 결과발생이 불가능하면 위험성이 없는 불능범이라고 한다.

예를 들어 甲이 A를 살해하기 위해 청산가리 1g을 먹였으나 그것이 사실은 설탕이어서 A가 사망하지 않은 경우, 행위자가 인식한 사실은 '자신이 A에게 1g의 청산가리를 먹인다'는 것이다. 이것을 기초로 일반인의 관점에서 A의 사망결과의 발생가능성을 판단하면 A에게 청산가리 1g을 주면 A가 사망할 가능성이 있다고 판단할 것이다. 따라서 위험성이 인정되고 甲은 살인죄의 불능미수가 된다. 그러나 甲이 사람에게 유황을 먹이면 사람이 죽는다고 생각하고 A에게 유황오리를 먹였으나 A가 오히려 더 건강해진 경우, 甲이 인식한 사실은 'A에게 유황오리를 먹인다'는 것이다. 이를 기초로 일반인의 관점에서 A의 사망가능성을 판단한다면 유황오리를 먹고 A가 사망할 가능성은 없으므로 위험성이 인정되지 않아 불능범이 된다.

과거의 다수설이었고, 판례도 이 견해를 따르고 있다(대판 2005. 12. 8. 2005도 8105).

(4) 구체적 위험설(신객관설)

구체적 위험설은 객관적 요소를 위주로 하고 주관적 요소를 가미하여 위험성을 판단하는 입장이다. 현재의 다수설이다. 다수설이 취하는 구체적 위험설은 행위 당시 일반인이 인식할 수 있었던 사정뿐만 아니라 행위자가 특별히 인식했던 사정을 모두 기초로 하여 일반인의 입장에서 판단하여 결과발생의 가능성이 있으면 불능미수, 결과발생의 가능성이 없으면 불능범이 된다고 한다. 한편 구체적 위험설 중 소수설은 행위자가 특별히 인식한 사정은 고려하지 않고 일반인이 인식한 사정만을 기초로 일반인의 입장에서 위험성을 판단한다.

예를 들어 일반인들은 모두 마네킹이라고 인식하고 있는 마네킹을 甲 혼자 사람이라고 생각하고 살해의 고의로 파괴한 경우, 추상적 위험설에 의하면 위험성이 인정된다. 그러나 일반인이 인식할 수 있었던 사정은 '마네킹을 파괴하는 것'이고 이를 기초로 일반인의 입장에서 판단하면 사람이 사망할 가능성은 없으므로 위험성이 인정되지 않아 살인죄의 불능범이 된다.

4. 기수의 고의가 있을 것

불능미수가 성립하기 위해서는 행위자가 결과가 발생할 것이라고 생각하고 그 결과를 발생시키려고 하는 기수의 고의가 있어야 한다. 결과가 발생되지 않을 것을 알면서 행위를 한 경우, 즉 미수의 고의가 있는 경우에는 불능미수가 성립하지 않는다.

Ⅲ. 불능미수의 효과 [108]

불능미수의 효과는 형의 임의적 감면이다(제27조). 순수한 객관주의에 의하면 불능미수는 결과발생가능성이 없으므로 처벌하지 말아야 하고, 순수한 주관주의에 의하면 행위자에게 반사회적 위험성이 있어 기수범과 동일하게 처벌해야 하는데, 제27조는 양자의 절충적 입장을 따른 것이다.

제 6 절 공 범 론

제 1 관 공범론의 기본개념

Ⅰ. 공범의 개념   [109]

1. 다수인의 범죄관여

(1) 범죄에의 관여형태

범죄는 한 사람이 저지를 수도 있지만 다수의 사람이 범죄를 저지르는데에 관여하는 경우가 있다. 한 사람이 범죄를 저지르는 경우를 단독범, 여러 사람이 하나의 범죄에 관계되어 있는 경우를 공범이라고 한다. 동시범 혹은 독립행위의 경합(제19조)에서도 하나의 범죄에 여러 사람이 관여하지만 이는 단독범행이 우연히 동시에 이루어진 것이므로 공범이라고 하지 않는다.

다수인이 범죄에 관계하는 공범의 형태는 크게 세 가지로 나눌 수 있다.

첫째, 필요적 공범이나 공동정범(제30조)의 경우에서와 같이 다수인이 실행행위를 분담하는 경우이다.

둘째, 교사범으로서 자신은 실행행위를 하지 않고 다른 사람으로 하여금 범죄를 결의하고 실행행위를 하도록 하는 경우이다(제31조).

셋째, 방조범 혹은 종범으로서 타인의 실행행위를 유형·무형으로 도와주는 경우이다(제32조).

(2) 공범에 관한 입법례

정범과 공범을 구별하지 않고 범죄에 관여하는 모든 사람을 정범으로 파악하는 단일정범개념에 입각한 입법체계도 있지만, 정범과 공범 및 그에 대한 형벌을 법률에서 따로 규정하는 정범과 공범의 이원적 체계가 있다. 우리나라를 비롯한 다수 국가에서 이원적 체계를 따르고 있다.

2. 공범의 개념

형법에서 공범은 그 문맥(context)에 따라 여러 가지 의미로 쓰인다.

(1) 최광의의 공범

최광의의 공범은 임의적 공범과 필요적 공범을 모두 포함하는 개념이다. 임의적 공범이란 단독으로 할 수 있는 범죄에 여러 사람이 관여하는 형태의 범죄로서 공동정범, 교사범, 종범을 모두 포함한다. 필요적 공범이란 내란죄(內亂罪; 제87조), 소요죄(騷擾罪; 제115조), 다중불해산죄(多衆不解散罪; 116조) 등과 같이 개념상 단독으로는 범할 수 없고 여러 사람이 함께 해야 범할 수 있는 형태의 범죄를 말한다.

(2) 광의의 공범

광의의 공범은 최광의의 공범에서 필요적 공범을 제외한 공범, 즉 임의적 공범만을 말한다.

(3) 협의의 공범

협의의 공범이란 광의의 공범에서 공동정범을 제외한 교사범 및 종범을 말한다. 협의의 공범은 정범과 대비되는 개념이다. '정범과 공범의 구별', '공범의 종속성' 내지 '공범의 종속형식'이라는 용어에서의 공범은 협의의 공범을 의미한다.

Ⅱ. 정범과 공범의 구별 [110]

1. 정범과 공범의 구별의 의의

'정범과 공범의 구별'이라는 말에서 공범은 협의의 공범, 즉 교사범 및 종범을 말한다. 반면 단독정범(직접정범 및 간접정범), 공동정범, 동시범, 필요적 공범 등은 협의의 공범이 아닌 정범이다. 형법은 공범의 종속성을 인정하여 원칙적으로 정범을 벌하고 공범은 정범의 성립이나 처벌에 종속되도록 하고 있다. 따라서 정범인가 공범인가는 행위자의 죄책과 처벌에 중대한 영향을 미칠 수 있다.

예를 들어 乙이 망을 보고 甲이 도둑질을 한 경우 甲이 절도죄의 정범이라는 데에 의문이 없으나 乙이 정범인지 종범인지 불분명하다. 만약 乙을 정범이라고 한다면 甲과 乙은 두 사람이 함께 현장에서 절도를 하였으므로 합동절도범으로 1년 이상 10년 이하의 징역으로 처벌된다(제331조 2항). 만약 乙이 종범이라고 한다면 甲은 절도죄의 단독정범이 되어 6년 이하의 징역(제329조), 乙은 종범으로 형벌이 감경되므로(제32조 2항) 3년 이하의 징역에 처해진다(제55조 1항 3호). 또한 전자의 경우에는 벌금형이 불가능하지만, 후자의 경우에는 벌금형도 가능하다.

2. 정범과 공범의 구별기준

(1) 객관설

객관설은 행위자의 주관적 의사를 고려하지 않고 객관적인 행위만을 기준으로 정범과 공범을 구별하려고 한다.

첫째, 형식적 객관설은 스스로 구성요건상의 실행행위의 전부 또는 일부를 수행하는 자가 정범이고, 구성요건상의 실행행위 이외의 행위로써 구성요건실현에 기여하는 자를 공범이라고 한다. 제한적 정범개념에 입각하여 있고, 공범규정은 실행행위를 하지 않은 사람을 처벌하는 것이므로 형벌확장사유라고 한다.

둘째, 실질적 객관설은 인과관계에 관한 원인설처럼 원인과 조건을 구별하여, 결과발생에 필요불가결한 조건, 즉 원인을 부여한 사람은 정범, 결과발생에 필요한 조건만을 부여한 사람은 공범이라고 한다.

(2) 주관설

주관설은 행위의 객관적 의미를 고려하지 않고 행위자의 주관적 의사를 기준으로 정범과 공범을 구별하는 견해이다. 정범, 공범 모두 범죄의사가 있다는 점에서 모두 정범이라고 하는 확장적 정범개념에 입각하여 있다. 따라서 공범처벌규정은 정범을 공범으로 처벌하는 것으로서 형벌축소사유가 된다고 한다.

첫째, 의사설은 자기의 범죄를 행할 의사, 즉 정범의사를 가진 사람은 정범, 타인의 범죄를 행할 의사, 즉 공범의사를 가진 사람은 공범이라고 한다.

둘째, 목적설 혹은 이익설은 자기 자신의 이익을 위해 범죄행위를 한 사람은 정범, 타인의 이익을 위해 범죄행위를 한 사람은 공범이라고 한다.

(3) 범행지배설(행위지배설)

통설·판례는 범행지배설에 따른다. 범행지배설은 객관적 요소와 주관적 요소를 모두 고려하여 정범과 공범을 구별하려고 한다. 이 견해에 의하면 범행에 관여한 사람들의 주관적 의사와 객관적 행위를 모두 고려하여 범행을 지배하였다고 평가되는 사람은 정범, 범행을 지배하지 못하고 단순히 관여하였을 뿐이라고 평가되는 사람은 공범이 된다. 따라서 자신이 직접 구성요건 행위를 실행하지 않은 사람도 범행을 지배하였다고 인정되면 정범이 된다.

단독정범에서는 실행행위를 하는 사람이 범행을 지배하고, 간접정범에서는 피이용자가 아니라 이용자가 생명있는 도구(피이용자)에 대한 의사지배를 통해 범행을 지배하고, 공동정범에서는 각 행위자들이 각자가 맡은 실행행위를 분담하는 기능적 범행지배를 통해 범죄를 실현한다고 한다.

[대판 1989. 4. 11. 88도1247] 공동정범의 본질은 분업적 역할분담에 의한 기능적 행위지배에 있으므로 공동정범은 공동의사에 의한 기능적 행위지배가 있음에 반하여 종범은 그 행위지배가 없는 점에서 양자가 구별된다.

제 2 관 공동정범

Ⅰ. 공동정범의 개념과 특징   [111]

공동정범이란 2인 이상이 공동하여 죄를 범하는 범죄형태이다(제30조).

공동정범은 협의의 공범(교사범, 방조범)과 함께 광의의 공범 혹은 임의적 공범에 속한다. 공동정범에서는 범인들 사이에 상호 의사연락이 있다는 점에서 동시범과 구별된다. 공동정범에서는 각 범인이 분업적으로 범행을 지배하는 기능적 범행지배가 인정된다는 점에서 기능적 범행지배가 인정되지 않는 협의의 공범(교사범, 방조범)과 구별된다.

공동정범에서는 분업의 원리에 따라 각자가 범행을 분담함으로써 1인이 행할 수 있는 것을 산술적으로 합쳐놓은 것보다 더 많은 범죄효과를 거둘 수도 있고, 2인 이상이 범행을 함으로써 서로간의 범죄의사를 강화할 수 있다. 이 때문에 공동정범은 '부분실행 전체책임'의 원리에 따라 처벌된다는 특징이 있다.

Ⅱ. 공동정범의 본질(성립범위)   [112]

공동정범은 2인 이상이 공동으로 죄를 범하는 것인데 무엇을 공동으로 하여야 공동정범이 성립하는가에 대해서는 견해가 대립한다. 이에 따라서 2인 이상이 범죄에 관여한 경우 공동정범이 되는지 아니면 동시범이 되는지 결정되므로 공동정범의 본질에 관한 논의는 결국 공동정범의 성립범위에 관한 논의라고 할 수 있다. 예를 들어 甲은 강도의 고의로, 乙은 절도의 고의로 함께 A의 재물을 가져갔는데 누가 가져갔는지 불분명한 경우 甲, 乙이 공동정범이라고 한다면 '부분실행 전체책임 원칙'에 따라 甲은 강도기수죄의 공동정범, 乙은 절도기수죄의 공동정범의 죄책을 진다. 그러나 甲, 乙이 공동정

범이 아닌 동시범이라고 한다면 '자기책임의 원칙'에 따라 甲은 강도미수죄
의 단독정범(제19조), 乙은 절도미수죄의 단독정범(제19조)의 죄책을 진다.

1. 범죄공동설과 행위공동설

공동정범은 2인 이상이 공동으로 죄를 범하는 것인데 무엇을 공동으로
하여야 공동정범이 성립하는가에 대해서는 견해가 대립한다.

(1) 범죄공동설

통설은 '행위'만을 공동으로 해서는 공동정범이 성립할 수 없고 '특정한
범죄'를 공동으로 해야 공동정범이 성립할 수 있다고 한다. 특정한 범죄를 공
동으로 하기 위해서는 실행행위를 공동으로 하는 것뿐만 아니라 그 범죄에
대한 고의도 공동으로 하여야 한다. 따라서 과실범의 공동정범, 고의범과 과
실범의 공동정범, 범죄의 종류가 다른 고의범의 공동정범을 인정하지 않고
이러한 경우에는 동시범을 인정한다.

범죄공동설 중에는 살인죄, 상해죄, 폭행죄와 같이 고의가 중첩되는 범죄
에서는 부분적 공동정범이 성립할 수 있다고 하는 부분적 범죄공동설도 있
다. 이에 의하면 앞의 사례에서 절도죄부분에서는 공동정범이 성립하므로 甲
은 강도기수죄의 단독정범, 乙은 절도기수죄의 공동정범(혹은 합동절도죄)으로
처벌된다.

(2) 행위공동설

행위공동설은 '특정한 행위'를 공동으로 하면 공동정범이 성립하고, 특정
한 범죄까지 공동으로 할 필요는 없다고 한다. 이 때의 행위에 대해서는 전
법률적·자연적 의미의 행위라는 입장도 있고, 구성요건에 해당하는 행위라
고 하는 입장도 있지만, 어느 견해나 결과에 있어서는 차이가 없다.

행위공동설에 의하면 행위만을 공동으로 하면 되고 고의를 공동으로 할
필요가 없으므로 과실범의 공동정범, 고의범과 과실범의 공동정범 및 종류가
다른 범죄의 고의범간의 공동정범도 인정하게 된다. 따라서 앞의 사례에서
甲, 乙은 공동정범이 되고, 甲은 강도기수죄의 공동정범, 乙은 절도기수죄의
공동정범(혹은 합동절도죄)의 죄책을 진다.

판례는 행위공동설에 따라 과실범의 공동정범을 인정한다.

[대판 1962. 3. 29. 61도598] 형법 제30조 소정의 '2인 이상이 공동하여 죄를 범한 때'의 '죄'에는 고의범뿐만 아니라 과실범도 불문하므로 두 사람 이상이 어떠한 과실행위를 서로의 의사연락하에 이룩하여 범죄가 되는 결과를 발생케 한 것이라면 과실범의 공동정범이 성립된다.

2. 기능적 범행(행위)지배설

이 견해는 공동정범이 성립하기 위해서는 범인들이 단순히 범죄나 행위를 공동으로 하였다는 것보다는 기능적으로 범행을 지배하여야 한다고 한다.

기능적 범행지배설에서는 과실범의 공동정범을 긍정하는 입장도 있고 부정하는 입장도 있다. 긍정설은 과실범에서도 기능적 범행지배가 인정되는 경우에는 공동정범이 성립할 수 있다고 하고, 부정설은 기능적 범행지배란 고의범에서만 가능한 개념이라고 한다.

판례는 기능적 범행지배설의 입장도 받아들이고 있다.

3. 공동의사주체설과 공동행위주체설

(1) 공동의사주체설

이 견해는 공모공동정범(甲, 乙이 A를 폭행하기로 공모하였는데, 乙만이 A를 폭행한 경우 甲도 폭행죄의 공동정범을 인정한다면, 이것이 공모공동정범이다)의 인정근거로 제시된 것이다. 이에 의하면 특정한 범죄를 공모하게 되면 공동의사주체가 형성되고 각 공모자는 일심동체인 공동의사주체의 일부가 된다. 한 몸의 일부분이 행한 것을 몸 전체가 책임져야 하듯이, 공동의사주체의 구성원 중 일부가 실행행위를 한 경우에는 실행행위를 하지 않은 다른 공모자도 공동정범의 책임을 진다는 것이다.

그러나 이 견해는 공모공동정범은 공모가 있어야 성립하므로 과실범의 공모공동정범이나 고의범과 과실범의 공모공동정범, 종류가 다른 고의범 사이의 공모공동정범은 인정하지 않는다.

판례는 과실범의 공동정범을 인정하면서도 공동의사주체설에 따른 공모공동정범을 인정하였다.

[대판 1983. 3. 8. 82도3248] 공모공동정범은 공동범행의 인식으로 범죄를 실행하는 것으로 공동의사주체로서의 집단 전체의 하나의 범죄행위의 실행이 있음으로써 성립하고 공모자 모두가 그 실행행위를 분담하여 이를 실행할 필요가 없고 실행행위를 분담하지 않아도 공모에 의하여 수인간에 공동의사주체가 형성되어 범죄의 실행행위가 있으면 실행행위를 분담하지 않았다고 하더라도 공동의사주체로서 정범의 죄책을 면할 수 없다.

그러나 근래에 들어와서는 공모공동정범에서도 기능적 범행지배가 필요하다고 하기도 한다.

[대판 2011. 5. 13. 2011도2021] 공모자 중 일부가 구성요건 행위 중 일부를 직접 분담하여 실행하지 않은 경우라 할지라도 전체 범죄에서 그가 차지하는 지위, 역할이나 범죄 경과에 대한 지배 내지 장악력 등을 종합해 볼 때, 단순한 공모자에 그치는 것이 아니라 범죄에 대한 본질적 기여를 통한 기능적 행위지배가 존재하는 것으로 인정된다면, 이른바 공모공동정범으로서의 죄책을 면할 수 없다.

(2) 공동행위주체설

이 견해는 범인들간에 의사연락이 있고 실행행위를 분담하는 경우 공동행위주체가 형성되고, 각 범인들은 공동행위주체의 한 부분이 된다고 한다. 따라서 각 범인의 행위는 공동행위주체의 행위가 되므로 전체범인들이 전체결과에 대해서 책임을 져야 한다고 한다.

공모만으로는 공동주체가 형성될 수 없고, 공모와 실행행위가 있어야만 공동행위주체가 형성된다고 하는 점에서 공동의사주체설과 구별된다. 이 견해에 의하면 공동행위주체의 행위는 고의행위뿐만 아니라 과실행위도 포함되므로 과실범의 공동정범이나 고의범 및 과실범, 다른 종류의 고의범간의 공동정범도 인정된다.

Ⅲ. 공동정범의 성립요건 [113]

1. 주관적 요건: 공동가공의사(의사연락)

(1) 공동가공의사의 개념

공동정범이 성립하기 위해서는 범인들 사이에 공동으로 죄를 범한다는 공동가공의 의사, 즉 범인들 사이에 의사연락이 있어야 한다. 공동가공의 의사는 특정한 범죄행위를 하기 위하여 일체가 되어 서로 다른 사람의 행위를 이용하여 자기의 범행의사를 실현하려는 의사이다. 이 점에서 공동정범은 의사연락이 없는 동시범과 구별되고, '부분실행 전체책임'이 인정될 수 있다.

(2) 의사연락의 시기와 방법

1) 의사연락의 방법　　　　통설·판례에 의하면 의사연락은 법률상 어떤 정형을 요구하는 것이 아니고 2인 이상이 공동으로 범죄를 실현하려는 의사의 결합만 있으면 족하다. 따라서 전체적인 모의과정이 없었다고 하더라도 수인 사이에 순차적으로 또는 암묵적으로 상통하여 그 의사의 결합이 이루어져도 의사연락이 인정된다.

그러나 의사연락은 공범 상호간에 있어야 하고, 범인 중 일방에게만 공동가공의 의사가 있는 편면적 공동정범은 인정되지 않는다.

2) 의사연락의 시기　　　　의사연락은 실행의 착수 전후를 묻지 않으나 실행행위가 종료되기 이전에는 존재해야 한다. 실행의 착수 이전에 의사연락이 있는 경우를 예모적(豫謀的) 공동정범, 실행행위시에 의사연락이 있는 경우를 우연적 공동정범이라고 한다.

(3) 과실범의 공동정범

1) 문제의 소재　　　　甲과 乙이 함께 사격연습을 하던 중 실수로 옆에 있던 사람을 맞춰 사망케 하였고 한 발이 명중하였으나 누가 쏜 총알인지 판명되지 않은 경우 등에서 과실범의 공동정범을 인정할 것인가가 문제된다. 과실범의 공동정범을 인정하게 되면 甲, 乙이 전체결과에 대해 책임을 져야 하므로 (업무상)과실치사의 공동정범이 된다. 그러나 과실범의 공동정범을 인정하지 않으면 甲, 乙은 동시범이 되어 모두 무죄가 된다(제19조).

2) **공동정범 긍정설**　　　앞에서 살펴본 것과 같이, 행위공동설에 의하면 전법률적 의미의 행위 또는 구성요건적 행위를 공동으로 하면 공동정범이 성립한다고 하므로 과실범의 공동정범을 인정한다. 공동행위주체설에 의해도 공동행위주체의 행위에는 고의행위뿐만 아니라 과실행위도 포함되므로 과실범의 공동정범도 인정된다. 기능적 범행지배설을 취하면서 과실범의 공동정범을 인정하는 견해도 있다.

3) **공동정범 부정설**　　　범죄공동설은 공동정범이 성립하기 위해서는 특정한 범죄에 대한 고의를 공동으로 해야 하므로 과실범의 공동정범은 인정할 수 없다고 한다. 기능적 범행지배설은 공동정범은 주로 고의범에서만 인정되고 과실범에서는 인정되지 않는다고 한다.

2. 객관적 요건: 공동가공행위

(1) 공동가공행위의 의의

1) **공동가공행위의 개념**　　　공동정범이 성립하기 위해서는 각 범인들이 실행행위를 분담하거나 기능적으로 범행을 지배하여야 한다. 이와 같은 분업적 기능은 '부분실행 전체책임'의 원칙을 인정할 수 있는 근거가 된다.

2) **공동가공행위 여부의 판단기준**　　　범행지배설에 의하면 어느 범인의 행위를 공동가공행위라고 할 것인가 아니면 단순한 교사·방조행위라고 할 것인가는 기능적 범행지배 유무에 의해 결정된다. 예를 들어 절도죄에서 망보는 행위를 담당한 범인이 절도범행을 지배하였다고 하면 절도죄의 공동정범이 되고 합동범도 될 수 있다. 그러나 그 범인이 범행을 지배하였다고까지 할 수 없고 다른 범인의 절취행위를 용이하게 하는 정도의 역할만 하였다면 종범이 된다. 또한 폭력범행을 지시한 두목의 경우 부하의 폭력범행을 지배하였다고 할 수 있으면 공동정범이 되지만 부하의 폭력범행을 지배하지 못한 경우에는 교사범이 될 수 있을 뿐이다.

3) **공동가공행위와 현장성**　　　필요적 공범인 합동범에서는 현장성을 필요로 한다는 것이 통설이지만, 공동정범에서 기능적 범행지배는 반드시 현장에서 이루어질 필요가 없다.

4) 부작위에 의한 공동가공   공동가공행위는 부작위에 의해 이루어질 수도 있다. 그러나 이 때에도 작위의무자의 부작위가 타인의 범행을 인식하면서도 이를 제지하지 아니하고 용인하는 정도가 아니라 특정한 범죄행위를 하기 위하여 일체가 되어 서로 다른 사람의 행위를 이용하여 자기의 의사를 실행에 옮기는 정도에 이르러야 한다.

(2) 승계적 공동정범

1) 개 념   승계적 공동정범이란 공범 중 일부가 실행행위의 일부분을 행하는 도중 이를 알고 있는 다른 사람이 공동가공의 의사로 나머지 실행행위를 공동으로 행하는 경우, 나중에 실행행위에 참여한 사람이 자신이 실행한 부분만이 아니라 그 이전에 다른 공범들이 행했던 부분에까지 책임을 지는 형태의 공동정범을 말한다.

예를 들어 甲(선행자)이 강도의 고의로 피해자를 항거불가능하게 한 후 이를 알고 있는 乙이 절도의 고의로 함께 피해자의 몸을 뒤져 지갑 속의 현금을 절취한 경우 乙(후행자)이 합동절도죄(제331조 2항)의 책임을 지는 것은 당연하지만, 여기에서 더 나아가 甲이 행한 폭행부분까지 승계하여 乙이 합동강도죄(제334조 2항)의 책임까지 진다고 하는 경우 이를 승계적 공동정범이라고 한다.

2) 공동실행부분에 대한 공동정범의 성립여부   이는 서로 다른 고의범간의 공동정범을 인정할 것인가의 문제로서, 공동정범의 본질에 관한 이론들이 그대로 타당하다.

3) 선행자 단독으로 행한 부분에 대한 후행자의 책임   후행자가 선행자의 실행부분을 승계하여 공동정범의 죄책을 지는 승계적 공동정범을 인정할 것인가에 대해서는 긍정설과 부정설이 대립되어 있는데, 판례는 부정설을 따른다.

[대판 1982. 6. 8. 82도884] 포괄일죄의 일부에 공동정범으로 가담한 자는 비록 그가 그 때에 이미 이루어진 종전의 범행을 알았다 하여도 그 가담 이후의 범행에 대해서만 공동정범으로서 책임을 진다.

(3) 공모공동정범

1) 공모공동정범의 개념　　　공모공동정범이란 범행을 공모한 사람들은 다른 공모자가 실행에 착수한 경우 자신은 실행행위에 가담하지 않았더라도 공모한 범죄의 공동정범이 되는 것을 말한다. 공모공동정범은 19세기 말 일본의 판례가 지능범에 대해 인정해 오다가 이후 이를 폭력범들에게까지 인정범위를 확대했는데 우리 판례도 이를 인정하고 있다.

2) 공모공동정범의 인정여부　　　변형된 범행지배설에 따라 공모공동정범을 긍정하는 견해도 있다. 앞에서 본 것과 같이 판례는 공동의사주체설에 따른 공모공동정범을 인정해 왔는데, 근래에는 공모공동정범에서도 기능적 범행(행위)지배가 인정되어야 한다고 하기도 한다.

통설은 범행지배가 인정되는 공모공동정범은 인정한다. 그러나 ① 형법의 해석상 실행행위를 분담한 때에만 공동정범이 될 수 있으므로 실행행위를 분담하지 않은 공모자를 공동정범으로 처벌하는 것은 책임주의원칙에 맞지 않고, ② 공모공동정범은 범죄조직의 수괴를 처벌하기 위해 고안된 이론이라고 하지만 수괴에 대해서는 범죄단체등조직죄(제114조) 등으로 처벌할 수 있고, ③ 수괴를 교사범으로 벌하더라도 정범의 형과 같이 벌할 수 있으므로 수괴를 처벌하는 데에 문제가 없다는 등의 이유로 공동의사주체설에 따른 공모공동정범은 인정하지 않는다.

3) 공모관계의 이탈　　　통설·판례는 공모자 중 일부가 나머지 공모자들이 실행에 착수하기 이전에 공모관계에서 이탈하였다면 나머지 공모자들이 범죄를 행했더라도 이탈자에게 일정한 조건하에서 나머지 공모자들이 행한 범죄에 대한 공동정범의 죄책을 인정하지 않는다.

> [대판 2010. 9. 9. 2010도6924] 공모공동정범에 있어서 공모자 중의 1인이 다른 공모자가 실행행위에 이르기 전에 그 공모관계에서 이탈한 때에는 그 이후의 다른 공모자의 행위에 관하여는 공동정범으로서의 책임을 지지 않는다 할 것이나, 공모관계에서의 이탈은 공모자가 공모에 의하여 담당한 기능적 행위지배를 해소하는 것이 필요하므로 공모자가 공모에 주도적으로 참여하여 다른 공모자의 실행에 영향을 미친 때에는 범행을 저지하기 위하여 적극적으로 노력하는 등 실행에 미친 영향력을 제거하지 아니하는 한 공모관계에서 이탈하였다고 할 수 없다.

제6절 공범론 183

Ⅳ. 공동정범의 처벌   [114]

공동정범은 각자를 그 죄의 정범으로 처벌한다(제30조).

공동정범에서는 인과관계나 책임을 전체적으로 파악하므로 다른 공동정범의 행위에 의해 발생한 결과에 대해서도 책임을 진다.

Ⅴ. 관련문제   [115]

1. 공동정범의 착오

공동정범의 일부가 의사연락의 내용과 다른 범죄결과를 발생시킨 경우를 공동정범의 착오라고 하고 이 경우 다른 공동정범들의 책임이 문제된다.

첫째, 예를 들어 사기를 공모하였는데 상해를 한 경우와 같이 의사연락했던 범죄와 다른 공동정범이 발생시킨 범죄 사이에 질적 차이가 있는 경우 나머지 공동정범들은 책임을 지지 않는다.

둘째, 의사연락했던 범죄와 다른 공동정범이 발생시킨 범죄 사이에 양적 차이가 있는 경우, 통설 및 판례는 두 범죄가 중첩되는 부분에 대해서는 공동정범의 죄책을 진다고 한다. 예를 들어 단순폭행을 공모하였는데 일부 공범이 특수폭행을 한 경우 다른 공범들은 특수폭행죄의 공동정범의 죄책은 지지 않지만 폭행죄의 공동정범의 죄책은 진다는 것이다.

2. 결과적 가중범의 공동정범

결과적 가중범의 공동정범이란 공범들이 기본범죄만를 모의하였는데 일부 공범이 고의·과실로 무거운 결과를 발생시킨 경우이다. 이 경우 통설·판례는 무거운 결과에 대한 예견가능성이 있는 때에는 결과적가중범의 공동정범을 인정한다.

[대판 1991. 11. 12. 91도2156] 수인이 합동하여 강도를 한 경우 그 중 1인이 사람을 살해하는 행위를 하였다면 그 범인은 강도살인죄의 기수 또는 미수의 죄책을 지는 것이고 다른 공범자도 살해행위에 관한 고의의 공동이 있었으면 그 또한 강도살인죄의 기수 또는 미수의 죄책을 지는 것이 당연하다 하겠으나, 고의의 공동이

없었으면 피해자가 사망한 경우에는 강도치사의, 강도살인이 미수에 그치고 피해자
가 상해만 입은 경우에는 강도상해 또는 치상의, 피해자가 아무런 상해를 입지 아
니한 경우에는 강도의 죄책만 진다고 보아야 할 것이다.

제 3 관 협의의 공범(교사범 및 종범)

Ⅰ. 협의의 공범의 일반이론   [116]

1. 공범의 종속성

⑴ 공범독립성설과 공범종속성설

협의의 공범, 즉 교사범 및 종범의 성립과 처벌이 정범에 종속하는가에
대해 공범독립성설과 공범종속성설이 대립한다.

1) **공범독립성설**   주관주의에 입각한 견해로서 협의의 공범인 교사
범과 종범이 범죄의사로서 교사·방조행위를 한 경우에는 그의 반사회적 위
험성이 표출된 것이므로 정범의 성립·처벌과 무관하게 공범이 성립·처벌
되어야 한다는 견해이다.

2) **공범종속성설**   객관주의에 입각한 견해로서 공범의 성립과 처벌
은 정범의 성립과 처벌에 종속된다고 한다. 실행행위를 담당한 정범과 담당
하지 않은 공범은 본질적으로 구별되고, 정범이 성립·처벌되어야 비로소 부
차적 의미를 갖는 공범이 성립·처벌될 수 있다는 것이다.

3) **형법의 규정**   형법은 공범종속성설을 기본으로 하고 공범독립성
설을 가미하는 절충적 입장에서 공범을 규정하고 있다.

제31조와 제32조는 '타인을 교사하여 죄를 범하게 한 자'와 '죄를 범한
자' 및 '타인의 범죄를 방조한 자'를 엄격하게 구분하는데, 이는 공범종속성
설의 입장이다. 그러나 교사자를 죄를 실행한 자와 동일한 형으로 벌하도록
함으로써 공범독립성설의 요소도 가미하고 있다. 또한 효과없는 교사나 실패
한 교사를 음모 또는 예비에 준하여 처벌하는데(제31조 2, 3항) 이 역시 절충적
입장이다.

4) 판 례   판례는 공범의 종속성을 인정한다.

[대판 1998. 2. 24. 97도183] 정범의 성립은 교사범의 구성요건의 일부를 형성하고 교사범이 성립함에는 정범의 범죄행위가 인정되는 것이 그 전제요건이 된다.
[대판 1974. 5. 28. 74도509] 편면적 종범에서도 정범의 범죄행위없이 방조범만이 성립될 수 없다.

(2) 공범의 종속형식

1) **공범의 종속형식의 종류**   공범종속성을 인정하는 경우 공범이 정범에 종속하는 정도에 따라 다음 네 가지 종속형식으로 나눈다.

첫째, 최극단(확장적) 종속형식은 정범이 범죄성립요건뿐만 아니라 처벌조건까지도 모두 갖추어야 공범이 성립할 수 있다는 입장이다.

둘째, 극단적 종속형식은 정범의 행위가 구성요건해당성, 위법성, 책임 등 범죄성립조건을 갖추어 범죄로서 성립해야 공범도 성립할 수 있다는 입장이다.

셋째, 제한적 종속형식은 정범의 행위가 구성요건해당성과 위법성이 있는 경우에는 공범이 성립할 수 있다는 입장이다.

넷째, 정범의 행위가 구성요건해당성만 갖추고 있으면 교사범, 종범이 성립할 수 있다는 입장이다.

2) **형법의 규정**   형법이 어떤 종속형식을 취하는가에 대해 극단적 종속형식설과 제한적 종속형식설이 대립한다.

통설인 제한적 종속형식설은 ① 제31조 제2, 3항에서는 효과없는 교사의 경우 교사자를 처벌하도록 하고 있는데 이는 극단적 종속형식과 일치하지 않고, ② 구성요건에 해당하고 위법한 행위도 범죄라고 할 수 있으므로 책임 여부와 관계없이 공범이 성립할 수 있다고 해야 하고, ③ 제한적 종속형식이 개인책임의 원리와 일치하고, ④ 제34조는 책임무능력자를 생명있는 도구로 이용한 때에는 간접정범이 성립하지만, 책임무능력자를 의사능력있는 피교사자로 이용할 때에는 교사범이 성립한다고 해석해야 한다는 등의 근거를 든다.

이에 대해 극단적 종속형식설은 ① 제31조 제2, 3항은 공범독립성설을 가미한 것으로서 제한적 종속형식과도 일치하지 않고, ② 제31조의 '죄', 제32조의 '범죄'는 구성요건해당성, 위법성, 책임을 갖추어야 한다는 것을 의미하고, ③ 제34조 제 1 항에 의하면 책임무능력자를 교사 또는 방조한 경우 교사·방조범이 아니라 간접정범이 성립한다는 것 등을 근거로 든다.

2. 공범의 처벌근거

(1) 문제의 소재

공범독립성설에 의하면 교사·방조행위는 그 자체로서도 실행행위가 될 수 있지만, 공범종속성설에 의할 경우 교사·방조행위는 실행행위가 될 수 없다. 그럼에도 불구하고 교사범 및 종범이 처벌되는 근거가 무엇인가 문제된다.

(2) 공범의 처벌근거에 대한 학설

1) 가담설　　가담설은 공범의 처벌근거를 교사·방조행위 그 자체로 인한 불법상태나 정범의 범죄행위를 야기한 것에서 구하지 않고, 정범의 범죄행위에 가담하였다는 점에서 구한다. 야기설보다 공범의 종속성을 더 강조하는 입장이다.

첫째, 책임가담설은 공범은 정범으로 하여금 유책한 범죄행위를 하도록 함으로써 정범의 책임에 가담하였기 때문에 처벌된다고 한다. 극단적 종속형식설과 가깝다.

둘째, 불법가담설은 공범은 정범으로 하여금 구성요건에 해당하고 위법한 행위를 하게 함으로써 정범의 위법한 범죄행위, 즉 불법에 가담하였다는 점에서 찾는다. 제한적 종속형식설에 가까운 입장이다.

2) 야기설　　야기설은 공범이 교사·방조행위를 통해 그 자체로 불법을 야기하였거나 정범의 불법을 야기하였다는 점에서 공범의 처벌근거를 찾는 입장이다. 가담설보다 공범의 독립성을 좀 더 인정하는 입장이다.

첫째, 순수야기설은 공범은 정범을 통해 간접적으로 법익을 침해하는 것이 아니라 교사·방조행위를 통해 스스로가 법익을 침해하는 공범구성요건을 실현하였기 때문에 처벌되는 것이라고 한다.

둘째, 종속적 야기설은 공범이 정범의 위법행위를 야기했다는 점에서 공범의 처벌근거를 찾는 견해이다.

셋째, 혼합적 야기설에는 ① 공범의 처벌근거를 정범의 위법행위야기와 교사·방조행위 그 자체로 인한 불법의 야기 모두에서 찾는 종속적 법익침해설, ② 공범의 불법 중 행위불법(반가치)은 공범 자신의 교사·방조행위에서 독립적으로 인정되고, 결과불법(반가치)은 정범에 종속한다고 하는 행위불법(반가치)·결과불법(반가치) 구별설 등이 있다.

Ⅱ. 교사범   [117]

> 제31조(교사범) ① 타인을 교사하여 죄를 범하게 한 자는 죄를 실행한 자와 동일한 형으로 처벌한다.
> ② 교사를 받은 자가 범죄의 실행을 승낙하고 실행의 착수에 이르지 아니한 때에는 교사자와 피교사자를 음모 또는 예비에 준하여 처벌한다.
> ③ 교사를 받은 자가 범죄의 실행을 승낙하지 아니한 때에도 교사자에 대하여는 전항과 같다.

1. 교사범의 개념

교사범이란 타인으로 하여금 범죄실행을 결의하고 이 결의에 의하여 범죄를 실행하도록 하는 범죄형태를 말한다(제31조). 교사범은 범행의사가 없는 자로 하여금 범행을 결의하도록 하여 죄를 범하게 한다는 점에서 이미 범행을 결의한 사람이 실행행위를 용이하게 하도록 유형·무형으로 도와주는 방조범과 구별된다.

형법은 공범종속성설을 채택하였기 때문에 협의의 공범에 속하는 교사범은 원칙적으로 정범의 성립과 처벌에 따라 그 성립여부와 처벌이 결정된다. 한편 형법은 효과없는 교사(제31조 2항)와 실패한 교사(제31조 3항)에 대해서 음모·예비에 준하여 처벌함으로써 공범독립성설의 입장도 받아들이고 있다.

2. 교사범의 성립요건

(1) 교사행위에 관한 요건

1) **객관적 요건**   교사행위란 피교사자로 하여금 범죄의 결의를 하도록 하는 일체의 행위를 말한다. 교사행위의 수단에는 제한이 없다. 대가의 제공, 유혹, 명령, 지시, 부탁, 애원, 위협 등 피교사자로 하여금 범죄결의를 하도록 하는 행위이면 족하다.

교사행위가 성립하기 위해서는 피교사자 및 피교사자가 행할 범죄가 특정되어야 한다. 교사행위는 명시적·직접적 방법뿐만 아니라 묵시적·간접적 방법으로도 가능하다. 통설은 부작위에 의한 교사를 부정하지만, 소수설은 긍정한다.

> [대판 1984. 5. 15. 84도418] 피고인이 연소한 A에게 밥값을 구하여 오라고 말한 것이 절도범행을 교사한 것이라고 볼 수 없다.
> [대판 1997. 6. 24. 97도1075] 교사자가 피교사자에게 피해자를 '정신차릴 정도로 때려주라'고 교사하였다면 이는 상해에 대한 교사로 봄이 상당하다.

통설·판례는 간접교사와 연쇄교사를 인정한다. 간접교사란 교사자가 피교사자에게 다른 사람을 교사하여 범죄를 실행할 것을 교사한 경우를 말한다. 예를 들어 甲이 乙에게 "丙을 시켜 A를 폭행하라"고 교사한 경우이다. 연쇄교사란 교사범이 직접 정범을 교사한 것이 아니라 중간에 여러 명을 거쳐서 교사한 경우이다. 간접교사의 경우 교사자가 최종 실행행위자를 인식하고 있지만, 연쇄교사에서는 인식하지 못한다는 점에서 차이가 있다.

2) **주관적 요건**　　교사자는 이중의 고의, 즉 자신의 교사행위에 대한 고의와 피교사자의 실행행위에 대한 고의를 가져야 한다. 교사행위에 대한 고의란 자신이 '특정한 피교사자에 대해 특정한 범죄를 교사하고 있다'는 것을 인식·인용하는 교사자의 내심상태를 말한다. 피교사자의 실행행위에 대한 고의란 피교사자가 행할 '특정한 범죄'에 대한 고의를 말한다.

통설은 미수의 교사는 교사범으로 처벌할 수 없다고 한다. 미수의 교사란 피교사자의 실행행위가 미수에 그칠 것을 의욕 또는 인용하면서 교사행위를 하는 것을 말한다. 함정수사의 수단으로 많이 사용된다.

(2) 피교사자의 실행행위

1) **범죄의 결의**　　교사행위로 피교사자가 범죄를 결의하여야 하고 이미 범죄를 결의한 사람을 교사한 때에는 실패한 교사(제31조 3항)가 되거나 피교사자가 실행에 나아간 때에는 방조범(제32조)이 성립할 수 있을 뿐이다. 범죄를 결의하지 않았을 때에는 실패한 교사(제31조 3항)가 된다.

> [대판 1991. 5. 14. 91도542] 교사범이란 타인(정범)으로 하여금 범죄를 결의하게

하여 그 죄를 범하게 한 때에 성립하는 것이고 피교사자는 교사범의 교사에 의하여 범죄실행을 결의하여야 하는 것이므로, 피교사자가 이미 범죄의 결의를 가지고 있을 때에는 교사범이 성립할 여지가 없다.

2) 실행행위　　　　교사범이 성립하기 위해서는 적어도 피교사자가 범죄의 실행에 착수하여야 한다. 실행행위를 하는 피교사자는 신분범에서의 신분, 야간과 같이 특수한 행위상황이 필요한 범죄에서는 그러한 행위상황, 특수폭행과 같이 특수한 행위태양이 필요한 범죄에서는 그러한 행위태양 등 구성요건실현에 필요한 모든 객관적 요건을 갖추어야 한다.

피교사자가 범죄의 실행을 승낙(承諾)하고 실행의 착수에 이르지 아니한 때에는 교사범이 성립하지 않고, 효과없는 교사가 되어 교사자와 피교사자 모두를 음모 또는 예비에 준하여 처벌한다(제31조 2항).

3) 주관적 요건　　　　피교사자는 실행행위에 필요한 주관적 요건도 모두 갖추어야 한다. 고의뿐만 아니라 필요한 경우 목적범에서의 목적, 동기, 불법영득의사 등 초과주관적 구성요건요소 등도 모두 갖추어야 한다.

(3) 교사행위와 실행행위 사이의 인과관계

교사행위와 피교사의 실행행위 사이에는 인과관계가 있어야 한다. 인과관계가 없는 경우 교사자는 실패한 교사 혹은 효과없는 교사의 예에 의하여 처벌될 수 있을 뿐이다. 그러나 교사행위가 피교사자의 범죄결의의 유일한 조건일 필요는 없고 교사행위와 다른 조건이 복합적으로 작용하여 범죄결의를 하게 한 경우에도 교사범이 성립할 수 있다.

[대판 1991. 5. 14. 91도542] 교사범의 교사가 정범이 죄를 범한 유일한 조건일 필요는 없으므로, 교사행위에 의하여 정범이 실행을 결의하게 된 이상 비록 정범에게 범죄의 습벽이 있어 그 습벽과 함께 교사행위가 원인이 되어 정범이 범죄를 실행한 경우에도 교사범의 성립에 영향이 없다.

3. 교사범의 처벌

교사범은 죄를 실행한 자와 동일한 형으로 처벌한다(제31조 1항). 정범과 동일하게 처벌한다는 것은 피교사자가 범한 죄의 법정형의 범위 내에서 교사범을 처벌한다는 의미이고 선고형까지 동일하여야 한다는 의미는 아니다. 교사범도 몰수·추징의 대상이 될 수 있다.

4. 관련문제

(1) 교사의 착오

교사의 착오란 피교사자가 교사의 내용과 일치하지 않는 범죄행위를 한 경우를 말한다.

1) 질적 불일치의 경우　　　강도를 교사하였으나 피교사자가 사기죄를 범한 경우와 같이 교사의 내용과 실행행위의 내용이 질적으로 일치하지 않는 경우 교사자는 실행행위에 대한 교사범의 책임을 지지 않는다. 다만, 교사행위로 인해 예비·음모에 준하여 처벌될 수는 있다.

2) 양적 불일치의 경우　　　첫째, 강도를 교사하였으나 절도행위를 한 경우와 같이 실행행위가 교사에 미달하는 경우 실행행위에 대한 교사범과 교사행위에 의한 예비·음모죄의 상상적 경합범의 죄책을 진다(통설).

둘째, 상해를 교사하였는데 살인을 한 경우와 같이 실행행위가 교사를 초과하는 경우 교사자는 원칙적으로 교사행위의 범위 내에서만 책임을 진다. 다만, 통설·판례는 결과적 가중범의 경우 교사자에게 무거운 결과에 대한 예견가능성이 있는 경우 교사자는 결과적 가중범의 교사범의 죄책을 진다고 한다.

> [대판 1997. 6. 24. 97도1075] 교사자가 피교사자에 대하여 상해를 교사하였는데 피교사자가 이를 넘어 살인을 실행한 경우, 일반적으로 교사자는 상해죄에 대한 교사범이 되는 것이고, 다만 이 경우 교사자에게 피해자의 사망이라는 결과에 대하여 과실 내지 예견가능성이 있는 때에는 상해치사죄의 교사범으로서의 죄책을 인정할 수 있다.

3) 피교사자에 대한 착오　　　교사자가 피교사자를 의사능력자 혹은 처벌되는 사람이라고 생각하고 교사행위를 하였으나 피교사자가 도구 혹은 처벌되지 않거나 과실범으로 처벌되는 사람인 경우, 간접정범이 아니라 교사범이 성립한다(다수설).

4) 피교사자에게 객체나 방법의 착오가 있는 경우　　　첫째, 피교사자

가 객체의 착오를 일으킨 경우 교사자에게도 객체의 착오가 된다는 견해와 교사자에게는 방법의 착오가 된다는 견해가 대립한다.

둘째, 피교사자가 구체적 사실의 착오 중 방법의 착오를 일으킨 경우 법정적 부합설에 의하면 피교사자는 발생사실에 대한 기수범의 책임을, 교사자는 발생사실에 대한 기수의 교사범의 죄책을 진다. 구체적 부합설에 의하면 인식사실의 교사미수범과 발생사실의 과실범의 상상적 경합범의 죄책을 진다.

셋째, 피교사자가 추상적 사실의 착오 중 방법의 착오를 일으킨 경우 법정적 부합설과 구체적 부합설 어느 견해에 의하든 교사자가 인식사실의 교사미수범과 발생사실의 과실범의 상상적 경합범의 죄책을 진다.

(2) 예비・음모죄의 교사

예비・음모를 처벌하는 범죄에서 실행행위가 아니라 예비・음모행위를 교사한 경우 예비・음모죄에 대한 교사범이 성립할 수 있는가는 예비・음모죄에서 살펴본 것과 같다.

Ⅲ. 종 범 [118]

> 제32조(종범) ① 타인의 범죄를 방조한 자는 종범으로 처벌한다.
> ② 종범의 형은 정범의 형보다 감경한다.

1. 종범의 개념

종범이란 타인의 범죄를 방조하는 것, 즉 타인의 실행행위를 도와주는 범죄형태를 말한다(제32조). 방조범이라고도 한다. 종범은 자신이 스스로 실행행위를 하거나 범행을 지배하지 않았다는 점에서 공동정범 내지 간접정범과 구별되고, 정범으로 하여금 범죄를 결의하도록 하지 않는다는 점에서 교사범과 구별된다.

형법은 종범에 관한 한 공범종속성설의 입장을 그대로 받아들이고 공범독립성설의 입장은 받아들이지 않았다. 즉, 종범의 성립・처벌을 위해서는 정범이 존재할 것을 전제로 하고, 종범의 형을 정범의 형보다 필요적으로 감경하도록 한 것은 공범종속성설을 그대로 따른 것이라고 할 수 있다.

2. 종범의 성립요건

(1) 종범의 방조행위

1) **객관적 요건**　　방조행위란 정범이 범행을 한다는 정을 알면서 그 실행행위를 도와주는 모든 행위를 말한다. 직접적·간접적 방법 모두 가능하고, 유형적·물질적인 방조뿐만 아니라 정범의 범행결의를 강화시키는 것과 같은 무형적·정신적 방조행위도 포함된다.

방조행위는 정범의 실행행위 중뿐만 아니라 실행행위 이전 즉, 사전방조도 가능하다. 그러나 상태범에서 기수 이후, 계속범에서 범죄의 종료 이후의 방조, 즉 사후방조는 방조범이 될 수 없다. 부작위에 의한 방조행위도 가능하지만, 부작위범에 필요한 모든 요건을 갖추어야 한다.

2) **주관적 요건**　　종범이 성립하기 위해서는 정범이 범행을 한다는 점을 알면서 그 실행행위를 용이하게 한다는 인식, 즉 정범에 대한 인식과 방조행위에 대한 고의가 필요하다. 공동정범에서와 달리 정범과 종범 사이에 의사연락은 필요하지 않다. 즉 편면적 공동정범은 인정되지 않지만 종범에게만 방조의사가 있는 편면적 종범은 인정된다.

종범이 성립하기 위해서는 정범의 행위가 기수에 이를 것을 인식하여야 한다. 실행행위가 미수에 그칠 것을 인식하고 방조한 경우, 즉 미수의 방조로는 종범이 성립할 수 없다.

(2) 정범의 실행행위

종범이 성립하기 위해서는 정범이 실행에 착수하여야 하고, 정범이 실행에 착수하지 않은 경우에는 종범이 성립할 수 없다.

[대판 1979. 2. 27. 78도3113] 방조죄는 정범의 범죄에 종속(從屬)하여 성립하는 것으로서 방조의 대상이 되는 정범의 실행행위의 착수가 없는 이상 방조죄만이 독립하여 성립될 수 없다.
[대판 1974. 5. 28. 74도509] 편면적 종범에서도 정범의 범죄행위없이 방조범만이 성립될 수 없다.

제한적 종속형식설에 의하면 정범의 행위가 구성요건에 해당하고 위법하면 종범이 성립할 수 있다. 극단적 종속형식설에 의하면 이 경우에는 방조형태의 간접정범이 성립하고(제34조) 정범의 행위가 구성요건해당성, 위법성 및 책임까지 갖추어야 종범이 성립할 수 있다.

(3) 방조행위와 실행행위 사이의 인과관계

통설·판례에 의하면 종범이 성립하기 위해서는 방조행위와 정범의 실행행위 사이에 인과관계가 있어야 한다.

[대판 2021. 9. 16. 2015도12632; 대판 2021. 9. 9. 2017도19025 전합] 방조범은 정범에 종속하여 성립하는 범죄이므로 방조행위와 정범의 범죄 실현 사이에는 인과관계가 필요하다. 방조범이 성립하려면 방조행위가 정범의 범죄 실현과 밀접한 관련이 있고 정범으로 하여금 구체적 위험을 실현시키거나 범죄결과를 발생시킬 기회를 높이는 등으로 정범의 범죄 실현에 현실적인 기여를 하였다고 평가할 수 있어야 한다. 정범의 범죄 실현과 밀접한 관련이 없는 행위를 도와준 데 지나지 않는 경우에는 방조범이 성립하지 않는다.

3. 종범의 처벌

종범의 형은 정범의 형보다 감경한다(제32조 2항).

4. 관련문제

(1) 종범의 착오

종범의 착오란 종범이 인식했던 방조행위의 내용과 정범의 실행행위가 일치하지 않는 경우를 말한다. 종범의 착오도 교사의 착오와 유사한 형법적 효과가 인정된다. 따라서 질적 착오의 경우에는 종범이 성립할 수 없고, 양적 착오의 경우에는 방조하려던 범죄와 정범의 실행범죄 중 중복하는 부분에 대해서만 종범의 죄책을 진다.

(2) 예비죄의 종범

통설·판례는 예비죄의 종범을 인정하지 않는다.

[대판 1979. 11. 27. 79도2201] 예비행위의 방조행위는 방조범으로서 처단할 수 없는 것이다.

(3) 교사범 및 종범의 종범

교사범 자체만에 대한 종범은 인정되지 않는다. 다만, 교사범에 대한 방조행위도 정범에 대한 방조행위라고 할 수 있는 경우에는 정범의 종범으로 처벌될 수는 있다. 종범만에 대한 종범도 인정되지 않고, 종범에 대한 방조가 정범에 대한 간접방조 내지 연쇄방조의 의미를 갖는 경우에는 정범의 종범으로 처벌된다.

제 4 관   간접정범

제34조(간접정범, 특수한 교사, 방조에 대한 형의 가중) ① 어느 행위로 인하여 처벌되지 아니하는 자 또는 과실범으로 처벌되는 자를 교사 또는 방조하여 범죄행위의 결과를 발생하게 한 자는 교사 또는 방조의 예에 의하여 처벌한다.
② 자기의 지휘, 감독을 받는 자를 교사 또는 방조하여 전항의 결과를 발생하게 한 자는 교사인 때에는 정범에 정한 형의 장기 또는 다액에 그 2분의 1까지 가중하고 방조인 때에는 정범의 형으로 처벌한다.

I. 간접정범의 개념 및 특징   [119]

1. 간접정범의 개념

통설에 의하면, 간접정범이란 "타인을 생명있는 도구로 이용하여 범죄를 실행하는 범죄형태"이다. 예를 들어 의사 甲이 자신의 병원에 입원해 있는 환자 A를 살해하기 위해 독주사를 영양주사라고 속이고 간호사 乙에게 A에게 놓아주라고 하고, 이를 그대로 믿은 乙이 A에게 주사를 놓아 A가 사망한 경우, 甲은 간호사 乙을 생명있는 도구로 이용하여 살인죄를 실행한 자로서 살인죄의 간접정범이 된다.

2. 간접정범의 특징

타인을 이용하여 범죄를 하는 방법에는 타인을 '생명없는 도구'로 이용하는 방법, '생명있는 도구'로 이용하는 방법 및 '분별력과 의사결정능력이 있는 자'로서 이용하는 방법이 있을 수 있다.

甲이 A가게의 쇼윈도를 손괴하기 위해 쇼윈도 앞에 서 있던 乙의 머리를 밀어 유리창을 깬 경우 乙의 머리는 돌이나 망치와 같이 생명없는 도구로 이용된 것이다. 이 경우 乙이 아닌 甲이 직접정범이다. 한편 甲이 乙에게 A의 쇼윈도를 깨라고 교사하고 乙이 자신의 망치로 쇼윈도를 깼다면 乙이 정범이고 甲은 공범인 교사범이다.

간접정범은 타인을 생명없는 도구가 아닌 생명있는 도구, 의사능력자가 아닌 도구로 이용하는 형태의 범죄이다. 간접정범은 '타인'을 이용하기 때문에 피이용자가 외형상 직접 행위를 한 것으로 보이고 이용자는 간접적 역할만을 한 것으로 보인다(간접). 그러나 내용을 실질적으로 관찰하면 이용자가 피이용자를 '생명있는 도구'로 이용하여 살인범행을 지배한 것이기 때문에 피이용자가 아닌 이용자가 정범이 된다(정범).

Ⅱ. 간접정범의 성립범위   [120]

1. 이용행위

도구형 간접정범이 성립하기 위해서는 타인을 생명있는 도구로 이용하여 범죄를 실행해야 한다. 타인을 생명있는 도구로 이용하는 것은 이용자가 우월한 지위에서 피이용자의 의사를 지배하고 이를 통해 범죄를 실현하는 것을 의미한다.

이용자가 피이용자를 착오에 빠지게 하여 범죄행위를 하도록 하거나, 이미 착오에 빠져 있는 피이용자를 사주(使嗾)하여 범죄행위를 하도록 하는 것 등이 그 예이다.

2. 피이용자의 행위

피이용자의 행위는 범죄행위가 아닌 행위이거나 과실범으로 처벌되는 행위여야 하는데, 다음과 같은 경우를 들 수 있다.

(1) 구성요건해당성이 없는 행위를 이용한 경우

1) 신분요소를 갖추지 않은 행위   진정신분범에서 신분자가 비신분자를 이용한 경우 간접정범이 성립할 수 있다. 그러나 비신분자가 신분자를 이용한 경우에는 간접정범이 성립하지 않는다.

[대판 2003. 1. 24. 2002도5939] 수표발행인이 아닌 자는 부정수표단속법 제4조가 정한 허위신고죄의 주체가 될 수 없고, 발행인이 아닌 자는 허위신고의 고의없는 발행인을 이용하여 간접정범의 형태로 허위신고죄를 범할 수도 없다.

2) 행위의 객체를 충족하지 않은 행위   살인죄, 상해죄, 손괴죄의 행위객체는 타인의 생명, 신체, 재물 등을 의미한다. 따라서 자살, 자상(自傷)행위나 자기 물건 손괴행위는 처벌되지 않는다. 그러나 타인을 이용하여 자살, 자상, 자기물건 손괴행위를 하도록 한 경우에는 간접정범이 성립할 수 있다.

3) 고의없는 행위   고의없는 타인을 이용하여 죄를 범하게 한 경우 타인은 처벌되지 않거나 과실범으로 처벌되고 이용자는 간접정범이 된다. 타인을 생명있는 도구로 이용하는 형태 중 가장 전형적인 형태이다. 공정증서원본등부실기재죄(제228조)도 이에 속한다.

4) 고의있는 목적없는 행위   고의는 있으나 목적없는 행위를 이용하는 경우 간접정범이 성립한다는 견해(다수설 및 판례)와 간접정범이 성립하지 않고 직접정범 또는 공범이 성립할 수 있을 뿐이라고 하는 견해(소수설)가 대립하고 있다.

[대판 1997. 4. 17. 96도3376 전합] 비상계엄 전국확대가 국무회의의 의결을 거쳐 대통령이 선포함으로써 외형상 적법하였다고 하더라도, 이는 피고인들에 의하여 국헌문란의 목적을 달성하기 위한 수단으로 이루어진 것이므로 내란죄의 폭동에 해당하고, 또한 이는 피고인들에 의하여 국헌문란의 목적을 달성하기 위하여 그러한 목적이 없는 대통령을 이용하여 이루어진 것이므로 피고인들이 간접정범의 방법으로 내란죄를 실행한 것으로 보아야 할 것이다.

(2) 구성요건해당성은 있으나 위법하지 않은 행위를 이용하는 경우

경찰관을 속여 무고한 사람을 체포하게 하는 경우와 같이 피이용자의 행

위가 구성요건해당성은 있지만 정당행위, 정당방위 등으로 위법성이 조각되는 경우, 피이용자를 기망하거나 강요하는 등의 방법으로 피이용자의 행위를 이용하는 경우 등을 예로 들 수 있다.

(3) **구성요건해당성과 위법성은 있으나 책임없는 자의 행위를 이용한 경우**

다수설인 제한적 종속형식설에 의하면 이 경우에는 간접정범이 아니라 교사범이 성립하지만, 극단적 종속형식설에 의하면 간접정범이 성립한다.

3. 범죄행위의 결과발생

범죄행위의 결과가 발생한다는 것은 범죄의 결과가 발생한다는 것과는 다른 의미이다. 범죄행위의 결과가 발생한다는 것은 '범죄가 행해진다는 것'을 의미한다. 결과범에서 결과가 발생한 경우뿐만 아니라 결과가 발생하지 않아도 피이용자의 행위가 있는 경우 및 거동범에서 피이용자의 행위가 있는 경우도 포함하는 개념이다.

Ⅲ. 간접정범의 실행의 착수시기 [121]

(1) **이용행위시설**

이 견해는 간접정범은 사람을 생명있는 도구로 이용하는 것이기 때문에 도구이용자를 중심으로 실행의 착수시기를 정해야 한다고 한다.

(2) **피이용행위시설**

이 견해는 피이용자의 행위가 개시되었을 때 실행의 착수가 있다고 한다. 구성요건의 사회적 정형성을 강조한 견해이다.

(3) **개별적 해결설**

이 견해는 간접정범의 정범성으로부터 출발하여 실행의 착수에 관한 주관적 객관설에 의해 실행의 착수시기를 정해야 한다고 한다. 이 견해에 의하면, 일반적으로는 단순히 피이용자를 이용하기 시작한 때가 아니라 이용행위가 끝나 피이용자의 행위가 이용자의 행위권을 벗어난 때가 실행의 착수시기가 된다. 또한 도구가 일정한 행위를 하면 바로 결과가 발생할 경우이면 이용행위시에 실행의 착수가 있으나 간접정범의 범행계획에 따른다면 도구가 아직도 더 구체적인 행위를 해야 비로소 법익침해가 발생할 수 있는 경우에는 도구의 행위가 개시되어야 실행의 착수를 인정할 수 있다.

Ⅳ. 간접정범의 처벌 [122]

1. 형법 제34조 제 1 항

형법 제34조 제 1 항의 문언에도 불구하고 통설은 방조의 형으로 처벌되는 간접정범은 있을 수 없다고 한다. 이용자의 행위가 방조행위 정도에 그친 때에는 우월한 의사지배에 의한 범행지배를 인정할 수 없어서 도구로 이용하였다고 할 수 없음에도 불구하고 이를 정범의 일종인 간접정범으로 인정하는 것은 죄형법정주의에 반할 우려가 있기 때문이라는 것이다.

이용행위시에 실행의 착수가 인정되는 경우에는 피이용자의 행위가 없어도 미수죄로 처벌된다.

2. 특수한 교사 · 방조

자기의 지휘 · 감독을 받는 자를 이용하는 형태의 간접정범에 대해서는 정범에 정한 형의 장기 또는 다액에 그 2분의 1까지 가중한다(제34조 2항).

Ⅴ. 관련문제 [123]

1. 간접정범의 착오

(1) 피이용자에 대한 착오

피이용자에 대한 착오에는 두 가지가 있을 수 있다.

첫째는 피이용자가 범행의 사정을 알지 못한 것으로 이용자가 인식하였으나 사실은 피이용자가 범행의 사정을 알고 있던 경우이다. 이 경우 간접정범이 성립한다는 견해와 교사 · 방조범이 성립한다는 견해(다수설)가 있다.

둘째는 피이용자가 사정을 모르는 도구임에도 불구하고 알고 있다고 생각하여 이용자가 교사 · 방조의 고의를 가진 경우이다. 이 경우 제15조 제 1 항이 적용되어 교사·방조범이 성립한다.

(2) 피이용자의 착오

피이용자의 착오에는 피이용자가 객체의 착오, 방법의 착오, 인과과정의 착오를 일으킨 경우와 무거운 결과를 발생시킨 경우가 있을 수 있다.

이 경우에도 착오의 일반원리에 의해 해결해야 한다는 견해와 피이용자는 이용자의 도구이므로 피이용자가 객체나 방법의 착오를 일으킨 경우 모두 이용자와의 관계에서는 도구, 즉 범죄행위 방법상의 착오를 일으킨 것으로 보아야 한다는 견해가 대립한다.

2. 교사를 초과하는 부분에 대한 간접정범의 성립여부

예를 들어 甲이 평소 유감이 있던 A의 주거용건물을 불태워버리기 위해 乙에게 그 건물이 창고라고 속이고 그 건물을 불태워버리라고 교사하였고 이에 乙이 그 건물을 창고라고 생각하고 방화한 경우이다.

이 경우 乙은 일반건조물방화(제166조)의 고의로 현주건조물방화(제164조)의 결과를 초래하였으므로, 형법 제15조 제 1 항에 의해 일반건조물방화죄의 정범으로 처벌된다. 甲은 일반건조물방화죄의 교사범이 된다는 점에는 의문이 없으나 고의없는 乙을 이용하여 제164조의 범죄를 실현한 것이기 때문에 현주건조물방화죄의 간접정범을 인정할 수도 있다.

Ⅵ. 자수범 [124]

1. 자수범의 개념

자수범이란 자수(自手; 자기 손)로만 범할 수 있는 범죄, 즉 자기 스스로 실행행위를 해야 하는 범죄를 말하고 타인을 이용하여 범죄를 할 경우에는 정범이 될 수 없고 교사·방조범만이 될 수 있는 형태의 범죄를 말한다.

2. 자수범의 인정여부

(1) 부정설

이 견해는 제33조에서 진정신분범의 공동정범을 인정하고, 제34조에서 간접정범을 교사·방조의 예에 의한다고 하고, 교사·방조범에 대해서도 제33조가 적용되므로 결국 간접정범에도 제33조가 적용되어 비신분자가 진정신분범의 간접정범이 될 수 있으므로 현행법상 자수범은 인정될 수 없다고 한다.

(2) 긍정설

1) 거동범설　　결과범에서는 행위보다는 결과가 중시되므로 누가 실행했느냐보다는 어떤 결과가 발생하였느냐가 중요하기 때문에 간접정범의 형태로 죄를 실행하는 것이 가능하지만, 거동범은 반드시 정범의 신체동작이 필요하므로 자수범이 된다고 하는 견해이다.

2) 3유형설　　다수설은 ① 계간죄와 같이 범죄의 실행행위가 직접행위자의 신체를 통해서 행해질 것을 요구하는 범죄, ② 업무상비밀누설죄, 음행매개죄와 같이 행위자의 인격적 태도가 표출될 것을 요구하는 범죄, ③ 위증죄와 같이 구성요건상 행위자 스스로의 실행행위를 요구하는 범죄 등은 자수범이라고 한다.

3) 문언설　　개별적인 구성요건의 내용상 범인이 스스로 실행행위를 하지 않으면 안 되는 범죄만이 자수범이라고 하는 견해이다. 예를 들어 위증죄는 선서한 증인이 스스로 자기 기억에 반하는 진술을 해야만 성립할 수 있는 범죄이다. 그런데 선서하지 않은 증인이 선서한 증인을 생명있는 도구로 이용하거나 선서한 증인이 다른 선서한 증인을 생명있는 도구로 이용하여 피이용자의 기억에 반하는 진술을 하도록 하는 것은 불가능하기 때문에 위증죄는 자수범이라고 한다.

제 5 관 공범과 신분

제33조(공범과 신분) 신분이 있어야 성립되는 범죄에 신분 없는 사람이 가담한 경우에는 그 신분 없는 사람에게도 제30조부터 제32조까지의 규정을 적용한다. 다만, 신분 때문에 형의 경중이 달라지는 경우에 신분이 없는 사람은 무거운 형으로 벌하지 아니한다.

I. 신분의 개념과 종류   [125]

1. 신분의 개념

통설·판례에 의하면 신분이란 남녀의 성별, 내·외국인의 구별, 친족관계, 공무원인 자격과 같은 관계뿐만 아니라 널리 일정한 범죄행위에 관련된 범인의 인적 관계인 특수한 지위 또는 상태를 말한다.

특수한 지위의 예로서 공무원, 의사·약사 등, 직계존속·직계비속, 타인의 재물을 보관하는 자, 타인의 사무를 처리하는 자 등을 들 수 있고, 특수한 상태의 예로서 상습범 등을 들 수 있다.

(1) 행위자에 관련된 요소

신분이란 범인의 인적 관계인 특수한 지위 또는 상태로서 행위자에 관련된 사항이므로 주관적(내심적)인 요소라도 행위자가 아닌 행위에 관련된 사항은 신분이라고 할 수 없다. 따라서 고의·동기·불법영득의사 등은 신분이 될 수 없다.

목적범의 목적에 대해 통설은 신분이 아니라고 하지만, 판례는 신분이라고 한다.

[대판 1994. 12. 23. 93도1002] 형법 제152조 제 1 항과 제 2 항은 위증을 한 범인이 형사사건의 피고인 등을 모해할 목적을 가지고 있었는가 아니면 그러한 목적이 없었는가 하는 범인의 특수한 상태의 차이에 따라 범인에게 과할 형의 경중을 구별하고 있으므로, 이는 바로 형법 제33조 단서 소정의 '신분관계로 인하여 형의 경중이 있는 경우'에 해당한다.

(2) 특수성

신분은 일정 범위의 사람만이 가지고 다른 사람은 갖지 못하는 특수성이 있어야 한다. 모든 사람이 가지고 있는 지위나 상태는 신분이라고 할 수 없다. 예를 들어 성년자, 미성년자는 신분이라고 할 수 있지만, 사람이라는 지위는 신분이라고 할 수 없다.

(3) 계속성

다수설은 신분에 계속성을 요하지 않는다고 한다. 소수설은 행위자관련적 요소와 행위관련적 요소를 구별하는 데에 계속성이라는 요소가 유용하고, 우리 말의 신분이라는 용어는 어느 정도의 계속성을 필요로 하는 개념이라는 등의 이유로 계속성을 요한다고 한다.

2. 신분의 종류

(1) 구성적 신분

구성적 신분이란 신분이 범죄의 구성요소로 규정되어 있어서 일정한 행위를 신분자가 하면 범죄가 되지만, 비신분자가 하면 범죄가 되지 않는 경우의 신분을 말한다. 신분이 범죄성립 여부를 결정하게 된다는 점에서 범죄구성적 신분이라고도 하는데, 진정신분범에서의 신분은 구성적 신분이다.

(2) 가감적 신분

가감적 신분이란 형벌의 경중을 결정하는 신분을 말한다. 비신분자이든 신분자이든 일정한 행위를 하면 범죄는 성립하지만 신분자가 그 행위를 한 경우에는 형벌이 가중·감경되는 경우의 신분을 말한다. 신분이 범죄의 성립 여부에는 영향을 미치지 못하고 형벌의 가중·감경에만 영향을 미친다는 점에서 형벌가감적 신분이라고도 하는데, 부진정신분범에서의 신분은 가감적 신분이다. 예를 들어 존속살해죄에서 직계비속은 가중적 신분이고, 영아살해죄에서 직계존속은 감경적 신분이다.

(3) 소극적 신분

소극적 신분이란 일반인이 그 행위를 하면 범죄가 되지만 일정한 신분을 가진 사람이 그 행위를 하면 범죄가 되지 않는 경우의 신분을 말한다. 예를 들어 일반인이 의료행위를 하면 범죄가 되지만 의사가 의료행위를 하면 범죄가 되지 않는데 이 경우에서 의사라는 신분이 소극적 신분이다.

소극적 신분에는 구성요건해당성을 조각하는 신분(의료행위에서 의사라는 신분), 위법성을 조각하는 신분(범인체포행위에서 경찰관이라는 신분), 책임을 조각하는 신분(형사미성년자라는 신분), 처벌조건을 조각하는 신분(인적 처벌조각사유에서의 신분) 등이 있다.

3. 신분범의 개념 및 종류

신분범에는 진정신분범과 부진정신분범이 있다.

진정신분범은 일정한 신분을 가진 사람의 행위만이 범죄가 되고 비신분자의 행위는 범죄가 되지 않는 형태의 범죄를 말한다. 부진정신분범은 누가 행위를 하든 범죄가 되지만 신분자가 범죄행위를 한 경우에는 형벌이 가중되거나 감경되는 형태의 범죄를 말한다.

II. 형법 제33조의 해석   [126]

1. 본문과 단서의 적용범위

형법 제33조는 본문과 단서로 이루어져 있다. 본문과 단서가 진정신분범과 부진정신분범 어디에 적용되는가에 대해 견해가 대립하고 있다.

(1) 다수설

다수설은 본문은 '진정신분범의 성립과 처벌'에 관한 규정이고, 단서는 '부진정신분범의 성립과 처벌'에 관한 규정이라고 한다. 본문의 '신분관계로 인하여 성립할 범죄'는 진정신분범을, 단서의 '신분관계로 인하여 형의 경중이 있는 경우'란 부진정신분범을 의미한다는 것이다.

이 견해에 의하면, 예를 들어 비공무원이 공무원을 교사하여 진정신분범인 뇌물수수죄를 범하게 한 경우 제33조 본문이 적용되어 비공무원도 뇌물수수죄의 교사범의 죄책을 진다. 한편 비신분자가 직계비속을 교사하여 부진정신분범인 존속살해죄를 범하게 한 경우 제33조 본문은 적용되지 않고 제33조 단서가 바로 적용되어 비신분자는 보통살인죄의 죄책을 진다.

(2) 소수설

소수설은 본문은 진정신분범과 부진정신분범 등 '모든 신분범의 성립'에 관한 규정이고, 단서는 '부진정신분범의 처벌'에 관한 규정이라고 해석한다. 소수설에 의하면 비신분자가 진정신분범에 가공한 경우에는 다수설과 같은 결론이 도출된다.

그러나 비신분자가 부진정신분범에 가공한 경우, 예를 들어 甲이 친구 乙을 교사하여 乙의 아버지 A를 살해하게 한 경우 甲에 대해서도 일단 제33조 본문이 적용되어 부진정신분범이 성립하므로 비신분자인 甲도 존속살해죄의 교사범의 죄책을 진다. 그러나 부진정신분범의 처벌에는 제33조 단서가 적용되어 비신분자인 甲은 무거운 죄로 처벌되지 않으므로 보통살인죄의 교사범으로 처벌된다.

(3) 판 례

판례는 소수설의 입장을 따르고 있다.

[대판 1961. 8. 2. 4294형상284] 실자(實子)와 더불어 남편을 살해한 처는 존속살해죄의 공동정범이다.

[대판 1997. 12. 26. 97도2609] (비신분자가 신분자와 공동으로 업무상배임행위를 한 경우) 신분관계가 없는 자에게도 일단 업무상배임으로 인한 상호신용금고법 제39조 제1항 제2호 위반죄가 성립한 다음 형법 제33조 단서에 의하여 중한 형이 아닌 형법 제355조 제2항에 정한 형으로 처벌되는 것이다(대판 1965. 8. 24. 65도493도 같은 취지).

2. 단서의 '무거운 형으로 벌하지 아니한다'의 의미

(1) 책임개별화 규정이라는 견해

다수설 및 판례는 '무거운 형으로 벌하지 아니한다'는 책임개별화를 규정한 것이라고 한다. 이에 의하면 비신분자가 부진정신분범에 가공한 경우 비신분자와 신분자 모두 자신의 책임에 따른 죄책을 진다.

이 견해에 의하면, 예를 들어 비신분자가 신분자를 교사하여 가중적 부진정신분범인 존속살해죄를 범하게 한 경우 신분자는 존속살해죄의 죄책을 지고, 비신분자는 보통살인죄의 교사범의 죄책을 진다. 비신분자가 신분자를 교

사하여 감경적 부진정신분범인 영아살해죄를 범하게 한 경우 신분자는 영아
살해죄의 죄책을 지고, 비신분자는 보통살인죄의 교사범의 죄책을 진다.

> [대판 1984. 4. 24. 84도195] 상습도박의 죄나 상습도박방조의 죄에 있어서의 상습
> 성은 행위의 속성이 아니라 행위자의 속성으로서 도박을 반복해서 거듭하는 습벽
> 을 말하는 것인바, 도박의 습벽이 있는 자가 타인의 도박을 방조하면 상습도박방조
> 의 죄에 해당하는 것이다.

(2) 문리해석하는 견해

이 견해는 가중적 부진정신분범이든 감경적 부진정신분범이든 비신분자
는 신분자보다 무거운 형으로 벌하지 않는다는 의미로 해석한다.

따라서 비신분자가 신분자를 교사하여 가중적 부진정신분범인 존속살해
죄를 범하게 한 경우 비신분자는 보통살인죄의 교사범으로 처벌되고, 감경적
신분범인 영아살해죄를 범하게 한 경우에는 영아살해죄의 교사범으로 처벌된
다고 한다.

3. 정 리

비신분자가 영아살해죄를 교사한 경우 제33조 본문과 단서의 관계에 관
한 학설들 및 제33조 단서의 '무거운 죄로 벌하지 아니한다'의 의미에 관한
학설들을 결합하여 정리하면 다음과 같다.

A죄 : 보통살인죄의 교사범   B죄 : 영아살해죄의 교사범

본문과 단서의 관계 / 단서의 성격	본문과 단서는 각각 진정신분범과 부진정신분범의 성립과 처벌에 관한 규정	본문은 진정 및 부진정신분범의 성립, 단서는 부진정신분범의 처벌에 관한 규정
책임개별화규정	단서가 바로 적용되어 A죄가 성립하고 A죄로 처벌	본문이 적용되어 B죄 성립 후, 단서 적용되어 A죄로 처벌
문리해석	단서가 바로 적용되어 B죄 성립하고 B죄로 처벌	본문이 적용되어 B죄 성립 후, 단서 적용되어 B죄로 처벌

(위의 견해들 중 B죄가 성립하는데 더 무거운 A죄의 형벌로 처벌하는 것은 책임주의원칙에 위배
된다. 그런데 판례는 이 입장에 가깝다)

Ⅲ. 소극적 신분과 형법 제33조의 적용범위 [127]

소극적 신분자가 비신분자의 범행에 가공한 경우 제33조가 적용되는가가 문제된다.

판례는 "의료인일지라도 의료인 아닌 자의 의료행위에 공모하여 가공하면 무면허의료행위의 공동정범으로서의 책임을 진다"고 한다(대판 1986. 2. 11. 85 도448). 이것이 소극적 신분범에 제33조를 적용한 것인지는 불분명하다.

다수설은 제33조는 진정신분범과 부진정신분범에 대한 것이고 소극적 신분에 대한 것이 아니기 때문에 소극적 신분과 공범의 문제는 공범의 일반이론에 따라 해결해야 한다고 하고, 위의 사례에서 무면허의료행위의 공동정범을 인정한다.

제6관 필요적 공범

Ⅰ. 필요적 공범의 개념 [127-1]

필요적 공범이란 한 사람이 단독으로 범할 수는 없고 2인 이상만이 범할 수 있는 범죄형태, 즉 범죄구성요건의 내용상 범죄성립에 다수인이 필요한 범죄형태를 말한다. 내란죄, 소요죄, 뇌물죄 등을 예로 들 수 있다.

Ⅱ. 필요적 공범의 분류 [127-2]

다수설은 필요적 공범을 집합범과 대향범으로 나누고 있다.

집합범이란 내란죄, 소요죄 등과 같이 공범들의 의사방향이 일치하는 경우를 말한다. 즉, 공범들이 동일한 목표를 달성하기 위해 공동으로 행위하는 경우이다. 집합범은 공범의 처벌형태에 따라 동일한 법정형을 부과하는 경우와 상이한 법정형을 부과하는 경우로 나눌 수 있다. 집단범 혹은 다중범과 합동범으로 나눌 수 있다.

대향범이란 인신매매죄, 증·수뢰죄 등과 상대방을 필요로 하는 범죄, 즉 공범들 사이에 일정한 목표를 달성하기 위한 서로 반대되는 방향의 의사가 합치됨으로써 성립하는 범죄를 말한다. 대향범도 공범에 대한 법정형이 같은 범죄(인신매매죄)와 다른 범죄(증·수뢰죄)로 나눌 수 있다. 음화판매죄(제243조), 범인은닉죄(제151조) 등과 같이 일방만을 벌하는 범죄에 대해서는 대향범 긍정설과 부정설이 있다.

[공범의 분류]

최광의의 공범	임의적 공범	공동정범(§ 30)	
		협의의 공범	교사범(§ 31)
			종범(§ 32)
	필요적 공범	집합범	관여자에 대해 동일한 법정형 규정	소요죄(§ 115)

대향범이란 합동절도죄(제331조 2항)와 같이 2인 이상이 범행현장에서 범하는 형태의 범죄를 말한다(현장성설).

최광의의 공범을 도표로 표시하면 위와 같다.

Ⅲ. 필요적 공범에 대한 임의적 공범규정의 적용문제 [127-3]

1. 필요적 공범의 구성원인 경우

필요적 공범의 구성원들 사이에서는 형법총칙규정상의 임의적 공범규정이 적용될 여지가 없다. 예를 들어 甲이 乙을 교사하여 절도행위를 같이한 경우 두 사람 모두 합동절도범이 되고 별도로 甲이 乙에 대한 합동절도교사범이 되는 것은 아니다(대판 1985. 3. 12. 84도2747).

2. 필요적 공범의 구성원이 아닌 경우

(1) 집합범

집합범의 구성원이 아닌 사람이 집합범의 교사범이나 종범이 될 수 있다는 점에는 이견이 없다. 집합범의 공동정범이 되면 이미 구성원이 되기 때문에 외부인이 집합범의 공동정범이 될 수는 없다.

(2) 대향범

첫째, 대향범에 속하지 않은 외부인은 대향범의 공동정범, 교사범, 종범이 될 수 있다.

둘째, ① 대향범 내부인 사이에서는 법정형에 차이가 있든 없든 공동정범이 성립할 수 없다. 예를 들어 甲이 乙을 유혹하여 사람을 매매하였을 경우 甲, 乙 모두 각각 인신매매죄(제289조)로 처벌되는 것이지, 서로 상대방의 범죄에 대한 공동정범이 되는 것이 아니다. ② 대향범 내부인 사이에서 교사·방조범이 성립할 수 있는가에 대해 판례는 부정하는 입장이다(대판 2001. 12. 28. 2001도5158).

Ⅳ. 합동범   [127-4]

1. 합동범의 개념

특수절도죄(제331조 2항), 특수강도죄(제334조 2항), 특수도주죄(제146조) 등 세 가지 범죄구성요건에는 2인 이상이 '공동하여'가 아닌 '합동하여'라는 용어가 사용되고 있다. 이를 합동범이라고 한다. 즉, 합동범이란 2인 이상이 합동하여 범하는 죄를 말하고, 공동정범에 비해 형벌이 가중되어 있다.

2. 합동범의 법적 성격

(1) 공모공동정범설

이 견해는 공동의사주체설에 따른 공모공동정범을 다른 범죄에는 인정하

지 않고 합동범에만 인정하자는 견해이다. 절도죄, 강도죄, 도주죄의 공모공동
정범은 인정되지만, 기타 범죄의 공모공동정범은 인정되지 않는다는 것이다.

(2) 가중적 공동정범설

절도, 강도, 도주 등의 범죄는 다수인이 행하는 경우가 많고 이에 대해서
는 강력히 대응해야 할 필요가 있기 때문에 이러한 범죄의 공동정범에 대해
서는 특별히 합동범으로 규정하여 가중처벌을 하는 것이라고 한다.

(3) 현장성설

통설은 합동이란 범행현장에서 범죄를 실행하는 것을 의미한다고 한다.
따라서 범행현장에 있지 않은 사람은 공동정범은 될 수 있어도 합동범은 될
수 없다고 한다. 2인 이상이 현장에서 범죄를 실행하게 되면 그 범행이 조직
적, 집단적, 대규모적으로 행해질 수 있는 반면 그 단속이나 검거는 어려워지
기 때문에 현장에 있는 범인들은 현장에 있지 않은 범인들에 비해 가중처벌
한다는 것이다.

(4) 현장적 공동정범설

이 견해는 합동범은 주관적 요건으로서 공모 외에 객관적 요건으로서
현장에서의 실행행위의 분담을 요한다고 하면서도, 배후거물이나 두목이 현
장에 있지 않더라도 '기능적 범행지배'를 하여 정범성요소를 갖추었다면 합
동범의 공동정범으로 규율할 수 있다고 한다.

(5) 판 례

과거의 판례는 현장성설을 따랐다. 그러나 대법원 1998. 5. 21. 98도321 전
원합의체 판결을 통해 현장에 있지 아니한 사람에 대해서도 합동범의 (공모)공
동정범을 인정하였다. 동판결은 현장에 있지 않은 범인도 합동범의 공동정범
이 될 수 있다고 한 점에서 현장성설을 일부 포기하였다고 할 수 있지만, 범
인 중 2인 이상이 반드시 시간적·장소적 협동관계가 있어야 한다고 한 점에
서 종래의 입장을 완전히 포기한 것은 아니라고 할 수 있다.

3. 합동범의 성립요건

현장성설에 의하면 합동범이 성립하기 위해서는 다음의 요건을 갖추어야 한다.

첫째, 2인 이상이 범죄를 실행하여야 한다. 2인 이상이 범죄에 관여하였다 하더라도 범죄실행을 하지 않아서 교사범이나 종범이 성립하는 경우에는 합동범이 성립할 수 없다. 둘째, 범인들 사이에 의사연락이 있어야 한다. 의사연락없이 각자 범행을 한 경우에는 동시범이 되어 각자의 행위에 의해 처벌되고 합동범으로 가중처벌되지 않는다. 셋째, 범인이 범행 현장에 있어야 한다. 현장에 있지 않은 범인은 정범이라고 평가될 수 있다고 하여도 합동범이 아니라 일반범죄의 공동정범이 된다.

그러나 판례에 의하면 2인 이상이 현장에 있으면 현장에 있지 않은 범인도 기능적 범행지배가 인정될 경우에는 합동범이 된다(대판 1998. 5. 21. 98도321 전합).

4. 합동범에 대한 공범규정의 적용

통설인 현장성설에 의하면 합동범의 공동정범은 있을 수 없다. 즉, 현장에 있는 사람은 합동범이 되고, 현장에 있지 않은 사람은 합동범이 아니라 일반범죄의 공동정범이 될 수 있을 뿐이다. 그러나 판례에 의하면 현장에 있지 않은 사람도 합동범의 (공모)공동정범이 될 수 있다.

통설에 의하면 외부인은 합동범의 교사범 및 종범이 될 수 있다.

제 7 관 동시범(독립행위의 경합)

제19조(독립행위의 경합) 동시 또는 이시의 독립행위가 경합한 경우에 그 결과발생의 원인된 행위가 판명되지 아니한 때에는 각 행위를 미수범으로 처벌한다.
제263조(동시범) 독립행위가 경합하여 상해의 결과를 발생하게 한 경우에 있어서 원인된 행위가 판명되지 아니한 때에는 공동정범의 예에 의한다.

Ⅰ. 동시범의 개념 및 특징   [128]

동시범 혹은 독립행위의 경합이란 행위자들 사이에 의사연락이 없이 여러 사람의 행위가 결과발생에 관계된 경우를 말한다(제19조). 예를 들어 甲, 乙, 丙이 서로 의사연락없이 각자 살해의 의사로 A를 향해 총을 쏜 경우를 말한다.

동시범에서 각 행위자는 공동정범이 아니라 단독정범의 책임을 지게 된다. 따라서 부분실행·전체책임의 원리가 지배하지 않고 각자 자신의 행위와 그에 의해 초래된 결과에 대해서만 책임을 지는 개별책임의 원리를 따르게 된다. 이에 따라 동시범에서는 다음과 같은 원리에 의해 형사책임이 결정된다.

첫째, 어느 한 행위에 의해서 결과가 발생했다는 것이 판명된 경우 결과를 발생시킨 행위자만이 결과에 대해 책임을 지고, 나머지 행위자는 결과에 대해 책임을 지지 않는다. 위의 예에서 甲의 총알에 의해 A가 사망한 경우 甲은 살인기수, 乙, 丙은 살인미수의 죄책을 진다.

둘째, 여러 행위가 누적되어 결과가 발생된 경우에는 인과관계에 관한 누적적 경합의 문제가 된다. 누적적 경합에서는 상당인과관계가 인정되지 않거나 객관적 귀속이 인정되지 않으므로 각 행위자들은 원칙적으로 결과에 대해 책임을 지지 않는다. 위의 예에서 甲, 乙, 丙 모두 살인미수의 죄책을 진다.

셋째, 여러 행위 중 그 일부의 행위에 의해 결과가 발생된 것은 확실하지만 그 행위가 판명되지 않는 경우에는 제19조 및 제263조가 적용된다. 동시범이 문제되는 것은 주로 이러한 경우이다. 위의 예에서 제19조가 적용되어 甲, 乙, 丙 모두 살인미수의 죄책을 진다. 다만, 甲, 乙, 丙에게 상해의 고의가 있고 A가 상해를 입었다면 제263조가 적용되어 甲, 乙, 丙 모두 상해기수의 죄책을 진다.

Ⅱ. 형법 제19조의 적용요건   [129]

1. 행위의 주체

동시(同時) 또는 이시(異時)의 독립행위가 경합해야 하므로 행위의 주체도

2인 이상이어야 한다. 1인이 동시 또는 이시의 행위를 하였을 때에는 독립행위의 경합을 논할 필요없이 그 사람에게 발생된 결과에 대해 책임을 물으면 되기 때문이다.

2. 행위의 객체

독립행위는 동일한 객체에 대한 것이어야 한다. 수개의 독립행위가 서로 다른 객체에 대한 것일 때에는 각각의 행위자의 죄책을 따지면 되기 때문에 독립행위의 경합을 문제삼을 필요가 없다. 그러나 이 때의 동일한 객체란 물리적 의미가 아니라 사회적·규범적 의미에서 동일한 것을 의미한다.

3. 시간적 동일성

독립행위가 반드시 동일한 시각에 이루어질 필요는 없다. 이시에 이루어진 경우에도 동시범이 될 수 있다.

[대판 2000. 7. 28. 2000도2466] 시간적 차이가 있는 독립된 상해행위나 폭행행위가 경합하여 사망의 결과가 일어나고 그 사망의 원인된 행위가 판명되지 않은 경우에는 (제263조에 따라) 공동정범의 예에 의하여 처벌할 것이다.

4. 장소적 동일성

동시범은 시간적 동일성뿐만 아니라 장소적 동일성도 요하지 않는다. 위의 판례에서도 두 사람의 행위가 서로 다른 장소에서 이루어진 경우이다.

5. 범인들 사이에 의사연락이 없을 것

범인들 사이에 의사연락이 있는 경우에는 공동정범이 되어 부분실행·전체책임의 원리에 의해 모든 범인들이 결과에 대해 책임을 진다. 따라서 이 경우에는 동시범규정이 적용될 여지가 없다.

[대판 1997. 11. 28. 97도1740] 상호의사의 연락이 있어 공동정범이 성립한다면, 독립행위경합 등의 문제는 아예 제기될 여지가 없다.

6. 결과가 발생할 것

제19조는 결과가 발생하고 원인된 행위가 판명되지 않은 경우 결과에 대한 책임을 어떻게 할 것인가를 규정한 것이므로 결과가 아예 발생하지 않은 경우에는 제19조를 적용할 여지가 없다. 이 경우에는 범인은 각자 자신의 행위에 대해서만 책임을 지면 된다.

7. 원인된 행위가 판명되지 않을 것

원인된 행위가 판명되지 않아야 한다. 원인된 행위가 판명된 경우에는 그 원인행위를 한 사람만이 결과에 대해 책임을 지고 다른 범인들은 책임을 지지 않는다. 독립행위의 존재 자체가 불분명하거나 경합된 독립행위에 의해 결과가 발생하였다는 것 자체가 불분명한 경우에는 제19조가 적용될 여지가 없다.

Ⅲ. 동시범의 효과   [130]

1. 형법 제19조의 경우

독립행위가 경합하였고 결과가 발생하였으나 원인된 행위가 판명되지 않았을 경우에는 각 행위자를 미수범으로 처벌한다. 이는 '의심스러울 때는 피고인에게 유리하게(in dubio pro reo)'라는 원칙 혹은 형사소송법상의 소극적 실체진실주의의 원리가 반영된 것이다.

2. 상해죄 동시범의 특례

형법 제263조는 상해죄의 동시범에 대해서는 공동정범의 예에 의해 벌하도록 하고 있다.

이 규정의 성격에 대해서는 ① 인과관계의 존재를 법률상 추정하는 규정이라고 하는 법률상 추정설, ② 인과관계가 존재한다고 간주해 버리는 규정이라는 법률상 간주설, ③ 피고인에게 무죄입증책임을 전환시킨 것이라는 거증책임전환설(다수설), ④ 피고인이 인과관계의 부존재에 대한 증거를 제출할 책임이 있다고 하는 증거제출책임설, ⑤ 실체법상으로는 인과관계의 존재를 간주하는 것이고 소송법상으로는 거증책임을 전환하는 규정이라고 하는 이원 설 등이 있다.

　판례는 제263조를 상해죄뿐만 아니라 폭행치사상죄, 상해치사죄의 동시 범에도 적용한다(대판 1985. 5. 14. 84도2118). 다만, 강도상해·치상죄, 강간상해· 치상죄, 과실치사상죄 등 상해·폭행죄와 성격을 달리하는 죄에는 적용될 수 없다고 한다(대판 1984. 4. 24. 84도372).

제 7 절 죄 수 론

제 1 관 죄수의 일반이론

Ⅰ. 죄수론의 의의   [131]

죄수론이란 범죄의 수가 몇 개이고 그 형법적 효과를 어떻게 할 것인가
에 관한 이론이다.

공범론이 범인의 수와 형태 및 효과에 관한 것이라고 한다면, 죄수론은
범죄의 수, 형태 및 효과에 관한 것이라고 할 수 있다. 따라서 죄수론에서는
제일 먼저 범죄의 수를 어떤 기준에 의하여 정할 것인가 문제된다. 다음으로
범죄의 수가 하나인 경우와 범죄의 수가 여러 개인 경우 그 효과를 어떻게
인정할 것인가 문제된다.

Ⅱ. 죄수의 종류   [132]

통설·판례에 의하면 죄수에는 일죄와 수죄(數罪)가 있다. 일죄에는 단순
일죄와 포괄일죄가 있다. 수죄에는 상상적 경합범 및 실체적 경합범이 있다.
상상적 경합범은 실체법상으로는 수죄이고, 소송법에서는 일죄로 다루어지는
범죄, 즉 과형상 일죄이다.

1. 단순일죄

단순일죄에는 하나의 구성요건만을 충족하는 단순일죄와 여러 개의 구성요건을 충족하지만 하나의 구성요건이 충족되면 다른 구성요건의 충족은 배제되는 관계로 말미암아 단순일죄가 되는 법조경합이 있다. 법조경합에는 특별관계, 보충관계, 흡수관계 등이 있고 택일관계가 법조경합에 속하는지에 대해서는 견해가 대립한다.

2. 포괄일죄

포괄일죄란 행위 내지 구성요건충족횟수가 여럿임에도 불구하고, 범죄의사 혹은 침해법익 내지는 구성요건충족이 단일함으로 인해 복수의 행위를 포괄하여 하나의 범죄로 파악하는 것이다.

이에는 결합범, 계속범, 접속범, 연속범 등이 있다.

3. 누 범

누범이란 금고 이상의 형을 받아 그 집행을 종료하거나 면제를 받은 후 3년 내에 금고 이상에 해당하는 죄를 범한 경우를 말한다(제35조 1항). 누범이 죄수의 문제인지 양형의 문제인지에 대해서는 견해가 대립한다.

4. 상상적 경합범

상상적 경합은 하나의 행위로 수개의 죄를 범하는 것을 말한다(제40조). 상상적 경합은 실체법상으로는 수죄이지만, 소송법에서는 일죄로 다루어지므로 과형상 일죄라고도 한다.

5. 실체적 경합범

실체적 경합범은 단순히 경합범이라고도 한다. 수죄의 가장 전형적인 예이다. 경합범에는 원래 의미의 경합범, 즉 동시적 경합범(제37조 전단)과 금고 이상의 판결이 확정된 죄와 그 판결확정 전에 범한 죄가 경합범이 되는 사후적 경합범(제37조 후단)이 있다.

Ⅲ. 죄수결정의 기준에 관한 학설 [133]

1. 죄수결정의 중요성

죄수는 피고인에게 중대한 영향을 미친다. 왜냐하면 어떤 범죄행위가 있는 경우 하나의 범죄라고 하는가 아니면 두 개 이상의 범죄라고 하는가에 따라 피고인의 형벌이 달라질 수 있기 때문이다. 하나의 범죄가 있느냐 아니면 하나의 범죄도 없느냐는 피고인의 유무죄를 결정하는 요소이다.

하나의 범죄인가 두 개의 범죄인가 역시 유무죄만큼 커다란 차이가 있는 것은 아니어도 역시 중요한 차이가 있다. 왜냐하면 예를 들어 절도죄가 하나인 경우에는 6년 이하의 징역에 처해지지만, 실체적 경합관계인 절도죄가 두 개인 경우에는 징역형기가 9년 이하로 가중되기 때문이다(제38조 1항 2호).

범죄가 두 개인가 세 개 이상인가 역시 유무죄 혹은 하나의 범죄와 두 범죄간의 차이만큼은 아니더라도 피고인의 양형에 영향을 미칠 수 있다.

2. 죄수결정의 기준에 관한 학설

(1) 행위표준설

행위표준설은 범죄가 몇 개의 행위로 이루어졌느냐에 의해 죄수를 결정한다. 행위가 하나이면 범죄가 하나이고 행위가 여러 개이면 범죄도 여러 개라는 것이다.

여기에서 행위란 자연적 의미의 행위를 의미하는 것이 아니라 사회통념상의 행위, 즉 자연적 의미의 행위를 사회적으로 평가한 행위를 의미한다. 예를 들어 甲이 A의 머리와 얼굴을 한번씩 구타한 경우 자연적 의미의 행위는 2개이지만, 사회통념상으로는 하나의 폭행행위가 된다.

사회통념에 의한 행위는 형법적 평가 이전의 행위이다. 예를 들어 여러 사람의 공동명의의 문서를 위조한 경우 형법적으로는 여러 개의 위조행위가 될 수 있지만, 사회통념상으로는 하나의 행위이다.

(2) 법익표준설

법익표준설은 범죄행위에 의해 침해되거나 위태화되는 법익의 수를 기준으로 범죄의 수를 결정한다. 따라서 하나의 행위로 수개의 법익을 침해하였거나 단일한 범죄의사로 수개의 법익을 침해·위태화한 경우에는 수죄가 되고, 여러 개의 행위나 여러 개의 범죄의사가 있다 하더라도 침해·위태화한 법익이 하나인 경우에는 일죄가 된다.

순수한 법익표준설에 의하면 동일한 피해자의 재물을 여러 차례에 걸쳐 절취한 경우에는 일죄가 되지만, 하나의 행위로 여러 사람의 재물을 절취한 경우에는 수죄가 된다.

(3) 구성요건표준설

구성요건표준설은 구성요건에 해당하는 횟수를 기준으로 하여 죄수를 결정한다. 범죄는 성문법에 의해 정해지고 성문법상의 구성요건에 해당하는 행위가 있어야 성립하는 것이므로 이를 기준으로 죄수를 결정한다는 것이다.

이 견해에 의하면 행위가 수개이더라도 구성요건해당이 일회이면 일죄이고, 행위가 하나이더라도 구성요건해당이 수회이면 수죄이다.

(4) 의사표준설

의사표준설은 범죄의사의 수에 따라 죄수를 결정한다. 즉, 범죄의사가 하나이면 행위나 법익침해가 여러 개이더라도 일죄이고, 범죄의사가 수개이면 행위나 법익침해가 하나이더라도 수죄가 된다고 한다. 이 때의 범죄의사란 고의뿐만 아니라 과실도 포함된다.

(5) 판 례

판례는 구체적 범죄나 사례에 따라 위의 네 가지 학설 중 어느 하나를 따르거나 몇 가지 학설을 결합하여 죄수를 결정한다.

예를 들어 과거 판례는 간통죄는 각 성교행위마다 범죄가 성립한다고 하는데(대판 1982. 12. 14. 82도2448), 이는 행위표준설을 따른 것이고, 단일한 범의하에 세금을 횡령한 경우 직할시세, 구세 및 국세별로 별개의 죄가 성립한다고 하는데(대판 1995. 9. 5. 95도1269) 이는 법익표준설을 따른 것이고, 감금행위가 강간죄나 강도죄의 수단이 된 경우에도 감금죄는 강간죄나 강도죄에 흡수되지 아니하고 별죄를 구성한다고 하는데(대판 1997. 1. 21. 96도2715) 이는 구성요건표준설을 따른 것이고, 살해의 목적으로 동일인에게 일시, 장소를 달리하고 수차에 걸쳐 예비행위를 하거나 또는 공격을 가하였으나 미수에 그치다가 드디어 그 목적을 달성한 경우 1개의 살인기수죄만 성립한다고 하는데(대판 1965. 9. 28. 65도695) 이는 의사표준설을 따른 것이라고 할 수 있다. 그 밖에 판례는 법정형도 죄수결정에 고려하기도 한다(대판 1996. 4. 26. 96도485).

제 2 관 일 죄

Ⅰ. 일죄의 개념 및 종류 [134]

일죄란 하나의 범죄가 성립된 경우를 말한다. 일죄에는 단순일죄와 포괄일죄가 있다.

단순일죄의 가장 대표적인 예는 단일한 범죄의사로써 단일한 행위에 의해 단일한 법익을 침해하고 단일한 구성요건이 충족되는 경우이다. 그런데 복수의 구성요건이 충족되었음에도 불구하고 단순일죄만이 성립하는 경우가 있다. 이를 법조경합이라고 한다.

또한 단일한 또는 복수의 행위에 의해, 단일한 혹은 복수의 법익을 침해했고, 단일한 혹은 복수의 구성요건충족이 있고, 단일한 혹은 복수의 범죄의사가 있지만 일죄로 다루어지는 경우가 있는데, 이를 포괄일죄라고 한다.

Ⅱ. 법조경합 [135]

1. 법조경합의 개념

법조경합이란 일정한 사건에 대해 적용될 수 있는 법조문이 여럿이지만 그 중 하나의 법조문만이 적용되는 것을 말한다. 법조경합은 경합되는 구성요건 중 하나의 구성요건상의 범죄만이 성립한다는 점에서 모든 구성요건상의 범죄가 성립하는 상상적 경합 및 실체적 경합과 구별된다.

[대판 2000. 7. 7. 2000도1899] 상상적 경합은 1개의 행위가 실질적으로 수개의 구

성요건을 충족하는 경우를 말하고, 법조경합은 1개의 행위가 외관상 수개의 죄의 구성요건에 해당하는 것처럼 보이나 실질적으로 1죄만을 구성하는 경우를 말하며, 실질적으로 1죄인가 또는 수죄인가는 구성요건적 평가와 보호법익의 측면에서 고찰하여 판단하여야 한다.

2. 법조경합의 종류

(1) 특별관계

특별관계란 경합하는 구성요건이 서로 일반법 대 특별법의 관계에 있기 때문에 '특별법우선의 원칙'에 의해 특별법적 성격의 구성요건이 적용되면 일반법적인 성격의 구성요건은 적용되지 않는 경우를 말한다. 예를 들어 특수폭행죄(제261조)에 해당되는 행위는 단순폭행죄(제260조)에도 해당되지만 전자가 적용되면 후자는 적용되지 않는다.

[대판 2003. 4. 8. 2002도6033] 법조경합의 한 형태인 특별관계란 어느 구성요건이 다른 구성요건의 모든 요소를 포함하는 외에 다른 요소를 구비하여야 성립하는 경우로서 특별관계에 있어서는 특별법의 구성요건을 충족하는 행위는 일반법의 구성요건을 충족하지만 반대로 일반법의 구성요건을 충족하는 행위는 특별법의 구성요건을 충족하지 못한다.

(2) 흡수관계

흡수관계란 외형상 수개의 구성요건이 충족되어 있지만 개념상 혹은 일반경험칙상 하나의 구성요건이 다른 구성요건의 모든 내용을 포함함으로써 별도의 구성요건의 성립을 논할 필요가 없는 경우를 말한다. "전부법은 부분법을 포함한다."

흡수관계에는 불가벌적 수반행위와 불가벌적 사후행위 등이 있다.

1) **불가벌적 수반행위** 　불가벌적 수반행위란 행위자가 특정한 죄를 범하면 논리필연적인 것은 아니지만 일반적·전형적으로 다른 구성요건을 충족하고 이 때 그 구성요건의 불법이나 책임의 내용이 주된 범죄에 비하여 경미하기 때문에 처벌이 별도로 고려되지 않는 경우를 말한다. 살인죄에 수반된 의복손괴죄가 한 예이다.

2) **불가벌적 사후행위** 　불가벌적 사후행위란, 주된 범죄행위가 성립

한 이후의 행위로서 외형상으로는 범죄행위이지만, 주된 범죄행위의 내용 속에 당연히 포함된 것으로서 별도의 범죄가 되지 않는 행위를 말한다. 예를 들어 재물을 절취한 자가 절취한 물건을 손괴한 경우 그 행위는 재물손괴죄에 해당되지만 절도죄의 불가벌적 사후행위가 된다.

[대판 2004. 4. 9. 2003도8219] 절도범인으로부터 장물보관 의뢰를 받은 자가 그 정을 알면서 이를 인도받아 보관하고 있다가 임의 처분하였다 하여도 장물보관죄가 성립하는 때에는 이미 그 소유자의 소유물 추구권을 침해하였으므로 그 후의 횡령행위는 불가벌적 사후행위에 불과하여 별도로 횡령죄가 성립하지 않는다.

(3) 보충관계

보충관계란 어떤 행위에 적용될 규정이 없는 경우에 보충적으로 적용되는 규정이 있는 경우 두 규정 사이의 관계를 말한다. 전자를 기본규정, 후자를 보충규정이라고 한다. 양자의 관계는 "기본법은 보충법에 우선한다"는 원칙에 의해 기본법이 적용되는 경우에는 보충법은 적용되지 않고 기본법이 적용되지 않는 경우에만 보충법이 적용된다. 예를 들어 일반건조물방화죄(제166조 1항)는 현주건조물방화죄(제164조) 및 공용건조물방화죄(제165조)와 보충관계에 있고 일반물건방화죄(제167조)는 세 범죄와 보충관계에 있다.

보충관계에는 위의 예와 같은 명시적 보충관계와 묵시적 보충관계가 있다. 묵시적 보충관계에는 ① 경과범죄와 ② 가벼운 침해방법의 경우가 있다. 전자의 예로 범죄의 전개과정에서 예비와 미수와 같이 전단계의 과정은 후단계의 과정에 대해 보충관계에 있는 것을 들 수 있다. 후자의 예로는 공동정범인지 종범인지 불분명한 경우를 들 수 있다. 이 경우 공동정범이 성립하면 종범이 성립하지 않고 공동정범이 성립하지 않는 경우에만 종범이 성립할 수 있다.

(4) 택일관계

택일관계란 두 개 이상의 구성요건이 동시에 성립할 수는 없고 어느 하나의 범죄에 해당하면 다른 범죄는 성립할 수 없는 경우를 말한다. 예를 들어 타인의 재물을 영득하는 행위는 절도죄, 횡령죄, 점유이탈물횡령죄 중 어느 하나에만 해당할 수 있고, 두 개의 범죄에 동시에 해당할 수는 없다. 왜냐하면 절도죄는 타인이 점유하는 타인의 재물, 횡령죄는 자기가 점유하는 타인의 재물, 점유이탈물횡령죄는 점유를 이탈한 타인의 재물을 객체로 하기 때문에 이들 범죄가 동시에 성립할 수는 없기 때문이다.

3. 법조경합의 효과

법조경합은 경합하는 수개의 법규정상의 범죄들 중 하나의 범죄만이 성립하고 경합하는 다른 법규정상의 범죄는 성립하지 않는다. 이 점에서 모든 경합하는 법규정상의 범죄들이 성립하는 상상적 경합이나 실체적 경합과 구별된다.

Ⅲ. 포괄일죄   [136]

1. 포괄일죄의 개념

포괄일죄란 구성요건을 충족하는 수개의 행위가 있음에도 불구하고 수개의 범죄가 성립하는 것이 아니라 포괄하여 하나의 범죄가 성립하는 경우를 말한다.

포괄일죄는 수개의 행위가 있음에도 불구하고 하나의 범죄만이 성립한다는 점에서 법조경합과 유사하다. 그러나 포괄일죄에서는 수개의 행위 전부가 각각 구성요건을 충족하는 데에 비해 법조경합에서는 하나의 행위만이 문제될 수도 있고 수개의 행위가 문제되더라도 그 중 일부의 행위만이 그 행위에 적용될 법규정 사이의 문제라는 점에서 차이가 있다.

포괄일죄는 수개의 행위가 있다는 점에서 하나의 행위만이 존재하는 상상적 경합과 구별된다. 포괄일죄는 수개의 행위가 있다는 점에서 실체적 경합과 유사하지만, 하나의 범죄만이 성립한다는 점에서 복수의 범죄가 성립하는 실체적 경합과 구별된다.

2. 포괄일죄의 종류

(1) 결합범

결합범이란 수개의 행위가 결합되어 있는 형태의 범죄, 즉 구성요건의 내용상 범죄가 성립하기 위해서는 수개의 행위가 결합될 것이 전제되어 있는 형태의 범죄를 말한다. 야간주거침입절도죄(제330조)는 야간주거침입죄와 절도죄, 준강도죄는 절도죄와 폭행·협박죄의 결합범이다.

결합범을 인정하는 이유는 결합범에서는 결합되는 수개의 행위의 위험성을 산술적으로 합한 것보다 더 큰 위험성 즉 '범죄의 시너지효과'가 있고, 이로 인해 가중처벌을 할 필요가 있기 때문이다.

(2) 계속범

계속범이란 범죄가 기수에 도달한 이후에도 일정기간 동안 범죄행위가 계속될 수 있는 형태의 범죄를 말한다. 감금죄(제276조), 주거침입죄(제319조 1항), 퇴거불응죄(제319조 2항) 등이 그 예이다. 계속범에서는 상당기간 범죄행위가 계속되므로 수개의 행위가 있다 하더라도 수개의 범죄가 성립하는 것이 아니라 포괄하여 일죄가 된다.

계속범에서는 기수시기와 범죄의 종료시기가 일치하지 않는다. 따라서 기수 이후에도 범죄행위가 계속되기 때문에 공동정범이나 종범의 성립이 가능하고, 공소시효의 기산점도 기수시점이 아니라 종료시점이다.

(3) 접속범

접속범이란 수개의 법익침해행위가 있지만 이 행위들이 단일한 범죄의사에 의한 것이고 시간적·장소적으로 접속되고 동종의 법익을 침해하는 것이기 때문에 포괄하여 하나의 범죄만이 성립하는 경우를 말한다. 빈집털이가 문 앞에 자동차를 대기시켜 놓고 수회에 걸쳐 재물을 반출한 경우를 예로 들수 있다. 접속범을 인정하는 이유는 구성요건을 충족하는 행위가 여러 번 있다 하더라도 그 행위들이 하나의 사회적 의미를 가진 행위이기 때문이다.

접속범은 수개의 법익침해행위가 있음에도 불구하고 예외적으로 하나의 범죄만을 인정하는 것이므로 ① 반복된 행위가 시간적·장소적으로 접속되어 있어야 하고, ② 범죄의사가 단일해야 하고, ③ 동종의 법익을 침해할 것 등의 요건을 갖추어야 한다.

(4) 집합범

집합범이란 동종의 여러 개의 행위가 반복해서 행해지지만 단일한 의사

경향에 의한 행위이므로 여러 개의 행위를 포괄하여 하나의 범죄만이 성립하는 경우를 말한다. 이에는 상습범, 영업범(및 직업범)이 있다. 상습범이란 행위자의 범죄습벽에 의해 행해지는 범죄를 말한다. 영업범(및 직업범)이란 행위자가 반복된 행위를 통해 수입을 얻는 형태의 범죄를 말한다.

다수설 및 판례는 집합범을 포괄일죄로 보지만, 소수설은 집합범을 실체적 경합범으로 본다.

(5) 연속범

연속범은 범의를 계속하여 동종의 행위를 반복함으로써 일죄로 처단하는 형태의 범죄를 말한다(대판 1947. 12. 30. 4280형상136). 소매치기가 수일 동안 여러 장소에서 절도행위를 하는 것과 같이 복수의 법익을 침해하는 복수의 구성요건해당행위가 있지만, 그 행위들이 동종의 행위이고 행위자의 범죄의사가 단일함으로 인해 수죄로 취급하지 않고 포괄일죄로 취급하는 형태의 범죄를 말한다. 연속범은 포괄일죄 중 행위들 사이의 결속성이 가장 약하다. 이 때문에 연속범을 실체적 경합범으로 보아야 한다는 견해도 있다.

연속범이 성립하기 위해서는, ① 범행방법의 동종성, ② 시간적 제한성, ③ 피해법익의 동일성 등의 객관적 요건과 범의의 단일성이라는 주관적 요건이 갖추어져야 한다.

3. 포괄일죄의 효과

포괄일죄의 실체법상 효과는 포괄되는 행위 중 가장 무거운 죄 하나만 성립한다.

포괄일죄는 소송법상으로 하나의 범죄로 다루어지기 때문에 그 공소시효는 최종의 범죄행위가 종료한 때로부터 진행하고, 일사부재리의 효력이 인정된다. 따라서 수개의 범행 중 일부의 범행에 대해서만 공소가 제기된 경우 나머지 범행에 대해서도 공소제기의 효력이 미치고, 법원의 심판범위가 되고, 확정판결의 효력도 미치게 된다.

Ⅳ. 누 범   [137]

> 제35조(누범) ① 금고(禁錮) 이상의 형을 선고받아 그 집행이 종료되거나 면제된 후 3년 내에 금
> 고 이상에 해당하는 죄를 지은 사람은 누범(累犯)으로 처벌한다.
> ② 누범의 형은 그 죄에 대하여 정한 형의 장기(長期)의 2배까지 가중한다.

1. 누범의 개념 및 법적 성격

형사정책학에서 누범이란 여러 개의 범죄를 반복적으로 저지르는 경우 혹은 그 행위자를 말한다. 이에 대해 형법상의 누범은 금고 이상의 형을 선고받아 그 집행이 종료되거나 면제된 후 3년 내에 금고 이상에 해당하는 죄를 지은 경우를 말한다(제35조 1항).

누범에 대해 누범을 죄수의 문제로 보아 수죄로 파악하는 견해와 누범을 양형의 문제로 보아 법률상의 가중사유라고 하는 견해가 대립하고 있다.

2. 누범의 요건

누범이 성립하기 위해서는 금고 이상의 형을 선고받아야 하고, 그 집행이 종료되거나 면제를 받아야 하고, 이후 3년 내에, 금고 이상에 해당하는 죄를 지어야 한다(제35조 1항).

(1) 금고 이상의 형의 선고

누범이 성립하기 위해서는 앞의 범죄로 인해 금고 이상의 형을 선고받아야 한다. 금고 이상의 형이란 사형, 징역, 금고를 말한다. 금고 이상의 형의 선고를 받았다는 것은 실형의 선고만을 의미하고 징역, 금고형의 집행유예를 선고받은 경우에는 누범이 될 수 없다. 금고 이상의 형의 선고유예판결을 받은 경우에는 선고 자체가 없는 것이므로 역시 누범이 될 수 없다.

(2) 금고 이상의 형의 집행종료 또는 면제

누범이 성립하기 위해서는 형의 집행이 종료되었거나 면제된 이후 재범을 해야 한다. 금고 이상의 형이란 금고 이상의 실형을 말한다. 따라서 앞의 범죄의 집행유예기간 중이나 가석방 또는 형집행정지기간 중에 범한 죄는 누범이 될 수 없다.

(3) 3년 이내의 재범

누범이 성립하기 위해서는 집행종료 혹은 면제 후 3년 이내에 금고 이상에 해당하는 죄를 다시 지어야 한다. 기간의 기산은 앞의 범죄의 형집행의 종료 혹은 면제시이다. 재범의 존재시기는 실행의 착수를 기준으로 한다. 따라서 실행의 착수가 3년 이내에 있으면 기수시기나 범죄의 종료시기가 3년 이후라고 하더라도 누범가중을 할 수 있다.

(4) 금고 이상의 형에 해당하는 죄의 재범

재범은 금고 이상의 형에 해당하는 죄이어야 한다.

금고 이상의 형에 해당하는 죄란 법정형을 기준으로 해야 한다는 견해가 있으나, 통설·판례는 선고형을 의미한다고 한다(대판 1982. 7. 27. 82도1018).

3. 누범의 효과

누범의 형은 그 죄에 대하여 정한 형의 장기의 2배까지 가중한다. 장기에 대해서만 가중할 수 있고 단기에 대해서는 2배로 가중할 수 없다. 장기의 2배까지 가중한다는 것은 금고 이상의 형을 선고하는 경우를 의미하므로 자격정지나 벌금형을 선고하는 경우에는 누범가중을 할 수 없다.

판결선고 후 누범인 것이 발각된 때에는 그 선고한 형을 통산하여 다시 형을 정할 수 있다(제36조 본문). 단, 선고한 형의 집행을 종료하거나 그 집행이 면제된 후에는 예외로 한다(제36조).

4. 누범가중의 문제점

누범가중은 책임주의원칙, 헌법상 평등원칙 및 비례성원칙, 일사부재리의 원칙에 반한다는 지적이 있다. 그러나 판례는 누범가중이 이러한 원칙에 반하지 않는다고 한다(대판 2014. 7. 10. 2014도5868).

제 3 관 수 죄

I. 수죄의 개념 및 처벌에 관한 입법례   [138]

1. 수죄의 개념

구성요건에 해당하는 수개의 행위로 수개의 법익을 침해하는 경우에는
원칙적으로 수죄가 성립한다. 형법이 인정하고 있는 수죄에는 실체적 경합범
과 상상적 경합범이 있다. 실체적 경합범은 형법뿐만 아니라 소송법적으로도
수개로 취급되는 형태의 범죄를 말한다. 상상적 경합범은 실체법상으로는 수
죄이지만 소송법적으로는 단일한 범죄로 다루어지는 범죄형태로서 과형상 일
죄라고도 한다.

2. 수죄의 처벌에 관한 입법례

수죄의 처벌에 관한 입법례를 보면 흡수주의, 병과주의, 가중주의가 있다.
흡수주의란 수개의 범죄 중 가장 무거운 범죄의 형벌로만 처벌하고 그것
보다 가벼운 범죄에 대해서는 별도로 처벌하지 않는 방법을 말한다. 병과주
의란 수개의 범죄의 형벌을 합산하여 처벌하는 방법을 말한다. 영미법계 국
가 중 병과주의를 취한 입법례가 있다. 가중주의란 수개의 범죄 중 일정한
범죄의 형벌을 가중하여 처벌하는 방식이다.
형법은 위의 세 가지 방식을 모두 도입하고 있다(제38조).

II. 상상적 경합범   [139]

> 제40조(상상적 경합) 한 개의 행위가 여러 개의 죄에 해당하는 경우에는 가장 무거운 죄에 대하여
> 정한 형으로 처벌한다.

1. 상상적 경합의 개념 및 법적 성격

상상적 경합이란 한 개의 행위가 여러 개의 죄에 해당하는 경우를 말한

다(제40조).

예를 들어 하나의 폭탄을 던져 A를 사망케 하고 B의 재물을 손괴한 경우 살인죄와 손괴죄의 상상적 경합범이 성립한다. 상상적 경합범은 하나의 행위로 여러 개의 죄를 범하는 것이라는 점에서 여러 개의 행위로 여러 개의 죄를 범하는 실체적 경합범과 구별된다.

형법 제40조가 상상적 경합범이 수죄임에도 불구하고 가장 무거운 죄에 정한 형벌만으로 처벌하도록 한 취지에 대해, 통설·판례는 상상적 경합을 과형상 일죄라고 한다. 즉, 실체법상으로는 수죄이지만 소송법상으로는 일죄로 다룬다는 것이다.

2. 상상적 경합의 요건

상상적 경합은 한 개의 행위가 여러 개의 죄에 해당하는 것이므로 상상적 경합이 되기 위해서는 행위가 하나여야 하고(행위의 단일성), 성립하는 범죄는 여러 개여야 한다.

(1) 행위의 단일성

상상적 경합이 되기 위해서는 한 개의 행위만이 있어야 한다. 행위가 여러 개인 경우에는 실체적 경합이 되거나 포괄일죄 등이 된다. 여기에서 한 개의 행위가 무엇을 의미하는가에 대해서는 자연적 의미의 단일행위를 의미한다는 견해, 법적 개념으로서 구성요건적 행위를 의미한다는 견해, 사회통념상 단일행위라는 견해(판례) 등이 있다.

(2) 여러 개의 죄

상상적 경합이 되기 위해서는 하나의 행위가 여러 개의 죄에 해당하여야 한다. 하나의 행위가 여러 개의 죄에 해당하기 위해서는 여러 개의 죄의 성립요건을 모두 갖추어야 한다. 예를 들어 두 개의 죄 중 하나의 죄는 범죄성립요건을 모두 갖추었으나 다른 하나의 죄의 경우 구성요건해당성은 있으나 위법성이 없거나, 구성요건해당성·위법성은 있으나 책임이 없는 때에는 상상적 경합이 될 수 없다.

3. 상상적 경합의 효과

상상적 경합은 실체법상으로는 수죄이고 과형상으로는 일죄이기 때문에 실체법적으로는 수죄의 효과가 인정되고, 소송법상으로는 일죄의 효과가 인정된다.

(1) 실체법상의 효과

상상적 경합은 가장 무거운 죄에 정한 형으로 처벌한다. 여기에서 A, B 범죄가 상상적 경합범이고, A 범죄의 형기가 10년 이하의 징역, B 범죄의 형기가 1년 이상 5년 이하의 징역이라고 가정할 경우, 무거운 A죄로 처벌하여 10년 이하의 징역으로 할 것인가 아니면 B죄의 하한이 A죄의 하한보다 높기 때문에 하한은 B죄로 하여 1년 이상 10년 이하의 징역으로 할 것인지가 문제된다. 통설·판례는 후자의 입장을 따르고 있다(대판 1984. 2. 28. 83도3160).

(2) 소송법상의 효과

상상적 경합은 소송법에서는 일죄로 다루어지므로 상상적 경합범 중 일부에 대해서 공소가 제기되었다 하더라도 나머지 범죄에 대해서도 공소제기의 효력이 미치고 법원의 심판범위도 전체 범죄에 미치게 되고, 일부에 대해 확정판결이 있는 경우 나머지 범죄에 대해서도 일사부재리의 효력이 미친다.

Ⅲ. 실체적 경합범 [140]

> 제37조(경합범) 판결이 확정되지 아니한 수개의 죄 또는 금고 이상의 형에 처한 판결이 확정된 죄와 그 판결확정전에 범한 죄를 경합범으로 한다.

1. 실체적 경합범의 개념과 종류

실체적 경합범이란 수개의 행위로 수개의 죄를 범한 경우를 말한다. 단순히 경합범이라고도 한다.

제37조에 의하면 경합범에는 판결이 확정되지 아니한 수개의 죄인 동시적 경합범과 금고 이상의 판결이 확정된 죄와 그 판결확정 전에 범한 죄인 사후적 경합범 등 두 종류가 있다.

2. 실체적 경합범의 요건

(1) 동시적 경합범

동시적 경합범이란 판결이 확정되지 않은 수개의 죄를 말한다(제37조 전단). 동시적 경합범이 되기 위해서는 다음의 요건을 갖춰야 한다.

1) 수개의 행위가 있을 것　　　실체적 경합이 되기 위해서는 수개의 행위로 수개의 죄를 범하였어야 한다. 수죄를 범하였더라도 1개의 행위에 의한 것이면 상상적 경합이 된다. 이 때 수개의 행위란 자연적인 의미 또는 법적인 의미의 수개의 행위가 아니라 사회통념상 수개의 행위여야 한다.

2) 수개의 죄가 성립할 것　　　수개의 행위가 있다고 하더라도 그것이 포괄하여 일죄가 될 경우에는 동시적 경합범이 성립할 수 없고, 수개의 범죄가 성립하여야 동시적 경합범이 성립할 수 있다.

3) 수개의 죄에 대한 금고 이상의 확정판결이 없을 것　　　경합범에서 가장 중요한 것은 형벌을 어떻게 정하느냐이다. 따라서 전체 범죄에 대해 금고 이상의 형의 확정판결이 없는 때와 일부의 죄에라도 금고 이상의 형의 확정판결이 있는 경우에서는 양형의 원리가 달라지게 된다. 동시적 경합범은 범죄 전체 중 어느 하나에 대해서도 확정판결이 없는 경우이다. 그러나 일부 범죄에 대해 금고 미만의 확정판결이 있으면 나머지 범죄들은 동시적 경합범이 된다.

4) 수개의 죄에 대해 동시에 형이 선고될 것　　　경합범 중 일부의 죄에 대해서만 형이 선고되는 경우에는 선고되는 범죄들만이 동시적 경합범이 된다. 일부의 죄에 대해 금고 이상의 형의 확정판결이 있고 나머지 죄에 대해 형을 선고할 경우에는 판결이 확정된 죄와 판결이 선고되는 죄는 동시적 경합범이 아니라 사후적 경합범이 된다.

(2) 사후적 경합범

사후적 경합범이란 금고 이상의 형에 처한 판결이 확정된 죄와 그 판결 확정 전에 범한 죄를 말한다(제37조 후단).

예를 들어 a, b, c, d, e 죄를 순차로 범한 후 c 죄에 대해 금고 이상의 형의 확정판결이 있는 경우 a, b, d, e 죄와 c 죄는 사후적 경합범이 된다. 모두 c 죄에 대한 금고 이상의 확정판결이 있기 전에 범한 죄이기 때문이다.

그러나 a, b, c 죄를 순차로 범하고 c 죄에 대한 확정판결 후 d, e 죄를 범한 경우 c 죄와 a, b 죄는 사후적 경합범이지만, c죄와 d, e 죄는 사후적 경합범이 아니다. a, b 죄와 d, e 죄도 사후적 경합범이 아니다. d, e죄는 a, b, c 죄와 무관하게 동시적 경합범이 된다. 만약 c에 대해 금고 미만의 형의 확정판결이 있는 경우에는 a, b, d, e 죄는 동시적 경합범이 된다.

3. 실체적 경합범의 효과

(1) 동시적 경합범의 효과

제38조(경합범과 처벌례) ① 경합범을 동시에 판결할 때에는 다음 각 호의 구분에 따라 처벌한다.
1. 가장 무거운 죄에 대하여 정한 형이 사형, 무기징역, 무기금고인 경우에는 가장 무거운 죄에 대하여 정한 형으로 처벌한다.
2. 각 죄에 대하여 정한 형이 사형, 무기징역, 무기금고 외의 같은 종류의 형인 경우에는 가장 무거운 죄에 대하여 정한 형의 장기 또는 다액(多額)에 그 2분의 1까지 가중하되 각 죄에 대하여 정한 형의 장기 또는 다액을 합산한 형기 또는 액수를 초과할 수 없다. 다만, 과료와 과료, 몰수와 몰수는 병과(併科)할 수 있다.
3. 각 죄에 대하여 정한 형이 무기징역, 무기금고 외의 다른 종류의 형인 경우에는 병과한다.
② 제1항 각 호의 경우에 징역과 금고는 같은 종류의 형으로 보아 징역형으로 처벌한다.

형법 제38조는 흡수주의, 가중주의, 병과주의를 모두 택하고 있다. 즉, 가장 무거운 죄에 대하여 정한 형이 사형 또는 무기징역이나 무기금고인 때에는 가장 무거운 죄에 대하여 정한 형으로 처벌하는데(제38조 1항 1호), 이는 흡수주의를 따른 것이다. 각 죄에 대하여 정한 형이 사형 또는 무기징역이나 무기금고 이외의 같은 종류의 형인 때에는 가장 무거운 죄에 정한 장기 또는 다액에 그 2분의 1까지 가중하되 각 죄에 대하여 정한 형의 장기 또는 다액을 합산한 형기 또는 액수를 초과할 수 없는데(제38조 1항 2호), 이는 가중주의를 따른 것이다. 각 죄에 대하여 정한 형이 무기징역이나 무기금고 이외의 다른 종류의 형인 때에는 병과하는데(제38조 1항 3호), 이는 병과주의를 따른 것이다.

(2) 사후적 경합범의 효과

제39조(판결을 받지 아니한 경합범, 수개의 판결과 경합범, 형의 집행과 경합범) ① 경합범중 판결을 받지 아니한 죄가 있는 때에는 그 죄와 판결이 확정된 죄를 동시에 판결할 경우와 형평을 고려하여 그 죄에 대하여 형을 선고한다. 이 경우 그 형을 감경 또는 면제할 수 있다.
② 삭제
③경합범에 의한 판결의 선고를 받은 자가 경합범 중의 어떤 죄에 대하여 사면 또는 형의 집행이 면제된 때에는 다른 죄에 대하여 다시 형을 정한다.
④전 3항의 형의 집행에 있어서는 이미 집행한 형기를 통산한다.

사후적 경합범 중 판결을 받지 아니한 죄가 있는 때에는 "그 죄와 판결이 확정된 죄를 동시에 판결할 경우와 형평을 고려하여 그 죄에 대하여 형을 선고한다. 이 경우 그 형을 감경 또는 면제할 수 있다"(제39조 1항). 구 형법에서는 단순히 "그 죄에 대하여 형을 선고한다"고 규정하였다. 그러나 두 개의 형을 따로 선고하는 경우 동시적 경합범으로 형을 선고할 때에 비해 불리한 결과가 초래되는 경우가 많기 때문에 2005. 7. 개정형법은 두 개의 죄를 동시적 경합범으로 판결할 때와의 형평을 고려하도록 하였다.

예를 들어 절도죄, 강도죄, 살인죄를 범하여 동시적 경합범으로 판결할 때에는 절도죄가 양형에 커다란 영향을 미치지 않는다. 그러나 강도죄와 살인죄에 대해 확정판결이 있은 후 절도죄에 대해 사후적 경합범으로서 별개의 형벌을 선고한다면 세 범죄를 동시적 경합범으로 판결할 때보다 총 형기가 더 무거워질 수 있다. 형법 제39조 제 1 항은 이러한 결과가 나타나지 않도록 해야 한다는 취지이다.

제3장

형벌론

제 1 절 형 벌

제 1 관 형벌의 의의

I. 형벌과 형사제재   [141]

형벌론에서 형벌이란 형사제재(刑事制裁)를 의미한다. 형사제재는 형벌뿐만
아니라 치료감호와 같은 보안처분 및 보호관찰·사회봉사명령·수강명령, 위
치추적 전자장치 부착명령, 성충동약물치료명령, 신상공개명령 등과 같은 보안
처분(판례) 혹은 제 3 의 형사제재를 모두 포함하는 개념이다.

고전학파에 이르기까지 형벌은 응보나 일반예방을 목적으로 범죄인에게 상
응하는 고통을 과하는 것을 내용으로 하였다. 그러나 근대학파에서는 형벌의 목
적을 범죄인의 개선, 교육, 사회복귀를 통한 특별예방이라고 하고 형벌의 내용도
반드시 범죄인에게 고통을 과할 필요가 없다고 하였다. 그리하여 응보, 일반예방
의 목적을 위주로 하는 형사제재를 형벌이라고 하고, 특별예방의 목적을 위주로
하는 형사제재를 보안처분이라고 하는 이원적 형사제재 체제를 갖추게 되었다.

우리나라도 형법전에서는 형벌만을 규정하고 있었으나, 1980년 사회보호
법(현재는 치료감호법으로 대체)에서 본격적으로 보안처분제도를 도입한 이래 많은
형사특별법에서 보안처분제도를 받아들였다. 또한 1995년 개정형법은 형벌과
보안처분의 성격을 모두 지니고 있는 보호관찰, 사회봉사명령, 수강명령과 같
은 제 3 의 형사제재(판례는 이들을 보안처분이라고 한다)도 규정하고 있다.

Ⅱ. 형벌의 목적   [142]

형벌의 목적으로는 응보, 일반예방, 특별예방의 세 가지가 제시되고 있다.

1. 응 보

응보란 범죄인이 피해자나 사회에 초래한 고통에 상응하는 고통을 범죄인에게 가하는 것을 말한다. 근대의 응보형에서는 감정적인 보복을 억제하고 응보도 합리적인 범위 내에서 이루어져야 한다는 것이 강조되었다. '이에는 이, 눈에는 눈'이라는 동해보복론은 한편으로는 응보를 정당화하지만 다른 한편으로는 '한 눈에 두 눈으로' 복수하지 말라는 것, 즉 응보의 한계를 정한 것이다.

2. 일반예방

일반예방이란 범죄인을 처벌함으로써 일반인들이 범죄로 나아가는 것을 방지한다는 사고를 말한다.

전통적인 일반예방론에서는 소극적 일반예방을 강조한다. 소극적 일반예방이란 범죄인을 처벌함으로써 일반인의 심리를 강제하여 범죄로 나아가는 것을 예방한다는 것이다. 최근에는 적극적 일반예방이 강조되고 있는데, 적극적 일반예방이란 범죄인의 처벌을 통해 규범을 확증하고 국민들의 규범준수의식을 고양하여 범죄를 하지 않도록 한다는 것이다.

3. 특별예방

특별예방이란 범죄인을 개선, 교육하여 정상인으로서 사회복귀시킴으로써 더 이상 범죄를 저지르지 않도록 하는 것을 말한다. 개선불가능한 범죄인에 대해서는 그를 제거, 격리, 무력화(incapacitation)시킴으로써 재범을 방지하는 것도 특별예방에 속하는 것이라고 할 수 있으나, 특별예방의 핵심은 범죄인의 개선, 교육, 사회복귀를 통한 재범방지에 있다.

4. 결합설

세 이론 모두 장단점을 가지고 있으므로 어느 하나의 입장에 의해 형벌의 목적을 설명할 수 없고 세 이론을 결합하여 설명하려고 하는 견해이다. 이 견해에 의하면 응보목적은 책임주의원칙에 의해 제한되므로 책임주의원칙은 형벌의 상한을 결정하게 된다. 그리고 이러한 형벌범위 안에서 일반예방이나 특별예방의 목적을 고려해야 하므로 결국 일반예방이나 특별예방은 형벌의 하한을 결정하게 된다. 결합설에서는 응보나 예방의 목적이 책임주의원칙을 희생시켜서는 안 된다고 한다.

제 2 관 형벌의 종류

I. 사 형   [143]

1. 사형의 개념 및 사형제도의 역사

사형이란 범죄인의 생명을 박탈하는 것을 내용으로 하는 형벌이다. 사형은 고대에서부터 존재하였지만, 위하형(威嚇刑)시대라고 분류되는 근대초기의 절대왕권국가에서 특히 많이 사용되었다.

그러나 범죄와 형벌의 균형을 강조하는 고전학파의 이론이 받아들여지고 인도형사상이 확립되면서 사형의 범위가 대폭 축소되기 시작하였다. 현재 상당수의 문명국가에서는 사형을 폐지하였다.

2. 형법상의 사형규정

(1) 사형이 규정되어 있는 범죄

형법전상 사형을 과하는 규정으로는 살인죄(제250조 1, 2항), 위계등에 의한 촉탁살인등죄(제253조), 피인취자등살인죄(제291조 1항), 강간등 살인죄(제301조의2 전문), 인질살해죄(제324조의4 전문), 강도살인죄(제338조 전문), 해상강도살인죄, 해상강도치사죄, 해상강도강간죄(제340조 3항), 폭발물사용죄(제119조), 현주건조물등방화치사죄(제164조 2항 후문), 내란수괴·중요임무종사죄(제87조), 내란목적살인죄(제88조), 외환유치죄(제92조), 여적죄(제93조), 모병이적죄(제94조), 시설제공이적죄(제95조), 시설파괴이적죄(제96조), 간첩죄(제98조) 등이 있다.

선진국과 비교하여 볼 때 현행형법과 형사특별법에 사형규정이 너무 많다. 이는 그때 그때의 사회적 상황에 따라 정치범죄, 경제범죄, 반사회적 성격이 강한 범죄 등에 대해 사형을 과하는 규정이 신설되었기 때문이다. 군형법에는 대부분의 범죄에 대해 사형이 규정되어 있다. 그러나 1998년 사형이 집행된 이후 현재까지 사형집행이 없기 때문에 국제적으로는 우리나라가 사실상 사형폐지 국가로 평가받는다.

(2) 사형의 집행방법

형법은 "사형은 형무소 내에서 교수하여 집행한다"(제66조)고 규정하고, 사형집행도 공개하지 않도록 하고 있다. 한편 군형법 제3조는 "사형은 소속 군참모총장 또는 군사법원의 관할관이 지정한 장소에서 총살로써 이를 집행한다"고 하여 총살을 규정하고 있다.

> 제66조(사형) 사형은 교정시설 안에서 교수(絞首)하여 집행한다.

3. 사형존폐론

우리나라에서 사형존폐론의 논거는 사형의 위헌성 여부에 대한 헌법재판소 1996. 11. 28. 95헌바1 결정에 잘 나타나 있다. 이하에서는 이를 축약하여 소개한다.

(1) 사형폐지론

사형폐지론의 주요 논거는 다음과 같다.

첫째, 인간의 생명권은 선험적이고 자연법적인 권리로서 국가가 이를 박탈할 수는 없다.

둘째, 우리 헌법의 근본정신은 사형제도를 부인하고 있음이 분명하고 생명권은 헌법 제37조 제2항의 기본권 제한에 관한 일반적 법률유보의 대상이 될 수 없다. 사형제도는 생명권의 본질적 내용을 침해하는 생명권의 제한이므로 헌법 제37조 제2항 단서에 위반되기 때문이다.

셋째, 사형은 범죄자의 생명을 박탈하는 것이므로 범죄자에 대한 개선의 가능성을 포기하는 형벌로서 형벌의 목적의 하나인 개선의 목적에 반한다.

넷째, 재판은 인간이 하는 심판이므로 오판을 절대적으로 배제할 수는 없고 오판이 시정되기 이전에 사형이 집행되었을 경우에는 비록 후일에 오판임이 판명되더라도 인간의 생명을 원상으로 복원시킬 수는 없다.

다섯째, 사형제도의 일반예방효과가 크다고 할 수 없고, 특히 무기징역형의 일반예방효과와 큰 차이가 있을 수 없다.

여섯째, 오늘날 세계는 정치·사회·문화·국제사회 등 제분야에서 사형제도를 폐지하는 방향으로 변화되고 있다.

(2) 사형존치론

사형존치론은 다음과 같은 논거를 제시한다.

첫째, 사형은 인류 역사상 가장 오랜 역사를 가진 형벌의 하나로서 범죄에 대한 근원적인 응보방법이며 또한 가장 효과적인 일반예방 수단으로 인식되어 왔다.

둘째, 헌법 제110조 제 4 항(비상계엄하의 군사재판은 … 법률이 정하는 경우에 한하여 단심으로 할 수 있다. 다만, 사형을 선고한 경우에는 그러하지 아니하다)은 간접적으로나마 사형을 인정한다.

셋째, 사형이 비례의 원칙에 따라서 타인의 생명 또는 그에 못지 아니한 공공의 이익을 보호하기 위해 불가피한 경우 예외적으로 적용되는 한, 헌법 제37조 제 2 항 단서에 위반되지 않는다.

넷째, 사형은 인간의 죽음에 대한 공포본능을 이용한 가장 냉엄한 궁극의 형벌로서 그 위하력이 강한 만큼 이를 통한 일반적 범죄예방효과도 더 클 것이라고 추정된다.

다섯째, 사형을 찬성하는 국민들의 법감정을 무시할 수 없다.

여섯째, 우리의 범죄상황을 비롯한 사회상황을 종합적으로 고려하여 볼 때 사형을 폐지하는 것은 시기상조이다.

(3) 사형제한론

사형존폐에 대한 논쟁이 쉽게 의견의 일치를 볼 수 있는 결론에 도달하지 못할 것이므로 설사 사형을 존치한다 하더라도 사형규정을 축소하고, 사형의 선고나 집행을 제한하자는 입장이다. 사형선고의 관여법관 만장일치제도,

일정기간 사형의 집행을 유예한 뒤 무기형으로 감형하는 사형의 집행유예제도, 사형선고를 특별히 신중히 하도록 하는 선언규정의 도입 등을 주장한다.

Ⅱ. 자유형 [144]

1. 자유형의 개념 및 연혁

자유형이란 수형자의 신체의 자유를 박탈하거나 제한하는 것을 내용으로 하는 형벌을 말한다. 신체의 자유를 박탈하는 형벌로서 징역, 금고, 구류가 있다.

오늘날 가장 대표적인 형벌은 자유형이라 할 수 있는데 이는 고전학파에서 비롯되었다. 고전학파는 범죄와 형벌의 균형을 주장함으로써 사형의 범위를 대폭 축소시키고 그 자리에 자유형을 도입하였다. 자유형은 사형에 비해 인도적일 뿐만 아니라 그 기간을 조정함으로써 범죄와 균형을 맞추기에 알맞기 때문이었다. 이 때부터 미결구금이 아닌 형벌로서의 자유형이 형벌의 중심을 차지하게 되었다.

그러나 근대학파의 등장과 함께 자유형도 범죄인의 자유를 박탈한다는 의미를 넘어서서 적극적으로 범죄인을 개선, 교육하는 수단으로 사용되었다. 오늘날 문명국가에서는 자유형이 단순히 자유박탈의 의미를 가진 것이 아니라 범죄인의 교화·개선의 수단으로 인식되고 있다.

2. 자유형의 종류

제67조(징역) 징역은 교정시설에 수용하여 집행하며, 정해진 노역(勞役)에 복무하게 한다.
제68조(금고와 구류) 금고와 구류는 교정시설에 수용하여 집행한다.

(1) 징 역

징역은 범죄인을 교정시설에 수용하여 집행하며 정해진 노역에 복무하게 하는 형벌이다(제67조). 수형자가 정해진 노역에 복무할 의무가 있다는 점에서 금고와 구별되고, 기간이 1개월 이상이라는 점에서 기간이 1일 이상 30일 미만인 구류와 구별된다. 징역은 무기징역과 유기징역으로 나뉜다. 유기징역의 기간은 1월 이상 30년 이하이지만 유기징역을 가중할 때에는 50년까지로 한다(제

42조 본문 및 단서).

(2) 금 고

금고(禁錮)는 범죄인을 교정시설에 수용하여 집행하는 형벌로서, 수형자가 정해진 노역에 복무할 의무가 없다는 점에서 징역과 구별되고, 기간이 1개월 이상이라는 점에서 구류와 구별된다. 금고의 기간은 징역과 같다.

금고형에는 정해진 노역의 의무가 부과되어 있지 않으나 금고형의 수형자의 신청이 있는 경우에는 정해진 노역에 복무하도록 하고 있고, 현실적으로도 대부분의 금고형 수형자가 신청에 의한 정해진 노역 복무를 하고 있다는 점에서 징역과의 구별은 별 의미가 없어졌다.

(3) 구 류

구류(拘留)는 1일 이상 30일 미만의 기간 동안 교정시설에 수용하여 집행하는 형벌이다(제46조, 제68조). 정해진 노역에 복무할 의무가 없다는 점에서 징역과 구별되고 기간이 30일 미만이라는 점에서 징역 및 금고와 구별된다. 그러나 구류형에서도 수형자의 신청이 있으면 작업을 과할 수 있다.

3. 자유형의 개선방안

(1) 자유형단일화

자유형단일화란 법률에서 징역, 금고, 구류 등을 정하지 말고 행형단계에서 구체적으로 수형자의 인격, 소질, 환경 등을 감안하여 정역의 필요여부를 판단케 하자는 입장이다.

(2) 단기자유형의 폐지 및 개선

단기자유형의 단기가 얼마인가에 대해서는 견해의 대립이 있으나 대체로 6개월 이하의 자유형을 말한다. 단기자유형에 대해서는 '범죄수법을 습득하기에는 충분한 기간이고 개선, 교육되기에는 불충분한 기간'이라고 하는 비판이 제기된다. 따라서 단기자유형을 폐지하거나 제한하고 벌금형이나 사회 내 처우로 전향하자는 주장이 제기되었다.

반면에 형기의 일부에 대한 집행유예제도의 도입도 주장되고 있다. 범죄인을 일정 기간 구금한 후 보호관찰을 받도록 함으로써 범죄인의 반성과 사회복귀를 촉구한다는 점에서 충격보호관찰(shock-probation)이라고도 한다.

Ⅲ. 명예형   [145]

1. 자격상실

자격상실이란 일정한 형벌을 선고받으면 그의 부수효과로서 일정한 자격이 상실되는 것을 말한다. 사형, 무기징역 또는 무기금고의 판결을 받은 경우 ① 공무원이 되는 자격, ② 공법상의 선거권과 피선거권, ③ 법률로 요건을 정한 공법상의 업무에 관한 자격, ④ 법인의 이사, 감사 또는 지배인 기타 법인의 업무에 관한 검사역이나 재산관리인이 되는 자격(제43조 1항)이 상실된다.

2. 자격정지

자격정지란 일정한 자격의 전부 또는 일부를 일정기간 동안 정지시키는 형벌을 말한다. 자격정지에는 일정한 형벌을 선고받은 경우 그에 의해 자격이 정지되는 당연정지와 자격정지판결의 선고에 의한 자격정지가 있다.

(1) 당연정지

유기징역 또는 유기금고의 판결을 받은 자는 그 형의 집행이 종료하거나 면제될 때까지 ① 공무원이 되는 자격, ② 공법상의 선거권과 피선거권, ③ 법률로 요건을 정한 공법상의 업무에 관한 자격이 정지된다. 다만, 다른 법률에 특별한 규정이 있는 경우에는 그 법률에 따른다(제43조 2항).

(2) 판결선고에 의한 자격정지

자격정지판결의 선고에 의해 일정한 자격의 전부 또는 일부를 정지시킬 수도 있다. 이를 판결선고에 의한 자격정지라고 한다. 판결선고에 의한 자격정지 기간은 1년 이상 15년 이하이다(제44조 1항).

Ⅳ. 재산형 [146]

1. 벌 금

(1) 벌금형의 의의

벌금형은 피고인에게 일정한 금액을 국가에 납입할 의무를 부담시키는 내용의 형벌이다. 벌금을 납부하지 않은 경우 미납자의 재산을 강제집행할 수도 있지만, 미납자를 노역장에 유치할 수 있다(제69조).

벌금형의 궁극적 목적은 피고인에게 재산적 부담을 지게 하는 데에 있지 않고, 피고인에게 재산적 부담을 지게 함으로써 그의 일상생활이나 활동 및 자유에 제약을 가하고 이를 통해 응보, 일반예방, 특별예방의 목적을 달성하는 데에 있다.

(2) 벌금형의 내용

벌금은 5만원 이상으로 한다. 다만, 감경하는 경우에는 5만원 미만으로 할 수 있다(제45조). 벌금의 상한은 각 처벌규정에서 정해진다. 이와 같이 형법은 벌금의 액수만을 규정하고 있는데 이를 총액벌금제도라고 한다. 이에 대해 벌금을 날짜 수로 정하고 하루 벌금 액수는 범죄인의 경제적 능력을 고려하여 정하는 방법이 있는데, 이를 일수(日數)벌금제도라고 한다.

벌금과 과료는 판결확정일로부터 30일 내에 납입하여야 한다. 벌금을 납입하지 아니한 자는 1일 이상 3년 이하의 기간 노역장에 유치하여 작업에 복무하게 한다(제69조). 벌금을 선고할 때에는 납입하지 아니하는 경우의 유치기간을 정하여 동시에 선고하여야 한다. 선고하는 벌금이 1억원 이상 5억원 미만인 경우에는 300일 이상, 5억원 이상 50억원 미만인 경우에는 500일 이상, 50억원 이상인 경우에는 1,000일 이상의 유치기간을 정하여야 한다(제70조).

벌금의 선고를 받은 자가 그 일부를 납입한 때에는 벌금액과 유치기간의 일수에 비례하여 납입금액에 상당한 일수를 제한다(제71조).

2. 과 료

과료는 2천원 이상 5만원 미만의 금액의 납부의무를 부과하는 형벌로서 벌금형과 내용이 동일하지만 그 액수에서만 차이가 난다. 과료를 납입하지 않는 경우 1일 이상 30일 미만의 노역장에 유치하여 작업에 복무하게 한다(제 69조 2항). 과료를 선고할 때에는 납입하지 아니하는 경우의 유치기간을 정하여 동시에 선고하여야 한다(제70조 1항).

과료의 선고를 받은 자가 그 일부를 납입한 때에는 과료액과 유치기간의 일수에 비례하여 납입금액에 상당한 일수를 제한다(제71조).

3. 몰 수

(1) 몰수의 개념 및 종류

몰수란 범죄와 관련된 물건이나 문서 등을 국가가 강제로 취득하거나 폐기하는 것을 내용으로 하는 형벌을 말한다. 몰수는 원칙적으로 타형에 부가하여 과하는 부가형이지만, 예외적으로 행위자에게 유죄의 재판을 아니할 때에도 몰수의 요건이 있는 때에는 몰수만을 선고할 수 있다(제49조).

몰수에는 필요적 몰수와 임의적 몰수가 있다. 총칙상의 몰수규정인 제48조는 임의적 몰수를 규정하고 있으므로 몰수는 원칙적으로 임의적 몰수이다. 그러나 각칙의 몰수규정에서 필요적 몰수를 규정하는 경우가 있다.

(2) 몰수의 법적 성격

다수설은 몰수가 실질적으로는 보안처분이라고 한다. 이에 대해 범죄인의 물건에 대한 몰수는 재산형이고, 제 3 자의 물건에 대한 몰수는 보안처분의 성질을 가진 것이라고 하는 견해도 있다.

판례는 범죄행위로 인한 이득의 박탈을 목적으로 하는 몰수와 징벌적 성격의 몰수를 모두 인정하고 있다.

(3) 몰수의 대상

제48조(몰수의 대상과 추징) ① 범인 외의 자의 소유에 속하지 아니하거나 범죄 후 범인 외의 자가 사정을 알면서 취득한 다음 각 호의 물건은 전부 또는 일부를 몰수할 수 있다.
1. 범죄행위에 제공하였거나 제공하려고 한 물건
2. 범죄행위로 인하여 생겼거나 취득한 물건
3. 제1호 또는 제2호의 대가로 취득한 물건
② 제 1 항 각 호의 물건을 몰수할 수 없을 때에는 그 가액(價額)을 추징한다.

③ 문서, 도화(圖畵), 전자기록(電磁記錄) 등 특수매체기록 또는 유가증권의 일부가 몰수의 대상이 된 경우에는 그 부분을 폐기한다.

범인 외의 자의 소유에 속하지 아니하거나 범죄 후 범인 외의 자가 사정을 알면서 취득한 다음 기재의 물건은 전부 또는 일부를 몰수할 수 있다. 1. 범죄행위에 제공하였거나 제공하려고 한 물건, 2. 범죄행위로 인하여 생겼거나 이로 인하여 취득한 물건, 3. 제1호 또는 제2호의 대가로 취득한 물건 등이다(제48조).

(4) 추징 및 폐기

1) 추징의 개념 및 법적 성격   몰수대상인 물건을 몰수하기 불능한 때에는 그 가액을 추징한다(제48조 2항). 추징은 몰수가 불가능할 경우 몰수대상인 물건의 가액을 납부하도록 강제하는 처분으로서, 가액을 납부하지 않는 경우에도 노역장유치를 할 수는 없다.

2) 추징의 방법   판례에 의하면, 이익박탈적 성격의 몰수와 징벌적 성격의 몰수의 경우 그 추징방법이 다르다. 이익박탈적 성격의 몰수에서는 개별적·분배적 추징원칙에 따르지만, 징벌적 성격의 몰수에서는 공동연대추징의 원칙에 따른다.

3) 폐 기   문서, 도화, 전자기록등 특수매체기록 또는 유가증권의 일부가 몰수에 해당하는 때에는 그 부분을 폐기한다(제48조 3항). 문서, 도화, 전자기록등이 몰수에 해당해야 하므로 몰수의 대상이 될 수 없는 타인의 소유에 속하는 문서, 도화 등은 폐기할 수 없다.

제 3 관 양 형

I. 양형의 의의   [147]

1. 양형의 개념

양형 혹은 형의 양정(量定)이란 법정형을 기초로 하여 구체적 선고형을 정하는 과정을 말한다. 이를 광의의 양형이라고 한다. 광의의 양형에는 ① 법정형에 수개의 형벌이 선택형으로 규정되어 있는 경우 형벌을 선택하고, ② 형벌의 가중, 감경 여부를 결정하여 처단형을 정하고, ③ 집행유예 혹은 선고유예의 결정, 사회봉사명령, 수강명령, 보호관찰의 부과여부 결정, 처단형의 범위 내에서 구체적 선고형을 정하는 것 등을 모두 포함하는 개념이다.

협의의 양형이란 광의의 양형 중 집행유예, 선고유예 등의 결정을 배제한 전체 과정을 말한다.

최협의의 양형은 처단형의 범위 내에서 구체적인 선고형을 정하는 과정만을 의미한다.

2. 양형의 법적 성격

판례는 양형의 법적 성격을 법관의 자유재량이라고 본다. 그러나 다수설은 양형을 법적으로 구속된 재량, 혹은 법적용의 문제로 본다.

II. 양형과 책임 및 형벌목적   [148]

1. 양형과 책임

양형과 책임과의 관계에 대해 통설은 '형벌은 범죄인의 책임을 초과할 수 없다', '형벌은 책임에 상응해야 한다'라고 하는 책임주의가 양형의 지도원칙이 된다고 한다. 이 때의 책임이란 범죄성립조건으로서의 책임과는 구별되는 것이라고 할 수 있다.

양형책임은 범죄성립조건으로서의 책임의 요소들뿐만 아니라 형법 제51조에 예시된 사항은 물론 제51조에 예시되지 않은 사항이라도 모든 범죄 및 범죄인에 관련된 사항을 고려해서 결정된다.

2. 양형과 책임 및 예방에 관한 이론

(1) 유일형이론

유일형이론은 책임은 언제나 고정된 크기를 가진 것이므로 정당한 형벌도 하나일 수밖에 없다고 한다. 독일어의 Punktheorie를 번역한 것으로서 유일점형론(唯一點刑論)이라고도 한다.

(2) 책임범위이론

다수설은 책임은 일정한 범위에서 정해질 수밖에 없다고 한다. 독일어의 Spielraumtheorie를 번역한 것으로서 폭이론(幅理論)이라고도 한다. 이에 의하면 책임은 상한과 하한이 있는 일정한 범위 내지 폭이 있고 이 범위에서 일반예방과 특별예방을 고려하여 형벌을 정하되, 예방목적을 위해 책임의 상한을 초과할 수는 없지만 하한에 미달할 수는 있다고 한다.

(3) 단계이론

단계이론은 일정한 양형단계에서 각각 책임과 예방을 고려하려는 이론이다. 독일어의 Stufenwerttheorie를 번역한 것이다. 이 이론에 의하면 형량은 불법과 책임의 정도에 따라서 결정하고, 형벌의 종류와 집행여부는 예방의 목적을 고려하여 결정해야 한다고 한다.

Ⅲ. 양형의 단계 및 양형조건   [149]

1. 양형의 단계

양형은 법정형을 시발점으로 하여 법정형 중 형벌의 종류를 선택하여 이를 가중하거나 감경하여 처단형을 정하고, 이를 기초로 하여 구체적 선고형을 정하는 과정으로 이루어진다.

(1) 법정형

양형을 하기 위해서는 확정된 범죄에 대해 어떤 형벌이 법률에 규정되어 있는가를 판단해야 한다. 하나의 범죄에 대해 수개의 법령이 적용되는 경우에는 적용법조 사이에서는 특별법우선의 원칙, 신법우선의 원칙, 보충법에 대한 일반법우선의 원칙 등의 제원칙에 따라 최종적으로 적용해야 할 법정형을 확정해야 한다.

(2) 처단형

처단형이란 법정형에서 형벌의 종류를 선택한 후 이를 법률상 및 재판상의 가중·감경을 한 형벌을 말한다. 처단형을 정할 때에는 책임주의원칙과 형벌의 일반예방 및 특별예방효과를 고려하여야 한다. 예를 들어 징역형과 벌금형 중 어느 것을 선택할 것인가, 임의적 가중·감경을 할 것인가의 여부를 결정할 때에 책임주의, 일반예방효과 및 특별예방효과를 고려해야 한다.

(3) 선고형

선고형이란 처단형의 범위 내에서 법관이 구체적으로 형량을 결정하여 선고하는 형벌을 말한다. 범죄인에게 집행할 형기는 바로 선고형이다. 선고형을 정할 때에는 처단형을 정할 때와 마찬가지로 책임주의원칙과 일반예방 및 특별예방 등 형벌의 목적을 고려하여야 한다.

선고형에도 정기(액)형과 부정기(액)형이 있다. 상대적 부정기선고형(일반적으로 부정기형이라고 할 때에는 상대적 부정기선고형을 말한다)은 성인에게는 인정되지 않고 소년범에게만 인정된다(소년법 제60조).

2. 형의 가중 및 감경

(1) 형의 가중

형의 가중은 법률에 명시적으로 규정되어 있는 경우에만 할 수 있고, 법률의 규정없이 법관이 가중하는 재판상의 가중 내지 작량가중은 인정되지 않는다. 형의 가중규정에는 총칙상의 가중규정과 각칙상의 가중규정이 있다. 이 구별은 가중·감경의 순서를 정할 때(제56조)에 그 실익이 있다.

(2) 형의 감경

형의 감경에는 법률상의 감경과 재판상의 감경이 있다. 전자는 감경할 수 있는 경우가 법률에 규정되어 있는 것인데 필요적 감경과 임의적 감경으로 나뉜다. 후자는 법률에 규정되어 있지 않지만 법관의 재량에 의해 감경하는 것으로서 정상참작감경이라고도 한다.

1) 법률상 감경

가. 필요적 감경　　　필요적 감경은 일정한 사유가 있으면 반드시 감경해야 하는 경우를 말한다. 필요적 감경에는 청각 및 언어장애인(제11조), 중

지미수(제26조), 종범(제32조), 자수(제90조, 제101조, 제111조, 제120조, 제153조, 제175조, 제213조) 등에 대한 감경이 있다.

　나. 임의적 감경　　　임의적 감경은 일정한 사유가 있는 경우 법관의 재량에 의해 감경여부가 결정되는 것을 말한다. 임의적 감경에는 심신미약자(제10조 2항), 과잉방위(제21조 2항), 과잉피난(제22조 3항), 과잉자구행위(제23조 2항), 장애미수(제25조 2항), 불능미수(제27조), 자수·자복(제52조), 범죄단체등의 조직(제114조), 피약취·유인자·인질해방(제295조의2, 제324조의6) 등에 대한 감경이 있다.

　2) 재판상 감경(정상참작감경)　　　범죄의 정상에 참작할 만한 사유가 있는 경우에는 그 형을 감경할 수 있다(제53조). 이를 정상참작감경 혹은 재판상의 감경이라고 한다. 정상참작감경은 법정형이 지나치게 가혹한 경우 이를 시정하기 위한 취지에서 인정되는 것이라고 할 수 있다.

　정상참작감경은 법관이 피고인에게 은혜를 베푼다고 하는 권위주의사고가 반영된 것이고, 법관에게 지나치게 넓은 재량을 인정하는 것으로서 남용의 우려가 있다는 등의 이유로 폐지론이 주장되고 있다.

　3) 자수 및 자복　　　자수란 범인이 자발적으로 자신의 범죄사실을 수사기관에 신고하여 그 소추를 구하는 의사표시를 말한다. 자복이란 반의사불벌죄에서 피해자에게 범죄를 고백하는 것을 말한다. 자수와 자복에 대해서는 형을 감경 또는 면제할 수 있다(제52조). 반의사불벌죄가 아닌 범죄에서 피해자에게 범죄를 고백하는 것은 양형참작사유는 될 수 있지만 형을 감경하거나 면제할 수 있는 자복의 효과는 인정되지 않는다.

　(3) 형의 가중·감경의 순서 및 방법
　1) 가중·감경의 순서　　　하나의 범죄에 대하여 여러 종류의 형벌이 선택형으로 규정되어 있는 경우에는 먼저 형벌의 종류를 선택한 후 그 형을 감경한다(제54조). 가중할 경우에 대해서는 규정이 없으나 마찬가지 요령에 의해야 한다. 결국 형벌의 종류를 먼저 선택한 후 가중·감경을 해야 한다. 가중·감경사유가 경합된 때에는 각칙 본조(조문)에 의한 가중 → 제34조 제2항의 가중 → 누범가중 → 법률상 감경 → 경합범가중 → 정상참작감경의 순서에 의해 가중·감경한다(제56조).

2) 가중 · 감경의 방법

가. 가중의 방법   누범가중은 장기의 2배까지, 경합범가중은 가장 무거운 죄의 장기(長期)의 2분의 1까지이다. 상습범가중은 형기의 2분의 1까지의 가중이 대부분이다.

나. 감경의 방법   첫째, 법률상의 감경의 방법은 다음과 같다. ① 사형을 감경할 때에는 무기 또는 20년 이상 50년 이하의 징역 또는 금고로 한다. ② 무기징역 또는 무기금고를 감경할 때에는 10년 이상 50년 이하의 징역 또는 금고로 한다. ③ 유기징역 또는 유기금고를 감경할 때에는 그 형기의 2분의 1로 한다. ④ 자격상실을 감경할 때에는 7년 이상의 자격정지로 한다. ⑤ 자격정지를 감경할 때에는 그 형기의 2분의 1로 한다. ⑥ 벌금을 감경할 때에는 그 다액의 2분의 1로 한다. ⑦ 구류를 감경할 때에는 그 장기의 2분의 1로 한다. ⑧ 과료를 감경할 때에는 그 다액의 2분의 1로 한다(제55조 1항). 법률상 감경할 사유가 수개 있는 때에는 거듭 감경할 수 있다(제55조 2항).

둘째, 재판상 감경의 방법도 법률상의 감경과 같다. 법률상 감경을 먼저 하고 마지막으로 정상참작감경을 해야 한다(제56조).

3. 양형의 조건(양형참작사유)

(1) 양형참작사유

형을 정함에 있어서는 ① 범인의 연령, 성행, 지능과 환경, ② 피해자에 대한 관계, ③ 범행의 동기, 수단과 결과, ④ 범행 후의 정황 등의 사항을 참작하여야 한다(제51조). 제51조에 규정되어 있는 사항들은 열거적인 것이 아니라 예시적인 것이므로 제51조에 규정되어 있지 않은 사항도 양형시에 참작할 수 있다.

(2) 이중평가금지

양형참작사유 등을 고려할 때에 하나의 사항을 이중으로 고려해서는 안 된다. 예를 들어 범인에게 전과가 있어서 누범가중이 된 경우에는 전과를 양형에서 다시 고려해서는 안 된다. 흉기나 위험한 물건을 사용하여 법정형이 가중된 경우에도 양형에서 이러한 범행수단을 사용하였다는 것을 다시 고려해서는 안 된다.

제 1 절 형 벌 251

Ⅳ. 양형기준   [150]

영미에서는 일찍부터 법관의 양형재량을 줄이기 위해 양형기준(sentencing guideline)을 활용하고 있다.

미국의 양형기준이 법관의 재량을 극도로 제한하고 있음에 비해 영국에서는 개별범죄에 대한 개괄적 양형기준을 택하고 있기 때문에 여전히 법관의 재량이 넓게 인정될 수 있다.

우리나라에도 2007. 12. 개정 법원조직법에 의해 양형기준제도가 도입되어, 2009년 1월부터 시행되고 있다. 예컨대 형법 제250조는 살인죄의 법정형을 사형, 무기 또는 5년 이상 30년 이하의 징역으로 규정하고 있지만, 현재 시행되고 있는 양형기준은 살인죄를 5가지 유형으로 나누고 각 유형을 감경, 보통, 가중의 3가지 유형으로 나눈다. 즉, 살인죄를 15가지 유형으로 나누어 각 유형에 대한 선고형의 범위를 정하고 있다.

Ⅴ. 형의 면제, 판결선고 전 구금일수의 통산, 판결의 공시   [151]

1. 형의 면제

형의 면제란 범죄가 성립하지만 형벌을 과하지 않는 것을 말한다. 형의 면제는 확정판결 이전의 형면제라는 점에서 확정판결 이후의 형면제인 형집행의 면제와 구별된다. 형의 면제는 법률에 인정된 경우에만 허용되고 이러한 규정이 없음에도 불구하고 법관이 형의 면제를 선고하는 것은 허용되지 않는다.

법률상의 형면제에는 필요적 면제와 임의적 면제가 있다.

필요적 형면제에는 실행의 착수 전의 예비·음모의 자수(제90조, 제101조, 제111조, 제120조, 제153조, 제157조, 제175조, 제213조), 친족간의 범행(제328조, 제344조, 제354조, 제361조, 제365조) 등이 있고, 임의적 형면제에는 중지미수(제26조), 과잉방위(제21조 2항), 과잉피난(제22조 3항), 과잉자구행위(제23조 2항), 불능미수(제27조), 자수·자복(제52조) 등이 있다.

2. 판결선고 전 구금일수의 통산

판결선고 전의 구금일수란 피고인이 확정판결을 받기 전에 체포, 구속된 기간 즉 미결구금 기간을 말한다. 미결구금은 형벌은 아니지만, 자유를 박탈당한다는 점에서는 징역, 금고, 구류, 노역장유치 등 기결구금과 동일하다. 이 때문에 형법은 판결선고 전의 구금일수는 그 전부를 유기징역, 유기금고, 벌금이나 과료에 관한 유치 또는 구류에 산입하고, 이 경우 구금일수의 1일은 징역, 금고, 벌금이나 과료에 관한 유치 또는 구류의 기간의 1일로 계산하도록 하고 있다(제57조).

이는 형법 제57조 중 미결구금일수의 일부를 산입할 수 있도록 한 부분이 헌법재판소에 의해 위헌으로 결정되어(헌재 2009. 6. 25. 2007헌바25), 미결구금일수 전부가 형기에 산입되도록 개정되었기 때문이다.

3. 판결의 공시

판결의 공시란 피해자나 피고인의 이익을 위해 판결의 선고와 함께 판결을 공적으로 알리는 것을 말한다. 피해자의 이익을 위하여 필요하다고 인정할 때에는 피해자의 청구가 있는 경우에 한하여 피고인의 부담으로 판결공시의 취지를 선고할 수 있고(제58조 1항), 피고사건에 대하여 무죄 또는 면소의 판결을 선고할 때에는 판결공시의 취지를 선고할 수 있다(제2항).

제 4 관   선고유예, 집행유예, 가석방

제59조(선고유예의 요건) ① 1년 이하의 징역이나 금고, 자격정지 또는 벌금의 형을 선고할 경우에 제51조의 사항을 고려하여 뉘우치는 정상이 뚜렷할 때에는 그 형의 선고를 유예할 수 있다. 다만, 자격정지 이상의 형을 받은 전과가 있는 사람에 대해서는 예외로 한다.
② 형을 병과할 경우에도 형의 전부 또는 일부에 대하여 선고를 유예할 수 있다.

Ⅰ. 선고유예   [152]

1. 선고유예의 의의

선고유예란 일정기간 동안 형의 선고를 하지 않고 그 기간 동안 피고인이 법이 요구하는 사항을 충족한 경우에는 면소(免訴)의 효과를 인정하고, 피고인이 법이 요구하는 사항을 충족하지 못한 경우에는 형을 선고하는 제도를 말한다. 선고유예제도는 경미한 범죄를 저지른 사람이 형을 선고받음으로 말미암아 전과자가 되어 사회생활에 지장을 받는 것을 방지하여 피고인의 사회복귀에 도움을 주기 위한 것이다.

다수설은 선고유예가 형벌과 보안처분의 요소를 모두 지니고 있으면서 이들과는 구별되는 독자적 형태의 형사제재라고 한다.

2. 선고유예의 요건

형법 제59조에 의하면 선고유예의 요건은 다음과 같다.

(1) 1년 이하의 징역이나 금고, 자격정지 또는 벌금의 형을 선고할 경우

사형이나 1년이 넘는 징역이나 금고, 구류, 과료, 몰수에 대해서는 선고유예가 인정되지 않는다. 그러나 1년이 넘는 자격정지를 선고할 경우에는 선고유예를 할 수 있다.

(2) 뉘우치는 정상이 뚜렷할 것

다수설 및 판례에 의하면 뉘우치는 정상이 뚜렷하다는 것은 모든 양형조건을 고려할 때 재범위험성이 없는 것으로 인정되는 것이고, 재범위험성판단은 판결시를 기준으로 한다(대판 2003. 2. 20. 2001도6138).

이에 대해 뉘우치는 정상을 재범위험성으로 해석하는 것은 입법론으로서는 몰라도 해석론으로서는 무리라는 소수설이 있다.

(3) 자격정지 이상의 형을 받은 전과가 없을 것

선고유예는 특별예방의 목적을 위해 응보나 일반예방의 목적을 포기하는 것이므로 피고인의 행위자책임이 현저하게 적은 경우에만 허용되는 것이라고 할 수 있다. 따라서 이전에 자격정지 이상의 형을 선고받았음에도 불구하고 재범을 한 사람에게는 이와 같은 사정이 있다고 할 수 없으므로 선고유예의 대상에서 제외한 것이다.

(4) 한 개의 형의 전부에 대한 것일 것

제59조 제 2 항의 취지는 형을 병과할 경우 하나의 형의 전부에 대해 선고유예를 할 수 있다는 것을 의미하고, 하나의 형의 일부에 대한 선고유예는 허용되지 않는다.

3. 보호관찰부 선고유예

형의 선고를 유예하는 경우에 재범방지를 위하여 지도 및 원호가 필요한 때에는 보호관찰을 받을 것을 명할 수 있고, 보호관찰의 기간은 1년으로 한다(제59조의2). 선고유예의 경우 보호관찰만을 명할 수 있고, 사회봉사나 수강은 명할 수 없다는 점에서 집행유예의 경우와 차이가 있다.

4. 선고유예의 실효

형의 선고유예를 받은 자가 유예기간 중 자격정지 이상의 형에 처한 판결이 확정(確定)되거나 자격정지 이상의 형에 처한 전과가 발견된 때에는 유예한 형을 선고한다. 보호관찰부 선고유예를 받은 자가 보호관찰기간 중에 준수사항을 위반하고 그 정도가 무거운 때에는 유예한 형을 선고할 수 있다(제61조 1, 2항).

5. 선고유예의 효과

형의 선고유예를 받은 날로부터 2년을 경과한 때에는 면소된 것으로 간주한다. 선고유예의 기간은 법률에 의해 2년으로 일률적으로 정해진다는 점에서 법관이 1년에서 5년 사이에서 재량으로 정하는 집행유예기간과 구별된다. 면소란 확정판결, 사면, 공소시효의 완성, 범죄 후 형의 폐지(형사소송법 제326조) 등으로 인해 소송수행의 이익이 없는 경우를 말한다. 집행유예의 기간을 경과한 경우에는 형선고가 실효되는 것과 구별된다.

Ⅱ. 집행유예 [153]

1. 집행유예의 의의

집행유예란 피고인에게 징역이나 금고 또는 500만원 이하의 벌금의 형을 선고하면서, 일정기간 그 집행을 유예하고 그 기간이 경과한 뒤에는 형선고의 효력을 잃도록 하는 제도를 말한다. 그러나 피고인이 유예기간 동안 재범을 하거나 준수사항을 위반한 경우에는 선고된 형이 집행될 수 있다. 집행유예는 특별예방의 목적을 위해 응보, 일반예방의 목적을 포기 내지 억제하는 것이라고 할 수 있다. 현행형법이 집행유예를 선고하면서 보호관찰, 사회봉사·수강 등을 명할 수 있도록 규정한 것(제62조의2)도 집행유예에서 특별예방 목적을 좀 더 효과적으로 달성하기 위한 것이라고 할 수 있다.

집행유예에는 단순한 집행유예와 보호관찰 등이 부과된 집행유예로 나눌수 있다. 그 법적 성격은 선고유예에서와 같다.

2. 집행유예의 요건

(1) 3년 이하의 징역이나 금고 또는 500만원 이하의 벌금의 형을 선고할 경우

집행유예는 징역, 금고 또는 500만원 이하의 벌금을 선고하는 경우에만 가능하고, 사형, 500만원이 넘는 벌금, 구류, 과료, 몰수에 대한 집행유예는 인정되지 않는다.

(2) 정상에 참작할 만한 사유가 있을 것

형법 제51조의 사항을 참작하여 그 정상에 참작할 사유가 있어야 한다. 다수설은 정상참작사유라 함은 형벌의 집행을 하지 않더라도 재범위험성이 없다고 인정되는 경우라고 하고, 소수설은 다수설의 입장이 입법론으로는 몰라도 해석론으로는 무리라고 한다.

(3) 금고 이상의 형확정 후 그 집행종료 또는 면제 후 3년까지 기간에 범한 죄가 아닐 것

이러한 사람을 집행유예 대상에서 제외하는 것은 형을 선고받은 후 일정기간 이내에 재범을 한 경우에는 정상참작의 여지가 없기 때문이라고 할 수 있다. 여기에서 3년의 기간은 금고 이상의 판결확정시부터 계산한다. 따라서 금고 이상의 판결확정 이전에 범한 죄에 대해서는 집행유예를 할 수 있다.

2005년 개정형법은 금고 이상의 형선고 판결확정 이후에 범한 죄에 대해서만 집행유예를 할 수 없다고 하고 있으므로, 집행유예판결을 받고 유예기간 중에 있는 자가 집행유예판결 이전에 범한 죄에 대해서는 집행유예를 할 수 있다고 해석된다(대판 2007. 7. 27. 2007도768 참조).

(4) 하나의 형의 전부에 대한 것일 것

형이 병과되는 경우 그 중 일부의 형에 대해서만 집행유예를 하는 것은 가능하다(제62조 2항). 그러나 예를 들어 2년의 징역형 중 1년 6개월만을 집행유예하고 6개월은 집행하는 것과 같이 하나의 형의 일부에 대한 집행유예는 허용되지 않는다.

3. 집행유예와 보호관찰, 사회봉사 · 수강명령

1995년 개정형법은 집행유예를 하면서 보호관찰, 사회봉사 · 수강을 명할 수 있도록 하는 규정을 두었다(제62조의2).

보호관찰은 범죄인이 사회 내에서 정상적으로 생활하도록 하면서 국가기관인 보호관찰관의 지도, 감독, 원호를 받게 하는 제도를 말한다. 사회봉사명령은 범죄인으로 하여금 일정시간 동안 무보수의 공익적 봉사활동을 하도록 하는 명령, 수강명령은 범죄인으로 하여금 일정시간 동안 지정된 장소에 출석하여 강의, 훈련 등을 받게 하는 명령을 말한다.

보호관찰기간은 원칙적으로 집행유예기간이지만 법원은 유예기간의 범위 내에서 보호관찰기간을 정할 수 있다(제2항). 사회봉사명령 또는 수강명령은 집행유예기간 중에 집행한다(제3항).

4. 집행유예의 실효 및 취소

(1) 집행유예의 실효

집행유예의 실효(失效)라 함은 일정사유가 있는 경우 집행유예의 선고가 당연히 효력을 상실하는 것을 말한다. 집행유예의 선고를 받은 자가 유예기간 중 고의로 범한 죄로 금고 이상의 실형을 선고받아 그 판결이 확정된 때에는 집행유예의 선고는 효력을 잃는다(제63조).

(2) 집행유예의 취소

집행유예의 취소란 일정한 사유가 있는 경우 법원의 재판에 의해 집행유예선고의 효력이 상실되는 것을 말한다. 집행유예의 실효는 법원의 재판없이 이루어지는 데에 비해, 집행유예의 취소는 법원의 재판에 의한 것이라는 점에서 차이가 있다.

집행유예의 선고를 받은 후 금고 이상의 형을 선고한 판결이 확정된 때부터 그 집행을 종료하거나 면제된 후 3년까지의 기간에 범한 죄라는 것이 발각된 때에는 집행유예의 선고를 취소한다(제64조 1항). 이를 필요적 취소라고 한다. 보호관찰이나 사회봉사 또는 수강을 명한 집행유예를 받은 자가 준수사항이나 명령을 위반하고 그 정도가 무거운 때에는 집행유예의 선고를 취소할 수 있다(제64조 2항). 이를 임의적 취소라고 한다.

5. 집행유예의 효과

집행유예를 선고받은 사람은 1년에서 5년의 기간 동안 형벌집행이 유예되고, 집행유예의 선고를 받은 후 그 선고의 실효 또는 취소됨이 없이 유예기간을 경과한 때에는 형의 선고는 효력을 잃는다(제65조).

Ⅲ. 가석방 [154]

제72조(가석방의 요건) ① 징역이나 금고의 집행 중에 있는 사람이 행상(行狀)이 양호하여 뉘우침이 뚜렷한 때에는 무기형은 20년, 유기형은 형기의 3분의 1이 지난 후 행정처분으로 가석방을 할 수 있다.
② 제1항의 경우에 벌금이나 과료가 병과되어 있는 때에는 그 금액을 완납하여야 한다.

1. 가석방의 의의

가석방이란 징역 또는 금고의 집행 중에 있는 사람을 형기만료 이전에 일정한 조건하에 석방하는 것을 말한다(제72조 1항). 잔여형기의 집행유예라고 할 수 있다. 가석방제도는 응보나 일반예방보다 특별예방을 중시하는 제도라고 할 수 있다.

가석방은 법관이 결정하는 사법처분이 아니라 가석방심사위원회의 허가 신청에 의해 법무부장관이 결정하는 행정처분이다(제72조 1항)이다. 통설에 의하면 가석방의 법적 성격은 일종의 형집행작용이다.

1995년 개정형법 이전에는 가석방자에 대한 보호관찰이 규정되어 있지 않았지만 1995년 개정형법을 통해 가석방자에 대해서는 가석방기간 동안 필요적으로 보호관찰을 하도록 하였다.

2. 가석방의 요건

(1) 20년(무기징역·금고) 또는 형기의 3분의 1 경과(유기징역·금고)

1) 가석방이 가능한 형벌   가석방은 징역 또는 금고의 집행 중에 있는 사람에 대해서 인정되고, 사형이나 구류에 대해서는 인정되지 않는다. 유기징역, 유기금고뿐만 아니라 무기징역, 무기금고를 집행받고 있는 사람에 대해서도 가석방이 인정된다.

다수설은 노역장유치에 대해도 가석방이 인정된다고 한다.

2) 기간상의 요건   무기징역, 무기금고에 있어서는 20년, 유기징역, 유기금고에 있어서는 형기의 3분의 1 이상이 경과하여야 한다. 이 때의 형기란 선고형을 의미하고 선고형이 사면이나 기타 사유로 감형된 경우에는 감경된 형기를 기준으로 한다.

형기에 산입된 판결선고전 구금일수는 가석방을 하는 경우 집행을 경과한 기간에 산입한다(제76조 1항).

(2) 행상양호 및 뉘우침이 뚜렷함

죄를 뉘우치는 마음, 즉 재범위험성이 없음이 징역, 금고의 집행 중의 양호한 행상을 통해 나타나야 한다. 가석방여부는 행상의 양호와 뉘우침이 뚜렷함 유무를 기준으로 결정해야 하고, 피고인이 행한 범죄의 죄질이나 심각성 등을 기준으로 결정해서는 안 된다.

(3) 병과된 벌금 또는 과료의 완납

자유형에 벌금 또는 과료가 병과된 경우 가석방되더라도 벌금 또는 과료를 미납하면 노역장에 유치되어 다시 구금되어야 하기 때문에 벌금 또는 과료 금액을 완납할 것을 요구하는 것이다. 벌금 또는 과료에 관한 유치기간에 산입된 판결선고 전 구금일수는 그에 해당하는 금액이 납입된 것으로 간주한다(제73조 2항).

3. 가석방 기간 및 보호관찰

가석방의 기간은 무기형에 있어서는 10년으로 하고, 유기형에 있어서는 남은 형기로 하되, 그 기간은 10년을 초과할 수 없다. 가석방된 자는 가석방 기간 중 보호관찰을 받는다. 다만, 가석방을 허가한 행정관청이 필요가 없다고 인정한 때에는 그러하지 아니하다(제73조의2).

4. 가석방의 실효 및 취소

(1) 가석방의 실효

가석방의 실효란 일정한 사유가 있는 경우 별도의 조치없이 가석방의 효력이 상실되는 것을 말한다. 별도의 조치가 없이 가석방의 효력이 상실된다는 점에서 가석방의 취소와 구별된다. 가석방 중 금고 이상의 형의 선고를 받아 그 판결이 확정된 때에는 가석방처분은 효력을 잃는다. 단, 과실로 인한 죄로 형의 선고를 받았을 때에는 가석방처분이 효력을 잃지 않는다(제74조).

(2) 가석방의 취소

가석방의 취소란 일정한 사유가 있는 경우 가석방취소처분을 통해 가석방의 효력을 소급적으로 상실시키는 것을 말한다. 가석방의 처분을 받은 자가 감시에 관한 규칙을 위배하거나, 보호관찰의 준수사항을 위반하고 그 정도가 무거운 때에는 가석방처분을 취소할 수 있다(제75조). 가석방취소는 필요적이 아니고 임의적이다.

(3) 가석방 취소 · 실효의 효과

가석방이 취소 · 실효된 경우 가석방 중의 일수는 형기에 산입하지 아니한다(제76조 2항). 따라서 가석방이 취소 · 실효된 사람에 대해서는 가석방시의 잔형기간 전부를 집행해야 한다.

5. 가석방의 효과

가석방의 처분을 받은 후 그 처분이 실효 또는 취소되지 아니하고 가석방기간을 경과한 때에는 형의 집행을 종료한 것으로 본다(제76조 1항). 형의 집행을 종료한 효과만이 있고 집행유예처럼 형선고 자체가 실효되는 것은 아니다.

제 5 관 형의 시효와 소멸

Ⅰ. 형의 시효 [155]

1. 형의 시효의 의의

형의 시효란 형선고의 시간적 효력, 즉 선고된 형을 집행할 수 있는 시간적 범위를 말한다. 형의 선고가 있는 경우에도 일정한 사유로 인해 시효가 완성되면 그 형벌의 집행이 면제된다(제77조).

형의 시효를 인정하는 이유는 형벌을 집행하지 않는 상태가 오래 지속되는 경우 형벌을 집행해야 한다는 사회의식이 희박해지고, 범죄인에 대한 형벌집행이라는 요구보다는 오랜 동안 지속된 상태를 존중해 줘야 할 필요가 더 커지기 때문이다.

2. 시효의 기간

시효는 형을 선고하는 재판이 확정된 후 그 집행을 받지 아니하고 다음의 기간을 경과함으로 인하여 완성된다. 즉, ① 사형은 30년, ② 무기의 징역 또는 금고는 20년, ③ 10년 이상의 징역 또는 금고는 15년, ④ 3년 이상의 징역이나 금고 또는 10년 이상의 자격정지는 10년, ⑤ 3년 미만의 징역이나 금고 또는 5년 이상의 자격정지는 7년, ⑥ 5년 미만의 자격정지, 벌금, 몰수 또는 추징은 5년, ⑦ 구류 또는 과료는 1년 등이 경과함으로써 시효가 완성된다(제78조).

기간의 계산은 연(年) 또는 월로써 정한 기간은 연(年) 또는 월 단위로 계산하고(제83조). 형의 집행과 시효기간의 초일은 시간을 계산함이 없이 1일로 산정한다(제85조).

형기는 판결이 확정된 날로부터 기산한다. 징역, 금고, 구류와 유치에 있어서는 구속되지 아니한 일수는 형기에 산입하지 아니한다(제84조). 석방은 형기종료일에 하여야 한다(제86조).

3. 시효의 정지와 중단

(1) 시효의 정지

시효의 정지란 진행하던 시효가 일정한 사유로 인하여 진행하지 않는 것을 말한다. 일정한 사유가 없어진 경우에는 이미 진행했던 시효에 계속하여 시효가 진행되는 점에서 처음부터 시효가 다시 진행하는 시효의 중단과 구별된다.

시효는 형의 집행의 유예나 정지 또는 가석방, 형의 집행을 면할 목적으로 국외에 있는 기간 기타 집행할 수 없는 기간은 진행되지 아니한다(제79조). 기타 집행할 수 없는 기간이란 천재지변이나 기타 사변으로 인하여 형을 집행할 수 없는 기간을 말한다.

(2) 시효의 중단

시효의 중단이란 진행하던 시효가 일정한 사유로 인하여 진행을 정지하고 처음부터 다시 시효가 진행하는 것을 말한다. 그 사유가 없어진 경우 처음부터 시효가 다시 진행된다는 점에서 시효의 정지와 구별된다. 시효는 사형, 징역, 금고와 구류에 있어서는 수형자를 체포함으로, 벌금, 과료, 몰수와 추징에 있어서는 강제처분을 개시함으로 인하여 중단된다(제80조).

4. 형의 시효완성의 효과

형의 선고를 받은 자는 시효의 완성으로 인하여 그 집행이 면제된다(제77조). 형집행이 면제될 뿐이고 형선고 자체가 실효되는 것은 아니다. 형집행의 면제는 법률상 당연히 인정되고 별도의 재판을 요하지 않는다.

Ⅱ. 형의 소멸 [156]

1. 형의 소멸의 의의

형을 받은 전과사실이 남아있으면 전과자로 낙인찍히고 이에 따라 사회복귀에 장애를 받을 위험성이 있다. 이러한 위험성을 제거하고 범죄인의 사회복귀를 원활하게 하기 위해 형법은 형의 소멸이라는 제목하에 형의 실효와 복권제도를 두고 있다.

2. 형의 실효

형의 실효란 징역 또는 금고의 집행을 종료하거나 집행이 면제된 자에 대해 일정한 요건하에 법원의 재판에 의해 징역, 금고를 선고했던 재판의 효력을 상실시키는 것을 말한다.

징역 또는 금고의 집행을 종료하거나 집행이 면제된 자가 피해자의 손해를 보상하고 자격정지 이상의 형을 받음이 없이 7년을 경과한 때에는 본인 또는 검사의 신청에 의하여 그 재판의 실효를 선고할 수 있다(제81조).

형실효의 재판이 있으면 징역, 금고를 선고했던 재판의 효력이 상실된다(제81조).

'형의 실효 등에 관한 법률'은 수형인이 자격정지 이상의 형을 받음이 없이 형의 집행을 종료하거나 그 집행이 면제된 날부터 ① 3년을 초과하는 징역·금고는 10년, ② 3년 이하의 징역·금고는 5년, ③ 벌금은 2년 등이 경과한 때, ④ 구류·과료는 형의 집행을 종료하거나 그 집행이 면제된 때에는 형이 당연히 실효되도록 하고 있다(제7조 1항).

3. 복 권

복권이란 자격정지의 선고를 받은 사람에 대해 일정한 사유가 있는 경우 법원의 재판에 의해 자격을 회복시키는 것을 말한다. 법원의 재판에 의하고 장래에 대해서만 효력이 있다는 점에서 형선고가 소급적으로 실효되는 집행유예의 경우와 다르다.

자격정지의 선고를 받은 자가 피해자의 손해를 보상하고 자격정지 이상의 형을 받음이 없이 정지기간의 2분의 1을 경과한 때에는 본인 또는 검사의 신청에 의하여 자격의 회복을 선고할 수 있다(제82조).

제 6 관 기 간

형기가 연(年) 또는 월(月)로 정해진 경우 그 기간은 연 또는 월 단위로 계산한다(제83조). 형기는 판결이 확정된 날로부터 기산하고 징역, 금고, 구류와 유치에 있어서는 구속되지 아니한 일수는 형기에 산입하지 아니한다(제84조).

형의 집행과 시효기간의 초일은 시간을 계산함이 없이 1일로 산정한다(제85조), 예를 들어 1월 5일 오후 11시 59분에 구금되어, 1월 6일 0시 1분에 석방된 경우에도 형의 집행기간은 2일이다.

석방은 형기종료일에 하여야 한다(제86조).

제 2 절 보안처분

Ⅰ. 보안처분의 의의 [157]

1. 보안처분의 개념

통설에 의하면 보안처분이란 장래에 범죄를 저지를 위험성이 있는 범죄인의 재범을 방지하고 이를 통해 사회 일반인의 안전을 확보하기 위한 형사제재를 말한다. 형벌이 과거의 범죄행위를 이유로 한 제재임에 비해 보안처분은 장래 재범위험성을 이유로 한 제재라는 점이 형벌과 구별되는 보안처분의 특징이다. 따라서 형벌에서는 책임주의원칙이 강조되지만, 보안처분에서는 재범가능성의 예측과 범죄와 보안처분 사이의 비례의 원칙이 강조된다.

2. 보안처분의 연혁

우리나라에 보안처분제도가 본격적으로 도입된 것은 1980년 사회보호법에 의해서였다. 동법의 숨겨진 제정목적에는 5·17 쿠데타에 의해 정권을 잡은 군부세력들이 권력유지를 위해 범죄에 대해 강경대응을 하고 이를 통해 민심을 수습하겠다는 것도 있었다. 이러한 태생적 한계 때문에 2005년 사회보호법과 보호감호제도가 폐지되었다. 그러나 치료감호와 보호관찰의 필요성은 여전히 인정되기 때문에 2005년 치료감호법은 심신장애인과 마약류중독자 등에 대한 치료감호와 이들에 대한 보호관찰제도는 존치시켰다.

II. 보안처분의 법적 성격 [158]

1. 보안처분과 형벌

(1) 보안처분과 형벌과의 관계

1) **일원론**　　　근대학파의 주장으로서 형벌이든 보안처분이든 범죄인의 재범방지와 이를 통한 사회일반인의 보호에 그 목적이 있으므로 내용, 범위, 한계, 절차 등에서 양자를 구별할 필요가 없다는 입장이다.

2) **이원론**　　　통설에 의하면 양자는 목적, 내용, 범위, 한계, 절차 등에서 본질적으로 차이가 있다.

첫째, 형벌은 주로 응보나 일반예방의 목적을 지니는 데에 비해, 보안처분은 특별예방과 이를 통한 사회보호에 목적이 있다.

둘째, 형벌은 범죄인에 대해 고통을 가하는 것을 내용으로 하는 데에 비해, 보안처분은 고통 내지 해악을 내용으로 할 필요가 없다.

셋째, 형벌은 행위자의 비난가능성을 전제로 하고 책임주의원칙에 구속되므로 책임능력무능력자에게는 형벌을 과할 수 없다. 그러나 보안처분은 비난가능성을 요건으로 하지 않으므로 재범위험성이 있는 사람에게는 책임능력유무에 불문하고 보안처분을 과할 수 있다.

넷째, 형벌부과에는 재범위험성이 있음을 요하지 않으나, 보안처분은 재범위험성이 있어야 부과할 수 있다.

다섯째, 형벌은 해악과 고통을 내용으로 하므로 절차에 있어서도 법적 안정성이 강조되고 이에 따라 사법처분에 의해야 하지만, 보안처분은 고통이나 해악이 아닌 원호나 지원 등도 그 내용이 될 수 있으므로 합목적성이 강조되고 이에 따라 반드시 사법처분이 아닌 행정처분 등에 의해 과해도 무방하다.

(2) 보안처분과 형벌의 집행방법

보안처분과 형벌의 집행방법에 관한 입법례로는 다음과 같은 것이 있다.

첫째, 택일주의로서, 형벌과 보안처분 중 어느 하나만을 집행하는 것이다.

둘째, 대체주의로서, 형벌과 보안처분을 모두 선고하되 보안처분의 집행기간을 형기에 산입하는 방식이다. 주로 ① 형벌보다 보안처분을 우선 집행하고, ② 보안처분의 집행기간을 형기에 산입하고, ③ 보안처분집행 후 형벌집행의 유예여부를 심사하는 방식이 사용된다.

셋째, 병과주의로서, 형벌과 보안처분을 모두 선고, 집행하는 방식이다. 보통은 형벌을 먼저 집행하고 이어 보안처분을 집행하는 방식이 많이 사용된다.

치료감호법은 치료감호와 형이 병과된 경우 치료감호의 기간을 형기에 산입하는 대체주의를 규정하고 있다(제18조).

2. 보안처분의 위헌성 여부

사회보호법이 시행되던 시절에는 형벌 이외에 보안처분을 과하는 것이 헌법상 일사부재리의 원칙, 죄형법정주의, 과잉금지원칙, 적법절차의 원칙에 위반되지 않는가에 대해 논란이 있었다. 이후 위헌론이 설득력을 얻게 되어 2005년 사회보호법과 보호감호제도가 폐지되었다. 2005년의 치료감호법은 치료감호를 존치시키되 그 기간을 심신장애범죄자 등에 대해서는 15년, 마약류 중독자 등에 대해서는 2년을 초과하지 못하도록 규정하여(제16조 2항) 위헌의 소지를 없앴다.

Ⅲ. 치료감호   [159]

1. 치료감호의 의의

치료감호란 금고 이상의 죄를 범한 심신장애인, 마약 등의 습벽자·중독자 및 정신성적 장애인이 치료감호의 필요성이 있고 장차 재범할 위험성이 있는 경우 치료감호시설에 수용하여 치료를 위한 조치를 하는 보안처분을 말한다(치료감호법 제2조, 제16조). 치료감호시설에 수용한다는 점에서 자유박탈적 보안처분에 해당한다.

2. 치료감호의 요건

(1) 치료감호대상자

첫째, 심신상실·미약자가 금고 이상의 형에 해당하는 죄를 범해야 한다. 심신장애 여부는 형법 제10조에 의해 결정한다.

둘째, 마약·향정신성의약품·대마 그 밖에 남용되거나 해독작용을 일으킬 우려가 있는 물질이나 알코올을 식음·섭취·흡입·흡연 또는 주입받는 습벽이 있거나 그에 중독된 자가 금고 이상의 형에 해당하는 죄를 범하여야 한다.

셋째, 소아성기호증, 성적가학증 등 성적 성벽이 있는 정신성적 장애인으로서 금고 이상의 형에 해당하는 성폭력범죄를 범하여야 한다.

(2) 금고 이상의 형에 해당하는 죄 또는 성폭력범죄를 범한 때

금고 이상의 형이란 법정형을 의미한다. 정신성적 장애인은 성폭력범죄를 범한 때로 한정되어 있다.

(3) 치료감호의 필요성

재범위험성이 있더라도 치료감호의 필요성이 없으면 치료감호를 선고할수 없다.

(4) 재범위험성

재범위험성이란 피감호청구인이 심신장애나 마약 등 습벽·중독 상태에서 범죄를 저지를 상당한 개연성을 말한다.

3. 치료감호의 내용

(1) 치료감호의 절차

검사는 치료감호대상자가 치료감호를 받을 필요가 있는 경우 관할 법원에 치료감호를 청구할 수 있다(제4조 1항). 치료감호대상자에 대한 치료감호를 청구함에는 정신과 등의 전문의의 진단 또는 감정을 참고하여야 한다(제2항). 법원은 감호청구된 사건을 심리하여 그 청구가 이유있다고 인정할 때에는 판결로써 감호를 선고하여야 한다.

(2) 치료감호의 내용 및 기간

치료감호의 선고를 받은 자(이하 "피치료감호자"라 한다)에 대하여는 치료감호시설에 수용하여 치료를 위한 조치를 한다. 치료감호시설에의 수용은 15년을 초과할 수 없다. 다만, 알코올 등 중독에 의한 피치료감호자의 수용기간은 2년을 초과할 수 없다(제16조 1, 2항).

(3) 치료감호의 집행순서

치료감호와 형이 병과된 경우에는 치료감호를 먼저 집행하고, 치료감호의 집행기간은 형기에 산입한다(제18조). 이를 대체주의라고 한다.

(4) 치료감호의 집행정지 및 치료위탁

치료감호 및 보호관찰의 관리와 집행에 관한 사항을 심사·결정하기 위하여 법무부에 치료감호심의위원회를 둔다(제37조). 치료감호심의위원회는 피치료감호자에 대하여 그 집행개시 후 매 6월 종료 또는 가종료 여부를, 가종료 또는 치료위탁된 피치료감호자에 대하여는 가종료 또는 치료위탁 후 매 6월 종료 여부를 심사·결정한다(제22조).

치료감호심의위원회는 치료감호만을 선고받아 그 집행개시 후 1년을 경과한 자와 치료감호와 형이 병과되어 형기 상당의 치료감호를 집행받은 자에 대하여 상당한 기간을 정하여 그의 법정대리인, 배우자, 직계친족, 형제자매에게 치료감호시설 외에서의 치료를 위탁할 수 있다(제23조 1, 2항).

치료감호가 가종료된 자와 치료위탁된 자에게는 보호관찰이 개시된다(제32조 1항).

Ⅳ. 치료명령　　　　　　　　　　　　　　　　　　　　　[159-1]

치료명령이란 범죄인에 대해 형의 선고유예나 집행유예를 하면서 일정기간 동안 의사의 진단과 치료 또는 전문가에 의한 인지행동 치료 등 심리치료 프로그램 등을 이수받도록 하는 명령을 말한다. 자유제한적이고 형사시설이 아닌 사회 내에서 행하는 보안처분이다.

치료명령 대상자는 형법 제10조 제2항에 따라 형이 감경되는 심신장애인으로서 금고 이상의 형에 해당하는 죄를 지은 자, 알코올을 식음하는 습벽이 있거나 그에 중독된 자로서 금고 이상의 형에 해당하는 죄를 지은 자 또는 마약·향정신성의약품·대마, 그 밖에 대통령령으로 정하는 남용되거나 해독을 끼칠 우려가 있는 물질을 식음·섭취·흡입·흡연 또는 주입받는 습벽이 있거나 그에 중독된 자로서 금고 이상의 형에 해당하는 죄를 지은 자로서 통원치료를 받을 필요가 있고 재범위험성이 있는 자이다(치료감호법 제2조의3).

치료명령을 받은 사람에 대해서는 보호관찰을 병과하여야 한다(제44조의2 제2항). 보호관찰 기간은 선고유예의 경우 1년, 집행유예의 경우 그 유예기간이지만, 법원이 집행유예의 기간의 범위에서 보호관찰기간을 정할 수 있다(제3항).

V. 보호관찰   [160]

1. 보호관찰의 의의

보호관찰이란 치료감호가 가종료된 자, 치료위탁된 자 등에 대해 보호관찰관이 그들의 사회생활을 지도·감독·원호하는 보안처분을 말한다. 피보호관찰자를 시설에 수용하지 않고 사회 내에서 지도·감독한다는 점에서 자유제한적 보안처분에 속한다.

치료감호법상의 보호관찰은 순수한 보안처분이라는 점에서 형법상의 보호관찰과는 그 성격이 다르다.

2. 보호관찰대상자

치료감호가 가종료된 자, 치료감호시설 외에서의 치료를 위하여 법정대리인 등에게 위탁된 자에 대해서는 보호관찰이 개시된다(제32조 1항).

3. 보호관찰의 내용

피보호관찰자는 보호관찰 등에 관한 법률 제32조 제2항의 규정에 의한 준수사항을 성실히 이행하여야 하고, 치료감호심의위원회는 피보호관찰자의 특성을 고려하여 기타 특별히 준수하여야 할 사항을 따로 과할 수 있다(제33조 1, 2항).

4. 보호관찰의 기간 및 종료

보호관찰의 기간은 3년으로 한다(제32조 2항).

보호관찰기간이 만료된 때, 보호관찰기간 만료 전이라도 치료감호심의위

원회의 치료감호의 종료결정이 있는 때, 보호관찰기간 만료 전이라도 피보호
관찰자가 다시 치료감호의 집행을 받게 되어 재수용되거나 새로운 범죄로 금
고 이상의 형의 집행을 받게 된 때에는 보호관찰이 종료된다(제32조 3항).

Ⅵ. 보안관찰 [161]

1. 보안관찰의 의의

보안관찰이란 보안관찰법 제 2 조 소정의 범죄(주로 내란, 외환 등 반국가적 범죄)
또는 이와 경합된 범죄로 금고 이상의 형의 선고를 받고 그 형기합계가 3년
이상인 자로서 형의 전부 또는 일부의 집행을 받은 사실이 있고 재범위험성
이 있는 자를 사회 내에서 감독·지도·원호하는 보안처분을 말한다.

보안관찰은 보안관찰처분심의위원회에 의한 행정처분이고 경찰서장이 보
안관찰업무를 담당한다.

2. 보안관찰의 내용

보안관찰처분은 검사가 청구한다(제 7 조). 검사의 청구가 있는 경우 법무부
장관의 심사를 거쳐(제10조) 보안관찰처분심의위원회가 보안관찰처분 혹은 기
각의 결정을 한다(제12조 9항). 보안관찰처분을 받은 자는 법이 정하는 바에 따
라 소정의 사항을 주거지 관할경찰서장에게 신고하고, 재범방지에 필요한 범
위 안에서 그 지시에 따라 보안관찰을 받아야 한다(제 4 조 2항).

보안관찰처분의 기간은 2년이다. 법무부장관은 검사의 청구가 있는 때에
는 보안관찰처분심의위원회의 의결을 거쳐 그 기간을 갱신할 수 있다(제 5 조).

제 2 편

각   론

제1장

개인적 법익에 대한 죄

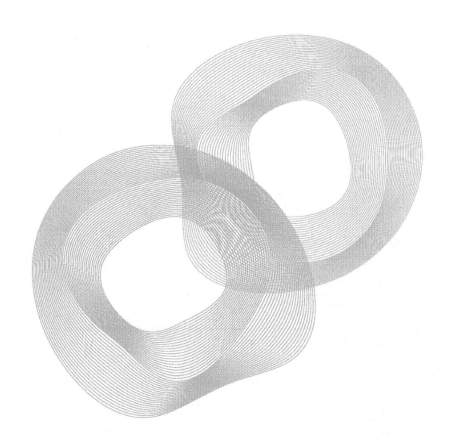

제 1 절 생명·신체에 대한 죄

제 1 관 살인의 죄

I. 살인죄의 구성요건체계 및 보호법익   [162]

살인의 죄는 보통살인죄(제250조 1항), 존속살해죄(제250조 2항), 영아살해죄(제251조), 촉탁·승낙살인죄(제252조 1항), 자살관여죄(제252조 2항), 위계에 의한 촉탁·승낙살인죄 및 위계에 의한 자살관여죄(제253조)로 구성되어 있다.

살인죄의 보호법익은 사람의 생명이고, 보호의 정도는 침해범이다. 즉, 살인죄는 보호법익인 생명이 침해되어야(피해자가 사망해야) 기수가 되는 범죄이다.

II. 살인죄   [163]

> **제250조(살인)** ① 사람을 살해한 자는 사형, 무기 또는 5년 이상의 징역에 처한다.

1. 구성요건

(1) 객관적 구성요건

1) 행위의 주체 및 객체   본죄는 비신분범으로서 행위주체에 제한이 없다.

본죄의 객체는 '사람'이다. 사람은 '살아있는 타인'만을 의미하고 죽은 사람이나 자신은 포함되지 않는다. 통설 및 판례는 사람의 시작시기(始期)에 대해서 진통설(분만개시설)을 따른다. 사람의 종료시기(終期)에 대해서는 심장박동종지설(다수설)과 뇌사설이 대립한다. 심장박동종지설은 심장박동이 종지(終止)된 때, 즉 불가역적으로(돌이킬 수 없이) 정지된 때를 사람의 종기로 본다. 뇌사설은 뇌의 모든 기능이 불가역적으로(돌이킬 수 없이) 소실되었으면 사망한 것으로 본다(전뇌사설). '장기 등 이식에 관한 법률'은 뇌사자를 사망한 자와 구분하고 있다(제21조).

2) 행위태양　　　본죄의 행위태양은 '살해'이다. 살해란 생명을 끊는 행위를 말한다. 유형적 방법뿐만 아니라 정신적 충격·고통을 주어 살해하는 무형적 방법에 의한 살해도 가능하다.

살인행위는 작위뿐만 아니라 부작위에 의해서도 행해질 수 있다. 부작위에 의한 살인죄가 성립하기 위해서는 ① 사람의 사망을 방지해야 할 의무를 지닌 자(작위의무자)가, ② 사망을 방지하는 행위를 할 수 있었고(작위가능성), ③ 자신에 의해서만 사망이 방지될 수 있는 상황에서(보증인적 상황), ④ 부작위를 하고, ⑤ 그 부작위가 작위에 의한 범죄실행과 같다고 할 수 있어야(동가치성) 한다. 통설에 의하면 작위의무는 법령, 계약, 선행행위 등에 의해서뿐만 아니라 신의성실의 원칙, 조리 등에 의해서도 발생할 수 있다.

> [대판 1992. 2. 11. 91도2951] 피고인이 조카인 피해자(10세)를 살해할 것을 마음먹고 저수지로 데리고 가서 미끄러지기 쉬운 제방쪽으로 유인하여 함께 걷다가 피해자가 물에 빠지자 그를 구호하지 아니하여 피해자를 익사하게 한 것이라면 피해자가 스스로 미끄러져서 물에 빠진 것이고, 그 당시는 피고인이 살인죄의 예비단계에 있었을 뿐 아직 실행의 착수에는 이르지 아니하였다고 하더라도, 피해자의 숙부로서 익사의 위험에 대처할 보호능력이 없는 나이 어린 피해자를 익사의 위험이 있는 저수지로 데리고 갔던 피고인으로서는 피해자가 물에 빠져 익사할 위험을 방지하고 피해자가 물에 빠지는 경우 그를 구호하여 주어야 할 법적인 작위의무가 있다고 보아야 할 것이고, 피해자가 물에 빠진 후에 피고인이 살해의 범의를 가지고 그를 구호하지 아니한 채 그가 익사하는 것을 용인하고 방관한 작위(부작위)는 피고인이 그를 직접 물에 빠뜨려 익사시키는 행위와 다름없다고 형법상 평가될 만한 살인의 실행행위라고 보는 것이 상당하다.

3) 인과관계　　　살인죄는 사람의 사망의 결과를 필요로 하는 결과범이므로 작위이건 부작위이건 살인행위와 사망결과 사이에 인과관계가 있어야

한다. 판례는 상당인과관계설을 따른다. 객관적 귀속론에 의하면 살인죄의 인과관계는 합법칙적 조건설에 의해 판단하고 나아가 사망의 결과가 살해행위에 객관적으로 귀속될 수 있어야 한다.

(2) 주관적 구성요건

보통살인죄는 고의범이므로 고의없이 사람의 사망을 초래한 경우에는 과실치사죄(제267조, 제268조) 혹은 상해·폭행치사죄(제259조, 제262조) 등이 문제될 수 있을 뿐이다. 보통살인죄의 고의가 있기 위해서는 행위자가 살해행위 당시에 보통살인죄의 객관적 구성요건요소(행위의 주체, 객체, 결과, 인과관계 등)들을 의욕하였거나(확정적 고의) 인용해야(미필적 고의) 한다. 인과과정(실행행위부터 결과발생에 이르는 과정)에 대해서는 문외한으로서의 소박한 인식이 있으면 족하다.

(3) 착 오

1) **사실의 착오**   판례는 사실의 착오를 법정적 부합설에 따라 해결한다.

[대판 1968. 8. 23. 68도884] 피고인이 B를 살해할 의사는 없었다 하더라도 피고인은 사람(A)을 살해할 의사로써 이와 같은 행위를 하였고 그 행위에 의하여 (B의) 살해라는 결과가 발생한 이상 피고인의 행위와 살해의 결과(B의 사망의) 사이에는 인과관계가 있다 할 것이므로 (B에 대한) 살인죄가 성립한다.

2) **인과과정의 착오**   소위 개괄적 고의사례(甲이 A를 살해하기 위해 돌멩이로 A의 가슴과 머리를 내려쳐서 A가 정신을 잃고 축 늘어지자 사망한 것으로 오인하고 그 사체를 몰래 파묻어 증거를 인멸할 목적으로 피해자를 그곳에서 150m 떨어진 개울가로 끌고가 삽으로 웅덩이를 파고 A를 매장하였는데, 실제로는 A가 돌멩이에 맞아 죽은 것이 아니라 웅덩이에서 질식사한 경우)에서 다수설과 판례(대판 1988. 6. 28. 88도650)는 살인기수죄를 인정하는데 비해, 소수설은 살인미수죄와 과실치사죄의 경합범을 인정한다.

2. 위법성

(1) 위법성조각의 일반이론

살인죄의 구성요건에 해당하는 행위는 긴급피난, 자구행위로서 위법성이 조각될 수는 없다. 승낙에 의한 살인행위는 위법성이 조각되지 않고, 위법성 (불법)이 감경되어 제252조의 촉탁·승낙살인죄가 된다. 반면에, 살인행위가 정당방위나 정당행위로서 위법성이 조각될 수 있다. 후자의 예로 교도관의 사형집행, 장기이식을 위한 뇌사자의 장기적출 등을 들 수 있다.

(2) 안락사

1) 개 념　　형법적으로 문제되는 안락사에는 생명단축을 위한 적극적 조치를 취하는 적극적·직접적 안락사 및 생명연장 조치를 중단하는 소극적 안락사인 존엄사가 있다.

2) 적극적·직접적 안락사　　환자의 의사에 따른 생명단축 조치로서의 적극적·직접적 안락사는 촉탁·승낙에 의한 살인죄의 구성요건에 해당하는데, 그의 위법성조각에 대해서는 긍정설과 부정설이 있다. 긍정설은 ① 환자가 불치병으로 인해 사망이 임박하였고, ② 환자의 육체적 고통이 매우 심각하고, ③ 환자의 고통을 제거·완화하기 위한 것이고, ④환자의 촉탁 또는 승낙이 있고, ⑤ 원칙적으로 의사에 의해 시행되는 등 그 방법이 윤리적으로 정당하다고 인정될 것 등을 조건으로 위법성이 조각된다고 한다.

3) 존엄사　　존엄사(death with dignity)란 그대로 놓아두면 사망할 수밖에 없으나 인위적 방법으로 생명이 유지되는 환자에게 생명유지조치를 중단함으로써 사망에 이르게 하는 것이다.

3. 미수 및 예비·음모

보통살인죄의 미수범(제254조)과 예비·음모(제255조)는 처벌한다.

판례에 의하면, 살해에 사용하기 위한 흉기를 준비하였다 하더라도 그 흉기로써 살해할 대상자가 확정되지 아니한 경우에는 살인예비죄가 성립하지 않는다(대판 1959. 7. 31. 59도308).

4. 죄 수

통설·판례에 의하면, 살인죄의 보호법익은 사람의 생명이므로 피해자의 수만큼 살인죄가 성립한다.

Ⅲ. 존속살해죄 [164]

> 제250조(존속살해) ② 자기 또는 배우자의 직계존속을 살해한 자는 사형, 무기 또는 7년 이상의 징역에 처한다.

1. 개념 및 법적 성격

존속살해죄는 자기 또는 배우자의 직계존속을 살해하는 죄로서, 보통살인죄에 비해 가중처벌된다. 통설에 의하면 이는 직계비속의 패륜성으로 인해 행위자에 대한 비난가능성, 즉 책임이 가중되기 때문이다.

2. 구성요건

(1) 주 체

존속살해죄의 행위의 주체는 법문상으로는 비신분범으로 되어 있다. 그러나 행위의 객체와 관련하여 보면 그 주체는 직계비속 등이므로 존속살해죄는 부진정신분범이다.

(2) 객 체

존속살해죄의 객체는 '자기 또는 배우자의 직계존속'이다. 배우자 및 직계존속은 법률상의 직계존속에 국한되고 사실상의 배우자 및 직계존속은 제외된다. 계자가 계부모를 살해한 때에는 법률상·사실상 직계존비속이 아니기 때문에 보통살인죄가 된다. 법률상의 배우자가 되기 위해서는 혼인신고를 해야 한다(민법 제812조 1항).

(3) 고 의

존속살해죄의 고의가 있기 위해서는 자기 또는 배우자의 직계존속이라는 사실에 대한 인식이 있어야 한다. 이를 인식하지 못한 경우에는 제15조 제1항에 의해 보통살인죄의 죄책을 진다.

3. 공 범

존속살해죄는 부진정신분범이므로 제33조가 적용된다.

甲이 乙을 교사하여 乙의 아버지 A를 살해하게 한 경우, 다수설은 제33

조 단서를 부진정신분범의 성립과 처벌에 관한 규정이라고 해석하므로 甲은 보통살인교사죄의 죄책을 지고 보통살인교사죄로 처벌된다고 한다. 이에 대해 소수설 및 판례는 제33조 본문은 진정·부진정신분범의 성립에 관한 규정이고, 제33조 단서는 부진정신분범의 처벌에 관한 규정이므로, 제33조 본문에 의해 甲은 존속살해교사죄의 죄책을 지지만, 이어 제33조 단서가 적용되어 보통살인교사죄로 처벌된다고 한다.

4. 형 벌

존속살해죄를 가중처벌하는 것이 헌법상 평등원칙 위반인가에 대해 위헌설과 합헌설이 있다.

위헌설은 ① 존속살해죄 가중처벌은 봉건적 가족제도의 유산이고, ② 피해자학의 관점에서 보면 비속보다 존속에게 비난가능성이 더 큰 경우가 많고, ③ 효라는 도덕적 가치를 형벌로 강제해서는 안 된다는 등의 근거를 제시한다.

합헌설은 ① 형법이 존속에 대한 범죄를 무겁게 벌하는 것은 보편적 도덕원리에 근거를 둔 것이고, ② 존속살해죄 가중처벌은 존속를 보호하기 위한 것이 아니라 비속의 패륜성으로 인한 비난가능성이 높기 때문이므로, 존속이 보호받는 것은 반사적 이익에 불과하다는 등의 근거를 제시한다.

Ⅳ. 영아살해죄 　　　　　　　　　　　　　　　　　　　　　　[165]

> 제251조(영아살해) 직계존속이 치욕을 은폐하기 위하거나 양육할 수 없음을 예상하거나 특히 참작할 만한 동기로 인하여 분만 중 또는 분만 직후의 영아를 살해한 때에는 10년 이하의 징역에 처한다.

1. 법적 성격

영아살해죄는 보통살인죄의 감경적 구성요건이다. 형벌감경의 이유는 영아살해죄가 보통살인죄에 비해 불법 내지 위법성이 감경되기 때문이 아니라 행위자의 책임이 감경되기 때문이다.

2. 구성요건

(1) 행위의 주체

본죄는 그 주체가 직계존속인 부진정신분범이다. 직계존속은 생모에 국한된다는 견해와 모든 직계존속이 포함된다는 견해가 대립한다. 또한 판례는 법률상의 직계존속에 국한된다고 하지만, 통설은 사실상의 직계존속도 포함된다고 한다.

(2) 행위의 객체

행위의 객체는 '분만 중 또는 분만 직후의 영아'이다. 영아(嬰兒)란 유아(乳兒)보다 더 어린 개념으로서 갓난 아기를 의미한다. 분만 중이란 분만의 개시, 즉 진통시부터 분만의 종료시까지를 말한다.

(3) 주관적 구성요건

영아살해죄의 고의가 있기 위해서는 분만 중 또는 분만 직후의 영아를 살해한다는 점에 대한 의욕 또는 인용이 필요하다. 고의 이외에 초과주관적 구성요건으로서 치욕을 은폐하거나, 양육할 수 없음을 예상하거나 특히 참작할 만한 동기도 필요하다. 이러한 동기없이, 예를 들어 질투심, 복수심, 호기심 등으로 영아를 살해한 경우에는 영아살해죄가 아닌 보통살인죄가 성립한다.

3. 공 범

영아살해죄는 부진정신분범이므로 제33조가 적용된다. 다수설 및 판례에 의하면 산모 乙이 甲을 교사·방조하여 영아를 살해한 경우 甲은 보통살인죄의 정범, 乙은 영아살해죄의 교사·방조범으로 처벌되고, 甲이 산모 乙을 교사·방조하여 영아를 살해한 경우 甲은 보통살인죄의 교사·방조범, 乙은 영아살해죄의 정범으로 처벌된다.

V. 촉탁·승낙살인죄   [166]

> 제252조(촉탁, 승낙에 의한 살인 등) ① 사람의 촉탁이나 승낙을 받아 그를 살해한 자는 1년 이상 10년 이하의 징역에 처한다.
> ② 사람을 교사하거나 방조하여 자살하게 한 자도 제1항의 형에 처한다.

1. 의 의

본죄의 성격에 대해서는 보통살인죄에 비해 불법(위법성)이 감경된 범죄유형이라는 견해(다수설), 책임이 감경된 범죄유형이라는 견해, 불법 및 책임이 감경된 범죄유형이라는 견해 등이 대립한다.

2. 구성요건

(1) 행위의 객체

촉탁·승낙의 의미를 알고 그에 따라 의사결정을 할 수 있는 능력이 있는 사람의 촉탁·승낙만이 유효한 촉탁·승낙이 될 수 있으므로 죽음이나 촉탁·승낙의 의미를 알지 못하는 심신장애자, 유아 등은 본죄의 객체가 될 수 없다.

(2) 실행행위

본죄의 실행행위는 촉탁·승낙을 받아 살해하는 것이다.

촉탁이란 죽음을 결심한 사람으로부터 부탁을 받고 비로소 행위자에게 살해의 의사가 생기는 경우를 말한다. 승낙이란 이미 살해의 의사를 가진 사람이 피해자의 동의를 얻는 것을 말한다.

다수설은 촉탁은 명시적·직접적이어야 하고 승낙은 묵시적이라도 무방하다고 한다. 이에 대해 소수설은 촉탁·승낙 모두 직접적·명시적이어야 한다고 한다. 촉탁·승낙은 피해자의 자유로운 의사에 기한 것이어야 한다. 통설은 촉탁·승낙은 실행의 착수 이전에 존재해야 하고 살인죄의 실행의 착수 이후에 촉탁·승낙을 받은 경우에는 보통살인죄가 성립한다고 한다.

(3) 고의 및 착오

행위자가 촉탁·승낙이 있다는 것을 인식해야 한다. 촉탁·승낙이 없음에도 불구하고 있다고 오인하고 살해한 경우에는 형법 제15조 제1항에 의해 촉탁·승낙살인죄가 성립한다. 촉탁·승낙이 있음에도 불구하고 없다고 생각하고 살해한 경우에는 ① 보통살인죄가 된다는 견해(다수설), ② 촉탁·승낙살인죄가 성립한다는 견해, ③ 살인미수죄와 촉탁·승낙살인기수죄의 상상적 경합이라고 하는 견해, ④ 보통살인미수죄와 과실치사죄의 상상적 경합이라는 견해, ⑤ 보통살인죄의 불능미수라는 견해 등이 대립한다.

3. 위법성

피해자의 의사에 기한 안락사의 경우 촉탁·승낙살인죄의 위법성이 조각되는지는 [163] 2에서 본 것과 같다.

Ⅵ. 자살교사·방조죄   [167]

> 제252조(촉탁, 승낙에 의한 살인 등) ② 사람을 교사 또는 방조하여 자살하게 한 자도 전항의 형(1년 이상 10년 이하의 징역)과 같다.

1. 법적 성격

통설에 의하면 자살은 살인죄의 구성요건에 해당하지 않으므로 공범종속성설을 따르게 되면 자살을 교사·방조하는 경우에도 범죄가 성립하지 않는다. 그러나 비록 자살을 벌하지 않더라도, 자살을 교사·방조하는 행위는 비난가능성이 있는 행위이므로 공범독립성설에 따라 처벌규정을 둔 것이다.

2. 구성요건

(1) 행위의 객체

본죄의 객체는 자살의 의미와 내용을 이해할 수 있는 사람에 한정되므로 정신병자, 유아 등은 객체가 될 수 없다. 따라서 유아를 교사하여 자살케 한 경우에는 보통살인죄가 성립한다. 판례도 같은 입장이다.

[대판 1987. 1. 20. 86도2395] 피고인이 7세, 3세 남짓된 어린 자식들에 대하여 함께 죽자고 권유하여 물 속에 따라 들어오게 하여 결국 익사하게 하였다면 비록 피

해자들을 물 속에 직접 밀어서 빠뜨리지는 않았다고 하더라도 자살의 의미를 이해할 능력이 없고 피고인의 말이라면 무엇이나 복종하는 어린 자식들을 권유하여 익사하게 한 이상 살인죄의 범의는 있었음이 분명하다.

(2) 실행행위

본죄의 실행행위는 사람을 교사·방조하여 자살하게 하는 것이다.

자살교사는 자살할 마음이 없는 사람으로 하여금 자살을 결심하도록 하는 것을 말한다. 이미 자살할 결심을 한 사람을 교사한 경우에는 자살교사죄가 되지 않고, 자살방조죄가 될 수 있을 뿐이다. 자살방조는 이미 자살할 결심을 하고 있는 사람에게 자살을 쉽게 할 수 있도록 도와주는 것을 말한다. 작위·부작위, 명시적·묵시적, 유형적·무형적 방법에 의한 방조가 가능하다.

자살이란 스스로 목숨을 끊는 것을 말한다. 자살자가 아닌 교사·방조자가 살해를 했을 경우에는 촉탁·승낙살인죄가 된다. 자살교사·방조행위와 자살 사이에 인과관계가 있어야 한다.

(3) 고 의

본죄의 고의가 있기 위해서는 교사·방조에 대한 고의와 자살에 대한 고의 등 이중의 고의가 있어야 한다.

3. 미 수

본죄의 예비·음모는 벌하지 않지만(제255조), 미수는 벌한다(제254조). 본죄는 교사·방조행위를 특별히 실행행위로 규정한 것이므로 실행의 착수시기는 교사·방조행위를 개시한 때이다. 교사·방조는 하였으나 자살하지 않거나, 자살을 하였지만 교사·방조행위와 자살 사이에 인과관계가 없는 경우는 본죄의 미수가 된다.

Ⅶ. 위계·위력에 의한 살인죄   [168]

제253조(위계등에 의한 촉탁살인등) 전조의 경우에 위계 또는 위력으로써 촉탁 또는 승낙하게 하거나 자살을 결의하게 한 때에는 제250조의 예에 의한다.

1. 법적 성격

위계·위력에 의해 촉탁·승낙을 받거나 자살하도록 하는 경우에는 촉탁·승낙살인죄나 자살관여죄가 될 수 없고, 살인죄가 될 수 있을 뿐이다. 해석상으로도 이러한 결론을 이끌어낼 수 있지만, 제253조는 이를 좀 더 분명히 하기 위한 것이라고 할 수 있다. 다만, 입법론적으로는 항거불능한 폭행, 협박이 아닌 위력으로만 자살케 하는 것이 가능한지는 의문이다.

2. 위계·위력

위계라 함은 진실의 은폐, 기망 등을 통해 상대방의 무지 또는 착오를 이용하는 행위를 말한다. 위력이란 폭행, 협박, 물리력 등 사람의 의사를 제압할 만한 유형·무형의 힘을 사용하는 행위를 말한다. 위력이 되기 위해서는 강요 정도에는 이르지 못하더라도 사람의 의사를 제압할 만한 정도의 힘을 사용해야 하고, 이러한 정도에 미치지 못하는 경우에는 본죄가 성립할 수 없고 제252조가 성립한다.

위계와 위력의 행사 및 촉탁·승낙 혹은 자살 사이에는 인과관계가 있어야 한다. 인과관계가 없는 경우에는 본죄의 미수가 된다(제254조).

Ⅷ. 미수 및 예비·음모   [168-1]

> 제254조(미수범) 전4조의 미수범은 처벌한다.
> 제255조(예비, 음모) 제250조와 제253조의 죄를 범할 목적으로 예비 또는 음모한 자는 10년 이하의 징역에 처한다.

보통살인죄, 존속살해죄, 영아살해죄, 촉탁·승낙에 의한 살인죄등, 자살관여죄 및 위계·위력에 의한 촉탁·승낙살인죄등의 미수범은 모두 처벌한다. 그러나 보통살인죄, 존속살해죄 및 위계·위력에 의한 촉탁·승낙살인죄등의 예비·음모는 처벌하지만 영아살해죄나 촉탁·승낙에 의한 살인죄등의 예비·음모는 처벌하지 않는다.

제 2 관   상해와 폭행의 죄

I. 총 설   [169]

1. 상해죄와 폭행죄의 구성요건체계

상해죄에서는 제257조 제 1 항이 상해죄의 기본적 구성요건이다. 제257조 제 2 항의 존속상해죄와 제264조의 상습상해죄는 책임이 가중되는 범죄유형이고, 제258조의 중상해죄, 제258조의2의 특수상해죄 및 제259조의 상해치사죄는 불법(위법성)이 가중된 범죄유형이다.

폭행죄에서는 제260조 제 1 항이 폭행죄의 기본적 구성요건이다. 제260조 제 2 항의 존속폭행죄와 제264조의 상습폭행죄는 책임이 가중되는 범죄유형이고, 제261조의 특수폭행죄, 제262조의 폭행치사상죄는 행위의 수단 혹은 무거운 결과로 인해 불법(위법성)이 가중된 형태의 구성요건이다.

2. 상해죄와 폭행죄의 보호법익

언제나 그런 것은 아니지만, 상해는 폭행을 통해 발생하는 경우가 많다. 이 때문에 상해죄와 폭행죄 및 그 보호법익의 관계가 문제될 수 있다.

상해죄와 폭행죄의 보호법익을 구별하지 않는 견해도 있으나 통설은 상해죄의 보호법익은 신체의 건강 또는 생리적 기능이고, 폭행죄의 보호법익은 신체의 건재(健在) 혹은 온전성이라고 한다. 이에 의하면 수염, 눈썹, 모발, 손톱, 발톱 등을 절단하는 행위는 신체의 건강 또는 생리적 기능의 훼손행위가 아니므로 상해가 될 수 없고 신체의 온전성을 훼손하는 행위로서 폭행이 된다.

3. 상해죄와 폭행죄의 구별

상해는 폭행에 의해 발생하는 경우가 많으므로, 폭행을 통해 상해를 입힌 경우 상해죄가 성립하는지 아니면 폭행치상죄가 성립하는지 문제된다. 이는 행위자가 상해의 고의를 가졌는지 아니면 폭행의 고의만을 가졌는지에 의해 구별된다.

또한 상해가 언제나 폭행을 수반하는 것은 아니고, 폭행에 의하지 않은 상해도 있을 수 있다. 정신적 고통을 주어 불면증이나 신경성소화불량에 걸리게 하는 행위, 상한 음식을 주어 배탈이 나게 하는 행위, 성병을 감염시키는 행위 등은 폭행을 수반하지 않은 상해행위이다.

Ⅱ. 상해의 죄   [170]

1. 상해죄

> 제257조(상해) ① 사람의 신체를 상해한 자는 7년 이하의 징역, 10년 이하의 자격정지 또는 1천 만원 이하의 벌금에 처한다.
> ③ 전2항의 미수범은 처벌한다.

(1) 보호법익

상해죄의 보호법익은 신체의 생리적 기능 내지 건강이고 보호의 정도는 침해범이다.

(2) 구성요건

1) **행위의 객체**   상해죄의 행위객체는 사람의 신체이다. 사람이란 살아있는 사람 그 중에서도 타인을 의미하므로 자기 신체 상해, 즉 자상(自傷)은 상해죄의 구성요건에 해당하지 않는다. 단, 군형법은 근무기피목적의 자상 행위를 벌하고 있다(제41조 1항).

2) **실행행위**   상해죄의 실행행위는 상해이다. 상해란 건강이나 신체의 생리적 기능을 훼손하는 것이다. 정신적인 건강이나 기능의 훼손도 상해에 속한다. 두발이나 수염, 눈썹 등을 깎는 것과 같이 신체외모에 중대한 변화를 일으키는 것도 상해로 보는 견해와 폭행에 불과하다는 견해(다수설)가 대립한다.

상해는 생명에 위험을 초래하는 정도의 중대한 상해에서부터 느낄 수 없을 정도의 경미한 상해에 이르기까지 매우 다양하다. 따라서 상해의 정도는 각 구성요건의 목적, 내용, 보호법익, 형벌 등을 종합적으로 고려하여 결정해야 한다.

[대판 2002. 1. 11. 2001도4389] 폭행으로 인한 상해가 일상생활에서 흔히 생길 수

있는 경미한 상처로서 굳이 따로 치료할 필요도 없어서 그로 인하여 인체의 완전
성을 해하거나 건강상태를 불량하게 변경하였다고 볼 수 없는 경우 상해에 해당되
지 않는다.

3) 인과관계　　　상해죄는 건강침해 또는 생리적 기능의 훼손이라는
결과를 필요로 하는 결과범이므로 상해행위와 상해결과 사이에 인과관계(객관
적 귀속)가 있어야 기수가 된다.

4) 고　의　　　상해의 고의가 있기 위해서는 건강침해 또는 생리적 기능
을 훼손한다는 의욕 또는 인용을 요한다. 폭행의 고의로 상처를 입혔을 때에는
폭행치상죄가 되고, 상해의 고의로 상처를 입혀야 상해죄가 성립할 수 있다.

(3) 위법성

1) 운동경기　　　권투, 레슬링 기타 격투기 등의 운동경기 중의 상해행
위에 대해 상해죄의 구성요건에 해당하지 않는다는 견해와 상해죄의 구성요
건에 해당하지만 위법성이 조각된다는 견해(통설)가 대립된다.

2) 의사의 치료·수술행위　　　의사의 치료행위나 수술행위로 인한 상
해행위에 대해서는 상해죄의 구성요건해당성이 없다는 견해와 상해죄의 구성
요건해당성은 있지만 위법성이 조각된다는 견해(통설)가 대립한다. 위법성조각
의 근거에 대해 판례는 환자의 승낙이라고 한다.

[대판 1993. 7. 27. 92도2345] 당연히 설명받았을 자궁외임신에 관한 내용을 설명
받지 못한 피해자로부터 수술승낙을 받았다면 위 승낙은 부정확 또는 불충분한 설
명을 근거로 이루어진 것으로서 수술의 위법성을 조각할 유효한 승낙이라고 볼 수
없다.

성형수술, 불임수술, 성전환수술 등과 같이 치료유사행위는 상해죄의 구
성요건해당성이 있지만 정당행위 혹은 피해자의 승낙에 의한 행위로 위법성
이 조각된다. 장기이식을 위해 뇌사자의 장기를 적출하는 행위는 법령에 의
한 행위로 위법성이 조각된다.

3) 징계행위　　　첫째, 친권자는 그 자(子)를 보호 또는 교양하기 위하
여 필요한 징계를 할 수 있다(민법 제915조). 따라서 부모가 자녀에 대해 체벌을

가하는 것은 법령에 의한 행위로 위법성이 조각될 수 있다.

둘째, 학교장이나 교사의 체벌행위에 대해 초중등교육법에 의한 행위로 위법성이 조각된다는 견해(판례)와 사회상규에 위배되지 않는 행위로 위법성이 조각된다는 견해가 대립한다.

셋째, 상관의 체벌은 법령에 의한 행위로서 위법성이 조각되지 않고, 경미한 경우 사회상규에 위배되지 않는 행위로 위법성이 조각될 수 있을 뿐이다.

4) 싸움에 의한 상해   통설·판례는 싸움에서의 상해행위는 원칙적으로 위법성이 조각되지 않지만, 예외적으로 상대방이 싸움에서 예상되는 범위를 넘어서는 공격을 가할 때에는 정당방위로 위법성이 조각된다고 한다.

5) 피해자의 승낙에 의한 상해   통설·판례는 피해자의 승낙에 의한 상해행위도 사회상규에 위배되지 않아야 위법성이 조각될 수 있다고 한다.

(4) 미 수

상해죄의 미수범은 처벌한다(제257조 3항). 상해행위를 하였으나 상해결과가 발생하지 않은 경우와 상해결과가 발생하였으나 상해행위와 결과 사이에 인과관계가 없는 경우에는 상해미수죄만이 성립한다.

(5) 죄 수

상해죄의 보호법익은 일신전속적 법익이므로 침해법익의 수에 따라 상해죄가 성립한다.

2. 존속상해죄

제257조(존속상해) ② 자기 또는 배우자의 직계존속에 대하여 제1항의 죄를 범한 때에는 10년 이하의 징역 또는 1,500만원 이하의 벌금에 처한다.
③ 전2항의 미수범은 처벌한다.

존속상해죄는 자기 또는 배우자의 신체를 상해하는 범죄로서 단순상해죄에 비해 행위자의 책임이 가중되는 부진정신분범이다. 행위의 객체는 자기 또는 배우자의 직계존속이다. 배우자, 직계존속은 모두 존속살해죄에서와 같이 법률상의 배우자나 직계존속에 국한된다.

존속상해죄의 미수는 벌한다(제257조 3항).

3. 중상해죄 · 존속중상해죄

제258조(중상해, 존속중상해) ① 사람의 신체를 상해하여 생명에 대한 위험을 발생하게 한 자는 1년 이상 10년 이하의 징역에 처한다.
② 신체의 상해로 인하여 불구 또는 불치나 난치의 질병에 이르게 한 자도 전항의 형과 같다.
③ 자기 또는 배우자의 직계존속에 대하여 전2항의 죄를 범한 때에는 2년 이상 15년 이하의 유기징역에 처한다.

(1) 개념 및 법적 성격

중상해죄는 사람의 신체를 상해하여 ① 생명에 대한 위험을 발생하게 하거나, ② 불구에 이르게 하거나, ③ 불치나 난치의 질병에 이르게 하는 범죄로서 신체의 상해결과가 중대하기 때문에 불법(위법성)이 가중된 범죄유형이다. 존속중상해죄는 여기에 존비속관계로 인해 행위자의 책임까지 가중되는 범죄유형이다.

통설에 의하면 본죄는 생명에 대한 위험발생, 불구, 불치나 난치의 질병에 이르게 한 데에 과실이 있는 경우뿐만 아니라 고의가 있는 경우에도 성립하는 부진정결과적 가중범이다.

(2) 객관적 구성요건

생명에 대한 위험발생이란 치명상을 가하거나 혼수상태에 이르게 하는 것과 같이 생명이 끊길 수 있는 구체적 위험발생을 말한다. 불구란 신체의 중요부분이 절단되거나 그 기능이 상실된 것을 말한다. 불치나 난치의 질병이란 현대 의학의 수준에서 치료가 불가능하거나 완치가능성이 희박한 질병을 말한다. 에이즈가 그 대표적 예이다.

상해행위와 중상해 사이에는 인과관계가 있어야 한다. 인과관계가 없는 경우에는 단순상해죄나 상해미수죄가 성립한다.

(3) 주관적 구성요건

중상해죄는 부진정결과적 가중범이므로 행위자는 상해에 대한 고의가 있어야 하고 중상해의 결과에 대해서는 고의 또는 과실이 있어야 한다.

(4) 미 수

중상해죄의 미수를 벌하는 규정이 없으므로, 중상해의 고의로 상해행위를 하였으나 중상해의 결과가 발생하지 않고 단순상해의 결과가 발생한 경우에는 상해기수죄, 단순상해의 결과도 발생하지 않은 경우에는 상해미수죄가 성립한다.

4. 특수상해·중상해죄

> 제258조의2(특수상해) ① 단체 또는 다중의 위력을 보이거나 위험한 물건을 휴대하여 제257조 제1항 또는 제2항의 죄를 범한 때에는 1년 이상 10년 이하의 징역에 처한다.
> ② 단체 또는 다중의 위력을 보이거나 위험한 물건을 휴대하여 제258조의 죄를 범한 때에는 2년 이상 20년 이하의 징역에 처한다.
> ③ 제1항의 미수범은 처벌한다.

(1) 법적 성격

특수상해죄와 특수중상해죄는 단체 또는 다중의 위력을 보이거나 위험한 물건을 휴대하여 상해죄 또는 중상해죄를 범하는 죄로서 상해죄 또는 중상해보다 행위태양의 불법이 가중됨으로써 불법 또는 위법성이 가중된 범죄유형이다.

(2) 구성요건

1) 실행행위　　　단체 또는 다중의 위력을 보이거나 위험한 물건을 휴대하여 상해 또는 중상해죄를 범하는 것이다.

가. 단체 또는 다중의 위력을 보임　　　단체란 공동의 목적 아래 최소한도의 지휘·통솔체제를 갖춘 특정, 다수인에 의하여 이루어진 계속적 결합체를 말한다. 다수인은 위력을 보일 정도의 다수여야 한다. 다중이란 단체의 정도에 이르지 못한 다수인의 집합을 말한다. 단체와 같이 계속성이나 조직성을 요하지 않는다.

위력이란 상대방에게 공포심을 주거나 상대방의 의사를 제압할 수 있는 유형·무형의 힘을 말한다. 단체나 다중은 실제 존재해야 한다.

나. 위험한 물건의 휴대　　　위험한 물건이란 본래의 용도나 제조목적을 불문하고 사람의 생명, 신체를 침해하는 데에 사용될 수 있는 물건을 말

한다. 흉기가 본래의 용도나 제조목적이 사람의 생명, 신체를 침해하는 것임에 비해 위험한 물건은 그렇지 않다는 점에 차이가 있다는 견해도 있으나 통설은 흉기와 위험한 물건은 그 차이가 없다고 한다.

휴대란 범죄현장에서 사용할 의도 아래 위험한 물건을 몸 또는 몸 가까이에 소지하는 것을 말한다. 사용할 의도가 있어야 하므로 이러한 의도없이 몸에 소지한 경우에는 휴대라고 할 수 없다.

2) 고 의   본죄가 성립하기 위해서는 단체 또는 다중의 위력을 보이거나 위험한 물건을 휴대하는 것을 인식해야 한다. 이러한 인식이 없는 경우 제15조 제 1 항에 의해 단순상해죄나 단순중상행죄가 성립할 수 있을 뿐이다.

5. 상해치사죄 · 존속상해치사죄

> 제259조(상해치사) ① 사람의 신체를 상해하여 사망에 이르게 한 자는 3년 이상의 유기징역에 처한다.
> ② 자기 또는 배우자의 직계존속에 대하여 전항의 죄를 범한 때에는 무기 또는 5년 이상의 징역에 처한다.

(1) 법적 성격

상해치사죄는 사람의 신체를 상해하여 사망에 이르게 하는 범죄로서 상해의 고의로 무거운 결과인 사망의 결과를 발생시킨 진정결과적 가중범이다. 상해죄에 비해 불법(위법성)이 가중된 범죄유형이다. 존속상해치사죄는 여기에 책임까지 가중된 형태의 범죄유형이다.

(2) 구성요건

상해치사죄가 성립하기 위해서는 상해행위가 있어야 하고 사망의 결과가 발생해야 하고 상해행위와 사망 사이에 인과관계가 있어야 하고 사망결과에 대한 예견가능성(과실)이 있어야 한다. 사망에 대한 고의가 있으면 상해치사죄가 아닌 살인죄가 성립한다.

(3) 인과과정의 착오

[대판 1994. 11. 4. 94도2361] 피고인의 구타행위로 상해를 입은 피해자가 정신을 잃고 빈사상태에 빠지자 사망한 것으로 오인하고, 자신의 행위를 은폐하고 피해자가 자살한 것처럼 가장하기 위하여 피해자를 베란다 아래의 바닥으로 떨어뜨려 사

망케 하였다면, 피고인의 행위는 포괄하여 단일의 상해치사죄에 해당한다.

다수설도 같은 입장이지만, 소수설은 위의 사례에서 상해죄(혹은 중상해죄)와 과실치사죄의 경합범을 인정한다.

(4) 공 범

상해치사죄의 공동정범이 성립하는가에 대해 과실범의 공동정범을 인정하는 행위공동설에서는 이를 긍정하지만 과실범의 공동정범을 부인하는 범죄공동설에서는 이를 부인하고, 각자를 동시범으로 다루어야 한다고 한다.

다수설 및 판례(대판 2002. 10. 25. 2002도4089)에 의하면, 상해를 교사하였으나 피교사자가 살인을 한 경우 피교사자는 살인죄의 죄책을 지고, 교사자는 피해자의 사망에 대하여 과실 내지 예견가능성이 있는 때에는 상해치사죄의 교사범으로서의 죄책을 진다.

6. 상습상해죄

> 제264조(상습범) 상습으로 제257조, 제258조, 제258조의2, 제260조 또는 제261조의 죄를 범한 때에는 그 죄에 정한 형의 2분의 1까지 가중한다.

상습상해죄는 상습으로 상해, 존속상해, 중상해, 존속중상해죄, 특수상해·중상해죄를 범함으로써 성립하는 범죄이다. 본죄는 행위자의 상습성, 즉 상해의 습벽으로 인해 책임이 가중되는 부진정신분범이다.

상해의 상습성이란 반복하여 상해행위를 하는 습벽으로서 행위자의 속성을 말하고, 이러한 습벽의 유무를 판단함에 있어서는 상해의 전과가 중요한 판단자료가 되나 상해의 전과가 없다고 하더라도 범행의 횟수, 수단과 방법, 동기 등 제반 사정을 참작하여 상습성을 인정할 수 있다.

상습범가중규정을 폐지하고 상습범 내지 상습누범에 대해서는 행형과정에서 교육, 개선, 격리조치나 보안처분을 통해 대처해야 한다는 지적이 있다.

7. 상해죄 동시범의 특례

> 제263조(동시범) 독립행위가 경합하여 상해의 결과를 발생하게 한 경우에 있어서 원인된 행위가 판명되지 아니한 때에는 공동정범의 예에 의한다.

(1) 개 념

상해죄의 동시범이란 2인 이상이 서로 의사연락없이 각자 동일한 객체에 대해 상해행위를 하는 것을 말한다. 동시범에서는 자기책임의 원리가 지배하지만(제19조), 제263조는 상해죄의 동시범에 대해 '부분실행 전체책임'이라고 하는 공동정범의 원리를 적용한다. 그러나 이 규정은 헌법상 무죄추정원칙에 반하므로 삭제해야 한다는 비판이 제기된다.

(2) 법적 성격

다수설 및 판례는 제263조가 상해행위와 결과발생 사이의 인과관계의 입증을 검사로부터 피고인으로 전환하는 것이라고 한다. 즉, 제263조는 검사가 모든 입증책임을 진다는 원칙에 대한 예외를 인정하여 피고인에게 자신의 행위로 인해 상해결과가 발생하지 않았다는 것을 입증할 책임을 부담시키고 만약 피고인이 이를 입증하지 못하면 피고인에게 상해에 대한 책임을 인정하겠다는 취지라는 것이다.

(3) 적용요건

1) **독립행위가 경합할 것**　　독립행위가 경합한다는 것은 범인들 사이에 의사연락이 없는 2개 이상의 행위가 동일한 객체에 대해 동시 또는 이시(異時)에 행해지는 것을 말한다. 범인들 사이에 의사연락이 있는 경우에는 공동정범이 성립하고 제263조의 적용문제는 아예 생기지 않는다.

2) **상해결과의 발생**　　상해의 결과는 경합된 행위의 일부에 의해 생긴 것이어야 한다. 상해행위 그 자체가 있었는지 불분명하거나 경합된 행위들에 의해 상해의 결과가 발생된 것인지가 불분명할 경우에는 제263조의 적용문제가 생기지 않는다.

3) **원인행위가 판명되지 않을 것**　　원인행위가 판명된 경우에는 각자의 행위와 발생시킨 결과에 대해서만 책임을 진다.

(4) 적용범위

통설·판례에 의하면 폭행·상해 이외에 강도나 강간의 독립행위가 경합하여 상해의 결과를 발생시킨 경우 제263조가 적용되지 않는다.

상해치사죄나 폭행치사죄에도 제263조가 적용되는지에 대해 판례는 긍정하지만 다수설은 부정한다.

(5) 효 과

공동정범의 예에 의한다. 공동정범의 예에 의한다는 것은 공동정범이 성립하지는 않지만 '부분실행 전체책임'이라는 공동정범의 처벌원리에 따른다고 하는 것이다. 경합된 행위가 상해인 경우에는 전원에 대해 상해기수죄가 성립하고, 폭행인 경우에는 전원에 대해 폭행치상죄가 성립한다.

Ⅲ. 폭행의 죄 [171]

1. 폭행죄

> 제260조(폭행) ① 사람의 신체에 대하여 폭행을 가한 자는 2년 이하의 징역, 500만원 이하의 벌금, 구류 또는 과료에 처한다.
> ③ 제1항 및 제2항의 죄는 피해자의 명시한 의사에 반하여 공소를 제기할 수 없다.

(1) 보호법익

폭행죄의 보호법익은 신체의 건재(健在), 신체의 온전성(穩全性 혹은 완전성)이다. 폭행죄는 추상적 위험범이고 거동범이다.

(2) 구성요건

1) 행위의 객체   폭행죄의 행위객체는 사람의 신체이다. 객체가 '사람의 신체'에 한정된다는 점에서 '사람'에 대한 폭행인 공무집행방해죄(제136조), 외국원수폭행죄(제107조), 외국사절폭행죄(제108조)와 구별된다.

2) 실행행위

가. 유형력의 행사로서의 폭행   폭행죄의 행위방법 혹은 태양은 폭행을 가하는 것이다. 통설에 의하면 폭행죄에서 폭행이란 '사람의 신체에 대한(직접·간접의) 유형력의 행사'이다. 판례는 사람의 신체에 대한 불법한 유형력의 행사라고 한다.

[대판 2003. 1. 10. 2000도5716] 피해자의 신체에 공간적으로 근접하여 고성으로 폭언이나 욕설을 하거나 동시에 손발이나 물건을 휘두르거나 던지는 행위는 직접

피해자의 신체에 접촉하지 아니하였다 하더라도 피해자에 대한 불법한 유형력의 행사로서 폭행에 해당될 수 있는 것이지만, 거리상 멀리 떨어져 있는 사람에게 전화기를 이용하여 전화하면서 고성을 내거나 그 전화 대화를 녹음 후 듣게 하는 경우에는 특수한 방법으로 수화자의 청각기관을 자극하여 그 수화자로 하여금 고통스럽게 느끼게 할 정도의 음향을 이용하였다는 등의 특별한 사정이 없는 한 신체에 대한 유형력의 행사를 한 것으로 보기 어렵다.

나. 형법상 폭행의 개념　　통설은 형법상의 폭행개념을 다음과 같이 최광의, 광의, 협의, 최협의로 나눈다.

첫째, 최광의의 폭행은 일체의 유형력의 행사를 말하는 것으로서 소요죄(제115조), 다중불해산죄(제116조)의 폭행이나 내란죄의 폭동에 포함되어 있는 폭행이 이에 속한다. 여기에서는 '사람의 신체' 혹은 '사람'에 대한 폭행일 필요가 없고 대상이 무엇이든 상관없다.

둘째, 광의의 폭행은 '사람'에 대한 직접·간접의 유형력의 행사를 말한다. 외국원수·외국사절에 대한 폭행(제107조, 제108조), 공무집행방해죄(제136조), 특수도주죄(제146조), 강요죄(제324조)의 폭행이 이에 속한다.

셋째, 협의의 폭행은 '사람의 신체'에 대한 유형력의 행사를 말한다. 폭행죄(제260조), 특수공무원의 폭행죄(제125조)가 이에 해당한다.

넷째, 최협의의 폭행은 상대방의 항거를 불가능하게 하거나 현저히 곤란하게 할 정도의 유형력의 행사를 말한다. 강도죄(제333조)의 폭행은 전자, 강간죄(제297조)의 폭행은 후자에 해당한다.

(3) 위법성

1) 징계행위　　부모나 교사의 체벌행위는 교육·훈육의 목적이 있고, 다른 징계수단으로는 그 목적을 달성할 수 없으며, 필요한 범위 내에서, 징계대상자의 연령, 성별, 발육, 건강 정도를 고려할 것 등의 요건을 갖춘 경우 위법성이 조각된다.

2) 소극적 방어행위　　타인의 폭행이나 공격으로부터 벗어나기 위한 소극적 방어행위는 정당방위 또는 사회상규에 위배되지 않는 행위로 위법성이 조각된다.

(4) 반의사불벌죄

단순폭행죄는 피해자의 명시한 의사에 반하여 공소를 제기할 수 없는 반의사불벌죄 혹은 해제조건부범죄이다.

2. 존속폭행죄

제260조(존속폭행) ② 자기 또는 배우자의 직계존속에 대하여 제 1 항의 죄를 범한 때에는 5년 이하의 징역 또는 700만원 이하의 벌금에 처한다.
③ 제 1 항 및 제 2 항의 죄는 피해자의 명시한 의사에 반하여 공소를 제기할 수 없다.

존속폭행죄는 단순폭행죄에 비해 책임이 가중되는 범죄유형이다. 배우자, 직계존속은 존속살해죄나 존속상해죄에서와 같다. 존속폭행죄도 반의사불벌죄이다.

3. 특수폭행죄

제261조(특수폭행) 단체 또는 다중의 위력을 보이거나 위험한 물건을 휴대하여 제260조 제 1 항 또는 제 2 항의 죄를 범한 때에는 5년 이하의 징역 또는 1천만원 이하의 벌금에 처한다.

(1) 개념 및 법적 성격

특수폭행죄는 폭행행위의 방법이나 수단의 위험성이 큼으로 인해 단순폭행죄에 비해 불법이 가중되는 범죄형태이다.

(2) 구성요건

1) **실행행위**   단체 또는 다중의 위력을 보이거나 위험한 물건을 휴대하여 폭행을 하는 것이다. 폭행의 개념은 단순폭행죄에서와 같다.

단체, 다중, 위력, 위력을 보임, 위험한 물건, 휴대의 개념은 특수상해·중상해죄에서와 같다.

2) **고 의**   본죄가 성립하기 위해서는 단체 또는 다중의 위력을 보이거나 위험한 물건을 휴대하는 것을 인식해야 한다. 이러한 인식이 없는 경우 제15조 제 1 항에 의해 단순폭행죄가 성립할 수 있을 뿐이다.

4. 폭행치사상죄

> 제262조(폭행치사상) 제260조와 제261조의 죄를 지어 사람을 사망이나 상해에 이르게 한 경우에
> 는 제257조부터 제259조까지의 예에 따른다.

(1) 개념 및 법적 성격

본죄는 폭행행위로 인해 무거운 결과인 상해나 사망의 결과를 초래함으로써 형벌이 가중되는 진정결과적 가중범이다.

(2) 구성요건

폭행치사상죄가 성립하기 위해서는 폭행행위가 있어야 한다. 폭행행위없이 사상(死傷)의 결과를 발생시켰을 경우에는 과실치사상죄가 성립할 수 있을 뿐이다.

폭행행위와 상해 또는 사망의 결과발생 사이에 인과관계(및 객관적 귀속) 및 사상의 결과에 대한 예견가능성이 인정되어야 한다. 인과관계(및 객관적 귀속)가 부정되는 경우에는 폭행죄, 특수폭행죄 등만이 성립한다.

(3) 형 벌

판례에 의하면 특수폭행으로 상해의 결과를 발생시킨 경우 특수상해죄(제258조의2)의 신설에도 불구하고 특수상해죄가 아닌 단순상해죄(제257조의 1항)의 예에 따라 처벌된다(대판 2018. 7. 24. 2018도3443).

5. 상습폭행죄

> 제264조(상습범) 상습으로 제257조, 제258조, 제260조 또는 제261조의 죄를 범한 때에는 그 죄
> 에 정한 형의 2분의 1까지 가중한다.

상습폭행죄는 상습으로 단순폭행죄 또는 특수폭행죄를 범하는 것이다. 상습성의 개념은 상습상해죄에서와 같다.

Ⅳ. 폭력행위 등 처벌에 관한 법률   [172]

폭력행위 등 처벌에 관한 법률은 집단적 또는 상습적으로 폭력행위 등을

범하거나 흉기 그 밖의 위험한 물건을 휴대하여 폭력행위 등을 범한 자 등을
처벌함을 목적으로 하는 법률로서 이러한 형태의 상해죄나 폭행죄를 가중처
벌하고 있다.

제3관 과실치사상의 죄

Ⅰ. 개념 및 보호법익 [173]

과실치사상죄란 정상의 주의를 태만히 하여 사람을 사망에 이르게 하거
나 사람의 신체를 상해하는 범죄이다. 보호법익은 살인죄나 상해죄의 보호법
익과 같이 사람의 생명과 건강·생리적 기능이고, 보호의 정도는 침해범이다.

Ⅱ. 과실치사상죄 [174]

제266조(과실치상) ① 과실로 인하여 사람의 신체를 상해에 이르게 한 자는 500만원 이하의 벌
금, 구류 또는 과료에 처한다.
② 제1항의 죄는 피해자의 명시한 의사에 반하여 공소를 제기할 수 없다.
제267조(과실치사) 과실로 인하여 사람을 사망에 이르게 한 자는 2년 이하의 금고 또는 700만원
이하의 벌금에 처한다.

1. 구성요건

(1) 상해 또는 사망의 결과발생

과실치사상죄가 성립하기 위해서는 상해나 사망의 결과가 발생해야 한
다. 사망과 상해의 개념은 각각 살인죄와 상해죄에서와 같다.

(2) 주의의무위반

주의의무란 사망 또는 상해의 결과를 예견하고 이를 회피할 의무를 말한
다. 주의의무위반이란 결과를 예견하거나 회피할 의무를 이행하지 않은 것을
말한다. 주의의무위반 여부를 결정하는 기준은 행위자의 주의능력을 기준으
로 하는 주관설, 사회일반인의 주의능력을 기준으로 하는 객관설이 있는데,

통설·판례는 객관설을 위주로 하고 주관설을 가미하는 입장을 따르고 있다.

(3) 인과관계

주의의무위반과 결과발생 사이에는 인과관계(및 객관적 귀속)가 인정되어야 한다. 인과관계 또는 객관적 귀속이 인정되지 않는 경우에는 과실범의 미수가 되어 처벌되지 않는다.

2. 반의사불벌죄

과실치상죄는 반의사불벌죄이지만 과실치사죄는 반의사불벌죄가 아니다.

Ⅲ. 업무상과실·중과실치사상죄 [175]

> 제268조(업무상과실·중과실 치사상) 업무상과실 또는 중대한 과실로 사람을 사망이나 상해에 이르게 한 자는 5년 이하의 금고 또는 2천만원 이하의 벌금에 처한다.

1. 업무상과실치사상죄

(1) 법적 성격

업무상과실치사상죄는 과실치사상죄에 비해 불법 또는 책임(다수설)이 가중되는 범죄유형이다.

(2) 업무상과실의 개념

1) **업무의 개념**　　　　업무란 사람이 사회생활상의 지위에서 계속적으로 종사하는 사무를 말한다. 업무는 ① 사회생활상 지위, ② 계속성, ③ 사무라는 세 가지 요소를 갖추어야 하고, 이 이외에 업무상과실치사상죄에서의 업무는 ④ 사람의 생명·신체에 위험을 초래할 만한 위험한 업무를 의미한다.

2) **형법상 업무의 개념**　　　　형법에서 사용되는 업무라는 개념은 그 문맥(context)에 따라 의미가 다르다.

첫째, 총칙상의 업무로서, 형법 제20조는 업무로 인한 행위의 위법성조각을 규정하고 있다. 이는 위험한 업무에 제한될 필요가 없이 가장 넓은 업무개념으로서 사회생활상 지위에서 계속적으로 종사하는 사무라고 할 수 있다.

둘째, 보호법익으로서의 업무이다. 업무방해죄(제314조)에서의 업무는 업무자체가 보호의 대상이 된다. 여기에서의 업무는 위험한 업무에 국한되지 않고 총칙상의 업무개념과 같이 가장 넓게 파악할 수 있는 개념이다.

셋째, 진정신분범의 요소로서의 업무이다. 업무상비밀누설죄(제317조), 허위진단서작성죄(제233조) 등은 일정한 업무자만이 범죄의 주체가 될 수 있다.

넷째, 부진정신분범의 요소로서의 업무이다. 업무자의 범죄는 일반인의 범죄에 비해 형벌이 가중되는 경우이다. 업무상과실치사상죄, 업무상횡령·배임죄(제356조)에서의 업무 등이 이에 속한다.

다섯째, 행위방법으로서의 업무이다. 업무가 구성요건적 행위의 요소로 되어 있는 경우이다. 아동혹사죄(제274조)가 이에 속한다.

(3) 인과관계

업무상과실치사상죄가 성립하기 위해서는 업무상의 주의의무위반과 결과발생 사이에 인과관계(및 객관적 귀속)가 인정되어야 한다.

2. 중과실치사상죄

중과실치사상죄는 주의의무위반의 정도가 높아 과실치사상죄보다 불법(위법성)이 가중되는 범죄유형이다. 중과실은 결과발생을 예견·방지할 수 있었음에도 불구하고 부주의로 이를 예견·방지하지 못하고 행위자의 주의의무위반 정도가 특히 높은 경우를 말한다. 중과실과 경과실은 구체적인 경우 사회통념에 따라 결정된다.

제4관 낙태의 죄

Ⅰ. 낙태죄의 개념 및 보호법익　　　　　　　　　　　[176]

통설에 의하면 낙태죄란 태아를 자연분만기 이전에 모체 외로 배출시키거나 태아를 모체 내에서 살해하는 범죄를 말한다. 이에 대해 소수설은 태아를 모체 내에서 살해하는 것만을 낙태라고 한다.

통설에 의하면 낙태죄의 일차적 보호법익은 태아의 생명이고, 부차적으로 임부의 생명·신체의 안전이다. 낙태죄의 보호의 정도는 태아의 생명·신체의 안전에 대해서는 추상적 위험범, 임부의 생명·신체의 안전에 대해서는 침해범이라고 할 수 있다.

다만, 헌법재판소는 자기낙태죄(제269조 1항)와 업무상동의낙태죄(제270조 1항)에 대해 헌법불합치 결정을 내려 2020. 12. 31일까지 개선입법을 하도록 하고, 이때까지 개선입법이 이루어지지 않은 경우 2021. 1. 1.부터 자기낙태죄와 업무상동의낙태죄의 처벌규정은 효력을 상실한다고 하였다(헌재 2019. 4. 11. 2017헌바127). 그런데 2020. 12. 31.까지 개정이 이루어지지 않았으므로 위 두 규정은 효력을 상실하였고 그 해석론도 필요없게 되었다(그러나 새로운 입법이 이루어질 것을 대비하고, 다른 규정의 해석에도 참고가 되므로 두 규정의 해석론은 그대로 두기로 한다).

Ⅱ. 자기낙태죄 [177]

제269조(낙태) ① 부녀가 약물 기타 방법으로 낙태한 때에는 1년 이하의 징역 또는 200만원 이하의 벌금에 처한다. (2021. 1. 1.부터 효력상실)

1. 행위의 주체

자기낙태죄의 행위주체는 부녀이다. 부녀란 임산부를 의미한다. 부녀라는 신분이 없는 사람이 낙태하도록 한 경우에는 형벌이 가중되므로 본죄는 감경적 부진정신분범이다.

2. 행위의 객체

낙태죄의 객체는 태아, 그 중에서도 살아있는 태아이다. 사태(死胎)의 경우는 낙태죄가 성립하지 않는다. 태아란 수정란이 자궁에 착상된 시점인 수태 후부터 분만개시 시점까지의 태아를 말한다. 자궁에 착상되기 이전의 수정란은 낙태죄의 객체가 될 수 없고, 배아복제와 관련하여 문제된다.

3. 실행행위

실행행위는 낙태이다. 통설·판례에 의하면 낙태란 태아를 모체에서 살해하거나 자연분만기 이전에 모체 외로 배출하는 것을 말한다.

낙태의 방법에는 제한이 없다. 약물, 추락, 타격 등의 방법이 모두 포함된다. 산부인과의사를 교사하여 낙태수술을 받은 경우 의사는 업무상동의낙태죄, 임부는 자기낙태죄의 죄책을 진다.

Ⅲ. 동의낙태죄 [178]

제269조(낙태) ② 부녀의 촉탁 또는 승낙을 받아 낙태하게 한 자도 제1항의 형과 같다.

동의낙태죄란 부녀의 촉탁 또는 승낙을 받아 낙태하게 하는 죄를 말한다.

부녀의 촉탁, 승낙은 승낙의 요건을 갖춘 것이어야 하므로 부녀가 낙태의 의미를 이해하고 진지한 의사에 기한 것이어야 한다. 이러한 요건을 갖추지 못한 경우에는 부동의낙태죄(제270조 2항)가 성립한다.

Ⅳ. 업무상동의낙태죄 [179]

제270조(의사등의 낙태) ① 의사, 한의사, 조산사, 약제사 또는 약종상이 부녀의 촉탁 또는 승낙을 받아 낙태하게 한 때에는 2년 이하의 징역에 처한다. (2021. 1. 1.부터 효력상실)

업무상낙태죄는 일정한 신분자가 부녀의 촉탁 또는 승낙을 받아 낙태하게 하는 죄로서 동의낙태죄(제269조 2항)에 비해 책임이 가중된 범죄유형이다.

행위의 주체는 의사, 한의사, 조산사, 약제사 또는 약종상이다. 이는 예시적인 것이 아니라 열거적인 것이므로 여기에 규정되어 있지 않은 치과의사, 수의사, 간호사 등은 행위의 주체가 될 수 없다.

Ⅴ. 부동의낙태죄 [180]

제270조(부동의낙태) ② 부녀의 촉탁 또는 승낙없이 낙태하게 한 자는 3년 이하의 징역에 처한다.

부동의낙태죄란 부녀의 촉탁 또는 승낙없이 낙태하게 하는 죄를 말한다. 부녀의 촉탁 또는 승낙이 없다는 것은 부녀가 모르게 낙태하게 한 경우뿐만 아니라 유효하지 않은 촉탁·승낙에 의한 경우도 포함한다.

부녀의 촉탁·승낙이 없음에도 불구하고 있다고 착오하고 낙태하게 한 경우 제15조 제1항에 의해 동의낙태죄가 성립한다. 부녀의 촉탁·승낙이 있지만 없다고 착오하고 낙태하게 한 경우에도 동의낙태죄가 성립한다.

Ⅵ. 낙태치사상죄 [181]

> 제269조(낙태) ③ 제2항의 죄(동의낙태죄)를 범하여 부녀를 상해에 이르게 한 때에는 3년 이하의 징역에 처한다. 사망에 이르게 한 때에는 7년 이하의 징역에 처한다.
> 제270조(의사 등의 낙태, 부동의 낙태) ③ 제1항(업무상낙태죄) 또는 제2항의 죄(부동의낙태죄)를 범하여 부녀를 상해에 이르게 한 때에는 5년 이하의 징역에 처한다. 사망에 이르게 한 때에는 10년 이하의 징역에 처한다. (제3항 중 '제1항(업무상낙태죄) 또는' 부분은 2021. 1. 1.부터 효력상실)

낙태치사상죄는 동의낙태죄(제269조 2항), 부동의낙태죄(제270조 2항)를 범하여 임부의 상해 또는 사망의 결과를 발생시킨 경우에 성립하는 진정결과적 가중범이다. 업무상동의낙태죄가 효력을 상실하였으므로 업무상동의낙태치사상죄도 인정되지 않는다. 낙태죄가 미수에 그치고 상해나 사망의 결과를 발생시킨 경우, 낙태치사상죄가 성립한다는 견해와 과실(업무상과실)치사상죄가 성립한다는 견해(다수설)가 대립한다.

본죄가 성립하기 위해서는 낙태행위와 사망, 상해의 결과발생 사이에 상당인과관계(및 객관적 귀속)가 인정되어야 하고 사망 또는 상해의 결과에 대한 예견가능성이 있어야 한다.

Ⅶ. 낙태죄의 위법성조각 [182]

1. 모자보건법

모자보건법은 일정한 요건하에 인공임신중절을 허용하고 인공임신중절을 받은 자와 수술을 행한 자에 대해 낙태죄로 처벌하지 않는다는 규정을 두고 있다(동법 제28조). 따라서 이 법에 따른 임신중절행위는 법령에 의한 행위로서 위법성이 조각된다.

동법에 의해 허용되는 인공임신중절이 되기 위해서는 첫째, 일정한 사유가 있어야 하고(제14조 1항), 둘째, 의사가 수술을 해야 하고, 셋째, 본인과 배우자의 동의가 있어야 하고, 넷째, 임신한 날로부터 24주일 이내(시행령 제15조 1항)이어야 한다.

그런데 2021. 1. 1.부터 자기낙태죄와 업무상동의낙태죄 규정의 효력이 상실되었고, 동의낙태죄(제269조 2항)에 해당되는 행위에는 — 의사의 행위를 요건으로 하는 — 모자보건법이 적용되지 않는다.

2. 사회·경제적 사유에 의한 낙태의 허용여부

대부분의 낙태는 원하지 않는 임신을 한 경우의 낙태와 같이 사회·경제적 사유에 의한 것이다. 이 때문에 태아의 생명보다는 여성의 프라이버시를 우선해야 하므로 낙태를 자유화해야 한다는 주장과 함께 낙태죄 처벌은 위헌이라는 주장도 제기되었다.

헌법재판소는 자기낙태죄(제269조 1항)와 업무상동의낙태죄(제270조 1항)에 대해 헌법불합치 결정을 내리고 2020. 12. 31일까지 개선입법을 하도록 하고, 이때까지 개선입법이 이루어지지 않았으므로 현재 자기낙태죄와 업무상동의낙태죄의 처벌규정은 효력을 상실하였다.

다만 동의낙태죄(제260조 2항)는 효력이 상실되지 않았는데, 동 규정에 해당하는 행위는 사회·경제적 사유에 의한 경우 총칙상 위법성조각사유에 해당되지 않는 한, 위법성이 조각될 수 없다.

제 5 관   유기 및 학대의 죄

I. 개념 및 보호법익   [183]

형법 각칙 제28장에는 유기와 학대의 죄라는 제목하에 유기죄 및 학대죄가 규정되어 있다. 두 죄 모두 사람의 생명·신체의 안전을 보호법익으로 한다. 보호의 정도에 대해서는 추상적 위험범설과 구체적 위험범설이 대립하고 있다.

형법은 개인주의적 입장에서 유기죄의 주체로서 법률상·계약상의 구호 의무있는 자만을 규정하고, 신의성실, 사회상규나 조리에 의한 구조의무위반 죄 즉 긴급구조의무위반죄를 규정하고 있지 않다. 이에 비해 기독교사상의 영향을 받은 서구국가에서는 긴급구조의무위반죄를 규정하고 있다. 이를 선 한 사마리아인법(The Good Samaritan Law)이라고도 한다.

Ⅱ. 유기죄 [184]

> 제271조(유기) ① 나이가 많거나 어림, 질병 그 밖의 사정으로 도움이 필요한 사람을 법률상 또 는 계약상 보호할 의무가 있는 자가 유기한 경우에는 3년 이하의 징역 또는 500만원 이하의 벌금에 처한다.

1. 구성요건

(1) 행위의 주체

유기죄는 진정신분범으로서 그 주체는 나이가 많거나 어림, 질병 그 밖의 사정으로 인하여 부조를 요하는 자를 '보호할 법률상 또는 계약상 의무있는 자'이다.

첫째, 법률상의 보호의무는 그 근거가 공법이든 사법이든 상관없다. 경찰 관직무집행법 제 4 조에 의한 보호조치의무, 도로교통법 제54조에 의한 사고 운전자의 피해자구호의무 등은 공법상 보호의무의 예이다. 사법상의 보호의 무로는 민법상 친족관계에 의한 부양의무(민법 제974조)를 들 수 있다.

둘째, 계약상의 보호의무는 당사자간에 체결된 계약뿐만 아니라 보호의 무자가 제 3 자와 체결한 계약 혹은 간접적 계약에 의해서도 발생할 수 있다.

셋째, 조리 혹은 사회상규상의 보호의무를 인정할 것인가에 대해, 긍정설 은 이를 인정함으로써 극단적인 개인주의가 아닌 공동체정신에 입각한 유기 죄를 구성할 수 있다고 한다. 반면 부정설(다수설)은 조리 또는 사회상규상의 의무를 인정하는 것은 피고인에게 불리한 유추해석이라고 한다.

(2) 행위의 객체

본죄의 객체는 나이가 많거나 어림, 질병 그 밖의 사정으로 인하여 부조를 요하는 자'이다. 부조를 요하는 자란 스스로의 힘으로는 자신의 생명·신체에 대한 위험을 극복할 수 없는 사람을 의미한다.

(3) 실행행위

본죄의 실행행위는 유기이다. 유기란 보호의무자가 보호의무를 이행하지 않는 것을 말한다. 작위뿐만 아니라 부작위에 의해서도 가능하다. 유기죄는 추상적 위험범이므로 유기행위가 있으면 유기죄의 기수가 되고 요부조자에게 생명·신체에 대한 구체적 위험이 발생할 것을 요하지 않는다(통설).

(4) 고　의

유기죄가 성립하기 위해서는 보호의무의 원인된 사실관계, 요부조자가 부조를 요한다는 사실, 유기행위를 한다는 것 등에 대한 의욕 또는 인용이 필요하다. 유기자에게 살인이나 상해의 고의가 있는 경우에는 유기죄가 성립하지 않고 살인죄나 상해죄가 성립한다.

2. 위법성

자식들이 부모의 촉탁이나 승낙을 받고 부모를 유기한 경우와 같이 피해자의 승낙이 본죄의 위법성을 조각할 수 있는지 문제된다. 통설·판례는 피해자의 승낙만으로는 부족하고 유기행위가 사회상규에 위배되지 않아야 위법성이 조각된다고 한다.

Ⅲ. 존속유기죄　　　　　　　　　　　　　　　　　　　　　　[185]

제271조(존속유기) ② 자기 또는 배우자의 직계존속에 대하여 제1항의 죄를 지은 경우에는 10년 이하의 징역 또는 1천500만원 이하의 벌금에 처한다.

존속유기죄는 나이가 많거나 어림, 질병 그 밖의 사정으로 인하여 부조를 요하는 자기 또는 배우자의 직계존속을 유기하는 죄이다. 신분관계로 인해

행위자의 책임(비난가능성)이 가중되는 범죄유형으로서 부진정신분범이다. 배우
자, 직계존속의 개념은 모두 존속살해죄에서와 같다.

Ⅳ. 중유기죄·존속중유기죄   [186]

> 제271조(유기, 존속유기) ③ 제 1 항의 죄를 지어 사람의 생명에 위험을 발생하게 한 경우에는 7
> 년 이하의 징역에 처한다.
> ④ 제 2 항의 죄를 지어 사람의 생명에 위험을 발생하게 한 경우에는 2년 이상의 유기징역에
> 처한다.

중유기죄는 생명에 대한 위험발생이라는 무거운 결과의 발생으로 인해 불
법이 가중되는 범죄유형이다. 생명에 대한 위험이란 생명에 대한 구체적 위험
을 말하므로 본죄는 구체적 위험범이다. 생명에 대한 위험발생에 과실이 있는
경우뿐만 아니라 고의가 있는 경우에도 성립하는 부진정결과적 가중범이다.

존속중유기죄는 단순유기죄에 비해 존속을 유기한다는 점에서 책임이 가
중되고, 생명에 대한 위험발생이라는 점에서 불법도 가중된 범죄유형이다.
존속중유기죄 역시 부진정결과적 가중범이다.

중유기죄나 존속중유기죄의 주체는 유기죄의 기수범에 국한되고 미수범
은 포함되지 않는다.

Ⅴ. 영아유기죄   [187]

> 제272조(영아유기) 직계존속이 치욕을 은폐하기 위하거나 양육할 수 없음을 예상하거나 특히 참
> 작할 만한 동기로 인하여 영아를 유기한 때에는 2년 이하의 징역 또는 300만원 이하의 벌금에
> 처한다.

영아유기죄는 신분관계와 특별한 동기 등으로 인해 행위자의 책임(비난가
능성)이 감경되는 범죄유형이다.

행위의 주체는 직계존속이다. 통설은 법률상의 직계존속뿐만 아니라 사
실상의 직계존속도 포함된다고 한다. 객체는 영아인데, 영아살해죄에서의 영
아와 같이 분만 중 또는 분만 직후의 영아임을 요하지 않고 젖먹이아이, 유

아(乳兒) 등을 의미한다.

본죄는 초과주관적 구성요건요소로서 치욕은폐의 목적, 양육할 수 없음의 예상, 참작할 만한 동기 등을 요한다. 이러한 초과주관적 구성요건요소가 없는 경우에는 단순유기죄가 성립한다.

Ⅵ. 학대죄 [188]

> 제273조(학대) ① 자기의 보호 또는 감독을 받는 사람을 학대한 자는 2년 이하의 징역 또는 500만원 이하의 벌금에 처한다.

1. 개념 및 보호법익

학대죄란 자기의 보호 또는 감독을 받는 사람을 학대하는 죄이다.

학대죄의 보호법익은 생명·신체의 안전 및 인격권이고 보호의 정도는 추상적 위험범이다.

2. 구성요건

(1) 행위의 주체

본죄의 객체가 자기의 보호 또는 감독을 받는 사람이므로 본죄의 주체는 보호·감독자라고 할 수 있고 이러한 의미에서 본죄는 진정신분범이다. 통설은 보호·감독의 근거는 법률, 계약뿐만 아니라 관습, 사무관리, 조리, 사회상규 등도 포함된다고 한다.

(2) 행위의 객체

학대죄의 객체는 자기의 보호 또는 감독을 받는 자이다. 만 18세 미만의 아동에게는 아동복지법이 적용될 수 있다.

(3) 실행행위

학대죄의 실행행위는 학대이다. 음식을 주지 않거나 불결하거나 위험한 환경에 방치하는 것을 예로 들 수 있다. 차별대우와 같이 육체적 고통이 아니라 정신적 고통만을 가하는 것도 학대라고 할 수 있다.

Ⅶ. 존속학대죄 [189]

> 제273조(존속학대) ② 자기 또는 배우자의 직계존속에 대하여 전항의 죄를 범한 때에는 5년 이하의 징역 또는 700만원 이하의 벌금에 처한다.

존속학대죄는 행위자와 피해자가 직계존비속관계이므로 행위자의 책임이 가중되는 범죄유형으로서 부진정신분범이다. 배우자, 직계존속의 개념은 존속살해죄 혹은 존속유기죄에서와 같다.

Ⅷ. 아동혹사죄 [190]

> 제274조(아동혹사) 자기의 보호 또는 감독을 받는 16세 미만의 자를 그 생명 또는 신체에 위험한 업무에 사용할 영업자 또는 종업자에게 인도한 자는 5년 이하의 징역에 처한다. 그 인도를 받은 자도 같다.

1. 보호법익

아동혹사죄의 보호법익은 아동의 생명·신체의 안전이라는 견해와 아동의 복지 내지 복지권이라는 견해가 있다.

2. 행위의 주체 및 객체

본죄의 객체는 자기의 보호 또는 감독을 받는 16세 미만의 자이므로, 본죄의 주체는 16세 미만의 아동의 보호·감독자 및 위험한 업무에 사용할 영업자 또는 종업자이다. 따라서 본죄는 진정신분범이다. 보호·감독자지위의 발생근거는 법률이나 계약뿐만 아니라 관습, 사무관리, 사회상규, 조리 등도 포함한다.

3. 실행행위

본죄의 실행행위는 아동의 생명 또는 신체에 위험한 업무에 사용할 영업자 또는 종업자에게 인도하는 행위나 영업자 또는 종업자가 아동을 인도받는 행위이다. 따라서 본죄는 필요적 공범 중 대향범에 속한다.

본죄의 기수가 되기 위해서는 인도계약만으로는 부족하고 현실적인 인도까지 있어야 한다. 그러나 아동이 위험한 업무에 종사하였느냐는 본죄의 성립에 영향을 미치지 못한다.

IX. 유기등치사상죄 [191]

> 제275조(유기등 치사상) ① 제271조 내지 제273조의 죄를 범하여 사람을 상해에 이르게 한 때에는 7년 이하의 징역에 처한다. 사망에 이르게 한 때에는 3년 이상의 유기징역에 처한다.
> ② 자기 또는 배우자의 직계존속에 대하여 제271조 또는 제273조의 죄를 범하여 상해에 이르게 한 때에는 3년 이상의 유기징역에 처한다. 사망에 이르게 한 때에는 무기 또는 5년 이상의 징역에 처한다.

유기등치사상죄는 유기, 존속유기, 영아유기, 학대, 존속학대죄를 범하여 피해자의 상해 내지 사망의 결과를 발생시킨 경우에 성립하는 결과적 가중범이다. 유기죄등의 기수범만이 주체가 될 수 있다. 유기등의 죄에 대해 고의가 있고, 이와 상해 및 사망의 결과 사이에 인과관계가 있어야 한다. 유기치상죄는 상해에 대해 과실이 있을 때뿐만 아니라 고의가 있을 때에도 성립하고, 유기치사죄는 사망에 대해 과실이 있어야 성립한다.

X. 도주차량운전자의 가중처벌(특가법 제5조의3) [191-1]

> 제5조의3(도주차량 운전자의 가중처벌) ① 「도로교통법」 제2조에 규정된 자동차·원동기장치자전거의 교통으로 인하여 「형법」 제268조의 죄를 범한 해당 차량의 운전자(이하 "사고운전자"라 한다)가 피해자를 구호(救護)하는 등 「도로교통법」 제54조 제1항에 따른 조치를 하지 아니하고 도주한 경우에는 다음 각 호의 구분에 따라 가중처벌한다.
> 1. 피해자를 사망에 이르게 하고 도주하거나, 도주 후에 피해자가 사망한 경우에는 무기 또는 5년 이상의 징역에 처한다.
> 2. 피해자를 상해에 이르게 한 경우에는 1년 이상의 유기징역 또는 500만원 이상 3천만원 이하의 벌금에 처한다.
> ② 사고운전자가 피해자를 사고 장소로부터 옮겨 유기하고 도주한 경우에는 다음 각 호의 구분에 따라 가중처벌한다.
> 1. 피해자를 사망에 이르게 하고 도주하거나, 도주 후에 피해자가 사망한 경우에는 사형, 무기 또는 5년 이상의 징역에 처한다.
> 2. 피해자를 상해에 이르게 한 경우에는 3년 이상의 유기징역에 처한다.

이 규정은 형법 제268조의 죄(업무상 과실치사상죄)를 범한 자동차등운전자
가 피해자를 구호하는 등의 조치를 취하지 아니하고 도주한 경우 처벌하는
규정이다.

제 2 절 자유에 대한 죄

제 1 관 체포와 감금의 죄

Ⅰ. 보호법익   [192]

체포·감금죄의 보호법익은 신체활동의 자유 그 중에서도 장소선택의 자
유 그 중에서도 체포·감금된 장소에서 떠날 자유이다. 통설에 의하면, 체
포·감금죄에서 보호하는 장소이전의 자유는 현실적 자유뿐만 아니라 잠재
적 자유를 포함한다. 보호의 정도는 침해범이다.

Ⅱ. 체포·감금죄   [193]

> 제276조(체포, 감금) ① 사람을 체포 또는 감금한 자는 5년 이하의 징역 또는 700만원 이하의
> 벌금에 처한다.

1. 구성요건

(1) 행위의 객체

체포·감금죄의 객체는 '사람'이다. 사람의 범위에 대해서, ① 살아있는
사람 모두를 의미한다는 견해, ② 장소이전의 현실적 자유를 가진 사람만이
라는 견해, ③ 장소이전의 현실적 자유를 가진 사람뿐만 아니라 수면 중인
사람, 유아 등과 같이 장소이전의 잠재적 자유를 가진 사람도 포함된다는 견

해(통설·판례) 등이 대립한다.

(2) 실행행위

실행행위는 체포 또는 감금이다.

체포란 사람의 신체에 대하여 직접적·현실적 구속을 가하여 행동의 자유를 빼앗는 것이다. 긴 밧줄로 사람을 끌고 가는 경우와 같이 부분적으로 행동의 자유가 있는 경우에도 전체적으로 보아 행동의 자유가 박탈된 경우에는 체포가 될 수 있다.

감금이란 특정한 구역에서 나가는 것을 불가능하게 하거나 또는 심히 곤란하게 함으로써 장소이전의 자유를 박탈하는 것을 말한다. 감금의 방법에는 제한이 없다. 예를 들어 승용차에 태우고 내려주지 않거나(대판 2000. 5. 26. 2000도 440), 목욕하는 사람의 옷을 감추는 것도 감금이 될 수 있다.

2. 위법성

현행범인의 체포, 긴급체포, 구속, 수형자의 감금 등은 법령에 의한 행위로 위법성이 조각된다. 정당방위, 긴급피난, 자구행위 등에 의해 위법성이 조각될 수 있음은 물론이다.

3. 기수 및 종료시기

(1) 기수시기

본죄의 미수는 벌한다(제280조). 통설에 의하면 체포·감금죄의 기수가 되기 위해서는 체포·감금이 어느 정도의 시간 동안 지속되어야 한다. 예를 들어 피해자를 방안에 감금하고 문을 잠갔으나 바로 피해자가 뒷문으로 도망간 경우에는 감금죄의 미수가 될 뿐이다.

(2) 종료시기

본죄는 범행이 기수가 된 이후에도 체포·감금행위가 계속될 수 있는 계속범이다. 즉 범죄의 기수시기 이후에도 체포·감금의 실행행위가 계속될 수 있고, 피해자의 신체활동의 자유가 회복된 시점에서야 범행이 종료된다. 기수 이후에도 체포·감금행위가 계속되는 동안, 즉 종료 이전에는 공범이 성립할 수 있고, 공소시효의 기산점은 기수시점이 아니라 종료시점이다.

Ⅲ. 존속체포 · 감금죄 [194]

> 제276조(존속체포, 존속감금) ② 자기 또는 배우자의 직계존속에 대하여 제1항의 죄를 범한 때에는 10년 이하의 징역 또는 1,500만원 이하의 벌금에 처한다.

존속체포 · 감금죄는 행위자와 피해자와의 신분관계로 인해 행위자의 책임이 가중되는 부진정신분범이다. 배우자, 직계존속 등의 개념은 존속살해죄 등에서와 같이 법률상의 개념에 한정된다.

Ⅳ. 중체포 · 감금죄, 존속중체포 · 감금죄 [195]

> 제277조(중체포, 중감금, 존속중체포, 존속중감금) ① 사람을 체포 또는 감금하여 가혹한 행위를 가한 자는 7년 이하의 징역에 처한다.
> ② 자기 또는 배우자의 직계존속에 대하여 전항의 죄를 범한 때에는 2년 이상의 유기징역에 처한다.

1. 법적 성격

중체포 · 감금죄는 체포 · 감금죄와 가혹행위, 존속중체포 · 감금죄는 존속체포 · 감금죄와 가혹행위가 결합되어 있는 결합범이다. 체포 · 감금죄에 비해 불법이 가중되어 있는 범죄유형이다. 존속중체포 · 감금죄는 체포 · 감금죄에 비해 책임과 불법이 모두 가중된 범죄유형이다.

2. 가혹행위

가혹행위란 사람에게 육체적 · 정신적 고통을 주는 일체의 행위라고 할 수 있다. 감금의 수단이 된 폭행 · 협박만으로는 가혹행위라고 할 수 없지만 감금 이후 폭행이나 협박을 가한 때에는 가혹행위가 될 수 있다.

3. 미 수

본죄의 미수범은 처벌한다(제280조). 본죄의 미수범은 ① 체포 · 감금 후 가혹행위를 하기 위해 체포·감금하려 하였으나 체포·감금이 미수에 그친 경우, ② 가혹행위를 하기 위해 체포·감금은 하였으나 가혹행위를 하지 못한 경우, ③ 체포·감금 후 가혹행위를 하였으나 가혹행위 자체가 미수에 그친 경우를 들 수 있다.

V. 특수체포·감금죄 [196]

> 제278조(특수체포, 특수감금) 단체 또는 다중의 위력을 보이거나 위험한 물건을 휴대하여 전2조의 죄를 범한 때에는 그 죄에 정한 형의 2분의 1까지 가중한다.

본죄는 행위의 방법이나 수단의 불법성이 큼으로 인해 형벌이 가중되는 범죄유형이다. 단체, 다중, 위력, 위험한 물건, 휴대의 개념은 특수상해죄에서와 같다. 그 죄에 정한 형의 2분의 1까지 가중하므로 장기뿐만 아니라 단기도 가중된다.

VI. 상습체포·감금죄 [197]

> 제279조(상습범) 상습으로 제276조 또는 제277조의 죄를 범한 때에는 전조의 예에 의한다.

상습체포·감금죄는 상습으로 체포·감금죄, 존속체포·감금죄, 중체포·감금죄, 존속중체포·감금죄를 범하는 죄이다. 행위자의 범죄습벽으로 인해 책임이 가중되는 범죄유형이다.

VII. 체포·감금치사상죄, 존속체포·감금치사상죄 [198]

> 제281조(체포·감금등의 치사상) ① 제276조 내지 제280조의 죄를 범하여 사람을 상해에 이르게 한 때에는 1년 이상의 유기징역에 처한다. 사망에 이르게 한 때에는 3년 이상의 유기징역에 처한다.
> ② 자기 또는 배우자의 직계존속에 대하여 제276조 내지 제280조의 죄를 범하여 상해에 이르게 한 때에는 2년 이상의 유기징역에 처한다. 사망에 이르게 한 때에는 무기 또는 5년 이상의 징역에 처한다.

1. 법적 성격

본죄는 체포·감금죄, 존속체포·감금죄, 중체포·감금죄, 존속중체포·감금죄, 특수체포·감금죄, 상습체포·감금죄를 범하여 사람의 상해 또는 사망의 결과를 초래한 경우에 성립하는 범죄이다. 체포·감금치상죄는 상해에 대해 과실이 있을 때뿐만 아니라 고의가 있을 때에도 성립하는 부진정결과적 가중범이지만, 체포·감금치사죄는 사망에 대해 과실이 있어야 하고 고의가 있는 경우에는 성립할 수 없는 진정결과적 가중범이다.

2. 구성요건

체포·감금죄가 기수에 이른 경우뿐만 아니라 미수에 그친 경우에도 본죄가 성립한다. 본죄가 성립하기 위해서는 체포·감금행위와 상해·사망 사이에 인과관계가 있어야 하고, 상해·사망에 대한 예견가능성이 있어야 한다.

제 2 관 협박의 죄

I. 총 설   [199]

협박죄(脅迫罪; 제283조)란 사람으로 하여금 공포심을 느낄만한 해악(害惡)을 고지하는 범죄이다. 의사결정에 영향을 미칠 목적은 필요로 하지 않는다.

협박죄의 보호법익은 의사결정의 자유이다. 통설은 본죄의 미수범을 처벌하는 취지를 고려할 때(제286조) 본죄는 상대방이 공포심을 느껴야 기수가 되는 침해범이라고 한다. 그러나 판례는 본죄를 해악을 고지하여 상대방이 인지하면 공포심을 느끼지 않더라도 기수가 되는 위험범이라고 한다(대판 2007. 9. 28. 2007도606 전합).

Ⅱ. 협박죄 [200]

> 제283조(협박) ① 사람을 협박한 자는 3년 이하의 징역 또는 500만원 이하의 벌금, 구류 또는 과료에 처한다.
> ③ 제 1 항 및 제 2 항의 죄는 피해자의 명시한 의사에 반하여 공소를 제기할 수 없다.

1. 구성요건

(1) 행위의 객체

협박죄의 객체는 사람이다. 협박이 해악을 고지하여 사람에게 공포심을 느끼게 하는 행위이므로 이를 이해할 수 없는 유아, 정신병자, 만취자, 수면자 등은 협박죄의 객체가 될 수 없다.

(2) 실행행위

협박이란 해악을 고지하여 상대방에게 공포심을 느끼게 하는 행위를 말한다. 폭행이 유형력을 행사하는 것이라고 한다면 협박은 무형력의 행사, 즉 해악의 고지를 본질적 내용으로 한다.

협박은 해악의 고지를 포함하므로 해악의 고지를 포함하지 않는 폭언이나 분노의 표현은 설사 공포심을 느끼게 한다 하더라도 협박이 될 수 없다. 폭언은 모욕이나 명예훼손이 될 수 있을 뿐이다. 협박이 되기 위해서는 행위자가 직·간접적으로 해악의 발생을 좌우할 수 있어야 한다. 행위자가 직·간접적으로 영향을 미칠 수 없는 해악의 고지는 경고가 될 수 있을 뿐이다.

해악고지의 방법에는 제한이 없다. 작위·부작위, 직접적·간접적 방법, 명시적·묵시적 방법, 다른 사람을 통한 방법, 구두나 서면에 의한 방법 등이 모두 가능하다. 해악의 내용은 생명, 신체, 자유, 프라이버시, 명예, 재산, 성적 결정 등 어느 것에 대한 것이든 무방하다. 해악의 내용이 위법할 것을 요하지 않는다.

폭행과 마찬가지로 형법에는 여러 규정에서 협박이 사용되고 있으므로 그 문맥에 따라 다음과 같이 그 내용이 서로 다를 수 있다.

첫째, 광의의 협박이란 상대방에게 공포심을 느끼게 할 해악을 고지하는 행위이고 상대방이 해악의 고지를 인지하였느냐 혹은 실제로 공포심을 느꼈는가는 범죄성립에 문제되지 않는다. 소요죄(제115조), 다중불해산죄(제116조), 공무집행방해죄(제136조 1항), 직무강요죄(제136조 2항), 특수도주죄(제146조)에서의 협박이 이에 해당한다.

둘째, 협의의 협박이란 해악을 고지하여 상대방에게 공포심을 느끼게 하는 행위로서 적어도 상대방이 해악의 고지를 인지하여야 기수에 도달하는 범죄에서의 협박을 말한다. 협박죄(제283조), 공갈죄(제350조)의 협박이 이에 해당한다.

셋째, 최협의의 협박은 상대방의 반항을 불가능하게 하거나 현저하게 곤란하게 할 정도로 해악을 고지하여 상대방에게 공포심을 느끼게 하는 행위이다. 강도죄(제333조)의 협박은 전자에 해당하고, 강간죄(제297조)의 협박은 후자에 해당한다.

2. 위법성

(1) 고 소

고소권이 있는 사람이 고소할 의사가 없음에도 불구하고 고소하겠다고 한 경우, 다수설은 협박죄가 성립한다고 한다. 이에 대해 고소의사의 유무가 아니라 고소라는 수단과 협박이라는 목적 사이에 내적 관련이 단절되었을 때에 협박죄가 성립한다고 하는 소수설이 있다.

(2) 노동쟁의

노동쟁의에서 쟁의수단으로 파업, 태업 등을 고지한 경우에는 법령에 의한 정당행위로서 위법성이 조각될 수 있다.

(3) 권리행사나 채권추심을 위한 협박

권리행사나 채권추심을 위한 수단으로 협박하는 행위가 사회상규에 위배되지 않는 경우에는 위법성이 조각되지만, 사회상규에 위배되는 경우에는 공갈죄가 성립할 수 있다(대판 2000. 2. 25. 99도4305).

3. 미 수

협박죄의 미수는 벌한다(제286조). 협박죄의 기수시기에 대해 통설은 상대방이 공포심을 느낀 시점이라고 하지만, 판례는 해악을 고지하여 상대방이 이를 인식한 시점이라고 한다. 판례에 의하면, 협박죄의 미수범은 ① 해악의 고지가 현실적으로 상대방에게 도달하지 아니한 경우, ② 도달은 하였으나 상대방이 이를 지각하지 못한 경우, ③ 고지된 해악의 의미를 인식하지 못한 경우 등이라고 한다(대판 2007. 9. 28. 2007도606 전합). 해악의 고지를 시작하였으나 마치지 못한 경우도 협박죄의 미수가 된다.

4. 반의사불벌죄

단순협박죄는 피해자의 명시한 의사에 반하여 공소를 제기할 수 없는 반의사불벌죄이다.

Ⅲ. 존속협박죄 [201]

제283조(존속협박) ② 자기 또는 배우자의 직계존속에 대하여 제 1 항의 죄를 범한 때에는 5년 이하의 징역 또는 700만원 이하의 벌금에 처한다.
③ 제 1 항 및 제 2 항의 죄는 피해자의 명시한 의사에 반하여 공소를 제기할 수 없다.

존속협박죄는 신분관계로 인해 행위자의 책임이 가중되는 범죄유형이다. 배우자, 직계존속 등의 개념은 존속살해죄에서와 같이 법률상의 개념으로 한정된다. 존속협박죄도 반의사불벌죄이다.

Ⅳ. 특수협박죄 [202]

제284조(특수협박) 단체 또는 다중의 위력을 보이거나 위험한 물건을 휴대하여 전조 제 1 항, 제 2 항의 죄를 범한 때에는 7년 이하의 징역 또는 1천만원 이하의 벌금에 처한다.

특수협박죄는 단체 또는 다중의 위력을 보이거나 위험한 물건을 휴대하여 협박하는 행위로 인해 불법이 가중된 범죄유형이다. 단체, 다중, 위력, 위험한 물건, 휴대 등의 의미는 특수폭행죄에서와 같다.

특수협박죄의 미수범은 처벌하고(제286조), 반의사불벌죄가 아니다.

V. 상습협박죄 [203]

> 제285조(상습범) 상습으로 제283조 제 1 항, 제 2 항 또는 전조의 죄를 범한 때에는 그 죄에 정한 형의 2분의 1까지 가중한다.

상습협박죄는 상습으로 협박, 존속협박, 특수협박죄를 범함으로써 성립하는 범죄로서, 행위자의 협박습벽으로 인해 책임이 가중되는 범죄유형이다.

본죄의 미수범은 처벌되고(제286조), 반의사불벌죄가 아니다.

제 3 관 약취, 유인 및 인신매매의 죄

I. 보호법익 [204]

약취·유인죄는 폭행·협박·기망·유혹을 수단으로 하여 사람을 보호받는 상태에서부터 이탈시켜 자기의 실력적 지배하에 두는 범죄이다. 소위 '납치'가 그 전형적인 예이다. 인신매매죄는 자기의 실력적 지배하에 있는 사람을 다른 사람의 실력적 지배하로 옮기거나 그 상대방이 되는 죄이다. 본죄의 보호법익은 일차적으로는 피인취자 등(약취·유인 및 인신매매된 사람)의 장소선택의 자유이고 부차적으로 친권자 등 보호감독자의 보호감독권이다.

본죄의 보호의 정도는 침해범이다.

II. 미성년자약취·유인죄 [205]

> 제287조(미성년자의 약취, 유인) 미성년자를 약취 또는 유인한 사람은 10년 이하의 징역에 처한다.

1. 구성요건

(1) 행위의 주체 및 객체

본죄의 주체에는 제한이 없다. 친권자 등 미성년자의 보호감독자도 주체가 될 수 있다.

행위의 객체는 미성년자이다. 미성년자란 만 19세 미만의 자를 말한다. 민법상 성년으로 의제되는 혼인한 미성년자가 본죄의 객체가 되는가에 대해 긍정설(다수설)과 부정설이 있다.

(2) 실행행위

본죄의 실행행위는 약취 또는 유인이다. 약취란 폭행 또는 협박으로 미성년자를 그 의사에 반하여 자유로운 생활관계로 또는 보호관계로부터 범인이나 제3자의 사실상 지배하로 옮기는 행위를 말한다. 폭행·협박의 정도는 상대방을 실력적 지배하에 둘 수 있을 정도이면 족하고 반드시 상대방의 반항을 억압할 정도의 것임을 요하지 않는다(대판 1991. 8. 13. 91도1184).

유인이란 기망 또는 유혹을 수단으로 하여 미성년자를 꾀어 그 하자 있는 의사에 따라 미성년자를 자유로운 생활관계 또는 보호관계로부터 이탈하게 하여 자기 또는 제3자의 실력적 지배하에 옮기는 행위를 말한다.

사실적 지배란 미성년자에 대한 물리적·실력적 지배관계를 말한다. 미성년자를 실력적 지배하에 두지 않고 자유로운 생활관계 또는 보호관계에서 이탈만 시킨 경우에는 본죄가 성립하지 않는다.

2. 위법성

피해자의 승낙이 본죄의 위법성을 조각한다는 견해와 미성년자와 보호감독자의 승낙이 있는 경우에는 본죄의 구성요건해당성이 없다고 하는 견해(다수설)가 대립한다.

[대판 1982. 4. 27. 82도186] 피해자가 스스로 가출하였다고는 하나 그것이 피고인의 독자적인 교리설교에 의하여 하자있는 의사로써 이루어진 것이고, 동 피해자를 보호감독권자의 보호관계로부터 이탈시켜 피고인의 지배하에 옮긴 이상 미성년자유인죄가 성립한다.

3. 미수 및 종료

본죄의 실행의 착수시기는 폭행·협박 또는 기망·유혹을 개시한 시기이고, 기수시기는 미성년자를 자신 또는 제3자의 실력적 지배하에 둔 후 어느 정도의 시간이 흐른 때이다.

본죄의 성격에 대해 상태범설과 계속범설(다수설)이 대립한다. 계속범설에 의하면 범죄종료시기는 미성년자가 실력적 지배를 벗어난 때이다.

4. 예비·음모

본죄를 범할 목적으로 예비 또는 음모한 사람은 3년 이하의 징역에 처한다(제296조). 2013년 개정에서 신설되었다.

5. 석방감경 및 세계주의

본죄의 기수범 또는 미수범이 약취·유인된 미성년자를 안전한 장소로 풀어준 때에는 그 형을 감경할 수 있다(제295조의2).

본죄의 기수범과 미수범에는 세계주의가 적용되므로(제296조의2), 외국인이 외국에서 외국인에 대해 본죄를 범한 경우에도 우리 형법이 적용된다.

Ⅲ. 추행등 목적 약취·유인죄　　　　　　　　　　　　　　　　[206]

> 제288조(추행 등 목적 약취, 유인 등) ① 추행, 간음, 결혼 또는 영리의 목적으로 사람을 약취 또는 유인한 사람은 1년 이상 10년 이하의 징역에 처한다.

1. 구성요건

(1) 행위의 객체

본죄의 객체는 사람이다. 부녀자 등에 국한되지 않고 남녀노소를 불문한다. 미성년자를 약취·유인한 경우에도 추행·간음·결혼·영리의 목적이 있는 경우에는 미성년자약취·유인죄가 아니라 본죄가 성립한다.

(2) 주관적 구성요건

본죄는 고의 이외에 초과주관적 구성요건요소로서 추행, 간음, 결혼 또는 영리의 목적이 있어야 성립하는 범죄이다. 본죄는 미성년자에 대해서는 부진정목적범이지만, 성인에 대해서는 진정목적범이다.

추행의 목적이란 피해자에게 성적 수치심을 일으키는 행위를 하도록 하거나 그 대상이 되도록 하려는 목적을 말한다. 간음의 목적이란 결혼을 하지 않고 성행위를 할 목적을 말한다. 약취·유인자가 아니라 제3자가 간음할 경우라도 무방하다. 결혼의 의미에 대해서는 법률혼이라는 견해, 사실혼이라는 견해 및 법률혼과 사실혼을 모두 포함한다는 견해가 대립한다. 구형법에서는 결혼 목적이 있는 경우 형벌을 감경하였으나 2013년 개정형법은 시대의 변화에 맞춰 간음등 목적이 있는 경우와 동일한 형벌을 규정하였다. 영리의 목적이란 자기 또는 제3자로 하여금 재물이나 재산상의 이익을 취득하게 할 목적을 말한다.

2. 미 수

본죄의 기수시기는 추행 등의 목적으로 약취·유인하여 피해자를 자신 또는 제3자의 실력적 지배하에 둔 때이고, 추행 등의 목적을 달성하지 못하였어도 본죄의 기수가 된다. 본죄의 미수범은 처벌한다(제294조).

3. 예비·음모

본죄를 범할 목적으로 예비 또는 음모한 사람은 3년 이하의 징역에 처하지만(제296조), 미성년자를 모집, 운송, 전달하는 형태의 예비·음모인 경우에는 제292조 제2항에 의해 7년 이하의 징역에 처한다.

4. 석방감경 및 세계주의

본죄의 기수범 또는 미수범이 사람이 약취, 유인, 매매 또는 이송된 사람을 안전한 장소로 풀어준 때에는 그 형을 감경할 수 있다.

본죄의 기수범과 미수범에는 세계주의가 적용되므로(제296조의2), 외국인이 외국에서 외국인에 대해 본죄를 범한 경우에도 우리 형법이 적용된다.

IV. 착취·국외이송등 목적 약취·유인죄 및 피인취자 국외이송죄 [207]

제288조(추행 등 목적 약취, 유인 등) ② 노동력 착취, 성매매와 성적 착취, 장기적출을 목적으로 사람을 약취 또는 유인한 사람은 2년 이상 15년 이하의 징역에 처한다.

③ 국외에 이송할 목적으로 사람을 약취 또는 유인하거나 약취 또는 유인된 사람을 국외에 이송한 사람도 제 2 항과 동일한 형으로 처벌한다.

1. 구성요건

제288조 제 2 항의 죄와 제 3 항의 국외이송목적 약취·유인죄는 미성년자에 대해서는 부진정목적범, 성인에 대해서는 진정목적범이지만 제288조 제 1 항의 목적에 비해 불법이 더 크므로 제288조 제 1 항의 죄보다 형벌이 가중된 것이다.

노동력착취란 다른 사람으로 하여금 그 의사에 반하여 노동력을 제공하도록 하는 것 또는 대가를 제공하지 않거나 현저히 낮은 대가를 제공하고 노동력을 제공하도록 하는 것을 말한다. 성매매란 불특정인을 상대로 금품이나 그 밖의 재산상의 이익을 수수(收受)하거나 수수하기로 약속하고 성교행위 또는 구강, 항문 등 신체의 일부 또는 도구를 이용한 유사 성교행위를 하거나 그 상대방이 되는 것을 말한다. 성적 착취란 상대방의 의사에 반하여 성적 행위를 하도록 하는 것 또는 대가를 제공하지 않거나 현저히 낮은 대가를 제공하고 성적 행위를 하도록 하는 것을 말한다. 여기에서 성적 행위란 성교행위, 유사성교행위에 국한되지 않고, 성적 자극을 일으킬 수 있는 일체의 행위를 말한다. 장기적출이란 신장·간장·췌장·심장·폐, 골수·안구, 그 밖에 사람의 내장 또는 조직 중 기능회복을 위하여 적출·이식할 수 있는 신체의 구성부분을 사람의 신체에서 떼어내는 것을 말한다.

국외이송이란 사람을 대한민국 영역 내에서 대한민국의 영역 외로 옮기는 것을 말한다. 외국에 들어갈 것을 요하지 않는다. 외국에서 다른 외국으로 옮기거나 외국에서 우리나라로 옮기는 것은 국외이송에 포함되지 않는다. 그러나 본죄에는 세계주의가 적용되므로(제296조의2) 외국인이 외국인을 외국에서 다른 외국으로 옮기거나 외국에서 우리나라에 옮기는 행위를 한 경우에도 우리 형법이 적용된다.

2. 미수 및 예비·음모

피약취·유인자 국외이송죄의 기수시기는 약취·유인된 사람을 대한민국 영역 외로 내보내는 시점이다. 본죄의 미수범(제294조)은 처벌한다. 본죄의 예비·음모는 3년 이하의 징역에 처하지만(제296조), 사람을 모집, 운송, 전달하는 형태의 예비·음모인 경우에는 7년 이하의 징역에 처한다(제292조 2항).

3. 석방감경 및 세계주의

본죄의 기수범과 미수범이 범한 사람이 약취, 유인, 매매 또는 이송된 사람을 안전한 장소로 풀어준 때에는 그 형을 감경할 수 있다(제295조의2).

본죄의 기수범과 미수범에는 세계주의가 적용되므로(제296조의2), 외국인이 외국에서 외국인에 대해 본죄를 범한 경우에도 우리 형법이 적용된다.

V. 인신매매죄   [208]

제289조(인신매매) ① 사람을 매매한 사람은 7년 이하의 징역에 처한다.
② 추행, 간음, 결혼 또는 영리의 목적으로 사람을 매매한 사람은 1년 이상 10년 이하의 징역에 처한다.
③ 노동력 착취, 성매매와 성적 착취, 장기적출을 목적으로 사람을 매매한 사람은 2년 이상 15년 이하의 징역에 처한다.
④ 국외에 이송할 목적으로 사람을 매매하거나 매매된 사람을 국외로 이송한 사람도 제 3 항과 동일한 형으로 처벌한다.

1. 구성요건

구형법에서는 본죄의 객체가 부녀에 국한되었으나, 현행형법에서는 사람으로 확대되었다.

매매란 매도와 매수를 포함하는 개념으로 대가를 수수하고 자신의 실력적 지배하에 있는 사람을 상대방의 실력적 지배하로 옮기거나, 대가를 지급하고 상대방의 실력적 지배하에 있는 사람을 자신의 실력적 지배하로 옮기는 것을 말한다. 상대방의 실력적 지배하에 있는 사람과 교환한 경우도 매매에 포함된다고 할 수 있지만, 대가를 제공하거나 제공받지 않은 경우에는 매매라고 할 수 없다.

추행, 간음, 영리, 노동력 착취 등의 개념은 제288조에서 본 것과 같다. 결혼의 목적에서 결혼은 법률혼을 의미한다는 견해, 사실혼을 의미한다는 견해, 법률혼과 사실혼을 모두 의미한다는 견해 등이 대립한다.

2. 미수 및 예비 · 음모

본죄의 미수범은 처벌한다(제294조). 본죄의 예비 · 음모는 3년 이하의 징역에 처하지만(제296조), 사람을 모집, 운송, 전달하는 형태의 예비 · 음모인 경우에는 7년 이하의 징역에 처한다(제292조 2항).

3. 석방감경 및 세계주의

본죄의 기수범과 미수범에도 석방감경규정이 있고(제295조의2), 세계주의가 적용된다(제296조의2).

VI. 약취 · 유인 · 매매 · 이송등 상해 · 치상죄   [209]

> 제290조(약취, 유인, 매매, 이송 등 상해 · 치상) ① 제287조부터 제289조까지의 죄를 범하여 약취, 유인, 매매 또는 이송된 사람을 상해한 때에는 3년 이상 25년 이하의 징역에 처한다.
> ② 제287조부터 제289조까지의 죄를 범하여 약취, 유인, 매매 또는 이송된 사람을 상해에 이르게 한 때에는 2년 이상 20년 이하의 징역에 처한다.

1. 구성요건

본죄의 주체는 제287조부터 제289조까지의 죄를 범한 자이다. 기수범뿐만 아니라 미수범도 포함되어야 하지만 형법해석의 엄격성원칙상 '제287조부터 제289조의 죄'를 범한 자에 미수범은 포함될 수 없다. 이들 죄의 미수범은 '제294조의 죄를 범한 자'라고 할 수 있기 때문이다. 입법상의 과오라고 할 수 있다. 제1항의 죄는 상해에 대해 고의가 있는 경우이고, 제2항의 죄는 상해에 대해 과실이 있는 진정결과적가중범이다.

사람에게 육체적 혹은 정신적 상해를 가하지 않고 자기 또는 제3자의 실력적 지배하에 두는 것은 거의 불가능하다고 할 수 있고, 이러한 위험성 때문에 제287조에서 제289조의 죄의 법정형이 무겁게 규정된 것이다. 따라서 본죄는 이중처벌의 의미가 있으므로 폐지해야 한다.

2. 미수 및 예비·음모

약취등상해죄는 고의범과 고의범의 결합범이므로 그 미수범을 처벌하지만, 약취등치상죄는 진정결과적가중범이므로 그 미수범은 처벌하지 않는다(제294조). 약취등상해죄의 미수범이란 제287조부터 제289조까지의 기수범이 고의로 사람에게 상해를 가하려다 미수에 그친 경우를 말한다. 약취등상해죄의 예비·음모는 처벌한다(제296조). 약취등치상죄의 예비·음모는 처벌하지 않는데, 진정결과적가중범을 범할 목적으로 예비·음모하는 것은 불가능하기 때문이다.

3. 석방감경 및 세계주의

본죄에도 석방감경규정이 있고(제295조의2), 세계주의가 적용된다(제296조의2).

Ⅶ. 약취·유인·매매·이송등 살인·치사죄 　　　　　 [210]

> 제291조(약취, 유인, 매매, 이송 등 살인·치사) ① 제287조부터 제289조까지의 죄를 범하여 약취, 유인, 매매 또는 이송된 사람을 살해한 때에는 사형, 무기 또는 7년 이상의 징역에 처한다.
> ② 제287조부터 제289조까지의 죄를 범하여 약취, 유인, 매매 또는 이송된 사람을 사망에 이르게 한 때에는 무기 또는 5년 이상의 징역에 처한다.

1. 구성요건

본죄의 주체는 제287조부터 제289조까지의 죄를 범한 자이다. 형법해석의 엄격성원칙상 미수범은 포함될 수 없다고 해야 하는데, 역시 입법상의 과오라고 할 수 있다. 제1항의 죄는 고의로 사람을 살해한 죄로서 고의범과 고의범의 결합범이고, 제2항은 과실로 사망에 이르게 한 죄로서 고의범과 과실범의 결합범인 진정결과적가중범이다.

2. 미수 및 예비·음모

약취등살인죄의 미수범(제294조)은 처벌한다. 약취등살인죄의 미수범이란 제287조부터 제289조까지의 기수범이 고의로 사람을 살해하려다 미수에 그친 경우를 말한다. 약취등살인죄의 예비·음모는 3년 이하의 징역에 처한다(제296조). 그런데 살인예비·음모죄의 법정형이 10년 이하의 징역이므로(제255조), 약취등살인죄의 예비·음모의 법정형은 입법상의 과오라고 할 수 있다.

약취등치사죄는 진정결과적가중범이므로 미수범은 처벌하지 않고, 또한 약취등치상죄와 같은 이유로 예비·음모 역시 처벌하지 않는다.

3. 세계주의

본죄에도 세계주의가 적용된다(제296조의2).

Ⅷ. 피약취·유인·매매·이송자 수수·은닉죄 [211]

제292조(약취, 유인, 매매, 이송된 사람의 수수·은닉 등) ① 제287조부터 제289조까지의 죄로 약취, 유인, 매매 또는 이송된 사람을 수수(授受) 또는 은닉한 사람은 7년 이하의 징역에 처한다. ② 제287조부터 제289조까지의 죄를 범할 목적으로 사람을 모집, 운송, 전달한 사람도 제1항과 동일한 형으로 처벌한다.

1. 구성요건

제1항의 피약취자등 수수·은닉죄의 객체는 제287조부터 제289조까지의 죄로 약취, 유인, 매매 또는 이송된 사람이다.

피약취자등 수수·은닉죄의 실행행위는 수수 또는 은닉이다. 이러한 행위들은 위에 열거한 범죄들의 종범 내지 사후종범의 성격을 지닌 범죄이지만, 독립된 범죄로 규정한 것이라고 할 수 있다. 수수(授受)란 자기의 실력적 지배하에 있는 피약취자등을 타인의 실력적 지배로 옮기는 행위와 타인의 실력적 지배하에 있는 피약취자등을 자기의 실력적 지배하에 두는 행위를 말한다. 받는 것만을 의미하는 수수(收受)와 구별된다. 은닉이란 피약취자등의 발견을 어렵게 하는 일체의 행위를 말한다.

제2항의 죄는 제287조부터 제289조의 죄의 예비적 성격의 행위이지만, 이를 독립적 범죄로 규정한 것이다. 본죄의 객체인 사람은 타인의 실력적 지배하에 있지 않은 사람을 말한다. 모집이란 일정한 조건 아래 널리 알려 뽑

아 모으는 행위를 말한다. 운송이란 장소적 이전 행위를 말한다. 전달이란 다른 사람이나 단체등에 전하여 도달하게 하는 것을 말한다.

2. 미수 및 예비·음모

피약취자 수수·은닉죄의 미수범(제294조)과, 예비·음모는 처벌한다(제296조).

3. 세계주의

본죄에는 세계주의가 적용된다(제296조의2).

제 4 관   강요의 죄

Ⅰ. 보호법익 및 법적 성격   [212]

강요죄(強要罪; 제324조)는 폭행 또는 협박으로 사람의 권리행사를 방해하거나 의무없는 일을 하게 함으로써 성립하는 범죄로서 사람의 행동결정의 자유를 침해하는 범죄이다. 고소권자를 폭행하여 고소를 못하도록 하거나 사람을 협박하여 진술서를 작성하게 하는 행위 등을 예로 들 수 있다. 강요죄의 보호법익은 의사활동 내지 행위결정의 자유이다.

보호의 정도는 침해범이다.

형법은 각칙 제37장 권리행사를 방해하는 죄의 장에서 강요죄를 규정하고 있지만 이는 체계상 잘못된 것이라고 할 수 있다. 권리행사방해죄는 재산범죄인데, 강요죄는 권리행사방해죄와 같이 재산적 범죄가 아니라 의사활동의 자유를 침해하는 범죄로서의 성격을 지닌 것이기 때문이다.

강요죄는 다른 사람의 행동의 자유를 강제하는 범죄 중 가장 기본적인 형태의 범죄라고 할 수 있다. 체포·감금죄, 약취죄, 강간죄, 강도죄, 공갈죄 등은 특수한 형태의 강요죄로서의 성격을 지닌다고 할 수 있다. 1992년도의 형법개정법률안은 제 9 장에서 강요의 죄를 별도로 규정하여 약취·유인의 죄와 강간·강제추행의 죄의 중간에 규정하였다.

Ⅱ. 강요죄 [213]

> 제324조(강요) ① 폭행 또는 협박으로 사람의 권리행사를 방해하거나 의무없는 일을 하게 한 자는 5년 이하의 징역 또는 3천만원 이하의 벌금에 처한다.

1. 구성요건

(1) 행위의 객체

강요죄의 객체는 권리행사나 의무있는 일을 할 수 있는 일반적 능력이 있는 사람이다. 따라서 협박죄와 마찬가지로 만취자, 정신병자, 유아, 수면자 등은 객체가 될 수 없다.

(2) 실행행위

폭행·협박으로 권리행사를 방해하거나 의무없는 일을 하게 하는 것이다.

1) 폭행 또는 협박　　　폭행이란 권리행사를 방해하거나 의무없는 일을 하도록 하기 위한 유형력의 행사를 의미한다. 사람의 신체에 대한 유형력의 행사일 필요가 없고 사람에 대한 유형력의 행사이면 족하다. 본죄의 폭행은 일정한 거동을 절대적으로 하거나 하지 못하도록 하는 절대적 폭력(vis absoluta)의 행사뿐만 아니라 일정한 작위나 부작위를 하거나 하지 않도록 심리적 강압을 하는 강압적 폭력(vis compulsiva)의 행사를 모두 포함한다는 점에서 제12조의 강요된 행위에서의 폭력과 구별된다.

협박은 객관적으로 사람의 의사결정의 자유를 제한하거나 의사실행의 자유를 방해할 정도로 공포심을 느끼게 할 만한 해악을 고지하는 것을 말한다.

폭행·협박은 강도죄나 강간죄에서와 같이 상대방의 항거를 불가능하게 하거나 현저히 곤란하게 할 정도의 폭행·협박일 것임을 요하지 않고, 상대방에게 유형력을 행사하거나 공포심을 줄 수 있을 정도이면 족하다.

2) 권리행사방해 또는 의무없는 일을 하게 하는 것　　　권리행사를 방해한다는 것은 피강요자가 행사할 수 있는 권리를 행사하지 못하도록 하는 것을 말한다. 법률상의 근거가 있는 권리에 국한되지 않는다. 의무없는 일을 하게 하는 것은 강요자에게 그런 일을 요구할 권리가 없고, 상대방도 그 일을 해야 할 의무가 없는 일을 하도록 하는 것을 말한다.

2. 위법성

(1) 일반적 위법성조각사유

강요죄의 구성요건에 해당하는 행위도 정당방위, 긴급피난, 자구행위 등의 위법성조각사유가 있는 경우에는 강요죄의 위법성이 조각될 수 있다. 피해자의 승낙에 의한 행위는 강요죄의 구성요건해당성이 없다.

(2) 권리행사와 강요

통설·판례에 의하면 권리행사를 하면서 상대방에게 의무이행을 하도록 폭행·협박하거나 상대방의 권리행사에 대해 항변을 하기 위해 폭행·협박을 한 경우에도 그러한 행위가 정당한 권리행사라고 볼 수 없을 때에는 위법성이 조각되지 않는다. 그러나 판례는 법률상 의무있는 일을 강요한 때에는 폭행, 협박죄만이 성립한다고 하기도 하고 권리행사가 사회통념상 허용되는 정도나 범위를 넘는다면 강요죄가 성립한다고 하기도 한다.

[대판 2008. 5. 15. 2008도1097] 폭행 또는 협박으로 법률상 의무 있는 일을 하게 한 경우에는 폭행 또는 협박죄만 성립할 뿐 강요죄는 성립하지 아니한다.
[대판 2017. 10. 26. 2015도16696] 권리실현의 수단 방법이 사회통념상 허용되는 정도나 범위를 넘는다면 강요죄가 성립한다.
[대판 2000. 2. 25. 99도4305] 재물의 교부를 받거나 재산상 이익을 취득할 권리가 있는 자라고 할지라도 사회통념상 일반적으로 용인될 수 없는 정도의 폭행·협박의 방법을 사용하여 재물의 교부를 받거나 재산상 이익을 취득한 때에는 이는 정당한 권리행사라고 볼 수 없으므로 공갈죄를 구성한다.

3. 미 수

본죄의 미수범은 처벌한다(제324조의5). 강요죄의 미수란 폭행·협박 자체가 미수에 그쳤거나, 폭행·협박은 하였으나 상대방의 권리행사를 방해하지 못하였거나 의무없는 일을 하게 하지 못한 경우이다. 폭행·협박과 권리행사방해 혹은 의무없는 일을 한 것 사이에 인과관계가 없는 경우에도 미수가 된다.

Ⅲ. 특수강요죄

> 제324조(강요) ② 단체 또는 다중의 위력을 보이거나 위험한 물건을 휴대하여 제 1 항의 죄를 범한 자는 10년 이하의 징역 또는 5천만원 이하의 벌금에 처한다.

　본죄는 단체 또는 다중의 위력을 보이거나 위험한 물건을 휴대하여 강요죄를 범하는 것으로서 강요죄에 비해 불법이 가중된 범죄유형이다.

　단체, 다중, 위력, 위력을 보임, 위험한 물건, 휴대의 개념은 특수상해·중상해죄에서와 같다.

Ⅳ. 중강요죄　　　　　　　　　　　　　　　　　　　　　　　　　[214]

> 제326조(중권리행사방해) 제324조 또는 제325조의 죄를 범하여 사람의 생명에 대한 위험을 발생하게 한 자는 10년 이하의 징역에 처한다.

　중강요죄는 강요죄를 범하여 사람의 생명에 대한 위험을 발생하게 하는 죄이다. 본죄는 과실에 의해서뿐만 아니라 고의에 의해서 구체적 위험을 발생시킨 때에도 성립하는 부진정결과적 가중범이다. 생명에 대한 위험이란 구체적 위험을 의미하고 이런 의미에서 본죄는 구체적 위험범이다.

Ⅴ. 인질강요죄　　　　　　　　　　　　　　　　　　　　　　　　[215]

> 제324조의2(인질강요) 사람을 체포·감금·약취 또는 유인하여 이를 인질로 삼아 제 3 자에 대하여 권리행사를 방해하거나 의무없는 일을 하게 한 자는 3년 이상의 유기징역에 처한다.

1. 보호법익

　인질강요죄는 체포·감금죄 또는 약취·유인죄와 강요죄가 결합되어 있는 결합범으로서 인질의 장소선택의 자유와 피강요자의 의사결정의 자유 및 행동의 자유를 보호법익으로 한다. 보호의 정도는 침해범이다.

2. 구성요건

본죄의 실행행위는 ① 사람을 체포·감금·약취 또는 유인하여, ② 이를 인질로 삼아, ③ 제 3 자에 대하여 권리행사를 방해하거나 의무없는 일을 하게 하는 것이다.

인질로 삼는다는 것은 체포·감금·약취·유인된 자의 생명·신체의 안전에 관한 제 3 자의 우려를 이용하여 석방이나 생명·신체에 대한 안전을 보장하는 대가로 제 3 자를 강요하기 위해 인질의 자유를 구속하는 것을 말한다.

3. 미 수

본죄의 실행의 착수시기에 대해 체포·감금·약취·유인을 개시한 시기라는 견해와 강요행위를 개시한 시기라는 견해가 대립한다.

본죄의 기수시기는 제 3 자가 권리행사를 방해받았거나 의무없는 일을 행한 시점이라는 견해(다수설)와 인질범이 제 3 자에 대해 일정한 행위를 하거나 하지 못하도록 강요한 시점이라는 견해가 대립한다.

본죄의 미수범은 처벌한다(제324조의5).

4. 인질석방감경

본죄를 범한 자 및 미수범이 인질을 안전한 장소로 풀어준 때에는 그 형을 감경할 수 있다(제324조의6).

Ⅵ. 인질강요상해·치상죄   [216]

> 제324조의3(인질상해, 치상) 제324조의2의 죄를 범한 자가 인질을 상해하거나 상해에 이르게 한 때에는 무기 또는 5년 이상의 징역에 처한다.

1. 법적 성격

본죄는 인질강요죄를 범한 자가 인질에게 고의·과실로 상해를 입힌 경우 성립하는 범죄이다. 인질상해죄는 인질강요죄와 상해죄의 결합범이고, 인질치상죄는 인질강요죄의 진정결과적 가중범이다.

본죄에 대해서도 인질석방감경규정이 있다(제324조의6).

2. 미 수

본죄의 미수범은 처벌하는데(제324조의5), 인질강요상해죄의 미수범을 인정하는 데에는 견해가 일치한다. 문제는 인질강요치상죄의 미수범을 인정할 것인가인데, 다수설은 진정결과적 가중범의 미수범을 인정할 수 없다는 이유로 부정하는 입장을 취하고, 소수설은 인질강요미수범이 과실로 상해를 입힌 경우라고 한다.

Ⅶ. 인질강요살해·치사죄 [217]

> 제324조의4(인질살해, 치사) 제324조의2의 죄를 범한 자가 인질을 살해한 때에는 사형 또는 무기 징역에 처한다. 사망에 이르게 한 때에는 무기 또는 10년 이상의 징역에 처한다.

인질살인죄는 인질강요죄와 살인죄의 결합범이다. 인질치사죄는 인질강요죄의 진정결과적 가중범이다. 인질강요치상죄에서와 같이 인질강요치사죄의 미수범의 인정여부에 대해 견해가 대립한다.

제5관 강간과 추행의 죄

Ⅰ. 총 설 [218]

1. 보호법익

강간과 추행의 죄는 개인의 성적 자유를 침해하는 성격의 범죄이다. 구형법에서는 '정조에 관한 죄'라고 규정하였다. 그러나 정조라는 개념은 개인적 법익이라기보다는 사회적 법익의 성격을 지니고 있으므로 1995년 개정형법은 강간과 추행의 죄라고 명칭을 변경하였다.

강간과 추행의 죄의 보호법익은 개인의 성적 자유이고 보호의 정도는 침해범이다.

2. 형사특별법상의 범죄

'성폭력범죄의 처벌 등에 관한 특례법'은 일정한 형태의 강간죄, 강제추행죄에 대한 형벌을 가중하는 규정을 두고 있다.

'아동·청소년의 성보호에 관한 법률'은 연(年) 19세(예를 들어 2000. 10. 25. 출생자는 2019. 10. 25. 만 19세가 되지만, 2019. 1. 1에 연 19세가 된다. 즉, 2000년 출생자는 생일과 관계없이 2019. 1. 1.에는 모두 연 19세가 되어 청소년보호법이나 청소년성보호법의 보호대상에서 제외된다) 미만자에 대한 강간·추행의 죄를 가중처벌하는 규정을 두고 있다.

Ⅱ. 강간죄   [219]

> 제297조(강간) 폭행 또는 협박으로 사람을 강간한 자는 3년 이상의 유기징역에 처한다.

1. 구성요건

(1) 행위의 객체

1) 사 람   종래의 강간죄의 객체는 부녀로 한정되었으나 2012년 개정에서 사람으로 확대되었다. 따라서 남자도 강간죄의 객체가 될 수 있다.

2) 성전환자   구형법에서는 본죄의 객체가 부녀였으므로 성전환자가 본죄의 객체가 되는지에 대해 논란이 있었지만, 현행형법에서는 당연히 본죄의 객체가 된다.

3) 아내강간   법률상의 처가 강간죄의 객체가 될 수 있는가에 대해 긍정설과 오랫동안 별거 중이나 사실상 부부관계를 지속하고 있지 않은 경우에만 인정하는 제한적 긍정설, 본죄의 객체는 될 수 없고 남편에게 폭행·협박죄만을 인정하자는 부정설 등이 있다. 판례는 긍정설을 따른다.

> [대판 2013. 5. 16. 2012도14788 전합] 강간죄의 객체인 '부녀'에는 법률상 처가 포함되고, 혼인관계가 파탄된 경우뿐만 아니라 혼인관계가 실질적으로 유지되고 있는 경우에도 남편이 반항을 불가능하게 하거나 현저히 곤란하게 할 정도의 폭행이나 협박을 가하여 아내를 간음한 경우에는 강간죄가 성립한다고 보아야 한다.

(2) 실행행위

본죄의 실행행위는 폭행·협박으로 강간하는 것이다.

1) 폭행·협박　　　　폭행이란 유형력의 행사를 요소로 하고 협박이란 공포심을 일으킬 만한 해악을 고지하는 무형력의 행사를 요소로 한다. 본죄의 폭행·협박에 대해 통설·판례는 최협의의 폭행·협박으로서 항거를 현저히 곤란하게 할 정도의 폭행·협박이라고 한다. 이에 대해 협의의 폭행·협박으로서 그 대소강약은 불문한다고 하는 소수설이 있다.

> [대판 2004. 6. 25. 2004도2611] 강간죄의 폭행·협박은 피해자의 항거를 불가능하게 하거나 현저히 곤란하게 할 정도의 것이어야 하고, 그 폭행·협박이 피해자의 항거를 불가능하게 하거나 현저히 곤란하게 할 정도의 것이었는지 여부는 그 폭행·협박의 내용과 정도는 물론, 유형력을 행사하게 된 경위, 피해자와의 관계, 성교 당시와 그 후의 정황 등 모든 사정을 종합하여 판단하여야 한다.

2) 강 간　　　　강간이란 상대방의 항거불능 또는 현저한 항거곤란을 이용하여 사람의 의사에 반하여 사람을 간음하는 것이다. 간음이란 남자의 성기를 여자의 성기에 삽입하거나 삽입시키는 것을 말한다. 폭행·협박과 강간 사이에는 인과관계가 있어야 하고 인과관계가 없는 경우에는 미수가 된다.

(3) 고 의

본죄가 성립하기 위해서는 폭행·협박을 가한다는 것과 사람의 의사에 반하여 간음한다는 것에 대한 의욕 또는 인용이 필요하다. 피해자의 동의가 없음에도 불구하고 있다고 생각한 경우에는 본죄의 고의가 인정되지 않는다.

2. 미 수

본죄의 미수범은 처벌한다(제300조). 실행의 착수시기는 사람을 간음하기 위하여 피해자의 항거를 불능하게 하거나 현저히 곤란하게 할 정도의 폭행 또는 협박을 개시한 때이다.

강간죄의 기수시기는 남자의 성기를 여자의 성기에 삽입하거나 삽입시킨 때이고 사정을 하거나 만족을 느낀 시점이 아니다. 사람을 폭행·협박하였으나 삽입이 이루어지지 못하였거나, 삽입이 이루어졌더라도 삽입 이전에 피해자의 동의가 있는 경우에는 본죄의 미수가 된다.

3. 비친고죄

구형법에는 강간죄가 친고죄였으나 2012년 개정형법에서 비친고죄로 개정되었다. 강간죄라는 중대한 범죄의 처벌을 피해자의 의사에 맡겨두는 것은 형사사법의 성격에 맞지 않고, 고소를 하지 못하게 하거나 고소를 취소하도록 협박, 회유, 간청을 함으로써 피해자가 고통을 당하는 것을 막기 위함이다. 또한 고소와 취소를 무기로 하여 금품을 갈취하는 부작용을 방지한다는 측면도 고려되었다.

Ⅲ. 유사강간죄   [219-1]

> 제297조의2(유사강간) 폭행 또는 협박으로 사람에 대하여 구강, 항문 등 신체(성기는 제외한다)의 내부에 성기를 넣거나 성기, 항문에 손가락 등 신체(성기는 제외한다)의 일부 또는 도구를 넣는 행위를 한 사람은 2년 이상의 유기징역에 처한다.

1. 법적 성격

본죄는 성기와 성기의 결합이 아닌 성기와 성기 이외의 신체나 물건의 결합행위 등과 같이 구형법에서는 강제추행죄로 처벌되었던 행위들을 가중처벌하기 위한 규정이다.

2. 구성요건

(1) 폭행 또는 협박

여기의 폭행 또는 협박도 강간죄에서와 마찬가지로, 일반적인 폭행 또는 협박이면 족하다는 견해와 항거를 불가능하게 하거나 현저히 곤란하게 할 정도의 폭행 또는 협박이어야 한다는 견해가 대립할 수 있다.

(2) 구강, 항문 등에 대한 성기삽입행위

구강성교, 항문성교와 달리 피해자의 의사에 반하여 구강이나 항문에 성기를 삽입하는 행위를 말한다. 구강, 항문 등이라고 하였으므로 구강, 항문에

국한되는 것인지 아니면 다른 신체의 일부도 포함되는 것인지 의문이 있지만
긍정해야 할 것이다. 예를 들어 피해자의 귀나 콧구멍에 성기를 삽입하는 행
위도 포함된다고 해야 한다. 성기는 자연적 성기를 말하지만 인공성기라고
하더라도 가해자의 성기와 결합되어 있는 경우에는 성기에 해당된다. 그러나
가해자의 신체와 분리된 인공성기를 삽입한 경우에는 여기에 해당되지 않고
도구의 삽입행위에 속한다.

(3) 성기, 항문 등에 대한 신체일부 또는 도구의 삽입

피해자의 성기, 항문 등에 범인의 성기 이외의 신체일부 또는 도구를 삽
입하는 것이다. 이러한 행위는 객관적으로 보아 성적 의사결정의 자유에 반
하는 것이어야 한다. 따라서 의사가 진단을 위하여 사람의 성기나 항문에 손
가락을 삽입하거나 놀려주기 위해 소위 '똥침'을 놓은 행위는 위법성이 조각
되는 행위가 아니라 아예 구성요건해당성이 인정되지 않는다.

3. 미수 및 비친고죄

본죄의 미수범은 처벌한다(제300조). 본죄의 실행의 착수시기는 폭행 또는
협박을 개시하는 시점이고, 기수시기는 성기, 신체일부 또는 도구의 삽입시점
이다.

본죄 역시 비친고죄이다.

Ⅳ. 강제추행죄 [220]

제298조(강제추행) 폭행 또는 협박으로 사람에 대하여 추행을 한 자는 10년 이하의 징역 또는
1,500만원 이하의 벌금에 처한다.

1. 법적 성격

본죄는 성적 의사결정의 자유를 침해하는 범죄의 기본적 구성요건이다.
왜냐하면 강간행위는 언제나 강제추행에도 해당할 수 있지만, 강간죄는 행위
의 객체나 실행행위가 제한됨으로 인해 강제추행죄에 비해 특별히 가중처벌
되는 것이라고 할 수 있기 때문이다.

2. 구성요건

(1) 행위의 객체

본죄의 행위객체는 사람이다. 부녀에 국한되지 않고 남녀노소를 불문한다. 법률상의 처가 본죄의 객체가 될 수 있는가에 대해 긍정설과 강요죄설 및 부정설(다수설)이 있다.

(2) 실행행위

본죄의 행위는 폭행·협박으로 사람에 대하여 추행하는 것이다.

1) 폭행·협박   폭행·협박의 정도에 대해 다수설은 강간죄에서와 같이 상대방의 항거를 불가능하게 하거나 곤란하게 할 정도여야 한다고 한다. 판례는 다수설과 같은 입장을 취하기도 하고 폭행·협박의 대소강약을 불문한다고 하기도 한다.

[대판 2007. 1. 25. 2006도5979] 상대방에 대하여 폭행·협박을 가하여 추행행위를 하는 경우에 강제추행죄가 성립하려면 그 폭행 또는 협박이 항거를 곤란하게 할 정도임을 요한다.
[대판 2002. 4. 26. 2001도2417] 강제추행죄에 있어서 폭행 또는 협박을 한다 함은 먼저 상대방에 대하여 폭행 또는 협박을 가하여 그 항거를 곤란하게 한 뒤에 추행행위를 하는 경우만을 말하는 것이 아니고 폭행행위 자체가 추행행위라고 인정되는 경우도 포함되는 것이라 할 것이고, 이 경우에 있어서의 폭행은 반드시 상대방의 의사를 억압할 정도의 것임을 요하지 않고 다만 상대방의 의사에 반하는 유형력의 행사가 있는 이상 그 힘의 대소강약을 불문한다.

2) 추 행   추행의 개념에 대해 다수설은 객관적으로 성적 수치심이나 흥분을 느끼게 할 수 있는 일체의 행위이면 족하다고 한다. 이에 대해 소수설은 강제추행죄를 경향범으로 보아 위와 같은 객관적 요소 이외에 행위자에게 성적 흥분이나 자극, 성적 만족을 위한 경향이나 목적이 있어야 한다고 한다.

3. 미 수

본죄의 미수범은 처벌한다(제300조). 본죄의 실행의 착수시기는 폭행·협박 또는 추행이 개시된 때이고, 기수시기는 추행행위가 종료된 때이다. 여러 개의 추행행위가 있을 때에는 그 중 하나의 추행행위가 종료된 때 기수가 된다.

4. 비친고죄

구형법에서는 본죄가 친고죄였으나 2012년 개정에 의해 비친고죄가 되었다.

V. 준강간·준강제추행죄 [221]

> 제299조(준강간, 준강제추행) 사람의 심신상실 또는 항거불능의 상태를 이용하여 간음 또는 추행을 한 자는 제297조, 제297조의2 및 제298조의 예에 의한다.

1. 구성요건

본죄의 실행행위는 심신상실 또는 항거불능상태를 이용하여 간음 또는 추행을 하는 것이다. 유사간음은 규정되어 있지 않으므로 제297조의2의 유사강간행위는 추행에 속한다고 할 수 있다.

심신상실이란 심신장애로 인해 사물변별능력 또는 의사결정능력이 없는 것을 말한다. 다수설은 심신미약은 포함되지 않는다고 한다. 판례는 알코올로 인해 일정한 시점에 진행되었던 사실에 대한 기억을 상실하는 블랙아웃(black out)은 심신상실이라고 할 수 없지만, 알코올의 최면진정작용으로 인하여 수면에 빠지는 의식상실(passing out)은 심신상실이라 할 수 있다고 한다(대판 2021. 2. 4. 2018도9781).

항거불능의 상태란 육체적·심리적으로 간음 또는 추행에 대한 반항이 불가능한 상태를 말한다. 심신상실 또는 항거불능상태가 발생된 원인은 묻지 않는다. 그러나 간음 또는 추행을 하는 자가 피해자의 심신상실 또는 항거불능상태를 야기한 경우에는 본죄가 아니라 강간죄나 강제추행죄가 성립한다.

심신상실 또는 항거불능상태를 이용한다는 것은 심신상실 또는 항거불능상태를 간음 또는 추행이 가능하게 하거나 용이하도록 하는 수단으로 삼는 것을 말한다.

2. 미수 및 비친고죄

본죄의 미수범은 처벌한다(제300조). 본죄의 실행의 착수시기는 간음 내지 추행을 개시한 시기이고, 기수시기는 강간죄 및 강제추행죄에서와 같다.

[대판 2019. 3. 8. 2018도16002 전합] 피고인이 피해자가 심신상실 또는 항거불능의 상태에 있다고 인식하고 그러한 상태를 이용하여 간음할 의사로 피해자를 간음하였으나 피해자가 실제로는 심신상실 또는 항거불능의 상태에 있지 않은 경우, 준강간죄의 불능미수가 성립한다.

구형법에서 본죄는 친고죄였으나 2012년 개정에 의해 비친고죄로 되었다.

Ⅵ. 강간등상해 · 치상죄   [222]

제301조(강간등 상해 · 치상) 제297조, 제297조의2 및 제298조부터 제300조까지의 죄를 범한 자가 사람을 상해하거나 상해에 이르게 한 때에는 무기 또는 5년 이상의 징역에 처한다.

1. 개념 및 보호법익

본죄는 강간죄, 유사강간죄, 강제추행죄, 준강간죄, 준강제추행죄, 13세 미만의 사람에 대한 간음 · 추행죄의 기수범이나 미수범이 사람을 상해하거나 상해에 이르게 하는 범죄이다. 강간등상해죄는 강간 등의 죄와 상해죄의 결합범이고, 강간등치상죄는 진정결과적 가중범이다. 본죄는 구형법에서도 친고죄가 아니었다.

본죄의 보호법익은 사람의 성적 의사결정의 자유와 신체의 생리적 기능이고, 보호의 정도는 침해범이다.

2. 구성요건

(1) 행위의 주체

본죄의 주체는 강간죄, 유사강간죄, 강제추행죄, 준강간죄, 준강제추행죄, 13세 미만의 사람에 대한 간음 · 추행죄의 기수범 및 미수범이다(제305조).

(2) 행위의 객체

본죄의 객체는 사람이지만 제 3 자가 아닌 강간 등의 피해자에 국한된다. 따라서 예를 들어 甲이 A를 강간 또는 강제추행하려다가 말리는 B에 대해 고의·과실로 상해를 입힌 경우 본죄가 성립하는 것이 아니라 각각 강간죄와 상해죄 또는 과실치상죄, 강제추행죄와 상해죄 또는 과실치상죄의 실체적 또는 상상적 경합이 된다.

(3) 실행행위

본죄의 실행행위는 사람을 상해하거나 상해에 이르게 하는 것이다.

판례는 본죄에서 "상해는 피해자의 건강상태가 불량하게 변경되고 생리적 기능이나 생활기능에 장애가 초래되는 것을 말하는 것으로 육체적 기능뿐만 아니라 정신적 기능에 장애가 생기는 경우도 포함된다. 이는 객관적, 일률적으로 판단할 것이 아니라 피해자의 연령, 성별, 체격 등 신체·정신상의 구체적 상태를 기준으로 판단하여야 한다"(대판 2017. 7. 11. 2015도3939), "상처가 발생하였으나 그 상처가 굳이 치료를 받지 않더라도 일상생활을 하는 데 아무런 지장이 없고 시일이 경과함에 따라 자연적으로 치유될 수 있는 정도라면 그로 인하여 신체의 완전성이 손상되고 생활기능에 장애가 왔다거나 건강상태가 불량하게 변경되었다고 보기는 어려워 강간치상죄의 상해에 해당하지 않는다"(대판 1994. 11. 4. 94도1311)라고 한다.

상해의 결과는 강간이나 강제추행의 수단으로 사용한 폭행에 의해 발생한 경우뿐만 아니라 간음행위나 추행행위 그 자체로부터 발생한 경우나 강간이나 추행에 수반하는 행위에서 발생한 경우도 포함한다. 상해는 강간이나 강제추행 등의 기회에 생긴 것이어야 하고 강간, 강제추행이 완료된 후 상처를 입힌 경우에는 강간죄 등과 상해죄 혹은 과실치상죄의 경합범이 된다.

(4) 인과관계와 예견가능성

강간치상죄는 결과적 가중범이므로 강간과 상해 사이에 인과관계가 있어야 하고 상해결과에 대한 예견가능성이 있어야 한다. 객관적 귀속론에 의하면 상해결과를 강간 등의 행위에 귀속시킬 수 있어야 한다.

Ⅷ. 강간등살해 · 치사죄   [223]

> 제301조의2(강간등 살인 · 치사) 제297조, 제297조의2 및 제298조부터 제300조까지의 죄를 범한
> 자가 사람을 살해한 때에는 사형 또는 무기징역에 처한다. 사망에 이르게 한 때에는 무기 또는
> 10년 이상의 징역에 처한다.

1. 개념 및 보호법익

본죄는 강간죄, 유사강간죄, 강제추행죄, 준강간죄, 준강제추행죄, 13세
미만의 사람에 대한 간음 · 추행죄의 기수 · 미수범이 사람을 살해하거나 사
망에 이르게 함으로써 성립하는 범죄이다. 강간등살해죄는 강간등의 죄와 살
인죄의 결합범이고, 강간등치사죄는 진정결과적 가중범이다. 구형법에서도
본죄는 친고죄가 아니었다.

본죄의 보호법익은 사람의 성적 의사결정의 자유와 생명이고, 보호의 정
도는 침해범이다.

2. 구성요건

(1) 행위의 주체 및 객체

본죄의 주체는 강간죄, 유사강간죄, 강제추행죄, 준강간죄, 준강제추행죄,
13세 미만의 사람에 대한 간음 · 추행죄의 기수범 및 미수범이다(제305조).

본죄의 객체는 사람이다.

(2) 실행행위

본죄의 실행행위는 살해하거나 사망에 이르게 하는 것이다. 이는 고의 ·
과실로 사람을 사망케 하는 것을 의미한다. 사망의 결과는 간음행위 등 그
자체로부터 발생한 경우나 강간 등의 수단으로 사용한 폭행으로부터 발생한
경우는 물론 강간 등에 수반하는 행위에서 발생한 경우도 포함한다.

(3) 인과관계와 예견가능성

강간치사죄는 결과적 가중범이므로 강간 등의 행위와 사망 사이에 인과
관계가 있어야 하고 사망결과에 대한 예견가능성이 있어야 한다. 객관적 귀
속론에 의하면 사망결과를 강간 등의 행위에 귀속시킬 수 있어야 한다.

Ⅷ. 위계·위력에 의한 미성년자등간음죄 　　　　　　　[224]

> 제302조(미성년자등에 대한 간음) 미성년자 또는 심신미약자에 대하여 위계 또는 위력으로써 간음 또는 추행을 한 자는 5년 이하의 징역에 처한다.

1. 개념 및 보호법익

폭행·협박을 사용하지 않고 위계 또는 위력만을 사용하여 피해자의 동의를 얻고 간음하더라도 이는 유효한 동의라고 할 수 없기 때문에 본죄를 벌하는 것이다. 본죄의 보호법익은 성적 의사결정의 자유이고 보호의 정도는 침해범이다.

2. 행위의 객체

본죄의 객체는 미성년자 또는 심신미약자이다.

미성년자란 만 19세 미만 13세 이상의 자를 말한다. 연 19세 미만의 청소년에 대해서는 아동·청소년성보호법상의 위계·위력에 의한 청소년간음 또는 추행죄로 가중처벌된다(동법 제2조 1호 단서, 제7조 4항). 13세 미만의 자에 대해 위계·위력으로 간음한 경우에는 본죄가 아니라 제305조의 미성년자의제강간등의 죄가 성립하고 아동·청소년성보호법 제7조 제4항이 적용된다.

심신미약자란 심신장애로 인하여 사물변별능력이나 의사결정능력이 미약한 자를 말한다.

3. 실행행위

본죄의 실행행위는 위계 또는 위력으로써 간음 또는 추행하는 것이다. 유사간음은 간음이 아니라 추행에 해당된다.

위계란 기망이나 유혹 등의 수단을 통해 상대방의 부지나 착오를 이용하는 것을 말한다. 판례는 이 때의 착오는 간음행위 자체에 대한 착오를 말하므로 성교의 대가로 돈을 주겠다고 속이고 간음행위를 하더라도 본죄가 성립하지 않는다고 하였다가(대판 2001. 12. 24. 2001도5074), 입장을 변경하여 이와 같은 경우에도 본죄가 성립할 수 있다고 한다.

[대판 2020. 8. 27. 2015도9436 전합] 피해자가 오인, 착각, 부지에 빠지게 되는 대상은 간음행위 자체일 수도 있고, 간음행위에 이르게 된 동기이거나 간음행위와 결부된 금전적·비금전적대가와 같은 요소일 수도 있다

위력이란 사람의 의사를 제압할 수 있는 유형·무형의 힘을 말한다. 반드시 폭행·협박을 수단으로 할 필요는 없지만, 폭행·협박을 수단으로 한 경우에는 강간죄나 강제추행죄에서의 폭행·협박에 이르지 않은 정도여야 한다. 만약 그 정도에 이른 때에는 본죄가 아니라 강간죄·유사강간죄·강제추행죄가 성립한다.

IX. 업무상위력등에 의한 간음죄·피구금자간음죄   [225]

제303조(업무상 위력등에 의한 간음) ① 업무, 고용 기타 관계로 인하여 자기의 보호 또는 감독을 받는 사람에 대하여 위계 또는 위력으로써 간음한 자는 7년 이하의 징역 또는 3,000만원 이하의 벌금에 처한다.
② 법률에 의하여 구금된 사람을 감호하는 자가 그 사람을 간음한 때에는 10년 이하의 징역에 처한다.

1. 업무상위력등에 의한 간음죄

(1) 의의 및 보호법익

자기의 보호 또는 감독을 받는 자나 구금된 자는 미성년자나 심신미약자만큼은 아니지만 보호·감독관계로 인해 성적 의사결정의 자유가 상당 정도 제한되어 있을 수 있다. 이런 사람들의 동의를 얻어 간음한 경우 그 동의가 유효한 것이라고 볼 수 없는 경우가 많으므로 본죄를 벌하는 것이다.

본죄의 보호법익은 성적 의사결정의 자유이고, 보호의 정도는 침해범이다.

(2) 행위의 객체

본죄의 객체는 업무·고용 기타 관계로 인하여 자기의 보호 또는 감독을 받는 사람이다. 사람은 성년자이든 미성년자이든 불문하지만, 연 19세 미만의 청소년에 대해서는 아동·청소년성보호법상의 위계·위력에 의한 청소년간음죄가 성립한다(동법 제7조 4항). 객체가 13세 미만의 사람인 경우에는 본죄가

아니라 제305조의 죄가 성립하고 이 경우에도 아동·청소년성보호법 제 7 조 제 4 항이 적용된다.

자기의 보호 또는 감독을 받지 않는 성인을 위력으로 간음하는 행위는 처벌받지 않는다. 자기의 보호 또는 감독을 받지 않는 성인을 위계로서 기망하여 간음한 때에는 구형법 제304조가 적용될 수 있었으나, 헌법재판소가 혼인빙자간음죄에 대해 위헌결정을 하자(헌재 2009. 11. 26. 2008헌바58), 현행형법은 제304조를 모두 삭제하였다. 따라서 현행형법에서는 예를 들어 산부인과의사가 진료한다고 속이고 환자를 간음하거나 남편임을 가장하고 이에 속은 성인을 간음하는 행위와 같이 성인을 위계로써 기망하여 간음하는 행위는 본죄로 처벌되지는 않는다.

(3) 실행행위

본죄의 행위는 위계 또는 위력으로 간음하는 것이다. 위계, 위력, 간음의 개념은 제302조에서와 같다. 유사간음은 간음에 해당되지 않는다.

본죄의 행위에 추행은 포함되지 않는다. 그러나 자기의 보호 또는 감독을 받는 사람에 대하여 위계 또는 위력으로써 추행하는 행위는 성폭력처벌특례법에 의해 2년 이하의 징역이나 500만원 이하의 벌금에 처해진다(동법 제10조 1항).

(4) 인과관계

본죄가 성립하기 위해서는 위계·위력과 성적 의사결정의 자유의 침해 사이에 인과관계가 있어야 한다. 위계·위력을 사용하였어도 상대방이 착오에 빠지지 않거나 공포심을 느끼지 않은 상태에서 자유롭게 의사결정을 하였을 때에는 양자 사이에 인과관계를 인정할 수 없고 따라서 본죄의 미수가 되어 처벌되지 않는다.

2. 피구금자간음죄

(1) 개념 및 보호법익

구금된 사람은 그 감호자에 대해 의사결정의 자유가 이미 제한·억압되어 있을 가능성이 높으므로 감호자가 위계 또는 위력을 사용하지 않고 구금된 사람의 동의를 얻어 간음하였다 하더라도 처벌하는 것이다.

본죄의 주된 보호법익은 성적 의사결정의 자유이고, 부차적 보호법익은 피구금자의 평등한 처우와 감호자의 청렴성에 대한 일반인의 신뢰이다.

(2) 행위의 주체 및 객체

본죄는 진정신분범으로서, 그 주체는 법률에 의해 구금된 사람을 감호하는 자이다. 본죄의 객체는 법률에 의해 구금된 사람이다. 형사소송법에 의해 체포·구속된 피의자, 피고인이나 수형자 등이 이에 해당한다. 구금은 적법한 구금에 한하지 않고, 위법한 구금인 경우도 포함된다.

(3) 실행행위

본죄의 실행행위는 간음이다. 유사간음은 간음에 포함되지 않는다. 폭행·협박이나 위계·위력을 요하지 않는다. 피구금자의 성적 의사결정의 자유뿐만 아니라 감호자의 청렴성에 대한 사회일반의 신뢰도 본죄의 보호법익이므로, 피구금자의 승낙 또는 촉탁은 본죄의 성립에 영향을 미치지 못한다.

본죄의 행위는 간음에 국한되고 추행은 포함되지 않는다. 추행의 경우는 성폭력처벌특례법에 의해 처벌된다(동법 제10조 2항).

X. 13세 미만 미성년자의제강간·강제추행죄　　　　　　　　[226]

> 제305조(미성년자에 대한 간음, 추행) ① 13세 미만의 사람에 대하여 간음 또는 추행을 한 자는 제297조, 제297조의2, 제298조, 제301조 또는 제301조의2의 예에 의한다.

1. 개념 및 법적 성격

본죄는 13세 미만의 사람을 간음·추행하거나 간음·추행하여 상해·살해하거나 상해·사망에 이르게 하는 죄이다. 간음에는 유사간음도 포함된다.

본죄는 13세 미만의 사람인데, 13세 미만의 사람은 성적 자기결정의 능력이 없다고 간주하고 비록 이들의 촉탁·승낙에 의해 간음·유사간음·추행하는 경우 및 이를 통해 상해·살해, 치사상의 결과를 발생시킨 경우 강간죄나 강제추행죄, 강간상해·치상죄, 강간살인·치사죄와 동일하게 처벌하는 것이다.

본죄의 보호법익은 13세 미만 미성년자의 건전한 성적 발육이고, 보호의 정도는 추상적 위험범이다.

2. 구성요건

본죄의 객체는 13세 미만의 사람이다.

본죄의 행위는 간음, 유사간음·추행, 상해·치상, 살인·치사이다. 폭행·협박을 필요로 하지 않는다. 13세 미만의 자의 촉탁·승낙은 본죄의 성립에 영향을 미치지 못하므로 촉탁·승낙이 있다고 하더라도 본죄가 성립한다.

본죄가 성립하기 위해서는 13세 미만의 사람이라는 것을 인식해야 한다. 13세 미만의 사람인 줄 알지 못하고 간음한 경우에는 본죄가 성립하지 않는다.

3. 미 수

본죄의 미수범을 처벌하는 규정이 없으나 본죄는 강간죄, 유사강간죄, 강제추행죄의 예에 의하고, 강간죄, 강제추행죄의 미수범을 벌하므로 본죄의 미수범도 처벌된다.

XI. 13세 이상 16세 미만 미성년자 의제강간등죄　　　　　　[226-1]

> 제305조(미성년자에 대한 간음, 추행) ② 13세 이상 16세 미만의 사람에 대하여 간음 또는 추행을 한 19세 이상의 자는 제297조, 제297조의2, 제298조, 제301조 또는 제301조의2의 예에 의한다.

1. 개념 및 법적 성격

본죄는 19세 이상의 사람이 13세 이상 16세 미만의 사람에 대하여 간음, 유사간음 또는 추행을 하는 죄 및 이들 범죄의 기수범 또는 미수범이 피해자를 상해·치상하거나 살인·치사하는 죄이다.

본죄는 13세 이상 16세 미만의 미성년자는 19세 미만의 사람과의 관계에서는 성적 자기결정능력을 발휘할 수 있지만, 19세 이상의 사람과의 관계에서는 성적 자기결정능력을 제대로 발휘할 수 없다고 의제하는 것이다. 따라서 19세 이상의 사람이 이들 미성년자의 촉탁·승낙을 받고 성교·유사성교·성적 행위(추행)를 하더라도 강간죄, 유사강간죄, 강제추행죄 등을 범한 것으로 보는 것이다.

본죄의 보호법익은 13세 이상 16세 미만 미성년자의 건전한 성적 발육이고, 보호의 정도는 추상적 위험범이다.

2. 구성요건

본죄는 진정신분범으로서, 본죄의 주체는 19세 이상 성인이고 19세 미만 미성년자는 본죄의 주체가 될 수 없다. 예를 들어 17세의 사람이 15세의 사람과 합의하여 성행위를 한 경우에는 본죄가 성립하지 않는다.

본죄의 객체는 13세 이상 16세 미만의 사람이다. 미성년자라도 16세 이상은 본죄의 객체가 될 수 없다

본죄의 실행행위는 간음, 유사간음, 추행(강제성이 없는 성적 행위)이고 이들 범죄의 기수범 또는 미수범이 피해자를 상해·치상하거나 살해·치사하는 것이다.

본죄가 성립하기 위해서는 자신이 19세 이상의 사람이라는 것과 피해자가 13세 이상 16세 미만이라는 것을 인식해야 한다. 행위자가 자신이 19세 미만이라고 착오한 경우에는 주체의 착오로서 불능범이 된다. 16세 미만인 상대방을 16세 이상이라고 착오한 경우에는 본죄의 고의가 인정되지 않는다.

3. 미수범

본죄의 미수범 처벌여부도 제1항의 죄에서와 같은 문제가 있다.

피해자가 16세 미만이라고 착오하였으나 16세 이상인 경우에는 대상의 착오로 결과발생이 불가능한 경우이므로 위험성 유무에 따라 불능미수 또는 불능범이 된다.

4. 공 범

19세 이상인 사람이 19세 미만인 사람을 교사하여 13세 이상 16세 미만의 사람과 간음등의 행위를 하게 한 경우 공범종속성원칙에 따라 본죄의 교사범이 성립하지 않는다.

XII. 상습범   [227]

> 제305조의2(상습범) 상습으로 제297조, 제297조의2, 제298조부터 제300조까지, 제302조, 제303조 또는 제305조의 죄를 범한 자는 그 죄에 정한 형의 2분의 1까지 가중한다.

   본죄는 상습으로 강간·유사강간·준강간, 강제추행·준강제추행죄의 기수범과 미수범, 위계·위력에 의한 미성년자등 간음·추행, 13세 미만 미성년자등에 대한 간음·추행 등의 죄를 범하는 것이다. 2010. 4. 15. 개정에 의해 신설되었다.

XIII. 강간등예비·음모죄   [227-1]

> 제305조의3(예비, 음모) 제297조, 제297조의2, 제299조(준강간죄에 한정한다), 제301조(강간등상해죄에 한정한다) 및 제305조의 죄를 범할 목적으로 예비 또는 음모한 사람은 3년 이하의 징역에 처한다.

   본죄는 2020년 5월 개정형법에서 신설된 것으로서, 강간죄, 유사강간죄, 준강간죄, 강간상해죄, 유사강간상해죄, 13세 미만 미성년자의제강간죄, 13세 이상 16세 미만 미성년자의제강간죄 등의 예비·음모행위를 벌하는 것이다. 예비·음모죄가 성립하기 위해서는 본범의 고의와 예비·음모에 대한 고의 등 이중의 고의를 요한다.

   강제추행죄와 준강제추행죄 및 강간등살인죄(제301조의2)의 예비·음모는 벌하지 않는다. 강제추행죄와 준강제추행죄는 예비·음모를 벌해야 할만큼 중대한 범죄가 아니고, 강간등살인죄의 예비·음모는 살인예비·음모죄(제255조)로 벌하면 되기 때문이다.

XIV. 형사특별법   [227-2]

   성폭력처벌법은 성폭력범죄의 범위를 확대하고 형벌을 대폭 가중하고 있다. 업무상 위력 등에 의한 추행죄(제10조), 공중 밀집 장소에서의 추행죄(제11

조), 성적 목적을 위한 공공장소 침입죄(제12조), 통신매체이용음란죄(제13조), 카메라등이용촬영죄(제14조) 등이 전자의 예이다.

아동·청소년 성보호법은 연(年) 19세 미만자(예컨대 2019. 10. 31. 현재 2000. 10. 1. 일 출생자는 '만 19세' 미만자이지만, 2019. 1. 1. '연 19세'에 도달하였으므로 동법의 적용대상이 아니다)에 대한 성폭력범죄에 대해 가중처벌하는 규정을 두고 있다.

두 법 모두 과잉입법이므로 동법들에 규정된 범죄들 중 일부 필요한 범죄는 형법전에 편입하고, 나머지 범죄는 모두 삭제하고, 동법들도 폐지해야 한다.

제 3 절   명예·신용·업무에 대한 죄

제 1 관   명예에 관한 죄

I. 총 설   [228]

1. 명예에 관한 죄의 보호법익

통설 및 판례에 의하면 명예훼손죄와 모욕죄의 보호법익은 외부적 명예, 즉 사람의 가치에 대한 사회적 평가이다(대판 1985. 10. 22. 85도1629).

사자의 명예훼손죄의 보호법익에 대해서는 사자의 외부적 명예설(다수설), 유족이 사자에 대해 가지는 추모감정설, 사자에 대한 일반대중의 추모감정설 등이 대립한다.

명예에 관한 죄의 보호의 정도는 추상적 위험범이다.

2. 명예의 주체

(1) 자연인과 법인

명예에 관한 죄의 보호법익이 외적 명예이므로 성인뿐만 아니라 미성년자, 유아, 정신병자 등도 명예의 주체가 된다.

통설은 자연인 이외에 법인도 명예의 주체가 될 수 있다고 한다. 또한 법인격없는 단체라 할지라도 법에 의해 인정된 사회적 기능을 담당하고 통일된 의사형성을 할 수 있는 경우에는 명예의 주체가 될 수 있다고 한다. 이에 대

해 자연인이 아닌 법인이나 단체에까지 명예주체성을 확장할 수 없다는 반대
의견이 있다. 판례는 법인의 명예주체성은 인정하지만 법인 아닌 단체의 명
예주체성은 부정한다.

[대판 2000. 10. 10. 99도5407] 명예훼손죄는 어떤 특정한 사람 또는 인격을 보유
하는 단체에 대하여 그 명예를 훼손함으로써 성립하는 것이다.

(2) 집합명칭에 의한 명예훼손

명예훼손은 특정소수인을 대상으로 하는 것이 보통이지만, 다수인을 대
상으로 하는 경우 집합명칭에 의한 명예훼손이 문제된다. 집합명칭에 의한
명예훼손죄가 성립하기 위해서는 ① 그 집단이 특정되어야 하고, ② 집단이
특정된 경우에도 그 구성원의 수가 어느 정도 제한되어야 하고, ③ 구성원
전원에 대한 것이어야 하고 예외를 인정하는 평균적 판단이어서는 안 된다는
등의 요건을 갖추어야 한다. 이러한 요건을 갖추지 못하고 예를 들어 '서울
사람은 깍쟁이다'와 같이 평균적 판단에 불과한 경우에는 명예훼손이 되지
않는다.

II. 명예훼손죄   [229]

> 제307조(명예훼손) ① 공연히 사실을 적시하여 사람의 명예를 훼손한 자는 2년 이하의 징역이나
> 금고 또는 500만원 이하의 벌금에 처한다.

1. 구성요건

(1) 공연성

통설은 공연성의 개념을 '불특정 또는 다수인이 직접(直接) 인식할 수 있
는 상태'라고 한다. 따라서 특정소수인에게 사실을 적시하였을 때에는 공연
성이 인정되지 않는다. 이에 대해 판례는 이른바 전파가능성이론에 입각하여
공연성이란 불특정 또는 다수인이 인식할 수 있는 상태이고, 특정소수인에게
사실을 적시하였더라도 불특정 또는 다수인에게 전파될 가능성이 있다면 공
연성이 있다고 한다.

(2) 사실의 적시

명예훼손죄에서는 사실의 적시가 필요하다는 점에서 모욕죄와 구별된다.

1) 사 실　　명예훼손죄가 성립하기 위해서는 사실을 적시해야 한다. 예를 들어 미술작품이나 음악공연에 대해 형편없다고 말하는 경우와 같이 사실이 아닌 평가·가치판단·의견진술 등을 적시한 경우에는 그것이 사회적 평가를 저하(低下)시킬 수 있는 것이라도 명예훼손죄가 될 수 없다.

사실은 사람의 사회적 평가를 저하시킬 만한 사실이어야 한다. 사회적 평가를 저하시킬 만한 사실이라면 그 종류는 묻지 않는다.

본죄의 사실은 진실한 사실이어야 한다. 허위의 사실을 적시할 때에는 허위사실적시에 의한 명예훼손죄(제307조 2항)가 성립하기 때문이다.

2) 사실의 적시　　사실의 적시가 있어야 하고 적시된 사실은 특정인의 사회적 가치 내지 평가를 침해할 가능성이 있을 정도로 구체성을 띠어야 한다. 사실을 적시하는 방법에는 제한이 없다. 구두, 서면뿐만 아니라 신체동작 등에 의해서도 가능하다. 신문, 잡지, 라디오, TV, 인터넷 등에 적시하는 것도 포함된다. 다만 신문, 잡지, 라디오 기타 출판물 등에 의하고 비방의 목적이 있는 경우에는 제309조의 출판물등에 의한 명예훼손죄가 성립한다. 인터넷에 적시한 경우에는 '정보통신망 이용촉진 및 정보보호 등에 관한 법률'의 적용을 받는다.

(3) 주관적 구성요건

본죄가 성립하기 위해서는 고의가 있어야 한다. 미필적 고의로도 족하다. 명예훼손이나 비방의 목적은 필요로 하지 않는다.

허위의 사실을 진실한 사실로 오인하거나 진실한 사실을 허위의 사실로 오인하고 적시한 경우 모두 본죄가 성립한다.

2. 위법성

1) 의 의　　명예훼손죄의 구성요건에 해당하는 행위도 정당행위, 정당방위, 긴급피난, 자구행위, 피해자의 승낙 등 일반적 위법성조각사유가 있는 경우에는 위법성이 조각될 수 있다. 나아가 형법은 제310조에서 명예훼손

죄에만 적용되는 특별한 위법성조각사유를 규정하고 있다. 이는 개인의 명예
보호와 국민의 표현의 자유와 알 권리 충족이라는 요구 사이의 타협점을 설
정한 것이다.

2) 요 건   명예훼손행위가 제310조에 의해 위법성이 조각되기 위
해서는 첫째, 적시된 사실이 진실한 사실이어야 하고, 둘째, 적시된 사실이
객관적으로 공공의 이익에 관한 것이어야 하고, 셋째, 행위자에게도 공공의
이익을 위하여 그 사실을 적시한다는 인식이 있어야 한다.

'공공의 이익'에는 널리 국가·사회 기타 일반 다수인의 이익에 관한 것
뿐만 아니라 특정한 사회집단이나 그 구성원 전체의 관심과 이익에 관한 것
도 포함된다.

3) 효 과   제310조의 실체법적 효과에 대해 위법성조각이라고 해
석하는 데에 견해가 일치한다. 제310조의 소송법적 효과에 대해, 판례와 소수
설은 사실의 진실성과 공익성을 입증할 책임이 피고인에게 전환된 것이라는
거증책임전환설을 따른다. 이에 대해 통설은 형사소송법의 일반원칙에 따라
검사에게 사실의 허위성과 비공익성에 대한 입증책임이 있다고 한다.

> [대판 1996. 10. 25. 95도1473] 공연히 사실을 적시하여 사람의 명예를 훼손한 행
> 위가 형법 제310조의 규정에 따라서 위법성이 조각되어 처벌대상이 되지 않기 위
> 하여는 그것이 진실한 사실로서 오로지 공공의 이익에 관한 때에 해당된다는 점을
> 행위자가 증명하여야 하는 것이나, 그 증명은 유죄의 인정에 있어 요구되는 것과
> 같이 법관으로 하여금 의심할 여지가 없을 정도의 확신을 가지게 하는 증명력을
> 가진 엄격한 증거에 의하여야 하는 것은 아니다.

4) 사실의 진실성 또는 공익성에 대한 착오   통설은 허위의 사실을
진실한 사실로 오인하고 공공의 이익을 위해 적시한 경우 위법성이 조각될
수는 없고 위법성조각사유의 요건(전제)사실의 착오로 다루어야 한다고 한다.

이에 대해 판례는 일부 허위의 사실을 진실한 것이라고 오인한 경우에도
그 오인에 상당한 이유가 있는 경우에는 위법성이 조각된다고 한다.

> [대판 1996. 8. 23. 94도3191; 대판 1993. 6. 22. 92도3160] 적시된 사실이 진실한
> 것이라는 증명이 없더라도 행위자가 진실한 것으로 믿었고 또 그렇게 믿을 만한
> 상당한 이유가 있는 경우에는 위법성이 없다.

5) 적용범위 　　　공공의 이익을 위해 타인을 모욕한 경우 제310조를 유추적용할 것인가에 대해서는 긍정설과 부정설 및 절충설이 대립된다. 부정설은 제310조는 적용되지 않고, 제20조의 사회상규에 위배되지 않는 행위는 될 수 있다고 한다. 절충설은 공익을 위한 명예훼손행위가 사실의 적시와 더불어 불가피하고도 부수적으로 모욕적 판단까지 수반하는 경우에는 명예훼손죄와 모욕죄가 전체적으로 불가분의 관계에 있으므로 이 행위 전체에 대해 제310조가 적용되지만, 경멸의 표시가 주조를 이룬 경우에는 제310조가 적용되지 않는다고 한다.

3. 반의사불벌죄

본죄는 피해자의 명시한 의사에 반하여 공소를 제기할 수 없는 반의사불벌죄이다(제312조 2항).

Ⅲ. 허위사실에 의한 명예훼손죄　　　　　　　　　　　　　　[230]

> 제307조(명예훼손) ② 공연히 허위의 사실을 적시하여 사람의 명예를 훼손한 자는 5년 이하의 징역, 10년 이하의 자격정지 또는 1천만원 이하의 벌금에 처한다.

본죄는 허위사실을 적시함으로써 단순명예훼손죄에 비해 위법성 내지 불법이 가중되는 범죄유형이라고 할 수 있다. 적시된 사실이 허위인지 여부를 판단함에 있어서는 적시된 사실의 내용 전체의 취지를 살펴볼 때 세부적인 내용에서 진실과 약간 차이가 나거나 다소 과장된 표현이 있는 정도에 불과하다면 이를 허위라고 볼 수 없으나, 중요한 부분이 객관적 사실과 합치하지 않는다면 이를 허위라고 보아야 한다(대판 2014. 3. 13. 2013도12430).

본죄 역시 반의사불벌죄이다(제312조 2항).

Ⅳ. 사자(死者)의 명예훼손죄　　　　　　　　　　　　　　　[231]

> 제308조(사자의 명예훼손) 공연히 허위의 사실을 적시하여 사자의 명예를 훼손한 자는 2년 이하의 징역이나 금고 또는 500만원 이하의 벌금에 처한다.

1. 보호법익

본죄의 보호법익에 대해 유족의 추모감정, 사자에 대한 일반대중의 추모 감정 등이라고 하는 견해가 있지만, 통설·판례는 사자의 외적 명예 또는 사자에 대한 사회적·역사적 평가라고 한다(대판 1983. 10. 25. 83도1520).

2. 실행행위

본죄의 실행행위는 공연히 허위사실을 적시하여 사자의 명예를 훼손하는 것이다. '공연히', '사실', '적시'의 개념은 단순명예훼손죄에서와 같다. 진실한 사실을 적시하여 사자의 명예를 훼손하는 경우에는 본죄가 성립하지 않는다.

3. 주관적 구성요건

본죄가 성립하기 위해서는 행위자가 사자에 대한 허위사실을 적시한다는 인식이 있어야 한다. 산 사람을 죽은 사람이라고 오인하거나 죽은 사람을 산 사람이라고 오인하고 허위사실을 적시한 경우 모두 본죄가 성립한다.

4. 제310조의 적용여부

본죄는 허위사실을 적시해야 성립하는 범죄이다. 따라서 행위자가 허위사실을 인식하였을 때에는 제310조가 적용될 수 없고, 행위자가 허위사실을 인식하지 못하였을 때에는 불가벌이므로 결국 제310조는 본죄에 적용될 여지가 없다.

5. 친고죄

본죄는 친고죄이다(제312조 1항).

Ⅴ. 출판물등에 의한 명예훼손죄 [232]

제309조(출판물등에 의한 명예훼손) ① 사람을 비방할 목적으로 신문, 잡지 또는 라디오 기타 출판물에 의하여 제307조 제 1 항의 죄를 범한 자는 3년 이하의 징역이나 금고 또는 700만원 이

하의 벌금에 처한다.
② 제1항의 방법으로 제307조 제2항의 죄를 범한 자는 7년 이하의 징역, 10년 이하의 자격정지 또는 1,500만원 이하의 벌금에 처한다.

1. 법적 성격

본죄는 비방의 목적이 필요한 부진정목적범이다. 비방의 목적이 있다는 점과 전파가능성이 큰 출판물등에 의해 사실을 적시함으로써 단순명예훼손죄나 허위사실적시에 의한 명예훼손죄에 비해 행위불법과 결과불법이 가중되는 범죄유형이다. 본죄는 반의사불벌죄이다(제312조 2항).

2. 구성요건

(1) 실행행위

본죄의 실행행위는 신문, 잡지 또는 라디오 기타 출판물에 의하여 진실한 사실 또는 허위의 사실을 적시하는 것이다.

신문, 잡지, 라디오 기타 출판물에 의해 사실을 적시해야 하기 때문에 인터넷, PC통신 등에 의해 사실을 적시하는 경우에는 본죄가 아니라 '정보통신망 이용촉진 및 정보보호 등에 관한 법률' 제70조에 의해 처벌된다. 형법에 명시적 규정이 없는 TV도 마찬가지다.

(2) 주관적 구성요건

본죄가 성립하기 위해서는 고의 이외에 비방의 목적이 있어야 한다. 비방의 목적이 없는 경우에는 출판물 등에 의해 명예를 훼손하더라도 제307조 제1, 2항의 범죄가 성립한다.

3. 위법성

제309조의 행위에 대해 제310조가 적용되는가가 문제된다.

첫째, 통설 · 판례(대판 1999. 4. 23. 99도636)에 의하면 제309조 제2항의 구성요건에 해당하는 경우에는 제310조가 적용될 수 없다.

둘째, 제309조 제1항에 해당하는 행위에도 제310조가 적용될 수 없다. 왜냐하면 제309조 제1항의 죄는 비방의 목적이 있어야 성립하는데, 비방의 목적이 있는 경우에는 공공의 이익을 위한다는 의사를 인정할 수 없기 때문이다.

따라서 출판물등에 의해 명예훼손행위를 하였다 하더라도 그것이 진실한 사실이고 공공의 이익에 관한 것인 때에는 특별한 사정이 없는 한 비방 목적은 부인되므로 제309조 제 1 항이 아니라 제307조 제 1 항의 명예훼손죄에 해당될 수 있을 뿐이다. 그리고 이에 대하여는 다시 형법 제310조에 의한 위법성 조각 여부가 문제될 수 있다.

Ⅵ. 모욕죄 [233]

제311조(모욕) 공연히 사람을 모욕한 자는 1년 이하의 징역이나 금고 또는 200만원 이하의 벌금에 처한다.

1. 개념 및 보호법익

본죄는 공연히 사람을 모욕하는 죄이고, 사실의 적시가 없다는 점에서 명예훼손죄와 구별된다.

본죄의 보호법익은 외부적 명예이고, 보호의 정도는 추상적 위험범이다. 본죄는 친고죄이다(제312조 1항).

2. 구성요건

(1) 행위의 객체

본죄의 객체는 사람이다. 통설은 법인이나 법인격없는 단체도 본죄의 객체가 된다고 한다.

(2) 실행행위

본죄의 실행행위는 공연히 모욕하는 것이다.

본죄는 사실의 적시가 없기 때문에 본죄의 공연성은 명예훼손죄에서와 같이 전파가능성이론이 적용될 여지가 없다. 모욕이란 사실의 적시없이 피해자의 사회적 평가를 저하시킬만한 경멸적인 표현을 말한다. 이러한 정도에 이르지 않는 농담, 무례, 불친절, 건방진 표현은 모욕이라고 할 수 없다. 사실의 적시인가 아니면 단순한 경멸적 표현인가 및 경멸적 표현인가 아니면 무례하거나 건방진 표현에 불과한 것인가는 사회통념에 의해 객관적으로 결정해야 한다.

3. 위법성

모욕죄의 구성요건해당성이 있는 행위도 일반적 위법성조각사유가 있는 경우 정당방위, 긴급피난, 자구행위 등으로 위법성이 조각될 수 있다. 경미한 모욕은 사회상규에 위배되지 않는 행위로 위법성이 조각될 수 있다.

앞에서 언급한 바와 같이 명예훼손행위에 부수된 모욕은 제310조에 의해 위법성이 조각될 수 있지만, 순수한 모욕에 대해서는 제310조가 적용되지 않는다고 해야 한다.

제 2 관 신용·업무와 경매에 관한 죄

Ⅰ. 신용훼손죄   [234]

> 제313조(신용훼손) 허위의 사실을 유포하거나 기타 위계로써 사람의 신용을 훼손한 자는 5년 이하의 징역 또는 1,500만원 이하의 벌금에 처한다.

1. 개념 및 보호법익

신용훼손죄는 허위의 사실을 유포하거나 기타 위계로써 사람의 신용을 훼손하는 범죄이다. 허위사실을 유포하거나 위계를 사용해야 한다는 점에서 진실한 사실을 적시해도 성립하는 명예훼손죄와 구별된다.

본죄의 보호법익은 사람의 신용이다. 통설·판례에 의하면, 신용이란 사람의 경제활동에 대한 평가로서 그 사람의 경제적 지불능력이나 지불의사에 대한 타인의 신뢰를 말한다. 본죄의 보호의 정도는 추상적 위험범이다.

2. 구성요건

본죄의 실행행위는 허위사실을 유포하거나 기타 위계를 사용하여 사람의 신용을 훼손하는 것이다.

(1) 허위사실의 유포

허위사실의 유포란 객관적 진실에 반하는 사실을 널리 퍼뜨리는 것을 말한다. 허위사실인가 진실한 사실인가는 전체적으로 판단해야 하므로, 부분적으로 허위나 과장된 내용이 포함되어 있더라도 전체적으로 진실인 경우에는 진실한 사실이라고 해야 한다.

유포란 널리 퍼뜨리는 것으로서 공연히 적시하는 것보다는 넓은 개념이다. 특정소수인에게 적시하였지만 전파가능성이 있는 경우 공연히 적시한 것이라고 할 수 없더라도, 유포라고는 할 수 있다. 유포의 방법에는 제한이 없다. 구두, 문서, 동작 등의 방법으로 가능하고, 직접적 표현뿐만 아니라 간접적·우회적 표현이어도 무방하다.

위계란 상대방의 착오 또는 부지를 이용하거나 기망·유혹 등의 방법으로 상대방을 착오에 빠지게 하는 것을 말한다.

(2) 고 의

본죄가 성립하기 위해서는 사람의 신용을 훼손할 만한 허위사실의 유포나 기타 위계를 행사한다는 점에 대한 인식이 있어야 한다. 허위사실을 진실한 사실로 오인하고 유포한 경우에는 제15조 제 1 항에 의해 본죄가 성립하지 않는다. 진실한 사실을 허위사실로 오인하고 유포한 경우에는 본죄의 불능미수가 문제될 수 있으나 본죄의 미수범을 벌하지 않으므로 역시 불가벌이다.

Ⅱ. 업무방해죄   [235]

제314조(업무방해) ① 제313조의 방법 또는 위력으로써 사람의 업무를 방해한 자는 5년 이하의 징역 또는 1,500만원 이하의 벌금에 처한다.

1. 보호법익

본죄의 보호법익은 업무이다. 일반적으로 업무란 '사람이 직업 또는 사회생활상 지위에서 계속적으로 종사하는 사무 또는 사업'을 말한다.

첫째, 업무는 사무 또는 사업을 말한다. 단순한 권리행사는 업무가 될 수 없다.

둘째, 업무는 사회생활상 지위에서 나오는 것이어야 하기 때문에 사회적으로 용인되고 형법적으로 보호할 만한 가치가 있는 업무여야 한다.

[대판 2002. 8. 23. 2001도5592] 어떤 사무나 활동 자체가 위법의 정도가 중하여 사회생활상 도저히 용인될 수 없는 정도로 반사회성을 띠는 경우에는 업무방해죄의 보호대상이 되는 '업무'에 해당한다고 볼 수 없다.

그러나 사회적으로 용인되어 형법적으로 보호할 가치가 있는 업무이면 족하고 그 업무의 기초가 된 계약 또는 행정행위 등이 반드시 적법하여야 하는 것은 아니다. 따라서 무허가로 사업을 하거나 허가가 날 수 없는 사업을 하는 경우 및 계약상의 근거가 없는 업무도 사회생활상 용인되고 형법적으로 보호할 가치가 있다면 본죄의 업무가 될 수 있다.

셋째, 업무는 계속성이 있어야 한다. 단 1회적인 사무 또는 일시적인 행위를 방해하였다는 것만으로는 업무방해가 될 수 없다.

주된 업무뿐만 아니라 부수적 업무도 업무에 속한다. 경제적·재산적 업무에 국한되지 않고 비재산적·정신적 업무도 포함한다. 보수의 유무는 불문한다.

넷째, 판례에 의하면 공무원이 직무상 수행하는 공무를 방해하는 행위에 대해서는 업무방해죄로 처벌할 수는 없다(대판 2009. 11. 19. 2009도4166 전합).

2. 구성요건

본죄의 실행행위는 허위의 사실을 유포하거나 위계 또는 위력으로써 사람의 업무를 방해하는 것이다.

허위사실의 유포 또는 기타 위계의 개념은 신용훼손죄에서와 같다.

위력이란 피해자의 자유의사를 제압하기 족한 세력을 말한다. 현실적으로 피해자의 자유의사가 제압될 것을 요하지 않는다. 유형적·무형적인 것을 모두 포함하고, 폭행·협박이나 정치적·경제적·사회적 지위나 힘을 이용하는 것도 포함한다.

본죄는 추상적 위험범이므로 업무방해의 현실적 결과를 요하지 않고 업무방해의 위험이 있으면 족하다(대판 2004. 3. 26. 2003도7927).

3. 위법성

쟁의행위는 근로자가 소극적으로 노무제공을 거부하는 행위에서부터 적극적으로 업무의 정상적인 운영을 저해하는 행위까지 포함한다. 위력으로 업무의 정상적인 운영을 방해할 정도에 이른 적극적인 쟁의행위는 원칙적으로 위력에 의한 업무방해죄의 구성요건에 해당되지만, 법령에 의한 행위로서 위법성이 조각될 수 있다.

[대판 2003. 11. 13. 2003도687] 근로자의 쟁의행위가 형법상 정당행위가 되기 위하여는 첫째 그 주체가 단체교섭의 주체로 될 수 있는 자이어야 하고, 둘째 그 목적이 근로조건의 향상을 위한 노사간의 자치적 교섭을 조성하는 데에 있어야 하며, 셋째 사용자가 근로자의 근로조건 개선에 관한 구체적인 요구에 대하여 단체교섭을 거부하였을 때 개시하되 특별한 사정이 없는 한 조합원의 찬성결정 등 법령이 규정한 절차를 거쳐야 하고, 넷째 그 수단과 방법이 사용자의 재산권과 조화를 이루어야 함은 물론 폭력의 행사에 해당되지 아니하여야 한다는 여러 조건을 모두 구비하여야 한다.

다만, 판례는 쟁의행위로서 집단파업은 원칙적으로 위력행사에 해당되지 않고, 예외적으로 사용자가 예측할 수 없는 시기에 전격적으로 이루어져 사용자의 사업계속에 관한 자유의사가 제압·혼란될 수 있는 경우에만 위력에 해당된다고 한다(대판 2011. 3. 17. 2007도482 전합).

Ⅲ. 컴퓨터등에 의한 업무방해죄 [236]

제314조(업무방해) ② 컴퓨터등 정보처리장치 또는 전자기록등 특수매체기록을 손괴하거나 정보처리장치에 허위의 정보 또는 부정한 명령을 입력하거나 기타 방법으로 정보처리에 장애를 발생하게 하여 사람의 업무를 방해한 자도 제1항의 형과 같다.

1. 행위의 객체

본죄의 객체는 컴퓨터등 정보처리장치 또는 전자기록등 특수매체기록이다.

정보처리장치란 자동적으로 계산이나 데이터처리를 할 수 있고, 정보의 보전, 검색, 수정능력을 독자적으로 가지고 있는 장치를 의미한다. 컴퓨터가 그 대표적 예이다. 독자적인 정보처리능력을 갖고 있지 못한 단순한 자동판매기, 공중전화기, 자동개찰기, 휴대용계산기, 전기타자기 등은 이에 포함되지 않는다.

전자기록(電磁記錄)등 특수매체기록이란 전기적 기록, 자기적 기록, 전자적 (電子的) 기록, 광기술을 이용한 기록을 의미하고 컴퓨터등 정보처리장치에 사용되는 기록을 말한다. 문서는 육안이나 인체의 감각기관을 이용하여 읽을 수 있는 것인데 비해 특수매체기록은 정보처리장치와 같은 기계적·기술적 방법으로 읽을 수 있다는 점에 차이가 있다.

2. 실행행위

(1) 정보처리장치 또는 특수매체기록의 손괴

컴퓨터등 정보처리장치를 손괴한다는 것은 물리적으로 손괴하는 것을 의미한다. 특수매체기록을 손괴한다는 것은 물리적 손괴뿐만 아니라 소거·삭제하는 것을 포함한다.

(2) 허위의 정보 또는 부정한 명령의 입력

허위의 정보를 입력한다는 것은 진실에 반하는 정보를 입력하는 것을 말한다.

부정한 명령을 입력한다는 것은 은행의 전산관리직원이 고객의 예금 중 일부 금액을 자신의 구좌로 이전시키는 것과 같이 객관적으로 정당하지 않은 명령을 입력하는 것을 말한다. 판례는 진실한 정보를 권한없이 입력하는 것도 부정한 명령의 입력에 포함된다고 한다(대판 2003. 1. 10. 2002도2363).

(3) 기타 방법으로 정보처리장치에 장애 발생

컴퓨터등 정보처리장치가 제대로 기능을 발휘하게 할 수 없는 일체의 방법을 말한다. 전원의 절단, 바이러스의 유포, 컴퓨터가 작동할 수 없는 환경의 조성 등을 예로 들 수 있다.

3. 업무방해

본죄는 추상적 위험범이므로 현실적으로 업무방해의 결과가 생길 것을 요하지 않고 업무방해에 대한 추상적 위험만이 있으면 성립한다.

Ⅳ. 경매·입찰방해죄 [237]

> 제315조(경매, 입찰의 방해) 위계 또는 위력 기타 방법으로 경매 또는 입찰의 공정을 해한 자는 2년 이하의 징역 또는 700만원 이하의 벌금에 처한다.

1. 보호법익

본죄의 보호법익은 경매·입찰의 공정이다. 본죄는 경매업무, 입찰업무를 보호하는 것으로서 업무방해죄로서의 성격을 지니고 있다. 경매·입찰업무라 하지 않고 경매·입찰의 공정이라고 한 것은 경매·입찰이라는 업무가 공정한 경쟁을 본질적 내용으로 하고 있기 때문이라고 할 수 있다.

본죄의 보호의 정도는 추상적 위험범이다.

2. 구성요건

본죄의 실행행위는 경매 또는 입찰의 공정을 해할 만한 위계 또는 위력 기타 방법을 사용하는 것이다.

(1) 경매·입찰

경매·입찰이란 다수인으로부터 청약을 받고 그 가운데 가장 좋은 조건을 제시한 청약자와 계약을 체결하는 방식을 말한다. 경매와 입찰은 다수의 청약자 중 가장 좋은 조건을 제시한 청약자와 계약을 체결한다는 점에서는 동일하지만, 경매는 한 청약자가 제시하는 계약조건을 다른 청약자들이 알 수 있는 데에 비해, 입찰에서는 이를 알지 못한다는 데에 차이가 있다.

경매와 입찰은 현실적으로 존재하여야 한다.

(2) 위계 또는 위력 기타 방법

위계나 위력의 개념은 업무방해죄에서와 같다. 위력은 폭행·협박의 정도에 이를 필요가 없다.

(3) 경매·입찰의 공정을 해할 것

본죄는 추상적 위험범이므로 현실적으로 입찰의 공정이 침해될 것을 요하지 않고, 입찰의 공정을 해할 위험이 있는 행위만 있으면 본죄가 성립할 수 있다. 판례는 본죄의 행위에는 가격을 결정하는데 있어서뿐 아니라 적법하고 공정한 경쟁방법을 해하는 행위도 포함된다고 한다(대판 1971. 4. 30. 71도519).

(4) 담합행위

담합행위란 경매 또는 입찰에 참여하는 사람들이 서로 모의하여 특정한 사람을 경락자 또는 낙찰자로 하기로 하고, 그 이외의 사람들은 내정자보다 나쁜 조건을 제시하여 경매 또는 입찰에 참가하는 것을 말한다.

이러한 담합행위는 부당한 이익을 취하기 위한 목적으로 행해지는 경우가 있고, 지나친 출혈경쟁을 피하기 위한 목적에서 행해지는 경우도 있다. 통설은 전자의 경우에는 본죄가 성립하지만, 후자의 경우에는 본죄가 성립하지 않는다고 한다. 그러나 판례는 후자의 경우에도 본죄가 성립한다고 한다 (대판 1999. 10. 12. 99도2309).

각자가 일부씩 입찰에 참여하면서 1인을 대표자로 하여 단독으로 입찰케하는 신탁입찰은 담합행위라고 볼 수 없고 따라서 본죄에 해당하지 않는다.

제4절 사생활의 평온에 대한 죄

제1관 비밀침해의 죄

Ⅰ. 비밀침해죄 [238]

제316조(비밀침해) ① 봉함 기타 비밀장치한 사람의 편지, 문서 또는 도화를 개봉한 자는 3년 이하의 징역이나 금고 또는 500만원 이하의 벌금에 처한다.
② 봉함 기타 비밀장치한 사람의 편지, 문서, 도화 또는 전자기록등 특수매체기록을 기술적 수단을 이용하여 그 내용을 알아낸 자도 제1항의 형과 같다.

1. 보호법익

본죄의 보호법익은 개인의 비밀이다. 비밀의 주체에 대해 자연인에 국한된다는 견해와 법인 및 법인격없는 단체를 포함한다는 견해(다수설)가 대립한다. 비밀의 주체에 국가 또는 공공단체가 포함되느냐에 대해서, 긍정설(다수설)은 비밀의 내용은 문제되지 않고, 기업간 또는 정부기관 사이의 편지교환등도 보호해야 할 필요가 있다는 것을 근거로 든다. 이에 대해 부정설에서는 형법이 본죄를 개인적 법익에 대한 죄로 규정하고 친고죄로 하고 있다는 것을 근거로 든다.

제1항의 죄의 보호의 정도는 추상적 위험범이므로 개봉하는 행위가 있으면 본죄가 성립한다. 제2항의 죄는 그 내용을 알아낼 것을 요건으로 하므로 침해범이라고 하는 견해와 추상적 위험범이라고 하는 견해가 대립한다.

2. 구성요건

(1) 행위의 객체

본죄의 객체는 봉함 또는 비밀장치한 사람의 편지, 문서, 도화 또는 전자기록등 특수매체기록이다. 본죄의 편지나 문서 등은 객관적으로 보아 개인의 사생활의 비밀을 포함하고 있는 것이어야 한다.

1) 봉함 기타 비밀장치　　봉함이란 봉투를 풀이나 스카치테이프로 붙인 것처럼 외부포장을 파손하지 않고서는 그 내용을 알 수 없도록 한 것을 말한다. 비밀장치란 봉함 이외의 방법으로 외부포장을 만들어 그 안의 내용을 알 수 없게 한 것을 말한다. 예를 들어 포장을 봉인(封人)하거나 끈으로 묶거나 테이프로 싸는 것 등을 말한다.

비밀장치된 전자기록등 특수매체기록이란 권한있는 사람만이 일정한 절차에 따라 그 기록에 접근할 수 있도록 한 것을 말한다.

2) 편지, 문서, 도화, 전자기록등 특수매체기록　　편지란 특정인이 다른 사람에게 보내는 글을 말한다. 문서란 문자 기타의 기호에 의해 특정인의 의사를 표시한 것을 말한다. 공문서이든 사문서이든 상관없다. 문서위조죄에서의 문서와 같이 증명적 기능을 요하지 않으므로, 일기장, 유언장, 원고 등도 문서에 포함된다. 편지는 별도로 규정되어 있으므로 편지는 문서에 포함되지 않는다. 도화란 도면과 그림을 말한다.

전자기록등 특수매체기록은 일정한 데이터(data)에 관한 전기적·자기적·광학적 기록 등으로서 감각기관에 의해서는 직접 인식할 수 없는 기록을 말한다.

(2) 실행행위

본죄의 실행행위는 개봉하거나(제1항), 기술적 수단을 이용하여 그 내용을 알아내는 것(제2항)이다.

1) 개　봉　　개봉이란 봉함 기타 비밀장치를 파괴, 훼손, 무용케 하여 편지, 문서, 도화 등을 인식할 수 있는 상태로 만드는 것을 말한다. 개봉의 방법은 묻지 않는다. 투시하여 내용을 인식하였을 때에는 개봉이라고 할 수 없고 경우에 따라 제2항의 기술적 수단을 통해 그 내용을 알아내는 것이

될 수 있다. 본죄는 추상적 위험범이므로 개봉행위가 있으면 기수가 된다. 예를 들어 개봉하였으나 그 내용을 보지 못하였거나 그 내용은 보았으나 한자(漢字)나 외국어로 되어 있어서 그 내용을 이해하지 못하였어도 본죄의 기수가 된다.

2) 기술적 수단을 이용하여 그 내용을 알아내는 것 여기에서 기술적 수단이란 어느 정도의 수준에 이른 기술적 수단을 의미한다. 단순히 봉투를 햇빛이나 불빛에 비추어보는 정도로는 기술적 수단을 이용한 것이라고 할 수 없다. 물에 적셔 내용을 인식하거나 일정한 도구를 사용하여 알아내는 것 등을 예로 들 수 있다. 비밀장치한 전자기록등 특수매체기록은 감각기관을 통해 직접 인식할 수 없으므로 그 내용을 알아낸 것은 그 자체가 기술적 수단을 이용하는 것이라고 할 수 있다.

3. 위법성

본죄의 구성요건에 해당되는 행위 중 법령에 의한 행위로 위법성이 조각되는 행위로서 통신비밀보호법에 의한 행위, 형사소송법상 피고인의 우편물 또는 전신(電信)에 대한 압수 또는 제출명령(동법 제107조 및 제120조) 등을 들 수 있다.

Ⅱ. 업무상비밀누설죄   [239]

> 제317조(업무상비밀누설) ① 의사, 한의사, 치과의사, 약제사, 약종상, 조산사, 변호사, 변리사, 공인회계사, 공증인, 대서업자나 그 직무상 보조자 또는 차등의 직에 있던 자가 직무처리 중 지득한 타인의 비밀을 누설한 때에는 3년 이하의 징역이나 금고, 10년 이하의 자격정지 또는 700만원 이하의 벌금에 처한다.
> ② 종교의 직에 있는 자 또는 있던 자가 그 직무상 지득한 사람의 비밀을 누설한 때에도 전항의 형과 같다.

1. 개념 및 보호법익

본죄는 일정한 직업에 있는 사람이 그 업무처리 중 지득한 타인의 비밀을 누설함으로써 성립하는 범죄로서 진정신분범이다.

통설은 본죄의 주된 보호법익은 개인의 비밀이고, 부차적 보호법익은 일정한 직업에 종사하는 사람이 업무상 지득하게 된 비밀을 누설하지 않으리라고 하는 사회일반인의 신뢰라고 한다. 보호의 정도는 추상적 위험범이다.

2. 구성요건

(1) 행위의 주체

본죄의 주체는 의사, 한의사, 치과의사, 약제사, 약종상, 조산사, 변호사, 변리사, 계리사(공인회계사), 공증인, 대서업자나 그 직무상 보조자(병원의 간호사나 사무장, 법률사무소 사무장이나 직원), 종교의 직에 있는 자 및 과거에 이러한 직에 있었던 자 등이다. 노무사, 감정평가사 등 여기에 열거되어 있지 않은 사람은 본죄의 주체가 될 수 없다.

(2) 행위의 객체

본죄의 객체는 업무처리 중 지득(知得)한 타인의 비밀이다.

1) 비 밀　　　비밀이란 일반적으로 알려져 있지 않고 특정인 또는 일정 범위의 사람에게만 알려져 있는 것으로서 타인에게 알려지지 않는 것이 본인에게 이익이 되는 사실을 말한다. 일반적으로 알려져 있는 공지의 사실은 비밀이 될 수 없다.

비밀은 객관적으로 비밀로서 보호해야 할 이익이 있고, 본인도 비밀로 할 것을 원하는 사실이어야 한다. 따라서 타인에게 알려지더라도 본인에게 불이익이 없는 사실이나 본인이 공개하기를 원하는 사실은 비밀이 될 수 없다.

2) 업무처리 중 지득한 비밀　　　본죄의 비밀은 업무처리 중 지득한 비밀이어야 한다. 업무와 상관없이 지득한 비밀은 본죄의 객체가 되지 않는다. 업무처리 중 지득한 비밀이면 족하고 그것이 어떤 원인에서 혹은 누구에게서 지득하였는가는 문제되지 않는다. 따라서 본인으로부터 직접 지득한 비밀임은 물론 본인이 모르는 가운데 지득한 비밀이어도 상관없다.

(3) 실행행위

본죄의 실행행위는 비밀을 누설하는 것이다.

누설이란 비밀을 알지 못하는 사람으로 하여금 비밀을 알게 하는 일체의 행위를 말한다. 구두(口頭)뿐만 아니라 서면, 동작 등에 의해서도 가능하다. 누설은 공연성을 요하지 않으므로 불특정 또는 다수인뿐만 아니라 특정소수인이 알게 하여도 누설에 해당한다.

(4) 주관적 구성요건

업무상 지득한 비밀을 업무상 지득한 비밀이 아니라고 착오하고 누설한 경우에는 과실누설행위가 되어 처벌되지 않는다. 업무상 지득한 비밀이라고 생각하고 누설하였으나 업무상 지득한 비밀이 아닌 경우 불능미수가 될 수 있으나 본죄의 미수범은 벌하지 않으므로 무죄이다.

3. 위법성

형사소송법 제149조 단서에 의하면 본죄의 주체가 중대한 공익상의 필요가 있는 경우 증언을 거부할 수 없는데, 이 경우 증언에 의한 비밀누설행위는 법령에 의한 행위로 위법성이 조각된다.

제 2 관   주거침입의 죄

I. 구성요건체계 [240]

형법 제36장은 주거침입의 죄라는 제목하에 주거침입죄(제319조 1항), 퇴거불응죄(제319조 2항), 특수주거침입·퇴거불응죄(제320조), 주거·신체수색죄(제321조)의 규정을 두고 있다. 주거침입죄와 퇴거불응죄는 주거의 평온을 침해하는 성격을 가진 점에서는 공통되지만, 행위태양(行爲態樣)이 다른 독립적 범죄유형이다. 주거·신체수색죄 역시 독립적 범죄유형이다. 특수주거침입·퇴거불응죄는 주거침입죄, 퇴거불응죄에 비해 불법이 가중된 범죄유형이다.

Ⅱ. 주거침입죄   [241]

> 제319조(주거침입) ① 사람의 주거, 관리하는 건조물, 선박이나 항공기 또는 점유하는 방실에 침입한 자는 3년 이하의 징역 또는 500만원 이하의 벌금에 처한다.

1. 보호법익

주거침입죄의 보호법익에 대해 가장(家長)만이 가지는 주거에 대한 허락권으로서의 주거권이라는 구주거권설, 가장만 아니라 모든 가족구성원의 권리로서의 주거권이라고 하는 신주거권설, 주거침입의 객체에 따라 보호법익을 달리 파악해야 한다는 개별화설 등도 있다. 그러나 통설·판례는 주거침입죄의 보호법익을 주거를 지배하고 있는 사실관계, 즉 주거에 대한 공동생활자 전원의 사실상의 평온이라고 한다.

남편의 일시 부재 중 아내의 허락을 받고 주거에 들어가 아내와 간통을 한 남자의 경우 구주거권설이나 신주거권설에 의하면 가장의 주거권을 침해하였으므로 주거침입죄가 성립한다고 할 가능성이 크다. 그러나 주거의 사실상 평온설을 따르면 아내의 허락을 받고 평온하게 주거에 들어간 것이므로 주거침입죄가 성립하지 않는다고 할 가능성이 크다.

판례는 사실상의 평온설을 취하면서도 위와 같은 사례에서 주거침입죄를 인정하다가(대판 1984. 6. 26. 83도685), 입장을 변경하여 주거침입죄를 부정하였다.

> [대판 2021. 9. 9. 2020도12630 전합] 외부인이 공동거주자의 일부가 부재중에 주거 내에 현재하는 거주자의 현실적인 승낙을 받아 통상적인 출입방법에 따라 공동주거에 들어간 경우라면 그것이 부재중인 다른 거주자의 추정적 의사에 반하는 경우에도 주거침입죄가 성립하지 않는다고 보아야 한다. … (피고인이 피해자의 남편인 A의 부재중에 A의 처 B와 혼외 성관계를 가질 목적으로 B가 열어 준 현관 출입문을 통하여 A와 B가 공동으로 생활하는 이 사건 아파트에 들어간 행위는 주거침입죄에 해당되지 않는다).

2. 구성요건

(1) 행위의 객체

본죄의 객체는 사람의 주거, 관리하는 건조물, 선박, 항공기 또는 점유하는 방실이다.

1) 사람의 주거　　주거에 대해서는 사람이 기거하고 침식(寢食)에 사용되는 장소라는 견해(다수설)와 일상생활을 영위하기 위해 점거하는 장소이면 족하고 침식에 사용되는 것까지는 요구되지 않는다는 견해가 대립한다.

2) 관리하는 건조물　　관리란 물리적·현실적 관리를 의미하므로 사실상 지배·관리하는 것을 의미한다. 관리하는 건조물이란 주거용 이외의 관리하는 건조물을 의미한다. 관공서, 극장, 사무실, 창고, 실내주차장 등이 이에 해당된다.

3) 선박이나 항공기　　항공기는 구형법에는 포함되어 있지 않았으나 1995년 개정형법에서 추가되었다. 본죄의 성격상 선박이나 항공기는 사람의 주거나 건조물에 비유될 수 있을 정도의 규모여야 한다. 자동차는 주거침입죄의 객체가 아니다.

4) 점유하는 방실　　점유하는 방실이란 가옥의 침실이나 거실, 연구실, 호텔이나 여관의 객실, 점포 등과 같이 건조물 내에서 사실상 지배·관리하고 있는 일정한 구획을 말한다.

(2) 실행행위

본죄의 실행행위는 침입이다. 침입이란 거주자의 의사에 반하여 주거 등에 들어가는 것을 말한다.

1) 침　입　　침입이 되기 위해서는 행위자의 신체가 들어가야 하고 돌, 오물 등을 주거에 던져넣는 것, 긴 막대기를 주거 안에 넣는 것 등은 침입이 될 수 없다. 침입의 방법에는 제한이 없다. 판례는 침입에 해당하는지 여부는 출입 당시 객관적·외형적으로 드러난 행위태양을 기준으로 판단함이 원칙이라고 한다(대판 2021. 9. 9. 2020도12630 전합; 대판 2022. 1. 27. 2021도15507).

2) 거주자의 의사　　침입은 거주자의 의사에 반한 것이어야 한다. 거주자의 의사에 따라 들어간 경우에는 침입이라고 할 수 없다. 이런 의미에서 거주자의 승낙은 위법성조각사유가 아닌 구성요건해당성조각사유이다. 거주자는 주거에 대한 권리자가 아니라 주거를 현실적으로 점유·지배하는 사람이므로 사법상의 권리가 없더라도 거주자가 될 수 있다.

부정한 목적의 출입행위의 경우, 첫째, 널리 공중에게 개방되어 있는 장소에 출입하는 행위는 설사 그 본래의 목적에 맞지 않는 출입이라 하더라도 주거침입죄가 성립하지 않는다. 다만, 관리자가 필요에 따라 그 출입을 제한하고 출입을 제지함에도 불구하고 건조물에 침입한 경우에는 본죄가 성립할 수 있다(대판 1996. 5. 10. 96도419).

둘째, 공중출입이 허용된 장소나 평소 그 주거에 출입할 권한이 있지만 범죄를 목적으로 주거에 들어간 경우 판례는 넓게 주거침입죄를 인정하다가 (대판 1997. 3. 28. 95도2674) 입장을 바꿔 주거침입죄를 인정하지 않는다.

[대판 2022. 3. 24. 2017도18272 전합] 일반인의 출입이 허용된 음식점에 영업주의 승낙을 받아 통상적인 출입방법으로 들어갔다면 설령 영업주가 실제 출입 목적을 알았다면 출입을 승낙하지 않았을 것이라는 사정이 인정되더라도 사실상의 평온상태가 침해되었다고 평가할 수 없으므로 주거침입죄가 성립하지 않는다.

셋째, 특별한 사정이 없는 한 거주자의 명시적, 묵시적 의사에 반하여 다가구용 단독주택이나 다세대주택·연립주택·아파트 등 공동주택의 내부에 있는 엘리베이터, 공용 계단과 복도를 침입하는 행위는 주거침입죄를 구성한다(대판 2009. 9. 10. 2009도4335; 대판 2022. 1. 27. 2021도15507).

3) 공동의 거주자   공동의 거주자 중 일부의 승낙만을 받았으나 다른 거주자의 의사에 반하는 경우 판례는 주거침입죄가 성립한다고 하였다가 입장을 변경하여 주거침입지의 성립을 부정하였다.

[대판 2021. 9. 9. 선고 2020도6085 전합] 공동거주자 상호 간에는 특별한 사정이 없는 한 다른 공동거주자가 공동생활의 장소에 자유로이 출입하고 이를 이용하는 것을 금지할 수 없다공동거주자 중 한 사람이 법률적인 근거 기타 정당한 이유 없이 다른 공동거주자가 공동생활의 장소에 출입하는 것을 금지한 경우, 다른 공동거주자가 이에 대항하여 공동생활의 장소에 들어갔더라도 이는 사전 양해된 공동주거의 취지 및 특성에 맞추어 공동생활의 장소를 이용하기 위한 방편에 불과할 뿐, 그의 출입을 금지한 공동거주자의 사실상 주거의 평온이라는 법익을 침해하는 행위라고는 볼 수 없으므로 주거침입죄는 성립하지 않는다.

(3) 주관적 구성요건

본죄가 성립하기 위해서는 행위자가 거주자의 의사에 반하여 주거 등에 침입한다는 의욕 또는 인용이 있어야 한다. 후술하는 바와 같이 주거침입죄의 기수시기에 대해 전부침입설을 취하게 되면 몸의 전체가 들어갈 고의로 침입하였으나 몸의 일부만이 들어간 경우에는 본죄의 미수가 된다. 그러나 몸의 일부만 들어갈 고의로 신체의 일부만 침입하였을 때에는 미수의 고의만이 인정되므로 미수범도 성립할 수 없다. 이에 비해 기수시기에 대해 일부침입설을 취하게 되면 몸의 일부만 침입할 고의가 있는 경우에도 본죄가 성립한다.

3. 기수 및 미수

(1) 실행의 착수시기

본죄의 실행의 착수시기는 예를 들어 닫힌 문을 열기 위해 문고리를 잡거나 잠금장치를 푸는 등의 행위 등이 시작된 때라고 할 수 있다. 반드시 몸의 일부가 들어가기 시작해야 실행의 착수가 있는 것은 아니다.

(2) 기수시기

본죄의 미수범은 처벌한다(제322조). 본죄의 기수시기에 대해서는 일부침입설과 전부침입설이 대립하고 있다.

일부침입설은 행위자의 신체가 들어가지 않아서는 기수라고 할 수 없으나, 행위자의 신체 전부가 주거에 들어갈 필요는 없고 신체의 일부만 들어가도 기수가 된다고 한다. 판례는 이 입장을 따른다(대판 1995. 9. 15. 94도2561).

이에 대해 통설은 신체의 전부가 들어가야 기수가 된다고 하는 전부침입설을 따른다. 이 견해에 의하면 처음부터 신체의 전부가 들어갈 고의없이 신체의 일부만 들어갈 고의로 발, 손, 얼굴 등을 들이미는 경우에는 미수의 고의만이 있으므로 주거침입죄가 성립하지 않는다. 미수범이 성립하기 위해서는 기수의 고의가 필요하기 때문이다.

본죄는 기수가 된 이후에도 주거에서 나온 때에 종료하는 계속범이다.

Ⅲ. 퇴거불응죄 [242]

제319조(퇴거불응) ② 전항의 장소에서 퇴거요구를 받고 응하지 아니한 자도 전항의 형과 같다.

1. 개념 및 보호법익

본죄는 적법하게 주거에 들어온 사람이 거주자의 퇴거요구를 받고 이에 응하지 않는 범죄이다. 퇴거에 응하지 않았다는 부작위에 의해 성립하는 범죄이므로 진정부작위범이다. 본죄는 기수가 된 이후에도 퇴거불응이 계속되는 동안에는 범죄가 종료되지 않고 퇴거시에 범죄가 종료되는 계속범이다.

본죄의 보호법익은 주거침입죄와 마찬가지로 주거의 사실상 평온이고, 보호의 정도는 침해범이다.

2. 구성요건

(1) 행위의 주체

본죄의 주체는 적법하게 주거에 들어온 사람이다. 주거침입죄를 상태범이라고 해석하게 되면 주거침입죄를 범한 사람이 퇴거요구에 응하지 않을 경우 주거침입죄와 퇴거불응죄가 모두 성립한다. 그러나 주거침입죄를 계속범이라고 해석하면 주거침입한 사람이 퇴거에 불응하더라도 주거침입죄만 성립하고 퇴거불응죄는 성립하지 않는다.

(2) 실행행위

본죄의 실행행위는 퇴거요구를 받고 응하지 않는 것이다.

퇴거요구의 방법에는 제한이 없다. 구두, 서면, 동작 등에 의해서도 가능하다. 묵시적인 표시도 가능하지만, 상대방이 인식할 수 있는 정도의 의사표시가 있어야 한다. 퇴거요구는 정당한 퇴거요구에 국한되고 정당하지 않은 퇴거요구에 응하지 않은 경우 본죄가 성립하지 않는다.

본죄는 퇴거요구에 응하지 않음으로써 성립하는 진정부작위범이고, 퇴거불응이라는 거동만 있으면 성립하고 별도의 결과발생을 필요로 하지 않는 거동범이다. 정당한 사유없이 퇴거요구에 응하지 않아야 하고 정당한 사유가 있는 경우에는 본죄가 성립하지 않는다.

3. 미 수

제322조는 본죄의 미수범도 처벌한다고 규정하고 있는데 본죄의 미수범
이 가능한가에 대해서는 긍정설과 부정설(다수설)이 대립한다. 긍정설에서는
퇴거불응이 시작된 후 주거의 사실상 평온을 침해했다고 할 만한 단계에 이
르기 전에 주거 밖으로 쫓겨난 경우에는 본죄의 미수범이 성립한다고 한다.
부정설에서는 본죄는 거동범으로서 퇴거불응 즉시 기수가 되기 때문에 미수
범은 성립할 수 없다고 한다.

Ⅳ. 특수주거침입·퇴거불응죄 [243]

> 제320조(특수주거침입) 단체 또는 다중의 위력을 보이거나 위험한 물건을 휴대하여 전조의 죄를
> 범한 때에는 5년 이하의 징역에 처한다.

본죄는 단체 또는 다중의 위력을 보이거나 위험한 물건을 휴대하여 주거
침입죄, 퇴거불응죄를 범하는 것이다. 실행행위의 방법 때문에 불법이 가중되
는 범죄유형이다. 단체, 다중, 위력, 위험한 물건, 휴대 등의 개념은 특수상해
죄에서와 같다.

본죄의 미수범(未遂犯)은 처벌한다(제322조).

Ⅴ. 주거·신체수색죄 [244]

> 제321조(주거·신체 수색) 사람의 신체, 주거, 관리하는 건조물, 자동차, 선박이나 항공기 또는 점
> 유하는 방실을 수색한 자는 3년 이하의 징역에 처한다.

주거수색죄의 보호법익은 주거의 사실상 평온이고, 신체수색죄의 보호법
익은 신체의 불가침성이다. 보호의 정도는 침해범이다.

본죄의 객체는 신체를 제외하고는 주거침입죄에서와 같다.

본죄의 실행행위는 수색이다. 수색이란 사람 또는 물건을 발견하기 위해
사람의 신체 또는 일정한 장소 등을 조사하는 것을 말한다.

제 5 절   재산적 법익에 대한 죄

제 1 관   재산범죄의 일반이론

Ⅰ. 재산범죄의 내용과 분류   [245]

1. 형법상의 재산범죄

형법에 규정되어 있는 기본적 재산범죄에는 절도죄, 강도죄, 사기죄, 공갈죄, 횡령죄, 배임죄, 장물죄, 손괴죄, 권리행사방해죄 등 9가지가 있다.

절도죄는 타인의 재물을 절취하는 죄이고(제329조), 강도죄는 폭행 또는 협박으로 타인의 재물을 강취하거나 기타 재산상의 이익을 취득하거나 제 3 자로 하여금 이를 취득하게 하는 죄이다(제333조).

사기죄는 사람을 기망하여 자기 또는 제 3 자로 하여금 재물의 교부를 받거나 재산상의 이익을 취득하게 하는 죄이고(제347조 1, 2항), 공갈죄는 사람을 공갈하여 자기 또는 제 3 자로 하여금 재물의 교부를 받거나 재산상의 이익을 취득하게 하는 죄이다(제350조 1, 2항).

횡령죄는 타인의 재물을 보관하는 자가 그 재물을 횡령하거나 그 반환을 거부하는 죄이고(제355조 1항), 배임죄는 타인의 사무를 처리하는 자가 그 임무에 위배하는 행위로써 재산상의 이익을 취득하거나 제 3 자로 하여금 취득하게 하고 본인에게 손해를 가하는 죄이다(제355조 2항).

장물죄는 장물을 취득, 양도, 운반 또는 보관하는 죄이고(제362조), 손괴죄는 타인의 재물, 문서 또는 전자기록등 특수매체기록을 손괴 또는 은닉 기타 방법으로 그 효용을 해하는 죄이다(제366조). 권리행사방해죄는 타인의 점유 또는 권리의 목적이 된 자기의 물건 또는 전자기록등 특수매체기록을 취거, 은닉 또는 손괴하여 타인의 권리행사를 방해하는 죄이다(제323조).

주요범죄들에 준하는 범죄로 규정된 것은 다음과 같은 것들이 있다.

절도죄와 유사한 죄로서 자동차등불법사용죄가 규정되어 있다. 동범죄는 권리자의 동의없이 타인의 자동차, 선박, 항공기 또는 원동기장치 자전차를 일시 사용하는 죄이다(제331조의2). 타인이 점유하는 타인의 재물에 대한 범죄로서 권리자를 장기간 또는 영구적으로가 아니라 일시적으로만 배제한다는 점에서 절도죄와 구별된다.

사기죄와 유사한 성격을 지닌 범죄로서 컴퓨터등사용사기죄, 편의시설부정이용죄, 부당이득죄가 있다. 컴퓨터등사용사기죄는 컴퓨터등 정보처리장치에 허위의 정보 또는 부정한 명령 또는 권한없이 명령을 입력하여 정보처리를 하게 함으로써 재산상의 이익을 취득하거나 제3자로 하여금 취득하게 하는 죄이고(제347조의2), 편의시설부정이용죄는 부정한 방법으로 대가를 지급하지 아니하고 자동판매기, 공중전화 기타 유료자동설비를 이용하여 재물 또는 재산상의 이익을 취득하는 죄이고(제348조의2), 부당이득죄는 사람의 궁박한 상태를 이용하여 현저하게 부당한 이익을 취득하는 죄이다(제349조). 이러한 범죄들은 기계를 기망하거나 피해자의 하자(瑕疵)있는 의사표시를 이용하는 점에서 사기죄와 유사하다.

횡령죄와 유사한 죄로서 점유이탈물횡령죄가 있다. 동범죄는 유실물, 표류물 또는 타인의 점유를 이탈한 재물을 횡령하는 죄이다(제360조).

손괴죄와 유사한 죄로서 경계침범죄가 있다. 동범죄는 경계표를 손괴, 이동 또는 제거하거나 기타 방법으로 토지의 경계를 인식불능하게 하는 죄이다(제370조).

권리행사방해죄와 유사하게 자기소유의 재물 또는 재산에 대한 범죄로서 점유강취죄 및 강제집행면탈죄가 있다. 점유강취죄는 폭행 또는 협박으로 타인의 점유에 속하는 자기의 물건을 강취하는 죄이다(제325조). 자기소유의 물건에 대한 죄라는 점에서 권리행사방해죄, 폭행·협박을 행사한다는 점에서 강도죄의 성격을 지니고 있다. 강제집행면탈죄는 강제집행을 면할 목적으로 재산을 은닉, 손괴, 허위양도 또는 허위의 채무를 부담하여 채권자를 해하는 죄이다(제327조).

2. 재산범죄의 분류

형법에 규정되어 있는 범죄들은 그 성격에 따라 몇 가지 기준으로 구분하여 볼 수 있다.

(1) 재물죄와 이득죄

이는 '행위의 객체'에 따른 분류이다.

재물죄는 재물, 이득죄는 재산상의 이익을 객체로 하는 죄이다. 재물만을 객체로 하는 범죄에는 절도죄, 횡령죄, 장물죄, 손괴죄, 권리행사방해죄, 자동차등불법사용죄, 점유이탈물횡령죄, 점유강취죄 등이 있다.

배임죄, 컴퓨터등사용사기죄와 부당이득죄는 재산상의 이익만이 객체로 규정되어 있는 이득죄이다.

강도죄, 사기죄, 공갈죄, 편의시설부정이용죄, 강제집행면탈죄는 재물과 재산상의 이익이 모두 객체로 규정되어 있다.

(2) 영득죄와 손괴죄

재물죄는 그 '목적과 내용'에 따라 영득죄와 손괴죄로 나눌 수 있다.

영득죄는 권리자를 배제하고 타인의 재물을 자기의 소유물처럼 사용, 수익, 처분하는 죄이다. 권리자를 배제함으로써 권리자에게 손해를 가하는 것과 함께, 자기 또는 제3자가 재물에 의한 이익(利益)의 취득을 내용으로 하는 죄이다. 손괴죄는 자기 또는 제3자가 재물에 의한 이익을 취득하는 것이 아니라 권리자에게 손해를 가하는 것을 내용으로 하는 죄이다.

통설·판례에 의하면 영득죄에는 불법영득의사가 필요하지만, 손괴죄에는 불법손괴의사를 요하지 않는다. 불법영득의사란 권리자를 배제하고 타인의 물건을 자기의 소유물과 같이 그 용법에 따라 사용·수익·처분하려는 의사를 말한다. 재물이 아니라 재산상 이익을 객체로 하는 이득죄에서는 불법영득의사가 아닌 불법이득의사가 필요하다.

(3) 탈취죄와 편취죄

이는 재산범죄의 '실행행위의 방법'을 기준으로 한 구분이다.

탈취죄란 피해자의 의사에 '반하여' 재물의 점유를 취득하거나 재물을 영득하는 죄이다. 절도죄, 강도죄, 점유강취죄, 권리행사방해죄가 이에 속한다. 편취죄란 상대방의 '하자있는' 의사표시에 의해 재물의 점유를 취득하거나 재산상의 이익을 취득하는 죄로서 사기죄, 공갈죄, 부당이득죄 등이 있다.

컴퓨터등사용사기죄와 편의시설부정이용죄는 권리자의 의사에 반하여 재물 또는 재산상의 이익을 취득한다는 점에서는 탈취죄의 성격을, 컴퓨터등정보처리장치나 편의시설 등을 기망하여 재물 또는 재산상의 이익을 취득한다는 점에서 편취죄의 성격을 지니고 있다.

탈취죄에 의한 재물이나 재산의 이전행위는 사법(私法)상으로는 무효이지만, 편취죄에 의한 재물이나 재산의 이전행위는 사법상으로는 취소할 수 있는 행위가 된다(민법 제110조).

(4) 타인재산에 대한 범죄와 자기재산에 대한 범죄

행위의 객체인 재물 또는 재산상의 이익이 누구의 소유에 속하느냐에 따른 구별이다. 재산범죄의 대부분은 타인소유의 재물이나 재산상의 이익을 객체로 하지만, 권리행사방해죄, 점유강취죄, 강제집행면탈죄는 자기소유의 재물이나 재산상의 이익을 객체로 한다. 권리행사방해죄와 점유강취죄는 타인이 점유하는 자기소유의 재물을 객체로 하고, 강제집행면탈죄는 자기소유의 재물 또는 재산상의 이익을 객체로 한다.

II. 재물과 재산상의 이익　　　　　　　　　　　　　　　　　　[246]

1. 의　의

재산범죄는 재물만을 객체로 하는 재물죄, 재산상의 이익만을 객체로 하는 이득죄, 양자를 모두 객체로 하고 있는 범죄로 나누어진다. 따라서 재물 또는 재산상의 이익의 개념과 범위를 확정해야 이들 범죄의 범위도 확정될 수 있다.

예를 들어 절도죄는 재물만을 객체로 하므로, 권리를 재물에 속한다고 한다면 타인의 권리를 몰래 자기에게 이전한 경우 절도죄가 성립할 수 있다. 그러나 권리를 재물에 속한다고 할 수 없다면 재산상 이익을 취득한 것이 되고 따라서 재물만을 객체로 하는 절도죄는 성립할 수 없다.

2. 재 물

(1) 형법의 규정

형법의 여러 군데에서 물건 또는 재물이라는 개념이 사용된다. 물건이라는 용어는 재산범죄이든 비재산범죄이든 널리 사용되고 있고, 재물이라는 용어는 재산범죄에서만 사용되고 있다. 재산범죄에만 국한해서 보면 물건이라는 용어는 권리행사방해죄, 점유강취죄에서 사용되고 있고, 재물이라는 용어는 기타의 모든 재물죄에서 사용되고 있다.

(2) 물건 · 재물의 개념

유체물만이 물건 혹은 재물이라고 하는 견해가 있으나 통설은 유체물뿐만 아니라 전기 기타 관리가능한 동력도 당연히 재물에 포함된다고 한다.

(3) 재물의 범위

1) **재물과 경제적 가치**　　　다수설은 재물에 경제적 가치를 요하지 않는다고 한다. 이에 의하면 경제적 가치가 없는 물건은 물론 주관적 가치가 없는 물건도 재물에 속한다. 이에 대해 판례는 금전적 교환가치라는 의미의 경제적 가치는 없더라도 주관적 경제적 가치, 즉 타인에 의해 이용되지 않는다는 소극적 가치가 있으면 재산적 가치는 있으므로 재물에 속한다고 한다(대판 1976. 1. 27. 74도3442). 따라서 부모의 사진, 일기장, 학생증, 서류 등도 교환가치로서의 경제적 가치는 없지만 권리자의 주관적 경제적 가치, 즉 타인에 의해 이용되지 않는다는 소극적 가치는 있으므로 재물이 된다는 것이다.

2) **경제적 가치가 경미한 물건**　　　통설은 경제적 가치가 경미한 물건도 재산범죄의 객체가 될 수 있고, 따라서 이를 절취 · 강취 · 횡령한 경우에는 절도죄, 강도죄, 횡령죄 등의 구성요건해당성이 있고, 다만 사회상규에 위배되지 않은 행위로서 위법성이 조각될 수 있다고 한다.

3) 유체물   유체물이란 일정한 공간을 차지하고 있는 물체를 말한다. 관리가능성설에 의하면 모든 유체물이 아니라 관리가능한 유체물만이 재물이 될 수 있다. 사람은 유체물이지만 재물이 될 수 없다. 사체(死體)는 원칙적으로 재물이 될 수 없다.

4) 관리할 수 있는 동력   여기서 관리란 물리적 관리만을 의미하고 사무적 관리는 포함되지 않는다. 사무적으로 관리가능한 동력까지 포함하게 되면 재물과 재산상의 이익의 구별이 불가능하기 때문이다. 전기나 원자력 등과 같이 물리적으로 관리할 수 있는 동력은 재물이 될 수 있다. 그러나 권리, 정보나 전자기록등 특수매체기록 등은 동력이라고 할 수 없으므로 재물이 될 수 없다.

3. 재산상의 이익

(1) 개 념

재산상의 이익이란 재물 이외에 일체의 재산적 가치가 있는 이익을 말한다. 재산상 이익인가의 여부는 절대적으로 결정되는 것이 아니고, 일정한 경우에는 비재산상 이익이 다른 경우에는 재산상 이익이 될 수도 있다. 예를 들어 영업용 택시를 타고 일정 거리를 가는 것은 재산상 이익을 취득한 것이라고 할 수 있지만, 타인의 자가용을 타고 일정한 거리를 가는 것은 재산상 이익을 취득한 것이라고 할 수 없다. 그러나 타인이 그 자가용으로 영업행위를 하는 경우에는 재산상 이익이 될 수 있다.

(2) 재산상 이익의 범위

1) 법률적 재산설   법률적 재산설은 재산을 법률상 권리, 의무의 총체로 파악하고, 권리, 의무가 아닌 사실상의 이익은 재산에 속하지 않는다고 한다. 이 견해에 의하면, ① 대가를 줄 생각없이 성매매여성을 기망하여 성관계를 맺은 경우 성매매여성에게 대가를 청구할 수 있는 법률상 권리가 인정되지 않으므로 성매매대가 상당의 이익은 재산상의 이익이라 할 수 없어서 사기죄가 성립하지 않고, ② 사람을 폭행·협박하여 채무를 면제받은 경우에도 이 채무면제는 법률상 효력이 없으므로 재산상의 이익이라 할 수 없어서

강도죄가 성립하지 않는다.

2) **경제적 재산설** 경제적 재산설은 재산을 순수하게 경제적 관점에서 파악하여 적법하건 불법하건, 권리·의무이든 사실상의 이익이든 경제적 가치가 있는 이익은 모두 재산이라고 한다. 이 견해에 의하면 위의 ①, ② 사례에서 사실상의 이익을 취득하였기 때문에 사기죄와 강도죄가 성립한다.

[대판 2001. 10. 23. 2001도2991] 사기죄의 객체가 되는 재산상의 이익이 반드시 사법(私法)상 보호되는 경제적 이익만을 의미하지 아니하고, 부녀가 금품 등을 받을 것을 전제로 성행위를 하는 경우 그 행위의 대가는 사기죄의 객체인 경제적 이익에 해당하므로, 부녀를 기망하여 성행위 대가의 지급을 면하는 경우 사기죄가 성립한다.

Ⅲ. 형법상의 소유 및 점유개념   [247]

1. 형법상의 소유개념

(1) 금제품 혹은 금제물

금제품 혹은 금제물이란 소유 또는 소지가 금지되어 있는 물건을 말한다. 거래가 금지되는 불융통물의 일종이다. 금제물이 재산범죄의 객체가 될 수 있는가에 대해서 다수설은 소지만 금지되는 물건(불법소지무기)에 대해서는 재산범죄가 성립하고, 소유가 금지되는 물건(아편흡식기, 위조지폐, 음란한 물건 등)에 대해서는 재산범죄가 성립하지 않는다고 한다. 이에 대해 경제적 재산개념에 따르면 금제품도 재산범죄의 객체가 된다는 소수설이 있다.

(2) 자기소유와 타인소유

재물이 자기소유인가 타인소유인가에 의해 성립하는 재산범죄가 달라진다. 자기소유의 재물에 대해서는 권리행사방해죄, 점유강취죄, 강제집행면탈죄만이 성립할 수 있고, 타인소유재물에 대해서는 절도죄, 강도죄, 사기죄, 공갈죄, 횡령죄, 장물죄, 손괴죄 등이 성립할 수 있다.

1) **무주물** 어느 누구의 소유에도 속하지 않는 무주물은 원칙적으로 재산범죄의 객체가 될 수 없다.

2) **사 체** 사체는 원칙적으로 재물죄의 객체는 될 수 없지만, 예외

적으로 병원의 해부용사체 등과 같이 사체가 재물로서의 성격을 가진 때에는 재산범죄의 객체가 될 수 있다.

3) 공동소유물　　　공동소유는 타인소유로 보기 때문에 공동소유의 재물에 대해서도 타인소유의 재물에 대해 성립할 수 있는 범죄가 모두 성립할 수 있다.

2. 형법상의 점유개념

(1) 형법상 점유의 기능

1) 보호의 객체로서의 점유　　　권리행사방해죄(제323조)는 자기소유이더라도 타인의 점유하에 있는 물건에 대해 성립한다. 즉 점유는 권리행사방해죄의 보호법익이라고 할 수 있다. 따라서 여기에서의 점유는 형법적으로 보호할 만한 가치가 있는 점유에 국한된다.

2) 행위주체의 요소로서의 점유　　　횡령죄는 타인의 재물을 보관하는 자가 이를 횡령하는 범죄이다(제355조 1항). 보관이란 점유를 포함하는 개념이다. 여기에서의 점유는 횡령죄의 행위주체가 될 수 있는 신분요소로서 기능한다.

3) 행위객체의 요소로서의 점유　　　절도죄, 강도죄, 사기죄, 공갈죄는 타인이 점유하는 타인의 재물을 행위객체로 한다. 여기에서의 점유는 행위객체의 한 요소로서 기능한다.

(2) 형법상 점유의 특징

1) 간접점유와 상속에 의한 점유　　　형법상의 점유개념은 민법상의 점유개념보다는 덜 추상화·규범화되어 물리적·현실적 요소를 강조한다. 따라서 절도죄나 강도죄 등에서는 상속에 의한 점유, 간접점유는 인정하지 않는다. 그러나 간접점유는 횡령죄의 보관의 개념에는 속한다.

2) 법인의 점유　　　통설은 법인의 점유를 부정한다. 법인의 점유를 인정하게 되면 법인의 기관인 자연인이 자신이 점유하는 법인의 물건을 영득한 경우 횡령죄가 아니라 타인(법인)이 점유하는 타인(법인)의 물건을 영득한 것이 되어 절도죄가 성립하기 때문이다.

3) **점유보조자의 점유**　　민법상 점유보조자의 점유는 인정되지 않지만 형법상의 점유에서는 물리적·현실적 요소를 강조하기 때문에 다수설 및 판례는 점유보조자의 점유를 인정한다.

[대판 1982. 3. 9. 81도3396] 민법상 점유보조자(점원)라고 할지라도 그 물건에 대하여 사실상 지배력을 행사하는 경우에는 형법상 보관의 주체로 볼 수 있으므로 이를 영득한 경우에는 절도죄가 아니라 횡령죄에 해당한다.

(3) **점유의 요소**
1) **객관적·물리적 요소**　　형법상의 점유도 물건에 대한 사실상의 지배를 의미하는데, 형법에서는 물리적·현실적 요소를 강조하므로, 사실상의 지배가 있기 위해서는 물건에 대한 장소적·물리적 지배가 있어야 한다.
2) **주관적 요소**
가. **점유의사**　　형법상의 점유가 인정되기 위해서는 물건에 대한 사실상의 지배의사, 즉 점유의사가 필요하다. 점유의사는 사실상의 지배의사이므로 법인의 점유의사는 인정되지 않는다. 점유의사는 일반적·획일적으로 결정되기 때문에 점유자 자신의 지배범위 안에 있는 물건의 존재를 인식하고 있지 못해도 점유의사는 인정될 수 있다.

[대판 2002. 1. 11. 2001도6158] 어떤 물건을 잃어버린 장소가 당구장과 같이 타인의 관리 아래 있을 때에는 그 물건은 일응 그 관리자의 점유에 속한다 할 것이고 이를 그 관리자 아닌 제3자가 취거하는 것은 유실물횡령이 아니라 절도죄에 해당한다.

나. **사자의 점유**　　사자(死者)의 물건을 훔쳐간 경우 판례는 사자의 생전의 점유가 사망 후에도 어느 정도는 계속되므로 일정시간 내에서는 사자의 생전의 점유가 인정된다고 한다.

[대판 1993. 9. 28. 93도2143] 피고인이 피해자를 살해한 방에서 사망한 피해자 곁에 4시간 30분쯤 있다가 그곳 피해자의 자취방 벽에 걸려 있던 피해자가 소지하는 물건들을 영득의 의사로 가지고 나온 경우 피해자가 생전에 가진 점유는 사망 후에도 여전히 계속되는 것으로 보아야 한다.

3) **사회적 · 규범적 요소**   형법상 점유도 현실적 · 물리적 요소에 의해서만 결정되지 않고 사회적 · 규범적 요소에 의해 수정된다. 즉, 현실적으로는 물건을 사실상 지배하지 못하고 있어도 사회규범적으로 점유를 인정하여 점유개념이 확대되는 경우가 있다. 예를 들어 주차장이나 도로변에 세워둔 차는 차주의 점유하에 있고, 여행을 가면서 집에 두고 간 물건, 농토에 두고 온 농기구, 집으로 돌아오는 길을 아는 가축 등의 점유는 주인에게 있다.

(4) **자기점유와 타인점유**

1) **자기점유와 타인점유**   점유가 자기에게 있는가 타인에게 있는가 아니면 점유이탈물인가에 따라 성립할 수 있는 재산범죄가 달라지게 된다.

절도죄, 강도죄, 사기죄, 공갈죄, 권리행사방해죄는 타인이 점유하고 있는 재물에 대해서만 성립하고, 자기가 점유하는 재물에 대해서는 성립할 수 없다. 점유이탈물횡령죄는 권리자의 점유를 이탈하였으나 타인의 점유하에 있지 않는 재물에 대해서 성립할 수 있다.

2) **단독점유와 공동점유**

가. **단독점유와 공동점유의 구별**   단독점유란 1인이 재물을 사실상 지배하는 것이고, 공동점유는 다수인이 재물에 대해 사실상의 지배를 하는 것을 말한다. 단독점유인가 공동점유인가는 구체적 사정에 따라 정해야 한다.

예를 들어 이삿짐트럭 안의 이삿짐은 원칙적으로 트럭운전사의 단독점유에 속한다. 그러나 이삿짐 주인이 승용차로 이삿짐트럭을 따라가고 있는 경우에는 트럭운전사와 이삿짐 주인의 공동점유라고 할 수 있다.

나. **공동점유**   공동점유에는 대등관계에 의한 공동점유와 상하관계에 의한 공동점유로 나눌 수 있고 이에 따라 점유의 귀속여부가 달라진다.

첫째, 대등관계에 의한 공동점유는 점유자 사이에 상하관계가 없고 평등한 관계인 경우에서의 점유를 말한다. 부부간의 점유, 동업자간의 점유를 말한다. 지분이 서로 다른 경우에도 대등관계에 의한 점유에 속한다. 대등관계에 의한 점유는 타인점유가 된다.

둘째, 상하관계에 의한 점유란 공동점유자 사이에 상위점유자와 하위점유자가 있는 경우이다. 가게의 주인과 종업원, 집주인과 가정부의 공동점유가

인정되는 경우 가게주인, 집주인이 상위점유자이고, 종업원, 가정부가 하위점
유자이다. 공동점유는 상위점유자에게는 자기점유가 되고, 하위점유자에게는
타인점유가 된다. 예를 들어 가게주인이 종업원 몰래 가게의 물건을 가져가
더라도 자기점유의 물건이기 때문에 절도죄가 성립할 수 없다. 그러나 종업
원이 주인 몰래 가게의 물건을 가져 간 경우에는 타인점유의 물건이기 때문
에 절도죄가 성립할 수 있다.

Ⅳ. 불법영득의사   [248]

1. 서 론

독일형법과 달리 우리 형법에는 모든 재산범죄에 불법영득의사나 불법이
득의사가 명문으로 규정되어 있지 않다. 그러나 해석론상으로 영득죄나 이득
죄의 성립에 불법영득의사를 요하는가, 요한다고 하면 그 체계적 지위와 내
용은 무엇인가 등이 문제된다.

2. 불법영득의사의 내용

통설·판례에 의하면, 불법영득의사란 "권리자를 배제하고 타인의 재물
을 자기의 소유물과 같이 사실상 또는 법률상 이용·처분할 의사"를 말한다.
불법영득의사의 소극적 요소는 권리자를 배제하는 것이다. 따라서 타인
의 재물을 일시 사용하고 반납하는 사용절도의 경우 권리자를 배제하려는 의
사가 없으므로 불법영득의사가 인정되지 않는다.
불법영득의사의 적극적 요소는 타인의 재물을 자기의 소유물같이 사용·
수익·처분하려는 의사이다. 손괴죄의 경우에는 재물의 효용을 침해하려는
의사만이 있고 재물을 자기의 소유물처럼 사용·수익·처분하려는 의사는
없으므로 불법영득의사가 인정되지 않는다.

3. 불법영득의사의 필요여부

(1) 필요설

통설·판례는 우리 형법에 명문에 규정이 없더라도 재산범죄의 성립에 불법영(이)득의사가 필요하다고 한다.

그 근거로 ① 절도죄, 재물강도죄, 재물사기·공갈죄, 횡령죄 등과 같이 소유권을 침해하는 내용을 지닌 범죄에서는 단순히 점유만 침해하려는 의사 이외에 소유권을 침해하려는 의사가 필요하고, ② 불법영득의사가 필요하지 않다고 하면 손괴의사로 재물에 대한 점유를 취득한 경우에도 절도죄 등이 성립한다고 해야 하므로, 영득죄와 손괴를 구별하는 요소로서 불법영득의사가 필요하고, ③ 물건을 일시 사용하고 반납하는 소위 사용절도나 사용사기 등은 불법영득의사가 없어서 절도죄나 사기죄가 성립하지 않는다고 해야 한다는 것 등을 든다.

(2) 불필요설

불필요설에서는 영득죄나 이득죄의 성립에 불법영(이)득의사가 필요하지 않다고 한다. 이 입장은 ① 우리 형법이 독일형법과 달리 불법영(이)득의사에 대한 명문의 규정을 두지 않았으므로 독일형법의 해석론을 그대로 따를 필요가 없고, ② 영득죄에서 영득의사는 필요하지만 이는 고의의 한 내용으로 파악하면 되고 초과주관적 구성요건요소로서 불법영득의사까지 필요하다고 할 필요가 없고, ③ 불법영득의사가 필요하다고 하는 것은 재산범죄를 목적범으로 파악하는 것으로 불합리하다는 것 등을 근거로 든다.

4. 불법영득의사의 체계적 지위

(1) 초과주관적 구성요건요소설

통설은 불법영득의사는 고의와 구별되는 초과주관적 구성요건요소라고 한다. 이 견해는 ① 절도죄에서의 절취, 강도죄에서의 강취, 사기·공갈죄에서 재물의 교부, 횡령죄에서 횡령, 배임죄에서 재산상 이익의 취득 등의 실행행위는 고의의 대상이기는 하지만, 이러한 실행행위에는 점유의 취득만이 있고 소유권을 취득하는 영득의 의미는 포함되지 않고, ② 이렇게 파악하는 것이 절도와 사용절도 및 손괴의 구별을 명확하게 해 준다는 것 등을 근거로 든다.

(2) 고의의 내용이라는 설

소수설은 불법영득의사는 고의의 한 내용이라고 한다. 그 근거로 ① 우리 형법에는 불법영득의사가 명문으로 규정되어 있지 않으므로 고의의 내용으로 파악하는 것이 바람직하고, ② 불법영득의사는 재산범죄의 객관적 구성요건요소에 대한 인식·인용을 의미하기 때문이라는 것 등을 든다.

5. 불법영득의사의 객체

재물 중에는 예금통장, 현금카드, 신용카드 등과 같이 물체 그 자체의 경제적 가치는 작지만, 그것을 활용하여 커다란 경제적 가치를 얻을 수 있는 물건들이 있다. 이러한 물건들을 일시사용하여 경제적 가치를 취득한 후 물건 그 자체는 반환한 경우 물건에 대한 재산범죄가 성립할 수 있는지 문제된다.

통설·판례는 영득의사의 객체는 물건 그 자체 혹은 그 물건이 가지고 있는 가치라고 하는 종합설을 취한다. 다만, 가치의 개념이 무한히 확대되면 재물죄가 이득죄가 되는 문제점을 피하기 위해 가치란 재물이 갖는 특수한 기능가치만을 의미한다고 한다. 그리하여 재물 자체를 반환하더라도 재물과 결합되어 있는 특수한 기능가치를 감소·소멸시켜서 경제적 가치의 감소·소멸을 가져온 때에는 영득의사를 인정할 수 있다고 한다.

[대판 1999. 7. 9. 99도857] 신용카드를 사용하여 현금자동지급기에서 현금을 인출하였다 하더라도 신용카드 자체가 가지는 경제적 가치가 인출된 예금액만큼 소모되었다고 할 수 없으므로, 이를 일시 사용하고 곧 반환한 경우에는 (신용카드에 대한) 불법영득의 의사가 없다.
[대판 2010. 5. 27. 2009도9008] 타인의 예금통장을 무단사용하여 예금을 인출한 후 바로 예금통장을 반환하였다 하더라도 … 예금통장 자체가 가지는 예금액 증명기능의 경제적 가치에 대한 불법영득의 의사를 인정할 수 있으므로 절도죄가 성립한다.

6. 불법영득의사의 인정범위

예를 들어 甲이 특정한 그림을 사기로 하고 대금을 모두 지급하였지만, 그림 주인 A가 그림을 인도하지 않자 그 그림을 몰래 가져온 경우 불법영득의사가 인정되는가 문제된다.

다수설은 甲이 그림을 가져온 행위는 A의 의사에 반하는 불법한 취거이지만 특정물인 그림을 기한이 도래한 채권에 기해 가져온 것이므로 영득은 불법하지 않아 절도죄의 불법영득의사가 인정되지 않는다고 한다.

이에 대해 판례는 취거나 영득 중 어느 하나라도 불법하면 불법영득의사가 인정된다고 하여, 甲에게 절도죄를 인정한다.

V. 특정경제범죄의 이득액에 따른 가중처벌 [248-1]

'특정경제범죄 가중처벌 등에 관한 법률'은 사기죄, 컴퓨등사용사기죄, 공갈죄, 특수공갈죄, 이들 범죄의 상습범, 횡령·배임죄 및 업무상횡령·배임죄로 취득하거나 제3자로 하여금 취득하게 한 재물 또는 재산상 이익의 가액 (이득액)이 50억원 이상일 때에는 무기 또는 5년 이상의 징역, 5억원 이상 50억원 미만일 때에는 3년 이상의 유기징역에 처하도록 하고, 이득액 이하에 상당하는 벌금형을 병과할 수 있도록 하고 있다(제3조).

제2관 절도의 죄

I. 총 설 [249]

1. 개념 및 법적 성격

절도죄는 타인이 점유하는 타인의 재물을 권리자의 의사에 반하여 절취하는 범죄이다. 재물만을 객체로 한다는 점에서 순수한 재물죄이고, 권리자의 의사에 반하여 점유를 취득한다는 점에서 탈취죄에 속한다.

2. 보호법익

다수설은 절도죄의 보호법익을 소유권이라고 한다. 이에 대해 절도죄의 주된 보호법익은 소유권이고 부차적 보호법익은 점유라고 하는 견해가 있다. 보호의 정도는 침해범이다.

3. 절도죄의 구성요건체계

절도죄의 기본적 구성요건은 제329조의 단순절도죄이다. 주거침입절도죄(제330조), 특수절도죄(제331조)는 불법이 가중된 범죄유형이고, 상습절도죄(제332조)는 책임이 가중된 범죄유형이다. 자동차등 불법사용죄는 불법이 감경된 범죄유형이다(제331조의2). 절도죄의 미수범은 처벌하고(제342조), 친족상도례규정(제344조)과 임의적 자격정지병과규정(제345조) 및 관리할 수 있는 동력을 재물로 간주하는 규정(제346조) 등이 있다.

Ⅱ. 절도죄 [250]

> 제329조(절도) 타인의 재물을 절취한 자는 6년 이하의 징역 또는 1천만원 이하의 벌금에 처한다.

1. 구성요건

(1) 행위의 객체

1) **타인이 점유하는 타인 소유의 재물**　　본죄의 행위객체는 타인이 점유하는 타인 소유의 재물이다. 자기가 점유하는 재물이나 자기 소유의 재물에 대해서는 절도죄가 성립할 수 없다. 재물, 점유 및 소유의 개념은 앞에서 살펴본 바와 같다.

2) **부동산절도의 인정여부**　　다수설은 절도죄의 객체는 동산에 한정되고 부동산절도는 인정되지 않는다고 한다. 그 근거로 ① 역사적으로 절도죄의 객체는 로마법 이래 동산에 국한되어 왔고, ② 절도죄는 탈취죄로서 점유의 이전을 요하는데 부동산은 가동성이 없으므로 점유이전이 불가능하고, ③ 부동산은 절도죄로부터 보호할 가치는 있으나 절도죄로 보호할 필요까지

는 없고 공정증서원본등부실기재죄(제228조), 경계침범죄(제370조), 주거침입죄(제
319조) 등으로 보호하면 족하다는 것 등을 든다.

이에 대해 ① 우리 형법은 절도죄의 객체를 단순히 '재물'이라고 하고 있
는데, 재물에는 동산과 부동산이 있으므로 부동산을 절도죄의 객체에서 배제
할 이유가 없고, ② 부동산명의를 절취하는 경우에도 문서위조죄 등과 절도
죄의 상상적 경합이라고 해도 부당할 것이 없고, ③ 타인의 토지를 영득할
목적으로 경계를 침범하는 행위에 대해서는 절도죄로도 벌해야 하고, ④ 명
인방법으로 부동산소유권을 공시하는 수목 또는 미분리의 과실에 대해 명인
방법의 개서 등을 통해 절취하는 행위를 절도죄로 처벌할 실익이 있다는 것
등을 근거로 부동산절도를 인정하는 견해가 있다.

  3) 타인소유의 재물   타인소유인가는 일차적으로 민법상의 소유권
귀속에 의해 결정된다. 그러나 민법상 공동소유물은 형법상으로는 타인소유
물로 본다. 금제품이나 금제물의 경우 소지가 금지되는 것은 절도죄의 객체
가 되지만 소유가 금지되는 것은 절도죄의 객체가 될 수 없다(다수설).

  [대판 1998. 4. 24. 97도3425] 타인의 토지상에 권원(權原)없이 식재(植栽)한 수목
  의 소유권은 토지소유자에게 귀속하고 권원에 의하여 식재한 경우에는 그 소유권
  이 식재한 자에게 있으므로, 권원없이 식재한 감나무에서 감을 수확한 것은 절도죄
  에 해당한다.

  4) 타인점유의 재물   절도죄의 객체인 재물은 타인이 점유하는 재
물이다. 자기가 점유하는 재물이나 점유이탈물 혹은 누구의 점유하에도 있지
않은 재물은 절도죄의 객체가 될 수 없다. 공동점유는 상위점유자에게는 자
기점유가 되고, 하위점유자에게는 타인점유가 된다.

  (2) 실행행위
절도죄의 실행행위는 절취이다.

  1) 절취의 개념
통설·판례(대판 2001. 10. 26. 2001도4546)에 의하면, 절취란 "타인이 점유하고
있는 점유를 점유자의 의사에 반하여 그 점유를 배제하고 재물을 자기 또는
제3자의 점유로 옮기는 것"으로서, 타인의 점유의 배제와 새로운 점유의 취

득을 내용으로 한다.

2) 절취의 요소

가. 점유의 배제 절취가 되기 위해서는 타인의 의사에 반하여 타인의 점유를 배제해야 한다. 점유의 배제란 기존의 점유자의 재물에 대한 사실상의 지배를 제거하는 것을 말한다. 점유의 배제는 점유자의 의사에 반하여야 한다. 점유자의 의사에 기한 점유의 배제는 절취라고 할 수 없으므로 점유자의 승낙은 위법성을 조각하는 것이 아니라 절도죄의 구성요건해당성을 조각하게 된다.

나. 점유의 취득 점유의 취득이란 행위자가 재물에 대하여 사실상의 지배를 갖는 것을 말한다. 점유배제는 있었지만 행위자나 제 3 자의 점유취득이 없는 경우에는 절취가 완성되었다고 할 수 없다. 행위자가 아니라 제 3 자가 점유를 취득하여도 상관없으나 행위자와 제 3 자 사이에는 의사연락이 있어야 한다.

(3) 주관적 구성요건

절도죄는 고의범이므로 객관적 구성요건요소인 타인이 점유하는 타인의 재물, 권리자의 의사에 반한 취거에 대한 의욕 또는 인용이 있어야 한다. 타인의 재물을 자기의 재물로 오인하고 절취한 경우에는 과실절도가 되어 처벌되지 않는다. 자기의 재물을 타인의 재물로 오인하고 절취한 경우에는 불능미수가 문제된다.

통설·판례에 의하면 절도죄가 성립하기 위해서는 고의 이외에 초과주관적 구성요건요소로서 불법영득의사를 요한다. 불법영득의사란 '권리자를 배제하고 타인의 재물을 자기의 소유물처럼 사용·수익·처분하려는 의사'를 말한다.

(4) 사용절도

1) 개념 및 요건 사용절도란 타인의 재물을 무단으로 취거하여 일시적으로 사용한 후 반납하는 경우를 말한다. 사용절도가 되기 위해서는 ① 재물을 취거할 당시 그 재물을 반환할 의사가 있어야 하고, ② 일시사용 후 그 재물을 실제로 반환해야 하고, ③ 일시사용으로 인해 재물의 가치가 현저하

게 감소하지 않아야 하고, ④ 장기간의 사용이 아닌 일시사용이어야 한다는 등의 요건을 갖춰야 한다.

2) **사용절도의 효과**   통설·판례는 사용절도에는 불법영득의사를 인정할 수 없기 때문에 절도죄의 구성요건해당성이 없다고 한다.

> [대판 2000. 3. 28. 2000도493]   타인의 재물을 점유자의 승낙없이 무단 사용하는 경우 그 사용으로 인한 가치의 소모가 무시할 수 있을 정도로 경미하고 또 사용 후 곧 반환한 것과 같은 때에는 그 소유권 또는 본권을 침해할 의사가 있다고 할 수 없어 불법영득의 의사를 인정할 수 없다.

2. 책 임

절도의 습벽이 있는 사람이 절도죄를 범한 경우 상습절도죄가 된다. 그러나 단순한 습벽에서 나아가 도벽의 충동이 강한 사람이 절도죄를 범한 경우 심신장애로 인한 책임조각이나 책임감경이 문제될 수 있다.

판례는 원칙적으로 충동조절장애와 같은 성격적 결함은 심신장애에 해당하지 않지만, 원래의 의미의 정신병이 도벽의 원인이거나 혹은 도벽의 원인이 충동조절장애라도 그것이 매우 심각하여 원래 의미의 정신병을 가진 사람과 동등하다고 평가할 수 있는 경우에는 그로 인한 절도범행은 심신장애에 의한 범행이 될 수 있다고 한다(대판 2002. 5. 24. 2002도1541).

3. 미 수

(1) 실행의 착수시기

단순절도죄의 미수범은 처벌한다(제342조). 단순절도죄의 실행의 착수시기는 절취행위, 그 중에서도 점유배제를 시작하는 시점이다. 통설은 주관적 객관설에 따라 행위자의 범행계획에 의하여 점유배제의 직접적 행위가 개시된 시점이라고 한다. 판례는 절취할 재물을 물색하기 시작한 때(물색행위시설) 또는 절취에 밀접한 행위를 한 시점(밀접행위시설)이라고 한다.

(2) 기수시기

절도죄의 기수시기에 대해서는, 행위자가 재물에 접촉하였을 때라고 하는 접촉설, 재물을 점유자의 지배범위로부터 장소적으로 이전한 때라고 하는 이전설, 재물을 안전한 장소에 은닉한 때라고 하는 은닉설 등이 있었다. 그러나 통설·판례는 재물을 자기 또는 제3자의 사실상의 지배하에 놓은 때라고 하는 취득설을 따른다(대판 1964. 12. 8. 64도577).

4. 불가벌적 사후행위

절도죄의 기수 이후 절취물의 처분, 손괴 등의 행위는 그것이 별도의 법익침해행위라고 해도 기존의 법익침해상태에 당연히 포함되는 것이기 때문에 처벌하지 않는다. 이를 불가벌적 사후행위라고 한다. 예를 들어 절취한 재물을 손괴한 경우 타인의 재물을 손괴한 것으로서 손괴죄에 해당되지만 그것은 절도죄에 당연히 포함되는 것이라고 할 수 있으므로 별도의 손괴죄가 성립하지 않는다.

그러나 절도죄에 당연히 포함되는 것이라고 할 수 있는 정도를 넘어서는 법익침해행위는 불가벌적 사후행위가 되지 않고 별개의 범죄가 성립한다. 예를 들어 절취한 장물을 자기 것이라고 속이고 다른 사람에게 매도한 경우에는 별도의 사기죄가 성립한다.

Ⅲ. 야간주거침입절도죄   [251]

제330조(야간주거침입절도) 야간에 사람의 주거, 관리하는 건조물, 선박, 항공기 또는 점유하는 방실(房室)에 침입하여 타인의 재물을 절취(竊取)한 자는 10년 이하의 징역에 처한다.

1. 의의 및 보호법익

통설에 의하면 야간주거침입절도죄는 야간에 주거에 침입하여 재물을 절취하는 죄로서 야간주거침입죄와 절도죄의 결합범이다. 따라서 본죄의 보호법익은 '야간주거의 사실상 평온'과 '소유권'이고 보호의 정도는 침해범이다.

2. 구성요건

(1) 행위의 객체

절도죄의 행위객체는 재물이고, 주거침입죄의 행위객체는 사람의 주거, 관리하는 건조물, 선박, 항공기 또는 점유하는 방실이다. 구 형법에서는 입법상의 과오로 주거침입죄의 객체와 달랐으나, 2020년 개정형법에서 주거침입죄와 동일하게 규정하였다.

(2) 실행행위

본죄의 실행행위는 야간에 사람의 주거 등에 침입하여 재물을 절취하는 것이다.

통설·판례에 의하면 야간이란 일몰 후부터 일출 전까지이다(천문학적 해석). 본죄의 실행행위인 주거침입과 절취행위가 언제 이루어져야 하는가에 대해 판례는 야간에 주거침입행위가 이루어져야 한다고 한다.

[대판 2011. 4. 14. 2011도300] 형법은 야간에 이루어지는 주거침입행위의 위험성에 주목하여 그러한 행위를 수반한 절도를 야간주거침입절도죄로 중하게 처벌하고 있는 것으로 보아야 하고, 따라서 주거침입이 주간에 이루어진 경우에는 야간주거침입절도죄가 성립하지 않는다.

3. 미 수

본죄의 실행의 착수시기는 주거침입을 개시한 시점이다.

[대판 2003. 10. 24. 2003도4417] 야간에 아파트에 침입하여 물건을 훔칠 의도하에 아파트의 베란다철제난간까지 올라가 유리창문을 열려고 시도하였다면 야간주거침입절도죄의 실행에 착수한 것으로 보아야 한다.

본죄의 기수시기는 절취가 기수에 달한 때, 즉 재물의 취득시이다.

Ⅳ. 특수절도죄 [252]

> 제331조(특수절도) ① 야간에 문이나 담 그 밖의 건조물의 일부를 손괴하고 제330조의 장소에 침입하여 타인의 재물을 절취한 자는 1년 이상 10년 이하의 징역에 처한다.
> ② 흉기를 휴대하거나 2명 이상이 합동하여 타인의 재물을 절취한 자도 제1항의 형에 처한다.

1. 유형 및 법적 성격

특수절도죄는 세 가지 유형이 규정되어 있다. 제331조 제1항은 야간 손괴죄와 주거침입죄 및 절도죄의 결합범인 형태의 특수절도죄, 제2항은 흉기 휴대 절도죄 및 2인 이상의 합동절도죄를 규정하고 있다.

모두 단순절도죄에 비해 불법 내지 위법성이 가중된 범죄유형이다.

2. 제331조 제1항의 특수절도죄

본죄의 실행행위는 야간에 문이나 담 그 밖의 건조물의 일부를 손괴하고, 제330조의 장소에 침입하여 재물을 절취하는 것이다.

본죄는 야간주거침입절도죄와 같은 취지이되 주거침입의 수단 중의 하나가 손괴여서 형벌이 가중된 것이므로, 야간에 손괴와 주거침입이 이루어져야 한다.

본죄의 실행의 착수시기는 손괴행위를 개시한 때이고 기수시기는 재물의 취득시이다.

[대판 1986. 9. 9. 86도1273; 대판 1986. 7. 8. 86도843] 야간에 절도의 목적으로 출입문에 장치된 자물통 고리를 절단하고 출입문을 손괴한 뒤 집안으로 침입하려다가 발각된 것이라면 이는 특수절도죄의 실행에 착수한 것이다.

3. 제331조 제2항 전단의 특수절도죄(흉기휴대 절도죄)

(1) 객관적 구성요건

본죄의 실행행위는 흉기를 휴대하고 타인의 재물을 절취하는 것이다.

흉기란 총이나 칼과 같이 사람을 살상하거나 물건을 손괴하기 위해 만들어진 물건뿐만 아니라 살상이나 손괴에 사용될 수 있는 물건을 포함한다. 어떤 물건이 흉기에 해당하는가는 그 물건의 성질을 객관적으로 판단하여 결정하여야 한다. 장난감권총을 진짜권총으로 가장하고 일반인이나 피해자가 진짜권총으로 오인하였다 하더라도 이는 흉기휴대라고 할 수 없다. 통설은 본죄의 흉기를 특수폭행죄(제261조)의 '위험한 물건'과 같은 의미로 해석한다.

휴대란 범행에 사용하기 위해 몸에 소지하고 있거나 언제라도 사용할 수 있을 정도로 몸 가까운 곳에 소지하는 것을 말한다. 휴대의 시기는 절도죄의 실행의 착수시부터 기수시까지이다. 절도죄의 실행의 착수 이후 흉기를 버리고 재물을 절취한 경우에는 본죄의 미수라고 해야 할 것이다.

(2) 주관적 구성요건

본죄가 성립하기 위해서는 흉기를 휴대하고 재물을 절취하는 것에 대한 의욕 또는 인용이 있어야 한다. 공범 중 1인이 흉기를 휴대한 경우 다른 공범도 그 사실을 인식해야 본죄가 성립한다.

4. 제331조 제 2 항 후단의 특수절도죄(합동절도죄)

본죄의 실행행위는 2인 이상이 합동하여 타인의 재물을 절취하는 것이다. 여기에서 합동의 의미에 대해서는 다음과 같은 견해들이 대립한다.

1) **공모공동정범설**　　　판례가 인정하는 공동의사주체설에 따른 공모공동정범을 다른 범죄에는 인정하지 않고 절도, 강도, 도주 등 합동범을 규정한 범죄에만 인정하자는 견해이다. 이에 의하면 2인 이상이 살인, 상해 등을 공모하고 그 중 일부만이 살인, 상해행위에 가담한 경우 살인, 상해행위에 가담하지 않은 공모자에 대해서는 공모공동정범의 성립을 인정하지 않는다.

2) **가중적 공동정범설**　　　절도, 강도, 도주, 강간 등의 범죄는 다수인이 행하는 경우가 많고 이에 대해서는 강력히 대응해야 할 필요가 있기 때문에 이러한 범죄의 공동정범에 대해서는 합동범으로 규정하여 가중처벌을 하는 것이라고 한다. 이 견해에 의하면 본죄의 합동이란 '공동'을 의미한다.

3) **현장성설**　　　통설에 의하면, 합동이란 범행현장에서 범죄를 실행하는 것을 의미한다. 2인 이상이 현장에서 범죄를 실행하게 되면 그 위험성이 커지기 때문에 가중처벌한다는 것이다. 이에 의하면 절도죄의 공동정범

중 현장에 있는 공동정범은 합동절도죄의 형벌인 1년 이상 10년 이하의 징역으로 가중처벌되고, 현장에 있지 않은 공동정범은 절도죄의 공동정범의 형벌인 6년 이하의 징역 또는 1천만원 이하의 벌금에 처해진다.

예를 들어 甲은 자신의 집에서 슈퍼마켓 주인에게 전화를 걸어 주의를 산만케 하고, 이를 이용해 乙, 丙이 슈퍼마켓에서 물건을 훔친 경우 乙, 丙은 범행현장에 있었으므로 합동절도죄의 형벌인 1년 이상 10년 이하의 징역으로 처벌된다. 한편 甲이 절도를 방조한 것이 아니라 절도범행을 지배하였다고까지 할 수 있다면 甲은 절도죄의 공동정범이 된다. 그런데 甲이 범행현장에 있지는 않았으므로 甲은 절도죄의 합동범이 아니라 공동정범이 되고, 따라서 6년 이하의 징역 또는 1천만원 이하의 벌금으로 처벌된다.

4) 현장적 공동정범설   이 견해는 합동범은 주관적 요건으로서 공모 외에 객관적 요건으로서 현장에서의 실행행위의 분담을 요한다고 하면서도, 배후거물이나 두목이 현장에 있지 않더라도 '기능적 범행지배'를 하여 정범성요소를 갖추었다면 합동범의 공동정범으로 규율할 수 있다고 하여 현장에 있지 않은 공범도 합동범의 공동정범이 될 수 있다고 한다.

5) 판 례   종래의 판례는 현장성설을 따랐으나 이후 태도를 변경하여 2인 이상이 범행현장에 있으면 범행현장에 있지 않은 범인도 단순절도죄의 공동정범이 아니라도 합동절도죄의 공동정범이 될 수 있다고 한다.

[대판 1998. 5. 21. 98도321 전합] 3인 이상의 범인이 합동절도의 범행을 공모한 후 적어도 2인 이상의 범인이 범행 현장에서 시간적·장소적으로 협동관계를 이루어 절도의 실행행위를 분담하여 절도 범행을 한 경우에는 공동정범의 일반이론에 비추어 그 공모에는 참여하였으나 현장에서 절도의 실행행위를 직접 분담하지 아니한 다른 범인에 대하여도 그가 현장에서 절도 범행을 실행한 위 2인 이상의 범인의 행위를 자기 의사의 수단으로 하여 합동절도의 범행을 하였다고 평가할 수 있는 정범성의 표지를 갖추고 있다고 보여지는 한 그 다른 범인에 대하여 합동절도의 공동정범의 성립을 부정할 이유가 없다.

V. 상습절도죄   [253]

> 제332조(상습범) 상습으로 제329조 내지 제331조의2의 죄를 범한 자는 그 죄에 정한 형의 2분의 1까지 가중한다.

1. 법적 성격

본죄는 상습으로 단순절도, 야간주거침입절도, 특수절도죄를 범하는 죄로서 이들 범죄에 비해 책임이 가중되는 범죄유형이고, 부진정신분범이다.

상습이란 일정한 행위를 반복적으로 행하는 습벽을 말한다. 단 한번의 절도행위를 하였더라도 절도습벽이 원인인 경우에는 본죄가 성립할 수 있고, 여러 번의 절도를 하였다고 하여도 절도습벽의 발현이 아닌 경우에는 본죄가 성립하지 않는다.

2. 죄 수

상습절도죄는 포괄일죄의 일종인 집합범이므로 상습으로 수회의 절도를 범한 경우에도 포괄하여 일죄만이 성립한다. 상습으로 단순절도, 야간주거침입절도, 특수절도를 모두 범한 경우에는 상습특수절도죄만이 성립한다.

VI. 자동차등불법사용죄   [254]

> 제331조의2(자동차등 불법사용) 권리자의 동의없이 타인의 자동차, 선박, 항공기, 또는 원동기장치자전거를 일시 사용한 자는 3년 이하의 징역, 500만원 이하의 벌금, 구류 또는 과료에 처한다.

1. 입법취지 및 보호법익

오늘날 자동차소유가 보편화됨에 따라 타인의 자동차를 불법사용하는 경우가 종종 발생하므로 이를 처벌해야 한다는 법감정과 불법사용행위를 처벌할 경우에도 절도죄보다는 가볍게 처벌해야 한다는 점을 고려하여 1995년 개정에서 신설된 범죄이다.

본죄의 보호법익에 대해서는 자동차의 소유권설과 사용권설이 대립되고 있다. 본죄의 보호의 정도는 침해범이다.

2. 구성요건

(1) 행위의 객체

본죄의 객체는 타인의 즉 타인소유의 자동차, 선박, 항공기 또는 원동기장치자전거이다. 자전거는 본죄의 객체가 아니다. 예를 들어 甲이 자기 소유의 자동차를 乙에게 임대하여 주고 乙의 의사에 반하여 일시사용한 경우 자동차가 甲의 소유이므로 본죄가 성립하지 않는다.

(2) 실행행위

본죄의 실행행위는 권리자의 동의없이 일시사용하는 것이다.

1) 권리자의 동의없음　　본죄가 성립하기 위해서는 권리자의 동의가 없어야 한다. 권리자의 동의나 승낙이 있는 경우에는 본죄의 구성요건해당성이 없다. 동의는 명시적일 뿐만 아니라 묵시적으로도 가능하다.

본죄의 권리자란 자동차등의 사용권자를 의미한다. 소유자와 사용권자가 다른 경우에는 소유자의 동의가 있다고 하더라도 본죄가 성립할 수 있다.

2) 일시 사용　　본죄가 성립하기 위해서는 일시 사용이어야 하고, 반납해야 하고, 일시 사용으로 인한 가치의 소모가 적어야 한다. 장기간 사용하거나, 사용으로 인해 가치가 현저히 소모되거나 일시사용 후 자동차등을 방치한 경우에는 절도죄가 성립한다.

본죄의 객체가 모두 교통수단이라는 점을 고려할 때 사용이란 교통수단으로 사용하는 것만을 의미한다. 자동차 안에 들어가서 잠을 자거나 물건을 숨기거나 기타 교통수단이 아닌 용도로 사용하는 경우에는 본죄가 성립하지 않는다.

(3) 위법성

본죄는 자동차등의 일시사용을 벌하기 위한 것이지만, 자동차등을 일시사용하였더라도 그 기간이 매우 짧고 가치소모가 적은 경우에는 사회상규에 위배되지 않는 행위로서 위법성이 조각될 수 있다.

(4) 미 수

본죄의 미수범은 처벌한다(제342조).

본죄의 실행의 착수시기는 일시사용의 의사로 자동차등에 타거나 시동을 걸 때이고, 기수시기는 사회통념상 어느 정도의 거리를 운행한 때이다. 본죄는 계속범이므로 불법사용의 종료시점에서 본죄도 종료한다.

Ⅶ. 친족상도례   [255]

> 제328조(친족간의 범행과 고소) ① 직계혈족, 배우자, 동거친족, 동거가족 또는 그 배우자간의 제323조의 죄는 그 형을 면제한다.
> ② 제1항 이외의 친족간에 제323조의 죄를 범한 때에는 고소가 있어야 공소를 제기할 수 있다.
> ③ 전2항의 신분관계가 없는 공범에 대하여는 전2항을 적용하지 아니한다.
> 제344조(친족간의 범행) 제328조의 규정은 제329조 내지 제332조의 죄 또는 미수범에 준용한다.

1. 의 의

강도죄와 손괴죄 및 점유강취죄를 제외한 재산범죄에서 친족간의 범행에 대해 형을 면제하거나 친고죄로 하는 규정을 두고 있다. 절도죄의 경우 이를 친족상도례라고 한다. 이는 가정 내의 재산범죄에 대해 국가형벌권이 지나치게 깊이 개입하기보다는 일차적으로 가정 내에서 문제를 해결할 수 있는 기회를 주기 위한 형사정책적 고려에서 규정된 것이다.

친족간 범행은 권리행사방해죄에 대해 규정되어 있고, 절도죄, 사기죄, 공갈죄, 횡령죄, 배임죄, 장물죄에 준용된다. 또한 친족간 범행규정은 특별법상의 범죄에도 적용된다(대판 2000. 10. 13. 99오1).

2. 법적 성격

형을 면제할 경우 그 법적 성격에 대해서 인적 처벌조각사유라고 하는 데에 견해가 일치되어 있다. 왜냐하면 위법성조각이나 책임조각의 경우에는 '벌하지 아니한다'라고 규정하고 있는 데에 비해, 친족상도례에 대해서는 '형을 면제한다'고 규정하고 있기 때문이다.

따라서 甲과 乙이 공동으로 甲의 아버지 A의 지갑을 절취한 경우 甲과 A 사이에는 친족관계가 있으므로 甲에 대해서는 형벌이 면제되지만, 乙과 A 사이에는 친족관계가 없으므로 친족상도례가 적용되지 않는다.

3. 친족과 친족관계의 범위

(1) 친족의 범위

친족의 범위는 원칙적으로 민법에 의해 정해진다. 배우자는 법률상의 배우자에 국한된다는 견해(다수설)와 사실상의 배우자도 포함한다는 견해가 대립한다. 동거친족이란 같은 주거에서 일상생활을 같이하는 친족을 말하고, 일시적으로 주거에 머무르고 있는 친족은 포함되지 않는다.

(2) 친족관계의 존재범위

친족상도례가 적용되기 위해서는 피고인과 소유자 사이에 친족관계가 있으면 족하다는 견해와 피고인과 소유자 및 점유자 모두 사이에 친족관계가 존재해야 한다는 견해가 대립한다(판례).

> [대판 1980. 11. 11. 80도131] 친족상도례에 관한 규정은 범인과 피해물건의 소유자 및 점유자 모두 사이에 친족관계가 있는 경우에만 적용되는 것이고 절도범인이 피해물건의 소유자나 점유자의 어느 일방과 사이에서만 친족관계가 있는 경우에는 그 적용이 없다.

4. 친족관계에 대한 착오

형법에서 착오는 구성요건에 대한 착오와 위법성의 착오만이 범죄성립에 영향을 미치고, 책임이나 처벌조건, 소추조건 등에 대한 착오는 범죄성립에 영향을 미치지 못한다.

친족상도례에서 친족관계는 처벌조건(인적 처벌조각사유)이거나 소추조건(친고죄)이므로 이에 대한 착오는 범죄의 성립에 영향을 미치지 못한다.

제 3 관　강도의 죄

I. 총 설 [256]

1. 개념 및 법적 성격

강도죄는 폭행 또는 협박으로 재물 또는 재산상의 이익을 강취하는 범죄이다. 폭행·협박과 재물강취가 수단과 목적의 관계로 결합되어 있는 결합범이고, 재물과 재산상의 이익을 객체로 하므로 재물죄와 이득죄의 성격을 모두 지니고 있다. 강도죄는 피해자의 의사에 반하여 재물을 취득하는 탈취죄라는 점에서 편취죄인 공갈죄와 구별된다. 강도의 죄에는 친족간의 범행 규정이 적용되지 않는다.

강도죄의 보호법익은 '재산과 신체의 안전 및 의사결정의 자유'이다. 보호의 정도는 침해범이다.

신체의 안전이나 의사결정의 자유를 침해하지 않고 재물 또는 재산상의 이익을 취득한 경우에는 강도죄의 기수가 아니라 미수가 된다.

2. 구성요건의 체계

강도죄의 기본적 구성요건은 제333조의 단순강도죄이다.

특수강도죄(제334조), 인질강도죄(제336조) 및 해상강도죄(제340조) 등은 범행방법의 위험성이 큼으로 인해 불법이 가중된 구성요건이다. 강도상해·치상(제337조), 강도살인·치사(제338조), 강도강간죄(제339조) 등은 강도죄와 상해죄, 과실치상죄, 살인죄, 강간죄 등이 결합됨으로써 불법이 가중되는 범죄유형이다.

상습강도죄(제341조)는 행위자의 강도습벽으로 인해 책임이 가중되는 구성요건이다. 준강도죄는 절도가 폭행·협박을 함으로써 성립하는 범죄로서 강도죄와 독립된 범죄유형이지만, 그 구조가 유사하기 때문에 강도죄의 형벌로 처벌되는 범죄이다.

강도죄는 중대한 범죄이기 때문에 미수범뿐만 아니라 예비·음모도 벌한다(제342조, 제343조).

Ⅱ. 강도죄 [257]

1. 구성요건

(1) 행위의 객체

본죄의 객체는 재물 또는 재산상의 이익이다.

1) 재 물 재물의 개념은 절도죄에서와 같다. 재물에는 관리할 수 있는 동력도 포함된다(제346조). 본죄의 재물에 부동산이 포함되는가에 대해 긍정설과 부정설(다수설)이 대립한다. 부정설에 의하면 부동산을 강취한 경우 재물강도죄가 아니라 이득강도죄가 성립한다.

본죄의 재물은 타인이 점유하는 타인의 재물이다. 타인이 점유하는 자기의 재물을 강취한 경우에는 점유강취죄(제325조)가 성립한다.

2) 재산상의 이익 재산상의 이익이란 경제적 가치가 있는 이익을 말한다. 경제적 가치가 없는 이익을 취득하였을 때에는 본죄가 성립할 수 없다. 예를 들어 택시기사를 폭행·협박하여 택시를 몰게 하고 요금을 지급하지 않은 경우에는 재산상 이익의 취득이 있어 강도죄가 성립하지만, 자가용 운전자를 폭행·협박하여 차를 몰게 한 경우에는 재산상 이익의 취득이 있다고 할 수 없어서 강요죄가 성립할 수는 있어도 강도죄는 성립하지 않는다.

재산상의 이익에는 적극적 이익뿐 아니라 소극적 이익, 즉 필요한 비용을 지불하지 않은 것도 포함된다. 채무면제와 같이 영구적 이익뿐만 아니라 지급기간의 유예와 같은 일시적 이익도 포함된다.

(2) 실행행위

본죄의 실행행위는 폭행 또는 협박으로 타인의 재물을 강취하거나 재산상의 이익을 취득하거나 제 3 자로 하여금 취득하게 하는 것이다.

1) 폭행·협박 폭행이란 사람에 대한 직·간접의 유형력의 행사를 말한다. 사람의 신체에 대한 것일 필요가 없고 사람에 대한 것이면 족하다. 협박이란 상대방에게 공포심을 일으킬만한 해악을 고지하는 것을 말한다. 폭

행·협박은 재물의 소지자에게 가해지는 것이 보통이지만, 재물의 소지자가 아닌 제 3 자에게 가해져도 상관없다.

폭행·협박은 상대방의 반항을 불가능하게 할 정도여야 한다. 이러한 정도의 폭행·협박에 이르지 않고 재물의 교부를 받거나 재산상의 이익을 취득한 경우에는 공갈죄가 성립한다. 항거불가능할 정도의 폭행·협박을 행사하면 족하고 피해자가 현실적으로 반항을 하였는가는 문제되지 않는다.

2) 재물강취 또는 재산상 이익의 취득   통설·판례에 의하면 재물강취란 폭행 또는 협박에 의해 점유자의 의사에 반하여 재물을 자기 또는 제 3 자의 점유로 옮기는 것, 즉 강제취거를 말한다. 재산상 이익의 취득 역시 피해자의 의사에 반한 것이어야 하고 피해자의 하자있는 의사표시에 의한 것일 때에는 공갈죄가 성립한다. 재산상 이익이 아닌 다른 이익을 취득한 경우에는 강요죄는 성립할 수 있어도 강도죄가 성립할 수 없다.

(3) 인과관계

폭행·협박, 항거불가능상태, 재물강취 또는 재산상 이익취득 사이에는 인과관계가 있어야 한다. 폭행·협박을 하였으나 항거불가능상태에 이르지 않았거나, 상대방이 항거가 억압되지 않는 상태에서 재물의 교부를 받거나 재산상 이익을 취득한 경우 등에서는 강도미수죄가 성립할 수 있을 뿐이다.

(4) 주관적 구성요건

본죄는 고의범이므로 항거불가능의 폭행·협박과 재물강취 또는 재산상 이익취득에 대한 의욕 또는 인용을 요한다. 객관적으로 항거불가능의 폭행·협박을 하면서 주관적으로는 공갈죄 정도의 폭행·협박을 한다고 착오한 경우에는 공갈죄만이 성립한다(제15조 1항).

통설·판례는 고의 이외에 강도죄 성립에 초과주관적 구성요건요소로서 불법영득의사 혹은 불법이득의사가 필요하다고 한다.

2. 위법성

채무자가 빚을 갚지 않으므로 그를 폭행·협박하여 돈을 강취한 경우와 같이 권리행사의 수단으로 재물 또는 재산상 이익을 강취한 경우 폭행·협박죄만이 성립한다는 견해와 강도죄가 성립한다는 견해가 있다. 판례는 후자의 입장을 따른다(대판 1995. 12. 12. 95도2385).

3. 미 수

본죄의 미수범은 처벌되고(제342조), 예비·음모는 7년 이하의 징역에 처한다(제343조).

강도죄는 폭행·협박죄와 절도죄의 결합범이므로 실행의 착수시기는 폭행·협박을 개시한 때이다. 폭행·협박을 하였으나 재물 또는 재산상 이익을 취득하지 못하였으면 미수가 된다. 폭행·협박, 항거불가능, 재물 또는 재산상이익의 취득 사이에 인과관계가 없는 경우에도 미수가 된다.

4. 불가벌적 사후행위

강취한 재물을 사용·수익·처분한 경우 그 행위가 새로운 법익을 침해하지 않고 강도죄에 전제되어 있는 불법의 범위에 속하는 경우에는 불가벌적 사후행위가 되지만, 새로운 법익을 침해한 경우에는 별도의 범죄가 성립한다.

[대판 1991. 9. 10. 91도1722] 피고인이 예금통장을 강취하고 예금자명의의 예금청구서를 위조한 다음 이를 은행원에게 제출행사하여 예금인출금 명목의 금원을 교부받았다면 강도, 사문서위조, 동행사, 사기의 각 범죄가 성립하고 이들은 실체적 경합관계에 있다 할 것이다.

Ⅲ. 특수강도죄   [258]

제334조(특수강도) ① 야간에 사람의 주거, 관리하는 건조물, 선박이나 항공기 또는 점유하는 방실에 침입하여 제333조의 죄를 범한 자는 무기 또는 5년 이상의 징역에 처한다.
② 흉기를 휴대하거나 2인 이상이 합동하여 전조의 죄를 범한 자도 전항의 형과 같다.

1. 종 류

본죄에는 야간주거침입강도죄, 흉기휴대강도죄, 합동강도죄의 3가지 유형이 있다.

본죄는 단순강도죄에 비해 불법이 가중되는 범죄유형이다.

2. 구성요건

야간주거침입강도죄에서 야간에 강취행위가 이루어져야 한다는 견해가 있으나 본죄를 야간주거침입죄와 강도죄의 결합범이라고 본다면 야간에 주거에 침입하면 족하고 강도행위가 야간일 것을 요하지 않는다(다수설). 흉기휴대 강도죄에서 흉기 및 휴대의 의미, 합동강도죄의 합동의 의미는 각각 특수절도죄에서 논한 바와 같다.

3. 실행의 착수시기

다수설은 야간주거침입강도죄의 실행의 착수시기는 폭행·협박이 개시된 시점이라고 하고, 소수설은 주거침입시라고 한다.

판례는 폭행·협박시라고 하기도 하고 주거침입시라고 하기도 한다.

> [대판 1991. 11. 22. 91도2296] 야간에 흉기를 휴대한 채 타인의 주거에 침입하여 집안의 동정을 살피는 것만으로는 특수강도의 실행에 착수한 것이라고 할 수 없다.
> [대판 1992. 7. 28. 92도917] 형법 제334조 제1항 소정의 야간주거침입강도죄는 주거침입과 강도의 결합범으로서 시간적으로 주거침입행위가 선행되므로 주거침입을 한 때에 본죄의 실행에 착수한 것으로 볼 것인바, 같은 조 제2항 소정의 흉기 휴대 합동강도죄에 있어서도 그 강도행위가 야간에 주거에 침입하여 이루어지는 경우에는 주거침입을 한 때에 실행에 착수한 것으로 보는 것이 타당하다.

Ⅳ. 준강도죄 [259]

제335조(준강도) 절도가 재물의 탈환에 항거하거나 체포를 면탈하거나 범죄의 흔적을 인멸할 목적으로 폭행 또는 협박한 때에는 제333조 및 제334조의 예에 따른다.

1. 개념 및 법적 성격

준강도죄는 절도가 재물의 탈환을 항거하거나 체포를 면탈하거나 범죄의 흔적을 인멸할 목적으로 폭행 또는 협박을 가하는 범죄이다. 사후강도죄라고도 한다. 절도죄와 폭행·협박죄가 결합되어 있는 결합범이다.

2. 구성요건

(1) 행위의 주체

본죄의 주체는 절도이다. 절도에는 단순절도뿐만 아니라 야간주거침입절도, 특수절도, 상습절도가 모두 포함된다. 절도란 절도죄의 실행에 착수한 자를 말하므로 미수범도 포함된다(통설·판례). 그러나 절도의 예비행위를 한 자, 절도의 정범이 아닌 교사·방조범은 본죄의 주체가 될 수 없다. 자동차등불법사용죄의 실행에 착수한 자도 본죄의 주체가 될 수 없다.

(2) 실행행위

본죄의 실행행위는 폭행 또는 협박을 가하는 것이다.

1) 폭행·협박　　폭행 또는 협박의 개념과 정도는 강도죄와 같다. 따라서 상대방의 항거를 불가능하게 할 정도의 유형력의 행사가 있거나 해악의 고지가 있어야 한다.

2) 절도의 기회　　폭행·협박은 절도의 기회에 행해져야 한다. 절도의 기회란 절도범행의 완료이전을 말하고, 절도행위와 폭행·협박 사이에 시간적·장소적 근접성이 있어야 함을 의미한다. 시간적·장소적 근접성이 없는 경우에는 절도죄와 폭행·협박죄의 실체적 경합범이 될 수 있을 뿐이다.

(3) 주관적 구성요건

본죄가 성립하기 위해서는 절도의 고의와 폭행·협박의 고의가 있어야 한다. 또한 초과주관적 구성요건요소로서 재물탈환의 항거, 체포의 면탈, 범죄의 흔적 인멸의 목적이 있어야 한다. 이러한 목적없이 폭행·협박한 경우에는 절도죄와 폭행·협박죄의 경합범이 된다. 이러한 목적이 있으면 족하고 이러한 목적이 달성되었느냐는 문제되지 않는다.

3. 미 수

준강도죄의 미수범은 처벌한다(제342조).

준강도죄의 기수·미수를 정하는 기준에 대해서는 폭행·협박의 기수·미수를 기준으로 해야 한다는 폭행·협박 기준설, 절도의 기수·미수를 기준으로 해야 한다는 절취행위기준설 및 준강도죄가 기수가 되기 위해서는 폭행·협박 및 절취가 모두 기수여야 하고 어느 하나라도 미수인 경우에는 준강도의 미수라고 하는 종합설 등이 있다.

판례는 폭행·협박기준설을 따랐으나 이후 태도를 변경하여 절도기준설을 따른다.

[대판 2004. 11. 18. 2004도5074 전합] 준강도로서 강도죄의 예에 따라 처벌하는 취지는, 강도죄와 준강도죄의 구성요건인 재물탈취와 폭행·협박 사이에 시간적 순서상 전후의 차이가 있을 뿐 실질적으로 위법성이 같다고 보기 때문인바, 이와 같은 준강도죄의 입법 취지, 강도죄와의 균형 등을 종합적으로 고려해 보면, 준강도죄의 기수여부는 절도행위의 기수여부를 기준으로 하여 판단하여야 한다.

4. 공 범

판례는 절도의 공범 중 1인이 준강도상해죄를 범한 경우에는 다른 공범도 그에 대한 예견가능성이 있으면 강도상해·치상의 죄책을 진다고 한다(대판 1991. 11. 26. 91도2267).

이에 대해 통설은 준강도죄의 죄책을 지지 않는다고 한다. 그 근거로 ① 공동정범이 성립하기 위해서는 범행에 대한 의사연락이 있어야 하는데 절도의 공동정범은 절도만을 하기로 한 것이지, 유사시에 폭행·협박도 하기로 의사연락이 있었다고 보기 어렵고, ② 폭행·협박을 하지 않은 공동정범은 다른 공동정범의 폭행·협박을 기능적으로 지배하지 못하였다고 하는 것 등을 든다.

5. 형 벌

준강도죄의 처벌은 전 2 조(강도죄와 특수강도죄)의 예에 의한다.

판례는 단순강도의 준강도인가 특수강도의 준강도인가는 절도가 단순절도인가 특수절도인가를 기준으로 할 것이 아니라 폭행·협박이 단순 폭행·협박인가 특수폭행·협박인가를 기준으로 해야 한다고 한다(대판 1973. 11. 13. 73도1553 전합).

준강도 혹은 특수준강도가 사람을 상해·치상하거나, 살해·치사한 경우에 강도상해·치상죄, 강도살인·치사죄가 성립한다.

V. 인질강도죄   [260]

제336조(인질강도) 사람을 체포·감금·약취 또는 유인하여 이를 인질로 삼아 재물 또는 재산상의 이익을 취득하거나 제 3 자로 하여금 이를 취득하게 한 자는 3년 이상의 유기징역에 처한다.

1. 보호법익

본죄의 보호법익은 재산과 인질의 자유 및 생명·신체의 안전이고 보호의 정도는 침해범이다.

2. 구성요건

본죄의 객체인 사람은 제한이 없다. 미성년자에 국한되지 않고 남녀노소를 불문한다. 미성년자를 약취·유인하여 재물이나 재산상의 이익을 취득, 요구한 때에는 특가법 제 5 조의2에 의해 가중처벌된다.

본죄의 실행행위 중 체포, 감금, 약취, 유인은 체포·감금죄, 약취·유인죄에서와 같다. '인질로 삼는다'는 것은 인질강요죄(제324조의2)에서와 마찬가지로 인질의 생명, 신체의 안전에 관한 제 3 자의 우려를 이용하여 인질의 생명·신체의 안전이나 석방을 대가로 재물 또는 재산상의 이익을 취득하기 위한 수단으로 인질의 자유를 구속하는 것을 말한다.

재물 또는 재산상의 이익이 아니라 다른 이익을 취득한 경우에는 본죄가 성립하지 않고 인질강요죄(제324조의2)가 성립한다.

본죄의 실행의 착수시기는 사람을 체포, 감금, 약취 또는 유인하는 시점이고, 기수시기는 재물 또는 재산상 이익을 취득한 시점이다.

VI. 강도상해·치상죄   [261]

제337조(강도상해, 치상) 강도가 사람을 상해하거나 상해에 이르게 한 때에는 무기 또는 7년 이상의 징역에 처한다.

1. 보호법익

강도상해·치상죄는 강도가 고의·과실로 상해를 입히는 범죄이다. 강도상해죄는 강도죄와 상해죄의 결합범이고 강도치상죄는 강도죄와 과실치상죄의 결합범으로서 진정결과적 가중범이다.

보호법익은 재산과 신체의 생리적 기능이고 보호의 정도는 침해범이다.

2. 구성요건

(1) 행위의 주체

본죄의 주체는 강도이다. 단순강도뿐만 아니라 특수강도, 준강도(대판 1987. 10. 13. 87도1240; 대판 1984. 1. 24. 83도3043), 인질강도를 모두 포함한다. 해상강도에 대해서는 별도의 규정이 있으므로(제340조 2항) 해상강도는 포함되지 않는다.

강도죄의 실행에 착수하면 족하고 미수, 기수를 불문한다.

(2) 실행행위

사람을 상해하거나 상해에 이르게 하는 것이다. 상해한다는 것은 고의로 상해하는 것을, 상해에 이르게 한다는 것은 과실로 상해하는 것을 말한다.

본죄에서의 상해는 피해자의 신체의 건강상태가 불량하게 변경되고 생활기능에 장애가 초래될 정도의 상해를 말한다. 따라서 상처가 극히 경미하여 굳이 치료할 필요가 없고 치료를 받지 않더라도 일상생활을 하는 데 아무런 지장이 없으며 시일이 경과함에 따라 자연적으로 치유될 수 있는 정도일 경우에는 본죄의 상해라고 할 수 없다(대판 2003. 7. 11. 2003도2313). 상해는 강도죄의 폭행·협박에 의해 발생한 것임을 요하지 않고 강도행위가 원인이 된 것이면 족하다. 예를 들어 피해자가 도망가다가 넘어져 상처를 입은 경우에도 본죄가 성립할 수 있다.

상해는 강도의 기회에 발생해야 한다. 강도의 기회란 강도죄의 실행에 착수하여 강도범행의 완료되기까지를 의미하는 것으로서 강도행위와 시간적·장소적 근접성을 요한다.

(3) 인과관계 및 예견가능성

강도치상죄는 결과적 가중범이므로 강도와 상해 사이에 인과관계가 있어야 하고 상해에 대한 예견가능성이 있어야 한다.

3. 미 수

본죄의 미수범은 처벌한다(제342조). 강도상해죄의 미수범은 상해의 미수를 의미하고 강도의 미수범을 의미하지 않는다. 따라서 강도미수범이 상해기수에 이른 경우에는 강도상해의 미수범이 아니라 기수범이 된다.

1995년 개정형법은 강도치상죄의 미수범도 처벌하는 것 같은 규정을 두었다(제342조). 이 때문에 강도치상죄 미수범의 긍정설과 부정설이 대립하고 있다. 긍정설은 강도미수범이 과실로 상해를 입힌 경우 강도치상죄의 미수라고 한다. 부정설(다수설)은 진정결과적 가중범인 강도치상죄의 미수범은 있을 수 없으므로 제342조는 강도상해죄의 미수범만을 처벌하는 규정이라고 한다.

4. 공 범

강도의 공범 중 1인이 공모의 범위를 넘어 상해를 입힌 경우 판례는 상해에 대한 예견가능성이 있는 경우에는 강도상해 내지 강도치상죄의 책임을 진다고 한다(대판 1998. 4. 14. 98도356). 이에 대해 학설은 공범 간에 의사연락이 없으므로 고의범인 강도상해죄의 죄책은 지지 않고 상해에 대해 과실이 있는 경우 강도치상죄의 공동정범이나 단독정범의 죄책은 질 수 있다고 한다.

Ⅷ. 강도살인 · 치사죄 [262]

> 제338조(강도살인·치사) 강도가 사람을 살해한 때에는 사형 또는 무기징역에 처한다. 사망에 이르게 한 때에는 무기 또는 10년 이상의 징역에 처한다.

1. 보호법익

본죄는 강도가 사람을 고의 · 과실로 살해하는 범죄이다. 강도살인죄는 강도죄와 살인죄의 결합범이고 강도치사죄는 강도죄와 과실치사죄의 결합범으로서 진정결과적 가중범이다.

본죄의 보호법익은 사람의 생명과 재산이고, 보호의 정도는 침해범이다.

2. 구성요건

(1) 행위의 주체

본죄의 주체는 강도이다. 단순강도뿐만 아니라 특수강도, 준강도, 인질강도를 모두 포함한다. 해상강도에 대해서는 별도의 규정이 있으므로(제340조 3항) 해상강도는 이에 포함되지 않는다. 강도죄의 미수, 기수를 불문한다.

(2) 실행행위

1) **살해와 치사**　　사람을 살해하거나 사망에 이르게 하는 것이다. 살해한다는 것은 고의로 사망케 하는 것을, 사망에 이르게 한다는 것은 과실로 사망케 하는 것을 말한다.

강도치사죄는 결과적 가중범이므로 강도행위와 사망 사이에 인과관계가 있어야 하고 사망에 대한 예견가능성이 있어야 한다(제15조 2항).

2) **채무면탈목적의 살해와 강도살인죄**　　채무를 면탈할 목적으로 사람을 살해한 경우 통설은 단순살인죄가 아닌 강도살인죄가 성립한다고 한다. 판례는 절충적 입장이다.

[대판 2004. 6. 24. 2004도1098] 채무의 존재가 명백할 뿐만 아니라 채권자의 상속인이 존재하고 그 상속인에게 채권의 존재를 확인할 방법이 확보되어 있는 경우에는 비록 그 채무를 면탈할 의사로 채권자를 살해하더라도 일시적으로 채권자측의 추급을 면한 것에 불과하여 재산상 이익의 지배가 채권자측으로부터 범인 앞으로 이전되었다고 보기는 어려우므로, 이러한 경우에는 강도살인죄가 성립할 수 없다.

3) **강도의 기회**　　살해나 사망은 강도의 기회에 발생해야 한다. 강도의 기회란 강도범행의 실행 중이거나 그 실행 직후 또는 실행의 범의를 포기한 직후로서 사회통념상 범죄행위가 완료되기 이전 단계로서 강도행위와 시간적·장소적 근접성을 요한다.

(3) 주관적 구성요건

강도살인죄가 성립하기 위해서는 강도의 고의가 있어야 한다. 강도의 고의없이 사람을 살해한 후 재물영득의 고의가 생겨 재물을 영득한 경우에는

강도살인죄가 아니라 살인죄와 절도죄(판례) 혹은 점유이탈물횡령죄의 경합범
이 성립할 수 있을 뿐이다.

3. 미 수

본죄의 미수범은 처벌한다(제342조). 강도살인죄의 미수범은 살인의 미수를
의미한다. 따라서 강도가 미수라도 살인이 기수에 이른 경우에는 강도살인죄
의 미수범이 아니라 기수범이다(대판 1987. 1. 20. 86도2308).

강도치사죄에도 미수범이 성립할 수 있는가에 대해 강도치상죄의 미수범
의 경우와 동일하게 견해가 대립한다.

Ⅷ. 강도강간죄   [263]

제339조(강도강간) 강도가 사람을 강간한 때에는 무기 또는 10년 이상의 징역에 처한다.

1. 보호법익

강도강간죄는 강도죄와 강간죄의 결합범이다. 보호법익은 재산과 사람의
성적 결정의 자유이고, 보호의 정도는 침해범이다.

2. 구성요건

(1) 행위의 주체

본죄의 주체는 강도이다. 단순강도뿐만 아니라 특수강도, 준강도, 인질강
도를 모두 포함한다. 해상강도에 대해서는 별도의 규정이 있으므로(제340조 3
항) 해상강도는 포함되지 않는다. 특수강도가 본죄를 범한 때에는 성폭력처벌
특례법에 의해 가중처벌된다(동법 제3조). 강도죄의 미수, 기수는 불문한다(대판
1986. 1. 28. 85도2416).

강도가 강간을 해야 본죄가 성립하고 사람을 강간한 이후 재물강취의 고
의가 생겨 재물을 강취한 경우에는 강간죄와 강도죄의 경합범이 된다(대판
2002. 2. 8. 2001도6425).

(2) 실행행위

본죄의 실행행위는 강도가 사람을 강간하는 것이다. 강간에 한정되고, 유사강간이나 강제추행은 포함되지 않는다.

강간은 강도의 기회에 행해져야 한다. 강도의 기회란 강도범행의 실행 중이거나 그 실행 직후 또는 실행의 범의를 포기한 직후로서 사회통념상 범죄행위가 완료되기 이전 단계를 의미한다(대판 1986. 5. 27. 86도507).

강간범이 강간의 실행행위 중 재물을 강취하고 계속하여 강간한 때에도 본죄에 해당한다(대판 1988. 9. 9. 88도1240). 재물의 소유자 혹은 점유자와 피해자는 일치하지 않아도 된다. 따라서 A를 폭행하여 재물을 강취하고 B를 강간한 경우에도 본죄가 성립한다(대판 1991. 11. 22. 91도2241).

3. 미 수

본죄의 미수범은 처벌한다(제342조). 본죄의 미수란 강간행위의 미수를 의미하고 강도의 미수를 의미하지 않는다. 따라서 강도미수가 강간기수에 이른 경우에도 강도강간죄의 기수가 된다.

IX. 해상강도죄 [264]

> 제340조(해상강도) ① 다중의 위력으로 해상에서 선박을 강취하거나 선박 내에 침입하여 타인의 재물을 강취한 자는 무기 또는 7년 이상의 징역에 처한다.
> ② 제 1 항의 죄를 범한 자가 사람을 상해하거나 상해에 이르게 한 때에는 무기 또는 10년 이상의 징역에 처한다.
> ③ 제 1 항의 죄를 범한 자가 사람을 살해 또는 사망에 이르게 하거나 강간한 때에는 사형 또는 무기징역에 처한다.

1. 해상강도죄

(1) 개념 및 보호법익

해상강도죄는 다중의 위력으로 해상에서 선박을 강취하거나 선박 내에 침입하여 타인의 재물을 강취하는 범죄로서 이른바 해적죄라고 할 수 있다. 해상강도는 육상강도에 비해 위험성이 크다는 점에서 불법이 가중된 범죄유형이다.

해상강도죄의 보호법익은 재산, 선박의 사실상 평온 및 의사결정의 자유이고, 보호의 정도는 침해범이다.

(2) **구성요건**

1) **행위의 객체**　본죄의 객체는 해상의 선박 또는 선박 내에 있는 재물이다. 해상이란 지상의 경찰권이 미치지 않는 영해와 공해를 포함하는 개념이다. 해상이어야 하므로 하천·호수에 있는 선박이나, 항구에 정박해 있는 선박은 포함하지 않는다. 선박의 종류나 크기는 불문하지만 해상을 항해할 수 있는 선박이어야 한다.

2) **실행행위**　본죄의 실행행위는 다중의 위력으로 해상에서 선박을 강취하거나 다중의 위력으로 선박 내에 침입하여 타인의 재물을 강취하는 것이다.

다중이란 다수인의 집합을 말하는 것이므로 상당수에 이르러야 한다.

위력이란 상대방의 의사를 제압할 수 있는 힘을 말하고, 특수폭행죄와 같이 '다중의 위력을 보임으로써'가 아니라 '다중의 위력으로'이므로 다중이 현장에 있어야 한다.

2. 해상강도상해·치상죄

본죄는 해상강도죄를 범한 자가 사람을 고의·과실로 상해함으로써 성립하는 범죄이다. 본죄의 주체는 '제1항의 죄를 범한 자'이므로 해상강도의 기수범에 국한된다고 해야 한다. 미수범을 포함시키기 위해서는 입법적 보완을 요한다.

해상강도의 기회에 상해의 결과를 발생시켜야 하는 요건 및 기타의 성립요건은 강도상해·치상죄에서와 같다.

3. 해상강도살인·치사·강간죄

본죄는 해상강도죄를 범한 자가 사람을 고의·과실로 사망케 하거나 사람을 강간하는 범죄이다. 본죄의 주체에 대해서는 해상강도상해·치상죄와 같은 문제가 있다.

해상강도살인죄, 해상강도치사죄, 해상강도강간죄의 형벌은 모두 사형 또는 무기징역으로서 동일한데 이는 평등의 원칙과 책임주의원칙에 맞지 않으므로 법정형을 세분해야 한다는 지적이 있다.

X. 상습강도죄 [265]

제341조(상습범) 상습으로 제333조, 제334조, 제336조 또는 전조 제1항의 죄를 범한 자는 무기 또는 10년 이상의 징역에 처한다.

상습강도죄는 상습으로 단순강도죄, 특수강도죄, 인질강도죄 및 해상강도죄를 범하는 것이다. 행위자의 강도습벽으로 인해 책임이 가중되는 범죄유형으로서 부진정신분범이다. 준강도죄는 단순강도죄와 특수강도죄의 예를 따르기 때문에 상습준강도죄도 포함된다.

XI. 강도예비·음모죄 [266]

제343조(예비, 음모) 강도할 목적으로 예비 또는 음모한 자는 7년 이하의 징역에 처한다.

강도예비·음모란 강도의 결심을 한 자의 강도의 실행을 위한 일체의 준비행위나 2인 이상의 사람 사이에 성립한 강도범죄 실행의 합의를 말한다.

단순히 강도의 계획을 다른 사람에게 말하는 정도로는 예비나 음모가 될 수 없고, 범행도구를 마련하거나, 주간에 강도의 목적으로 주거에 침입하거나, 재물을 강취할 목적으로 범행대상자를 기다리는 등 범죄수행을 위한 준비행위가 객관적으로 나타날 정도가 되어야 한다.

[대판 1999. 11. 12. 99도3801] 피고인들이 수회에 걸쳐 "총을 훔쳐 전역 후 은행이나 현금수송차량을 털어 한탕 하자"는 말을 나눈 정도만으로는 강도음모를 인정하기에 부족하다.

제 4 관 사기의 죄

Ⅰ. 총 설 [267]

1. 사기죄의 법적 성격

형법 각칙 제39장은 사기죄와 공갈죄를 함께 규정하고 있다. 이는 양자 모두 재물과 재산상의 이익을 객체로 하고, 상대방의 하자있는 의사표시에 의해 재물이나 재산상의 이익을 취득하는 편취죄로서의 성격을 지니고 있기 때문이다. 사기죄는 타인의 재물에 대해서만 성립하고 자기의 재물에 대해서는 성립하지 않는다. 따라서 타인이 점유하는 자기의 재물을 기망수단을 이용하여 교부받은 경우에는 사기죄가 성립하지 않는다.

2. 사기죄의 보호법익

(1) 전체로서의 재산설

다수설은 사기죄의 보호법익을 '전체로서의 재산'이라고 하여 사기죄가 성립하기 위해서는 재산상의 손해가 있어야 한다고 한다. 따라서 피해자에게 상당한 대가를 지급하였을 경우에는 전체재산의 손해가 없으므로 사기죄가 성립하지 않는다고 한다.

(2) 재산 및 거래의 신의칙설

이 견해는 재산뿐만 아니라 거래의 신의칙도 사기죄의 보호법익이 된다고 한다. 이 견해에 의하면 기망자가 대가를 지급하여 피해자에게 재산상 손해가 없는 경우에도 그 기망행위가 거래의 신의칙에 반하는 경우에는 사기죄가 성립할 수 있다고 한다.

(3) 개별적 재산설

이 견해는 사기죄의 보호법익을 개별적인 재물 또는 재산상의 이익으로 파악한다. 피기망자가 처분행위를 하면 개별적인 재산이 침해된 것으로 보고 대가의 지급에 의한 전체재산의 손해여부를 따지지 않는 견해이다. 판례는 이 입장을 따른다.

[대판 2004. 4. 9. 2003도7828; 대판 2003. 12. 26. 2003도4914] 사기죄는 타인을 기망하여 그로 인한 하자있는 의사에 기하여 재물의 교부를 받거나 재산상의 이득을 취득함으로써 성립되는 범죄로서 그 본질은 기망행위에 의한 재산이나 재산상 이익의 취득에 있는 것이고 상대방에게 현실적으로 재산상 손해가 발생함을 요건으로 하지 아니한다.

3. 사기죄의 구성요건체계

사기죄의 기본적 구성요건은 제347조의 단순사기죄이다. 컴퓨터등사용사기죄(제347조의2), 준사기죄(제348조), 편의시설부정이용죄(제348조의2), 부당이득죄(제349조)는 기계를 기망하거나 사람의 하자 있는 의사를 이용한 재물 또는 재산상 이익의 취득이라는 점에서 사기죄와 유사한 형태의 범죄이다. 다만 편의시설부정이용죄는 그 규모가 비교적 적기 때문에, 부당이득죄는 언제나 상대방의 하자있는 의사표시를 이용하는 것은 아니기 때문에 불법이 감경된 범죄유형이다. 상습사기죄(제351조)는 책임이 가중된 범죄유형이다.

사기죄의 미수범은 처벌한다(제352조). 사기죄에는 동력에 관한 규정과 친족간의 범행 규정이 준용된다(제354조).

Ⅱ. 사기죄 [268]

제347조(사기) ① 사람을 기망하여 재물의 교부를 받거나 재산상의 이익을 취득한 자는 10년 이하의 징역 또는 2천만원 이하의 벌금에 처한다.
② 전항의 방법으로 제3자로 하여금 재물의 교부를 받게 하거나 재산상의 이익을 취득하게 한 때에도 전항의 형과 같다.

1. 구성요건

(1) 행위의 객체

사기죄의 객체는 재물 또는 재산상의 이익이다.

사기죄에서는 부동산도 객체가 된다는 데에 견해가 일치한다. 사기죄의 객체는 타인이 점유하는 타인의 재물이므로 사람을 기망하여 자기가 점유하

는 타인의 재물을 교부받은 경우에는 사기죄가 성립하지 않고 횡령죄가 성립
한다(대판 1987. 12. 22. 87도2168).

　　재산상의 이익이란 재물 이외에 경제적 가치가 있는 이익을 말한다. 강도
죄에서와 마찬가지로 재산상 이익은 법률적 개념이 아니라 경제적 개념이다.

　(2) 실행행위

　　사기죄의 실행행위는 ① 사람을 기망하여, ② 착오에 빠지게 하고, ③ 그
착오에 기하여 처분행위를 하게 하고, ④ 그 처분행위에 기하여 재물의 교부
를 받거나 재산상의 이익을 취득하고, ⑤ 기망과 착오 및 처분행위 사이에
인과관계가 있어야 한다.

　1) 기망행위　　　　기망행위란 거래의 신의칙에 반하여 상대방을 착오에
빠지게 하는 행위를 말한다. 착오는 사실에 관한 것이거나 법률관계에 관한
것이거나 법률효과에 관한 것이거나를 묻지 않는다. 법률행위의 내용의 중요
부분에 관한 것일 필요도 없으며 그 수단과 방법에도 아무런 제한이 없다.
그러나 사기죄의 기망행위는 거래의 신의칙에 반하는 정도의 기망행위이어야
하기 때문에 다소의 과장, 허위광고는 기망행위라고 할 수 없다.

　　기망은 작위 및 부작위에 의해 모두 가능하다. 작위에 의한 기망행위에는
명시적 기망행위와 묵시적 기망행위가 있다. 명시적 기망, 묵시적 기망, 부작
위에 의한 기망은 일응 다음과 같이 구분해 볼 수 있을 것이다. 하자있는 물
건을 정상적인 물건이라고 적극적으로 속이고 상대방에게 판매한 경우에는
명시적 기망행위가 되고, 아무런 말없이 상대방에게 하자있는 물건을 판매하
는 경우에는 묵시적 기망행위가 된다. 반면에 행위자의 행위와 상관없이 상대
방이 하자있는 물건을 정상적인 물건으로 오인하고 팔라고 하자 하자있는 물
건이라는 것을 고지하지 아니한 채 판매한 경우에는 부작위에 의한 기망행위
가 된다. 묵시적 기망행위와 부작위에 의한 기망행위를 나누는 것은 부작위
에 의한 기망인 경우에는 부작위에 의한 사기죄의 성립이 문제되는데, 부작
위범은 그 성립요건이 작위범에 비해 까다롭기 때문이다.

　　[대판 2004. 5. 27. 2003도4531]　부작위에 의한 기망은 법률상 고지의무 있는 자가
　　일정한 사실에 관하여 상대방이 착오에 빠져 있음을 알면서도 그 사실을 고지하지

아니함을 말하는 것으로서, 일반거래의 경험칙상 상대방이 그 사실을 알았더라면 당해 법률행위를 하지 않았을 것이 명백한 경우에는 신의칙에 비추어 그 사실을 고지할 법률상 의무가 인정된다.

2) **피기망자의 착오**　　　기망행위로 인해 상대방이 착오에 빠져야 한다. 착오란 객관적 사실과 주관적 인식이 일치하지 않는 것을 말한다. 착오는 적극적 착오이든 사실 자체를 모르고 있는 소극적 부지이든 무방하다. 기망행위에 의해 착오에 빠진 것은 사람이어야 한다.

피기망자와 재산산상의 피해자는 일치하지 않아도 된다. 이를 삼각사기(三角詐欺)라고도 한다. 법원을 기망하여 재물 또는 재산상 이익을 취득하는 소송사기가 대표적 예이다.

3) **처분행위**　　　처분행위란 피기망자가 재물을 교부하거나 기망자에게 재산상의 이익을 취득하게 하는 행위를 말한다. 처분행위자에게 법률상의 처분권한이 있어야 한다는 권한설과 사실상 처분할 수 있는 지위에 있으면 족하다고 하는 지위설(통설·판례)이 대립한다.

처분행위의 유무에 의해 사기죄와 책략절도가 구분될 수 있다. 예를 들어 甲이 백화점에서 A에게 옆에 있는 B의 물건을 집어달라고 하고 이에 속은 A가 그 물건을 집어주었어도 A에게는 처분할 수 있는 지위나 권능이 없기 때문에 처분행위가 있다고 할 수 없다. 따라서 이 경우에는 사기죄가 아닌 절도죄의 간접정범이 성립한다. 이에 비해 甲이 백화점 보관소직원 C를 속여 B가 보관소에 맡긴 물건을 건네받은 경우 C는 처분할 수 있는 지위와 권능을 가지고 있어 C가 물건을 건네는 행위는 처분행위라고 할 수 있다. 따라서 이 경우에는 사기죄가 성립한다.

피기망자의 처분행위가 있기 위해서는 처분의사가 있어야 한다.

[대판 2017. 2. 16. 2016도13362 전합] 처분행위라고 평가되는 어떤 행위를 피해자가 인식하고 한 것이라면 피해자의 처분의사가 있다고 할 수 있다. 결국 피해자가 처분행위로 인한 결과까지 인식할 필요가 있는 것은 아니다.

피기망자와 처분행위자는 반드시 일치해야 하지만, 피기망자, 즉 처분행위자와 재산상의 피해자는 일치하지 않아도 된다. 이를 삼각사기라고 하고 그 대표적인 예로 소송사기를 들 수 있다.

4) 재물을 교부받거나 재산상 이익의 취득　　　사기죄가 성립하기 위해서는 재물의 교부를 받거나 재산상의 이익을 취득해야 한다. 재물을 교부받거나 재산상의 이익을 취득하지 못한 경우에는 사기죄의 기수가 될 수 없다.

5) 재산상 손해의 발생　　　다수설은 사기죄의 성립에 재산상의 손해가 발생하여야 한다고 한다. 따라서 기망행위를 하여 재물을 취득하였더라도 대가를 제공한 경우에는 사기죄가 성립하지 않는다고 한다. 이에 대해 판례는 재산상의 손해발생을 요하지 않는다고 하고, 대가를 제공한 경우에도 사기죄가 성립한다고 한다.

(3) 인과관계

기망행위와 착오, 착오와 처분행위, 처분행위와 재물의 교부를 받는 것 또는 재산상 이익의 취득 사이에는 인과관계가 있어야 한다(대판 1991. 1. 15. 90도 2180).

기망행위가 있어도 착오에 빠지지 않거나 착오가 있어도 기망행위와 인과관계가 없는 때, 착오가 있어도 처분행위가 없거나 양자 사이에 인과관계가 없는 때(대판 1994. 5. 24. 93도1839), 처분행위가 있어도 재물의 교부를 받거나 재산상의 이익취득이 없는 때 또는 양자 사이에 인과관계가 없는 때에는 사기죄의 미수만이 성립할 수 있다.

(4) 주관적 구성요건

사기죄는 고의범이므로 기망행위, 착오, 처분행위, 재물 또는 재산상 이익의 취득 등에 대한 의욕 또는 인용이 있어야 한다. 재산상의 손해발생이 필요하다는 견해에 의하면 이 역시 고의의 대상이 된다.

통설·판례는 고의 이외에 재물사기죄에서는 불법영득의사, 이익사기죄에서는 불법이득의사를 요한다고 한다.

2. 위법성

변제기가 도래한 채권을 변제받기 위해 기망의 수단을 사용한 경우 사기죄가 성립할 것인가에 대해 긍정설과 부정설이 있다. 판례는 긍정설을 따른다.

> [대판 1969. 12. 23. 69도1544] 기망행위를 수단으로 한 권리행사의 경우라 할지라
> 도 그 권리행사에 속하는 행위와 그 수단에 속하는 기망행위를 전체적으로 관찰하
> 여 그와 같은 기망행위를 사회통념상 권리행사의 수단으로서 용인할 수 있는 것이
> 었다면 그중 권리행사 자체에 속하는 행위만은 범죄를 구성하지 않는 정당행위었
> 다고 할 수 있을 것이나, 그 정도를 넘는다면(사회관념상 그러한 수단에 의한 권리
> 행사를 용인할 수 없다고 평가되는 경우) 그 행위 전체가 위법한 것이 되며 따라서
> 사기죄를 구성한다.

3. 미 수

사기죄의 미수범은 처벌한다(제352조). 사기죄의 실행의 착수시기는 기망행
위를 시작한 때이다. 사기죄의 기수시기에 대해서는 재산상의 손해가 발생한
시점이라는 견해(다수설)와 재물의 교부를 받거나 재산상의 이익을 취득한 시
점이라는 견해가 대립한다.

4. 친족간의 범행

사기죄에도 친족간 범행규정이 준용된다(제354조). 재산은 사기죄의 보호법
익이므로, 행위자와 재산상의 피해자와의 사이에 친족관계가 있어야 함은 물
론이다. 판례는 은행을 기망하여 예금을 해약하여 편취한 경우 그 예금의 소
유권은 은행에 있으므로 재산상의 피해자는 은행이고 예금주가 아니므로 기
망자와 예금주 사이에 친족관계가 있다고 하더라도 친족간 범행규정이 적용
되지 않는다고 한다(대판 1972. 11. 14. 72도1946).

피기망자와 재산상의 피해자가 일치하지 않을 때에는 행위자와 피기망자
와의 사이에도 친족관계가 있어야 하는가에 대해 긍정설과 부정설이 대립한
다. 판례는 소송사기에서는 피기망자인 법원과 행위자 사이에 친족관계는 요
하지 않는다고 한다(대판 1976. 4. 13. 75도781).

5. 관련문제

(1) 소송사기

1) 개 념　　소송사기란 법원에 허위사실을 주장하거나 허위의 증거를 제출하여 법원을 기망하여 승소판결을 얻어내는 것을 말한다. 피기망자는 법원이고 재산상의 피해자는 소송의 상대방이므로 피기망자와 재산상의 피해자가 일치하지 않는 삼각사기의 대표적인 예이다.

2) **성립요건**　　소송사기죄가 성립하기 위해서는 다음의 요건을 갖춰야 한다.

첫째, 자신에게 권리가 없음을 알면서도 법원을 기망하여 승소판결을 얻어내려는 의사가 있어야 한다.

둘째, 허위의 주장과 입증으로 법원을 기망하여야 한다. 법원을 기망하는 행위의 대표적인 것은 증거의 조작이다.

셋째, 사기죄에서 피기망자의 처분행위라고 할 수 있는 법원의 승소판결이 있어야 한다.

넷째, 승소판결에 의해 재물이나 재산상의 이익을 취득해야 한다.

승소판결을 받더라도 재물 또는 재산상의 이익을 취득할 수 없는 때에는 소송사기가 될 수 없다. 판례는 사망한 사람(대판 2002. 1. 11. 2000도1881)이나 실재(實在)하지 않는 사람(대판 1992. 12. 11. 92도743)을 상대로 소송을 제기해도 소송사기죄가 될 수 없다고 한다.

3) **실행의 착수시기**　　적극적 소송당사자인 원고뿐만 아니라 방어적인 위치에 있는 피고도 소송사기의 주체가 될 수 있다(대판 2004. 3. 12. 2003도333). 원고가 소송사기의 주체인 때에는 소송을 제기하는 때에 실행의 착수가 있다(대판 2003. 7. 22. 2003도1951). 그러나 허위채권으로 본안소송을 제기하지 아니한 채 가압류만을 한 경우 실행의 착수가 있다고 할 수 없다(대판 1988. 9. 13. 88도55).

피고가 소송사기의 주체가 된 경우에는 적극적인 방법으로 법원을 기망할 의사를 가지고 허위내용의 서류를 증거로 제출하거나 그에 따른 주장을 담은 답변서나 준비서면을 제출한 경우에 사기죄의 실행의 착수가 있다(대판 1998. 2. 27. 97도2786).

(2) 불법원인급여와 사기죄

甲이 A를 폭행하여 주겠다고 기망하고 사례금으로 100만원을 받은 경우와 같이 기망에 의해 피기망자의 반환청구권이 없는 불법원인급여를 받은 경우에도 사기죄가 성립하는가가 문제된다.

통설은 ① 민법상의 반환청구권 유무가 사기죄의 성립에 영향을 줄 수 없고, ② 불법원인급여라고 하더라도 기망자의 입장에서는 재산상의 이익임이 분명하고, ③ 재산상 이익은 법률적 개념이 아니고 경제적 개념이므로 사기죄가 성립한다고 한다.

(3) 신용카드와 사기죄

1) 타인명의 신용카드의 부정사용

가. 가맹점에서 물품을 구입한 경우　　　통설·판례는 타인명의의 신용카드로 물품을 구입한 경우 사기죄의 성립을 인정한다. 타인의 신용카드를 자신의 신용카드인 것으로 가맹점을 기망하여 재물의 교부를 받거나 재산상의 이익을 취득하여 카드회사 혹은 가맹점에 손해를 입혔다고 할 수 있기 때문이다.

나. 현금자동지급기에서 현금을 인출한 경우　　　타인 명의의 신용카드를 통해 현금자동지급기에서 현금서비스를 받는 것에 대해 절도죄설과 컴퓨터등사용사기죄설이 대립되었다. 이 때문에 이러한 행위를 컴퓨터등사용사기죄로 처벌하기 위해 2001년의 형법개정에서 컴퓨터등사용사기죄에 무권한 정보의 입력·변경을 추가하였다. 판례는 권한없이 현금을 인출한 때에는 절도죄가 성립하지만, 위임범위를 초과하여 현금을 인출하면 컴퓨터등사용사기죄가 성립한다고 한다.

[대판 2002. 7. 12. 2002도2134]　컴퓨터등사용사기죄의 객체는 재물이 아닌 재산상의 이익에 한정되어 있으므로, 타인의 명의를 모용하여 발급받은 신용카드로 현금자동지급기에서 현금을 인출하는 행위를 이 법조항을 적용하여 처벌할 수는 없다.
[대판 2006. 3. 24. 2005도3516]　(현금카드 소유자의 위임받은 범위)를 초과된 금액의 현금을 인출한 경우에는 … 위임받은 금액을 넘는 부분의 비율에 상당하는 재산상 이익을 취득한 것으로 볼 수 있으므로 … 컴퓨터등 사용사기죄에 해당된다.

2) **자기명의 신용카드의 부정발급 및 사용**　　대금결제의 의사와 능력 없이 자기명의의 신용카드를 발급받아 물품을 구입하거나 현금서비스를 받은 경우 사기죄 긍정설과 부정설이 대립한다.

판례는 카드를 발급받는 행위와 이를 사용하여 물품을 구입하거나 현금서비스를 받는 행위 모두 사기죄의 포괄일죄라고 한다(대판 1996. 4. 9. 95도2466).

3) **자기명의 신용카드의 부정사용**　　정상적으로 발급받은 신용카드를 이후 대금결제의 의사와 능력없이 사용하여 물품을 구입한 경우의 죄책에 대해 사기죄 긍정설과 부정설이 대립한다. 판례는 긍정설을 따른다.

> [대판 2005. 8. 19. 2004도6859] 카드회원이 일시적인 자금궁색 등의 이유로 그 채무를 일시적으로 이행하지 못하게 되는 상황이 아니라 이미 과다한 부채의 누적 등으로 신용카드 사용으로 인한 대출금채무를 변제할 의사나 능력이 없는 상황에 처하였음에도 불구하고 신용카드를 사용하였다면 사기죄에 있어서 기망행위 내지 편취의 범의를 인정할 수 있다.

Ⅲ. 컴퓨터등사용사기죄　　　　　　　　　　　　　　　[269]

> 제347조의2(컴퓨터등 사용사기) 컴퓨터등 정보처리장치에 허위의 정보 또는 부정한 명령을 입력하거나 권한없이 정보를 입력·변경하여 정보처리를 하게 함으로써 재산상의 이익을 취득하거나 제3자로 하여금 취득하게 한 자는 10년 이하의 징역 또는 2천만원 이하의 벌금에 처한다.

1. 보호법익

본죄의 보호법익은 재산이고, 보호의 정도는 침해범이다.

2. 구성요건

(1) 행위의 주체

본죄는 신분범이 아니므로 주체에는 제한이 없다. 외부인은 물론 컴퓨터를 작동하는 오퍼레이터나 관리하는 사람도 본죄의 주체가 될 수 있다. 본죄의 역사를 보면 오히려 이러한 사람들이 가장 먼저 본죄를 범하였다.

(2) 행위의 객체

본죄의 객체는 컴퓨터등 정보처리장치와 재산상의 이익이다.

컴퓨터등 정보처리장치란 자동적으로 계산을 하거나 정보를 저장, 변경, 처리할 수 있는 장치를 말한다. 주컴퓨터뿐만 아니라 단말기도 포함되므로 현금지급기, 현금자동입출금기도 포함된다. 본죄의 취지상 컴퓨터등 정보처리장치는 자동적으로 계산이나 데이터처리를 할 수 있고, 정보의 보전, 검색, 수정능력을 독자적으로 가지고 있는 장치를 갖고 있는 것을 의미한다. 독자적인 정보처리능력을 갖고 있지 못한 단순한 자동판매기, 공중전화기, 자동개찰기, 휴대용계산기, 전기타자기 등은 이에 포함되지 않는다. 따라서 자동판매기, 공중전화기 등에 허위의 정보를 입력하여 재물 또는 재산상의 이익을 취득하는 경우에는 편의시설부정이용죄(제348조의2)가 성립할 수 있을 뿐이다.

재물도 본죄의 객체가 될 수 있는가에 대해 긍정설과 부정설이 대립한다. 판례는 부정설을 취한다(대판 2002. 7. 12. 2002도2134).

(3) 실행행위

본죄의 실행행위는 컴퓨터등 정보처리장치에 허위의 정보 또는 부정한 명령을 입력하거나 권한없이 정보를 입력·변경하여 정보처리를 하게 함으로써 재산상의 이익을 취득하거나 제 3 자로 하여금 취득하게 하는 것이다.

1) **허위의 정보입력** 허위의 정보를 입력한다는 것은 진실에 반하는 정보를 입력하는 것을 말한다. 고객이 100만원을 예금함에도 은행원이 10만원 혹은 1천만원이라고 은행컴퓨터에 입력하는 것을 예로 들 수 있다.

2) **부정한 명령의 입력** 부정한 명령을 입력한다는 것은 정보처리장치의 사용목적에 비추어 입력하여서는 안 되는 명령을 입력하는 것을 말한다. 예금담당자가 인출하지 않은 예금을 인출한 것으로, 인출한 예금을 인출하지 않은 것으로 처리하도록 하는 명령을 입력하는 것을 예로 들 수 있다.

3) **권한없는 정보의 입력·변경** 권한없는 정보의 입력·변경이란 진실한 정보와 정당한 명령이기는 하지만, 이를 행할 권한없이 정보를 입력·변경하는 것을 말한다. 절취한 타인의 현금카드로 현금자동지급기에서 현금을 인출하는 것이 대표적인 예이다. 이 경우 현금인출 명령을 부정한 명

령이라고도 할 수 있지만(대판 2003.1.10. 2002도2363) 좀더 분명하게 하기 위해 2001년 권한없는 정보의 입력·변경이 추가되었다.

4) 정보처리   컴퓨터등 정보처리장치로 하여금 정보처리를 하게 하여야 한다. '정보처리를 하게 한다'는 것은 정보처리과정에 영향을 미쳐 허위의 정보나 부정한 명령에 따를 정보처리를 하게 하거나, 진실한 정보라도 권한없이 입력·변경한 정보를 처리하도록 하는 것을 말한다. 본죄의 성격상 정보처리는 재산상의 득실변경에 영향을 미칠 수 있는 정보처리여야 한다.

5) 재산상 이익의 취득   재산상의 이익을 취득하여야 한다. 허위의 정보, 부정한 명령을 입력하거나 권한없이 정보를 입력·변경하였더라도 재산상 이익취득의 고의와 재산상 이익의 취득이 없으면 경우에 따라 업무방해죄(제314조 2항)가 성립할 수 있을 뿐이다.

판례에 의하면 현금과 같은 재물의 취득은 재산상 이익의 취득이라고 할 수 없지만(대판 2002.7.12. 2002도2134), 위임범위를 초과하여 인출한 현금은 재산상 이익이 된다(대판 2006.3.24. 2005도3516).

3. 실행의 착수와 기수시기

본죄의 실행의 착수시기는 허위의 정보 또는 부정한 명령을 입력하거나 권한없이 정보를 입력·변경하는 시점이고, 기수시기는 재산상 이익의 취득시점이다. 본죄의 미수범은 처벌한다(제352조).

4. 불가벌적 사후행위

예를 들어 본죄를 범하여 자신의 구좌의 예금잔고를 늘려놓고 그 구좌에서 예금을 인출하는 행위는 절도죄, 사기죄 또는 컴퓨터등사용사기죄에 해당되지 않는다. 따라서 이 경우에는 불가벌적 사후행위를 논할 필요도 없다.

[대판 2004.4.16. 2004도353] 컴퓨터등사용사기죄의 범행으로 예금채권을 취득한 다음 자기의 현금카드를 사용하여 현금자동지급기에서 현금을 인출한 경우, 현금카드 사용권한있는 자의 정당한 사용에 의한 것으로서 현금자동지급기 관리자의 의사에 반하거나 기망행위 및 그에 따른 처분행위도 없었으므로, 별도로 절도죄나 사기죄의 구성요건에 해당하지 않는다.

Ⅳ. 준사기죄 [270]

제348조(준사기) ① 미성년자의 사리분별력 부족 또는 사람의 심신장애를 이용하여 재물을 교부
받거나 재산상 이익을 취득한 자는 10년 이하의 징역 또는 2천만원 이하의 벌금에 처한다.
② 제1항의 방법으로 제3자로 하여금 재물을 교부받게 하거나 재산상 이익을 취득하게 한 경
우에도 제1항의 형에 처한다.

1. 의의 및 보호법익

본죄는 기망행위를 요하지 않기 때문에 사기죄와 독립된 범죄유형이지
만, 미성년자 또는 심신장애인의 하자있는 처분행위를 이용한다는 점에서는
사기죄와 유사하다. 본죄의 보호법익은 전체로서의 재산 또는 개별재산이다.

2. 구성요건

본죄에서 미성년자란 19세 미만의 자를 말한다. 모든 미성년자가 아니라
사리분별력이 부족한 미성년자만을 의미한다.

사리분별력 부족이란 거래에 있어서 정상적인 판단능력이 결여되어 있어
서 기망행위가 없어도 하자있는 처분행위를 하는 상태를 말한다. 심신장애란
책임능력에서 말하는 심신장애와는 같은 개념이 아니고 거래에 있어서 하자
있는 처분행위를 할 수 있는 상태를 말한다.

사리분별력 부족이나 심신장애를 이용하여야 한다. 미성년자나 심신장애
자와 거래를 하였다고 사리분별력 부족이나 심신장애를 이용하지 않았으면
본죄가 성립하지 않는다. 사리분별력 부족의 미성년자나 심신장애자를 적극
적으로 기망하여 착오에 빠뜨려 재물의 교부를 받거나 재산상의 이익을 취득
한 경우에는 본죄가 아니라 사기죄가 성립한다.

Ⅴ. 편의시설부정이용죄 [271]

제348조의2(편의시설부정이용) 부정한 방법으로 대가를 지급하지 아니하고 자동판매기, 공중전화
기타 유료자동설비를 이용하여 재물 또는 재산상의 이익을 취득한 자는 3년 이하의 징역, 500
만원 이하의 벌금, 구류 또는 과료에 처한다.

1. 의의 및 보호법익

구형법에서도 대가를 지급하지 않고 자동판매기 등 유료자동설비에서 재물을 취득한 경우에는 절도죄로 처벌할 수 있었다. 그러나 일반적으로 그 가액이 크지 않으므로 이러한 행위를 벌하되 절도죄의 법정형보다 낮은 형벌로 처벌하도록 규정한 것이다.

본죄의 보호법익은 재산이고 보호의 정도는 침해범이다.

2. 구성요건

(1) 행위의 객체

본죄의 객체는 자동판매기, 공중전화, 기타 유료자동설비이다. 유료자동설비란 동전이나 카드 기타 지불수단을 통해 대가를 지급하면 전자 혹은 기계적 작동에 의해 재물이나 용역을 제공하는 일체의 설비를 말한다. 자동판매기나 공중전화는 유료자동설비의 한 예이다. 자동놀이기구, 자동음주측정기, 음료나 물건의 자동판매기, 전자오락실의 전자오락기, 지하철승차권판매기, 주차금정산기, 뮤직박스 등도 이에 속한다.

극장이나 주차장, 도서관, 지하철 등의 자동출입기와 같이 유료의 무인자동화설비도 본죄의 객체가 될 수 있다. 은행의 현금자동지급기는 유료자동설비에서 나아가 컴퓨터등 정보처리장치라고 할 수 있기 때문에 타인의 현금카드로 현금을 인출한 경우에는 본죄가 성립하지 않고, 컴퓨터등사용사기죄가 성립한다.

본죄는 유료자동설비에 한정되고 무료로 이용하는 자동설비의 경우에는 부정한 방법으로 이용하는 경우에도 본죄가 성립하지 않는다.

(2) 실행행위

본죄의 실행행위는 부정한 방법으로 대가를 지급하지 않고 유료자동설비를 이용하여 재물 또는 재산상의 이익을 취득하는 것이다. 부정한 방법이라는 것은 정해진 대가를 지급하지 않거나 정해진 대가보다 적게 지급하고 유료자동설비가 작동하게 하는 것을 말한다. 대가를 지급하지 않아야 본죄가

성립하므로 부정한 방법으로라도 대가를 지급한 경우에는 본죄가 성립하지
않는다.

> [대판 2001. 9. 25. 2001도3625] 타인의 전화카드(한국통신의 후불식 통신카드)를
> 절취하여 전화통화에 이용한 경우에는 통신카드서비스 이용계약을 한 피해자가 그
> 통신요금을 납부할 책임을 부담하게 되므로, 이러한 경우에는 피고인이 '대가를 지
> 급하지 아니하고' 공중전화를 이용한 경우에 해당한다고 볼 수 없어 편의시설부정
> 이용의 죄를 구성하지 않는다.

3. 미 수

본죄의 실행의 착수시기는 부정한 방법을 사용하기 시작하는 시점이고,
기수시기는 재물 또는 재산상의 이익을 취득한 시점이다. 본죄의 미수범은
처벌한다(제352조).

Ⅵ. 부당이득죄 [272]

> 제349조(부당이득) ① 사람의 곤궁하고 절박한 상태를 이용하여 현저하게 부당한 이익을 취득한
> 자는 3년 이하의 징역 또는 1천만원 이하의 벌금에 처한다.
> ② 제1항의 방법으로 제3자로 하여금 부당한 이익을 취득하게 한 경우에도 제1항의 형에
> 처한다.

1. 보호법익

본죄는 폭리행위를 벌하는 것이고 폭리행위가 있으면 피해자에게 재산상
손해가 발생하므로 본죄의 보호법익은 전체로서의 재산이다. 보호의 정도는
침해범이다.

2. 구성요건

(1) 곤궁하고 절박한 상태의 이용

상대방이 곤궁하고 절박한 상태에 있어야 한다. 곤궁하고 절박한 상태가
초래된 원인은 문제되지 않는다. 경제적 궁박상태 이외에 건강, 정신, 명예상
의 곤궁하고 절박한 상태를 포함한다. 재산적 처분행위가 필요한 곤궁하고

절박한 상태임을 요하지 않고, 하자있는 처분행위를 할 수 있는 정도의 곤궁하고 절박한 상태이면 족하다.

(2) 현저하게 부당한 이익의 취득

현저하게 부당한 이득이란 자신이 제공한 급부에 비해 반대급부의 가액이 현저히 큰 경우를 말한다. '현저하게 부당한 이익의 취득'이라 함은 단순히 시가와 이익과의 배율로만 판단해서는 안 되고 구체적·개별적 사안에 있어서 일반인의 사회통념에 따라 결정하여야 한다(대판 2009. 1. 15. 2008도8577).

Ⅶ. 상습사기죄등 [273]

제351조(상습범) 상습으로 제347조 내지 전조의 죄를 범한 자는 그 죄에 정한 형의 2분의 1 까지 가중한다.

상습사기죄등은 상습으로 사기죄, 컴퓨터등사용사기죄, 준사기죄, 편의시설부정이용죄, 부당이득죄를 범하는 것이다. 상습이란 위와 같은 행위를 반복해서 하는 행위자의 습벽을 말하고 이러한 습벽의 발현으로 위와 같은 죄를 범해야 본죄가 성립한다.

제 5 관 공갈의 죄

Ⅰ. 총 설 [274]

1. 공갈죄의 보호법익

공갈죄의 보호법익은 재산과 개인의 의사결정의 자유라는 점에 견해가 일치한다. 사기죄에서 기망행위 그 자체만으로는 범죄가 되지 않음에 비해 공갈죄에서는 폭행·협박 그 자체가 범죄가 되기 때문이다.

공갈죄의 성립에 재산상의 손해가 있어야 한다는 입장에 의하면 공갈죄의 보호법익인 재산은 전체로서의 재산이다. 재산상의 손해를 요하지 않는다는 입장에 의하면 공갈죄의 보호법익은 개별재산이 될 것이다.

공갈죄의 보호의 정도는 침해범이므로 개별재산과 의사결정의 자유가 침해되어야 기수가 된다.

2. 공갈죄의 구성요건체계

공갈죄의 기본적 구성요건은 단순공갈죄(제350조)이다. 2015년 개정형법에 도입된 특수공갈죄는 불법이 가중되는 범죄유형이고, 상습공갈죄(제351조)는 상습성으로 인해 책임이 가중되는 범죄유형이다. 공갈죄의 미수범은 처벌하고(제352조), 친족상도례와 동력에 관한 규정이 준용된다(제354조).

Ⅱ. 공갈죄   [275]

> 제350조(공갈) ① 사람을 공갈하여 재물의 교부를 받거나 재산상의 이익을 취득한 자는 10년 이하의 징역 또는 2천만원 이하의 벌금에 처한다.
> ② 전항의 방법으로 제3자로 하여금 재물의 교부를 받게 하거나 재산상의 이익을 취득하게 한 때에도 전항의 형과 같다.

1. 구성요건

(1) 행위의 객체

공갈죄의 객체는 사람과 타인이 점유하는 타인소유의 재물 또는 재산상의 이익이다. 재물과 재산상 이익의 개념은 다른 재산범죄에서와 같다.

(2) 실행행위

공갈죄의 실행행위는 ① 사람을 폭행·협박하여, ② 상대방으로 하여금 공포심을 일으키게 하고, ③ 피공갈자가 공포심에 기하여 처분행위를 하고, ④ 자기 또는 제3자가 재물 또는 재산상의 이익을 취득해야 하고, ⑤ 공갈행위, 공포심발생, 처분행위, 재물 또는 재산상 이익의 취득 사이에 인과관계가 있어야 한다. ⑥ 재산상의 손해발생을 요하는가에 대해서는 견해가 대립한다.

1) **폭행·협박**　　폭행이란 사람에 대한 유형력의 행사를 말한다. 반

드시 사람의 신체에 대한 것일 필요가 없고 사람에 대한 것이면 족하다. 강도죄의 폭행처럼 항거불가능의 폭행일 정도를 요하지 않는다.

협박이란 해악을 고지하여 상대방에게 공포심을 일으키게 하는 행위를 말한다. 그러나 해악은 고지자가 해악의 발생에 어떤 영향을 미칠 수 있는 해악이어야 하고, 이 점에서 경고와 구별된다.

해악고지의 상대방은 사람이지만 의사능력이 있는 사람에 한정된다. 사람의 의사결정의 자유를 제한하거나 의사실행의 자유를 방해할 정도로 공포심을 느끼게 할 만한 해악을 고지하면 족하고 항거불가능을 요하지 않는다.

언어뿐만 아니라 거동에 의해서도 가능하고 명시적 방법뿐만 아니라 묵시적 방법으로도 가능하다. 또한 직접적 방법뿐만 아니라 제3자를 통한 간접적 방법으로도 가능하다.

[대판 2002. 2. 8. 2000도3245] 조상천도제를 지내지 아니하면 좋지 않은 일이 생긴다는 취지의 해악의 고지는 길흉화복이나 천재지변의 예고로서 행위자에 의하여 직접·간접적으로 좌우될 수 없는 것이고 가해자가 현실적으로 특정되어 있지도 않으며 해악의 발생가능성이 합리적으로 예견될 수 있는 것이 아니므로 협박으로 평가될 수 없다.

2) 하자있는 처분행위   피공갈자가 공포심을 느껴야 하고 이에 기하여 재산상의 처분행위를 해야 한다. 처분행위란 피공갈자 혹은 제3자에게 재물을 교부하거나 재산상 이익을 취득하게 하는 행위이다. 피공갈자가 공포심을 일으키지 않았거나 공포심을 일으켰더라도 처분행위를 하지 않으면 본죄의 미수가 될 수 있을 뿐이다.

처분행위는 반드시 작위임을 요하지 않는다. 부작위나 묵인 등도 처분행위가 될 수 있다. 피공갈자와 재산상의 피해자는 일치하지 않아도 되지만 피공갈자와 재산상의 처분행위자는 일치해야 한다.

3) 재물 또는 재산상 이익의 취득   공갈자 본인 또는 제3자가 재물의 교부를 받거나 재산상 이익을 취득해야 한다. 피공갈자의 처분행위가 있다 하더라도 공갈자 본인 또는 제3자가 재물이나 재산상 이익을 취득하지 못한 경우에는 미수가 된다.

4) **재산상 손해의 발생**　　　공갈죄 성립에 재산상의 손해발생이 필요한가에 대해 긍정설과 부정설이 대립한다. 대가를 제공하고 재물의 교부를 받거나 재산상 이익을 취득한 경우, 긍정설에 의하면 폭행·협박죄만이 성립하고 공갈죄는 성립하지 않지만, 부정설에 의하면 공갈죄가 성립한다.

(3) **인과관계**

폭행·협박, 피공갈자의 공포심의 발생, 처분행위, 재물 또는 재산상 이익의 취득 사이에는 인과관계가 있어야 한다. 폭행·협박을 가하였으나 상대방이 공포심을 느끼지 않고 연민이나 동정 혹은 다른 이유로 재물의 교부를 한 경우에는 공갈죄의 미수가 될 수 있을 뿐이다.

2. 위법성

권리자가 폭행·협박을 통해 권리행사를 하여 재물의 교부를 받거나 채무의 변제를 받은 경우 공갈죄가 성립하는가에 대해 다음과 같은 견해가 대립한다.

첫째, 사회통념상 그 정도를 넘어선 폭행·협박이 있고 이것이 위법할 경우에는 공갈죄가 성립한다는 견해이다. 판례는 이 입장을 따른다.

둘째, 폭행·협박죄만이 성립한다는 견해가 있다. 여기에는 ① 재산상 이익의 취득행위 그 자체는 위법하다고 할 수 없으므로 공갈죄는 성립할 수 없고 폭행·협박행위는 위법하므로 폭행·협박죄만 성립한다는 견해와, ② 공갈죄의 불법영득의사가 없어서 공갈죄가 성립할 수 없고, 폭행·협박죄만 성립하되, 재물 또는 재산상 이익이 가분이면 권리없는 부분에 대해, 불가분이면 전체에 대해 각각 공갈죄가 성립한다는 견해가 있다.

셋째, 절충설은 특정물의 경우에는 영득이 불법하지 않기 때문에 폭행·협박죄만이 성립하고, 불특정물의 경우에는 영득이 불법하기 때문에 공갈죄가 성립한다고 한다.

3. 미　수

본죄의 미수범은 처벌한다(제352조). 본죄의 실행의 착수시기는 폭행 또는 협박을 개시한 때이다.

　본죄의 기수시기는 재물 또는 재산상 이익을 취득한 시점이다.

　[대판 1992. 9. 14. 92도1506] 부동산에 대한 공갈죄는 그 부동산에 관하여 소유권
이전등기를 경료받거나 또는 인도를 받은 때에 기수로 되는 것이고, 소유권이전등
기에 필요한 서류를 교부받은 때에 기수로 되어 그 범행이 완료되는 것은 아니다.
　[대판 1985. 9. 24. 85도1687] 피해자들을 공갈하여 피해자들로 하여금 지정한 예
금구좌에 돈을 입금케 한 이상, 위 돈은 범인이 자유로이 처분할 수 있는 상태에
놓인 것으로서 공갈죄는 이미 기수에 이르렀다.

4. 친족간의 범행

　공갈죄에도 친족간의 범행규정이 준용된다(제354조). 친족간의 범행규정이
적용되기 위해서는 공갈자와 재산상의 피해자뿐만 아니라 피공갈자와도 친족
관계가 있어야 한다.

Ⅲ. 특수공갈죄

제350조의2(특수공갈) 단체 또는 다중의 위력을 보이거나 위험한 물건을 휴대하여 전조의 죄를
범한 자는 1년 이상 15년 이하의 징역에 처한다.

　2015년 형법개정에 의해 새로 들어온 규정이다. 행위의 위험성이 큼으로
인해 불법이 가중된 범죄유형이다. 단체, 다중, 위력, 위력을 보임, 위험한 물
건, 휴대의 개념은 앞에서 본 것과 같다.

Ⅳ. 상습공갈죄　　　　　　　　　　　　　　　　　　　　　　　[276]

제351조(상습범) 상습으로 제347조 내지 전조의 죄(특수공갈죄)를 범한 자는 그 죄에 정한 형의
2분의 1까지 가중한다.

　상습공갈죄는 공갈의 습벽이라는 행위자속성으로 인해 책임이 가중되는
범죄유형이다.

제 6 관 횡령의 죄

Ⅰ. 총 설 [277]

1. 보호법익

통설은 횡령죄의 보호법익을 소유권이라고 한다.

횡령죄의 보호의 정도에 대해서는 침해범설(다수설)과 위태범설이 대립한다. 침해범설은 횡령죄의 미수를 처벌하는 규정(제359조)이 있다는 것과 횡령범이 민법상의 소유권을 취득하지는 못한다 하더라도 소유권의 침해는 있다는 것을 근거로 든다. 위태범설에서는 횡령범은 민법상의 소유권을 취득하지 못하고, 부동산횡령의 경우 기수시기는 등기이전시가 아닌 매매계약 체결시라는 점을 근거로 든다.

판례는 횡령죄는 위태범이라고 하면서도(대판 2002. 11. 13. 2002도2219), 부동산횡령의 기수시기는 등기이전시라고 한다(대판 2000. 3. 24. 2000도310).

2. 횡령죄의 법적 성격

횡령죄의 법적 성격이 권한남용이라고 하는 월권행위설도 있지만, 통설·판례는 횡령죄의 법적 성격이 타인의 재물을 불법하게 영득하는 데에 있기 때문에 횡령죄의 성립에 불법영득의사가 필요하다고 한다. 이에 의하면 신임관계를 위배하여 재물을 손괴·은닉하는 경우에는 불법영득의사가 없으므로 횡령죄가 성립할 수 없고, 횡령죄가 성립하기 위해서는 자기가 보관하는 타인의 재물을 자기의 소유물처럼 사용·수익·처분하는 의사가 필요하다.

[대판 2000. 12. 27. 2000도4005] 횡령죄에 있어서의 불법영득의 의사라 함은 타인의 재물을 보관하는 자가 자기 또는 제 3 자의 이익을 꾀할 목적으로 업무상의 임무에 위배하여 보관하는 타인의 재물을 자기의 소유인 경우와 같이 사실상 또는 법률상 처분하는 의사를 의미하고, 반드시 자기 스스로 영득하여야만 하는 것은 아니다.

3. 횡령죄의 구성요건체계

형법에는 횡령죄(제355조 1항), 업무상횡령죄(제356조), 점유이탈물횡령죄(제360조)의 세 가지 유형이 규정되어 있다. 횡령죄의 기본적 구성요건은 제355조 제1항의 횡령죄이고, 업무상횡령죄는 신분관계로 인해 책임이 가중되는 범죄유형이다. 점유이탈물횡령죄는 독립된 구성요건이다.

Ⅱ. 횡령죄   [278]

제355조(횡령) ① 타인의 재물을 보관하는 자가 그 재물을 횡령하거나 그 반환을 거부한 때에는 5년 이하의 징역 또는 1,500만원 이하의 벌금에 처한다.

1. 구성요건

(1) 행위의 주체

횡령죄는 진정신분범으로서 그 주체는 '위탁관계 내지 신임관계에 의하여' '타인의 재물을 보관하는 자'이다.

1) 위탁관계 내지 신임관계　　　횡령죄의 보관은 위탁관계 내지 신임관계에 의한 것임을 요한다. 위탁관계에 의하지 않고 타인의 재물을 보관하는 자가 이를 영득한 때에는 점유이탈물횡령죄가 성립할 수 있을 뿐이다. 위탁관계는 임대차, 사용대차, 임치, 위임, 고용, 질권설정 등 계약에 의해 발생하는 경우가 일반적이지만, 법령, 관습, 거래의 신의칙에 의해서도 발생할 수 있다. 위탁관계는 사실상의 위탁관계를 의미하고 반드시 사법(私法)상의 효력이 있을 것을 요하지 않는다.

2) 불법원인급여와 횡령죄　　　예를 들어 A가 甲에게 1,200만원을 주면서 공무원 B에게 1,000만원의 뇌물을 전해주고 200만원은 수고비로 가지라고 하였는데 甲이 이를 B에게 전해주지 않고 영득한 경우 횡령죄가 성립하는가가 문제된다.

횡령죄긍정설은 ① 불법원인급여에서는 급여자에게 민법상의 반환청구권이 없을 뿐이고 행위자의 가벌성은 있고, ② 일반인의 법감정이나 수탁자의 법감정상으로도 소유권은 여전히 급여자에게 있고, ③ 불법원인급여에 있어서도 급여자와 수급자 사이에 위탁관계는 존재하고, ④ 급여자에게뿐만 아니라 수급자에게도 불법성이 존재한다는 것 등을 근거로 든다.

횡령죄부정설은 ① 불법원인급여의 경우 소유권은 수탁자에게 있으므로 타인의 재물에 해당하지 않고, ② 수급자에게 반환의무가 없음에도 불구하고 수급자를 처벌하게 되면 민법상으로 반환을 강제하는 것이 되어 법질서의 통일성을 해칠 우려가 있고, ③ 불법원인급여에서 위탁관계는 형법상으로 보호할 만한 가치가 없다는 것 등을 근거로 든다.

판례는 불법원인급여의 소유권은 수급자에게 있다는 이유로 횡령죄의 성립을 부정하지만, 불법원인급여에서 급여자와 수급자의 불법성을 비교형량하여 수급자의 불법성이 급여자보다 현저히 큰 경우에는 횡령죄가 성립한다고 한다.

[대판 1999. 9. 17. 98도2036] 민법 제746조에 의하면, 불법의 원인으로 인한 급여가 있고, 그 불법원인이 급여자에게 있는 경우에는 수익자에게 불법원인이 있는지 여부, 수익자의 불법원인의 정도, 그 불법성이 급여자의 그것보다 큰지 여부를 막론하고 급여자는 불법원인급여의 반환을 구할 수 없는 것이 원칙이나, 수익자의 불법성이 급여자의 그것보다 현저히 큰 데 반하여 급여자의 불법성은 미약한 경우에도 급여자의 반환청구가 허용되지 않는다면 공평에 반하고 신의성실의 원칙에도 어긋나므로, 이러한 경우에는 민법 제746조 본문의 적용이 배제되어 급여자의 반환청구는 허용된다.

(2) 행위의 객체

횡령죄의 객체는 '자기가 보관하는 타인의 재물'이다.

1) 재 물　　　재물의 개념은 앞에서 살펴본 바와 같다. 관리할 수 있는 동력도 재물임은 물론이다(제361조). 횡령죄의 재물에는 동산뿐만 아니라 부동산도 포함된다. 그러나 권리는 재물이 될 수 없다.

2) 보 관　　　보관이란 형법상의 점유개념보다는 넓은 개념으로서 점유 또는 소지뿐만 아니라 법률상의 관리를 포함하는 개념이다. 절도죄에서는 점유로 인정되지 않는 간접점유도 법률상 관리가 인정되므로 횡령죄의 보관

의 개념에 속한다. 선하증권, 창고증권 등과 같은 유가증권의 소지자는 물건을 사실상 지배하지 않더라도 그 물건을 처분할 수 있는 지위에 있으므로 횡령죄의 주체가 될 수 있다. 점유보조자도 보관자가 될 수 있다.

부동산의 경우 판례는 그 부동산을 법률상 유효하게 처분할 수 있는 자만이 횡령죄의 주체가 될 수 있다고 한다(대판 2004. 5. 27. 2003도6988).

3) **자기의 보관**　　횡령죄의 객체인 재물은 자기가 보관하는 재물이다. 자기보관과 타인보관은 앞의 자기점유와 타인점유에서와 같다. 공동보관의 경우 대등관계의 보관은 타인보관이 되고, 상하관계의 보관에서 상위보관자는 자기보관, 하위보관자는 타인보관이 된다.

4) **타인의 재물**　　횡령죄의 객체인 재물은 타인의 재물이다. 공동소유는 타인의 재물에 속하므로 자신이 보관하는 공동소유의 재물을 영득한 경우에는 횡령죄가 성립한다. 할부매매와 같이 소유권유보부매매의 경우 대금완납시까지는 목적물의 소유권이 매도인에게 있으므로 매수인이 대금을 완납하기 이전에 목적물을 임의처분하는 경우에는 횡령죄가 성립할 수 있다. 그러나 환매특약부매매의 경우에는 목적물의 소유권이 매수인에게 있으므로 매수인이 임의처분해도 횡령죄는 성립하지 않는다.

금전등 대체물을 위탁받은 사람(수탁자)이 이를 임의처분한 경우 그 소유권이 위탁자와 수탁자 중 누구에게 있는가에 따라 횡령죄의 성립여부가 결정되게 된다.

첫째, 특정물로 위탁된 경우 위탁자에게 금전등 대체물의 소유권이 인정되므로 수탁자가 이를 임의처분한 경우에는 횡령죄가 성립한다.

둘째, 용도나 사용목적을 특정하여 위탁된 경우 수탁자가 용도외로 사용한 경우 횡령죄 긍정설(판례)과 부정설이 있다.

[대판 2002. 11. 22. 2002도4291] 타인으로부터 용도가 엄격히 제한된 자금을 위탁받아 보관하는 자가 그 자금을 제한된 용도 이외의 목적으로 사용하는 것은 횡령죄가 되는 것이고, 보관 도중에 특정의 용도나 목적이 소멸되었다고 하더라도 위탁자가 이를 반환받거나 그 임의소비를 승낙하기까지는 횡령죄의 적용에 있어서는 여전히 위탁자의 소유물이다.

셋째, 용도의 지정이 없이 위탁받은 물건의 소유권은 수탁자에게 이전하므로 수탁자가 어떤 용도에 사용하든 횡령죄가 성립하지 않는다.

(3) 실행행위

횡령죄의 실행행위는 횡령 또는 반환거부이다.

통설·판례에 의하면 횡령이란 불법영득의사가 외부적으로 표현되는 행위이다. 횡령은 법률행위, 사실행위를 불문한다. 부작위에 의한 횡령도 가능하다.

통설·판례에 의하면 단순한 반환거부만으로써 횡령죄가 성립하지 않고, 불법영득의사로써 반환을 거부해야 횡령죄가 성립할 수 있다. 즉, 반환거부란 재물을 자기의 소유물처럼 사용·수익·처분할 의사(목적)로 반환을 거부하는 것을 의미한다.

(4) 주관적 구성요건

횡령죄는 고의범이므로 타인의 재물을 보관하는 자가 임무에 위배하여 재물을 횡령하거나 반환을 거부하는 것에 대한 의욕 또는 인용을 요한다. 통설·판례는 횡령죄의 성립에 불법영득의사를 요한다고 한다.

2. 위법성

권리행사로써 타인의 재물의 반환을 거부한 경우 횡령죄가 성립하는가가 문제된다. 예를 들어 채권자 甲이 채무자 A의 재물을 보관하고 있던 중 변제기가 도래하였음에도 불구하고 A가 채무를 변제하지 않자 그 재물의 반환을 거부한 경우이다.

통설에 의하면, 반환을 거부할 정당한 이유가 있는 경우에는 불법영득의사가 없어서 횡령죄의 구성요건해당성이 없지만, 반환을 거부할 정당한 이유가 없는 경우에는 횡령죄가 성립한다.

3. 미 수

횡령죄의 미수범은 처벌한다(제359조).

횡령죄의 기수시기에 대해 표현설은 횡령의 의사가 외부적으로 표현되면 즉시 기수가 된다고 하고 실현설(다수설 및 판례)은 횡령의 의사가 실현되었을 때에 횡령죄의 기수가 된다고 한다. 예를 들어 부동산횡령의 경우 표현설에 의하면 매매계약체결시에 횡령죄의 기수가 되지만, 실현설에 의하면 등기이전시에 기수가 된다(대판 1985. 9. 10. 85도86).

4. 공 범

횡령죄는 진정신분범이므로 형법 제33조 본문이 적용된다. 따라서 비신분자가 타인의 재물을 보관하는 자와 공동으로 횡령하거나 횡령행위를 교사·방조한 경우에는 각각 횡령죄의 공동정범, 교사·방조범이 성립한다.

5. 관련문제

(1) 부동산의 명의신탁과 횡령죄

1) 문제의 소재　　　　부동산의 명의신탁이란 대내적으로는 신탁자가 소유권을 갖되, 대외적으로는 수탁자의 명의로 소유권등기가 되어 있는 것을 말한다. 1995. 7. 1.부터 '부동산실권리자명의등기에 관한 법률'(이하 '부동산실명법'이라 함)이 시행됨에 따라 수탁자가 명의신탁된 부동산을 임의처분하거나 반환을 거부한 경우 횡령죄가 성립하는가가 문제된다.

2) 허용되는 명의신탁의 경우　　　　종중부동산의 명의신탁과 배우자간의 명의신탁은 부동산실명법이 허용하고 있다. 따라서 수탁자가 임의처분등을 한 경우 횡령죄가 성립한다.

3) 금지되는 명의신탁의 경우

가. 양자간 명의신탁

판례는 명의신탁이 부동산실명법 이전에 이루어졌든 이후에 이루어졌든 상관없이 횡령죄의 성립을 인정하였다가(대판 2018. 7. 19. 2017도17494 전합) 이후 입장을 변경하여 횡령죄의 성립을 부정하였다.

[대판 2021. 2. 18. 2016도18761 전합] 명의신탁자와 명의수탁자 사이에 무효인 명의신탁약정 등에 기초하여 존재한다고 주장될 수 있는 사실상의 위탁관계라는 것은 부동산실명법에 반하여 범죄를 구성하는 불법적인 관계에 지나지 아니할 뿐 이를 형법상 보호할 만한 가치 있는 신임에 의한 것이라고 할 수 없다. 그러므로 부동산

실명법을 위반한 양자간 명의신탁의 경우 명의수탁자가 신탁받은 부동산을 임의로 처분하여도 명의신탁자에 대한 관계에서 횡령죄가 성립하지 아니한다.

이로써 판례는 후술하는 3자간 명의신탁을 포함하여 부동산실명법에 의해 금지되는 모든 형태의 명의신탁에서 횡령죄의 성립을 부정하게 되었다.

나. 3자간 명의신탁　　　3자간 명의신탁이란 명의신탁에 관여하는 사람이 세 사람인 경우로서, 중간생략등기형 명의신탁과 계약명의신탁으로 나눌 수 있다. 전자에서는 명의신탁자와 수탁자 모두 계약당사자가 되지만, 후자에서는 명의수탁자만 계약당사자가 된다.

A. 중간생략등기형 명의신탁　　　중간생략등기형 명의신탁이란 예컨대 A로부터 乙이 부동산을 매수하고 乙과 甲 사이에 명의신탁약정에 따라 A로부터 乙로의 등기를 생략하고 바로 甲으로 소유권이전등기를 하는 경우이다. 여기에서 甲이 부동산을 임의처분한 경우 판례는 횡령죄가 성립하지 않는다고 한다(대판 2016. 5. 19. 2014도6992 전합).

B. 계약명의신탁　　　계약명의신탁이란 예컨대 甲과 乙이 명의신탁약정을 하고 甲이 계약당사자가 되어 丙으로부터 부동산을 매입하여 자신의 명의로 등기를 하는 경우를 말한다. 이 경우 丙이 甲, 乙 사이의 명의신탁약정을 모를 수도 있고(상대방이 선의인 계약명의신탁), 알 수도 있다(상대방이 악의인 계약명의신탁). 판례는 어느 경우에나 명의수탁자 甲이 부동산을 임의처분하여도 乙에 대한 횡령죄는 성립하지 않는다고 한다.

[대판 2000. 3. 24. 2000도310] (상대방이 선의인 계약명의신탁에서) 그 소유권이전등기에 의한 부동산의 물권변동은 유효한 반면 신탁자와 수탁자 사이의 명의신탁약정은 무효이므로, 결국 수탁자는 매도인뿐만 아니라 신탁자에 대한 관계에서도 유효하게 당해 부동산의 소유권을 취득한 것으로 보아야 하므로 그 수탁자는 타인의 재물을 보관하는 자라고 볼 수 없다.
[대판 2012. 11. 29. 2011도7361] (상대방이 악의인 계약명의신탁에서) 수탁자 명의의 소유권이전등기는 무효이고 부동산의 소유권은 매도인이 그대로 보유하게 되므로, 명의수탁자는 부동산 취득을 위한 계약의 당사자도 아닌 명의신탁자에 대한 관계에서 횡령죄에서 '타인의 재물을 보관하는 자'의 지위에 있다고 볼 수 없고, 또한 명의수탁자가 명의신탁자에 대하여 매매대금 등을 부당이득으로 반환할 의무를 부

담한다고 하더라도 이를 두고 배임죄에서 '타인의 사무를 처리하는 자'의 지위에 있다고 보기도 어렵다.

(2) 차명계좌와 횡령죄

차명계좌란 예금금액의 실제 주인이 타인의 명의로 개설한 계좌이다. 예금계좌의 명의신탁이라고 할 수 있다. 판례는 예금명의인이 차명계좌의 예금을 임의로 인출하여 소비한 경우 횡령죄가 성립한다고 한다(대판 2008. 12. 11. 2008도8279). 그러나 2014년 개정 금융실명법은 불법재산은닉, 자금세탁, 강제집행면탈 등과 같은 탈법행위를 위한 차명거래를 금지하고(제 3 조 3항), 위반자에 대해서는 5년 이하의 징역 또는 3천만원 이하의 벌금에 처하도록 하고 있다(제 6 조). 따라서 이러한 예금계좌에서 명의수탁자가 임의 인출하여 처분한 경우에는 이자간 명의신탁에서와 같은 횡령죄 긍정설과 부정설이 있을 수 있다.

(3) 채권양도와 횡령죄

채권자 甲이 채무자 A에 대한 채권을 乙에게 양도하고 A에 대해 채권양도를 통지하기 이전에 A가 甲에게 갚은 돈을 甲이 乙에게 주지 않고 임의소비한 경우 판례는 甲의 횡령죄를 인정한다(대판 1999. 4. 15. 97도666 전합). 그러나 채권양도가 甲의 乙에 대한 채무담보를 목적으로 한 경우에는 횡령죄가 성립하지 않는다고 한다(대판 2021. 2. 25. 2020도12927).

(4) 착오송금과 횡령죄

판례는 자신의 은행계좌에 착오로 송금된 돈을 마음대로 인출한 경우 횡령죄가 성립하지만(대판 2010. 12. 9. 2010도891), 자신의 계정에 착오로 이체된 비트코인을 마음대로 처분한 경우 횡령죄는 물론 배임죄도 성립하지 않는다고 한다(대판 2021. 12. 16. 2020도9789).

Ⅲ. 업무상횡령죄   [279]

제356조(업무상의 횡령과 배임) 업무상의 임무에 위배하여 제355조의 죄를 범한 자는 10년 이하의 징역 또는 3천만원 이하의 벌금에 처한다.

1. 법적 성격

업무상횡령죄는 횡령죄에 대해 책임이 가중되는 범죄유형으로서 부진정
신분범이다. 업무상횡령죄를 가중처벌하는 이유는 단순횡령죄에 비해 그 피
해가 크고 업무에 대한 사회적 신뢰를 파괴할 가능성이 크기 때문이다.

2. 구성요건

업무란 사회생활상 지위에서 계속적으로 종사하는 사무를 말한다. 단순
히 일회적인 사무는 업무라고 할 수 없다. 본죄에서의 업무는 업무상과실치
사상죄에서와 같이 생명·신체에 위험을 초래할 수 있는 업무에 국한되지 않
지만, 위탁관계에 의해 타인의 재물을 보관하는 내용을 지닌 업무여야 한다.
재물을 보관하는 내용의 업무가 아닌 업무를 하는 사람이 업무상 보관하게
된 재물을 횡령하는 경우에는 본죄가 성립하지 않고 단순횡령죄가 성립한다.
업무는 법령이나 계약에 의한 것뿐만 아니라 관습상이나 사실상의 업무
여도 무방하다. 무허가로 하는 업무라도 무방하고 유상·무상을 불문하고, 주
된 업무뿐만 아니라 부수적 업무도 포함된다. 영구적·일시적 업무가 모두
포함되고, 특정인 혹은 불특정인을 위한 업무인가도 불문한다.

3. 공 범

본죄는 진정신분범과 부진정신분범의 성격을 모두 지니고 있으므로 비신
분자가 본죄에 가공한 때에는 단순횡령죄로 처벌된다. 다수설에 의하면 단순
배임죄에 가공한 부분은 제33조 본문이, 업무상배임죄에 가공한 부분은 단서가
적용되어 단순횡령죄가 성립하고 단순횡령죄로 처벌된다. 판례와 소수설에
의하면 제33조 본문에 의해 업무상횡령죄의 공동정범이 성립하지만, 단서에
의해 단순횡령죄로 처벌된다.

Ⅳ. 점유이탈물횡령죄 [280]

> 제360조(점유이탈물횡령) ① 유실물, 표류물 또는 타인의 점유를 이탈한 재물을 횡령한 자는 1년 이하의 징역이나 300만원 이하의 벌금 또는 과료에 처한다.
> ② 매장물을 횡령한 자도 전항의 형과 같다.

1. 법적 성격 및 보호법익

횡령죄는 위탁관계를 배신하고 타인의 재물을 영득하는 데 비해 점유이탈물횡령죄는 이와 같은 신뢰에 대한 배신이 없다는 점 때문에 횡령죄에 비해 형벌이 가볍다. 본죄의 성격에 대해 횡령죄의 감경적 구성요건이라는 견해와 독립된 범죄라는 견해(통설)가 대립한다.

본죄의 보호법익은 소유권이고 보호의 정도는 침해범이다.

2. 구성요건

(1) 행위의 객체

본죄의 객체는 유실물, 표류물, 매장물 또는 타인의 점유를 이탈한 재물이다. 유실물, 표류물, 매장물은 점유이탈물의 예시라고 할 수 있다.

유실물이란 점유자가 잃어버린 물건, 즉 분실물을 말한다. 유실물법 제12조의 준유실물도 본죄의 객체가 된다. 표류물이란 점유를 이탈하여 바다, 강, 개천 등에서 떠내려가는 물건을 말한다. 매장물이란 땅, 바다밑, 건조물 등에 묻혀있는 물건을 말한다. 점유이탈물이란 점유자의 의사에 의하지 않고 그의 점유를 이탈한 물건을 말한다. 어느 누구의 점유에도 속하지 않는 물건뿐만 아니라 자신의 점유하에 있더라도 권리자와 위탁관계에 의하지 않고 점유하는 물건도 점유이탈물이 된다. 예를 들어 우연히 자기 집에 들어온 물건이나 가축, 손님이 잊고 간 물건 등도 점유이탈물이 된다.

사자의 물건을 영득한 경우 통설은 점유이탈물횡령죄가 된다고 한다. 이에 대해 판례는 사자의 생전점유가 사후에도 다소간 계속되는 경우에는 절도죄가 된다고 한다(대판 1993. 9. 28. 93도2143).

점유이탈물횡령죄의 객체는 타인소유의 재물이므로 무주물이나 자기 소유의 재물에 대해서는 점유이탈물횡령죄가 성립하지 않는다.

(2) 실행행위

본죄의 실행행위는 횡령이다. 횡령이란 불법영득의사가 표현되는 행위로서 권리자의 의사에 반하여 소유자를 배제하고 재물을 자기의 소유물처럼 사용·수익·처분하는 행위를 말한다.

V. 불가벌적 사후행위 및 친족간의 범행

횡령죄, 업무상횡령죄 또는 점유이탈물횡령죄가 성립한 후 그 재물을 사용·손괴하는 행위는 별도의 범죄를 구성하지 않는 불가벌적 사후행위이다.

본 장의 죄에는 친족간의 범행규정과 동력규정이 적용된다(제361조). 친족관계는 소유자와 범인 사이에 존재해야 한다.

제 7 관   배임의 죄

I. 총 설   [281]

1. 보호법익

배임죄의 보호법익에 대해 재산권설, 재산설, 전체로서의 재산설(다수설) 등이 대립하고, 보호의 정도에 대해서는 위험범설과 침해범설(다수설)이 대립한다. 판례는 구체적 위험범설을 따른다(대판 2000. 4. 11. 99도334).

2. 배임죄의 법적 성격

배임죄의 본질은 대리권의 남용에 있다고 하는 권한남용설도 있지만, 통설·판례는 배신설을 따른다. 배신설에 의하면 배임죄의 본질은 위탁자의 신뢰를 배신하여 재산상의 이익을 취득하고 본인에게 재산상의 손해를 가하는데에 있다. 그리고 횡령죄나 배임죄 모두 위탁자의 신뢰를 배신한다는 배신성을 지니고 있지만, 횡령죄는 재물을 객체로 하고 배임죄는 재산상 이익을 객체로 한다는 점에서 양자는 특별법 대 일반법의 관계에 있다.

> [대판 1999. 9. 17. 97도3219] 배임죄에 있어서 타인의 사무를 처리하는 자라 함은 양자간의 신임관계에 기초를 둔 타인의 재산보호 내지 관리의무가 있음을 그 본질적 내용으로 하는 것이므로, 배임죄의 성립에 있어 행위자가 대외관계에서 타인의 재산을 처분할 적법한 대리권이 있음을 요하지 아니한다.

3. 배임죄의 구성요건체계

배임죄의 기본적 구성요건은 제355조 제 2 항의 배임죄이다. 제356조의 업무상배임죄는 업무자라는 신분으로 인해 책임이 가중되는 범죄유형이다. 배임죄는 진정신분범이고 업무상배임죄는 진정신분범과 부진정신분범의 성격을 모두 지니고 있다.

제357조의 배임수재죄와 배임증재죄는 배임죄와 독립된 성격의 범죄로서 수뢰죄(제129조), 및 증뢰죄(제133조)와 유사한 성격의 범죄이다.

위의 범죄들의 미수범은 처벌하고(제359조), 친족간 범행규정과 동력에 관한 규정이 준용된다(제361조).

Ⅱ. 배임죄   [282]

> 제355조(배임) ② 타인의 사무를 처리하는 자가 그 임무에 위배하는 행위로써 재산상의 이익을 취득하거나 제 3 자로 하여금 이를 취득하게 하여 본인에게 손해를 가한 때에도 전항의 형과 같다.

1. 구성요건

(1) 행위의 주체

배임죄는 진정신분범으로서 그 주체는 '타인의 사무를 처리하는 자'이다.

1) 신임관계   '타인의 사무를 처리하는 자'란 위탁자와의 신임관계에 의해 타인의 사무를 처리하는 자이다. 신임관계의 발생근거는 법령, 위임·도급·고용 등의 계약, 대리권의 부여와 같은 법률행위뿐만 아니라 관습, 사무관리, 거래의 신의칙에 의해서도 발생할 수 있다. 그러나 신임관계를 형성하는 계약 등이 무효여서 처음부터 신임관계가 발생할 수 없었던 경우에는

배임죄가 성립할 수 없다.

2) **사무의 내용**　　본죄의 사무가 재산상 사무에 국한되는가에 대해 견해가 대립한다. 긍정설(다수설·판례)은 ① 본죄는 횡령죄와 같이 재산범죄이고, ② 재산상의 사무에 국한하지 않으면 본죄의 성립범위가 부당하게 확대될 위험이 있다는 것을 근거로 든다. 절충설은 본죄의 사무는 재산적 사무에 국한할 필요는 없지만, 재산적 이해관계가 있는 사무여야 한다고 한다. 부정설은 배임죄의 사무를 재산상의 사무나 재산적인 이해관계가 있는 사무에 국한할 필요가 없다고 한다.

3) **타인의 사무**　　배임죄의 주체는 타인의 사무를 처리하는 자이다. 타인의 사무와 관련되어 있더라도 자기의 사무라고 할 수 있을 때에는 배임죄가 성립하지 않는다. 사무의 본질적 내용이 자기의 사무임과 동시에 타인의 사무인 경우에는 타인의 사무가 된다.

(2) **실행행위**

배임죄의 실행행위는 그 임무에 위배하는 행위로써 재산상의 이익을 취득하거나 제3자로 하여금 취득하게 하여 본인에게 재산상의 손해를 가하는 것이다.

1) **임무위배행위**(배임행위)　　　'임무에 위배하는 행위'란 처리하는 사무의 내용, 성질 등 구체적 상황에 비추어 법률의 규정, 계약의 내용 혹은 신의칙상 당연히 할 것으로 기대되는 행위를 하지 않거나 당연히 하지 않아야 할 것으로 기대하는 행위를 함으로써 본인과 사이의 신임관계를 저버리는 일체의 행위를 말한다.

타인의 사무를 처리하는 자가 모험적 거래를 한 경우에 배임행위가 되는가가 문제된다. 본인이 모험적 거래에 동의·승낙한 경우에는 신뢰위반이 없기 때문에 배임행위가 되지 않는다. 동의·승낙이 없는 경우에는 예상되는 이익과 손해의 규모, 그 거래가 정상적인 사무처리범위 내에 속하는지의 여부, 본인의 추정적 승낙이 있는지 여부 및 기타의 상황을 종합적으로 고려하여 배임행위 여부를 결정해야 한다.

2) **재산상 이익의 취득**　　　배임죄가 성립하기 위해서는 재산상의 이

익을 취득해야 한다. 본인에게 재산상의 손해를 가했다 하더라도 본인이나 제 3 자가 재산상의 이익을 취득하지 않으면 배임죄가 성립하지 않는다. 자기 가 취득하는 경우는 물론 제 3 자가 취득하도록 하는 것도 포함된다. 재산상 의 이익은 다른 재산범죄에서와 마찬가지로 경제적 개념이다. 적극적 이익뿐 만 아니라 채무를 면하는 것과 같은 소극적 이익도 포함된다.

[대판 1982. 2. 23. 81도2601] 피고인이 피해자와 공동구입한 택시를 법정폐차시한 전에 임의로 폐차케 한 경우 특단의 사정이 없는 한 그 폐차조치만으로써는 피해자 에게 장차 얻을 수 있었을 수익금 상실의 손해는 발생하였을지언정 피고인이 피해자 몫에 해당하는 이익을 취득하였다고 볼 수는 없으므로 배임죄가 성립하지 않는다.

3) 재산상 손해   본인에게 재산상의 손해를 가해야 한다. 자기 또는 제 3 자가 재산상의 이익을 취득하였다 하더라도 본인에게 재산상의 손해가 발생하지 않으면 배임죄는 성립하지 않는다. 재산상의 손해도 법률적 관점이 아닌 경제적 관점에서 파악해야 한다. 통설·판례는 손해를 가한 때라 함은 현실적으로 손해를 가한 때뿐만 아니라 손해발생의 위험성이 있는 경우도 포 함된다고 한다.

(3) 주관적 구성요건

배임죄가 성립하기 위하여는 배임죄의 객관적 구성요건요소에 대한 인식 과 인용이 있어야 한다. 통설·판례는 배임죄의 성립에 고의 이외에 불법이 득의사가 필요하다고 한다(대판 1990. 7. 24. 90도1042).

2. 미 수

배임죄의 미수범은 처벌한다(제359조). 배임죄의 실행의 착수시기는 임무위 배행위를 개시한 때이다. 배임죄의 기수시기에 대해 본인에게 손해가 발생한 때라는 견해(대판 1987. 4. 28. 83도1568)와 재산상 이익을 취득한 시점과 재산상 손 해가 발생한 시점 중 나중의 시점이라는 견해가 대립한다.

3. 공 범

배임죄는 진정신분범이어서 제33조 본문의 적용을 받으므로 비신분자가 타인의 사무를 처리하는 자의 배임죄에 가공한 때에는 공동정범, 교사범, 종범이 된다.

4. 관련문제

(1) 부동산의 이중매매

1) 개 념 　　부동산의 이중매매란 매도인이 제1차 매수인에게 부동산을 매도하고 소유권등기를 하여 주기 전에 다시 그 부동산을 다른 사람에게 매도하여 그에게 소유권이전등기를 하여 준 경우를 말한다. 이 경우 제1차 매수인에 대해 사기죄나 횡령죄는 성립하지 않지만, 배임죄는 성립할 수 있는지가 문제된다. 이는 제1차 매수인에 대한 매매계약이 어느 정도 진행되었느냐에 따라 달라진다.

2) 계약금만 수령한 경우 　　통설·판례(대판 1980. 5. 27. 80도290)에 의하면 매도인이 제1차 매수인으로부터 계약금만 수령한 경우 매도인은 제1차 매수인에게 계약금의 배액을 지급하고 해약을 할 수 있다(민법 제565조). 이 경우 매도인은 제1차 매수인의 사무를 처리하는 자라고 할 수 없으므로 부동산을 이중매매한 경우에도 배임죄는 성립하지 않는다.

3) 중도금 또는 잔금을 수령한 경우 　　통설·판례에 의하면 매도인이 제1차 매수인으로부터 계약금과 중도금 또는 잔금까지 수령한 경우에는 제1차 매수인의 사무를 처리하는 자가 되므로 부동산을 이중매매한 경우 제1차 매수인에 대한 배임죄가 성립한다.

> [대판 1988. 12. 13. 88도750; 대판 2018. 5. 17, 2017도4027 전합] 부동산매도인이 매수인으로부터 계약금과 중도금까지 수령한 이상 특단의 약정이 없다면 잔금수령과 동시에 매수인 명의로의 소유권이전등기에 협력할 임무가 있으므로 이를 다시 제3자에게 처분함으로써 제1차 매수인에게 잔대금수령과 상환으로 소유권이전등기절차를 이행하는 것이 불가능하게 되었다면 배임죄의 책임을 면할 수 없다.

다만 판례는 대물변제예약된 부동산을 이중매매한 경우에는 배임죄가 성립하지 않는다고 한다(대판 2014. 8. 21. 2014도3363 전합).

4) 배임죄의 실행의 착수 및 기수시기 　　이중매매에서 배임죄의 실행의

착수시기에 대해 판례는 제 2 차 매수인으로부터 중도금을 수령한 때라고 한다.

[대판 2003. 3. 25. 2002도7134] 부동산의 이중양도에 있어서 매도인이 제 2 차 매수인으로부터 계약금만을 지급받고 중도금을 수령한 바 없다면 배임죄의 실행의 착수가 있었다고 볼 수 없다.

5) 악의의 후매수인의 형사책임　　　　판례는 매도인이 중도금 내지 잔금까지 수령한 것을 단순히 알고 있다는 사실만으로는 공동정범이나 방조범이 성립할 수 없고, 선매수인을 해할 목적으로 적극적으로 이중매매를 교사하는 등 적극적인 행위를 한 경우에만 공동정범이 될 수 있다고 한다(대판 2003. 10. 30. 2003도4382).

(2) 부동산의 이중저당
부동산의 이중저당이란 부동산의 소유자가 채권자에게 저당권을 설정하여 주기로 약정하고 저당권설정등기를 하여 주기 전에 다른 사람에게 저당권설정등기를 하여 준 경우를 말한다. 예를 들어 甲이 A에게 1억을 빌리면서 저당권을 설정하여 주기로 약정하고 A 앞으로 저당권설정등기를 하여 주기 전에 B에게 저당권설정등기를 하여 준 경우이다.
이 경우 판례는 배임죄가 성립할 수도 있다는 종래의 입장을 변경하여 배임죄의 성립을 부정한다.

[대판 2020. 6. 18. 2019도14340 전합] 채무자가 저당권설정계약에 따라 채권자에 대하여 부담하는 저당권을 설정할 의무는 계약에 따라 부담하게 된 채무자 자신의 의무이다. 채무자가 위와 같은 의무를 이행하는 것은 채무자 자신의 사무에 해당할 뿐이므로, 채무자를 채권자에 대한 관계에서 '타인의 사무를 처리하는 자'라고 할 수 없다. 따라서 채무자가 제 3 자에게 먼저 담보물에 관한 저당권을 설정하거나 담보물을 양도하는 등으로 담보가치를 감소 또는 상실시켜 채권자의 채권실현에 위험을 초래하더라도 배임죄가 성립한다고 할 수 없다.

(3) 동산의 이중매매
통설은 동산의 이중매매에서도 배임죄가 성립할 수 있다고 하지만, 판례는 배임죄의 성립을 부정한다.

[대판 2011. 1. 20. 2008도10479 전합] 동산매매계약에서의 매도인은 매수인에 대하여 그의 사무를 처리하는 지위에 있지 아니하므로, 매도인이 목적물을 매수인에게 인도하지 아니하고 이를 타에 처분하였다 하더라도 형법상 배임죄가 성립하는 것은 아니다.

Ⅲ. 업무상배임죄 [283]

> 제356조(업무상의 횡령과 배임) 업무상의 임무에 위배하여 제355조의 죄를 범한 자는 10년 이하의 징역 또는 3천만원 이하의 벌금에 처한다.

1. 의 의

업무상배임죄는 배임죄에 비해 업무자라는 신분으로 책임이 가중되는 범죄유형이므로 진정신분범과 부진정신분범의 성격을 모두 지니고 있다. 즉, 타인의 사무를 처리하는 자가 주체가 된다는 점에서 진정신분범, 업무상 타인의 사무를 처리하는 자가 주체가 된다는 점에서 부진정신분범이 된다.

업무의 개념은 업무상횡령죄에서와 같다. 업무의 근거는 법령, 계약, 관습의 어느 것에 의하건 묻지 않고, 사실상의 것도 포함한다(대판 2003. 1. 10. 2002도758). 타인의 사무를 처리하는 자, 임무에 위배하는 행위, 재산상 이익의 취득, 본인에게 손해를 가한다는 것의 개념은 배임죄에서와 같다.

2. 공 범

타인의 사무를 처리하는 자가 아닌 자 또는 타인의 사무를 처리하는 자라도 비업무자가 업무상배임죄에 가공한 때에는 단순배임죄의 공범으로 처벌된다는 점에서는 견해가 일치한다. 그러나 그 근거에 대해서 다수설은 제33조 본문에 의해 단순배임죄의 공범이 되고, 이어 업무상배임죄에 가공한 부분은 제33조 단서에 의해 단순배임죄의 공범이 성립하고 단순배임죄의 공범으로 처벌된다고 한다. 판례와 소수설에 의하면 제33조 본문에 의해 업무상배임죄의 공범이 되지만, 제33조 단서에 의해 단순배임죄의 공범으로 처벌된다.

Ⅳ. 배임수 · 증재죄 [284]

> 제357조(배임수증재) ① 타인의 사무를 처리하는 자가 그 임무에 관하여 부정한 청탁을 받고 재물 또는 재산상의 이익을 취득하거나 제 3 자로 하여금 이를 취득하게 한 때에는 5년 이하의 징역 또는 1천만원 이하의 벌금에 처한다.
> ② 제 1 항의 재물 또는 재산상 이익을 공여한 자는 2년 이하의 징역 또는 500만원 이하의 벌금에 처한다.
> ③ 범인 또는 그 사정을 아는 제 3 자가 취득한 제 1 항의 재물은 몰수한다. 그 재물을 몰수하기 불가능하거나 재산상의 이익을 취득한 때에는 그 가액을 추징한다.

1. 보호법익

배임수 · 증재죄의 보호법익에 대해서 '거래 내지 사무처리의 청렴성'이라는 견해(다수설)와 타인사무처리에 있어서 공정성을 확보하여 타인의 재산을 보호하려고 하는 것이므로 '타인의 재산과 사무처리의 공정성 내지 청렴성'이라는 견해가 대립한다. 판례는 '타인의 사무를 처리하는 자의 청렴성'이라고 한다(대판 1997. 10. 24. 97도2042).

보호의 정도에 대해서는 침해범설과 추상적 위험범설이 대립한다.

2. 배임수재죄

(1) 구성요건

1) **행위의 주체**   본죄의 주체는 타인의 사무를 처리하는 자이다. 본죄의 사무는 재산상의 사무에 국한되지 않는다.

2) **행위의 객체**   본죄의 객체는 재물 또는 재산상의 이익이다. 관리할 수 있는 동력도 재물이고(제361조), 재산상의 이익은 경제적 개념이다.

3) **실행행위**   임무에 관하여 부정한 청탁을 받고 재물 또는 재산상의 이익을 취득하거나 제 3 자로 하여금 이를 취득하게 하는 것이다. 부정한 청탁이란 업무상 배임에 이르는 정도는 아니지만 사회상규와 신의성실의 원칙에 반하는 것을 내용으로 하는 청탁을 말한다. 부정한 청탁은 임무와 관련된 것이어야 한다. '임무'는 타인의 사무를 처리하는 자가 위탁받은 사무를 말하지만 그 위탁관계로 인한 본래의 사무뿐만 아니라 그와 밀접한 관계가 있는 범위 내의 사무도 포함된다(대판 1982. 2. 9. 80도2130). 수뢰죄에서와는 달리 재물 또는 재

산상 이익을 취득해야 하고 이를 요구하거나 약속만 한 때에는 본죄가 성립할
수 없다.

(2) 미 수

본죄의 미수범은 처벌한다(제359조). 부정한 청탁을 받은 것만으로는 본죄
의 실행의 착수가 있다고 할 수 없으므로, 본죄의 실행의 착수시기는 재물
또는 재산상의 이익을 취득하기 위한 행위를 하는 시점이다. 본죄의 기수시
기는 재물 또는 재산상 이익을 현실적으로 취득하는 시점이다.

3. 배임증재죄

배임증재죄의 구성요건은 타인의 사무를 처리하는 자에게 부정한 청탁을
하고 재물 또는 재산상의 이익을 공여(供與)하는 것이다.

본죄는 신분범이 아니므로 주체에는 제한이 없다. 그러나 증재의 상대방
은 타인의 사무를 처리하는 자이므로 본죄는 필요적 공범이다. 그러나 필요
적 공범이라고 해서 배임수재죄가 성립하면 반드시 배임증재죄가 성립하는
것은 아니다. 수재자 입장에서는 부정한 청탁이라도 증재자 입장에서는 부정
한 청탁이 되지 않을 수 있다(대판 2011. 10. 27. 2010도7624).

부정한 청탁의 의미는 배임수재죄에서와 같다.

본죄의 미수범은 처벌한다. 본죄의 실행의 착수시기도 공여행위를 개시
하는 시점이므로 공여를 약속한 것만으로는 실행의 착수가 인정되지 않는다.
본죄의 기수시기는 공여행위를 종료한 시점이다.

제 8 관 장물에 관한 죄

I. 총 설   [285]

1. 보호법익

장물죄의 보호법익에 대해서는 소유자의 추구권설(다수설)과 재산권설이

대립한다. 장물죄의 보호의 정도에 대해서는 침해범설, 위험범설, 장물알선죄는 위험범이지만 장물취득·양도·운반·보관죄는 침해범이라는 견해 등이 대립된다.

2. 장물죄의 법적 성격

(1) 추구권설

이 견해는 장물죄는 소유권 등 본권(本權)에 기한 반환청구권인 추구권, 즉 재물에 대한 점유를 상실한 본범의 피해자가 그 점유를 회복할 수 있는 권리를 침해, 위태화하는 데에 그 특징이 있다고 한다. 이 견해는 ① 뇌물죄나 도박죄 등에 의해 취득한 물건도 장물이라고 할 수 있는 독일과는 달리 우리 형법에서는 재물죄에 의해 영득한 재물만이 장물이 될 수 있고, ② 장물양도죄를 규정하였는데 장물양도죄는 반환청구권(추구권)의 행사를 곤란하게 하는 행위라는 점을 근거로 제시한다.

(2) 위법상태유지설

이 견해는 장물죄의 특징은 위법상태유지, 즉 본범에 의해 발생한 위법상태를 본범 또는 재물의 점유자와의 합의하에 유지·존속시키는 데에 있다고 한다. 이 견해는 추구권이라는 사법상의 권리와 상관없이 형법의 독자적 견지에서 장물죄를 파악하려고 한다.

이 견해에 의하면 ① 불법원인급여에 의해 횡령한 재물 등과 같이 피해자의 추구권이 인정되지 않는 경우에도 장물성을 인정할 수 있고, ② 문서, 통화, 유가증권위조죄, 도박죄, 뇌물죄 등에 의해 취득한 재물에 대해서도 장물성을 인정할 수 있고, ③ 장물죄의 성립에 본범 또는 재물의 점유자와의 합의가 필요하다.

(3) 결합설

결합설은 장물죄의 특징은 피해자의 반환청구권(추구권)행사를 곤란하게 하고 재산범죄로 초래된 위법상태를 유지하는 데에 있다고 한다. 판례는 결합설을 따른다(대판 1987. 10. 13. 87도1633).

(4) 공범설

장물죄의 본질은 본범이 취득한 이익에 관여하여 이익을 간접취득하는 데에 있다고 한다. 장물죄를 사후종범(事後從犯)으로 파악하는 견해라고 할 수 있다.

3. 장물죄의 구성요건체계

장물에 관한 죄의 기본적 구성요건은 제362조의 장물취득등죄이다. 제363조의 상습장물취득등죄는 상습성이라는 행위자요소로 인해 책임이 가중된 범죄유형이다. 제364조의 업무상과실, 중과실장물취득등죄는 과실범의 처벌규정이다. 업무상과실, 중과실만 벌하고 단순과실장물취득등죄는 벌하지 않는다는 점에 특징이 있다. 장물죄에 대해서는 장물범과 본범의 피해자간, 장물범과 본범간에 친족관계가 있는 경우 친족상도례의 규정이 준용된다(제365조).

장물죄에는 관리할 수 있는 동력에 관한 규정이 없지만, 본범에 동력에 관한 규정이 있으므로 관리할 수 있는 동력은 장물이 될 수 있다.

장물죄의 미수범은 처벌하지 않는다.

Ⅱ. 장물취득 · 양도 · 운반 · 보관 · 알선죄   [286]

> 제362조(장물의 취득, 알선등) ① 장물을 취득, 양도, 운반 또는 보관한 자는 7년 이하의 징역 또는 1,500만원 이하의 벌금에 처한다.
> ② 전항의 행위를 알선한 자도 전항의 형과 같다.

1. 구성요건

(1) 행위의 주체

본죄의 주체는 본범 이외의 자이다. 본범의 단독정범, 합동범, 공동정범, 간접정범 등은 본죄의 주체가 될 수 없다. 통설·판례는 교사범과 방조범은 장물죄의 주체가 될 수 있다고 한다(대판 1986. 9. 9. 86도1273).

(2) 행위의 객체

본죄의 객체인 장물은 재산범죄에 의해 위법하게 영득한 재물을 말한다.

1) **재 물**　　　장물은 재물이어야 한다. 가치장물은 인정되지 않으므로 재산상의 이익이나 권리, 정보 등은 장물이 될 수 없다. 단, 권리가 화체되어 있는 유가증권, 문서 등은 재물이므로 장물이 될 수 있다. 동산뿐만 아니라 부동산도 장물이 될 수 있다. 관리할 수 있는 동력도 장물이 될 수 있다(대판 1972. 6. 13. 72도971).

2) **재산범죄**

가. **재산범죄의 범위**　　　장물은 재산범죄에 의해 위법하게 영득한 재물이다. 재산범죄는 절도, 강도, 사기, 공갈, 횡령죄뿐만 아니라 편의시설부정이용죄, 부당이득죄, 점유이탈물횡령죄, 배임죄, 횡령죄도 포함한다. 본범이 재산범죄인 이상 특별법상의 재산범죄여도 무방하다. 장물죄에 의해 취득한 장물을 다시 취득하는 경우에도 장물죄가 성립한다. 이를 연쇄장물이라고 한다. 배임죄나 부당이득죄에 의해 재물을 취득할 수도 있으므로 이것도 장물이 된다.

재산범죄 이외의 범죄로 취득한 재물은 장물이 될 수 없다. 뇌물로 받은 재물, 위조죄에 의해 만들어진 위조통화·문서·유가증권, 도박으로 취득한 재물, 마약범죄에 의해 생겨난 마약, 성매매의 대가로 받은 재물, 구산림법을 위반하여 벌목한 목재나 구 '임산물단속에 관한 법률' 위반죄에 의하여 생긴 임산물(대판 1975. 9. 23. 74도1804) 등은 장물이 될 수 없다.

나. **재산범죄의 요건**　　　본범은 재산범죄의 구성요건에 해당하고 위법한 행위이면 족하고 책임, 처벌조건, 소추조건까지 갖출 것을 요하지 않는다. 장물죄가 성립하기 위해서는 본범이 기수에 이르러야 하는가에 대해 긍정설(다수설)과 부정설이 대립한다. 본범의 영득행위가 종료하기 전에 그 영득행위에 가공한 자는 본범의 공범이 될 수는 있어도 장물죄의 주체는 될 수 없다.

3) **재물의 동일성**　　　장물은 재산범죄로 영득한 재물과 동일성을 유지하는 범위 내에서만 인정되고, 재물의 동일성이 없어진 경우에는 더 이상 장물이 아니다. 따라서 장물을 매각하여 받은 금전(대판 1972. 6. 13. 72도971), 장물과 교환한 물

건, 금전인 장물로 구입한 물건 등과 같은 대체장물은 장물이 아니다. 장물성이
문제되는 경우로 다음과 같은 것들이 있다.

가. 대체물　　　장물인 금전을 다른 금전으로 바꾼 경우 판례는 장물성
을 인정한다.

> [대판 2004. 3. 12. 2004도134] 장물인 현금을 금융기관에 예금의 형태로 보관하였
> 다가 이를 반환받기 위하여 동일한 액수의 현금을 인출한 경우에 예금계약의 성질
> 상 인출된 현금은 당초의 현금과 물리적인 동일성은 상실되었지만 액수에 의하여
> 표시되는 금전적 가치에는 아무런 변동이 없으므로 장물로서의 성질은 그대로 유
> 지된다고 봄이 상당하고, 자기앞수표도 그 액면금을 즉시 지급받을 수 있는 등 현
> 금에 대신하는 기능을 가지고 거래상 현금과 동일하게 취급되고 있는 점에서 금전
> 의 경우와 동일하게 보아야 한다.

나. 타인의 현금카드로 현금자동지급기에서 인출한 현금　　　타인의 현
금카드로 권한없이 현금자동지급기에서 인출한 현금은 장물이 된다. 그런데
타인의 현금카드로 권한없이 자신의 구좌로 계좌이체를 하여 컴퓨터등사용사
기죄를 범하고 이체된 금액을 자신의 현금카드로 인출한 경우 장물성이 인정
되지 않는다(대판 2004. 4. 16. 2004도353).

4) 장물성의 상실여부

가. 선의취득, 부합, 혼화, 가공　　　제3자가 장물을 선의취득하게 되면
그 재물에 대한 피해자의 추구권이 상실되므로 장물성도 상실된다. 다만, 장
물이 도품이나 유실물인 경우 피해자는 2년 동안 반환청구를 행사할 수 있으
므로(민법 제250조) 이 기간 동안은 제3자가 선의취득하더라도 장물성이 유지된
다. 부합(附合; 민법 제256, 257조), 혼화(混和; 민법 제258조), 가공(加功; 민법 제259조) 등에
의해 피해자가 반환청구권을 행사할 수 없게 될 경우에도 장물성은 상실된다.

나. 취소·해제권이 상실된 경우　　　사기·공갈에 의해 재물을 교부한
경우 그 교부행위는 사기·강박에 의한 의사표시가 되어 취소하거나 계약을
해제할 수 있다(민법 제110조). 피해자가 계약의 취소나 해제를 할 수 있는 단계
에서는 장물성이 인정된다. 그러나 피해자가 취소·해제권을 포기하거나 취
소·해제권이 소멸된 경우 추구권설에서는 장물성이 상실된다고 하지만, 위
법상태유지설에서는 장물성이 상실되지 않는다고 할 수도 있다.

다. 연쇄장물　　　　甲이 A의 재물을 절취하고 乙이 이를 취득한 후 丙이 이것을 다시 취득한 경우 乙, 丙 모두 장물취득의 죄책을 진다. 丙이 취득한 장물을 연쇄장물이라고 한다.

라. 장물의 증여, 상속　　　　본범의 피해자가 본범에게 증여하거나 본범이 장물을 상속하는 경우에는 추구권이나 위법상태가 없고 재산범죄유발효과 또한 없으므로 장물성이 상실된다.

(3) 실행행위

1) 취 득　　　　취득이란 동산인 장물의 점유를 이전받거나 부동산인 장물의 등기를 이전받음으로써(取) 사실상 소유자의 지위(사실상의 처분권)를 획득하는 것(得)을 말한다. 시정물의 열쇠를 넘겨받거나 위탁된 장물을 인출할 수 있는 증서를 취득하는 경우와 같이 간접점유를 취득하더라도 무방하다. 취득은 유상이든 무상이든 상관없다. 취득이 되기 위해서는 계약의 체결만으로는 부족하고, 동산의 경우에는 현실적인 인도가 있어야 하고, 부동산인 경우에는 등기가 경료되어야 한다.

2) 양 도　　　　양도란 취득과 대비되는 개념으로서 양수인에게 동산인 장물의 점유를 이전하거나 부동산인 장물의 등기를 이전함으로써 사실상 소유자의 지위를 갖도록 하는 것을 말한다. 양도는 유상이든 무상이든 상관없고, 양수인이 장물이라는 사실을 알았는지 여부도 문제되지 않는다.

3) 운 반　　　　운반이란 장물을 장소적으로 이동하는 것을 말한다. 장물범을 위해서뿐만 아니라 자기 또는 제 3 자를 위해 운반한 경우를 포함하지만, 피해자에게 반환하기 위해 혹은 피해자를 위해 운반한 경우에는 운반에 해당하지 않는다. 운반은 유상·무상을 불문한다.

4) 보 관　　　　보관이란 위탁을 받아 장물을 자기의 점유하에 두는 것을 말한다. 점유의 취득만이 있고 사실상의 처분권을 갖지 못한다는 점에서 취득과 구별된다. 유상·무상을 불문하고 직접점유뿐만 아니라 간접점유에 의한 보관도 가능하다.

5) 알 선　　　　알선이란 취득, 양도, 운반, 보관을 중개하거나 주선하는 것을 말한다. 유상·무상, 직접 알선하든 제 3 자를 통해서 알선하든 상관없

다. 알선죄의 기수시기에 대해서는 알선행위종료시점설, 취득·양도·운반·
보관 등의 계약체결시점설 및 점유이전시점설 등이 대립한다.

2. 친족간의 범행

> 제365조(친족간의 범행) ① 전3조의 죄를 범한 자와 피해자간에 제328조 제 1 항, 제 2 항의 신분
> 관계가 있는 때에는 동조의 규정을 준용한다.
> ② 전3조의 죄를 범한 자와 본범간에 제328조 제 1 항의 신분관계가 있는 때에는 그 형을 감
> 경 또는 면제한다. 단, 신분관계가 없는 공범에 대하여는 예외로 한다.

장물범과 본범의 피해자간에 친족관계가 있는 경우에는 형벌을 면제하거
나 친고죄가 된다. 이는 장물죄의 재산범죄적 성격이 반영된 것이다. 장물범
과 본범간에 친족관계가 있는 경우에는 형을 감경 또는 면제하는데, 이는 장
물죄의 범인은닉적 성격이 반영된 것이다.

어느 경우에나 인적 처벌조각, 감경사유이므로 신분관계가 없는 공범에
대해서는 친족간의 범행규정이 적용되지 않는다.

Ⅲ. 상습장물죄   [287]

> 제363조(상습범) ① 상습으로 전조의 죄를 범한 자는 1년 이상 10년 이하의 징역에 처한다.
> ② 제 1 항의 경우에는 10년 이하의 자격정지 또는 1,500만원 이하의 벌금을 병과할 수 있다.

상습장물죄는 상습으로 장물을 취득, 양도, 운반, 보관 또는 이러한 행위
를 알선하는 범죄를 말한다. 상습성이라는 행위자요소로 인해 장물죄에 대해
책임이 가중되는 범죄유형으로서 부진정신분범이다.

Ⅳ. 업무상과실·중과실장물죄   [288]

> 제364조(업무상과실, 중과실) 업무상과실 또는 중대한 과실로 인하여 제362조의 죄를 범한 자는
> 1년 이하의 금고 또는 500만원 이하의 벌금에 처한다.

1. 의 의

본죄는 과실범을 벌하는 유일한 재산범죄로서 업무상과실범 및 중과실범만 벌하고 단순과실범은 벌하지 않으므로 업무상과실장물죄는 부진정신분범이 아니라 진정신분범이다.

형법은 강도죄, 사기죄, 공갈죄 등과 같이 장물죄보다 법정형이 높은 범죄의 과실범을 벌하지 않으면서 장물죄의 과실범은 벌한다. 이는 중고품상, 골동품상, 전당포 기타 중고물품을 취급하는 업무자들에게 각별한 주의의무를 요구하고, 고의범으로서의 입증이 곤란한 경우 과실범으로 처벌할 여지를 남겨 둠으로써 장물단속과 본범검거의 효과를 거두려고 하는 정책적 고려 때문이라고 할 수 있다.

본죄에도 친족간의 범행에 관한 규정이 준용된다.

2. 구성요건

본죄가 성립하기 위해서는 장물을 취득, 양도, 운반, 보관 또는 이것을 알선하는 행위 및 주의의무위반이 있어야 하고, 주의의무위반과 장물취득 등 사이에 인과관계가 있어야 한다.

제 9 관 손괴의 죄

Ⅰ. 총 설 [289]

1. 보호법익

손괴의 죄에는 여러 가지 독립된 범죄가 같이 규정되어 있기 때문에 그 보호법익도 일률적으로 파악할 수 없고, 각 범죄별로 파악해야 한다.

손괴죄(제366조)의 보호법익은 재물의 효용 또는 이용가치이고, 보호의 정도는 침해범이다. 공익건조물파괴죄(제367조)의 보호법익은 공익건조물의 효용 또는 이용가치이고, 보호의 정도는 침해범이다. 경계침범죄(제370조)의 보호법익은 토지경계의 명확성이고, 보호의 정도는 침해범이다.

2. 손괴죄의 구성요건체계

형법 제42장 손괴의 죄에는 손괴죄(제366조), 공익건조물파괴죄(제367조), 중손괴죄(제368조 1항), 손괴치사상죄(제368조 2항), 특수손괴죄·특수공익건조물파괴죄(제369조), 경계침범죄(제370조)가 규정되어 있다.

손괴죄, 공익건조물파괴죄, 특수손괴죄·특수공익건조물파괴죄의 미수범은 처벌한다(제371조). 관리할 수 있는 동력은 재물로 간주한다(제372조).

손괴의 죄에는 친족간의 범행규정이 적용되지 않는다.

Ⅱ. 손괴죄 [290]

> **제366조(재물손괴등)** 타인의 재물, 문서 또는 전자기록등 특수매체기록을 손괴 또는 은닉 기타 방법으로 그 효용을 해한 자는 3년 이하의 징역 또는 700만원 이하의 벌금에 처한다.

1. 구성요건

(1) 행위의 객체

본죄의 객체는 타인의 재물, 문서 또는 전자기록등 특수매체기록이다. 공무소에서 사용하는 서류 기타 물건 또는 전자기록등 특수매체기록 등은 그 소유관계를 불문하고 제141조에 의해 가중처벌된다.

1) **재 물** 본죄의 재물에는 유체물뿐만 아니라 관리할 수 있는 동력도 포함된다(제372조). 동산, 부동산이 모두 포함된다. 사체는 본죄가 아니라 사체손괴죄의 객체가 된다.

2) **문 서** 문서는 사문서이든 공문서이든 상관없고 사문서인 경우 사문서위조죄(제231조)에서와는 달리 권리·의무 또는 사실증명에 관한 문서에 국한되지 않는다.

3) **전자기록등 특수매체기록** 전자기록등 특수매체기록이란 컴퓨터 등 정보처리장치나 기타 기계적 장치에 의해 생성된 기록으로서 그 자체로는 사람이 감각적으로 인식할 수 없는 기록을 말한다. 전자기록(電子記錄), 자기기

록(磁氣記錄), 전기기록, 광기록 등이 그 예이다. 컴퓨터 하드디스크, 플로피디스켓, USB, CD, MP3디스크 등에 수록된 기록, 영화필름, 녹음테이프, 비디오필름 등에 수록된 기록 등을 구체적 예로 들 수 있다.

4) 타인의 소유　　재물, 문서, 특수매체기록은 타인의 소유에 속해야 한다. 타인의 소유이면 되고 자기의 점유이든 타인의 점유이든 상관없다. 자기명의라도 타인의 소유인 문서를 손괴하거나 내용을 변경하는 경우에는 본죄가 성립할 수 있다.

(2) 실행행위

실행행위는 손괴 또는 은닉 기타 방법으로 그 효용을 해하는 것이다. 재물 등에 유형력을 행사하더라도 효용을 증대시킨 경우에는 손괴라고 할 수 없다.

1) 손　괴　　손괴란 타인의 재물 등에 직접 유형력을 행사하여 그 효용을 해하는 것을 말한다. 영구적으로 효용을 해하는 것뿐만 아니라 일시적으로 효용을 해하더라도 상관없다(대판 1993. 12. 7. 93도2701). 예컨대 타이어의 바람을 빼놓는 것, 조립하기 곤란한 상태로 기계를 분해하는 것, 음식물에 오물을 넣는 것, 그림에 낙서를 하는 것 등도 손괴에 속한다.

문서를 손괴하는 방법에는 문서의 전부 또는 일부를 찢거나 소각하거나 문서내용의 전부 또는 일부를 말소하거나 문서나 장부의 일부를 빼거나 첨부된 인지나 증지를 떼어내는 것 등을 들 수 있다.

전자기록등 특수매체기록을 손괴한다는 것은 기억된 정보를 삭제, 변경하는 것뿐만 아니라 이를 수록하고 있는 디스켓이나 CD 등과 같은 기억매체를 손괴하여 정보를 인식할 수 없도록 하는 것도 포함된다.

2) 은　닉　　은닉이란 재물, 문서 또는 특수매체기록의 소재를 불분명하게 하여 그 발견을 곤란·불능케 함으로써 그 효용을 해하는 것을 말한다. 재물 등의 상태를 변화케 하지 않는다는 점에서 손괴와 구별된다. 반드시 자기 또는 제 3 자에게로 점유이전을 요하지 않으므로 피해자의 점유하에 은닉하는 것도 가능하다.

3) 기타의 방법　　기타의 방법이란 손괴 또는 은닉을 제외하고 재물

의 효용을 해하는 일체의 방법을 말한다. 재물의 경우 물질적으로 훼손하거나 은닉하지 않더라도 감정상 혹은 사실상 그 물건을 사용할 수 없게 하는 것 등이 이에 속한다. 기타의 방법으로 문서의 효용을 해하는 예로서 자기명의의 타인소유의 문서의 내용을 변경하는 것을 들 수 있다. 채무자가 채권자에게 교부한 자신명의의 차용증서상의 차용금을 다시 보자고 하고 차용금을 1,000만원에서 100만원으로 몰래 변경하고 돌려준 경우를 들 수 있다.

2. 위법성

정당행위, 정당방위, 긴급피난, 자구행위 등 위법성조각사유가 있는 경우 손괴행위의 위법성이 조각될 수 있다. 손괴에 대한 피해자의 승낙은 위법성조각사유라는 견해와 구성요건해당성조각사유라는 견해가 대립한다.

3. 미 수

본죄의 미수범은 처벌한다(제371조). 본죄의 실행의 착수시기는 손괴행위를 개시한 때이고 기수시기는 효용을 해하였을 때이다.

Ⅲ. 공익건조물파괴죄   [291]

> 제367조(공익건조물파괴) 공익에 공하는 건조물을 파괴한 자는 10년 이하의 징역 또는 2,000만원 이하의 벌금에 처한다.

1. 구성요건

(1) 행위의 객체

본죄의 객체는 공익에 공하는 건조물이다. 건조물이란 일반적으로 지붕과 벽이 있고 기둥에 의해 지지되고 토지에 정착하여 그 안에 사람들이 출입할 수 있는 건축물을 말한다. 그러나 경우에 따라서는 지붕이나 벽이 없어도 건조물이 될 수 있다.

건조물은 공익에 공하여야 한다. '공한다'는 것은 사용한다는 것을 의미한다. 공익에 사용하는 건조물은 일반인들이 쉽게 접근하는 것이어서 파괴의 위험성이 크기 때문에 무거운 형으로 벌하는 것이므로 본죄의 건조물은 그 사용목적이 공익을 위한 것이어야 할 뿐만 아니라 일반인이 쉽게 출입할 수 있는 곳이어야 한다(통설).

공익에 공하는 건조물인 이상 누구의 소유인가는 상관없다. 국가소유, 사인소유를 불문하고 타인소유는 물론 자기소유의 건조물도 객체가 된다.

(2) 실행행위

본죄의 실행행위는 파괴이다. 파괴란 건조물의 중요부분을 손괴하여 건조물의 전부 또는 일부를 그 용도에 따라 사용할 수 없게 하는 것을 말한다. 손괴와 파괴는 물리적 훼손을 가한다는 점에서 동일하지만 파괴가 손괴보다는 그 정도가 높다. 따라서 파괴의 정도에 이르지 않고 손괴의 정도에 이를 때에는 본죄가 성립하지 않고 손괴죄가 성립할 수 있을 뿐이다. 그러나 자기소유의 공익건조물을 손괴한 경우에는 타인의 재물이 아니므로 손괴죄도 성립하지 않는다.

2. 미 수

본죄의 미수범은 처벌한다(제371조). 본죄의 실행의 착수시기는 파괴행위를 개시한 때이고 기수시기는 건조물이 파괴된 때이다.

Ⅳ. 중손괴죄·손괴등치사상죄 [292]

> 제368조(중손괴) ① 전2조의 죄를 범하여 사람의 생명 또는 신체에 대하여 위험을 발생하게 한 때에는 1년 이상 10년 이하의 징역에 처한다.
> ② 제366조 또는 제367조의 죄를 범하여 사람을 상해에 이르게 한 때에는 1년 이상의 유기징역에 처한다. 사망에 이르게 한 때에는 3년 이상의 유기징역에 처한다.

1. 법적 성격

중손괴죄는 손괴죄와 공익건조물파괴죄를 범하여 사람의 생명·신체에 위험을 발생하게 하는 죄이고, 손괴등치사상죄는 손괴죄와 공익건조물파괴죄를 범하여 사람을 상해나 사망에 이르게 한 죄이다. 두 범죄 모두 결과적 가중범이지만, 중손괴죄는 사람의 생명·신체의 위험발생에 과실이 있는 경우 뿐만 아니라 고의가 있는 경우에도 성립하는 부진정결과적 가중범이다. 손괴 등치상죄는 부진정결과적 가중범, 손괴등치사죄는 진정결과적 가중범이다.

2. 구성요건

(1) 객관적 구성요건

본죄의 주체는 손괴죄 또는 공익건조물파괴죄를 범한 자이다. 통설은 동 범죄의 미수·기수를 불문한다고 한다.

본죄의 실행행위는 손괴와 공익건조물파괴행위이다. 중손괴죄에서는 사 람의 생명·신체에 대한 위험이 발생되어야 한다. 위험은 구체적 위험을 의 미한다. 손괴등치사상죄에서는 사람의 사망 또는 상해의 결과가 발생해야 한다.

실행행위와 무거운 결과 사이에는 인과관계가 있어야 하고 무거운 결과 에 대한 예견가능성이 있어야 한다.

(2) 주관적 구성요건

부진정결과적 가중범인 중손괴죄와 손괴등치상죄에서는 생명·신체에 대 한 위험발생이나 상해의 결과 등에 대해 고의 또는 과실이 있어야 한다. 진 정결과적 가중범인 손괴등치사죄에서는 사망에 대해 과실이 있어야 한다.

V. 특수손괴죄 · 특수공익건조물파괴죄   [293]

> 제369조(특수손괴) ① 단체 또는 다중의 위력을 보이거나 위험한 물건을 휴대하여 제366조의 죄를 범한 때에는 5년 이하의 징역 또는 1,000만원 이하의 벌금에 처한다.
> ② 제1항의 방법으로 제367조의 죄를 범한 때에는 1년 이상의 유기징역 또는 2,000만원 이하의 벌금에 처한다.

단체 또는 다중의 위력을 보이거나 위험한 물건을 휴대하여 손괴죄나 공 익건조물파괴죄를 범하는 죄이다. 단체, 다중, 위력을 보임, 위험한 물건, 휴 대 등의 개념은 특수폭행죄에서와 같다.

Ⅵ. 경계침범죄 [294]

> 제370조(경계침범) 경계표를 손괴, 이동 또는 제거하거나 기타 방법으로 토지의 경계를 인식불능하게 한 자는 3년 이하의 징역 또는 500만원 이하의 벌금에 처한다.

1. 보호법익

본죄의 보호법익은 토지경계의 명확성이고 보호의 정도는 침해범이다. 본죄의 미수는 벌하지 않는다.

2. 구성요건

(1) 행위의 객체

본죄의 객체는 토지의 경계이다. 토지의 경계란 토지의 소유권 또는 기타 권리의 대상인 토지의 장소적 한계를 나타내는 지표(地標; 땅의 표시)를 말한다. 사법적 권리의 범위를 표시하는 경계이든 공법적 권리의 범위(도, 시, 읍, 면, 동의 경계)를 표시하는 경계이든 모두 포함된다. 경계는 권한있는 당국에 의하여 확정된 것에 국한되지 않는다. 실체상의 권리관계에 부합하지는 않더라도 관습으로 인정되었거나 일반적으로 승인되어 왔다거나 이해관계인의 명시 또는 묵시의 합의에 의하여 정하여진 것이면 본죄의 객체가 된다.

(2) 실행행위

본죄의 실행행위는 경계표를 손괴, 이동 또는 제거하거나 기타 방법으로 토지의 경계를 인식불능하게 하는 것이다.

경계표란 토지의 경계를 확정하기 위해 토지에 설치한 공작물, 입목(立木), 표지(標識) 기타의 물건을 말한다. 인위적인 것이든 자연적인 것이든, 일시적이든 영구적이든, 자기소유이든 타인소유이든 상관없다.

경계표를 손괴한다는 것은 물질적으로 훼손하여 그 효용을 해함으로써 경계를 인식불능하게 하는 것을 말한다. 이동이란 경계표를 원래의 위치에서 다른 위치로 옮김으로써 원래의 경계를 인식불능하게 하는 것을 말한다. 제거란 존재 자체를 없애거나 경계를 정할 수 있는 범위 밖으로 이동시킴으로써 경계를 인식불능케 하는 것을 말한다. 기타 방법으로 경계를 인식불능하게 한다는 것은 경계표를 손괴, 이동, 제거하는 방법 이외의 방법으로 토지의 경계를 인식불능하게 하는 것을 말한다.

본죄가 성립하기 위해서는 토지경계가 인식불능하게 되어야 한다.

제10관 권리행사를 방해하는 죄

I. 총 설   [295]

1. 법적 성격 및 보호법익

권리행사를 방해하는 죄에는 권리행사방해죄, 점유강취죄, 강제집행면탈죄가 있다. 세 가지 범죄 모두 자기의 물건 또는 재산을 객체로 한다는 점에서, 자기가 재물 또는 재산의 이익을 향유하는 데 중점이 있는 것이 아니라 타인으로 하여금 권리행사를 통한 이익의 향유를 하지 못하도록 하는 데에 중점이 있고 이에 따라 영득죄보다는 손괴죄와 유사한 점이 많다.

이들 범죄는 자기의 재물 또는 재산을 객체로 하기 때문에 보호법익은 타인의 용익·담보물권 등 제한물권이나 채권 등 소유권 이외의 타인의 재산권이다. 점유강취죄는 이 이외에 개인의 자유도 보호법익으로 한다. 강제집행면탈죄는 강제집행의 기능을 부차적 보호법익으로 한다.

이들 범죄의 보호의 정도는 침해범이다.

2. 권리행사방해죄의 구성요건체계

권리행사를 방해하는 죄에는 세 가지 기본적 구성요건이 있다. 권리행사방해죄, 점유강취·준점유강취죄, 강제집행면탈죄가 그것이다. 중권리행사방해죄는 점유강취·준점유강취죄의 결과적 가중범이다.

권리행사방해죄의 미수범은 벌하지 않고, 친족간의 범행규정이 적용된다(제328조). 점유강취죄·준점유강취죄의 미수범(未遂犯)은 처벌하고(제325조 3항), 친족간의 범행규정이 적용되지 않는다. 강제집행면탈죄는 미수범을 벌하지 않고 친족간의 범행규정도 적용되지 않는다.

II. 권리행사방해죄 [296]

> 제323조(권리행사방해) 타인의 점유 또는 권리의 목적이 된 자기의 물건 또는 전자기록등 특수매체기록을 취거, 은닉 또는 손괴하여 타인의 권리행사를 방해한 자는 5년 이하의 징역 또는 700만원 이하의 벌금에 처한다.

1. 구성요건

(1) 행위의 객체

본죄의 객체는 타인의 점유 또는 권리의 목적이 된 자기의 물건 또는 전자기록등 특수매체기록이다.

1) 물건 또는 전자기록등 특수매체기록　　물건은 경제적·재산적 가치를 요하지 않는다. 경제적 가치가 없는 물건도 타인의 점유나 권리의 대상은 될 수 있기 때문이다. 물건에는 동산뿐만 아니라 부동산도 포함된다. 관리할 수 있는 동력의 준용규정이 없지만, 관리가능성설에 따라 물건의 개념을 파악한다면 관리할 수 있는 동력도 물건에 포함된다.

전자기록등 특수매체기록은 업무방해죄나 손괴죄 등에서의 개념과 같다.

2) 자기소유　　본죄의 객체는 자기소유의 물건이나 전자기록등 특수매체기록이다. 타인소유의 물건인 경우에는 절도죄, 손괴죄 등이 성립할 수 있고 본죄가 성립하지 않는다. 공동소유의 물건은 타인의 물건으로 본다. 자기소유의 물건이라도 공무소로부터 보관명령을 받거나 공무소의 명령으로 타인이 관리하는 물건인 경우에는 본죄가 성립하지 않고 공무상보관물무효죄(제142조)가 성립한다.

3) 타인의 점유 또는 권리의 목적　　본죄의 객체는 타인의 점유 또는 권리의 목적이 된 재물 또는 특수매체기록이다. 본죄에서 점유는 보호법익으로서의 점유이기 때문에 형법상 보호할 가치가 있는 점유여야 하므로 절도범인의 점유와 같이 점유할 권리가 없는 자의 점유임이 외관상 명백한 경우에는 본죄의 점유에 해당되지 않는다. 그러나 형법상 보호할 가치가 있는 점유이면 족하고 그 점유의 발생원인이나 사법상의 효력유무 등은 문제되지 않는다. 타인의 권리의 목적이 된 물건이라 함은 타인이 소유권과 점유를 가지지

않고 제한물권이나 채권을 가진 물건을 의미한다.

(2) 실행행위

본죄의 실행행위는 취거, 은닉 또는 손괴하여 타인의 권리행사를 방해하는 것이다.

취거란 점유자 혹은 권리자의 의사에 반하여 재물의 점유를 자기 또는 제3자에게로 옮기는 것이다. 권리자의 의사에 반하는 점유이전이어야 하므로 권리자의 하자(瑕疵)있는 의사표시에 의해 점유를 이전받은 경우에는 취거에 해당하지 않는다(대판 1988. 2. 23. 87도1952). 은닉과 손괴의 개념은 손괴죄에서와 같다.

권리행사를 방해한다는 것에 대해 ① 현실적으로 권리행사를 방해할 것을 요하지 않고 권리행사방해의 추상적 위험이 있으면 족하다는 견해(다수설), ② 권리행사방해의 구체적 위험이 있으면 족하다는 견해, ③ 현실적으로 권리행사방해의 결과가 있어야 한다는 견해가 대립한다.

2. 친족간의 범행

본죄에 대해서는 친족간의 범행규정이 적용된다(제328조). 따라서 범인과 물건의 권리자 또는 점유자와 직계혈족, 배우자, 동거친족, 동거가족 또는 그 배우자 관계가 있는 경우에는 형벌이 면제되고(제1항), 그 이외의 친족관계가 있는 경우에는 친고죄가 된다(제2항).

Ⅲ. 점유강취죄 · 준점유강취죄   [297]

제325조(점유강취, 준점유강취) ① 폭행 또는 협박으로 타인의 점유에 속하는 자기의 물건을 강취(强取)한 자는 7년 이하의 징역 또는 10년 이하의 자격정지에 처한다.
② 타인의 점유에 속하는 자기의 물건을 취거(取去)하는 과정에서 그 물건의 탈환에 항거하거나 체포를 면탈하거나 범죄의 흔적을 인멸할 목적으로 폭행 또는 협박한 때에도 제1항의 형에 처한다.
③ 제1항과 제2항의 미수범은 처벌한다.

1. 점유강취죄

점유강취죄는 폭행 또는 협박으로 타인의 점유에 속하는 자기의 물건을 강취하는 죄이다. 폭행·협박으로 타인이 점유하는 타인의 물건을 강취하는 경우에는 강도죄가 성립하는 데에 비해 타인이 점유하는 자기의 물건을 강취하면 본죄가 성립하므로 행위의 객체만을 제외하면 강도죄와 그 구조가 같다.

본죄의 객체는 타인의 점유에 속하는 자기의 물건이고, 공무소가 보관하는 자기의 물건을 강취한 경우에는 공무상보관물무효죄(제142조)가 아니고 본죄가 성립한다.

본죄의 폭행·협박은 강도죄의 폭행·협박과 같이 상대방의 항거를 불가능하게 할 정도의 폭행이다.

본죄의 미수범은 처벌한다(제 3 항).

2. 준점유강취죄

준점유강취죄는 타인의 점유에 속하는 자기의 물건을 취거하는 과정에서 그 탈환을 항거하거나 체포를 면탈하거나 범죄의 흔적을 인멸할 목적으로 폭행 또는 협박을 가하는 죄이다. 행위의 객체를 제외하고는 준강도죄와 구조가 같은 범죄이다.

본죄의 주체는 권리행사방해죄의 실행에 착수한 자이다. 취거의 기수·미수범 모두 포함된다. 본죄의 폭행·협박도 강도죄 혹은 점유강취죄에서와 같이 상대방의 항거를 불가능하게 할 정도의 폭행·협박을 말한다. 폭행·협박이 취거와 시간적·장소적 근접성을 요하는 것도 준강도죄에서와 같다.

본죄는 고의 이외에 물건의 탈환을 항거하거나 체포를 면탈하거나 범죄의 흔적을 인멸할 목적이 필요한 목적범이다. 목적의 달성여부는 본죄의 기수·미수에 영향을 미치지 않는다.

본죄의 미수범은 처벌한다(제 3 항).

Ⅳ. 중권리행사방해죄 [298]

제326조(중권리행사방해) 제324조 또는 제325조의 죄를 범하여 사람의 생명에 대한 위험을 발생하게 한 자는 10년 이하의 징역에 처한다.

중권리행사방해죄란 점유강취죄, 준점유강취죄를 범하여 사람의 생명에 대한 위험을 발생하게 하는 죄이다. 본죄는 사람의 생명에 대한 구체적 위험이 발생해야 성립하는 구체적 위험범이고, 점유강취죄, 준점유강취죄의 결과적 가중범이다. 사람의 생명에 대한 위험발생에 과실이 있을 때뿐만 아니라 고의가 있을 때에도 성립하는 부진정결과적 가중범이다.

본죄의 주체는 점유강취죄·준점유강취죄의 기수·미수범을 불문한다.

V. 강제집행면탈죄   [299]

> 제327조(강제집행면탈) 강제집행을 면할 목적으로 재산을 은닉, 손괴, 허위양도 또는 허위의 채무를 부담하여 채권자를 해한 자는 3년 이하의 징역 또는 1,000만원 이하의 벌금에 처한다.

1 행위의 주체

본죄의 주체에 대해서 채무자뿐만 아니라 제 3 자도 포함된다고 하는 견해(다수설 및 판례)와 본죄는 불문의 진정신분범으로 그 주체가 채무자에 국한되고 제 3 자는 공범의 형태로만 처벌된다고 하는 소수설이 대립한다.

2 행위의 객체

본죄의 객체는 재산이다. 재산이란 재물 또는 재산상 이익을 모두 포함하는 개념이다. 재물은 동산, 부동산을 모두 포함하고, 재산상의 이익에는 물권, 채권, 무체재산권 등 어느 것이라도 상관없다. 재산은 강제집행의 대상이 되는 재산이어야 하므로 채무자의 재산에 국한된다.

3 실행행위

본죄의 실행행위는 재산을 은닉, 손괴, 허위양도 또는 허위의 채무를 부담하여 채권자를 해하는 것이다. 그러나 본죄의 성립범위가 지나치게 넓어지는 것을 막기 위해 객관적으로 강제집행을 당할 구체적 위험이 있는 상태가 있음을 요한다고 하는 것이 통설·판례(대판 1999. 2. 12. 98도2474)의 입장이다.

(1) 강제집행을 당할 구체적 위험이 있는 상태

여기에서 강제집행이란 민사집행법 제 2 편의 적용을 받는 강제집행 또는 동법의 준용에 의한 강제집행이나 가압류, 가처분 등을 의미한다(대판 1972. 5. 31. 72도1090). 따라서 국세징수법상의 체납처분에 의한 강제집행, 몰수, 추징 등의 강제집행, 과태료나 과징금 등 행정상의 강제집행, 민사집행법 제 3 편의 담보권실행등을 위한 경매 등은 본죄의 강제집행에 해당하지 않는다.

강제집행을 당할 구체적 위험이 있는 상태란 채권자가 이행청구의 소 또는 그 보전을 위한 가압류, 가처분신청, 지급명령신청을 제기하거나 또는 제기할 기세를 보인 경우를 말한다.

(2) 재산의 은닉, 손괴, 허위양도 또는 허위채무의 부담

은닉이란 강제집행을 하는 자가 재물의 소재지를 발견하는 것이 불가능하거나 현저히 곤란하게 하는 것 또는 재산상의 권리관계를 불분명하게 하는 것을 말한다. 손괴란 재물의 효용을 상실케 하거나 감소시키는 것을 말한다.

허위양도란 실제로 재산의 양도가 없음에도 불구하고 양도한 것으로 가장하여 재산의 명의를 변경하는 것을 말한다. 허위채무의 부담이란 채무가 없음에도 불구하고 채무가 있는 것처럼 가장하는 것을 말한다. 강제집행을 당할 위험이 있는 상태라고 하더라도 진실한 채무를 부담한 경우에는 강제집행면탈죄가 성립하지 않는다(대판 2000. 9. 8. 2000도1447).

(3) 채권자를 해할 것

다수설 및 판례는 현실적으로 채권자를 해할 필요는 없고 채권자를 해할 위험성이 있으면 족하다고 한다.

4. 주관적 구성요건

본죄는 목적범이므로 고의 이외에 강제집행을 면탈할 목적이 있어야 한다.

제2장

사회적 법익에 대한 죄

제 1 절 공공의 안녕과 평온에 대한 죄

제 1 관 공안을 해하는 죄

Ⅰ. 보호법익   [300]

공안, 즉 공공의 안전을 해하는 죄란 공공의 법질서 또는 공공의 안전과 평온을 해하는 죄이다. 형법 각칙 제 5 장에 규정되어 있는 범죄 중 전시공수계약불이행죄(제117조)와 공무원자격사칭죄(제118조)는 사회적 법익에 대한 죄라기보다는 국가적 법익에 대한 죄이고 범죄단체등조직죄, 소요죄, 다중불해산죄(제114조-제116조) 등이 사회적 법익으로서 공공의 안전을 보호법익으로 하는 죄라고 할 수 있다. 보호의 정도는 추상적 위험범이다.

Ⅱ. 범죄단체등조직죄   [301]

제114조(범죄단체 등의 조직) 사형, 무기 또는 장기 4년 이상의 징역에 해당하는 범죄를 목적으로 하는 단체 또는 집단을 조직하거나 이에 가입 또는 그 구성원으로 활동한 사람은 그 목적한 죄에 정한 형으로 처벌한다. 다만, 형을 감경할 수 있다.

1. 법적 성격

범죄단체조직죄는 그 자체만으로 법익을 침해하거나 위태화하는 성격을 지니지 않고 목적한 범죄의 예비·음모적 성격을 지닌 범죄라고 할 수 있다. 이 때문에 구형법에서는 합헌설과 위헌설이 대립되었다. 그러나 2000. 12. 13.

우리나라가 서명한 '국제연합국제조직범죄방지협약' 및 '인신매매방지의정서'의 국내적 이행을 위한 입법으로서, 협약 및 의정서상의 입법의무 사항을 반영하여 범죄단체 및 범죄집단의 존속과 유지를 위한 행위의 처벌규정을 마련하기 위해 그 성립범위가 구형법에 비해 축소되어 규정되었으므로 위헌성 시비는 줄어들었다고 할 수 있다.

2. 구성요건

(1) 객관적 구성요건

본죄의 실행행위는 사형, 무기 또는 장기 4년 이상의 징역에 해당하는 범죄를 목적으로 하는 단체 또는 집단을 조직하거나 이에 가입 또는 그 구성원으로 활동하는 행위이다. 따라서 구형법과 달리 예를 들어 단순협박죄, 명예훼손죄 등과 같이 법정형이 장기 4년 미만인 범죄를 목적으로 하는 단체나 집단의 경우에는 본죄에 해당되지 않는다.

'범죄목적'에서 범죄란 실질적 의미의 형법에 규정되어 있는 범죄를 말한다. 형법전, 형사특별법, 행정형법상의 범죄를 모두 포함한다.

단체란 공동목적하에 특정 다수인에 의하여 이루어진 결합체로서 계속성과 최소한의 통솔체계를 갖춘 것을 말한다. 집단이란 통솔체계를 갖추지 못한 다수인의 계속적 또는 일시적 결합체를 말한다.

구성원으로 활동한다는 것은 가입을 전제로 하므로 특별한 의미를 가진 것은 아니다. 적극적·능동적으로 가입하였든 소극적·수동적으로 가입하였든 상관없다.

(2) 주관적 구성요건

본죄의 고의가 성립하기 위해서는 목적하는 범죄의 법정형이 사형, 무기 또는 장기 4년 이상의 징역에 해당한다는 것까지 인식할 것을 요하는지 문제될 수 있다. 예를 들어 상해죄(제257조)를 목적으로 한다는 사실을 인식하면 그 법정형이 7년 이하의 징역이라는 사실까지는 인식하지 않아도 된다는 견해, 그 법정형이 7년 이하라는 사실은 인식하지 않아도 장기 4년 이상이라는 사실은 인식해야 한다는 견해 및 상해죄를 범한다는 인식만 하면 족하다는 견해 등이 대립할 수 있다.

본죄는 고의만 있으면 성립하고 그 단체가 목적하는 범죄를 범할 목적까지 필요로 하는 목적범은 아니다.

3. 기수 및 종료

본죄는 단체를 조직, 가입하면 기수가 된다. 가입만 하면 구성원으로 활동하지 않아도 기수가 된다. 단체가 목적하는 범죄를 범하지 않아도 기수가 된다.

본죄를 계속범이라고 하는 견해가 있는 반면, 판례는 본죄가 조직에 가입하면 종료하는 즉시범이라고 한다(대판 1997. 10. 10. 97도1829). 계속범설에 의하면 본죄의 종료시기는 단체를 해산하거나 단체에서 탈퇴한 시점이고 이 때부터 공소시효가 진행한다. 즉시범설에 의하면 조직 가입시에 본죄가 종료하고 이 때부터 공소시효가 진행한다.

Ⅲ. 소요죄 [302]

제115조(소요) 다중이 집합하여 폭행, 협박 또는 손괴의 행위를 한 자는 1년 이상 10년 이하의 징역이나 금고 또는 1,500만원 이하의 벌금에 처한다.

1. 구성요건

(1) 행위의 주체

본죄의 주체는 다중이고, 공범들의 의사방향이 일치하는 집합범이다. 다중이란 단체와는 달리 통솔체계나 계속적 조직체를 갖추지 못한 다수인을 의미한다. 본죄의 성격상 한 지방의 평온을 해할 수 있을 정도의 다수인을 의미한다.

(2) 실행행위

다중이 집합하여 폭행, 협박 또는 손괴의 행위를 하는 것이다.

집합이란 다수인이 같은 장소에 모여 집단을 이루는 것을 말한다. 다수인이 같은 장소에 있어야 하지만, 반드시 공동의 목적을 필요로 하지는 않고,

폭행·협박·손괴 등의 행위를 한다는 의사를 같이하면 된다. 주모자나 간부 등이 있어서 통솔체계를 갖추어야 할 필요는 없다.

본죄의 폭행·협박은 소위 최광의의 폭행·협박이다. 폭행은 일체의 불법한 유형력의 행사를, 협박 또한 일체의 해악의 고지를 의미한다. 손괴란 유형력을 행사하여 재물 또는 전자기록등 특수매체기록의 효용을 해하는 일체의 행위를 의미한다. 그러나 본죄의 폭행·협박·손괴행위는 한 지방의 평온을 해할 수 있을 정도의 것이어야 한다.

(3) 주관적 구성요건

본죄의 고의가 있기 위해서는 다중이 집합하여 다중의 공동의사 내지 결집력에 의해 폭행·협박·손괴행위를 한다는 인식이 있어야 한다. 공동의사가 없이 개별적인 폭행 등의 의사가 있는 경우에는 단순폭행죄, 특수폭행죄 등이 성립할 수 있을 뿐이다.

2. 공 범

본죄에 대해 총칙상의 공범규정의 적용여부가 문제된다.

첫째, 다중의 구성원이 공동으로 폭행·협박·손괴행위를 하거나 이를 교사·방조한 경우에는 본죄의 정범이 된다. 본죄가 필요적 공범이고 단순가담자도 본죄의 정범이 되기 때문이다.

둘째, 다중의 구성원이 아닌 자에 대해서는 ① 공동정범, 교사범, 종범 규정이 모두 적용될 수 없다는 견해, ② 공동정범, 교사범, 종범의 규정이 모두 적용될 수 있다는 견해 및 ③ 공동정범규정은 적용될 수 없고 교사범, 종범 규정은 적용될 수 있다는 견해(다수설)가 대립한다.

Ⅳ. 다중불해산죄   [303]

> 제116조(다중불해산) 폭행, 협박 또는 손괴의 행위를 할 목적으로 다중이 집합하여 그를 단속할 권한이 있는 공무원으로부터 3회 이상의 해산명령을 받고 해산하지 아니한 자는 2년 이하의 징역이나 금고 또는 300만원 이하의 벌금에 처한다.

1. 법적 성격

본죄는 구성요건적 행위가 부작위로 되어 있는 진정부작위범이고, 폭행·협박·손괴의 행위를 할 목적을 필요로 하는 목적범이다. 소요죄의 예비단계에 있는 행위에 대해 그 위험성에 비추어 해산을 명령하고 이에 불응하는 행위를 처벌하는 것이다.

2. 구성요건

(1) 행위의 주체

본죄의 주체는 폭행, 협박 또는 손괴의 행위를 할 목적으로 집합한 다중, 즉 다중의 구성원이다. 폭행 등의 목적은 집합 이전, 도중, 이후 어느 때에 있어도 상관없지만, 해산명령을 받을 때에는 폭행 등의 목적이 있어야 한다.

(2) 실행행위

본죄의 실행행위는 단속할 권한이 있는 공무원으로부터 3회 이상의 해산명령을 받고 해산하지 않는 것이다.

단속할 권한이 있는 공무원은 해산명령권을 가진 공무원이고, 해산명령은 법령에 근거가 있는 적법한 것이어야 한다. 해산명령은 3회 이상이어야 하고, 다중이 해산할 수 있을 정도로 시간적 간격을 두고 행해져야 한다. 시간적 간격없이 연속적으로 3회 이상 행한 해산명령은 1회의 해산명령으로 간주된다.

해산이란 다중이 분산되는 것을 말한다. 분산하지 않고 다중이 장소를 옮기는 것으로는 해산이라고 할 수 없다.

3. 기수시기

본죄의 실행의 착수시기는 3회의 해산명령을 받은 때이고 기수시기는 3회의 해산명령을 받고 해산할 수 있는 시간이 경과한 때이다. 4회의 해산명령을 받고 해산한 경우 본죄가 성립하는가에 대해 긍정설과 부정설(다수설)이 대립한다. 본죄의 미수범은 벌하지 않는다.

V. 전시공수계약불이행죄 [304]

제117조(전시공수계약불이행) ① 전쟁, 천재 기타 사변에 있어서 국가 또는 공공단체와 체결한 식량 기타 생활필수품의 공급계약을 정당한 이유없이 이행하지 아니한 자는 3년 이하의 징역 또는 500만원 이하의 벌금에 처한다.
② 전항의 계약이행을 방해한 자도 전항의 형과 같다.
③ 전2항의 경우에는 그 소정의 벌금을 병과할 수 있다.

1. 보호법익

본죄는 사회적 법익이라기보다는 국가적 법익에 대한 죄로서 그 보호법익은 국가의 기능이고 보호의 정도는 추상적 위험범이다.

2. 구성요건

본죄의 실행행위는 전쟁, 천재 기타 사변에 있어서 국가 또는 공공단체와 체결한 식량 기타 필수품의 공급계약을 정당한 이유없이 이행하지 아니하거나 계약이행을 방해하는 것이다.

기타 사변이란 내란, 소요 등 사회적 불안상태가 초래된 경우를 말한다. 공공단체란 지방자치단체뿐만 아니라 그 하부기관이나 산하기관을 포함하는 개념이다. 기타 생활필수품이란 의복, 주거용품 등을 의미한다.

정당한 이유란 사회통념에 의해서 결정해야 한다. 생활필수품을 확보하지 못하였거나 도로사정 등으로 인해 계약을 이행하지 못한 경우에는 정당한 이유가 있다고 할 수 있다. 계약이행을 방해하는 방법에는 제한이 없다. 유형력을 행사하여 방해하든 위계나 협박 등의 행위를 통해 방해하든 상관없다.

VI. 공무원자격사칭죄 [305]

제118조(공무원자격의 사칭) 공무원의 자격을 사칭하여 그 직권을 행사한 자는 3년 이하의 징역 또는 700만원 이하의 벌금에 처한다.

1. 보호법익

본죄는 국가적 법익에 대한 죄로서 보호법익은 국가의 기능이고, 보호의 정도는 추상적 위험범이다.

2. 구성요건

본죄의 실행행위는 공무원자격을 사칭하여 그 직권을 행사하는 것이다.

공무원자격을 사칭한다는 것은 공무원이 아닌 자가 공무원인 것처럼 오신케 하거나 공무원이 다른 공무원인 것처럼 오신하게 하는 일체의 행위를 말한다. 공무원이란 국가공무원, 지방공무원, 임시직공무원을 모두 포함한다 (대판 1973. 5. 22. 73도884). 그러나 예컨대 청와대 형사과장이라고 사칭하는 것과 같이 전혀 존재하지 않는 공무원을 사칭한 경우에는 사칭이라 할 수 없고, 설사 사칭이라 해도 직권을 행사한 것이라고 할 수 없기 때문에 본죄가 성립하지 않는다.

본죄가 성립하기 위해서는 직권을 행사해야 한다. 직권을 행사한다는 것은 그 공무원의 직무범위 내에서의 권한을 행사한다는 것을 의미한다.

제 2 관 폭발물에 관한 죄

I. 법적 성격 및 보호법익   [306]

폭발물에 관한 죄란 폭발물을 사용하여 사람의 생명, 신체 또는 재산을 해하거나 기타 공안을 문란케 하는 죄이다.

본죄의 성격에 대해서는 국가적 법익에 대한 죄라는 견해가 있으나 통설은 사회적 법익에 대한 죄라고 한다. 따라서 공안을 문란케 한다는 것은 한 지방의 평온을 해할 정도이면 족하고 전체 국가법질서를 문란케 할 정도에 이를 것을 요하지 않는다고 한다.

폭발물에 관한 죄의 보호법익은 공공의 안전과 평온 및 사람의 생명·신체·재산이다.

Ⅱ. 폭발물사용죄 · 전시폭발물사용죄 [307]

제119조(폭발물 사용) ① 폭발물을 사용하여 사람의 생명, 신체 또는 재산을 해하거나 그 밖에 공공의 안전을 문란하게 한 자는 사형, 무기 또는 7년 이상의 징역에 처한다.
② 전쟁, 천재지변 그 밖의 사변에 있어서 제 1 항의 죄를 지은 자는 사형이나 무기징역에 처한다.
③ 제 1 항과 제 2 항의 미수범은 처벌한다.

제120조(예비, 음모, 선동) ① 전조 제 1 항, 제 2 항의 죄를 범할 목적으로 예비 또는 음모한 자는 2년 이상의 유기징역에 처한다. 단, 그 목적한 죄의 실행에 이르기 전에 자수한 때에는 그 형을 감경 또는 면제한다.
② 전조 제 1 항, 제 2 항의 죄를 범할 것을 선동한 자도 전항의 형과 같다.

1. 구성요건

(1) 행위의 객체

본죄의 객체는 폭발물이다. 폭발물이란 급격히 파괴성있는 에너지를 발산하는 물건을 말한다. 화약, 다이너마이트, 수류탄, 폭탄, 시한폭탄, 지뢰, 니트로글리세린, 아세틸렌가스 등이 이에 속한다. 핵에너지가 폭발물인가에 대해 긍정설과 부정설이 대립한다. 본죄의 폭발물은 공공의 안전을 문란하게 할 정도의 파괴력을 가진 것이어야 하므로 총알이나 화염병, 장난감 폭음탄 · 로켓트탄 · 폭죽 등은 본죄의 폭발물이라고 할 수 없다.

(2) 실행행위

본죄의 실행행위는 폭발물을 사용하여 사람의 생명, 신체 또는 재산을 해하거나 그 밖에 공공의 안전을 문란하게 하는 것 또는 전쟁, 천재 기타 사변에 이러한 행위를 하는 것이다. 작위뿐만 아니라 부작위에 의해서도 가능하다.

사용이란 폭발물을 그 용법에 따라 폭발시키는 것을 말한다. 수류탄, 폭탄 등을 폭발시키지 않고 협박의 수단으로 사용한 경우에는 본죄의 사용이라고 할 수 없다. 사람의 생명 · 신체 · 재산을 해하는 것은 살해 · 상해 · 손괴를 의미한다. 공공의 안전을 문란하게 한다는 것은 한 지방의 법질서를 교란하는 것을 의미한다. 법질서교란을 법질서에 대한 구체적 위험을 발생시키는 것이라는 견해와 법질서를 침해하는 것이라는 견해가 대립한다.

전쟁, 천재 기타 사변에 있어서 위의 실행행위를 한 때에는 전시폭발물파열죄가 성립한다. 본죄는 위험한 행위상황에서의 행위라는 점에서 불법이 가중된 범죄유형이다.

2. 미수, 예비 · 음모 · 선동

본죄의 실행의 착수시기는 폭발물을 사용하기 시작한 때이고, 기수시기는 사람의 생명, 신체 또는 재산을 해하거나 공공의 안전을 문란하게 한 때이다.

본죄는 미수범을 처벌할 뿐만 아니라 예비 · 음모 · 선동죄도 처벌한다. 선동이란 불특정 또는 다수인으로 하여금 일정한 행위를 하도록 정신적인 영향을 주는 것을 말한다. 선동을 하면 족하고 선동에 의해 피선동자들이 범죄를 결의하였는가 또는 실행에 착수하였는가는 문제되지 않는다는 점에서 교사와 구별된다.

Ⅲ. 전시폭발물제조 · 수입 · 수출 · 수수 · 소지죄 [308]

제121조(전시폭발물제조등) 전쟁 또는 사변에 있어서 정당한 이유없이 폭발물을 제조, 수입, 수출, 수수 또는 소지한 자는 10년 이하의 징역에 처한다.

본죄의 실행행위는 전쟁 또는 사변에 있어서 정당한 이유없이 폭발물을 제조, 수입, 수출, 수수 또는 소지하는 것이다. 제조란 폭발물을 새로 만드는 것을, 수입이란 국외에서 국내로 반입하는 것을, 수출이란 국내에서 국외로 반출하는 것을, 수수(收受)란 주고받는 것을, 소지란 폭발물을 자기의 사실상의 지배하에 두는 것을 말한다.

제3관 방화와 실화의 죄

Ⅰ. 보호법익 [309]

통설 · 판례는 방화죄의 주된 보호법익은 공공의 안전과 평온이지만, 재산도 부차적 보호법익이라고 한다. 즉, 방화죄는 공공위험죄인 동시에 재산죄의 이중성격을 지닌 범죄라고 한다(이중성격설).

현주건조물방화죄(제164조), 공용건조물방화죄(제165조), 타인소유의 일반건조물방화죄(제166조 1항) 및 이에 대한 실화죄(제170조 1항)는 추상적 위험범이고, 자기소유의 일반건조물방화죄(제166조 2항), 일반물건방화죄(제167조), 이에 대한 실화죄(제170조 2항) 및 연소죄(제168조) 등은 구체적 위험범이다. 부차적 보호법익인 재산에 대해서는 재산이 침해되어야 하는 침해범이다.

Ⅱ. 방화죄 [310]

1. 현주건조물등방화죄

> 제164조(현주건조물 등 방화) ① 불을 놓아 사람이 주거로 사용하거나 사람이 현존하는 건조물, 기차, 전차, 자동차, 선박, 항공기 또는 지하채굴시설을 불태운 자는 무기 또는 3년 이상의 징역에 처한다.

(1) 행위의 객체

본죄의 객체는 사람이 주거로 사용하거나 사람이 현존하는 건조물, 기차, 전차, 자동차, 선박, 항공기, 지하채굴시설이다.

'사람'이란 '타인'을 의미한다. 따라서 자기가 주거로 사용하거나 자신만이 현존하는 건조물에 방화한 때에는 본죄가 성립하지 않고, 일반건조물방화죄가 성립한다. 주거란 기와침식(起臥寢食), 즉 일상생활의 장소로 사용하는 것을 말한다. 주거로 사용하는 건조물이면 방화시에 사람이 현존하지 않더라도 본죄가 성립한다. 건조물의 일부분이 주거로 사용된다고 하더라도 전체 건조물을 주거에 사용하는 건조물로 본다. 주거로 사용하는 것이면 자기소유이든 타인소유이든 상관없다.

사람이 현존한다는 것은 방화시에 건조물, 기차 등의 내부에 행위자 이외의 사람이 존재하는 것을 말한다. 사람을 모두 살해한 후 방화한 경우에도 본죄가 성립하는가에 대해 긍정설과 부정설이 있다. 사람이 현존하면 족하고 소유자가 누구인가는 묻지 않는다.

지하채굴시설이란 광물을 채취하기 위한 지하시설을 말한다.

(2) 실행행위

본죄의 실행행위는 불을 놓아 건조물, 기차, 자동차 등을 불태우는 것이다.

불을 놓는다는 것은 목적물을 불태울 수 있는 일체의 행위를 말한다. 직접적으로 목적물에 불을 놓든지 매개물을 통해 불을 놓든지 상관없다. 작위뿐만 아니라 부작위에 의해서도 가능하다. 불태운다는 것은 목적물을 불태워 훼손시키는 것을 말한다.

(3) 기수시기

본죄는 불태운 시점에 기수가 되는데, 목적물을 어느 정도 훼손시켜야 불태운 것이 되느냐에 대해서는 ① 불이 매개물을 떠나 목적물에 붙어 독립하여 연소할 수 있는 상태가 된 시점이라고 하는 독립연소설(대판 1970. 3. 24. 70도330), ② 목적물의 중요부분이 타버려서 그 효용이 상실된 때라고 하는 효용상실설, ③ 중요부분의 연소가 개시된 시점이라고 하는 중요부분연소개시설이나 일부손괴시설 등과 같은 절충설이 대립한다.

2. 현주건조물방화치사상죄

> 제164조(현주건조물 등 방화) ② 제1항의 죄를 지어 사람을 상해에 이르게 한 경우에는 무기 또는 5년 이상의 징역에 처한다. 사망에 이르게 한 경우에는 사형, 무기 또는 7년 이상의 징역에 처한다.

(1) 법적 성격

통설·판례는 본죄가 상해 또는 사망에 대해 과실이 있을 때뿐만 아니라 고의가 있을 때에도 성립하는 부진정결과적 가중범이라고 한다(대판 1996. 4. 26. 96도485). 즉, 본죄를 진정결과적 가중범이라고 하게 되면 사람을 살해할 고의로 현주건조물에 방화한 사람의 경우 본죄가 성립하지 않고 살인죄와 현주건조물방화죄의 상상적 경합범이 성립하여 무거운 죄인 살인죄의 형벌인 사형, 무기 또는 5년 이상의 징역으로 처벌된다. 이렇게 되면 현주건조물에 방화하여 고의로 사람을 살해한 자의 형벌이 과실로 사람을 살해한 자의 형벌(사형, 무기 또는 7년 이상의 징역)보다 낮아 균형에 맞지 않게 된다. 따라서 본죄를 부진정결과적으로 해석하여 과실로 사망의 결과를 발생시킨 경우뿐만 아니라 고의로 사람을 살해한 경우도 포함된다고 한다.

(2) 구성요건

본죄의 주체는 현주건조물등방화죄를 지은 자이다. 본죄가 성립하기 위해서는 사람의 상해 또는 사망의 결과가 발생해야 한다. 여기에서 사람이란 정범 혹은 공동정범 이외의 사람을 말한다. 상해·사망의 결과는 방화에 의해 직접 발생한 경우뿐만 아니라 방화의 기회에 발생한 것이면 족하다. 예를 들어 불을 피하여 건조물 밖으로 뛰어나갔다가 바깥에 있던 물건에 걸려 넘어져 상해를 입은 경우에도 본죄가 성립할 수 있다.

주관적 구성요건으로서는 사망·상해에 대한 고의나 과실이 있어야 한다.

(3) 다른범죄와의 관계

판례는 현주건조물에 방화하여 고의로 사람을 살해한 경우 본죄만이 성립하지만, 직계존속을 살해한 경우 본죄와 존속살해죄의 상상적 경합범이 성립한다고 한다(대판 1996. 4. 26. 96도485).

한편 재물을 강취한 후 피해자들을 살해할 목적으로 현주건조물에 방화하여 사망케 한 경우, 판례는 강도살인죄와 현주건조물방화치사죄의 상상적 경합범이 성립한다고 한다(대판 1998. 12. 8. 98도3416).

3. 공용건조물방화죄

> 제165조(공용건조물 등 방화) 불을 놓아 공용(公用)으로 사용하거나 공익을 위해 사용하는 건조물, 기차, 전차, 자동차, 선박, 항공기 또는 지하채굴시설을 불태운 자는 무기 또는 3년 이상의 징역에 처한다.

본죄의 객체는 공용으로 사용하거나 공익을 위해 사용하는 건조물, 기차, 전차, 자동차, 선박, 항공기 또는 지하채굴시설 등이다.

공용으로 사용한다는 것은 국가 또는 공공단체 등이 사용한다는 것을 의미하고, 공익을 위해 사용한다는 것은 일반인들의 이익을 위해 사용된다는 것을 의미한다. 공용 또는 공익을 위해 사용하면 되고, 누구의 소유인가는 묻지 않는다.

본죄의 미수범은 처벌한다(제174조).

4. 일반건조물등방화죄

제166조(일반건조물 등 방화) ① 불을 놓아 제164조와 제165조에 기재한 외의 건조물, 기차, 전차, 자동차, 선박, 항공기 또는 지하채굴시설을 불태운 자는 2년 이상의 유기징역에 처한다.
② 자기 소유인 제1항의 물건을 불태워 공공의 위험을 발생하게 한 자는 7년 이하의 징역 또는 1천만원 이하의 벌금에 처한다.

(1) 의의 및 보호법익

제1항의 타인소유의 일반건조물등 방화죄의 보호법익은 공공의 안전과 평온 및 재산이고 보호의 정도는 공공의 안전에 대해서는 추상적 위험범이고 재산에 대해서는 침해범이다. 제2항의 자기소유의 일반건조물등 방화죄의 보호법익은 공공의 안전과 평온이고 보호의 정도는 구체적 위험범이다.

(2) 구성요건

1) **타인소유 일반건조물등 방화죄**   본죄의 객체는 사람의 주거에 사용하거나 사람이 현존하거나 공용 또는 공익을 위해 사용하는 것 이외의 타인소유의 건조물, 기차, 전차, 자동차, 선박, 항공기 또는 지하채굴시설이다. 자기소유의 건조물등이라도 압류 기타 강제처분을 받거나 타인의 권리 또는 보험의 목적물이 된 때에는 타인의 건조물 등으로 간주한다(제176조). 타인소유의 목적물이라도 소유자가 방화에 동의한 경우에는 본죄가 성립하지 않고 제2항의 자기소유일반건조물등 방화죄가 성립한다(다수설).

2) **자기소유 일반건조물등 방화죄**   본죄의 객체는 자기소유라는 점을 제외하고 제1항의 죄와 같다. 본죄가 성립하기 위해서는 공공의 위험이 발생해야 한다. 공공의 위험이란 불특정 또는 다수인의 생명·신체·재산에 대한 위험을 의미한다. 방화행위와 공공의 위험발생 사이에는 인과관계가 있어야 한다. 본죄가 성립하기 위해서는 공공의 위험발생에 대한 고의가 있어야 한다.

(3) 미 수

제1항의 타인소유 일반건조물등 방화죄의 미수범은 처벌하지만, 제2항의 자기소유 일반건조물등 방화죄의 미수범은 벌하지 않는다(제174조). 제1항

의 죄의 기수시기는 목적물을 불태운 시점이지만, 제 2 항의 죄의 기수시기는 목적물을 불태운 시점이 아니라 공공의 위험이 발생한 시점이다.

5. 일반물건방화죄

제167조(일반물건 방화) ① 불을 놓아 제164조부터 제166조까지에 기재한 외의 물건을 불태워 공공의 위험을 발생하게 한 자는 1년 이상 10년 이하의 징역에 처한다.
② 제 1 항의 물건이 자기 소유인 경우에는 3년 이하의 징역 또는 700만원 이하의 벌금에 처한다.

제 1 항의 객체는 타인소유의 일반물건이고 제 2 항의 객체는 자기소유의 일반물건이다. 자기소유의 물건이라도 압류 기타 강제처분을 받거나 타인의 권리 또는 보험의 목적물이 된 때에는 타인의 물건으로 간주된다(제176조).

본죄가 성립하기 위해서는 불태운 결과뿐만 아니라 공공의 안전에 대한 구체적 위험이 발생해야 한다. 공공의 위험발생에 대한 고의 혹은 미필적 고의가 필요하다.

6. 연소죄

제168조(연소) ① 제166조 제 2 항 또는 전조 제 2 항의 죄를 범하여 제164조, 제165조 또는 제166조 제 1 항에 기재한 물건에 연소한 때에는 1년 이상 10년 이하의 징역에 처한다.
② 전조 제 2 항의 죄를 범하여 전조 제 1 항에 기재한 물건에 연소한 때에는 5년 이하의 징역에 처한다.

본죄의 주체는 자기소유 일반건조물등 방화죄(제166조 2항), 자기소유 일반물건 방화죄(제167조 2항)를 범한 자이다. 미수범을 포함하느냐에 대해 긍정설과 부정설(다수설)이 대립한다.

본죄가 성립하기 위해서는 현주건조물등, 공용건조물등, 타인소유 일반건조물등, 타인소유의 일반물건에 불이 옮겨 붙어(延燒) 불에 탄 결과를 발생시켜야 한다.

본죄가 성립하기 위해서는 자기소유 일반건조물등이나 일반물건에 방화하여 공공의 위험을 발생시킨다는 것에 대해 고의가 있어야 하고 연소의 결과에 대해 과실이 있어야 한다. 처음부터 현주건조물등에 연소시킬 고의가 있는 경우에는 본죄가 성립하지 않고 현주건조물등방화죄가 성립한다.

7. 방화예비·음모죄

> 제175조(예비, 음모) 제164조 제1항, 제165조, 제166조 제1항, 제172조 제1항, 제172조의2 제1항, 제173조 제1항과 제2항의 죄를 범할 목적으로 예비 또는 음모한 자는 5년 이하의 징역에 처한다. 단, 그 목적한 죄의 실행에 이르기 전에 자수한 때에는 형을 감경 또는 면제한다.

본죄는 현주건조물등방화죄(제164조 1항), 공용건조물등방화죄(제165조), 타인소유 일반건조물등 방화죄(제166조 1항) 등의 죄를 범할 목적으로 예비·음모하는 죄이다. 방화죄의 위험성이 크기 때문에 예외적으로 그 준비행위인 예비·음모를 벌하는 것이다.

Ⅲ. 실화죄 [311]

1. 실화죄

> 제170조(실화) ① 과실로 제164조 또는 제165조에 기재한 물건 또는 타인 소유인 제166조에 기재한 물건을 불태운 자는 1천500만원 이하의 벌금에 처한다.
> ② 과실로 자기 소유인 제166조의 물건 또는 제167조에 기재한 물건을 불태워 공공의 위험을 발생하게 한 자도 제1항의 형에 처한다.

제1항의 죄의 객체는 방화죄에서와 같다. 제2항의 죄에서 자기소유의 일반건조물 및 일반물건이 객체가 된다는 점에도 의문이 없다. 타인소유의 일반물건도 제2항의 객체가 될 수 있는가에 대해 긍정설(판례)과 부정설이 대립하였다. 이후 2020. 12. 개정형법은 "자기 소유인 제166조의 물건 또는 제167조에 기재한 물건"이라고 함으로써 타인소유의 일반물건도 객체가 될 수 있도록 규정하였다.

제1항의 죄에서는 목적물을 불태운 결과가 발생하면 되고, 공공의 위험이 발생할 것은 요건으로 하지 않는다. 제2항의 죄에서는 목적물을 불태운 결과와 함께 공공의 위험이 발생해야 한다. 주의의무위반과 불태운 결과 및 공공의 위험발생 사이에는 인과관계(또는 객관적 귀속)가 인정되어야 한다.

2. 업무상실화 · 중실화죄

제171조(업무상실화, 중실화) 업무상과실 또는 중대한 과실로 인하여 제170조의 죄를 범한 자는 3년 이하의 금고 또는 2천만원 이하의 벌금에 처한다.

(1) 법적 성격

업무상실화죄는 업무자라는 신분으로 인해 책임이 가중되는 범죄이고, 중실화죄는 중대한 과실로 인해 불법이 가중되는 범죄이다.

(2) 구성요건

업무상실화죄에서의 업무는 화기로부터의 안전을 배려해야 할 사회생활상의 지위를 말한다. 중실화죄에서 중대한 과실이란 행위자가 극히 작은 주의를 함으로써 결과발생을 예견·방지할 수 있었는데도 부주의로 이를 예견·방지하지 못하는 경우를 말한다. 중과실과 경과실의 구별은 구체적인 경우에 사회통념을 고려하여 결정해야 한다.

Ⅳ. 준방화죄 [312]

1. 진화방해죄

제169조(진화방해) 화재에 있어서 진화용의 시설 또는 물건을 은닉 또는 손괴하거나 기타 방법으로 진화를 방해한 자는 10년 이하의 징역에 처한다.

본죄의 객체는 진화용의 시설 또는 물건이다. 진화용의 시설이란 화재경보기, 소화전, 소방수공급시설, 소방용통신시설 등과 같이 진화를 목적으로 만들어진 시설을 말한다. 자기소유·타인소유를 불문한다.

본죄의 실행행위는 화재에 있어서 진화용의 시설 또는 물건을 은닉 또는 손괴하거나 기타 방법으로 진화를 방해하는 것이다. '화재에 있어서'의 화재란 진화를 하지 않으면 꺼지지 않을 정도의 화재를 말한다. 화재의 원인은 불문한다. 은닉이란 진화용의 시설이나 물건의 발견을 불가능하게 하거나 곤란하게 하는 것을 말한다. 손괴란 진화용의 시설이나 물건을 물질적으로 훼손하여 그 효용을 상실시키거나 감소시키는 것을 말한다. 기타 방법이란 진화를 방해할 수 있는 일체의 방법을 말한다. 소방차를 못가게 하거나 진화하는 사람들을 폭행·협박하거나 화재장소를 다른 곳으로 알려주는 것 등을 예로 들 수 있다. 진화방해는 부작위에 의해서도 할 수 있다.

2. 폭발성물건파열죄

> 제172조(폭발성물건파열) ① 보일러, 고압가스 기타 폭발성있는 물건을 파열시켜 사람의 생명, 신체 또는 재산에 대하여 위험을 발생시킨 자는 1년 이상의 유기징역에 처한다.

본죄의 객체는 보일러, 고압가스 기타 폭발성있는 물건이다. 폭발성있는 물건이란 급격히 파열하는 성격을 가진 물건이고 보일러나 고압가스는 그 예들이다. 보일러, 고압가스, 기타 폭발성있는 물건의 소유관계는 불문한다.

본죄의 실행행위는 폭발성있는 물건을 파열시켜 사람의 생명·신체 또는 재산에 대하여 위험을 발생시키는 것이다. 파열이란 급격한 팽창력을 이용하여 폭발시키는 일체의 행위를 말한다. 생명·신체 또는 재산에 대한 위험이란 구체적 위험을 의미한다. 폭발성물건파열행위와 위험발생 사이에는 인과관계(또는 객관적 귀속)가 인정되어야 한다.

본죄가 성립하기 위해서는 폭발성있는 물건, 파열에 대해서뿐만 아니라 생명·신체 또는 재산에 대해 위험을 발생시킨다는 점에도 고의가 있어야 한다. 과실로 위험을 발생시킨 경우에는 본죄가 성립하지 않고 과실폭발성물건파열죄(제173조의2)가 성립할 수 있을 뿐이다.

3. 폭발성물건파열치사상죄

> 제172조(폭발성물건파열) ② 제1항의 죄를 범하여 사람을 상해에 이르게 한 때에는 무기 또는 3년 이상의 징역에 처한다. 사망에 이르게 한 때에는 무기 또는 5년 이상의 징역에 처한다.

(1) 법적 성격 및 보호법익

본죄는 폭발성물건파열죄를 범하여 사람을 상해나 사망에 이르게 하는 범죄이다. 본죄의 보호법익은 공공의 안전과 사람의 생명·신체이다. 보호의 정도는 공공의 안전에 대해서는 구체적 위험범, 사람의 생명·신체에 대해서는 침해범이다. 폭발성물건파열치상죄는 상해에 대해 과실이 있을 때뿐만 아니라 고의가 있어도 성립하는 부진정결과적 가중범이고, 폭발성물건파열치사죄는 사망에 대해 과실이 있어야만 성립하는 진정결과적 가중범이다.

(2) 구성요건

본죄의 주체는 폭발성물건파열죄를 범한 자이다. 사람을 사상케 한 경우에는 당연히 폭발성물건파열죄도 성립하므로 폭발성물건을 파열하여 생명·신체·재산에 대한 위험이 발생한 후 사상(死傷)의 결과가 발생할 필요는 없다.

폭발성물건파열치상죄는 부진정결과적 가중범이기 때문에 상해에 대해 과실이 있을 때뿐만 아니라 고의가 있을 때에도 성립한다. 그러나 사망에 대해 고의가 있는 경우에는 폭발성물건파열치사죄가 성립하지 않고, 폭발성물건파열죄와 살인죄의 상상적 경합이 된다.

4. 가스·전기등방류죄

제172조의2(가스, 전기등 방류) ① 가스, 전기, 증기 또는 방사선이나 방사성물질을 방출, 유출 또는 살포시켜 사람의 생명, 신체 또는 재산에 대하여 위험을 발생시킨 자는 1년 이상 10년 이하의 징역에 처한다.

본죄의 객체는 가스, 전기, 증기 또는 방사선이나 방사성물질이다. 방사선이란 전자파 또는 입자선 중 직접·간접으로 공기를 전리(電離)하는 능력을 가진 것을, 방사성물질이란 핵연료물질, 사용후 핵연료, 방사성동위원소 및 원자핵분열생성물을 말한다. 누구의 소유인가는 묻지 않는다.

본죄의 실행행위는 방출, 유출 또는 살포이다. 방출이란 외부에 노출시키는 것, 유출이란 외부로 흘려 내보는 것, 살포란 널리 흩어지게 하는 것을 말한다.

본죄가 성립하기 위해서는 사람의 생명, 신체 또는 재산에 대한 구체적 위험이 발생해야 하고, 방류등 행위와 위험발생 사이에 인과관계가 있어야 한다.

5. 가스·전기등방류치사상죄

제172조의2(가스, 전기등 방류) ② 제 1 항의 죄를 범하여 사람을 상해에 이르게 한 때에는 무기 또는 3년 이상의 징역에 처한다. 사망에 이르게 한 때에는 무기 또는 5년 이상의 징역에 처한다.

가스·전기등방류치상죄는 상해에 대해 과실이 있을 때뿐만 아니라 고의
가 있어도 성립하는 부진정결과적 가중범이고, 가스·전기등방류치사죄는 사
망에 대해 과실이 있어야만 성립하는 진정결과적 가중범이다.

6. 가스·전기등공급방해죄

> 제173조(가스, 전기등 공급방해) ① 가스, 전기 또는 증기의 공작물을 손괴 또는 제거하거나 기타
> 방법으로 가스, 전기 또는 증기의 공급이나 사용을 방해하여 공공의 위험을 발생하게 한 자는
> 1년 이상 10년 이하의 징역에 처한다.
> ② 공공용의 가스, 전기 또는 증기의 공작물을 손괴 또는 제거하거나 기타 방법으로 가스, 전
> 기 또는 증기의 공급이나 사용을 방해한 자도 전항의 형과 같다.

제1항의 죄의 보호법익은 공공의 안전이고, 보호의 정도는 구체적 위험
범이다. 제2항의 죄의 보호법익도 공공의 안전이지만, 보호의 정도는 추상적
위험범이다.

본죄의 객체는 개인 혹은 공공용의 가스, 전기 또는 증기의 공작물이다.
본죄의 실행행위는 손괴 또는 제거하거나 기타 방법으로 가스, 전기 또는 증
기의 공급이나 사용을 방해하는 것이다.

제1항의 죄가 성립하기 위해서는 공공의 위험이 발생해야 하고, 실행행
위와 공공의 위험발생 사이에 인과관계가 있어야 한다. 제2항의 죄에서는
공공의 위험발생이 필요하지 않다.

7. 가스·전기등공급방해치사상죄

> 제173조(가스, 전기등 공급방해) ③ 제1항 또는 제2항의 죄를 범하여 사람을 상해에 이르게 한
> 때에는 2년 이상의 유기징역에 처한다. 사망에 이르게 한 때에는 무기 또는 3년 이상의 징역에
> 처한다.

가스·전기등공급방해치상죄는 상해의 결과에 대해 과실이 있을 때뿐만
아니라 고의가 있을 때에도 성립하는 부진정결과적 가중범이다. 가스·전기
등공급방해치사죄는 사망의 결과에 대해 과실이 있을 때에만 성립하는 진정
결과적 가중범이다.

8. 과실폭발성물건파열죄등

> 제173조의2(과실폭발성물건파열등) ① 과실로 제172조 제 1 항, 제172조의2 제 1 항, 제173조 제 1 항과 제 2 항의 죄를 범한 자는 5년 이하의 금고 또는 1,500만원 이하의 벌금에 처한다.
> ② 업무상과실 또는 중대한 과실로 제 1 항의 죄를 범한 자는 7년 이하의 금고 또는 2천만원 이하의 벌금에 처한다.

업무상과실의 경우에는 업무자라는 신분으로 인해 책임이 가중되는 범죄이고, 중과실은 현저한 주의의무위반으로 인해 불법이 가중되는 범죄이다. 본 죄가 성립하기 위해서는 과실, 업무상과실, 중과실과 결과발생 사이에 인과관계가 있어야 한다.

[대판 2001. 6. 1. 99도5086] 임차인이 자신의 비용으로 설치·사용하던 가스설비의 휴즈콕크를 아무런 조치없이 제거하고 이사를 간 후 가스공급을 개별적으로 차단할 수 있는 주밸브가 열려져 가스가 유입되어 폭발사고가 발생한 경우, 임차인의 과실과 가스폭발사고 사이에 상당인과관계가 있다.

제 4 관   일수와 수리에 관한 죄

Ⅰ. 보호법익   [313]

일수에 관한 죄의 주된 보호법익은 방화죄와 마찬가지로 공공의 안전 및 평온이고, 재산도 부차적인 보호법익으로 한다. 보호의 정도는 공공의 안전에 대해서는 추상적 위험범 혹은 구체적 위험범이고, 재산에 대해서는 침해범이다.

통설에 의하면 수리방해죄는 공공위험죄가 아니고 수리권이라는 개인적 법익에 대한 죄이지만, 수리권이 대부분 다수인의 공유에 속하고, 물을 수단으로 한다는 점에서 일수에 관한 죄와 유사성이 인정되기 때문에 같은 장에서 규정하고 있는 것이다.

Ⅱ. 현주건조물등일수죄 [314]

> 제177조(현주건조물등에의 일수) ① 물을 넘겨 사람이 주거에 사용하거나 사람이 현존하는 건조물, 기차, 전차, 자동차, 선박, 항공기 또는 광갱을 침해한 자는 무기 또는 3년 이상의 징역에 처한다.

1. 구성요건

본죄의 객체는 주거에 사용하거나 사람이 현존하는 건조물, 기차, 전차, 자동차, 선박, 항공기 또는 광갱(2020. 12. 개정형법은 방화죄에서는 '광갱'을 '지하채굴시설'로, '소훼'를 '불태워'라고 변경하였지만, 일수죄에서는 '광갱', '침해'라고 그대로 두었다. '기타'를 '그 밖의'로 변경하고 죄를 '범해'를 '지어'로 바꾼 조문들도 있지만, 그대로 둔 조문들도 있다. 기본법인 형법을 이렇게 허술하게 개정해도 되는지 의문이다)이다. 그 개념은 현주건조물등방화죄에서와 같다.

본죄의 실행행위는 물을 넘겨 목적물을 침해(浸害)하는 것이다. 물을 넘긴다는 것, 즉 일수는 고여 있는 물 혹은 흐르는 물을 그 경계 밖으로 이탈시키는 것을 의미한다. 그 수단·방법에는 제한이 없고 부작위에 의해서도 가능하다. 침해란 목적물이 물에 잠기어(浸) 그 효용이 상실되거나 감소되는 것(害)으로서 방화죄의 소훼(불태우는 것)에 대응하는 개념이다.

물을 넘기는 행위와 목적물의 침해 사이에는 인과관계(및 객관적 귀속)가 인정되어야 한다. 인과관계가 인정되지 않는 경우에는 본죄의 미수가 된다.

2. 미 수

본죄의 미수범은 처벌한다(제182조). 본죄의 실행의 착수시기는 물을 넘기는 행위를 개시하는 시점이다. 본죄의 기수시기에 대해 목적물의 중요부분의 효용이 상실되거나 감소되는 시점이라는 견해와 목적물의 일부의 효용이 상실되거나 감소되는 시점이라는 견해(다수설)가 대립한다.

Ⅲ. 현주건조물등일수치사상죄   [315]

> 제177조(현주건조물등에의 일수) ② 제 1 항의 죄를 범하여 사람을 상해에 이르게 한 때에는 무기 또는 5년 이상의 징역에 처한다. 사망에 이르게 한 때에는 무기 또는 7년 이상의 징역에 처한다.

1. 보호법익

본죄의 보호법익은 공공의 안전 및 평온과 사람의 생명 또는 신체이다. 공공의 안전에 대해서는 추상적 위험범, 생명·신체에 대해서는 침해범이다.

2. 구성요건

본죄의 주체는 현주건조물등일수죄를 범한 자이다. 상해 또는 사망의 결과가 발생해야 하고 일수행위와 상해 또는 사망 사이에 인과관계가 인정되어야 하고, 상해 또는 사망에 대한 예견가능성이 있어야 한다.

현주건조물등일수치상죄는 부진정결과적 가중범이므로 상해에 대한 과실이 있는 경우뿐만 아니라 고의가 있는 경우에도 성립한다. 현주건조물등일수치사죄는 진정결과적 가중범이므로 사망에 대한 과실이 있을 때에만 성립한다. 사망에 대한 고의가 있을 때에는 현주건조물등일수죄와 살인죄의 상상적 경합이 된다.

3. 미 수

제182조는 제177조의 미수범을 처벌하는 규정이다. 부진정결과적 가중범인 일수치상죄(상해에 고의가 있는 경우)의 미수는 인정할 수 있지만, 진정결과적 가중범인 일수치사상죄의 미수범을 인정할 수 있는가에 대해 긍정설과 부정설(다수설)이 대립한다.

Ⅳ. 공용건조물등일수죄   [316]

> 제178조(공용건조물등에의 일수) 물을 넘겨 공용 또는 공익에 공하는 건조물, 기차, 전차, 자동차, 선박, 항공기 또는 광갱을 침해한 자는 무기 또는 2년 이상의 징역에 처한다.

행위의 객체는 공용건조물등방화죄에서와 동일하다(2020. 12. 개정형법은 방화죄에서는 '공용에 공하는'을 '공용에 사용하는', '공익에 공하는'을 '공익을 위해 사용하는'이라고 변경하였지만, 일수죄에서는 '공용 또는 공익에 공하는'이라고 그대로 두었다). 공용건조물이라고 하더라도 사람이 현존하는 경우에는 본죄가 아니라 현주건조물등일수죄가 성립한다. 본죄의 미수범은 처벌한다(제182조).

V. 일반건조물등일수죄 [317]

> 제179조(일반건조물등에의 일수) ① 물을 넘겨 전2조에 기재한 이외의 건조물, 기차, 전차, 자동차, 선박, 항공기 또는 광갱 기타 타인의 재산을 침해한 자는 1년 이상 10년 이하의 징역에 처한다.
> ② 자기의 소유에 속하는 전항의 물건을 침해하여 공공의 위험을 발생하게 한 때에는 3년 이하의 징역 또는 700만원 이하의 벌금에 처한다.
> ③ 제176조의 규정은 본조의 경우에 준용한다.

타인소유 일반건조물등일수죄의 보호법익은 공공의 안전과 평온 및 재산이고, 공공의 안전에 대해서는 추상적 위험범, 재산에 대해서는 침해범이다. 자기소유 일반건조물등일수죄의 보호법익은 공공의 안전 및 평온이고 보호의 정도는 구체적 위험범이다. 공공의 위험발생에 대한 고의가 있어야 한다. 자기의 소유에 속하는 물건이라도 압류 기타 강제처분을 받거나 타인의 권리 또는 보험의 목적물이 된 때에는 타인의 물건으로 간주한다(제179조 3항).

타인소유 일반건조물등일수죄의 미수범은 처벌하지만, 자기소유일반건조물등일수죄의 미수범은 벌하지 않는다(제182조).

VI. 일수예비·음모죄 [318]

> 제183조(예비, 음모) 제177조 내지 제179조 제1항의 죄를 범할 목적으로 예비 또는 음모한 자는 3년 이하의 징역에 처한다.

방화예비·음모죄(제175조)와 비교하여 자수에 대한 필요적 감면규정을 두지 않았으므로 자수한 경우에는 제52조에 의해 임의적 감면이 될 수 있을 뿐이다.

Ⅶ. 방수방해죄 [319]

> 제180조(방수방해) 수재에 있어서 방수용의 시설 또는 물건을 손괴 또는 은닉하거나 기타 방법으로 방수를 방해한 자는 10년 이하의 징역에 처한다.

본죄의 객체는 방수용(防水用)의 시설 또는 물건이다. 양수펌프, 양수기, 모래주머니 등이 그 예이다. 소유관계는 불문한다.

본죄의 실행행위는 수재에 있어서 방수용의 시설 또는 물건을 손괴 또는 은닉하거나 기타 방법으로 방수를 방해하는 것이다. 수재란 물로 인해 사람의 생명·신체·재산에 대해 위험이 발생하였거나 임박한 상태를 말한다. 방수란 수재를 예방하거나 이미 발생한 수재를 약화시키는 활동을 모두 포함한다. 손괴·은닉은 진화방해죄에서와 같은 개념이고, 기타 방법은 방수를 방해할 수 있는 일체의 방법을 말한다.

본죄의 미수범은 처벌한다.

Ⅷ. 과실일수죄 [320]

> 제181조(과실일수) 과실로 인하여 제177조 또는 제178조에 기재한 물건을 침해한 자 또는 제179조에 기재한 물건을 침해하여 공공의 위험을 발생하게 한 자는 1천만원 이하의 벌금에 처한다.

과실일수죄는 과실로 물을 넘겨 현주건조물등 또는 공용건조물등을 침해하거나, 과실로 물을 넘겨 일반건조물등을 침해하여 공공의 위험을 발생하게 하는 죄이다. 전자는 추상적 위험범, 후자는 구체적 위험범이다.

Ⅸ. 수리방해죄 [321]

> 제184조(수리방해) 둑을 무너뜨리거나 수문을 파괴하거나 그 밖의 방법으로 수리(水利)를 방해한 자는 5년 이하의 징역 또는 700만원 이하의 벌금에 처한다.

1. 보호법익

통설·판례에 의하면, 본죄의 보호법익은 수리권, 즉 법령, 계약 또는 관습 등에 의하여 타인의 권리에 속한다고 인정될 수 있는 물의 이용이다(대판 2001. 6. 26. 2001도404).

본죄의 보호의 정도에 대해 추상적 위험범설과 침해범설(대판 1960. 9. 21. 4293 형상522)이 대립한다.

2. 구성요건

본죄의 실행행위는 둑을 무너뜨리거나 수문을 파괴하거나 그 밖의 방법으로 수리를 방해하는 행위이다.

둑이란 물이 넘치는 것을 막기 위한 시설물을 말한다. 자연둑이든 인공둑이든 묻지 않는다. 무너뜨린다는 것은 물이 넘치도록 둑의 일부나 전부를 소실시키는 것을 말한다. 수문이란 댐, 저수지 등에서 물의 출입, 저장을 위해 설치된 시설물을 말한다. 파괴란 수문이 그 기능을 상실하거나 기능이 현저히 감소되도록 하는 행위를 말한다. 단순한 손괴행위로는 파괴라고 할 수 없고 손괴의 규모가 커야 파괴라고 할 수 있다. 손괴로 인해 수리가 방해된 때에는 기타 방법에 의한 수리방해가 될 수 있다.

제 5 관   교통방해의 죄

I. 일반교통방해죄   [322]

제185조(일반교통방해) 육로, 수로 또는 교량을 손괴 또는 불통하게 하거나 기타 방법으로 교통을 방해한 자는 10년 이하의 징역 또는 1,500만원 이하의 벌금에 처한다.

1. 보호법익

본죄의 보호법익은 공공의 교통의 안전과 원활한 교통소통이다. 공중의 생명·신체·재산 등도 보호법익인가에 대해 긍정설(다수설)과 부정설(판례)이 대립한다.

2. 구성요건

(1) 행위의 객체

본죄의 객체는 육로, 수로 또는 교량이다.

육로란 일반공중의 왕래에 공용된 장소로서 특정인에 한하지 않고 불특정, 다수인 또는 차마(車馬)가 자유롭게 통행할 수 있는 공공성을 지닌 장소를 말한다. 수로란 바다, 하천, 호수, 해협, 운하 등에서 선박의 운행에 사용되는 부분을 말한다. 육로와 같이 불특정 또는 다수의 선박이 통행하는 공공성을 지닌 수로여야 하고, 소유관계는 묻지 않는다. 교량이란 일반인의 교통에 제공된 다리를 말한다.

(2) 실행행위

본죄의 실행행위는 육로, 수로 또는 교량을 '손괴 또는 불통하게 하거나 기타 방법으로 교통을 방해하는 행위'이다.

불통하게 하는 것은 장애물 등을 사용하여 통행을 불가능하게 하거나 현저히 곤란하게 하는 것을 말한다. 기타 방법이란 통행을 불가능하게 하거나 현저히 곤란하게 하는 일체의 방법을 말한다.

통설은 본죄가 추상적 위험범이므로 손괴, 불통, 기타 방법에 의한 행위가 종료가 되면 기수가 되고 현실적으로 교통방해의 결과가 발생할 것을 요하지 않는다고 한다.

3. 미 수

본죄의 미수범은 벌하지만(제190조), 예비·음모는 벌하지 않는다(제191조).

Ⅱ. 기차·선박등의 교통방해죄 [323]

제186조(기차, 선박등의 교통방해) 궤도, 등대 또는 표지를 손괴하거나 기타 방법으로 기차, 전차, 자동차, 선박 또는 항공기의 교통을 방해한 자는 1년 이상의 유기징역에 처한다.

1. 구성요건

(1) 행위의 객체

본죄의 객체는 궤도, 등대 또는 표지이다. 기타 방법의 예로 궤도 위에 바위를 올려놓는 것 등을 들 수 있다. 궤도란 공공의 교통에 사용하기 위해 지하, 지표 또는 지상에 설치한 레일(rail)을 말한다.

(2) 실행행위

본죄의 실행행위는 궤도, 등대 또는 표지를 '손괴하거나 기타 방법으로 기차, 전차, 자동차, 선박 또는 항공기의 교통을 방해하는 것'이다. 손괴란 물질적으로 훼손하여 그 효용을 상실케 하거나 감소시키는 것을 말한다. 표지를 돌려놓거나 가리는 등의 행위는 손괴가 아니고 기타 방법에 의한 교통방해라고 할 수 있다.

교통방해는 기차, 전차, 자동차, 선박 또는 항공기의 교통방해이다. 단순히 보행자, 자전거, 오토바이, 우마차(牛馬車) 등의 교통을 방해한 때에는 본죄가 성립하지 않고 제185조의 일반교통방해죄가 성립할 수 있을 뿐이다. 케이블카는 전차에 속한다고 할 수 있다.

통설에 의하면 현실적인 교통방해의 결과는 요하지 않는다.

2. 미 수

본죄의 미수범은 처벌한다(제190조). 본죄의 실행의 착수시기는 손괴 등의 행위를 개시하는 시점이다. 본죄의 예비·음모는 처벌한다(제191조).

Ⅲ. 기차등전복죄 [324]

제187조(기차등의 전복등) 사람의 현존하는 기차, 전차, 자동차, 선박 또는 항공기를 전복, 매몰, 추락 또는 파괴한 자는 무기 또는 3년 이상의 징역에 처한다.

1. 구성요건

(1) 행위의 객체

본죄의 객체는 사람이 현존하는 기차, 전차, 자동차, 선박 또는 항공기이다. '사람이 현존한다'는 것은 자기 이외의 사람이 현존하는 것을 의미한다. 통설에 의하면 본죄의 실행의 착수시점에 사람이 현존하면 족하다. 따라서 사람이 현존하는 자동차를 전복시키려고 하였으나 그 사람이 전복되기 직전에 탈출한 경우에도 본죄가 성립할 수 있다.

(2) 실행행위

본죄의 실행행위는 전복, 매몰, 추락 또는 파괴이다.

전복이란 객체를 넘어뜨리는 것을 말한다. 완전히 뒤집어진 정도임을 요하지 않고 넘어뜨리는 정도이면 족하다. 매몰이란 자동차 등을 땅속에 묻거나 선박을 침몰시키는 것을 말한다. 추락이란 높은 곳에서부터 낮은 곳으로 떨어지게 하는 것이다. 어느 정도의 높이가 있을 것을 요한다. 파괴란 교통기관으로서의 용법의 전부 또는 일부를 불가능하게 할 정도의 파손을 의미한다.

2. 미 수

본죄의 미수범은 벌한다(제190조). 본죄의 실행의 착수시기는 전복·매몰·추락·파괴 등의 행위를 개시한 시점이고, 기수시기는 목적물이 전복·매몰·추락·파괴된 시점이다. 본죄의 예비·음모는 처벌한다(제191조).

Ⅳ. 교통방해치사상죄 [325]

> 제188조(교통방해치사상) 제185조 내지 제187조의 죄를 범하여 사람을 상해에 이르게 한 때에는 무기 또는 3년 이상의 징역에 처한다. 사망에 이르게 한 때에는 무기 또는 5년 이상의 징역에 처한다.

1. 보호법익 및 법적 성격

본죄의 보호법익은 교통의 안전과 사람의 생명·신체이다. 보호의 정도는 침해범이다.

교통방해치상죄는 상해에 대해 과실이 있을 때뿐만 아니라 고의가 있을 때에도 성립하는 부진정결과적 가중범이다. 교통방해치사죄는 진정결과적 가중범이다.

2. 구성요건

본죄의 주체는 '제185조 내지 제187조의 죄를 범한 자'이다.

본죄가 성립하기 위해서는 상해 또는 사망의 결과가 발생해야 한다. 사람은 기차 등에 현존하는 사람들뿐만 아니라 주위의 사람들도 포함된다. 교통방해 등의 행위와 상해 또는 사망 사이에는 인과관계가 있어야 하고 상해 또는 사망의 결과에 대한 예견가능성이 있어야 한다.

일반교통방해등치상죄는 상해의 결과에 대해 과실이 있을 때뿐만 아니라 고의가 있을 때에도 성립한다. 그러나 일반교통방해등치사죄는 사망의 결과에 대해 과실이 있을 때에만 성립한다.

V. 과실교통방해죄등　　　　　　　　　　　　　　　　[326]

> 제189조(과실, 업무상과실, 중과실) ① 과실로 인하여 제185조 내지 제187조의 죄를 범한 자는 1천만원 이하의 벌금에 처한다.
> ② 업무상과실 또는 중대한 과실로 인하여 제185조 내지 제187조의 죄를 범한 자는 3년 이하의 금고 또는 2천만원 이하의 벌금에 처한다.

1. 의 의

과실교통방해죄등은 과실, 업무상과실 또는 중대한 과실로 제185조 내지 제187조의 죄(일반교통방해죄, 기차등교통방해죄, 기차등전복죄)를 범하는 것이다. 교통방해등은 중대한 결과이므로 과실범도 처벌하는 것이다.

2. 구성요건

본죄가 성립하기 위해서는 과실, 업무상 과실 또는 중과실이 있어야 하고, 일반교통방해, 기차등교통방해, 기차등전복의 결과가 발생해야 한다. 업무상과실에서 업무라 함은 기차, 전차, 자동차, 선박, 항공기나 기타 일반의 '교통왕래에 관여하는 사무'에 직접·간접으로 종사하는 업무를 의미한다. 주의의무위반과 결과발생 사이에는 인과관계(객관적 귀속)가 있어야 한다.

제 2 절 공공의 건강에 대한 죄

제 1 관 먹는 물에 관한 죄

Ⅰ. 보호법익   [327]

먹는 물에 관한 죄는 공공위험죄로서 그 보호법익은 공중의 건강 혹은 보건이고, 보호의 정도는 추상적 위험범이다. 다만 먹는 물혼독치사상죄(제193 조)는 생명·신체를 보호법익으로 하고 이에 대한 보호의 정도는 침해범이다.

Ⅱ. 먹는 물사용방해죄   [328]

> 제192조(먹는 물의 사용방해) ① 일상생활에서 먹는 물로 사용되는 물에 오물을 넣어 먹는 물로 쓰지 못하게 한 자는 1년 이하의 징역 또는 500만원 이하의 벌금에 처한다.
> ② 제1항의 먹는 물에 독물(毒物)이나 그 밖에 건강을 해하는 물질을 넣은 사람은 10년 이하의 징역에 처한다.

1. 구성요건

(1) 행위의 객체

본죄의 객체는 '일상생활에서 먹는 물로 사용되는 물'이다. 일상생활에서 먹는 물로 사용되는 물이란 불특정 또는 다수의 사람이 일상생활에서 계속적·반복적으로 먹거나 마시는 물을 말한다. 물의 소유자는 불문한다. 먹는 물로 사용되는 물이란 먹고 마실 수 있을 정도로 깨끗한 물을 말한다. 수질이 좋으냐 나쁘냐는 중요하지 않지만, 먹고 마실 수 있을 정도로 깨끗하지 않은 물은 본죄의 객체가 될 수 없다.

(2) 실행행위

1) **제 1 항**　　　오물을 넣어 먹는 물로 쓰지 못하게 하여야 한다. 오물이란 독물이나 건강을 해할 물건 이외에 물에 혼입하면 먹는 물로서 사용할 수 없는 일체의 물질을 말한다. 물리적으로 수질이 악화될 것을 요하지 않고 감정상으로 먹는 물로 사용할 수 없도록 하는 물질도 포함된다.

본죄가 성립하기 위해서는 먹는 물로 쓰지 못하는 결과가 발생해야 하고, 오물을 넣는 행위와 먹는 물로 쓰지 못하는 결과 사이에는 인과관계가 있어야 한다.

2) **제 2 항**　　　독물 그 밖에 건강을 해할 물질을 넣는 것이다. 범행수단의 특수성으로 인해 불법이 가중된 구성요건으로서 제 1 항의 죄와는 일반법 대 특별법의 관계에 있다. 따라서 본죄가 성립하는 경우에는 제 1 항의 죄는 성립하지 않는다. 독물이란 청산가리 등과 같이 독성이 강한 물질, 즉 소량으로도 건강을 침해할 수 있는 물질을 말한다. 그 밖에 건강을 해할 물건이란 사람이 이를 섭취하면 건강이 침해될 수 있는 유해물을 말한다. 본죄는 넣으면 성립하고 먹는 물로 쓰지 못하는 결과가 발생될 것을 요하지 않는다.

2. 미 수

본죄의 미수범과 예비·음모는 처벌한다(제196조, 제197조).

Ⅲ. 수돗물사용방해죄 [329]

> 제193조(수돗물의 사용방해) ① 수도(水道)를 통해 공중이 먹는 물로 사용하는 물 또는 그 수원(水原)에 오물을 넣어 먹는 물로 쓰지 못하게 한 자는 1년 이상 10년 이하의 징역에 처한다.
> ② 제 1 항의 먹는 물 또는 수원에 독물 그 밖에 건강을 해하는 물질을 넣은 자는 2년 이상의 유기징역에 처한다.

1. 구성요건

(1) 행위의 객체

본죄의 객체는 수도를 통해 공중이 먹는 물로 사용하는 물 또는 그 수원이다.

수도란 정수를 공급하기 위한 인공적 시설을 말하고, 자연적 수로는 수도라기보다는 수원이라는 견해(통설)와 수도라는 견해가 대립한다. 수도의 소유권이나 수도의 설치자가 누구인가는 묻지 않고, 일시적인 수도인가 영구적인 수도인가 여부와 규모의 대소도 묻지 않는다. '공중이 먹는 물로 사용한다'는 것은 불특정 또는 다수인이 먹고 마시는 데에 사용되는 것을 의미한다. 공중이라고 해야 할 정도이므로 제192조의 다수보다는 좀 더 많은 사람들을 필요로 한다고 해야 한다.

수원이란 수도에 들어오기 전의 물의 총체를 말한다. 저수지, 정수장 등에 있는 물이 이에 속한다.

(2) 실행행위

본죄의 실행행위는 오물을 넣어 먹는 물로 쓰지 못하게 하거나(제1항), 독물 또는 건강을 해할 물건을 넣는 것(제2항)이다. 그 의미는 먹는 물사용방해죄에서와 같다. 제1항의 죄에서는 먹는 물로 쓰지 못하는 결과가 발생해야 하지만, 제2항의 죄에서는 먹는 물로 쓰지 못하거나 건강을 해하는 결과발생을 요하지 않는다.

2. 미 수

제2항의 죄의 미수범 및 예비·음모는 처벌한다(제196조, 제197조).

Ⅳ. 먹는 물혼독치사상죄 [330]

제194조(먹는 물 혼독치사상) 제192조 제2항 또는 제193조 제2항의 죄를 지어 사람을 상해에 이르게 한 경우에는 무기 또는 3년 이상의 징역에 처한다. 사망에 이르게 한 경우에는 무기 또는 5년 이상의 징역에 처한다.

본죄는 먹는 물유해물혼입죄(제192조 2항), 수돗물유해물혼입죄(제193조 2항)의 죄를 지어 사람을 상해·사망에 이르게 하는 죄로서 결과적 가중범이다. 치상죄는 상해의 결과에 대해 과실이 있는 경우뿐만 아니라 고의가 있는 때에도 성립하는 부진정결과적 가중범이다. 치사죄는 사망의 결과에 대해 과실이 있는 경우에만 성립할 수 있는 진정결과적 가중범이다. 사망의 결과에 대해 고의가 있는 경우에는 먹는 물유해물혼입죄, 수돗물유해물혼입죄 등과 살인죄의 상상적 경합이 된다.

V. 수도불통죄 [331]

제195조(수도불통) 공중이 먹는 물을 공급하는 수도 그 밖의 시설을 손괴하거나 그 밖의 방법으로 불통(不通)하게 한 자는 1년 이상 10년 이하의 징역에 처한다.

1. 구성요건

(1) 행위의 객체

본죄의 객체는 공중이 먹는 물을 공급하는 수도 그 밖의 시설이다. 공중이 먹는 물을 공급하는 수도여야 하므로 특정소수인에게 먹는 물을 공급하는 수도 그 밖의 시설은 본죄의 객체가 될 수 없다. 그 밖의 시설은 수도 이외에 공중이 먹는 물을 공급하는 시설을 말한다.

(2) 실행행위

본죄의 실행행위는 손괴 그 밖의 방법으로 불통하게 하는 것이다. 손괴란 수도나 기타시설에 물질적 힘을 가하여 효용을 상실케 하거나 현저하게 감소시키는 것을 말한다. 그 밖의 방법이란, 예컨대 수도를 막거나 시설들의 구동장치의 기능을 정지시키는 방법 등을 통해 불통하게 하는 것을 말한다.

불통의 결과발생을 요하는가에 대해 긍정설과 부정설이 대립한다. 긍정설에 의할 경우 실행행위와 불통의 결과 사이에 인과관계를 요한다.

2. 위법성

수도 등 소유자의 승낙은 본죄의 위법성을 조각하지 못한다. 본죄는 공공의 이익을 보호하는 것으로서 소유자도 범할 수 있기 때문이다.

3. 미 수

본죄의 미수범(제196조) 및 예비·음모는 처벌한다(제197조).

제 2 관 아편에 관한 죄

Ⅰ. 보호법익 [332]

아편에 관한 죄는 중독성이 심한 아편이나 몰핀을 남용할 위험성이 있는 행위들을 금지함으로써 아편이나 몰핀의 남용으로부터 국민의 건강을 보호하기 위한 것이다. 즉, 아편에 관한 죄의 보호법익은 국민의 건강이고, 보호의 정도는 추상적 위험범이다.

Ⅱ. 아편등흡식죄 [333]

제201조(아편흡식등) ① 아편을 흡식하거나 몰핀을 주사한 자는 5년 이하의 징역에 처한다.

본죄의 객체는 아편 또는 몰핀이다. 아편이란 양귀비의 액즙이 응결된 것과 이를 가공한 것으로서, 의약품으로 가공한 것은 제외된다. 몰핀(morphine)은 양귀비, 아편 및 코카엽(葉)에서 추출되는 알카로이드(alcaloid)로서(마약류관리법 제2조 2호 나목), 마약류관리법시행령에서 정해진 것을 말한다(동시행령 별표 1).

본죄의 실행행위는 아편의 흡식 또는 몰핀의 주사이다. 흡식이란 코나 입으로 섭취하는 것을 말한다. 주사란 주사기를 통해 인체의 혈관 또는 근육속에 주입하는 것이다.

본죄의 미수범은 처벌한다(제202조). 본죄의 실행의 착수시기는 흡식 또는 주사를 개시한 시점이고, 기수시기는 흡식, 주사행위가 종료한 시점이다.

Ⅲ. 아편흡식·몰핀주사장소제공죄 [334]

> 제201조(동장소제공) ② 아편흡식 또는 몰핀주사의 장소를 제공하여 이익을 취한 자도 전항의 형과 같다.

본죄는 아편흡식, 몰핀주사 등의 방조행위이지만, 위험성이 크기 때문에 독립된 범죄로 규정한 것이다. 본죄가 성립하기 위해서는 장소제공자가 이익을 취득해야 한다. 이익의 종류는 묻지 않으므로 재산상 이익에 국한되지 않는다.

본죄는 현실적으로 이익을 취득하였을 때에 기수가 된다. 장소제공행위와 이익취득 사이에는 인과관계가 있어야 한다.

Ⅳ. 아편등제조죄 [335]

> 제198조(아편등의 제조등) 아편, 몰핀 또는 그 화합물을 제조, 수입 또는 판매하거나 판매할 목적으로 소지한 자는 10년 이하의 징역에 처한다.

본죄의 객체는 아편, 몰핀 또는 그 화합물이다.

본죄의 실행행위는 제조, 수입, 판매 또는 판매목적으로 소지하는 것이다. 제조란 아편·몰핀 또는 그 화합물을 만드는 것을 말한다. 수입이란 국외에서부터 국내로 반입하는 것이다. 판매란 유상으로 양도하는 것을 말한다. 소지란 아편 등을 자기의 사실상 지배하에 두는 것을 말한다.

본죄의 미수범은 처벌한다(제202조).

Ⅴ. 아편흡식기등제조죄 [336]

> 제199조(아편흡식기의 제조등) 아편을 흡식하는 기구를 제조, 수입 또는 판매하거나 판매할 목적으로 소지한 자는 5년 이하의 징역에 처한다.

본죄의 객체는 아편흡식기이다. 아편흡식을 목적으로 특별히 제조된 기구를 말하므로, 예를 들어 아편주사에 사용되는 일반주사기와 같이 아편흡식에 사용될 수 있는 기구라도 아편흡식을 목적으로 제조된 기구가 아닌 경우에는 본죄의 객체가 되지 않는다.

본죄의 실행행위는 제조·수입·판매·판매목적의 소지인데, 이는 아편
등제조죄에서와 같다.

본죄의 미수범은 처벌한다(제202조).

Ⅵ. 세관공무원의 아편등수입죄 [337]

제200조(세관공무원의 아편등의 수입) 세관의 공무원이 아편, 몰핀이나 그 화합물을 또는 아편흡식
기구를 수입하거나 그 수입을 허용한 때에는 1년 이상의 유기징역에 처한다.

본죄의 주체는 세관의 공무원이다. 수입죄는 부진정신분범이지만, 수입허
용죄는 세관의 공무원만이 범할 수 있는 진정신분범이다. 세관의 공무원이란
세관에 있는 모든 공무원이 아니라 수입사무를 담당하는 공무원에 한정된다.
본죄의 객체는 아편, 몰핀이나 그 화합물 및 아편흡식기이다. 실행행위는 수
입하거나 수입을 허용하는 것이다. 수입이나 수입허용은 부작위에 의해서도
가능하다.

본죄의 미수범은 처벌한다(제202조). 수입허용죄의 기수시기는 아편 등의
수입이 기수가 된 시점이다.

Ⅶ. 상습아편에 관한 죄 [338]

제203조(상습범) 상습으로 전5조의 죄를 범한 때에는 각조에 정한 형의 2분의 1까지 가중한다.

상습아편에 관한 죄는 상습으로 아편에 관한 죄를 범하는 것이다. 상습성
이라는 행위자 요소로 인해 책임이 가중되는 구성요건이다.

Ⅷ. 아편등소지죄 [339]

제205조(아편등의 소지) 아편, 몰핀이나 그 화합물 또는 아편흡식기구를 소지한 자는 1년 이하의
징역 또는 500만원 이하의 벌금에 처한다.

본죄는 아편흡식죄등의 예비로서의 성격을 지닌 행위를 독립된 범죄로 규정한 것이다. 본죄의 소지에서 판매목적의 소지는 제외된다. 판매목적의 소지죄는 제198조에 해당되기 때문이다.

제 3 절   공공의 신용에 대한 죄

제 1 관   통화에 관한 죄

I. 보호법익 [340]

통화에 관한 죄의 보호법익에 대해서는, ① 사회적 법익으로서 통화에 대한 공공의 신용과 거래의 안전이라는 견해(통설), ② 국가의 통화발행권이라는 국가적 법익과 공공의 신용과 거래의 안전이라는 사회적 법익이라는 견해 및 ③ 국가의 통화발행권이라는 국가적 법익, 공공의 신용과 안전이라는 사회적 법익 및 불특정인의 재산이라는 개인적 법익 모두라는 견해 등이 대립한다.

보호의 정도는 추상적 위험범이다.

II. 통화위조·변조죄 [341]

> 제207조(통화의 위조등) ① 행사할 목적으로 통용하는 대한민국의 화폐, 지폐 또는 은행권을 위조 또는 변조한 자는 무기 또는 2년 이상의 징역에 처한다.
> ② 행사할 목적으로 내국에서 유통하는 외국의 화폐, 지폐 또는 은행권을 위조 또는 변조한 자는 1년 이상의 유기징역에 처한다.
> ③ 행사할 목적으로 외국에서 통용하는 외국의 화폐, 지폐 또는 은행권을 위조 또는 변조한 자는 10년 이하의 징역에 처한다.

1. 구성요건

(1) 행위의 객체

본죄의 객체는 ① 통용하는 대한민국의 화폐, 지폐, 은행권, ② 내국에서 유통하는 외국의 화폐, 지폐, 은행권, ③ 외국에서 통용하는 외국의 화폐, 지폐, 은행권이다.

통설은 화폐란 금속화폐인 경화(동전)를 말한다고 하는데, 경화, 지폐, 은행권 등을 모두 포괄하는 개념이라고 해야 한다. 제207조 제1항, 제3항의 죄의 객체는 대한민국 및 외국에서 통용하는 화폐, 지폐, 은행권이다.

'통용한다'는 것은 법률에 의하여 강제통용력이 인정되는 것을 말한다. 기념주화도 통화에 해당하는가에 대해 긍정설과 부정설이 있다. '외국에서 통용'한다는 것은 외국에서 강제통용력을 가진 것을 의미한다.

제2항의 객체는 국내에서 '유통하는' 외국의 통화이다. 유통한다는 것은 강제통용력은 없지만 사실상 지급수단이 되고 있다는 것을 의미한다.

(2) 실행행위

본죄의 실행행위는 위조 또는 변조이다.

위조란 통화발행권이 없는 자가 일반인들이 진정한 통화로서 오신할 수 있는 외관을 갖춘 물건(위조통화)을 만들어내는 것을 말한다. 진정한 통화로서 오신될 정도에 이르지 못한 경우에는 통화위조죄가 될 수 없고, 통화유사물제조죄(제211조)가 될 수 있을 뿐이다. 위조의 대상이 되는 진화(眞貨)가 실제 존재해야 하는가에 대해서 긍정설(대판 2004. 5. 14. 2003도3487)과 부정설(통설)이 대립한다. 위조의 방법에는 제한이 없다.

변조란 기존의 진화의 금액이나 가치 혹은 내용을 변경하는 것이다. 이미 만들어진 진화를 대상으로 한다는 점에서 위조와 구별된다. 통설에 의하면 변조란 가치나 금액을 변경하는 것만을 의미하고, 변조에는 금액을 고치는 것과(액면가치와 실제가치가 같은) 본위화폐를 손괴하여 실제가치를 감소케 하는 것이 있다. 변조가 되기 위해서는 기존의 진화를 그 동일성을 유지하면서 변경하는 것이어야 하고, 그 동일성을 넘어서서 새로운 진화를 만들어내는 것이라고 할 수 있을 때에는 위조가 된다.

(3) 주관적 구성요건

본죄는 고의 이외에 초과주관적 구성요건요소로서 '행사할 목적'이 있어야 한다. 행사할 목적이란 위조·변조된 통화를 진정한 통화처럼 사용하겠다는 목적이다. 위조·변조된 통화를 교육의 목적이나 전시의 목적으로 사용하는 경우처럼 위조·변조된 통화로서 사용하려는 목적일 경우에는 본죄가 성립하지 않는다.

2. 미 수

본죄의 미수범은 처벌한다(제212조). 본죄의 실행의 착수시기는 위조·변조행위를 개시하는 시점이고, 기수시기는 위조·변조행위가 종료된 시점이다. 본죄의 예비·음모는 처벌한다(제213조).

Ⅲ. 위조·변조통화 행사·수입·수출죄　　　　　　　　　　[342]

> 제207조(통화의 위조등) ④ 위조 또는 변조한 전3항 기재의 통화를 행사하거나 행사할 목적으로 수입 또는 수출한 자는 그 위조 또는 변조의 각죄에 정한 형에 처한다.

1. 구성요건

본죄의 실행행위는 행사하거나 행사할 목적으로 위조·변조통화를 수입·수출하는 것이다.

행사란 위조·변조된 통화를 진정한 통화인 것처럼 타인에게 이전하여 유통시키는 것을 말한다. 수입이란 외국에서 국내로 반입하는 것을 말한다. 수출이란 국내에서 국외로 반출하는 것을 말한다.

2. 미 수

본죄의 미수범은 처벌한다(제212조). 본죄의 실행의 착수시기는 위조·변조통화를 타인에게 이전시키는 행위 또는 수입·수출행위를 개시하는 시기이다. 행사죄의 기수시기는 위조·변조통화를 상대방에게 이전시킨 시점이다. 수입죄의 기수시기는 국내에 상륙한 시점이다. 수출죄의 기수시기에 대해 내륙을 이탈한 시점이라는 다수설과 영해를 이탈한 시점이라는 소수설이 대립한다.

본죄의 예비·음모는 벌하지 않는다.

Ⅳ. 위조·변조통화취득죄   [343]

> 제208조(위조통화의 취득) 행사할 목적으로 위조 또는 변조한 제207조 기재의 통화를 취득한 자는 5년 이하의 징역 또는 1,500만원 이하의 벌금에 처한다.

1. 구성요건

본죄의 실행행위는 취득이다. 취득이란 점유를 이전받는 일체의 행위를 말한다. 유상·무상을 불문하고, 원인행위가 매매, 증여 등 적법한 행위 이외에 절취, 강취, 편취 등 위법한 취득도 포함한다. 자신이 보관하는 타인의 위조통화를 횡령한 경우에 취득에 포함되는가에 대해 긍정설과 부정설(다수설)이 대립한다.

2. 미 수

본죄의 미수범은 처벌한다(제212조). 본죄의 실행의 착수시기는 취득을 위한 계약 등을 개시하는 시점이다. 기수시기는 현실적으로 점유의 이전을 받은 시기이다.

Ⅴ. 위조통화취득후지정행사죄   [344]

> 제210조(위조통화 취득 후의 지정행사) 제207조에 기재한 통화를 취득한 후 그 사정을 알고 행사한 자는 2년 이하의 징역 또는 500만원 이하의 벌금에 처한다.

1. 법적 성격

위조통화인 줄 모르고 취득하였지만 위조통화인 줄 알게 되었을 때에는 이를 행사하지 말아야 한다. 그러나 자신의 손해를 피하기 위해 위조통화를 행사하는 것은 인간의 자연스러운 본성에 속하므로, 본죄는 위조통화를 행사하지 않을 기대가능성이 작아서 책임이 감경되는 구성요건이다.

2. 구성요건

본죄의 실행행위는 '위조·변조통화를 취득한 후 그 사정을 알고 행사하는 것'이다.

취득은 위조·변조통화취득죄에서와 같지만, 위조·변조한 통화인 줄 모르고 취득하여야 한다. 행사할 목적으로 위조·변조통화인 줄 알고 취득한 후 행사하는 경우에는 본죄가 성립하지 않고 위조·변조통화취득죄와 위조·변조통화행사죄의 성립이 문제될 뿐이다. 행사란 위조·변조통화행사죄에서의 행사와 같은 개념으로서 위조·변조통화를 진정한 통화인 것처럼 상대방에게 점유를 이전하여 유통케 하는 것을 말한다.

Ⅵ. 통화유사물제조죄 [345]

제211조(통화유사물의 제조등) ① 판매할 목적으로 내국 또는 외국에서 통용하거나 유통하는 화폐, 지폐 또는 은행권에 유사한 물건을 제조, 수입 또는 수출한 자는 3년 이하의 징역 또는 700만원 이하의 벌금에 처한다.
② 전항의 물건을 판매한 자도 전항의 형과 같다.

본죄의 객체는 통화유사물, 즉 내국 또는 외국에서 통용하거나 유통하는 화폐, 지폐 또는 은행권에 유사한 물건이다. 통화유사물이란 일반인이 진정한 통화로 오신할 정도에 이르지 않지만 통화에 비슷한 외관을 지닌 물건이다.

본죄의 실행행위는 제조, 수입, 수출 또는 판매이다. 제조는 새로 만들어 내는 것, 수입은 국내로 반입하는 것, 수출은 국외로 반출하는 것을 말한다. 판매란 유상으로 양도하는 것을 말한다.

Ⅶ. 통화위조·변조의 예비·음모죄 [346]

제213조(예비, 음모) 제207조 제1항 내지 제3항의 죄를 범할 목적으로 예비 또는 음모한 자는 5년 이하의 징역에 처한다. 단, 그 목적한 죄의 실행에 이르기 전에 자수한 때에는 그 형을 감경 또는 면제한다.

통화위조·변조의 예비·음모죄는 통용하는 대한민국의 화폐, 지폐, 은행권의 위조·변조(제207조 1항), 내국에서 유통하는 외국의 화폐, 지폐, 은행권의 위조·변조(제207조 2항), 외국에서 통용하는 외국의 화폐, 지폐, 은행권의 위조·변조(제207조 3항)의 죄를 범할 목적으로 예비·음모하는 죄이다.

제 2 관 유가증권, 우표와 인지에 관한 죄

Ⅰ. 보호법익   [347]

유가증권에 관한 죄의 보호법익은 유가증권이나 우표·인지에 대한 공공의 신용 및 거래의 안전이고, 보호의 정도는 추상적 위험범이다.

형법 제 5 조가 외국인의 국외범도 처벌하는 것으로서 세계주의를 규정한 것이라고 하는 견해와 형법 제 5 조는 보호주의를 규정한 것이므로 국내에 유통되지 않는 유가증권이나 우표·인지 등에 대해서 외국인이 국외에서 죄를 범했을 경우에는 우리 형법이 적용되지 않는다는 견해가 대립한다.

Ⅱ. 유가증권에 관한 죄   [348]

1. 유가증권위조·변조죄

> **제214조(유가증권의 위조등)** ① 행사할 목적으로 대한민국 또는 외국의 공채증서 기타 유가증권을 위조 또는 변조한 자는 10년 이하의 징역에 처한다.

(1) 행위의 객체

본죄의 객체는 대한민국 또는 외국의 공채증서 기타 유가증권이다. 공채증서는 국가 또는 공공단체가 발행한 국채 또는 지방채의 증권으로서 유가증권의 한 예라고 할 수 있다.

유가증권이란 증권상에 표시된 재산상의 권리의 행사와 처분에 그 증권의 점유를 필요로 하는 것을 총칭한다. 재산권이 증권에 화체된다는 것과 그 권리의 행사와 처분에 증권의 점유를 필요로 한다는 두 가지 요소를 갖추면 족하다. 어음, 수표가 대표적 유가증권이지만, 반드시 유통성이 있을 필요는 없다(대판 2001. 8. 24. 2001도2832). 따라서 극장입장권, 승차권, 경마투표권 등도 유가증권에 속한다.

유가증권은 외형상 유가증권이라고 오신할 수 있을 정도면 족하고 그것이 법률상 효력이 있는가의 여부는 문제되지 않는다. 허무인명의의 유가증권도 본죄의 객체가 된다(대판 1979. 9. 25. 78도1980).

(2) 실행행위

본죄의 실행행위는 위조 또는 변조이다. 위조·변조는 발행이라는 기본적 증권행위에 대한 것으로서 배서, 인수 등 부수적 증권행위의 기재사항을 위조·변조한 경우에는 제 2 항의 권리의무에 관한 기재사항의 위조·변조가 된다.

위조란 유가증권을 발행할 권한이 없는 자가 타인명의의 유가증권을 작성하는 것을 말한다. 타인명의의 유가증권을 작성하는 경우에도 대리권 등이 있어서 발행할 권한이 있는 경우에는 위조에 해당하지 않는다. 위조는 일반인이 진정한 것으로 오신할 정도의 형식과 외관을 갖추고 있는 유가증권을 작성하면 되고 그 방법에는 제한이 없다. 통설·판례에 의하면 어음이나 수표의 보충권을 남용한 경우 그 남용의 정도가 사소할 때에는 위조죄가 성립하지 않으나 보충권의 남용의 정도가 심하여 새로운 어음·수표의 발행이라고 볼 수 있을 정도일 때에는 위조죄가 성립한다.

변조란 진정으로 성립된 유가증권의 내용에 권한없는 자가 그 유가증권의 동일성을 해하지 않는 한도에서 변경을 가하는 것을 말한다. 권한없는 자를 전제로 한다는 점에서 위조와 같고, 진정으로 성립된 유가증권을 대상으로 하고, 동일성을 해하지 않는다는 점에서 새로운 유가증권을 작성하는 위조와 구별된다. 기존의 유가증권을 대상으로 한다 하더라도 새로운 유가증권을 작성한 것이라고 할 수 있는 경우에는 변조가 아니라 위조가 된다.

(3) 주관적 구성요건

본죄는 진정목적범이므로 본죄가 성립하기 위해서는 유가증권을 위조 또는 변조한다는 고의 이외에 초과주관적 구성요건요소로서 행사할 목적이 필요하다.

2. 권리의무에 관한 기재의 위조·변조죄

제214조(유가증권의 위조등) ② 행사할 목적으로 유가증권의 권리의무에 관한 기재를 위조 또는 변조한 자도 전항의 형과 같다.

유가증권에 관한 행위는 발행, 배서, 인수, 보증, 지급보증 등의 행위가 있는데, 이 중 발행을 기본적 증권행위라고 하고 나머지를 부수적 증권행위라고 한다. 유가증권의 위조·변조는 권한없는 자가 기본적 증권행위를 하는 것이고, 권리의무에 관한 기재의 위조·변조는 권한없는 자가 부수적 증권행위를 하는 것을 말한다. 권한없이 어음의 배서란에 타인명의로 배서하는 것을 그 예로 들 수 있다. 위조란 새로이 부수적 증권행위를 하는 것을 말하고, 변조란 이미 성립되어 있는 부수적 증권행위의 내용을 변경하는 것을 말한다.

3. 자격모용에 의한 유가증권작성죄

제215조(자격모용에 의한 유가증권의 작성) 행사할 목적으로 타인의 자격을 모용하여 유가증권을 작성하거나 유가증권의 권리 또는 의무에 관한 사항을 기재한 자는 10년 이하의 징역에 처한다.

본죄의 실행행위는 타인의 자격을 모용하여 유가증권을 작성하거나 유가증권의 권리 또는 의무에 관한 사항을 기재하는 것이다.

'타인의 자격을 모용'한다는 것은 대리권 또는 대표권없는 자가 타인을 대리 또는 대표하여 유가증권을 발행하거나 권리의무에 관한 사항을 기재하는 것을 말한다. A법인의 대표이사였다가 퇴직한 甲이 자기명의로 어음을 발행하면서 발행인란에 'A법인의 대표이사 甲'이라고 기재한 경우를 한 예로 들 수 있다.

'유가증권을 작성'한다는 것은 유가증권을 발행하는 것을 말하고, '권리의무에 관한 사항을 기재한다'는 것은 배서나 인수 등과 같은 부수적 증권행위를 하는 것을 말한다.

4. 허위유가증권작성죄

제216조(허위유가증권의 작성등) 행사할 목적으로 허위의 유가증권을 작성하거나 유가증권에 허위사항을 기재한 자는 7년 이하의 징역 또는 3천만원 이하의 벌금에 처한다.

본죄의 실행행위는 허위의 유가증권을 작성하거나 유가증권에 허위사항을 기재하는 것이다. 문서위조죄에서 무형위조에 해당하는 행위이다.

허위의 유가증권을 작성한다는 것은 유가증권을 작성할 권한있는 자가 진실한 사실에 반하는 내용을 유가증권에 기재하는 것을 말한다. 작성권한있는 자의 행위라는 점에서 작성권한없는 자의 행위인 위조·변조와 구별된다.

허위사항을 기재하는 것은 새로이 유가증권을 발행하면서 허위사항을 기재하든 기존의 유가증권에 허위사항을 기재하든 상관없다. 그러나 권리의무에 관계없는 사항에 대해 허위기재를 한 경우에는 본죄가 성립하지 않는다.

5. 위조유가증권등행사죄

제217조(위조유가증권등의 행사등) 위조, 변조, 작성 또는 허위기재한 전3조 기재의 유가증권을 행사하거나 행사할 목적으로 수입 또는 수출한 자는 10년 이하의 징역에 처한다.

본죄의 객체는 위조·변조된 유가증권 등이다. 복사한 위조유가증권이 본죄의 객체가 되는가에 대해 긍정설과 부정설(대판 2010. 5. 13. 2008도10678)이 대립한다.

본죄의 실행행위는 행사, 수입, 수출이다. 행사란 위조·변조 또는 허위작성·기재된 유가증권을 진실한 유가증권인 것처럼 사용하는 것을 말한다. 유통에 놓을 것을 요하지 않는다. 따라서 제시, 교부, 비치만으로도 행사가 된다(통설). 수입, 수출의 개념은 위조통화행사등죄에서와 같다.

Ⅲ. 인지·우표에 관한 죄 [349]

1. 인지·우표 위조·변조죄

제218조(인지·우표의 위조등) ① 행사할 목적으로 대한민국 또는 외국의 인지, 우표 기타 우편요금을 표시하는 증표를 위조 또는 변조한 자는 10년 이하의 징역에 처한다.

(1) 보호법익

본죄의 보호법익은 인지·우표에 대한 공공의 신용과 거래의 안전이다, 보호의 정도는 추상적 위험범이고, 행사할 목적이 필요한 진정목적범이다.

(2) 구성요건

본죄의 객체는 대한민국 또는 외국의 인지, 우표 기타 우편요금을 표시하는 증표이다.

인지란 민사소송등인지법, 수입인지에 관한 법률, 인지세법 등과 같은 인지를 규정한 법률에서 정한 바에 따라 수수료 또는 인지세를 납부하는 방법으로 첩부(貼付)·사용하기 위하여 정부 기타 발행권자가 발행한 일정한 금액을 표시한 증표를 말한다. 우표란 우편법에 의해 정부 또는 일정한 발행권자가 우편요금의 선납과 우표수집 취미의 문화를 확산시키기 위하여 발행하는 증표를 말한다(우편법 제1조의2 5호). 기타 우편요금을 표시하는 증표는 우편엽서, 항공서신, 우편요금 표시 인영(印影)이 인쇄된 봉투(연하장이나 인사장이 딸린 것을 포함한다)를 말한다(우편법 제1조의2 6호).

2. 위조·변조우표등행사죄

> 제218조(인지·우표의 위조등) ② 위조 또는 변조된 대한민국 또는 외국의 인지, 우표 기타 우편요금을 표시하는 증표를 행사하거나 행사할 목적으로 수입 또는 수출한 자도 제1항의 형과 같다.

본죄는 위조·변조된 대한민국 또는 외국의 인지·우표 기타 우편요금을 표시하는 증표를 행사하거나 행사할 목적으로 수입 또는 수출하는 죄이다. 행사죄는 목적범이 아니고 수입·수출죄는 진정목적범이다.

행사는 위조·변조한 인지·우표 등을 진정한 인지·우표 등으로 사용하는 것을 말한다. 판례는 우표수집의 대상으로 하는 것도 행사에 해당된다고 한다(대판 1989. 4. 11. 88도1105).

3. 위조인지·우표취득죄

> 제219조(위조인지·우표등의 취득) 행사할 목적으로 위조 또는 변조한 대한민국 또는 외국의 인지, 우표 기타 우편요금을 표시하는 증표를 취득한 자는 3년 이하의 징역 또는 1천만원 이하의 벌금에 처한다.

본죄는 위조·변조통화취득죄(제208조)에 대응되는 범죄로서 취득의 개념은 동범죄에서와 같다. 본죄의 기수시기는 현실적으로 점유를 취득하였을 때이다.

4. 소인말소죄

제221조(소인말소) 행사할 목적으로 대한민국 또는 외국의 인지, 우표 기타 우편요금을 표시하는 증표의 소인 기타 사용의 표지를 말소한 자는 1년 이하의 징역 또는 300만원 이하의 벌금에 처한다.

본죄는 행사할 목적을 필요로 하는 진정목적범이다. 소인 기타 사용의 표지란 우표·인지 등을 사용하였음을 표시하는 도장이나 기타의 표시를 말한다. 말소란 소인 기타 사용표지를 제거함으로써 인지·우표 등을 다시 사용할 수 있도록 하는 일체의 행위를 말한다.

5. 인지·우표유사물제조등죄

제222조(인지·우표유사물의 제조등) ① 판매할 목적으로 대한민국 또는 외국의 공채증서, 인지, 우표 기타 우편요금을 표시하는 증표와 유사한 물건을 제조, 수입 또는 수출한 자는 2년 이하의 징역 또는 500만원 이하의 벌금에 처한다.
② 전항의 물건을 판매한 자도 전항의 형과 같다.

본죄는 통화유사물제조죄(제211조)와 같은 취지의 죄이다.

인지·우표유사물은 진정한 인지, 우표로 인식될 정도는 아니고 인지, 우표와 유사한 외관을 가진 물건을 말한다.

제 3 관 문서에 관한 죄

I. 총 설 [350]

1. 보호법익

문서에 관한 죄란 행사할 목적으로 문서를 위조·변조·허위작성하거나, 위조·변조·허위작성된 문서를 행사하거나, 진정한 문서를 부정행사하는 죄를 말한다.

문서에 관한 죄의 보호법익은 문서에 대한 거래의 안전 및 신용이고, 보호의 정도는 추상적 위험범이다.

2. 문서에 관한 죄의 입법주의

(1) 유형위조와 무형위조

위조의 방식에는 유형위조와 무형위조가 있다. 유형위조란 문서의 내용과 상관없이 문서의 형식을 위조하는 것으로서, 타인의 명의나 자격을 모용(冒用) 내지 도용하여 문서를 작성하는 것을 말한다. 甲이 A명의의 문서를 작성하는 것과 같이 문서명의자(A)와 실제 문서의 작성자(甲)가 일치하지 않는 형태의 위조를 말한다. 무형위조란 문서의 내용이 진실에 반하는 것을 말한다. 허위진단서 작성과 같이 문서명의자와 실제 문서작성자가 일치하지만 문서의 내용이 허위인 형태의 위조를 말한다. 유형위조만을 위조라고 하고, 무형위조를 허위문서의 작성이라고도 한다.

(2) 형식주의와 실질주의

문서에 관한 죄를 처벌하는 방식에는 형식주의와 실질주의가 있다.

형식주의는 문서의 성립의 진정을 보호하는 방식으로서 권한없이 문서를 작성하는 것을 처벌하고, 문서의 내용의 진정은 문제삼지 않는 방식이다. 이에 의하면 타인의 명의나 자격을 모용하여 문서를 작성하는 유형위조를 벌하고, 명의나 자격이 있는 자가 허위내용의 문서를 작성하는 무형위조는 벌하지 않는다.

실질주의는 문서의 내용의 진정을 보호하는 방식으로서, 허위내용의 문서를 작성하는 무형위조를 벌하고 타인의 명의나 자격을 모용하여 문서를 작성하는 유형위조는 벌하지 않는 방식이다.

(3) 형법의 입장

형법은 공문서에 관해서는 형식주의와 실질주의를 모두 택하여 공문서위조·변조죄, 자격모용에 의한 공문서작성죄 등과 같은 유형위조뿐만 아니라 허위공문서작성죄, 공정증서원본등부실기재죄 등 무형위조를 범죄로 규정하고 있다. 그러나 사문서에 대해서는 형식주의를 택하여 사문서위조·변조죄, 자격모용에 의한 사문서작성죄 등 유형위조를 범죄로 규정하지만 허위사문서 작성죄를 범죄로 규정하지 않고, 예외적으로 허위진단서작성죄만을 범죄로 규정하고 있다.

3. 문서의 개념과 종류

(1) 문서의 개념

문서에 관한 죄의 객체는 문서 및 도화이다. 이를 합쳐서 광의의 문서라고 하고 광의의 문서에서 도화를 제외한 것을 협의의 문서라고 한다. 협의의 문서란 '문자 또는 이를 대신할 가독적(可讀的) 부호에 의해 사람의 사상 또는 관념이 표시된 물체'를 말한다.

그러나 통설·판례(대판 1995. 9. 5. 95도1269)는 문서에 관한 죄의 객체로서의 문서는 모든 문서를 의미하는 것이 아니라 공공의 신용이나 거래의 안전에 관련된 문서만을 의미한다. 이러한 의미의 문서란 '법적으로 중요한 사실을 증명할 만한 문서'를 의미한다.

(2) 문서의 기능

1) 계속적 기능   문서는 사람의 사상, 관념, 의사 등을 어느 정도 계속적으로 표시하는 것이어야 한다. 사상이나 관념을 표시하지 않고 단순히 외부적 사정만을 나타내주는 주행기, 택시미터기, 체중계, 온도계, 가스·전기의 사용미터기 등은 문서에 속하지 않는다.

사람의 사상이나 관념은 문자 또는 가독적(可讀的) 부호에 의해 표시되어야 한다. 이러한 점에서 기술적 방법으로만 읽을 수 있는 전자기록등 특수매체기록과 구별된다. 문자는 국어와 외국어를 모두 포함하고, 현재 사용하는 문자뿐만 아니라 과거에 사용되었던 문자여도 무방하다. 가독적 부호란 시각을 통해 읽을 수 있는 부호를 말한다. 사상이나 관념은 반드시 문장으로 표시될 필요까지는 없다. 따라서 소위 생략문서도 문서에 속한다.

복사문서가 문서인가에 대해 판례는 부정하는 입장이었다가 긍정하는 입장으로 변경하였고(대판 1989. 9. 12. 87도506 전합), 이후 1995년 개정형법 제237조의2는 복사문서의 문서성을 명문으로 인정하였다.

문서가 되기 위해서는 사람의 사상 또는 관념이 어느 정도 계속적으로 표시되어야 한다. 계속성이 있어야 권리·의무나 사실증명의 기능을 할 수 있기 때문이다.

2) 증명적 기능　　문서는 권리·의무나 법적으로 중요한 사실을 증명하는 것이어야 하므로 문서가 되기 위해서는 ① 사상 또는 관념이 표시된 물체가 권리·의무나 사실을 객관적으로 증명을 할 수 있는 것이어야 하고 (증명능력), ② 그 물체를 작성·사용하는 사람에게 권리·의무나 사실을 증명할 의사(증명의사)가 필요하다.

3) 보장적 기능　　문서에는 사상 또는 관념의 주체인 작성명의자가 표시되어야 하는데 이를 문서의 보장적 요소 혹은 보증적 요소라고 한다. 작성명의자가 없는 문서는 문서에 속하지 않는다. 문서에 대한 공공의 신용은 작성명의자의 신용에 의존하기 때문이다. 작성명의자란 실제로 문서를 작성한 자가 아니라 문서에 표시된 사상 내지 관념을 표시하는 주체를 말한다. 문서는 대리인이 작성하여도 무방하기 때문이다. 작성명의자는 자연인뿐만 아니라 법인 또는 법인격없는 단체라도 상관없다. 사자나 허무인명의의 문서도 문서에 속한다(대판 2005. 2. 24. 2002도18 전합).

(3) 문서의 종류

1) 공문서와 사문서　　공문서는 공무소 또는 공무원이 직무에 관하여 작성한 문서를 말한다. 사문서란 사인(私人)의 명의로 작성된 문서를 말한다. 그러나 사인의 명의로 작성된 문서라고 하여 모두 사문서가 되는 것은 아니고, 권리·의무 또는 사실증명에 관한 문서여야 한다.

2) 진정문서와 부진정문서　　진정문서란 문서명의자와 실제작성자가 일치하고 내용이 진실한 문서를, 부진정문서란 문서명의자와 실제작성자가 일치하지 않거나 내용이 허위인 문서를 말한다. 위조·변조·허위작성된 문서는 부진정문서에 속한다.

3) 개별문서, 전체문서, 결합문서　　이는 문서에 관한 죄의 죄수를 결정하는 기준이 된다. 하나의 문서에 대해서는 그것이 개별문서이든 전체문서

이든 결합문서이든 하나의 문서에 관한 죄만이 성립한다. 개별문서란 개별적으로 사상이나 관념이 표시되어 있는 독립된 문서를 말한다. 전체문서란 예금통장, 형사기록, 여러 장으로 이루어진 계약서 등과 같이 개별적인 문서가 통일적인 전체로 결합되어 독자적인 표시내용을 가진 문서를 말한다. 결합문서란 검증의 목적물과 결합되어 동일한 증명내용을 가지는 문서를 말한다.

(4) 도 화

도화란 문자나 기호 이외에 상형적 부호에 의해 작성자의 사상 또는 관념이 표시된 것을 말한다. 지적도, 상해의 부위를 나타내는 인체도, 건축설계도 등이 그 예이다. 도화도 권리·의무 또는 사실증명에 관한 도화여야 한다.

Ⅱ. 문서등위조·변조죄   [351]

1. 공문서등위조·변조죄

> 제225조(공문서등의 위조·변조) 행사할 목적으로 공무원 또는 공무소의 문서 또는 도화를 위조 또는 변조한 자는 10년 이하의 징역에 처한다.

(1) 행위의 주체

본죄의 주체에는 제한이 없다. 공무원이라고 하더라도 권한 밖의 사항에 대해 다른 공무원의 명의를 도용하여 공문서를 작성한 경우에는 공문서위조죄, 권한 밖의 공문서에 대해 내용을 변경한 경우에는 변조죄가 성립한다.

(2) 행위의 객체

본죄의 객체는 공무원 또는 공무소의 문서 또는 도화, 즉 공문서 또는 공도화이다. 공문서란 공무원 또는 공무소가 직무에 관하여 작성한 것으로서 공무원 또는 공무소가 작성명의인인 문서를 말한다.

여기에서 공무원이란 국가기관, 지방자치단체 또는 지방의회와 공법상 근무관계에 있는 자를 말하고, 공무소란 공무원이 직무를 행하는 관공서나 관청 등을 말한다. 외국의 공무원 또는 공무소의 문서 또는 도화는 공문서가 아니라 사문서이다. 공무원 또는 공무소가 작성명의인이라고 하더라고 직무상 작성된 것이 아니라 개인자격에서 작성된 것은 공문서가 아니고 사문서이다. 공도화란 공무원 또는 공무소가 직무상 작성한 도화이다.

공문서 또는 공도화의 사본도 공문서에 속한다(제237조의2).

(3) 실행행위

본죄의 실행행위는 위조 또는 변조이다.

위조란 공문서를 작성할 권한이 없는 자가 공무원 또는 공무소명의의 문서를 작성하는 것을 말한다. 본죄의 위조는 유형위조이다. 작성명의를 모용하여야 하므로 작성명의의 모용이 없는 경우에는 위조가 될 수 없다.

변조란 권한없는 자가 공문서의 동일성을 해하지 않는 범위 내에서 문서내용에 변경을 가하는 것이다. 변조는 문서의 동일성을 유지하는 범위 내에서 이루어져야 하고, 동일성을 벗어날 정도의 변경을 하였을 때에는 변조가 아닌 위조가 된다.

(4) 주관적 구성요건

본죄는 진정목적범이므로 본죄가 성립하기 위해서는 공문서를 위조·변조한다는 고의 이외에 행사의 목적이 필요하다. 행사할 목적이란 위조·변조된 공문서를 진정한 문서인 것처럼 사용할 목적을 말한다.

2. 사문서등위조·변조죄

제231조(사문서등의 위조·변조) 행사할 목적으로 권리·의무 또는 사실증명에 관한 타인의 문서 또는 도화를 위조 또는 변조한 자는 5년 이하의 징역 또는 1천만원 이하의 벌금에 처한다.

(1) 행위의 객체

본죄의 객체는 권리·의무 또는 사실증명에 관한 타인의 문서 또는 도화이다.

권리·의무에 관한 문서란 공·사법상의 권리의 발생, 변경, 소멸에 관한 사항을 기재한 문서를 말한다. 위임장, 매매계약서, 차용증서, 영수증, 고소·고발장, 예금청구서, 주민등록발급신청서, 가족관계등록부신청서, 인감증명교부신청서 등을 예로 들 수 있다. 사실증명에 관한 문서란 권리·의무에 관한 문서를 제외한 것으로서 법률관계에 있어서 중요한 사실을 증명하는 문서를 말한다. 회사의 사원증, 사립학교의 학생증이나 교직원증, 이력서, 추천서, 인

사장 등을 예로 들 수 있다.

(2) 실행행위

본죄의 실행행위는 위조 또는 변조이다.

위조란 작성권한없는 자가 타인의 명의를 모용하여 문서를 작성하는 행위이다. 권한없는 자의 작성이어야 하므로 명의자의 명시적·묵시적 승낙(위임)이 있는 경우에는 위조가 되지 않는다(대판 1998. 2. 24. 97도183). 위임받은 권한을 초월하여 문서를 작성한 경우에는 위조에 해당한다(대판 1997. 3. 28. 96도319). 대리권이나 대표권이 없는 자가 대리자 혹은 대표자임을 표시하여 본인명의의 문서를 작성한 경우에는 본죄가 아니라 자격모용에 의한 사문서작성죄(제232조)가 성립한다.

위조의 방법에는 제한이 없다. 새로운 문서를 작성하는 경우뿐만 아니라 기존문서를 이용하는 경우에도 위조가 될 수 있다. 위조와 변조는 기존 문서의 동일성이 유지되느냐의 여부에 따라 구별되므로 기존문서의 일부를 변경하는 경우라도 중요부분을 변경하여 새로운 문서를 작성하는 것과 같다고 평가될 때에는 변조가 아니라 위조가 된다. 예를 들어 유효기간을 경과하여 실효된 문서의 유효일자를 변경하여 다시 쓸 수 있게 하는 경우(유사판례: 대판 1980. 11. 11. 80도2126) 등은 변조가 아니라 위조이다.

변조란 권한없는 자가 문서의 동일성을 해하지 않는 범위 내에서 문서내용에 변경을 가하는 것이다. 통설·판례에 의하면 변조죄의 객체는 진정문서에 국한되고 부진정문서는 객체가 될 수 없다.

3. 자격모용에 의한 공문서등작성죄

제226조(자격모용에 의한 공문서등의 작성) 행사할 목적으로 공무원 또는 공무소의 자격을 모용하여 문서 또는 도화를 작성한 자는 10년 이하의 징역에 처한다.

자격모용이란 자기 명의로 문서를 작성하되 자신이 공무원 또는 공무소의 자격이 없음에도 불구하고 있는 것같이 문서에 기재하는 것이다. A구청의 하급공무원 甲이 'A구청장 甲'이라고 기재하고 건축허가서를 작성하는 것을 예로 들 수 있다.

자격모용에는 처음부터 자격이 없는 자가 자격이 있는 것처럼 문서를 작성하는 경우와 자격이 상실되었음에도 불구하고 자격이 있는 것처럼 문서를 작성하는 경우가 있다.

4. 자격모용에 의한 사문서등작성죄

> 제232조(자격모용에 의한 사문서의 작성) 행사할 목적으로 타인의 자격을 모용하여 권리·의무 또는 사실증명에 관한 문서 또는 도화를 작성한 자는 5년 이하의 징역 또는 1천만원 이하의 벌금에 처한다.

자격모용이란 대리권 또는 대표권없는 자가 자기명의로 문서를 작성하되 자신이 대리인 혹은 대표자 자격이 있는 것처럼 기재하는 것이다(대판 1993. 7. 27. 93도1435). A회사의 대표이사자격이 없는 甲이 'A회사 대표이사 甲'이라고 하여 매매계약서를 작성한 경우를 예로 들 수 있다.

대리권 또는 대표권이 있는 자라도 권한을 초월하여 권한 외의 사항에 대해 문서를 작성한 경우에는 본죄가 성립한다.

5. 공전자기록위작·변작죄

> 제227조의2(공전자기록위작·변작) 사무처리를 그르치게 할 목적으로 공무원 또는 공무소의 전자기록등 특수매체기록을 위작 또는 변작한 자는 10년 이하의 징역에 처한다.

(1) 행위의 객체

본죄의 객체는 공무원 또는 공무소의 전자기록등 특수매체기록이다. 공무원 또는 공무소의 개념은 공문서위조죄에서와 같다. 기록이어야 하므로 저장되어 있지 않고 컴퓨터화면상에 떠있는 데이터나 전송중인 데이터는 객체가 될 수 없다.

(2) 실행행위

본죄의 실행행위는 위작 또는 변작하는 것이다. 위작이란 권한없이 기록을 만들어 저장·기억케 하는 것(유형위작)을 말하고, 변작이란 이미 작성·저장되어 있는 기록을 변경하거나 말소하는 것을 말한다.

공전자기록에는 작성명의인이 없으므로 권한있는 공무원등이 허위의 기록을 만들어 저장·기억케 하는 행위(무형위작)도 위작에 속한다(대판 2005. 6. 9. 2004도6132).

(3) 주관적 구성요건

본죄가 성립하기 위해서는 고의 이외에 초과주관적 구성요건요소로서 '사무처리를 그르치게 할 목적'이 있어야 한다. 사무처리를 그르치게 할 목적이란 위작·변작된 기록을 사무처리전산시스템에 사용함으로써 정상적인 사무처리를 하지 못하거나 비정상적인 사무처리를 하도록 하는 목적을 말한다.

6. 사전자기록 위작·변작죄

> 제232조의2(사전자기록위작·변작) 사무처리를 그르치게 할 목적으로 권리·의무 또는 사실증명에 관한 타인의 전자기록등 특수매체기록을 위작 또는 변작한 자는 5년 이하의 징역 또는 1천만 원 이하의 벌금에 처한다.

본죄의 객체는 권리·의무 또는 사실증명에 관한 타인의 전자기록등 특수매체기록이다. 공전자기록 위작·변작죄에서와 달리 객체가 권리·의무 또는 사실증명에 관한 전자기록등이므로, 컴퓨터 작업명령을 내용으로 하는 프로그램은 본죄의 객체가 될 수 없다.

본죄의 실행행위는 위작 또는 변작이다. 위작과 변작의 개념은 공전자기록 위작·변작죄에서와 같다. 다만, 사전자기록위작죄에서 권한있는 자가 허위의 정보를 입력하는 무형위작도 포함되는가에 대해 판례는 긍정설을 따르고 있다(대판 2020. 8. 27. 2019도11294 전합).

본죄의 성립에도 고의 이외에 사무처리를 그르치게 할 목적이 있어야 한다.

Ⅲ. 허위문서작성죄   [352]

1. 허위공문서등작성죄

> 제227조(허위공문서작성등) 공무원이 행사할 목적으로 그 직무에 관하여 문서 또는 도화를 허위로 작성하거나 변개한 때에는 7년 이하의 징역 또는 2천만원 이하의 벌금에 처한다.

(1) 행위의 주체

본죄의 주체는 공무원, 그 중에서도 직무에 관하여 문서 또는 도화를 작성할 권한이 있는 공무원이다. 작성할 권한이 있다는 것은 사실상 그 사무를 담당하고 있다는 의미가 아니라 자기명의로 공문서를 작성할 권한이 있다는 의미이다.

작성권자를 보조하는 직무에 종사하는 공무원은 원칙적으로 본죄의 주체가 되지 못한다. 그러나 판례는 작성권자를 보조하는 직무에 종사하는 공무원이 허위공문서를 기안하여 허위인 정을 모르는 작성권자에게 제출하고 그로 하여금 그 내용이 진실한 것으로 오신케 하여 서명 또는 기명날인케 함으로써 공문서를 완성한 때에는 본죄의 간접정범이 성립한다고 한다(대판 1986. 8. 19. 85도2728).

이에 비해 보조 직무에 종사하는 공무원이 허위공문서를 기안하여 작성권자의 결재를 거치지 않고 임의로 작성권자의 직인 등을 부정 사용함으로써 공문서를 완성한 때에는 공문서위조죄가 성립한다. 나아가 다른 공무원 등이 작성권자의 결재를 받지 않고 직인 등을 보관하는 담당자를 기망하여 작성권자의 직인을 날인하도록 하여 공문서를 완성한 때에도 공문서위조죄가 성립한다(대판 2017. 5. 17. 2016도13912).

(2) 실행행위

본죄의 실행행위는 문서 또는 도화를 허위로 작성하거나 변개하는 것이다.

허위로 작성한다는 것은 문서에 표시된 내용과 진실이 부합하지 아니하여 그 문서에 대한 공공의 신용을 위태롭게 하는 경우를 말한다. 허위작성은 작위뿐만 아니라 부작위에 의해서도 가능하다. 신고에 의해 공문서를 작성하는 경우 허위의 신고가 있음에도 불구하고 공무원이 그 신고대로 공문서를 작성한 경우 본 공무원이 실질적 심사권을 가지고 있으면 본죄가 성립한다. 공무원이 형식적 심사권만을 가지고 있는 경우 본죄의 성립여부에 대해 긍정설(다수설)과 부정설 및 작성공무원이 신고자와 공모한 경우에는 본죄가 성립하지만 우연히 신고내용이 허위인 것을 알게 된 경우에는 본죄가 성립하지 않는다는 절충설이 대립한다.

변개란 작성권한있는 공무원이 기존문서의 내용을 허위로 고치는 것을 말한다. 기존문서를 고친다는 점에서 변조와 유사하지만, 변조는 작성권한이 없음에 비해 변개에서는 작성권한이 있다는 점에서 구별된다.

(3) 공 범

1) 비공무원인 경우   공무원이 아닌 자가 공무원을 생명있는 도구로 이용하여 본죄를 범할 수 있는가에 통설·판례(대판 1961. 12. 14. 4292형상645 전합)는 부정설을 취한다. 공정증서원본등부실기재죄(제228조)는 비공무원이 간접정범의 형태로 허위공문서를 작성하는 행위를 벌하는 것이고, 형법이 특히 이를 규정하고 있는 것은 공정증서원본등부실기재의 경우에만 허위공문서작성죄의 간접정범을 인정하고 다른 경우에는 간접정범을 인정하지 않는다는 취지이기 때문이다.

2) 작성권자를 지시 또는 보좌하는 공무원의 경우   작성권한있는 공무원을 지시 또는 보좌하는 공무원이 정을 모르는 작성권한있는 공무원을 이용하여 허위공문서를 작성한 경우 본죄의 간접정범이 성립하는가에 대해서는 긍정설(판례)과 부정설(다수설)이 대립한다.

2. 공정증서원본등부실기재죄

> 제228조(공정증서원본등의 부실기재) ① 공무원에 대하여 허위신고를 하여 공정증서원본 또는 이와 동일한 전자기록등 특수매체기록에 부실의 사실을 기재 또는 기록하게 한 자는 5년 이하의 징역 또는 1천만원 이하의 벌금에 처한다.
> ② 공무원에 대하여 허위신고를 하여 면허증, 허가증, 등록증 또는 여권에 부실의 사실을 기재하게 한 자는 3년 이하의 징역 또는 700만원 이하의 벌금에 처한다.

(1) 행위의 주체

본죄는 비신분범이므로 그 주체에는 제한이 없다. 공무원이 아닌 자나 공정증서원본등에 대한 직무와 무관한 공무원도 본죄의 주체가 된다. 그러나 공정증서원본등의 기재를 담당하는 공무원이 본죄를 범했을 때에는 본죄가 성립하지 않고 허위공문서작성죄가 성립한다.

(2) 행위의 객체

본죄의 객체는 공정증서원본 또는 이와 동일한 전자기록등 특수매체기록 및 면허증, 허가증, 등록증 또는 여권 등이다. 본죄의 객체는 예시적인 것이 아니라 열거적인 것으로서 여기에서 열거된 것 이외의 공문서는 본죄의 객체가 될 수 없다.

공정증서란 문자적인 의미에서는 공무원이 권한 내에서 작성하는 일체의 증서를 말하지만, 통설·판례는 이를 축소해석하여 공무원이 작성하는 문서로서 권리의무관계를 증명하는 효력을 가진 것을 의미하고, 사실증명에 관한 것은 포함하지 않는다고 한다(대판 1971. 1. 29. 69도2238). 권리의무관계를 증명하는 공정증서의 예로서 부동산등기부, 자동차등록부, 선박등기부, 상업등기부, 가족관계등록부 등을 들 수 있다. 토지대장이나 공증인이 인증한 사서증서는 사실증명에 관한 문서이므로 본죄의 객체가 될 수 없다.

전자기록등 특수매체기록도 권리의무관계를 증명하는 기록에 국한된다. 전산자료화된 부동산등기파일, 자동차등록파일, 가족관계등록파일 등을 예로 들 수 있다.

(3) 실행행위

본죄의 실행행위는 공무원에 대하여 허위신고를 하여 부실의 사실을 기재 또는 기록하게 하는 것이다. 본죄는 간접정범을 규정한 것이므로 공무원에 대한 허위신고(이용행위)와 부실의 사실을 기재 또는 기록하게 하는 것(피이용자의 행위)의 두 가지로 이루어진다. 허위신고와 부실기재 사이에는 인과관계가 있어야 한다.

공무원에 대한 허위신고에서 공무원은 공정증서원본등에 신고사항을 기재 또는 기록하는 업무를 담당하는 공무원을 말한다. 공무원에는 실질적 심사권을 가진 공무원뿐만 아니라 형식적 심사권만을 가진 공무원도 포함된다. 공무원은 허위신고임을 모르는 공무원이어야 한다. 허위신고란 일정한 사실에 대하여 객관적 진실에 반하는 사실을 신고하는 것을 말한다.

부실기재를 하게 한다는 것은 공무원으로 하여금 객관적 진실에 반하는 사실을 기록하게 하는 것을 말한다. 부실기재 여부는 전체적으로 판단하여야 하고, 기재시점을 기준으로 해야 한다. 따라서 부동산 소유권을 취득하지 않고 소유자로 허위신고하여 등기부에 소유자로 기재되도록 하였다가 나중에 소유권을 취득하였더라도 본죄가 성립한다.

3. 허위진단서등작성죄

> 제233조(허위진단서등의 작성) 의사, 한의사, 치과의사 또는 조산사가 진단서, 검안서 또는 생사에 관한 증명서를 허위로 작성한 때에는 3년 이하의 징역이나 금고, 7년 이하의 자격정지 또는 3 천만원 이하의 벌금에 처한다.

(1) 행위의 주체

본죄는 진정신분범으로서 본죄의 주체는 의사, 한의사, 치과의사 또는 조산사이다. 의사, 한의사, 치과의사, 조산사 등이 공무원인지 사인인지 불문한다.

(2) 행위의 객체

본죄의 객체는 진단서, 검안서 또는 생사에 관한 증명서이다. 진단서란 의사가 진단의 결과에 관한 판단을 표시하여 사람의 건강상태를 증명하기 위하여 작성하는 문서를 말한다. 검안서란 보통은 사체검안서라고 하며, 사람의 사체를 검시한 의사가 사망원인, 사망시기 등 검안의 결과를 기재한 서면을 말한다. 생사에 관한 증명서란 출생증명서, 사망진단서 등과 같이 사람의 출생·사망에 대한 사실을 증명하는 문서를 말한다. 검안서는 생사에 관한 증명서의 일종이다.

(3) 실행행위

본죄의 실행행위는 진단서등을 '허위로 작성'하는 것이다. 허위작성이란 진단서등에 허위의 내용을 기재하는 것이다. 허위기재는 객관적 진실에 반하는 것으로서 사실에 관한 것이든 판단에 관한 것이든 불문한다(대판 1990. 3. 27. 89도2083).

Ⅳ. 위조등문서행사죄   [353]

1. 위조공문서등행사죄

> 제229조(위조등 공문서의 행사) 제225조 내지 제228조의 죄에 의하여 만들어진 문서, 도화, 전자기록등 특수매체기록, 공정증서원본, 면허증, 허가증, 등록증 또는 여권을 행사한 자는 그 각 죄에 정한 형에 처한다.

본죄의 주체에는 제한이 없다.

본죄의 객체는 위조·변조하거나 자격모용에 의해 작성되거나 허위작성된 공문서, 도화, 위작·변작된 공전자기록등 특수매체기록, 부실기재된 공정증서원본, 면허증, 허가증, 등록증 또는 여권이다.

본죄의 실행행위는 행사이다. 행사란 본죄의 객체인 공문서 등을 진정한 것 또는 그 내용이 진실한 것으로 사용하는 것을 말한다. 위조·허위작성된 공문서를 위조·허위작성에 대한 증거물로 제출하거나 견본으로 제시하는 것과 같이 진정·진실한 공문서가 아닌 위조·허위작성된 공문서로 사용하는 것은 행사에 속하지 않는다.

행사의 상대방에는 제한이 없지만, 위조·변조등 공문서, 위작·변작된 공전자기록의 행사가 되기 위해서는 상대방이 위조·변조·허위작성·위작·변작된 사실을 알지 못해야 한다.

2. 위조사문서등행사죄

제234조(위조사문서등의 행사) 제231조 내지 제233조의 죄에 의하여 만들어진 문서, 도화 또는 전자기록등 특수매체기록을 행사한 자는 그 각 죄에 정한 형에 처한다.

본죄의 주체에는 제한이 없다. 위조·변조·허위작성한 사람뿐만 아니라 위조·변조·허위작성 등에 관여하지 않은 사람도 주체가 될 수 있다.

본죄의 객체는 위조·변조되거나 자격모용에 의해 작성된 문서, 도화, 위작·변작된 사전자기록, 허위진단서 등이다. 본죄의 실행행위는 행사이다. 행사의 개념이나 상대방 등은 위조등 공문서행사죄에서와 같다.

V. 문서부정행사죄   [354]

1. 공문서등부정행사죄

제230조(공문서등의 부정행사) 공무원 또는 공무소의 문서 또는 도화를 부정행사한 자는 2년 이하의 징역이나 금고 또는 500만원 이하의 벌금에 처한다.

(1) 의 의

공문서등부정행사죄란 공무원 또는 공무소의 문서 또는 도화를 부정행사하는 죄이다. 본죄는 진정하게 성립된 공문서이지만 그 행사방법이 부정한 경우를 처벌하는 것이다. 본죄는 사문서부정행사죄에 비해 불법이 가중되는 구성요건이다.

(2) 행위의 객체

본죄의 객체는 공무원 또는 공무소의 문서 또는 도화이다. 진정하게 성립된 공문서 또는 공도화라는 점에서 부진정공문서를 객체로 하는 위조등공문서행사죄와 다르다. 본죄의 객체는 공문서 중에서도 사용권한자와 용도가 특정되어 있는 공문서에 국한된다. 인감증명서, 가족관계증명서 등과 같이 사용권한자와 용도가 특정되어 있지 않은 공문서를 행사한 경우에는 본죄가 성립하지 않는다.

(3) 실행행위

본죄의 실행행위는 부정행사인데, 그 개념에 대해서는 견해가 대립한다.

첫째, 권한없는 자가 공문서의 본래용도에 따라 공문서를 행사하는 경우 본죄가 성립한다는 점에는 견해가 일치한다.

둘째, 자신의 주민등록증이나 운전면허증을 채권담보의 수단으로 제공한 경우와 같이 권한있는 자가 본래용도 외로 공문서를 사용하는 경우 다수설과 판례는 본죄의 성립을 긍정한다.

셋째, 타인의 주민등록증을 채권담보의 수단으로 제공하는 경우와 같이 권한없는 자가 본래용도 외로 공문서를 사용하는 경우 다수설과 판례는 본죄의 성립을 부정한다.

[대판 1999. 5. 14. 99도206] 부정행사란 사용권한자와 용도가 특정되어 작성된 공문서 또는 공도화를 사용권한없는 자가 사용권한이 있는 것처럼 가장하여 부정한 목적으로 행사하거나 또는 권한있는 자라도 정당한 용법에 반하여 부정하게 행사하는 것이다.

2. 사문서등부정행사죄

> **제236조(사문서의 부정행사)** 권리·의무 또는 사실증명에 관한 타인의 문서 또는 도화를 부정행사한 자는 1년 이하의 징역이나 금고 또는 300만원 이하의 벌금에 처한다.

본죄의 객체는 진정하게 성립된 권리·의무 또는 사실증명에 관한 타인의 문서 또는 도화이다.

본죄의 실행행위는 부정행사이다. 부정행사의 개념은 공문서등부정행사죄에서와 같다.

제4관   인장에 관한 죄

Ⅰ. 보호법익   [355]

인장에 관한 죄는 인장 등의 성립의 진정만을 문제삼고, 인장 등의 내용의 진실성 여부는 문제삼지 않는다는 점에서 문서에 관한 죄와 구별된다.

인장에 관한 죄의 보호법익은 인장·서명 등의 진정에 대한 공공의 신용이고, 보호의 정도는 추상적 위험범이다.

Ⅱ. 공인등위조·부정사용죄   [356]

> **제238조(공인등의 위조, 부정사용)** ① 행사할 목적으로 공무원 또는 공무소의 인장, 서명, 기명 또는 기호를 위조 또는 부정사용한 자는 5년 이하의 징역에 처한다.

1. 행위의 객체

본죄의 객체는 공무원 또는 공무소의 인장, 서명, 기명 또는 기호이다. 사인이라도 공무원 또는 공무소에서 직무상 사용되는 것이면 공인에 해당한다.

인장이란 특정인의 인격과 동일성을 증명하기 위해 사용하는 일정한 상형을 말하는 것으로서 인영(印影)과 인과(印顆)를 모두 포함한다(통설). 인영이란 일정한 사항을 증명하기 위해 문서나 물체상에 현출케 한 상형 그 자체를 말한다. 도장을 찍어서 나타난 문자 등이 그 예이다. 인과란 도장과 같이 인영을 만들어내는 물건 그 자체를 말한다. 인장은 사람의 인격상의 동일성만을 표시하고 그 이외의 사항을 증명, 표시하는 기능을 갖지 않는다는 점에서 문서 특히 생략문서와 구별된다.

서명이란 특정인이 자기임을 표시하기 위해 성명 기타 호칭을 문자로 표기한 것을 말한다. 서명은 자필이어야 한다는 점에서 반드시 자필일 필요가 없는 기명과 구별된다.

기호란 물건에 압날(押捺) 또는 기타 방법으로 일정한 사항을 증명하는 문자 또는 부호로서 광의의 인장에 속한다. 자동차등록번호판(대판 1997. 7. 8. 96도3319), 택시미터기의 검정납봉(대판 1982. 6. 8. 82도138) 등이 그 예이다.

2. 실행행위

본죄의 실행행위는 위조 또는 부정사용이다.

위조란 권한없이 타인의 인장, 서명, 기명, 기호를 작성 또는 기재하는 행위를 말한다. 권한없이 하는 경우뿐만 아니라 권한 외의 사항에 대해 작성 또는 기재하는 것도 포함된다. 위조의 방법에는 제한이 없다. 공인장등을 제조하거나 변형하거나 인영을 그려내거나 옮겨붙이거나 기존의 인영을 복사하는 것도 위조에 포함된다.

부정사용이란 타인의 진정한 인장·서명 등을 권한없이 사용하거나 권한이 있더라도 권한 외의 사항이나 권한을 초월하여 사용하는 것을 말한다. 위조가 인장이나 인영 등을 새로이 만들어내는 것임에 비해, 부정사용은 이미 진정하게 성립한 인장이나 인영 등을 대상으로 한다는 점에서 양자가 구별된다.

III. 사인등위조·부정행사죄   [357]

제239조(사인등의 위조, 부정사용) ① 행사할 목적으로 타인의 인장, 서명, 기명 또는 기호를 위조 또는 부정사용한 자는 3년 이하의 징역에 처한다.

본죄의 객체는 타인의 인장, 서명, 기명 또는 기호이다. 인장, 서명, 기명 또는 기호의 개념은 공인등위조·부정사용죄에서와 같다. 타인이란 공무원 또는 공무소를 제외한 타인을 말한다. 자연인, 법인, 법인격없는 단체를 불문한다.

Ⅳ. 위조공·사인등행사죄 [358]

제238조(공인등의 위조, 부정사용) ② 위조 또는 부정사용한 공무원 또는 공무소의 인장, 서명, 기명 또는 기호를 행사한 자도 전항의 형과 같다.
제239조(사인등의 위조, 부정사용) ② 위조 또는 부정사용한 타인의 인장, 서명, 기명 또는 기호를 행사한 때에도 전항의 형과 같다.

행사란 위조·부정사용한 인장등을 진정한 것으로 사용하는 것을 말한다. 상대방이 열람할 수 있는 상태에 두면 되고 상대방이 인식하였는가의 여부는 문제되지 않는다. 위조·부정사용한 인장등이라는 것을 모르는 사람에게 사용해야 하고 위조·부정사용을 아는 사람이나 공범에게 사용한 경우 본죄가 성립하지 않는다.

제 4 절 선량한 풍속에 대한 죄

제 1 관 성풍속에 관한 죄

구형법상 성풍속에 관한 죄에 간통죄가 규정되어 있었다(제241조). 간통죄는 배우자있는 자가 간통하는 죄이고, 상간죄는 간통죄의 상대방이 되는 죄이다. 간통죄와 상간죄는 1953년 제정 형법에 규정되었으나, 이후 계속하여 위헌론이 제기되었고 위헌이 아니라고 하더라도 입법론적으로는 폐지해야 한다는 주장이 있었다.

헌법재판소는 간통죄가 위헌이 아니라고 하다가 2015년에 이르러 간통죄가 위헌이라고 결정하였다(헌재 2015. 2. 26. 2009헌바17 등). 그리하여 간통죄는 제정형법에 규정된 지 62년만에 2015년 개정형법에서 폐지되었다.

Ⅰ. 음행매개죄   [360]

> 제242조(음행매개) 영리의 목적으로 사람을 매개하여 간음하게 한 자는 3년 이하의 징역 또는 1,500만원 이하의 벌금에 처한다.

본죄는 신분범이 아니므로 주체에는 제한이 없다.

구형법에서 본죄의 객체는 '미성년 또는 음행의 상습없는 부녀'였으나, 2012년 개정형법은 '사람'으로 개정하였다. 따라서 미성년자나 부녀에 국한되지 않고 모든 사람이 객체가 된다.

본죄의 실행행위는 음행을 매개하여 간음하게 하는 것이다. 매개란 사람을 간음에 이르도록 알선하는 행위를 말한다. 사람에게 간음할 의사가 있었느냐는 문제되지 않는다. 간음이란 의사합치에 의해 성교행위를 하는 것을 말한다. 유사간음은 포함되지 않는다.

간음을 하는 사람들 사이에 대가의 지급을 요하지 않는다. 그러나 본죄가 성립하기 위해서는 매개자에게 고의 이외에 영리목적을 요한다.

'성매매알선등 행위의 처벌에 관한 법률'(성매매처벌법)은 성매매와 성매매를 알선등 행위를 처벌한다(제 2 조, 제 4 조, 제19조, 제21조). 이 법에 따른 성매매에서는 성매매자가 금품이나 그 밖의 재산상의 이익을 수수(收受)하거나 수수하기로 약속하는 것이 필요하지만, 성매매알선등 행위자에게는 영리의 목적을 요하지 않는다. 성매매에는 유사간음도 포함된다.

Ⅱ. 음화반포등죄 [361]

제243조(음화반포등) 음란한 문서, 도화, 필름 기타 물건을 반포, 판매 또는 임대하거나 공연히 전시 또는 상영한 자는 1년 이하의 징역 또는 500만원 이하의 벌금에 처한다.

1. 보호법익

본죄의 보호법익은 선량한 성풍속 내지 성도덕이고, 보호의 정도는 추상적 위험범이다.

2. 행위의 객체

본죄의 객체는 음란한 문서, 도화, 필름 기타 물건이다.

(1) 음란성

음란이란 성욕을 자극하여 흥분시키고 정상적인 성적 수치심과 선량한 성적 도의관념을 현저히 침해하기에 적합한 것을 말한다(대판 2000. 10. 27. 98도679). 음란은 사실적·고정적·구체적 개념이 아니라 사회와 시대에 따라 변동하는 상대적·유동적 개념이고, 그 시대에 있어서 사회의 풍속, 윤리, 종교 등과도 밀접한 관계를 가지는 추상적·규범적 개념이다(대판 1995. 2. 10. 94도2266).

음란성의 존부는 작성자의 주관적 의도가 아니라 그 시대의 건전한 사회 통념에 따라 객관적으로 판단하되 그 사회의 평균인의 입장에서 객관적으로 문서, 도화 등 그 자체에 의하여 판단해야 한다(대판 1991. 9. 10. 91도1550). 음란성 판단에서는 작품전체를 보아야 하고 부분적으로 노골적인 성적 묘사가 있다는 점을 강조해서는 안 된다.

성표현의 위치나 장소 또는 상황에 따라 음란성을 지닐 수도 있고 음란성을 지니지 않을 수도 있다는 상대적 음란개념을 인정할 것인가에 대해 다수설은 부정하지만, 판례는 긍정한다.

[대판 1970. 10. 30. 70도1879] 비록 명화집에 실려 있는 그림이라 할지라도 이것을 예술 문학 등 공공의 이익을 위해서가 아닌 성냥갑 속에 넣어 판매할 목적으로 그 카드사진을 복사제조하거나 시중에 판매하였다면 명화를 모독하여 음화화시켰다 할 것이고 그림의 음란성 유무는 객관적으로 판단해야 할 것이다.

(2) 문서, 도화, 필름, 기타 물건

문서나 도화는 문서위조죄에서와 같지만 문서위조죄에서와 같이 '법적으로 중요한 사실을 증명할만한 문서나 도화'를 의미하지는 않는다. 필름은 사진이나 영화로 재생될 수 있도록 제작된 물건을 말한다. 카메라필름, 비디오테이프, 영화필름, 마이크로필름 등이 이에 속한다. 기타 물건이란 문서, 도화, 필름에 속하지 않는 물건을 말한다. USB, 녹음테이프, 조각품, 음반, CD 등이 이에 속한다.

컴퓨터프로그램파일은 문서, 도화, 필름, 기타 물건 어디에도 속하지 않기 때문에 본죄의 객체가 될 수 없고, '정보통신망 이용촉진 및 정보보호 등에 관한 법률'의 적용대상이 된다(동법 제74조 2호 등).

3. 실행행위

반포, 판매, 임대하거나 공연히 전시 또는 상영하는 것이다.

반포란 불특정 또는 다수인에게 무상으로 배포하는 것을 말한다. 유상으로 배포할 때에는 판매에 해당한다. 판매란 불특정 또는 다수인에게 유상으로 양도하는 것을 말하고, 계속·반복의 의사가 있는 경우에는 1회의 판매로도 족하다는 견해(통설)와 특정소수인에게 유상으로 양도한 경우나 계속·반복의 의사가 없는 경우에도 판매에 해당한다는 견해가 대립한다. 임대란 유상으로 대여하는 것을 말한다.

'공연히 전시한다'는 것은 불특정 또는 다수인이 관람할 수 있는 상태에 두는 것이고, '공연히 상영한다'는 것은 불특정 또는 다수인이 관람할 수 있도록 영상자료를 화면에 비추어 보이는 것을 말한다. 관람가능한 상태에 두면 되고 반드시 현실적으로 관람할 필요는 없다. 유상·무상을 불문하고, 다수인이 동시에 관람할 수 있는 경우뿐만 아니라 순차적으로 관람할 수 있는 경우도 포함한다.

Ⅲ. 음화제조등죄 [362]

> 제244조(음화제조등) 제243조의 행위에 공할 목적으로 음란한 물건을 제조, 소지, 수입 또는 수출한 자는 1년 이하의 징역 또는 500만원 이하의 벌금에 처한다.

본죄의 객체는 음란한 물건이다. 물건은 문서, 도화, 필름 등을 포함하는 개념이다. 본죄의 실행행위는 제조, 소지, 수입 또는 수출이다. 제조란 음란한 물건을 만드는 것을 말한다. 소지란 음란한 물건을 자신의 사실상 지배하에 두는 것을 말한다. 수입은 외국에서 국내로 반입하는 것을 말한다. 수출은 국내에서 국외로 반출하는 것을 말한다.

본죄가 성립하기 위해서는 반포, 판매, 임대, 공연히 전시 또는 상영할 목적이 필요하다.

Ⅳ. 공연음란죄 [363]

> 제245조(공연음란) 공연히 음란한 행위를 한 자는 1년 이하의 징역, 500만원 이하의 벌금, 구류 또는 과료에 처한다.

본죄의 실행행위는 공연히 음란한 행위를 하는 것이다.

'공연히'란 불특정 또는 다수인이 직접 인식할 수 있는 상태를 말한다.

불특정 또는 다수인이 직접 인식할 수 있는 상태이면 족하고 현실적으로 인식할 필요는 없다. 특정소수인에 대해 음란한 행위를 한 때에는 본죄가 성립하지 않는다. 실내·실외를 불문한다.

음란의 개념은 음란물반포등죄에서와 같다. 음란행위는 성행위에 국한된다는 견해(다수설)와 나체쇼 등도 본죄에 해당될 수 있다는 견해(판례)가 대립한다.

제 2 관 도박과 복표에 관한 죄

I. 보호법익   [364]

도박 및 복표에 관한 죄의 보호법익은 사회의 건전한 근로의식 내지 미풍양속이고, 보호의 정도는 추상적 위험범이다. 2013년에는 범죄단체나 집단의 수입원으로 흔히 사용되는 도박장소의 개설이나 복표발매에 대한 처벌규정의 법정형을 상향하는 개정이 이루어졌다.

II. 도박죄   [365]

> 제246조(도박) ① 도박을 한 사람은 1천만원 이하의 벌금에 처한다. 다만, 일시오락 정도에 불과한 경우에는 예외로 한다.

1. 구성요건

(1) 행위의 주체

본죄의 주체에는 제한이 없다. 다만, 2인 이상이 있어야 도박이 가능하므로 본죄는 필요적 공범, 그 중에서도 대향범이다.

(2) 행위의 객체

구형법은 재물로써 도박한 자라고 규정하였고, 통설은 재물에는 재산상 이익이나 기타 인간의 욕망을 충족할 수 있는 모든 이익이라고 해석하였다. 그러나 이는 유추해석이라는 문제가 있었다. 그리하여 2013년 개정형법은

'재물로써'라는 규정을 삭제하였다. 개정형법의 입법취지는 재산상 이익만을 포함시키기 위한 것이지만 기타 인간의 욕망을 충족시킬 수 있는 모든 이익이 포함된다. 개정형법은 법정형을 1,000만원 이하로 상향하였다.

(3) 실행행위

본죄의 실행행위는 도박이다.

도박이란 물건이나 이익을 걸고서 우연한 승부에 의해 물건이나 이익의 득실을 결정하는 것을 말한다. 우연이란 당사자들이 승패를 알지 못하거나 승패에 영향을 미칠 수 없는 것을 말한다. 예를 들어 백두산의 높이에 대해 내기를 하는 경우와 같이 당사자들이 주관적으로 승패를 알지 못하면 되므로 객관적인 사실에 대한 것도 우연이 될 수 있다. 우연성은 당사자 모두에게 있어야 하고, 당사자 일부에게만 우연성이 있는 편면적 도박이나 사기도박은 도박이 될 수 없다(통설·판례).

운동경기, 바둑, 장기, 마작, 골프, 당구 등 경기의 승패에 대해 돈내기를 하는 경우 도박죄가 성립하는가에 대해 견해가 대립한다. 긍정설(다수설)은 당사자의 기능이 승패에 영향을 미친다 하더라도 조금이라도 우연의 지배를 받게 되면 도박죄가 성립한다고 한다.

2. 위법성

단순도박이 일시오락의 정도인 때에는 벌하지 않는다(제246조 1항 단서). 이는 위법성이 조각되기 때문이다(통설·판례). 일시오락의 정도란 일시오락의 목적이 있는 경우를 의미하는 것이 아니라 재물의 규모가 일시오락의 정도라는 의미이다. 즉, 일시오락을 위해 도박을 한 경우에도 그 규모가 큰 경우에는 위법성이 조각되지 않는다.

일시오락의 정도인지의 여부는 도박의 시간과 장소, 도박자의 사회적 지위 및 재산정도, 재물의 근소성, 그 밖에 도박에 이르게 된 경위 등 모든 사정을 참조하여 구체적으로 판단하여야 한다(대판 1985. 11. 12. 85도2096).

Ⅲ. 상습도박죄 [366]

> 제246조(상습도박) ② 상습으로 제1항의 죄를 범한 사람은 3년 이하의 징역 또는 2천만원 이하의 벌금에 처한다.

상습도박죄는 상습으로 도박하는 죄이다. 행위자의 상습성으로 인해 책임이 가중되는 구성요건이고, 부진정신분범이다. 본죄에는 1천만원 이하의 벌금을 병과할 수 있다(제249조).

Ⅳ. 도박장소등개설죄 [367]

> 제247조(도박장소 등 개설) 영리의 목적으로 도박을 하는 장소나 공간을 개설한 사람은 5년 이하의 징역 또는 3천만원 이하의 벌금에 처한다.

1. 법적 성격

본죄는 영리목적이 필요한 진정목적범이다. 영리목적이 없는 경우에는 본죄가 성립하지 않고 단순도박교사·방조죄 등이 성립할 수 있다. 본죄는 기수 이후에도 범죄행위가 계속되고, 도박장소나 공간을 폐쇄할 때 종료되는 계속범이다.

2. 구성요건

본죄의 실행행위는 도박장소나 공간을 개장하는 것이다. 도박장소란 도박을 하는 현실세계의 장소적 공간을 말한다. 도박공간이란 현실세계의 공간만이 아니라 온라인상의 도박공간을 포함한 개념이다.

도박장소등개장이란 자신이 주재자가 되어 도박의 장소나 공간을 개설하는 것을 의미한다(대판 2002. 4. 12. 2001도5802). 자신이 주재자가 되어 도박장소나 공간을 개설하면 되고, 자신이 스스로 도박을 하거나 다른 사람의 도박을 교사·방조할 필요는 없다.

3. 형   벌

2013년 개정형법은 도박장소등개장죄가 '국제연합국제조직범죄방지협약'
의 대상범죄가 될 수 있도록 하기 위해 법정형을 구형법의 3년 이상에서 5년
이상으로 상향조정하였다.

V. 복표발매등죄   [368]

제248조(복표의 발매등) ① 법령에 의하지 아니한 복표를 발매한 사람은 5년 이하의 징역 또는 3
천만원 이하의 벌금에 처한다.
② 제 1 항의 복표발매를 중개한 사람은 3년 이하의 징역 또는 2천만원 이하의 벌금에 처한다.
③ 제 1 항의 복표를 취득한 사람은 1천만원 이하의 벌금에 처한다.

본죄의 객체는 법령에 의하지 아니한 복표이다.

복표란 '특정한 표찰을 발매하여 다수인으로부터 금품을 모아 추첨 등의
방법에 의하여 당첨자에게 재산상의 이익을 주고 다른 사람에게 손실을 주는
것'을 말한다(대판 2003. 12. 26. 2003도5433).

본죄의 실행행위는 복표의 발매, 발매중개, 취득이다. 발매란 복표를 발
행하여 판매하는 것을 말한다. 발매중개란 발매자와 취득자 사이에서 발매를
알선하는 일체의 행위를 말한다. 취득이란 복표의 소유권을 취득하는 것을
말한다.

2013년 개정형법은 복표발매죄에 대해서는 5년 이하의 징역 또는 3천만
원 이하의 벌금으로, 복표발매중개죄에 대해서는 3년 이하의 징역 또는 2천
만원 이하의 벌금으로, 복표취득죄에 대해서는 1천만원 이하의 벌금으로 법
정형을 상향하였다. 복표발매죄의 법정형조정은 '국제연합국제조직범죄방지
협약'의 대상범죄가 될 수 있도록 하기 위함이다.

제 3 관 신앙에 관한 죄

Ⅰ. 장례식등방해죄 [369]

> 제158조(장례식등의 방해) 장례식, 제사, 예배 또는 설교를 방해한 자는 3년 이하의 징역 또는 500만원 이하의 벌금에 처한다.

1. 보호법익

본죄의 보호법익은 장례식, 제사, 종교집회 등의 평온이고, 보호의 정도는 추상적 위험범이다.

2. 구성요건

(1) 행위의 객체

본죄의 객체는 장례식, 제사, 예배 또는 설교이다. 결혼식, 학술행사, 강연회, 기념식, 축하잔치 등은 본죄의 객체가 될 수 없고, 업무방해죄나 강요죄 등이 문제될 수 있을 뿐이다. 다만, 종교적으로 행해지는 결혼식 등은 예배나 설교에 속할 수 있다.

장례식이란 사자(死者)를 장사지내는 의식을 말한다. 반드시 종교적 의식일 필요가 없고 비종교적 장례식도 포함된다. 제사란 조상 또는 숭배대상이 되는 존재에 대한 추모와 존경을 표하는 의식을 말한다. 조상에 대한 제사, 고사 등을 예로 들 수 있다. 예배란 종교단체의 규칙과 관례에 따라 다수인이 모여서 그 종교의 교리에 따라 행하는 의식을 말한다. 성당의 미사, 교회의 예배, 절에서의 예불 등을 그 예로 들 수 있다. 설교란 종교상의 교리를 가르치는 것을 말한다.

(2) 실행행위

본죄의 실행행위는 방해이다. 방해란 장례식 등의 평온한 진행을 불가능하게 하거나 곤란하게 하는 것을 말한다. 폭행·협박의 방법뿐만 아니라 기망, 손괴, 위력, 은닉, 감금 등의 방법을 사용해도 무방하다. 설교자를 감금하거나 입장을 못하게 하거나, 전등을 끄거나, 마이크를 손괴하여 설교를 못하게 하거나 커다란 소음·진동을 발생시키거나, 예배에 참여하는 사람들에게 허위의 장소를 알려주는 등의 경우에도 본죄가 성립할 수 있다.

Ⅱ. 시체등오욕죄   [370]

> 제159조(시체 등의 오욕) 시체, 유골 또는 유발(遺髮)을 오욕한 자는 2년 이하의 징역 또는 500만원 이하의 벌금에 처한다.

1. 보호법익

본죄의 보호법익은 사자에 대한 일반인의 존중의 감정이고, 보호의 정도는 추상적 위험범이다.

2. 구성요건

본죄의 객체는 시체, 유골 또는 유발이다. 시체는 사망한 사람의 시신을 말한다. 사태(死胎)가 시체인가에 대해서는 긍정설(다수설)과 부정설이 대립한다. 신체의 전부뿐 아니라 일부분밖에 없는 경우에도 시체가 된다. 유골이란 화장, 매장 등에 의해 남아있는 백골을 말한다. 신체 전부에 대한 백골뿐만 아니라 일부에 대한 백골도 이에 해당한다. 유발이란 사자에 대한 추모·공경을 나타내기 위해 보관하고 있는 모발을 말한다.

본죄의 실행행위는 오욕(汚辱)이다. 오욕이란 폭행 기타 유형력의 행사에 의한 모욕을 말한다.

Ⅲ. 분묘발굴죄   [371]

> 제160조(분묘의 발굴) 분묘를 발굴한 자는 5년 이하의 징역에 처한다.

본죄의 객체는 분묘이다. 분묘란 사람의 시체, 유골, 유발 등을 매장하여 제사나 예배 또는 기념의 대상으로 하는 장소를 말한다(대판 1990. 2. 13. 89도2061). 시체나 유골, 유발이 매장되어 있지 않은 경우에는 분묘라고 할 수 없다. 사람의 형태를 갖추고 있는 한 사태(死胎)를 매장한 곳도 분묘라고 할 수 있다.

본죄의 실행행위는 발굴이다. 발굴이란 복토의 전부 또는 일부를 제거하거나 묘석 등을 파괴하여 분묘를 손괴하는 것이다. 비석이나 비목을 파괴하거나 손괴하는 것만으로는 발굴이라고 할 수 없다.

형사소송법상 검증이나 감정을 위해 분묘를 발굴한 경우에는 법령에 의한 행위로 위법성이 조각된다.

Ⅳ. 시체등유기죄 [372]

> 제161조(시체 등의 유기 등) ① 시체, 유골, 유발 또는 관 속에 넣어 둔 물건을 손괴(損壞), 유기, 은닉 또는 영득(領得)한 자는 7년 이하의 징역에 처한다.
> ② 분묘를 발굴하여 제 1 항의 죄를 지은 자는 10년 이하의 징역에 처한다.

본죄의 객체는 시체, 유골, 유발 또는 관 속에 넣어둔 물건이다. 관 속에 넣어둔 물건이란 사자에 대한 존경 또는 추모를 위해 시체와 함께 관 속에 넣어둔 부장품을 말한다. 본죄의 성격상, 존경 또는 추모를 위한 물건이 아닌 경우에는 본죄의 객체가 될 수 없다.

본죄의 실행행위는 시체 등을 손괴, 유기, 은닉 또는 영득하거나 분묘를 발굴하여 시체 등을 손괴, 유기, 은닉, 영득하는 것이다.

손괴란 손괴죄에서와는 달리 효용을 상실·감소시키는 것을 의미하지 않고, 사자에 대한 존중심 또는 숭앙심을 해할 정도로 물리적으로 훼손하는 것을 말한다. 유기란 시체 등을 매장상태에서 관리·수호받지 못하는 상태로 놓는 것을 말한다. 은닉이란 시체의 발견을 불가능 또는 심히 곤란하게 하는 것을 말한다. 영득이란 시체에 대한 사실상의 소유자의 지위를 얻는 행위를 말한다.

분묘를 발굴하여 시체 등을 손괴, 유기, 은닉, 영득한 경우에는 제 2 항에 의해 형벌이 가중된다. 이는 분묘발굴죄와 시체등유기죄의 결합범이다.

V. 변사체검시방해죄 [373]

> 제163조(변사체 검시 방해) 변사자의 시체 또는 변사(變死)로 의심되는 시체를 은닉하거나 변경하거나 그 밖의 방법으로 검시(檢視)를 방해한 자는 700만원 이하의 벌금에 처한다.

1. 보호법익

본죄의 보호법익은 국가의 형사사법작용이고, 보호의 정도는 추상적 위험범이다.

2. 구성요건

본죄의 객체는 변사자의 시체 또는 변사의 의심있는 시체이다. 변사자란 자연사 이외의 원인으로 사망한 자로서 사인이 불분명한 자를 말한다. 범죄로 인해 사망한 것이 명백한 자도 변사자라고 할 수 있는가에 대해 판례는 부정설을 따른다(대판 2003. 6. 27. 2003도1331).

본죄의 실행행위는 시체를 은닉 또는 변경하거나 그 밖의 방법으로 검시를 방해하는 것이다. 검시를 방해한다는 것은 검시를 불가능하게 하거나 현저히 곤란하게 하는 것을 말한다. 검시란 수사기관이 변사자의 시체를 조사하는 것을 의미하고 수사의 단서라는 점에서 범죄혐의가 인정되는 경우의 검증과 구별된다.

제3장

국가적 법익에 대한 죄

제 1 절 국가의 존립과 권위에 대한 죄

제 1 관 내란의 죄

Ⅰ. 내란죄 [374]

제87조(내란) 대한민국 영토의 전부 또는 일부에서 국가권력을 배제하거나 국헌을 문란하게 할 목적으로 폭동을 일으킨 자는 다음 각 호의 구분에 따라 처벌한다.
1. 우두머리는 사형, 무기징역 또는 무기금고에 처한다.
2. 모의에 참여하거나 지휘하거나 그 밖의 중요한 임무에 종사한 자는 사형, 무기 또는 5년 이상의 징역이나 금고에 처한다. 살상, 파괴 또는 약탈 행위를 실행한 자도 같다.
3. 부화수행(附和隨行)하거나 단순히 폭동에만 관여한 자는 5년 이하의 징역이나 금고에 처한다.

제91조(국헌문란의 정의) 본장에서 국헌을 문란할 목적이라 함은 다음 각호의 1에 해당함을 말한다.
1. 헌법 또는 법률에 정한 절차에 의하지 아니하고 헌법 또는 법률의 기능을 소멸시키는 것.
2. 헌법에 의하여 설치된 국가기관을 강압에 의하여 전복 또는 그 권능행사를 불가능하게 하는 것.

1. 보호법익

내란죄의 보호법익은 국가의 존립과 안전이다. 보호의 정도에 대해서는 구체적 위험범설(다수설)과 추상적 위험범설이 대립한다. 내란죄는 필요적 공범 그 중에서도 공범들의 의사방향이 일치하는 집합범에 속한다.

2. 구성요건

(1) 행위의 주체

본죄의 주체에는 제한이 없으나 상당수의 조직화된 다수인이 있어야 본
죄를 범할 수 있다. 형법은 주체를 그 역할에 따라 우두머리, 모의참여자・지
휘자・중요임무종사자 및 부화수행자・단순가담자로 구분하고 그 처벌을 달
리하고 있다

(2) 실행행위

본죄의 실행행위는 폭동이다. 폭동이란 다수인이 결합하여 폭행, 협박,
손괴, 파괴, 방화, 약탈, 살상 등의 유형력을 행사하는 것을 말한다. 폭행은
반드시 사람의 신체나 사람에 대해서 가해질 것을 요하지 않는다는 점에서
최광의의 폭행을 의미하지만, 한 지방의 평온을 해할 정도에 이르러야 한다
는 점에서는 최협의의 폭행보다 더 좁은 의미의 폭행이다.

폭동에 수반하여 살인, 상해, 재물강취, 손괴, 방화 등의 행위를 한 경우
내란죄만이 성립한다(대판 1997. 4. 17. 96도3376 전합).

(3) 주관적 구성요건

본죄가 성립하기 위해서는 고의 이외에 대한민국 영토의 전부 또는 일부
에서 국가권력 배제 또는 국헌문란의 목적이 있어야 한다. 대한민국 영토의
전부 또는 일부에서 국가권력 배제란 대한민국의 영토고권이 미치는 영역의
전부 또는 일부에 대해 영토고권을 배제하는 것을 말한다. 대한민국의 통일
성을 배제하거나 영토를 분리하는 것도 이에 포함된다. 국헌문란이란 ① 헌
법 또는 법률에 정한 절차에 의하지 아니하고 헌법 또는 법률의 기능을 소멸
시키는 것과, ② 헌법에 의하여 설치된 국가기관을 강압에 의하여 전복 또는
그 권능행사를 불가능하게 하는 것을 말한다(제91조).

3. 미 수

본죄의 미수범은 처벌한다(제89조).

본죄의 실행의 착수시기는 폭동을 개시한 시점이다. 처음부터 한 지방의 평

온을 해할 정도의 유형력의 행사가 있는 때에는 이 때가 실행의 착수시기이지만, 소수인의 유형력행사로부터 한 지방의 평온을 해할 정도의 폭동으로 나아가는 것이 보통이므로 이 경우에는 소수인의 유형력의 행사가 개시된 시점이다.

본죄의 성격에 대해 상태범설(대판 1997. 4. 17. 96도3376 전합)과 계속범설이 대립한다.

4. 공 범

내란죄는 필요적 공범이므로 총칙상의 공범규정이 본죄에도 적용될 것인가 문제된다.

첫째, 내란죄의 내부자들 사이에서는 공동정범이나 교사범, 방조범이 성립할 수 없고, 각자가 수행한 역할에 따라 우두머리, 모의참여자, 중요임무수행자, 단순가담자 등으로 처벌된다. 예를 들어 중요임무수행자 甲이 A를 교사하여 단순가담하게 한 경우 甲은 단순가담교사죄의 죄책은 지지 않고 중요임무수행자로서 처벌될 뿐이다.

둘째, 내란죄의 외부자의 경우 내란죄의 공동정범은 될 수 없어도 교사·방조범이 될 수는 있다. 예를 들어 내란에 가담하지 않은 甲이 A를 교사하여 단순가담하게 한 경우 甲은 단순가담교사죄의 죄책을 진다.

판례는 '국헌문란의 목적'을 가진 자가 그러한 목적이 없는 자를 이용하여 내란죄를 실행할 수 있다고 한다(대판 1997. 4. 17. 96도3376 전합).

Ⅱ. 내란목적살인죄 [375]

제88조(내란목적의 살인) 대한민국 영토의 전부 또는 일부에서 국가권력을 배제하거나 국헌을 문란하게 할 목적으로 사람을 살해한 자는 사형, 무기징역 또는 무기금고에 처한다.

본죄의 보호법익은 국가의 존립 및 안전과 사람의 생명이고, 보호의 정도는 국가의 존립 및 안전에 대해서는 추상적 위험범, 사람의 생명에 대해서는 침해범이다.

내란죄의 폭동에 수반되어 사람을 살해한 때에는 내란죄만 성립하고, 내란죄의 폭동에 수반되지 않고 별도로 국헌문란 등 목적으로 사람을 살해한 때에는 본죄가 성립한다(대판 1997. 4. 17. 96도3376 전합).

Ⅲ. 내란예비·음모·선동·선전죄 [376]

> **제90조(예비, 음모, 선동, 선전)** ① 제87조 또는 제88조의 죄를 범할 목적으로 예비 또는 음모한 자는 3년 이상의 유기징역이나 유기금고에 처한다. 단, 그 목적한 죄의 실행에 이르기 전에 자수한 때에는 그 형을 감경 또는 면제한다.
> ② 제87조 또는 제88조의 죄를 범할 것을 선동 또는 선전한 자도 전항의 형과 같다.

내란예비란 내란죄의 실행의 착수 전에 내란죄를 범할 목적으로 준비하는 일체의 행위를 말한다. 내란음모란 내란죄의 실행착수 전에 그 실행의 내용에 관하여 2인 이상의 자가 통모·합의하는 것이다. 내란을 예비·음모한 자가 그 실행의 착수 전에 자수한 때에는 형을 감경 또는 면제한다(제90조 1항 단서).

내란선동죄란 불특정 또는 다수인으로 하여금 내란죄를 범하도록 교사하거나 내란죄를 범할 의사를 가진 불특정 또는 다수인의 내란죄를 방조하는 죄이다. 내란선전죄란 불특정 또는 다수인에게 내란사실과 취지를 알리는 죄이다. 본죄는 내란죄 또는 내란목적살인죄를 범할 목적으로 예비·음모하거나 내란죄 또는 내란목적살인죄를 범할 것을 선동 또는 선전하는 죄이다.

제 2 관 외환의 죄

Ⅰ. 보호법익 [377]

외환의 죄는 외국, 적국과 관련된 범죄로부터 국가의 존립과 안전을 보호하려는 것이므로 그 보호법익은 국가의 외적 존립과 안전이다. 보호의 정도에 대해 구체적 위험범설과 추상적 위험범설(다수설)이 대립한다.

II. 외환유치죄 [378]

제92조(외환유치) 외국과 통모하여 대한민국에 대하여 전단을 열게 하거나 외국인과 통모하여 대한민국에 항적한 자는 사형 또는 무기징역에 처한다.

본죄의 실행행위는 외국과 통모하여 대한민국에 대하여 전단을 열게 하거나 외국인과 통모하여 대한민국에 항적하는 것이다.

외국이란 대한민국 이외의 국가를 말한다. 국제법상 승인되지 않은 국가도 포함된다. 북한도 외국이라고 할 수 있다. 외국이란 국가를 대표하는 정부기관을 의미한다. 단순히 외국인과 통모하는 경우에는 전단을 열게 하여도 본죄가 성립하지 않는다. 통모한다는 것은 외국의 정부기관과 대한민국에 전단을 열게 하기 위해 의사연락 또는 모의하는 것을 말한다. '전단을 연다'는 것은 전투행위를 개시하는 일체의 행위를 말한다(통설). 전투행위를 개시하지 않고 외국이 대한민국에 대하여 선전포고를 한 경우에도 전단을 연 것이라고 할 수 있다. 전쟁은 국제법상의 전쟁뿐만 아니라 사실상의 전쟁도 포함된다(통설). 외국과의 통모와 전단을 여는 것 사이에는 인과관계가 있어야 한다.

외국인이란 내국인 이외의 사람으로서 정부의 대표기관이 아닌 사람이나 단체를 의미한다. 대한민국에 항적한다는 것은 외국 또는 외국인의 군사업무에 종사하여 대한민국에 적대행위를 하는 것을 말한다.

III. 여적죄 [379]

제93조(여적) 적국과 합세하여 대한민국에 항적한 자는 사형에 처한다.

본죄의 실행행위는 적국과 합세하여 대한민국에 항적하는 것이다.

적국이란 대한민국과 전쟁상태에 있는 국가이다. 통설은 국제법의 전쟁뿐만 아니라 사실상의 전쟁상태도 포함한다고 한다. 휴전상태라고 하더라도 본죄가 성립할 수 있다. 적국과 합세한다는 것은 적국과 힘을 합치는 것을 의미하므로 자신이 적국에 가담·협력하거나 적국이 자신에게 가담·협력하는 경우를 모두 포함한다.

Ⅳ. 모병이적죄 [380]

제94조(모병이적) ① 적국을 위하여 모병한 자는 사형 또는 무기징역에 처한다.
② 전조의 모병에 응한 자는 무기 또는 5년 이상의 징역에 처한다.

본죄에서 모병이란 전투에 종사할 사람을 모집하는 것을 말하고, 모병에 응한다는 것은 자발적으로 지원하는 것을 말한다. '적국을 위한다'는 것은 적국에 이롭게 하는 것을 의미한다.

Ⅴ. 시설제공이적죄 [381]

제95조(시설제공이적) ① 군대, 요새, 진영 또는 군용에 공하는 선박이나 항공기 기타 장소, 설비 또는 건조물을 적국에 제공한 자는 사형 또는 무기징역에 처한다.
② 병기 또는 탄약 기타 군용에 공하는 물건을 적국에 제공한 자도 전항의 형과 같다.

본죄는 군사용시설 또는 군용물을 객체로 한다는 점에서 물건제공이적죄(제97조)와 구별된다.

군대란 다수인의 군인으로 이루어진 군사조직을 말한다. 요새란 전투나 공격·방어를 위하여 만들어진 자연적·인공적 시설을 말한다. 진영이란 군인들이 머물고 생활할 수 있는 자연적·인공적 시설물을 말한다. 군용에 공하는 설비, 건조물 또는 물건이란 군사목적에 사용되는 설비, 건조물 또는 물건을 말한다. 반드시 군사목적이나 전투용으로 제조된 물건일 필요가 없고, 사실상 군사목적에 사용되는 물건이면 된다.

Ⅵ. 시설파괴이적죄 [382]

제96조(시설파괴이적) 적국을 위하여 전조에 기재한 군용시설 기타 물건을 파괴하거나 사용할 수 없게 한 자는 사형 또는 무기징역에 처한다.

본죄에서 파괴란 효용을 상실하게 하거나 현저히 감소시키는 행위를 말한다. 단순히 효용을 감소시키는 행위는 손괴는 될 수 있어도 파괴가 될 수 없으므로 본죄가 성립하지 않고 일반이적죄(제99조)가 될 수 있을 뿐이다. 본죄가 성립하기 위해서는 고의 이외에 이적의사가 필요하다.

Ⅶ. 물건제공이적죄 [383]

> **제97조(물건제공이적)** 군용에 공하지 아니하는 병기, 탄약 또는 전투용에 공할 수 있는 물건을 적국에 제공한 자는 무기 또는 5년 이상의 징역에 처한다.

병기, 탄약 등은 군용에 공하지 아니하는 것도 전투용에 공할 수 있다. 따라서 군용에 공하지 아니하는 병기, 탄약은 전투용에 공할 수 있는 물건의 한 예시라고 할 수 있다.

군용에 공하지 않는 병기, 탄약 등을 객체로 한다는 점에서 시설제공이적죄와 구별된다. 물건의 객관적 성질상 전투용에 공할 수 있으면 되고 처음부터 전투용으로 만들어진 물건임을 요하지 않는다.

Ⅷ. 간첩죄 [384]

> **제98조(간첩)** ① 적국을 위하여 간첩하거나 적국의 간첩을 방조한 자는 사형, 무기 또는 7년 이상의 징역에 처한다.
> ② 군사상의 기밀을 적국에 누설한 자도 전항의 형과 같다.

본죄의 구성요건은 ① 적국을 위하여 간첩하는 행위, ② 적국의 간첩을 방조하는 행위, ③ 군사상의 기밀을 적국에 누설하는 행위 등 세 가지이다.

1. 적국을 위한 간첩

(1) 행위의 객체

본죄의 객체는 국가기밀이다.

다수설 및 판례에 의하면, 국가기밀이란 정치, 경제, 사회, 문화 등 각 방면에 관하여 적국에 대하여 비밀로 하거나 확인되지 아니함이 대한민국의 이익이 되는 모든 사실, 물건 또는 지식으로서, 그 내용이 누설되는 경우 국가의 안전에 위험을 초래할 우려가 있어 기밀로 보호할 실질가치를 갖춘 것이다. 그러나 국내에서의 적법한 절차 등을 거쳐 이미 일반인에게 널리 알려진 공지의 사실, 물건 또는 지식은 국가기밀에 속하지 않는다(대판 1997. 11. 20. 97도2021 전합).

국가기밀인지 여부의 판단은 객관적으로 해야 하고 국가기관이 기밀로 할 의사가 있었는지의 여부는 문제되지 않는다.

(2) 실행행위

본죄의 실행행위는 적국을 위하여 국가기밀을 탐지 · 수집하는 것이다.

적국이란 대한민국과 전쟁상태에 있는 국가를 말한다. 교전상태에 있지 않고 휴전상태에 있는 국가라도 상관없다. 국가는 국제법상의 승인을 요하지 않고 대한민국에 적대하는 외국 또는 외국인의 단체는 적국으로 간주된다.

북한이 적국인가에 대해 판례는 "북한괴뢰집단은 우리 헌법상 반국가적인 불법단체로서 국가로 볼 수 없으나 간첩죄의 적용에 있어서는 국가에 준하여 취급하여야 한다"고 한다(대판 1983. 3. 22. 82도3036).

(3) 주관적 구성요건

본죄가 성립하기 위해서는 간첩행위를 한다는 점에 대한 고의와 적국을 위한다는 이적의사가 필요하다.

2. 적국의 간첩의 방조

'적국의 간첩을 방조'한다는 것은 적국의 간첩이라는 것을 알면서 국가기밀의 탐지 · 수집 · 누설을 용이하게 하는 것을 말한다. 방조의 방법에는 제한이 없다. 유형적 · 무형적 방법, 작위 · 부작위에 의해서도 가능하다.

3. 군사상 기밀의 누설

통설 · 판례는 본죄를 진정신분범으로 해석하여 본죄의 주체는 직무상 군사기밀을 지득한 자에 한정되고(대판 1971. 6. 30. 71도774), 일반인이 군사기밀을 누설한 때에는 본죄가 성립하지 않고 일반이적죄가 성립한다고 한다.

본죄의 객체는 군사상 기밀이다. 군사상 기밀이란 국가기밀 중 군사에 관련된 것을 말한다.

본죄의 실행행위는 적국에 누설하는 것이다. 적국에 누설한다는 것은 적국의 국가기관이나 간첩 등에게 군사기밀을 알리는 것을 말한다. 누설의 방법에는 제한이 없다. 작위뿐만 아니라 부작위에 의해서도 가능하다.

IX. 일반이적죄 [385]

> 제99조(일반이적) 전7조에 기재한 이외에 대한민국의 군사상 이익을 해하거나 적국에 군사상 이익을 공여하는 자는 무기 또는 3년 이상의 징역에 처한다.

본죄는 외환유치, 여적, 모병이적, 시설제공이적, 시설파괴이적, 물건제공이적, 간첩죄 등이 성립하지 않을 때 성립할 수 있는 죄로서 이들 범죄와 서로 보충관계에 있다.

X. 외환 예비·음모·선동·선전죄 [386]

> 제101조(예비, 음모, 선동, 선전) ① 제92조 내지 제99조의 죄를 범할 목적으로 예비 또는 음모한 자는 2년 이상의 유기징역에 처한다. 단, 그 목적한 죄의 실행에 이르기 전에 자수한 때에는 그 형을 감경 또는 면제한다.
> ② 제92조 내지 제99조의 죄를 선동 또는 선전한 자도 전항의 형과 같다.

본죄는 외환유치죄, 여적죄, 모병이적죄, 시설제공이적죄, 시설파괴이적죄, 물건제공이적죄, 간첩죄, 일반이적죄를 범할 목적으로 예비·음모하거나 이들 범죄를 선동 또는 선전하는 죄이다. 예비·음모·선동·선전의 개념은 내란예비·음모·선동·선전죄(제90조)에서와 같다.

본죄를 범한 후 자수한 때에는 그 형을 감경 또는 면제한다. 일반이적예비죄를 범하고 자수를 하지 않고 자의로 실행의 착수를 포기한 경우(이른바 '예비의 중지') 제26조를 유추적용할 것인지 문제되는데, 판례(대판 1999. 4. 9. 99도424)는 유추적용을 할 수 없다고 한다.

XI. 전시군수계약불이행죄 [387]

> 제103조(전시군수계약불이행) ① 전쟁 또는 사변에 있어서 정당한 이유없이 정부에 대한 군수품 또는 군용공작물에 관한 계약을 이행하지 아니한 자는 10년 이하의 징역에 처한다.
> ② 전항의 계약이행을 방해한 자도 전항의 형과 같다.

제1항의 죄는 구성요건행위가 부작위로 규정되어 있는 진정부작위범이다.

정부란 중앙정부뿐만 아니라 지방정부도 포함한다. 군수품 또는 군용공작물이란 군대에서 사용하는 물건이나 시설을 말한다.

제3관 국기에 관한 죄

Ⅰ. 보호법익 [388]

국기에 관한 죄의 보호법익은 '국가의 권위'이고, 보호의 정도는 추상적 위험범이다.

Ⅱ. 국기·국장모독죄 [389]

제105조(국기, 국장의 모독) 대한민국을 모욕할 목적으로 국기 또는 국장을 손상, 제거 또는 오욕한 자는 5년 이하의 징역이나 금고, 10년 이하의 자격정지 또는 700만원 이하의 벌금에 처한다.

본죄의 객체는 국기 또는 국장이다. 국기란 국가를 상징하기 위해 일정한 형식에 따라 제작된 기(旗)로서 우리나라의 국기는 태극기이다. 국기의 규격이나 재질, 자기소유·타인소유, 공용·사용은 문제되지 않는다. 국장이란 국가를 상징하는 국기 이외의 휘장(徽章)을 말한다.

본죄의 실행행위는 국기·국장을 손상, 제거, 오욕하는 것이다. 손상이란 국기·국장을 물리적으로 파괴 내지 훼손하는 것으로서 손괴와 같은 의미라고 할 수 있다. 국기를 찢거나 태우는 것을 예로 들 수 있다. 제거란 국기·국장 자체를 손상·오욕하지 않고 국기·국장을 철거, 은닉, 차폐(遮蔽), 이동하는 것을 말한다. 게양된 국기를 내리거나 물건으로 가려서 보지 못하도록 하는 것을 예로 들 수 있다. 오욕(汚辱)이란 국기·국장을 불결하게 하는 것을 말한다. 국기에 오물을 끼얹거나 침을 뱉거나 꾸기는 것 등을 예로 들 수 있다.

본죄가 성립하기 위해서는 고의 이외에 초과주관적 구성요건요소로서 대한민국을 모욕할 목적이 필요하다. 대한민국을 모욕한다는 것은 대한민국의 체면과 권위를 손상시키는 것을 말한다.

Ⅲ. 국기·국장비방죄 [390]

> 제106조(국기, 국장의 비방) 전조의 목적으로 국기 또는 국장을 비방한 자는 1년 이하의 징역이나 금고, 5년 이하의 자격정지 또는 200만원 이하의 벌금에 처한다.

본죄의 실행행위는 비방이다. 비방이란 공연히 언어, 문장, 거동 또는 그림과 같이 유형적 방법이 아닌 무형적 방법에 의해 모욕의 의사를 표시하는 것을 말한다.

제 4 관 국교에 관한 죄

Ⅰ. 보호법익 [391]

다수설에 의하면 국교에 관한 죄의 보호법익은 국가적 관점에서 국가의 권위 또는 우리나라의 대외적 지위 및 국제적 관점에서 우리나라의 국제법상 의무이행에 기한 외국의 이익이라고 한다.

본죄의 보호의 정도는 추상적 위험범이다.

Ⅱ. 외국원수에 대한 폭행등죄 [392]

> 제107조(외국원수에 대한 폭행등) ① 대한민국에 체재하는 외국의 원수에 대하여 폭행 또는 협박을 가한 자는 7년 이하의 징역이나 금고에 처한다.
> ② 전항의 외국원수에 대하여 모욕을 가하거나 명예를 훼손한 자는 5년 이하의 징역이나 금고에 처한다.

1. 행위의 객체

본죄의 객체는 대한민국에 체재하는 외국의 원수이다. 외국의 원수란 당

572 제 3 장 국가적 법익에 대한 죄

해 국가를 대표할 권한이 있는 자를 말한다. 군주제국가에서 군주, 대통령제 국가에서 대통령 등이 그 예이다. 내각책임제국가에서 수상이 국가원수로서의 지위를 지니는 경우에는 본죄의 객체가 된다. 그러나 일반적으로는 내각책임제국가에서도 군주나 대통령이 있는 경우에는 이들이 원수가 된다. 원수의 부인이나 가족 등은 본죄의 객체가 될 수 없다.

외국의 원수는 대한민국에 체재하여야 한다. 공무·사무를 불문한다.

2. 실행행위

본죄의 실행행위는 폭행·협박·모욕·명예훼손이다. 통설은 폭행의 개념은 폭행죄(제260조)에서와 같다고 한다. 협박의 개념은 협박죄에서와 같다.

모욕과 명예훼손은 공연성을 요하지 않는다. 본죄의 명예훼손에 대해서는 제310조의 위법성조각사유에 관한 규정이 적용되지 않는다. 모욕죄는 친고죄임에 비해(제312조 1항), 본죄의 모욕죄는 반의사불벌죄이다(제110조).

Ⅲ. 외국사절에 대한 폭행등죄   [393]

> 제108조(외국사절에 대한 폭행등) ① 대한민국에 파견된 외국사절에 대하여 폭행 또는 협박을 가한 자는 5년 이하의 징역이나 금고에 처한다.
> ② 전항의 외국사절에 대하여 모욕을 가하거나 명예를 훼손한 자는 3년 이하의 징역이나 금고에 처한다.

본죄의 객체는 대한민국에 파견된 외국사절이다. 외국사절이란 대사·공사 등을 말한다. 대한민국에 파견된 외국사절이란 대한민국의 영역 안에 있는 외국사절만을 의미하지 않고, 외국에 있더라도 대한민국에 파견된 외국사절이면 본죄의 객체가 된다. 타국에 파견되어 가던 중 국내에 잠시 체류하는 외국사절은 대한민국에 파견된 외국사절이 아니므로 본죄의 객체가 되지 않는다. 외국사절의 가족도 본죄의 객체가 되지 않는다.

본죄의 실행행위인 폭행·협박·모욕·명예훼손 등의 개념은 외국원수에 대한 폭행등죄에서와 같다.

본죄는 그 외국정부의 명시한 의사에 반하여 공소를 제기할 수 없는 반의사불벌죄이다(제110조).

Ⅳ. 외국의 국기·국장모독죄 [394]

> 제109조(외국의 국기, 국장의 모독) 외국을 모욕할 목적으로 그 나라의 공용에 공하는 국기 또는 국장을 손상, 제거 또는 오욕한 자는 2년 이하의 징역이나 금고 또는 300만원 이하의 벌금에 처한다.

본죄는 외국을 모욕할 목적으로 그 나라의 공용에 공하는 국기 또는 국장을 손상, 제거 또는 오욕(汚辱)하는 죄이다.

본죄의 객체는 외국의 공용에 공하는 국기 또는 국장인 점에서 공용에 공할 것을 요하지 않는 대한민국의 국기·국장모독죄(제105조)와 구별된다. '공용에 공한다'는 것은 그 나라의 권위를 나타내기 위하여 공적 기관이나 공무소에서 사용하는 것을 말한다. 따라서 외국에서 개인이 사용하는 국기·국장은 본죄의 객체가 될 수 없다.

본죄는 그 외국정부의 명시한 의사에 반하여 공소를 제기할 수 없는 반의사불벌죄이다(제110조).

Ⅴ. 외국에 대한 사전(私戰)죄 [395]

> 제111조(외국에 대한 사전) ① 외국에 대하여 사전한 자는 1년 이상의 유기금고에 처한다.
> ② 전항의 미수범은 처벌한다.
> ③ 제1항의 죄를 범할 목적으로 예비 또는 음모한 자는 3년 이하의 금고 또는 500만원 이하의 벌금에 처한다. 단, 그 목적한 죄의 실행에 이르기 전에 자수한 때에는 감경 또는 면제한다.

본죄의 실행행위는 외국에 대하여 사전(私戰)하는 것이다. 사전이란 국가의 의사와 관계없이 개인들이 벌이는 전투행위를 말한다. 사전이라고 하기 위해서는 어느 정도 규모의 조직적인 공격이 있어야 한다. 사전의 상대방은 외국이므로 외국의 국가권력이 아닌 외국의 일부집단이나 외국정부의 반군 등에 대해 전투행위를 한 때에는 본죄가 성립하지 않는다.

Ⅵ. 중립명령위반죄 [396]

> 제112조(중립명령위반) 외국간의 교전에 있어서 중립에 관한 명령에 위반한 자는 3년 이하의 금고 또는 500만원 이하의 벌금에 처한다.

중립명령위반죄란 외국간의 교전에 있어서 중립에 관한 명령에 위반하는 죄이다. 구성요건의 내용이 형법에 정해져 있지 않고 행정부의 중립명령의 내용에 좌우되게 되므로 백지형법에 속한다고 할 수 있다.

외국간의 교전이란 우리나라가 참가하지 않은 전쟁이 둘 이상의 외국간에서 이루어지고 있는 것을 의미한다. 중립명령이란 교전국 중 일부 국가의 이익을 위해 행동하지 않고 중립적 입장을 지키는 것을 말한다. 중립명령의 구체적 내용은 행정부에 의해 결정된다.

Ⅶ. 외교상의 기밀누설죄 [397]

> 제113조(외교상기밀의 누설) ① 외교상의 기밀을 누설한 자는 5년 이하의 징역 또는 1천만원 이하의 벌금에 처한다.
> ② 누설할 목적으로 외교상의 기밀을 탐지 또는 수집한 자도 전항의 형과 같다.

본죄의 객체는 외교상의 기밀이다. 외교상의 기밀이란 외국과의 관계에서 국가가 보지해야 할 기밀로서, 외교정책상 외국에 대하여 비밀로 하거나 확인되지 아니함이 대한민국의 이익이 되는 모든 정보자료를 말한다.

외국에 이미 널리 알려져 있는 사항은 특단의 사정이 없는 한 외교상의 기밀에 해당하지 않는다(대판 1995. 12. 5. 94도2379).

본죄의 실행행위는 외교상의 기밀을 누설하거나 누설할 목적으로 외교상의 기밀을 탐지·수집하는 것이다. 누설이란 외교상의 기밀을 타인에게 알리는 것이다. 그 방법에는 제한이 없다. 명시적 방법뿐만 아니라 묵시적 방법, 작위뿐만 아니라 부작위에 의한 누설도 가능하다.

제 2 절 국가의 기능에 대한 죄

제 1 관 공무원의 직무에 관한 죄

I. 총 설   [398]

1. 보호법익

공무원의 직무에 관한 죄의 보호법익은 국가의 기능이고, 보호의 정도는
추상적 위험범이다.

2. 공무원의 개념

공무원의 직무범죄는 공무원이 주체가 되는 범죄이므로 공무원이라는 신
분이 행위의 불법 유무나 정도를 결정하는 기능을 하므로, 공무원의 개념과
범위가 직무범죄를 해석하는 데에 있어서 중요한 과제가 된다.

일반적으로 공무원이란 '법령에 의하여 국가 또는 공공단체의 사무에 종
사하는 사람' 혹은 '광의로는 국가 또는 공공단체의 공무를 담당하는 일체의
자, 협의로는 국가 또는 공공단체와 공법상 근무관계에 있는 모든 자'라고 할
수 있다. 하지만 형법의 독자적 견지에서 직무범죄의 취지에 맞게 공무원의
범위를 확정해야 하는가에 대해서 견해의 대립이 있다. 이 문제는 다음의 사
항을 중심으로 논의된다.

첫째, 통설·판례는 공무방해죄에서와 달리 본죄에서는 국가 또는 지방

자치단체의 사무에 종사하는 자라도 환경미화원, 인부, 사환 등 단순한 기계적·육체적인 사무에 종사하는 자는 공무원에서 배제된다고 한다.

둘째, 일정범위의 공법인의 직원을 공무원으로 보아야 할 것인가에 대해 긍정설(다수설·판례)에 의하면 행정기관에 준하는 공법인의 직원은 공무원에 속한다.

셋째, 공무원신분을 갖고 있다 하더라도 단순히 사경제주체로서의 지위와 기능만을 가지고 있을 때에 직무범죄와 관련하여 공무원으로 보아야 할 것인가에 대해 견해가 대립한다.

3. 직무범죄의 종류

(1) 진정직무범죄와 부진정직무범죄

진정직무범죄란 공무원만이 범할 수 있고 비공무원은 단독으로 범할 수 없는 직무범죄이다. 직무유기죄, 수뢰죄, 공무상비밀누설죄, 선거방해죄가 이에 속한다. 부진정직무범죄란 비공무원도 범할 수 있지만 공무원이 범할 경우에는 형벌이 가중되는 범죄를 말한다. 불법체포·감금죄, 폭행·가혹행위죄, 간수자의 도주원조죄, 세관공무원의 아편등수입죄 등이 이에 속한다.

(2) 일반직무범죄와 특수직무범죄

일반직무범죄는 모든 공무원이 주체가 될 수 있는 범죄이고, 특수직무범죄는 특수한 공무원만이 주체가 될 수 있는 범죄이다. 직무유기죄, 직권남용죄, 공무상비밀누설죄, 뇌물죄 등은 일반직무범죄이고, 불법체포·감금죄, 폭행·가혹행위죄, 피의사실공표죄, 선거방해죄 등은 특수직무범죄에 속한다.

Ⅱ. 직무위배의 죄   [399]

1. 직무유기죄

> 제122조(직무유기) 공무원이 정당한 이유없이 그 직무수행을 거부하거나 그 직무를 유기한 때에는 1년 이하의 징역이나 금고 또는 3년 이하의 자격정지에 처한다.

본죄의 실행행위는 정당한 이유없이 그 직무수행을 거부하거나 그 직무를 유기하는 것이다.

직무란 법령의 근거, 업무분장, 상사의 지시, 명령 등에 의해 담당하는 구체적 의무를 말한다. 공무원이라는 신분관계로 인해 인정되는 추상적 의무는 직무에 해당하지 않는다. 따라서 근무시간 중에 잠을 자거나, 상사의 일반적 지시에 순응하지 않거나, 호화승용차를 사용하는 경우 등과 같이 공무원법상의 청렴의무, 복종의무, 직장이탈금지의무 등을 이행하지 않았다 해도 별도의 범죄가 성립하거나 징계의 대상이 될 수는 있어도 직무유기죄가 성립하는 것은 아니다.

본죄가 성립하기 위해서는 직무수행의 거부나 직무유기에 정당한 이유가 없어야 한다. 예를 들어 상사의 업무지시가 있었지만, 법령해석이 모호하여 직무수행을 하지 않은 경우나 직무수행의 가능성이 없는 경우에는 정당한 이유가 있으므로 본죄가 성립할 수 없다.

본죄는 계속범이므로 기수 이후에도 범죄행위가 계속되므로 종료 이전까지는 공범이 성립할 수 있고, 공소시효도 본죄의 종료시점부터 기산한다. 본죄의 종료시점은 직무를 수행하였거나 직무수행의 가능성이 없어진 때이다.

2. 피의사실공표죄

제126조(피의사실공표) 검찰, 경찰 그 밖에 범죄수사에 관한 직무를 수행하는 자 또는 이를 감독하거나 보조하는 자가 그 직무를 수행하면서 알게 된 피의사실을 공소제기 전에 공표(公表)한 경우에는 3년 이하의 징역 또는 5년 이하의 자격정지에 처한다.

(1) 보호법익

본죄의 보호법익은 국가의 형사사법기능과 피의자의 인권이고, 보호의 정도는 추상적 위험범이다.

(2) 구성요건

1) 행위의 주체 본죄의 주체는 검찰, 경찰 그 밖에 범죄수사에 관한 직무를 수행하는 자 또는 이를 감독하거나 보조하는 자이다. 공무원 중에서도 특수한 지위에 있는 자만이 범할 수 있는 범죄로서 진정직무범죄 및 특수직무범죄이다.

2) 행위의 객체 본죄의 객체는 그 직무를 수행하면서 알게 된 피

의사실이다. 직무수행과 관계없이 우연히 알게 된 피의사실이나 피의사실이
아닌 다른 사실을 공표하는 경우에는 본죄가 성립하지 않고 명예훼손죄가 성
립할 수 있을 뿐이다. 피의사실이 진실한가 여부는 문제되지 않는다.

3) 실행행위 　본죄의 실행행위는 공소제기 전에 공표하는 것이다.
공소제기 전이란 검사가 공소를 제기하기 전을 말한다. 공소제기 전이란
구성요건적 상황이다. 공소제기 이후에 피의사실을 공표한 때에는 본죄가 성
립하지 않고 명예훼손죄가 성립할 수 있다. 공표의 방법에는 제한이 없다. 작
위·부작위, 구두·서면, 스스로 또는 타인을 도구로 이용하여 공표하는 것이
가능하다.

(3) 위법성

본죄는 국가적 법익에 대한 죄이므로 피의자의 승낙이 있어도 위법성이
조각되지 않는다. 수사상의 필요에 의해 공개수배를 함으로써 피의사실을 공
표하였을 때에는 피의자의 명예와 공개수사의 이익을 비교형량하여 정당화적
긴급피난이 된다는 견해와 정당행위가 된다는 견해 및 위법성이 조각될 수
없다는 견해(다수설)가 대립한다.

3. 공무상비밀누설죄

제127조(공무상비밀의 누설) 공무원 또는 공무원이었던 자가 법령에 의한 직무상 비밀을 누설한
때에는 2년 이하의 징역이나 금고 또는 5년 이하의 자격정지에 처한다.

(1) 보호법익

통설·판례(대판 2003. 12. 26. 2002도7339)에 의하면 본죄는 공무상의 비밀 그
자체를 보호하기 위한 것이 아니라 공무상의 비밀누설로 인한 국가기능을 보
호하기 위한 것이다. 보호의 정도는 추상적 위험범이다.

(2) 구성요건

본죄의 주체는 공무원 또는 공무원이었던 자이다.

본죄의 객체는 법령에 의한 직무상 비밀이다. 직무상 비밀에 대해, 법령
에 의해 비밀로 규정된 것만을 의미한다는 견해(다수설)와, 비밀로서 보호할
가치가 있다면 반드시 법령에 의하여 비밀로 규정되었거나 비밀로 분류 명시

된 사항에 한하지 아니하고 정치, 군사, 외교, 경제, 사회적 필요에 따라 비밀로 된 사항은 물론 정부나 공무소 또는 국민이 객관적·일반적인 입장에서 외부에 알려지지 않는 것에 상당한 이익이 있는 사항도 포함한다는 견해(대판 1996. 5. 10. 95도780)가 대립한다.

본죄의 실행행위는 누설이다. 누설이란 타인에게 비밀을 알리는 것을 말한다. 공연성을 요하지 않으므로 특정소수인에게 알려도 누설이 된다. 누설의 방법에는 제한이 없으므로 서면·구두, 작위·부작위, 직접적·간접적 방법 등 모두 가능하다. 상대방에게 알리면 족하고 상대방이 그 내용을 이해할 필요까지 요구되지는 않는다.

Ⅲ. 직권남용의 죄 [400]

1. 직권남용죄

> 제123조(직권남용) 공무원이 직권을 남용하여 사람으로 하여금 의무없는 일을 하게 하거나 사람의 권리행사를 방해한 때에는 5년 이하의 징역, 10년 이하의 자격정지 또는 1천만원 이하의 벌금에 처한다.

(1) 보호법익

본죄의 주된 보호법익은 국가기능의 공정한 행사이고 부차적 보호법익은 사람의 의사결정의 자유이다. 보호의 정도는 국가기능에 대해서는 추상적 위험범이고, 의사결정의 자유에 대해서는 침해범이다.

(2) 구성요건

본죄의 주체는 공무원이지만, 통설은 본죄의 취지상 직·간접의 강제력을 수반하는 직무를 행하는 공무원에 국한된다고 한다. 통설에 의하면 본죄는 진정직무범죄이고, 특수직무범죄가 된다. 퇴임한 공무원은 특별한 사정이 없는 한, 퇴임 후의 범행에 관하여는 공범으로서 책임을 지지 않는다(대판 2020. 2. 13. 2019도5186).

본죄의 실행행위는 직권을 남용하여 사람으로 하여금 의무없는 일을 하게 하거나 사람의 권리행사를 방해하는 것이다. 직권남용이란 공무원이 그의 일반적 권한에 속하는 사항에 관하여 권한을 불법하게 행사하는 것을 의미한다. 작위뿐만 아니라 부작위에 의해서도 가능하다. '의무없는 일을 하게 한다'는 것은 법률상 의무없는 일을 하게 한다는 것을 의미하고, 전혀 의무가 없는 일뿐만 아니라 의무있는 일이라도 의무를 불리하게 또는 과중하게 변경하는 것을 포함한다.

본죄가 성립하기 위해서는 현실적으로 의무없는 일을 하게 하였거나 권리행사방해의 결과가 발생하여야 하고, 직권남용과 결과발생 사이에는 인과관계가 있어야 한다(대판 2020. 1. 30. 2018도2236 전합).

2. 불법체포 · 감금죄

> 제124조(불법체포, 불법감금) ① 재판, 검찰, 경찰 기타 인신구속에 관한 직무를 행하는 자 또는 이를 보조하는 자가 그 직권을 남용하여 사람을 체포 또는 감금한 때에는 7년 이하의 징역과 10년 이하의 자격정지에 처한다.
> ② 전항의 미수범은 처벌한다.

(1) 보호법익 및 법적 성격

본죄의 보호법익은 '인신구속에 관한 국가기능의 공정성'과 '사람의 신체활동의 자유'이다. 보호의 정도는 침해범이다.

본죄의 성격에 대해서는 특정한 공무원이 본죄를 범하는 경우에 형벌이 가중되는 부진정신분범이라고 하는 견해와, 체포 · 감금죄와는 구별되는 독립된 범죄로서 진정신분범이라고 하는 견해가 대립한다.

본죄는 기수 이후에도 체포 · 감금행위가 계속되어 기수시기와 종료시기가 다른 계속범이다.

(2) 구성요건

본죄의 주체는 재판, 검찰, 경찰 기타 인신구속에 관한 직무를 행하는 자 또는 이를 보조하는 자이다. 본죄는 부진정직무범죄이면서 특수직무범죄이다.

본죄의 실행행위는 직권을 남용하여 사람을 체포 또는 감금하는 것이다. 체포 · 감금의 개념은 체포 · 감금죄(제276조)에서와 같다. 직권과 관계없이 사람을 체포 · 감금하였을 때에는 본죄가 성립하지 않고, 제276조의 체포 · 감금죄가 성립한다.

(3) 위법성

인신구속을 담당하는 자가 법령에 따라 체포·구속을 한 경우에는 본죄의 구성요건해당성이 없고, 체포·감금죄(제276조)의 구성요건에 해당하지만 정당행위로 위법성이 조각된다.

본죄는 개인적 법익뿐만 아니라 국가적 법익도 보호하는 것이므로 피해자의 승낙은 본죄의 위법성을 조각하지 못한다.

3. 폭행·가혹행위죄

제125조(폭행, 가혹행위) 재판, 검찰, 경찰 그 밖에 인신구속에 관한 직무를 수행하는 자 또는 이를 보조하는 자가 그 직무를 수행하면서 형사피의자나 그 밖의 사람에 대하여 폭행 또는 가혹행위를 한 경우에는 5년 이하의 징역과 10년 이하의 자격정지에 처한다.

본죄의 주체는 불법체포·감금죄에서와 같다.

본죄의 객체는 형사피의자 또는 그 밖의 사람이다. '그 밖의 사람'이란 피고인, 참고인, 증인 등 재판이나 수사절차에서 조사의 대상이 된 사람을 말한다.

본죄의 실행행위는 직무를 수행하면서 폭행 또는 가혹행위를 하는 것이다. '직무를 수행하면서'란 '직무를 수행하는 기회에 있어서'라는 의미이다. 이는 '직권을 남용하여'라는 개념보다는 넓은 것이다. '직무를 수행하면서'란 폭행, 가혹행위와 직무와의 사이에 내적·사항적 관련성이 있어야 한다는 의미이다(다수설). 폭행은 반드시 신체에 대한 것일 필요가 없고 사람에 대한 유형력의 행사를 의미한다(광의의 폭행). 가혹행위란 폭행 이외에 정신적·신체적 고통을 주는 일체의 행위이다.

4. 선거방해죄

제128조(선거방해) 검찰, 경찰 또는 군의 직에 있는 공무원이 법령에 의한 선거에 관하여 선거인, 입후보자 또는 입후보자되려는 자에게 협박을 가하거나 기타 방법으로 선거의 자유를 방해한 때에는 10년 이하의 징역과 5년 이상의 자격정지에 처한다.

본죄의 보호법익은 선거의 자유이고, 보호의 정도는 추상적 위험범이다.

본죄의 주체는 검찰, 경찰 또는 군의 직에 있는 공무원이다. 본죄를 진정신분범으로 해석하는 견해와 직권남용죄의 특별유형으로서 부진정신분범으로 해석하는 견해가 대립한다.

　본죄의 객체는 법령에 의한 선거의 선거인, 입후보자 또는 입후보되려는 자이지만 기타 방법에 의한 선거방해에서는 객체에 제한이 없다. 법령에 의한 선거는 대통령, 국회의원, 지방자치단체장이나 지방의회의원선거 등을 의미한다.

　본죄의 실행행위는 선거인, 입후보자, 입후보되려는 자에게 협박을 가하거나 기타 방법으로 선거의 자유를 방해하는 것이다. 협박이란 협박죄에서의 협박과 같은 개념이다.

Ⅳ. 뇌물죄　　　　　　　　　　　　　　　　　　　　　　　　[401]

1. 뇌물죄의 일반이론

(1) 뇌물죄의 보호법익

　뇌물죄의 보호법익은 '직무집행의 공정과 이에 대한 사회의 신뢰 및 직무행위의 불가매수성'이다(대판 2002. 11. 26. 2002도3539). 보호의 정도는 추상적 위험범이다.

(2) 뇌물의 개념

　1) 뇌물과 직무관련성　　　　뇌물은 직무와 관련된 불법한 이익이므로 뇌물은 직무와 관련성이 있어야 한다. 직무란 법령, 관례에 의해 공무원등이 담당하는 일체의 사무를 말한다. 공무원이 전직하여 다른 사무를 맡게 된 경우 과거에 담당하였던 사무가 직무에 속하는가에 대해서는 부정설과 긍정설(통설)이 있다. 뇌물은 직무와 관련성이 있어야 하고, 직무와 무관한 이익은 뇌물이 될 수 없다. 뇌물죄는 직무에 관한 청탁이나 부정한 행위를 필요로 하지 않기 때문에 직무관련성을 인정하는 데 특별한 청탁이 있는가를 고려할 필요는 없다.

　2) 직무와의 대가관계　　　　뇌물이 되기 위해서는 직무행위와 대가관계가 있어야 하는가에 대해 긍정설(판례, 다수설)과 부정설이 있다. 한편 대가

관계를 요구하는 견해도 최근에는 대가관계의 개념을 넓게 해석하여 구체적·개별적이 아니라 일반적·포괄적 대가관계이면 족하다고 한다(대판 2017. 1. 12. 2016도15470 등).

3) **뇌물과 불법한 이익**　　뇌물은 직무에 관한 불법한 보수 또는 부당한 이익이다. 직무와 관련성이 있더라도 법령에 근거가 있는 봉급, 수당, 상여금, 여비, 수수료 등은 뇌물이 되지 않는다.

뇌물에는 물건뿐만 아니라 이익도 포함된다. 이익이란 수령자의 경제적·법적·인격적 지위를 유리하게 하여 주는 것으로서 일체의 유형·무형의 이익이 포함된다. 이성간의 정교나 성행위도 뇌물에 포함된다.

　　[대판 1979. 10. 10. 78도1793]　뇌물죄에서 뇌물의 내용인 이익이라 함은 금전, 물품 기타의 재산적 이익뿐만 아니라 사람의 수요, 욕망을 충족시키기에 족한 일체의 유형, 무형의 이익을 포함한다.

4) **사교적 의례와 뇌물**　　사교적 의례에 속하는 물건 내지 이익과 뇌물이 되는가에 대해 판례는 "공무원이 그 직무의 대상이 되는 사람으로부터 금품 기타 이익을 받은 때에는 그것이 그 사람이 종전에 공무원으로부터 접대 또는 수수받은 것을 갚는 것으로서 사회상규에 비추어 볼 때에 의례상의 대가에 불과한 것이라고 여겨지거나, 개인적인 친분관계가 있어서 교분상의 필요에 의한 것이라고 명백하게 인정할 수 있는 경우 등 특별한 사정이 없는 한 직무와의 관련성이 없는 것으로 볼 수 없고, 공무원의 직무와 관련하여 금품을 수수하였다면 비록 사교적 의례의 형식을 빌어 금품을 주고 받았다 하더라도 그 수수한 금품은 뇌물이 된다"고 한다(대판 2000. 1. 21. 99도4940).

(3) **수뢰죄와 증뢰죄의 관계**

1) **필요적 공범 여부**　　뇌물 수수죄와 약속죄 및 공여죄는 필요적 공범이지만, 뇌물요구죄와 공여의사표시죄는 독립된 범죄이다.

2) **총칙상 공범규정의 적용여부**　　첫째, 수뢰자와 증뢰자 사이에서는 공범규정이 적용되지 않는다. 예를 들어 공무원 등이 상대방을 교사하여 뇌물을 공여하게 한 경우나 상대방이 공무원 등을 교사하여 뇌물을 수수하게

한 경우 등에서는 총칙상의 공범규정이 적용되지 않는다. 따라서 공무원 등은 수뢰죄로, 상대방은 증뢰죄로만 처벌된다(대판 1971. 3. 9. 70도2536).

둘째, 수뢰자와 증뢰자 이외의 자에게는 총칙상의 공범규정이 적용된다. 따라서 비공무원이 공무원과 공동으로 뇌물을 받거나 공무원을 교사·방조하여 뇌물을 받게 한 경우에는 제33조가 적용되어 비공무원은 수뢰죄의 공동정범, 교사범, 방조범이 될 수 있다. 증뢰죄의 경우에도 수뢰자 이외의 사람은 증뢰죄의 공동정범, 교사범, 방조범이 될 수 있다.

2. 수뢰죄

> 제129조(수뢰) ① 공무원 또는 중재인이 그 직무에 관하여 뇌물을 수수, 요구 또는 약속한 때에는 5년 이하의 징역 또는 10년 이하의 자격정지에 처한다.

(1) 행위의 주체

본죄의 주체는 공무원 또는 중재인이다.

공무원이란 법령에 의하여 국가, 지방자치단체 또는 공공단체의 사무에 종사하는 자로서 그 직무의 내용이 단순한 기계적·육체적인 것에 한정되어 있지 않는 자를 말한다(대판 1978. 4. 25. 77도3709). 중재인이란 중재법, 노동쟁의조정법 등 법령에 의해 중재의 직무를 수행하는 자이다. 사실상 중재업무를 담당하는 것만으로는 중재인이라고 할 수 없다.

(2) 실행행위

본죄의 실행행위는 직무에 관하여 뇌물을 수수, 요구 또는 약속하는 것이다.

수수란 영득의 의사로 뇌물의 점유를 취득하는 것을 말한다. 따라서 후일 기회를 보아서 반환할 의사로서 일단 받아둔 데 불과하다면 뇌물의 수수라고 할 수 없다(대판 1979. 6. 12. 78도2125). 수수의 방법에는 제한이 없다. 금품을 수수한 장소가 공개된 장소이고, 금품을 수수한 공무원이 이를 부하직원들을 위하여 소비하였을 뿐 자신의 사리를 취한 바 없다 하더라도 본죄가 성립한다(대판 1982. 9. 28. 82도1656).

요구란 뇌물을 취득할 의사로 상대방에게 그 교부를 청구하는 것을 말한다. 청구가 있으면 족하고 상대방이 그 의미를 이해하거나 뇌물을 교부하였을 것을 요하지 않는다.

약속이란 공무원·중재인과 상대방이 장래에 뇌물을 수수할 것을 합의하는 것을 말한다. 약속 당시에 뇌물의 목적물인 이익이 현존할 필요가 없고 약속 당시에 예견할 수 있는 것이라도 무방하다.

(3) 몰수 및 추징

제134조는 필요적 몰수를 규정하고 있는데 이는 제48조의 임의적 몰수에 대한 특별규정이다.

3. 사전수뢰죄

제129조(사전수뢰) ② 공무원 또는 중재인이 될 자가 그 담당할 직무에 관하여 청탁을 받고 뇌물을 수수, 요구 또는 약속한 후 공무원 또는 중재인이 된 때에는 3년 이하의 징역 또는 7년 이하의 자격정지에 처한다.

(1) 구성요건

본죄의 주체는 공무원 또는 중재인이 될 자이다. 공무원 또는 중재인이 될 것으로 확정된 자이고 공무원 또는 중재인이 될 가능성이 있는 것만으로는 부족하다.

본죄의 실행행위는 직무에 관하여 청탁을 받고 뇌물을 수수, 요구, 약속하는 것이다. '직무에 관하여' 수수, 요구, 약속 등의 개념은 단순수뢰죄에서와 같다. 청탁이란 공무원에 대하여 일정한 직무행위를 할 것을 의뢰하는 것을 말하는 것으로서 그 직무행위가 부정한 것인가는 불문하며 청탁은 명시적 방법뿐만 아니라 묵시적 방법으로도 가능하다(대판 1999. 7. 23. 99도1911).

(2) 처벌조건

본죄로 처벌하기 위해서는 뇌물을 수수, 요구, 약속한 후 공무원 또는 중재인이 되어야 하는데, 이는 객관적 처벌조건이다.

4. 제 3 자 뇌물제공죄

제130조(제 3 자뇌물제공) 공무원 또는 중재인이 그 직무에 관하여 부정한 청탁을 받고 제삼자에게 뇌물을 공여하게 하거나 공여를 요구 또는 약속한 때에는 5년 이하의 징역 또는 10년 이하의 자격정지에 처한다.

본죄는 부정한 청탁을 받는다는 점에서 단순수뢰죄에 비해 불법이 가중되지만, 공무원 등이 스스로 뇌물을 수수하지 않고 제3자로 하여금 수수하도록 한다는 점에서 단순수뢰죄에 비해 불법이 감경되므로 단순수뢰죄와 동일한 형벌로 처벌하는 것이다.

본죄의 실행행위는 직무에 관하여 부정한 청탁을 받고 제3자에게 뇌물을 공여하게 하거나 공여를 요구 또는 약속하는 것이다.

부정한 청탁이란 공무원 또는 중재인의 정당한 직무내용에 반하는 내용의 청탁을 의미한다. 따라서 부정한 청탁에는 위법한 청탁뿐만 아니라 부당한 청탁도 포함된다.

제3자란 공무원 또는 중재인, 공동정범, 그 가족이나 사자(使者), 대리인, 공무원 또는 중재인의 비용에 의해 생계를 유지하는 자 등 그 사람들이 뇌물을 받는 경우 공무원 등이 지출을 면하게 되는 사람들과 같이 공무원과 이해관계를 지닌 사람들을 제외한 사람들을 말한다. 이와 같이 이해관계 있는 사람들이 금품이나 이익 등을 받은 경우에는 본죄가 아니라 단순수뢰죄가 성립한다.

5. 수뢰후부정처사죄

> 제131조(수뢰후부정처사) ① 공무원 또는 중재인이 전2조의 죄를 범하여 부정한 행위를 한 때에는 1년 이상의 유기징역에 처한다.
> ④ 전3항의 경우에는 10년 이하의 자격정지를 병과할 수 있다.

본죄는 뇌물죄와 부정행위가 결합되어 있는 결합범으로서, 부정행위로 인해 뇌물죄에 비해 불법이 가중되어 있는 범죄형태이다.

본죄의 실행행위는 단순수뢰죄, 사전수뢰죄, 제3자뇌물제공죄를 범하고 이로 인해 부정한 행위를 하는 것을 말한다. '부정한 행위'라 함은 직무에 위배되는 일체의 행위를 말하는 것으로 직무행위 자체는 물론 그것과 객관적으로 관련 있는 행위까지를 포함한다(대판 2003. 6. 13. 2003도1060). 뇌물죄와 부정한 행위 사이에는 인과관계가 있어야 한다. 뇌물죄와 무관하게 부정한 행위가 행해진 경우에는 본죄가 성립하지 않고 뇌물죄가 성립한다.

6. 사후수뢰죄

제131(사후수뢰) ② 공무원 또는 중재인이 그 직무상 부정한 행위를 한 후 뇌물을 수수, 요구 또는 약속하거나 제 3 자에게 이를 공여하게 하거나 공여를 요구 또는 약속한 때에도 전항의 형과 같다.

③ 공무원 또는 중재인이었던 자가 그 재직중에 청탁을 받고 직무상 부정한 행위를 한 후 뇌물을 수수, 요구 또는 약속한 때에는 5년 이하의 징역 또는 10년 이하의 자격정지에 처한다.

④ 전3항의 경우에는 10년 이하의 자격정지를 병과할 수 있다.

사후수뢰죄란 ① 공무원 또는 중재인이 그 직무상 부정한 행위를 한 후 뇌물을 수수, 요구 또는 약속하거나 제 3 자에게 이를 공여하게 하거나 공여를 요구 또는 약속하는 죄(부정처사후수뢰죄)와, ② 공무원 또는 중재인이었던 자가 그 재직 중에 청탁을 받고 직무상 부정한 행위를 한 후 뇌물을 수수, 요구 또는 약속하는 죄(사후수뢰죄)이다.

수뢰후부정처사죄와 비교하여 부정행위와 수뢰행위의 순서만이 바뀐 것이다.

7. 알선수뢰죄

제132조(알선수뢰) 공무원이 그 지위를 이용하여 다른 공무원의 직무에 속한 사항의 알선에 관하여 뇌물을 수수, 요구 또는 약속한 때에는 3년 이하의 징역 또는 7년 이하의 자격정지에 처한다.

(1) 행위의 주체

본죄의 주체는 공무원이다. 중재인은 본죄의 주체가 아니다.

다수설 및 판례는 본죄가 성립하기 위해서는 지위를 이용해야 하므로 본죄의 공무원은 다른 공무원의 직무에 대해 직·간접적인 관련을 지니고, 법률상 또는 사실상 영향을 미칠 수 있는 지위에 있는 공무원이라고 축소해석한다.

(2) 실행행위

실행행위는 공무원의 지위를 이용하여 다른 공무원의 직무에 속한 사항의 알선에 대하여 뇌물을 수수, 요구, 약속하는 것이다.

'공무원이 그 지위를 이용하여'라 함은 다른 공무원이 취급하는 사무의 처리에 법률상이거나 사실상으로 영향을 줄 수 있는 관계에 있는 공무원이 그 지위를 이용하는 것을 말한다. 그러나 그 사이에 상하관계, 협동관계, 감독권한 등의 특수한 관계가 있거나 같은 부서에 근무할 것까지 요하지는 않는다. 다른 공무원의 직무에 속한 사항에 대한 알선에 관하여 수뢰행위를 해야 하므로 다른 공무원의 직무에 속하지 않은 사항의 알선이나 공무원 아닌 자의 직무에 속한 사항의 알선과 관련하여 금품을 수수하여서는 본죄가 성립하지 않는다.

알선이란 '다른 공무원의 직무에 속하는 사항에 관하여 어떤 사람과 그 상대방의 사이에 서서 중개하거나 편의를 도모하는 것'을 의미한다.

8. 증뢰죄

> 제133조(뇌물공여 등) ① 제129조부터 제132조까지에 기재한 뇌물을 약속, 공여 또는 공여의 의사를 표시한 자는 5년 이하의 징역 또는 2천만원 이하의 벌금에 처한다.

본죄는 비신분범이므로 그 주체가 공무원 또는 중재인에 국한되지 않는다. 비공무원이 주체가 되는 것이 보통이지만, 공무원도 다른 공무원에게 뇌물을 공여하였을 때에는 본죄가 성립한다.

본죄의 실행행위는 뇌물을 약속, 공여 또는 공여의 의사를 표시하는 것이다. 약속이란 상대공무원 등과 뇌물을 주고 받기로 합의하는 것을 말한다. 공여란 상대방으로 하여금 뇌물을 수수하도록 하는 것을 말한다. 상대방이 뇌물을 현실적으로 취득할 수 있는 상태가 되어야 한다. 공여의 의사표시란 상대공무원 등에게 뇌물을 제공하겠다는 일방적 의사표시를 말한다.

9. 제 3 자 증뢰물교부죄

> 제133조(뇌물공여 등) ② 제 1 항의 행위에 제공할 목적으로 제 3 자에게 금품을 교부한 자 또는 그 사정을 알면서 금품을 교부받은 제 3 자도 제 1 항의 형에 처한다.

본죄는 증뢰죄의 예비로서의 성격을 지니는 행위를 독립범죄로 규정한 것이다. 제 3 자에게 증뢰물을 교부하는 죄는 증뢰의 목적이 있어야 하는 진정목적범이지만, 증뢰물을 교부받는 죄는 목적범이 아니다.

본죄의 주체에는 제한이 없다. 공무원도 본죄의 주체가 될 수 있다. 제 3 자의 의미는 제 3 자뇌물제공죄(제130조)에서와 같다. 교부죄에서는 고의 이외에 증뢰의 목적이 있어야 하고, 교부받는 죄에서는 금품을 교부받는다는 점에 대한 고의와 증뢰에 제공할 금품이라는 점에 대한 인식이 있어야 한다.

10. 수뢰액에 따른 가중처벌

'특정범죄 가중처벌 등에 관한 법률'은 수뢰죄, 사전수뢰죄(제129조), 제3자뇌물제공죄(제130조) 또는 알선수뢰죄(제132조)를 범한 사람은 그 수수(收受)·요구 또는 약속한 뇌물의 가액이 1억원 이상인 경우에는 무기 또는 10년 이상의 징역, 5천만원 이상 1억원 미만인 경우에는 7년 이상의 유기징역, 3천만원 이상 5천만원 미만인 경우에는 5년 이상의 유기징역에 처하도록 하고, 수뢰액에 2배 이상 5배 이하의 벌금을 병과하도록 하고 있다(제2조).

제 2 관   공무방해에 관한 죄

Ⅰ. 의의 및 보호법익   [402]

공무방해에 관한 죄란 폭행, 협박, 강요, 위계, 기타 방법으로 국가 또는 공공단체의 공무집행을 방해하는 죄이다. 공무원의 직무에 관한 죄가 공무원이 주체가 되는 범죄인 데에 비해 공무방해에 관한 죄는 공무원등이 대상 또는 객체로 된다는 점에 차이가 있다.

공무방해에 관한 죄의 보호법익은 국가의 기능이다. 공무방해죄의 객체가 공무원이지만 이는 공무원을 보호하기 위한 것이 아니라 공무를 보호하기 위한 것이다. 공무방해에 관한 죄의 보호의 정도는 추상적 위험범이다.

Ⅱ. 공무집행방해죄   [403]

제136(공무집행방해) ① 직무를 집행하는 공무원에 대하여 폭행 또는 협박한 자는 5년 이하의 징역 또는 1천만원 이하의 벌금에 처한다.

1. 행위의 객체

본죄의 객체는 직무를 집행하는 공무원이다. 법에는 단순히 직무를 집행하는 공무원이라고 되어 있으나 해석상으로는 적법하게 직무를 집행하는 공무원만이 본죄의 객체가 될 수 있다.

(1) 공무원

공무원은 법령에 의하여 국가 또는 공공단체의 공무에 종사하는 자이다. 본죄의 공무원은 공무원의 직무에 관한 죄의 공무원보다 넓은 개념이어서, 단순히 육체적·기계적 사무에 종사하는 공무원도 본죄의 공무원에 포함된다.

(2) 직무집행

직무란 법령에 의한 공무원의 지위와 권한에 따라 처리하는 사무를 말한다. 직무는 반드시 강제적 성질을 가진 사무에 국한되지 않는다(통설). 직무를 집행한다는 것은 직무집행을 개시하여서부터 종료하는 때까지뿐만 아니라 직무집행과 불가분하게 연결되어 있는 직전의 준비행위나 직무집행 직후의 행위도 포함된다. 예를 들어 직무를 집행하기 위해 출근하는 공무원을 그의 집 앞에서 출근하지 못하도록 한 때에는 본죄가 성립하지 않지만, 사무실에 도착하여 자신의 좌석으로 가는 사람을 가지 못하도록 한 경우에는 본죄가 성립할 수 있다.

(3) 직무집행의 적법성

1) **적법성의 요건**   통설·판례(대판 2000. 7. 4. 99도4341)에 의하면, 공무원의 직무집행행위가 적법하기 위해서는 ① 직무행위가 당해 공무원의 추상적 직무권한에 속해야 하고, ② 구체적으로도 그 권한 내에 있어야 하며, ③ 직무행위가 법률상의 절차와 방식에 따를 것 등의 요건을 필요로 한다.

2) **적법성의 판단기준**   직무집행의 적법성여부를 판단하는 기준에 대해서 ① 법원이 법령을 해석해서 객관적으로 판단해야 한다는 객관설(다수설), ② 직무를 집행하는 공무원이 적법한 것으로 믿었는가 또는 신중한 검토를 하여 과실없이 적법한 것으로 믿었는가를 기준으로 결정해야 한다는 주관설, ③ 주관적인 면과 객관적인 면을 모두 고려해서 결정해야 한다는 절충설

및 ④ 일반인들이 그 직무집행행위를 적법한 것으로 인정하였는가에 따라 결정해야 한다는 일반인표준설 등이 대립하고 있다.

[대판 1991. 5. 10. 91도453] 추상적인 권한에 속하는 공무원의 어떠한 공무집행이 적법한지 여부는 행위 당시의 구체적 상황에 기하여 객관적·합리적으로 판단하여야 하고 사후적으로 순수한 객관적 기준에서 판단할 것은 아니다.

3) **적법성의 체계적 지위**　　　적법한 공무집행을 하는 공무원을 위법한 공무집행을 하는 것으로 착오하고 폭행·협박한 경우의 효과에 대해 다음과 같은 견해가 대립한다.

첫째, 처벌조건설은 공무집행의 적법성은 본죄의 처벌조건이 된다고 한다. 이에 의하면 위법한 공무집행을 하는 공무원에 대해 폭행·협박한 경우에도 본죄가 성립하고 다만 적법성이란 처벌조건이 결여되어 있으므로 본죄로 처벌되지 않는다고 한다. 그러나 처벌조건에 대한 착오는 범죄성립에 영향을 미치지 않으므로, 적법한 공무집행을 하는 공무원을 위법한 공무집행을 한다고 착오하고 폭행·협박한 경우에는 본죄가 성립한다.

둘째, 위법성요소설(판례)은 직무집행의 적법성은 위법성요소라고 한다. 즉, 공무원의 직무집행이 위법한 경우에는 본죄의 구성요건에 해당하는 행위의 위법성이 조각된다고 한다. 이에 의하면 적법한 직무집행을 하는 공무원을 위법한 직무집행을 하는 공무원으로 착오하고 폭행·협박한 경우에는 법률의 착오 또는 위법성조각사유의 요건(전제)사실의 착오에 해당한다.

셋째, 구성요건요소설(다수설)은 직무집행의 적법성은 구성요건요소이므로 적법한 직무집행을 하는 공무원을 폭행·협박한다는 인식이 없는 경우에는 본죄의 고의가 인정될 수 없다고 한다. 따라서 적법한 직무집행을 하는 공무원을 위법한 직무집행을 하는 공무원이라고 착오하고 폭행·협박한 경우 본죄가 성립하지 않는다고 한다.

2. 실행행위

본죄의 실행행위는 폭행 또는 협박이다.

폭행이란 공무원에 대한 직·간접의 불법한 유형력의 행사를 의미한다.

반드시 공무원의 신체에 대한 유형력의 행사일 필요가 없고, 공무원에 대한 유형력의 행사이면 족하다. 예를 들어 공무원의 책상을 내리치는 행위는 공무원의 신체에 대한 것은 아니지만 공무원에 대한 유형력의 행사로서 본죄의 폭행에 해당된다.

협박이란 사람을 공포케 할 수 있는 해악을 고지하는 것을 말한다. 해악을 고지하는 방법에는 제한이 없다. 언어에 의하든 문자나 동작에 의하든, 명시적으로 하든 묵시적으로 하든 상관없다.

폭행·협박은 공무집행을 방해할 수 있을 정도의 유형력의 행사나 해악의 고지여야 한다. 따라서 적극적인 저항이어야 하고 소극적인 불복종 등은 본죄의 폭행·협박에 해당하지 않는다. 이를 현저성의 원칙이라고도 한다.

Ⅲ. 직무·사직강요죄 [404]

> 제136(공무집행방해) ② 공무원에 대하여 그 직무상의 행위를 강요 또는 저지하거나 그 직을 사퇴하게 할 목적으로 폭행 또는 협박한 자도 전항의 형과 같다.

1. 보호법익

본죄의 보호법익은 공무라고 하는 견해와 '공무원의 직무집행뿐만 아니라 공무원 지위의 안전'이라고 하는 견해(다수설)가 대립한다. 보호의 정도는 추상적 위험범이다.

2. 주관적 구성요건

본죄는 공무원에 대하여 폭행·협박을 한다는 점에 대한 고의 이외에 그 직무상의 행위를 강요 또는 저지하거나 그 직을 사퇴하게 할 목적을 필요로 한다.

직무상의 행위를 강요한다는 것은 폭행 또는 협박으로 직무상의 행위를 적극적으로 하도록 하는 것을 의미하고, 저지한다는 것은 폭행 또는 협박으로 직무상의 행위를 하지 못하도록 하는 것을 말한다.

강요 또는 직무행위의 범위에 대해서는 ① 공무원의 직무와 관련이 있는 행위이면 족하고 공무원의 권한 내에 속한 직무일 필요가 없다는 견해, ②

공무원의 추상적 권한에 속해야 하지만 구체적 권한에까지 속할 필요는 없다는 견해(다수설), ③ 공무원의 추상적·구체적 직무권한에 속해야 한다는 견해가 대립한다. 직무행위가 적법할 것을 요하는가에 대해서 긍정설과 부정설 및 강요의 경우에는 적법할 것을 요하지 않지만 저지의 경우에는 적법할 것을 요한다는 절충설이 대립한다.

'그 직을 사퇴하게 한다'는 것의 의미에 대해 직무행위와 관련하여 사퇴하게 하는 것을 의미한다. 나아가 직무행위와 관계없이 개인적 사정에 의해 사퇴하게 하는 것을 포함하는가에 대해 긍정설과 부정설이 대립한다.

Ⅳ. 위계에 의한 공무집행방해죄 [405]

> 제137조(위계에 의한 공무집행방해) 위계로써 공무원의 직무집행을 방해한 자는 5년 이하의 징역 또는 1천만원 이하의 벌금에 처한다.

본죄의 객체인 공무원은 현재 직무를 집행하는 공무원뿐만 아니라 장차 공무를 집행할 공무원도 포함한다. 공무원의 개념은 공무집행방해죄에서와 같다.

본죄의 실행행위는 위계로써 공무원의 직무집행을 방해하는 것이다.

위계란 행위자의 행위목적을 이루기 위하여 상대방에 오인·착각·부지를 일으키게 하여 그 오인·착각·부지를 이용하는 것을 말한다(대판 1995. 5. 9. 94도2990).

허위의 신청사유와 소명자료로 행정청의 인·허가처분을 받아낸 경우 판례는 ① 행정청이 사실을 충분히 확인하지 아니한 채 신청인이 제출한 사실과 다른 신청사유나 소명자료를 믿고 인·허가를 한 경우에는 본죄가 성립하지 않지만, ② 행정청이 관계 법령에 따라 인·허가요건에 해당하는지 여부에 관하여 충분히 심사하였으나 신청사유와 소명자료가 거짓임을 발견하지 못하여 인·허가처분을 하게 된 경우에는 본죄가 성립한다고 한다(대판 1989. 1. 17. 88도709).

판례와 다수설은 본죄가 성립하기 위해서는 현실적인 공무집행방해의 결과가 발생해야 한다고 한다.

[대판 2003. 2. 11. 2002도4293] 상대방이 위계에 따라 그릇된 행위나 처분을 하여 야만 위계에 의한 공무집행방해죄가 성립하는 것이고, 만약 범죄행위가 구체적인 공무집행을 저지하거나 현실적으로 곤란하게 하는 데까지는 이르지 아니하고 미수에 그친 경우에는 위계에 의한 공무집행방해죄로 처벌할 수 없다.

V. 법정 · 국회회의장모욕죄 [406]

제138조(법정 또는 국회회의장모욕) 법원의 재판 또는 국회의 심의를 방해 또는 위협할 목적으로 법정이나 국회회의장 또는 그 부근에서 모욕 또는 소동한 자는 3년 이하의 징역 또는 700만원 이하의 벌금에 처한다.

본죄의 보호법익은 법원과 국회의 기능이고, 보호의 정도는 추상적 위험 범이다.

본죄의 실행행위는 법정이나 국회회의장 또는 그 부근에서 모욕 또는 소동하는 것이다. 법정이나 국회회의장은 법원이나 국회의 내부건물에 있는 법정 또는 국회회의장에 국한되지 않는다. 법원의 심리나 국회의 회의가 있는 장소이면 어디이든 불문한다. 부근이란 심리나 회의에 영향을 미칠 수 있는 범위의 장소를 의미한다. 명문에 규정되어 있지는 않지만, 모욕 또는 소동이 시간적으로는 심리나 회의가 진행 중 또는 진행 직전이나 직후에 이루어져야 한다. 휴회 중이나 휴정 중에 이루어져도 상관없다.

모욕이란 경멸적 의사를 표시하는 것을 말한다. 모욕의 상대방에는 제한이 없다. 상대방이 법관이나 국회의원에 국한되지 않고, 피고인이나 증인, 검사, 법원직원 등에 대한 모욕이어도 상관없다. 본죄의 주체에는 제한이 없다. 피고인, 변호인, 방청객뿐만 아니라 판사, 검사, 경찰, 교도관, 법원직원, 국회의원도 본죄의 주체가 될 수 있다. 다수인이 아닌 단독으로도 본죄를 범할 수 있다.

VI. 인권옹호직무방해죄 [407]

제139조(인권옹호직무방해) 경찰의 직무를 행하는 자 또는 이를 보조하는 자가 인권옹호에 관한 검사의 직무집행을 방해하거나 그 명령을 준수하지 아니한 때에는 5년 이하의 징역 또는 10년 이하의 자격정지에 처한다.

1. 행위의 주체

본죄의 주체는 경찰의 직무를 행하는 자 또는 이를 보조하는 자이다. 검사의 지휘를 받아 수사를 행하는 사법경찰관과 사법경찰리 등이 대표적인 예이지만, 특별사법경찰관리도 포함된다. 보조하는 자란 법적인 보조자로서 지위를 지닌 자를 말하고 사실상 보조하는 자는 포함되지 않는다.

2. 실행행위

본죄의 실행행위는 인권옹호에 관한 검사의 직무집행을 방해하거나 그 명령을 준수하지 않는 것이다. 검사의 직무집행은 적법해야 한다. 검사의 직무를 방해하는 방법에는 제한이 없다.

'인권옹호에 관한 검사의 명령'은 사법경찰관리의 직무수행에 의하여 침해될 수 있는 인신 구속 및 체포와 압수수색 등 강제수사를 둘러싼 피의자, 참고인, 기타 관계인에 대하여 헌법이 보장하는 인권 가운데 주로 그들의 신체적 인권에 대한 침해를 방지하고 이를 위해 필요하고도 밀접 불가분의 관련성 있는 검사의 명령 중 '그에 위반할 경우 사법경찰관리를 형사처벌까지 함으로써 준수되도록 해야 할 정도로 인권옹호를 위해 꼭 필요한 검사의 명령'으로 보아야 하고 나아가 법적 근거를 가진 적법한 명령이어야 한다(헌재 2007. 3. 29. 2006헌바69; 대판 2010. 10. 28. 2008도11999).

Ⅶ. 공무상비밀표시무효죄 [408]

1. 공무상봉인등표시무효죄

> 제140조(공무상비밀표시무효) ① 공무원이 그 직무에 관하여 실시한 봉인 또는 압류 기타 강제처분의 표시를 손상 또는 은닉하거나 기타 방법으로 그 효용을 해한 자는 5년 이하의 징역 또는 700만원 이하의 벌금에 처한다.

(1) 행위의 객체

본죄의 객체는 공무원이 그 직무에 관하여 실시한 봉인 또는 압류 기타 강제처분의 표시이다.

봉인이란 물건에 대한 임의처분을 금지하기 위해 그 물건에 시행한 봉함(封緘) 기타 이와 유사한 설비를 말한다. 일반적으로는 인영으로 표시되지만, 인영으로 표시되지 않아도 상관없고 공무원의 인장을 사용할 것도 요하지 않는다. 압류란 공무원이 그 직무상 보관할 물건을 자기의 점유로 옮기는 강제처분을 말하며, 민사집행법상 강제집행을 위한 압류(동법 제24조 이하), 국세징수법상 체납처분을 위한 압류(동법 제24조 이하) 등을 예로 들 수 있다. 기타의 강제처분이란 압류 이외의 것으로서 타인에 대하여 일정한 작위 또는 부작위를 명하는 처분을 말한다.

압류 기타 강제처분의 표시는 강제처분이 유효할 것을 전제로 한다. 봉인이나 압류 등 표시는 적법해야 한다는 견해(다수설)와 일반적·객관적으로 공무원의 봉인등이라고 인정될 경우에는 본죄의 객체가 된다고 하는 견해(판례)가 대립한다.

[대판 1961. 4. 21. 4294형상41] 공무원이 실시한 봉인 등의 표시에 절차상 또는 실체상의 하자가 있다고 하더라도 객관적·일반적으로 그것이 공무원이 그 직무에 관하여 실시한 봉인 등으로 인정할 수 있는 상태에 있다면 적법한 절차에 의하여 취소되지 아니하는 한 설사 그것이 부당하더라도 공무상비밀표시무효죄의 객체로 된다.

(2) 실행행위

본죄의 실행행위는 손상 또는 은닉하거나 기타 방법으로 그 효용을 해하는 것이다.

손상이란 봉인 등을 물질적으로 파괴하거나 훼손하여 그 효용을 해하는 것을 말한다. 반드시 효용을 상실케 할 정도까지 이를 것을 요하지 않는다. 은닉이란 봉인 등의 발견을 불가능하게 하거나 곤란하게 하는 것을 말한다. 기타 방법이란 손상과 은닉 이외의 일체의 방법으로서 봉인 등의 효용을 해하는 것을 말한다. 봉인 또는 압류 기타 강제처분의 효용을 해하여야 한다. 효용을 해한다는 것은 효용을 상실시키거나 현저하게 감소시키는 것을 의미한다.

2. 공무상 비밀침해죄

> 제140조(공무상비밀표시무효) ② 공무원이 그 직무에 관하여 봉함 기타 비밀장치한 문서 또는 도화를 개봉한 자도 제1항의 형과 같다.
> ③ 공무원이 그 직무에 관하여 봉함 기타 비밀장치한 문서, 도화 또는 전자기록 등 특수매체기록을 기술적 수단을 이용하여 그 내용을 알아낸 자도 제1항의 형과 같다.

본죄의 보호법익은 공무상의 비밀이다.

본죄의 객체는 공무원이 그 직무에 관하여 봉함 기타 비밀장치한 문서, 도화, 전자기록등 특수매체기록이고, 본죄의 실행행위는 개봉하거나 기술적 수단을 이용하여 그 내용을 알아내는 것이다. 그 개념은 비밀침해죄에서와 같다.

3. 부동산강제집행효용침해죄

> 제140조의2(부동산강제집행효용침해) 강제집행으로 명도 또는 인도된 부동산에 침입하거나 기타 방법으로 강제집행의 효용을 해한 자는 5년 이하의 징역 또는 700만원 이하의 벌금에 처한다.

본죄의 보호법익은 국가의 강제집행기능이고, 보호의 정도는 침해범이다.

본죄의 객체는 강제집행으로 명도 또는 인도된 부동산이다. 강제집행으로 인한 부동산의 점유이전 방법에는 명도와 인도가 있다. 명도란 인도의 특수한 형태로서 채무자 또는 부동산의 임차인 등 그 부동산에 거주하는 사람들과 그들의 동산을 완전히 배제하고 채권자에게 부동산의 점유를 이전하는 것을 말한다. 인도란 부동산의 점유이전만을 의미한다. 본죄는 적법한 국가기능을 보호하는 것이므로 강제집행은 적법해야 한다.

본죄의 실행행위는 부동산에 침입하거나 기타 방법으로 강제집행의 효용을 해하는 것이다. 침입이란 권리자의 명시적 혹은 추정적 의사에 반하여 외부로부터 부동산 안으로 들어가는 것이다. 기타 방법이란 침입 이외에 강제집행의 효용을 해하는 일체의 행위를 말한다. 주택을 손괴·파괴하는 행위를 그 예로 들 수 있다.

4. 공용서류등무효죄

제141조(공용서류등의 무효) ① 공무소에서 사용하는 서류 기타 물건 또는 전자기록등 특수매체
기록을 손상 또는 은닉하거나 기타 방법으로 그 효용을 해한 자는 7년 이하의 징역 또는 1천
만원 이하의 벌금에 처한다.

본죄의 보호법익은 공용서류등의 효용이고, 보호의 정도는 침해범이다.

본죄의 객체는 공무소에서 사용하는 서류 기타 물건 또는 전자기록등 특
수매체기록이다. 서류는 문서보다 넓은 개념으로서 보장적 기능, 계속적 기
능, 증명적 기능을 갖출 것을 요하지 않는다. 기타 물건이란 서류 이외의 물
건을 말하고, 경제적 가치의 유무나 소유자가 누구인지를 불문한다.

본죄의 실행행위는 손상, 은닉 또는 기타 방법으로 그 효용을 해하는 것이
다. 손상, 은닉의 개념은 공무상 비밀표시무효죄(제140조 1항)에서와 같다.

5. 공용물파괴죄

제141조(공용물의 파괴) ② 공무소에서 사용하는 건조물, 선박, 기차 또는 항공기를 파괴한 자는
1년 이상 10년 이하의 징역에 처한다.

본죄의 객체는 공무소에서 사용하는 건조물, 선박, 기차 또는 항공기이다.
자동차는 포함되지 않는다. 공무소에서 사용하는 것이면 족하고 반드시 공익
에 공하는 것일 필요가 없다.

본죄의 실행행위는 파괴이다. 파괴란 효용을 상실케 하거나 현저하게 감
소시키는 것으로서 손괴보다 그 정도가 무거운 것을 말한다.

6. 공무상보관물무효죄

제142조(공무상보관물의 무효) 공무소로부터 보관명령을 받거나 공무소의 명령으로 타인이 관리하
는 자기의 물건을 손상 또는 은닉하거나 기타 방법으로 그 효용을 해한 자는 5년 이하의 징역
또는 700만원 이하의 벌금에 처한다.

본죄의 보호법익은 공무상보관물의 효용이고, 보호의 정도는 침해범이다.

본죄의 주체는 공무소로부터 보관명령을 받거나 공무소의 명령으로 타인
이 관리하는 물건의 소유자이다. 명시적으로는 신분범으로 되어 있지 않지만,

해석상 신분범이다.

본죄의 객체는 공무소로부터 보관명령을 받거나 공무소의 명령으로 타인이 관리하는 자기의 물건이다. 보관명령이란 강제집행이나 기타의 목적을 위해 채무자에게 그 물건을 보관할 것을 명하는 것으로서 민사집행법 제189조의 보관명령이 그 예이다. 공무소의 명령으로 타인이 관리한다는 것은 강제집행 기타의 목적을 위해 공무소가 채무자 아닌 다른 사람으로 하여금 채무자 소유의 물건을 관리하도록 하는 것을 말한다. 보관명령은 적법해야 하고 위법한 경우에는 본죄가 성립할 수 없다.

7. 특수공무방해죄 · 특수공무방해치사상죄

제144조(특수공무방해) ① 단체 또는 다중의 위력을 보이거나 위험한 물건을 휴대하여 제136조, 제138조와 제140조 내지 전조의 죄를 범한 때에는 각조에 정한 형의 2분의 1까지 가중한다. ② 제 1 항의 죄를 범하여 공무원을 상해에 이르게 한 때에는 3년 이상의 유기징역에 처한다. 사망에 이르게 한 때에는 무기 또는 5년 이상의 징역에 처한다.

(1) 법적 성격

특수공무방해죄는 행위방법으로 인해 불법이 가중되는 구성요건이고, 특수공무방해치사상죄는 치사상의 결과로 인해 특수공무방해죄에 비해 불법이 다시 가중되는 구성요건으로서 결과적 가중범이다. 특수공무방해치상죄는 상해 결과에 대해 과실이 있을 때뿐만 아니라 고의가 있을 때에도 성립하는 부진정결과적 가중범이다. 특수공무방해치사죄에 대해서는 부진정결과적 가중범설(대판 1990. 6. 26. 90도765)과 진정결과적 가중범설이 대립한다.

(2) 구성요건

특수공무방해죄에서 단체 또는 다중의 위력을 보이거나 위험한 물건을 휴대한다는 것의 개념은 특수폭행죄(제261조)에서와 같다. 판례는 '휴대하여'를 '사용하여'라고 해석하고 자동차로 직무집행 중인 경찰관을 충격한 행위도 본죄에 해당된다고 한다(대판 1984. 10. 23. 84도2001).

특수공무방해치사상죄의 객체는 공무원이다. 본죄를 범하다가 공무원이 아닌 일반인을 사상케 한 경우에는 본죄와 과실치사상죄의 상상적 경합이 된다.

제 3 관   도주와 범인은닉의 죄

Ⅰ. 보호법익 [409]

범인은닉의 죄의 보호법익이 국가의 형사사법기능이고, 보호의 정도가 추상적 위험범이라고 하는 점에서는 견해가 일치한다. 이에 비해 도주의 죄의 보호법익에 대해서는 국가의 형사사법기능이라고 하는 견해와 국가의 구금기능이라고 하는 견해(다수설)가 대립한다. 도주죄의 보호의 정도는 전자에 의하면 추상적 위험범, 후자에 의하면 침해범이다.

Ⅱ. 도주죄 [410]

> 제145조(도주, 집합명령위반) ① 법률에 따라 체포되거나 구금된 자가 도주한 경우에는 1년 이하의 징역에 처한다.

1. 행위의 주체

본죄는 진정신분범으로서 그 주체는 '법률에 따라 체포되거나 구금된 자'이다. 법률이란 형사소송법만을 의미하는 것이 아니라 소년법, 형의 집행 및 수용자의 처우에 관한 법률 및 기타 법률들을 포함하는 개념이다. 체포·구금은 적법해야 하고, 위법한 체포, 구금 중에 있는 자는 본죄의 주체가 될 수 없다.

본죄의 주체와 관련하여 다음과 같은 문제가 있다.

첫째, 구인된 피고인이나 피의자가 본죄의 주체가 될 수 있는가에 대해 긍정설(다수설)과 부정설이 대립한다. 부정설은 본죄의 주체가 '체포·구금된 자'로 되어 있다는 것을, 긍정설은 '본법에서 구속이란 구인과 구금을 포함한다'라고 규정한 형사소송법 제69조를 근거로 든다.

둘째, 구인된 증인이 본죄의 주체가 될 수 있는가에 대해서도 긍정설과 부정설(다수설)이 대립한다. 긍정설은 구인된 증인도 법률에 따라 체포된 자라고 할 수 있다는 것을, 부정설은 증인구인의 취지는 신체자유의 박탈이 아니라 증언을 받는 데에 있다는 것을 근거로 든다.

셋째, 사인에 의해 현행범으로 체포된 자가 본죄의 주체가 될 수 있는가에 대해서도 긍정설과 부정설(다수설)이 대립한다. 부정설은 사인에 의해 현행범으로 체포된 자는 수사기관에 인도되기 전까지는 국가의 구금권을 침해할 여지가 없다는 것을 근거로 든다.

넷째, 치료감호의 집행을 받는 자가 본죄의 주체가 될 수 있는가에 대해서도 긍정설과 부정설(다수설)이 대립한다.

다섯째, 보호처분을 받은 소년이 본죄의 주체가 될 수 있는가에 대해서도 긍정설(다수설)과 부정설이 대립한다.

2. 실행행위

본죄의 실행행위는 도주이다. 도주란 신체의 자유를 박탈당한 상태로부터 벗어나는 것을 말한다. 도주의 방법에는 제한이 없다. 다시 돌아올 생각으로 이탈하는 경우에도 도주에 해당한다.

3. 종료시기

본죄의 성격에 대해 즉시범설(다수설)과 계속범설이 대립한다. 판례는 도주죄의 범인이 도주행위를 하여 기수에 이른 이후에 범인의 도피를 도와주는 행위는 범인도피죄에 해당할 수 있을 뿐 도주원조죄에는 해당하지 아니한다고 하여(대판 1991. 10. 11. 91도1656), 즉시범설을 취하고 있다.

Ⅲ. 집합명령위반죄 [411]

제145조(도주, 집합명령위반) ② 제 1 항의 구금된 자가 천재지변이나 사변 그 밖에 법령에 따라 잠시 석방된 상황에서 정당한 이유없이 집합명령에 위반한 경우에도 제 1 항의 형에 처한다.

1. 행위의 주체

본죄의 주체는 법률에 따라 체포되거나 구금되었다가 천재지변, 사변 또는 그 밖에 법령에 따라 잠시 석방된 자이다.

석방사유는 천재지변, 사변 그 밖의 법령이다. 그 의미에 대해 천재지변, 사변 또는 이에 준하는 상태에서 법령에 따라 석방되었다는 의미로 축소해석하는 다수설과 천재지변, 사변 그 밖에 법령에 따라 잠시 석방되었다는 의미로 문리해석하는 소수설이 대립한다.

그 밖에 법령에 따라 잠시 석방되었다는 것은 적법한 사유에 의해 석방된 것을 의미한다. 가석방자, 가퇴원자 등은 잠시 석방된 자가 아니므로 본죄의 주체가 될 수 없다. 형의 집행 및 수용자의 처우에 관한 법률상의 귀휴자, 외부통근작업자, 외부통학자 등이 이에 속할 수 있다.

2. 실행행위

본죄의 실행행위는 정당한 이유없이 집합명령에 응하지 않는 것이다. 집합명령이 개별적으로 행해졌는가 다수인에 대해 행해졌는가, 명시적으로 행해졌는가 묵시적으로 행해졌는가는 불문한다. 정당한 이유란 집합명령에 응할 수 없는 정당한 사유가 있음을 의미한다. 불가항력도 이에 포함된다.

3. 종료시기

통설에 의하면 본죄는 집합명령에 위반하는 부작위가 계속되는 한 본죄가 종료하지 않고 계속되는 계속범에 속한다.

Ⅳ. 특수도주죄 [412]

> 제146조(특수도주) 수용설비 또는 기구를 손괴하거나 사람에게 폭행 또는 협박을 가하거나 2인 이상이 합동하여 전조 제1항의 죄를 범한 자는 7년 이하의 징역에 처한다.

1. 행위의 주체

본죄 역시 진정신분범으로서 본죄의 주체는 법률에 의하여 체포 또는 구금된 자이다.

2. 실행행위

본죄의 실행행위는 ① 수용설비 또는 기구를 손괴하고 도주하는 행위, ② 사람에게 폭행 또는 협박을 가하고 도주하는 행위, ③ 2인 이상이 합동하여 도주하는 행위이다. ①과 ②는 결합범이고, ③은 합동범이다.

수용설비란 신체의 자유를 계속적으로 박탈하거나 제한하기 위한 설비를 말한다. 기구란 신체를 직접 구속하는 기구로서 포승, 수갑, 사슬 등의 계구가 이에 해당한다. 손괴란 수용설비 또는 기구를 물리적으로 훼손하는 것으로서 손괴죄에서의 손괴의 개념보다는 좁은 개념이다. 손괴는 도주의 수단으로 사용되어야 한다.

폭행은 사람에 대한 직·간접의 유형력의 행사를 말한다. 본죄의 폭행은 사람의 신체에 대해 가해질 필요가 없고 사람에 대해 가해지면 족하다. 협박은 사람에게 공포심을 일으킬 만한 해악을 고지하는 것을 말한다.

2인 이상이 합동한다는 것은 합동범에서의 합동을 의미한다. 2인 이상의 자는 모두 법률에 의해 체포·구금된 자여야 하고 제3자가 체포·구금된 자와 협력하여 도주하는 경우 제3자는 도주원조죄의 죄책을 진다.

V. 도주원조죄 [413]

> 제147조(도주원조) 법률에 의하여 구금된 자를 탈취하거나 도주하게 한 자는 10년 이하의 징역에 처한다.

1. 법적 성격

도주원조죄란 법률에 의하여 구금된 자를 탈취하거나 도주하게 하는 죄이다. 피구금자탈취죄는 독립된 범죄유형이라고 할 수 있지만, 도주하게 하는 죄는 도주죄의 교사·방조로서의 성격을 지닌 행위를 독립된 범죄로 규정한 것이다.

도주죄는 기대가능성이 적음으로 인해 형벌이 가볍게 규정되어 있지만, 본죄는 교사·방조범의 성격을 지니고 있음에도 불구하고 기대가능성이 감소되지 않기 때문에 도주죄에 비해 높은 법정형이 규정되어 있다.

2. 구성요건

본죄의 객체는 법률에 의해 구금된 자이다. 구금단계에 이르지 못하고 체포나 구인 단계에 있는 자는 본죄의 객체가 될 수 없다.

본죄의 실행행위는 구금된 자를 탈취하거나 도주하게 하는 것이다. 탈취란 피구금자를 간수자의 실력적 지배로부터 자기 또는 제3자의 실력적 지배하로 옮기는 것을 말한다. '도주하게 한다'는 것은 피구금자의 도주를 교사·방조하는 것을 말한다. 원조행위는 도주죄가 기수에 이르기 전에 이루어져야 한다.

3. 공 범

탈취죄의 교사범·방조범은 인정될 수 있으나, 도주원조죄의 교사·방조범이 인정될 수 있는가에 대해서는 견해가 대립한다. 긍정설에서는 도주원조죄가 독립적 범죄로 규정되어 있으므로 도주원조죄의 교사·방조범도 인정될 수 있다고 한다. 부정설은 도주원조죄는 여전히 교사·방조죄의 성격을 지니고 있고, 교사·방조죄에 대한 교사·방조범은 인정되지 않고, 교사·방조행위가 도주원조죄의 성격을 지니고 있을 때에는 도주원조죄가 성립한다고 한다.

Ⅵ. 간수자도주원조죄   [414]

> 제148조(간수자의 도주원조) 법률에 의하여 구금된 자를 간수 또는 호송하는 자가 이를 도주하게 한 때에는 1년 이상 10년 이하의 징역에 처한다.

본죄의 주체는 법률에 의해 구금된 자를 간수 또는 호송하는 자로서, 본죄는 부진정신분범이다. 통설은 간수자 또는 호송자는 간수 또는 호송할 법률상의 지위를 지닌 공무원일 필요가 없고 사실상 간수 또는 호송하는 자이면 족하다고 한다. 간수 또는 호송은 적법해야 한다.

Ⅶ. 범인은닉죄 [415]

> 제151조(범인은닉과 친족간의 특례) ① 벌금 이상의 형에 해당하는 죄를 범한 자를 은닉 또는 도피하게 한 자는 3년 이하의 징역 또는 500만원 이하의 벌금에 처한다.
> ② 친족 또는 동거의 가족이 본인을 위하여 전항의 죄를 범한 때에는 처벌하지 아니한다.

1. 구성요건

(1) 행위의 주체

본죄는 신분범이 아니므로 본죄의 주체에는 제한이 없고 범인 이외의 자는 모두 본죄의 주체가 될 수 있다. 범인의 공동정범도 본죄의 주체가 될 수 있고(대판 1958. 1. 14. 57도393), 범인의 교사·방조범도 본죄의 주체가 될 수 있다.

범인이 제 3 자를 교사하여 본죄를 범하게 한 경우 본죄의 교사범 또는 방조범의 죄책을 지는가에 대해 다수설은 부정하는 입장이지만, 판례는 긍정하는 입장이다.

[대판 2000. 3. 24. 2000도20] 범인이 자신을 위하여 타인으로 하여금 허위의 자백을 하게 하여 범인도피죄를 범하게 하는 행위는 방어권의 남용으로 범인도피교사죄에 해당한다.

(2) 행위의 객체

본죄의 객체는 '벌금 이상의 형에 해당하는 죄를 범한 자'이다.

벌금 이상의 형이란 법정형을 의미한다. 법정형이 사형, 징역, 금고, 자격상실, 자격정지, 벌금인 범죄가 이에 해당한다. 죄를 범한 자란 정범만을 의미하지 않고, 교사범과 방조범 및 예비·음모를 처벌하는 경우에는 예비·음모죄도 포함한다. 유죄판결의 가능성이 있는 자라면 기소된 피고인뿐만 아니라 수사대상으로 되어 있는 피의자도 포함된다(대판 1983. 8. 23. 83도1486).

검사에 의해 불기소처분을 받은 자가 본죄의 객체가 될 수 있는가에 대해 다수설과 판례(대판 1982. 1. 26. 81도1931)는 긍정설을 따른다.

본죄의 객체인 '죄를 범한 자'가 진범이어야 하는가에 대해 판례는 진범이 아니어도 본죄의 객체가 된다고 한다(대판 1960. 2. 24. 4292형상555).

(3) 실행행위

본죄의 실행행위는 은닉 또는 도피하게 하는 것이다.

은닉이란 범인을 숨겨주는 행위로서 범인에 대한 수사, 심판 및 형의 집행 등 형사사법의 작용을 곤란 또는 불가능하게 하는 일체의 행위를 말한다. '도피하게 한다'는 것은 은닉 이외의 방법으로 범인에 대한 수사, 심판 및 형의 집행 등 형사사법의 작용을 곤란 또는 불가능하게 하는 행위를 말한다.

본죄는 기수에 도달한 이후에도 본범을 은닉·도피하게 하는 행위가 계속되는 한 종료되지 않는 계속범이다. 판례도 같은 입장이다.

[대판 1995. 9. 5. 95도577] 범인도피죄는 범인을 도피하게 함으로써 기수에 이르지만 범인도피행위가 계속되는 동안에는 범죄행위도 계속되고 행위가 끝날 때 비로소 범죄행위가 종료되고, 공범자의 범인도피행위의 도중에 그 범행을 인식하면서 그와 공동의 범의를 가지고 기왕의 범인도피상태를 이용하여 스스로 범인도피행위를 계속한 자에 대하여는 범인도피죄의 공동정범이 성립한다.

2. 친족간 범행에 대한 특례

(1) 법적 성격

친족 또는 동거의 가족이 본인을 위하여 본죄를 범한 때에는 처벌하지 아니한다(제151조 2항). 친족 등을 벌하지 않는 이유에 대해 다수설은 적법행위의 기대가능성이 없어 책임이 조각되기 때문이라고 한다.

(2) 적용요건

범인과 친족 또는 동거의 가족관계에 있는 사람이 본죄를 범한 경우여야 한다. 친족, 가족의 범위는 민법에 의해 정해진다. 사실상의 친족 등도 특례의 적용대상이 되는가에 대해 통설은 긍정하지만, 판례는 부정한다(대판 2003. 12. 12. 2003도4533)

본인을 위하여야 하므로 본인의 불이익을 위한 경우나 공범자의 이익을 위한 경우는 적용대상이 아니다. 본인의 이익을 위한 것인 동시에 공범자의 이익을 위한 것도 수반하는 경우 특례가 적용되는가에 대해 긍정설과 부정설이 대립한다.

자신이 친족인지 모르고 본죄를 범한 자에 대해 특례가 적용되는가에 대해서도 긍정설과 부정설이 대립한다.

(3) 공 범

친족이 아닌 자가 친족과 공동으로 본죄를 범한 경우 친족이 아닌 자에 대해서는 책임개별화의 원칙에 따라 특례가 적용되지 않는다.

제 4 관 위증과 증거인멸의 죄

Ⅰ. 보호법익 [416]

위증의 죄와 증거인멸의 죄의 보호법익은 국가의 사법기능이고, 보호의 정도는 추상적 위험범이다.

Ⅱ. 위증죄 [417]

> 제152조(위증) ① 법률에 의하여 선서한 증인이 허위의 진술을 한 때에는 5년 이하의 징역 또는 1천만원 이하의 벌금에 처한다.

1. 행위의 주체

본죄는 진정신분범으로서, 그 주체는 법률에 의하여 선서한 증인이다.

선서는 법률에 의한 것이어야 한다. 선서를 하지 않거나 법률에 의하지 않은 선서를 한 증인은 본죄의 주체가 될 수 없다. 선서는 법률에 정한 자격자가 그 절차와 방식에 따라 행하여야 한다.

증인이란 재판 또는 심판 등에서 자신이 과거에 경험한 사실을 진술하는 자를 말한다.

증인능력이 없는 사람은 본죄의 주체가 될 수 없으므로 선서를 하고 증언을 했다 하여도 본죄가 성립하지 않는다. 통설·판례(대판 1987. 7. 7. 86도1724 전합)에 의하면 증언거부권자가 증언거부권을 포기하고 선서한 경우 본죄의 주체가 될 수 있다.

2. 실행행위

본죄의 실행행위는 허위의 진술을 하는 것이다.

(1) 허 위

허위의 의미에 대해서는 주관설과 객관설이 대립한다.

객관설은 허위의 의미를 객관적 진실에 반하는 것이라고 한다. 이에 의하면 증인의 기억에 반하는 진술이라고 하더라도 객관적 진실에 부합하는 경우에는 허위의 진술이 되지 않는다. 반면 증인의 기억에 부합하는 진술이라도 객관적 진실에 반할 경우에는 허위의 진술이 된다. 주관설은 허위의 진술을 증인의 기억에 반하는 진술이라고 한다. 증인의 기억에 반하는 진술이면 객관적 진실에 부합하여도 허위의 진술이고, 증인의 기억에 부합하는 진술이면 객관적 진실에 반하는 진술이라도 허위의 진술이 아니라는 것이다.

[대판 1989. 1. 17. 88도580] 위증은 법률에 의하여 적법히 선서한 증인이 자기 기억에 반하는 사실을 진술함으로써 성립하는 것이므로 자기의 기억에 반하는 사실을 진술하였다면 설사 그 증인이 사실에 부합된다고 할지라도 위증죄가 성립된다.

허위진술인지 여부는 그 증언의 단편적인 구절에 구애될 것이 아니라 당해 신문절차에 있어서의 증언 전체를 일체로 파악하여 판단해야 한다.

(2) 진 술

위증죄가 성립하기 위해서는 허위의 진술을 해야 한다.

진술이란 사실에 대한 언급을 말한다. 사실에 대한 언급이 아닌 주관적 의견이나 법률적 평가 등을 언급한 경우에는 본죄가 성립하지 않는다. 사실은 외적 사실이든 고의 · 목적 · 동기와 같은 내적 사실이든 상관없다.

진술의 방법에는 제한이 없다. 구두에 의한 진술뿐만 아니라 거동, 표정 등에 의한 진술, 부작위에 의한 진술도 포함된다. 진술의 내용에도 제한이 없다.

3. 공 범

본죄는 진정신분범이고, 허위의 진술에 대한 주관설에 의하면 자수범이므로 선서하지 않은 사람이 선서한 증인을 생명있는 도구로 이용하여 본죄를 범할 수 없다. 선서한 증인이 기망당한대로의 기억에 따라 진술을 하면 그것은 이미 허위의 진술이라 할 수 없다. 왜냐하면 선서한 증인을 기망하여 그의 기억에 반하는 진술을 하도록 하는 것은 절대적으로 불가능하기 때문이다.

피고인이 자신의 사건에서 타인을 교사·방조하여 위증하게 한 경우 본죄의 교사·방조범이 성립하는가에 대해 판례는 긍정설을 따른다.

[대판 2004. 1. 27. 2003도5114] 피고인이 자기의 형사사건에 관하여 허위의 진술을 하는 행위는 피고인의 형사소송에 있어서의 방어권을 인정하는 취지에서 처벌의 대상이 되지 않으나, 법률에 의하여 선서한 증인이 타인의 형사사건에 관하여 위증을 하면 형법 제152조 제1항의 위증죄가 성립되므로 자기의 형사사건에 관하여 타인을 교사하여 위증죄를 범하게 하는 것은 이러한 방어권을 남용하는 것이라고 할 것이어서 교사범의 죄책을 부담케 함이 상당하다.

4. 자백·자수의 특례

본죄를 범한 자가 그 공술한 사건의 재판 또는 징계처분이 확정되기 전에 자백 또는 자수한 때에는 그 형을 감경 또는 면제한다(제153조).

자백이란 법원이나 수사기관에 자신이 위증한 사실을 고백하는 것을 말한다. 위증한 사실을 고백하면 족하고, 진실한 사실을 진술할 필요는 없다. 자수·자백은 법원이나 수사기관이 위증이라는 것을 이미 알고 있어도 가능하다. 자백이나 자수는 증언한 사건의 재판 또는 징계처분이 확정되기 전에 이루어져야 한다.

Ⅲ. 모해위증죄 [418]

제152조(모해위증) ② 형사사건 또는 징계사건에 관하여 피고인, 피의자 또는 징계혐의자를 모해할 목적으로 전항의 죄를 범한 때에는 10년 이하의 징역에 처한다.

1. 법적 성격

통설은 목적범의 목적은 행위요소이므로, 본죄는 행위불법이 가중된 구성요건이라고 한다. 그러나 판례는 목적범의 목적은 신분요소이고, 본죄는 신분관계로 인해 책임이 가중되는 부진정신분범이라고 한다(대판 1994. 12. 23. 93도1002). 본죄를 범한 자가 그 공술한 사건의 재판 또는 징계처분이 확정되기 전에 자백 또는 자수한 때에는 그 형을 감경 또는 면제한다(제153조).

2. 구성요건

본죄의 주체는 선서한 증인이다.

본죄의 실행행위는 형사사건 또는 징계사건에 관하여 피고인·피의자 또는 징계혐의자를 모해할 목적으로 허위의 진술을 하는 것이다. 형사사건 또는 징계사건에서 위증을 해야 하고, 행정, 민사, 가사, 비송사건 등에서 위증을 하는 것은 본죄에 해당되지 않고, 단순위증죄에 해당된다. 모해할 목적이란 피고인, 피의자 또는 징계혐의자에게 불이익을 줄 일체의 목적을 말한다.

3. 공 범

판례는 모해목적있는 사람이 모해목적없는 증인을 교사하여 위증죄를 범하게 한 경우 교사자는 모행위증죄의 교사범, 피교사자는 위증죄의 정범이 된다고 한다(대판 1994. 12. 23. 93도1002).

Ⅳ. 허위감정·통역·번역죄   [419]

> 제154조(허위의 감정, 통역, 번역) 법률에 의하여 선서한 감정인, 통역인 또는 번역인이 허위의 감정, 통역 또는 번역을 한 때에는 전2조의 예에 의한다.

본죄는 진정신분범으로서 그 주체는 법률에 의하여 선서한 감정인, 통역인 또는 번역인이다. 감정인이란 특수한 지식·경험을 가진 자로서 이를 기초로 하여 알 수 있는 법칙이나 이를 통해 얻은 판단을 법원 또는 법관에 보

고하는 자이다(형소법 제169조 이하). 통역자 또는 번역자에 대해서는 형소법 제
180조 이하에 규정되어 있다.

본죄의 실행행위는 허위의 감정·통역·번역을 하는 것이다. 허위의 개
념은 위증죄에서와 같다.

V. 증거인멸죄   [420]

> 제155조(증거인멸등과 친족간의 특례) ① 타인의 형사사건 또는 징계사건에 관한 증거를 인멸, 은
> 닉, 위조 또는 변조하거나 위조 또는 변조한 증거를 사용한 자는 5년 이하의 징역 또는 700만
> 원 이하의 벌금에 처한다.
> ④ 친족 또는 동거의 가족이 본인을 위하여 본조의 죄를 범한 때에는 처벌하지 아니한다.

1. 구성요건

(1) 행위의 객체

본죄의 객체는 타인의 형사사건 또는 징계사건에 관한 증거이다.

타인의 형사사건 또는 징계사건에 관한 증거이기 때문에 자기의 형사사
건 또는 징계사건에 관한 증거는 본죄의 객체가 될 수 없다. 공범자의 형사
사건 또는 징계사건에 관한 증거를 인멸하는 등의 행위를 한 경우 통설·판
례(대판 1995. 9. 29. 94도2608)는 공범자만의 이익을 위한 경우에는 본죄가 성립하
지만 자기와 공범자의 이익을 함께 하기 위한 경우에는 본죄가 성립하지 않
는다고 한다.

본죄의 객체는 형사사건 또는 징계사건에 관한 증거에 국한되므로 민사
사건, 행정사건, 조세사건, 가사사건 등에 대한 증거는 본죄의 객체가 되지
않는다.

(2) 실행행위

본죄의 실행행위는 증거를 인멸, 은닉, 위조 또는 변조하거나 위조·변조
된 증거를 사용하는 것이다.

인멸이란 증거 자체를 없애는 행위뿐만 아니라 증거의 가치를 멸실·감
소시키는 일체의 행위를 말한다. 은닉이란 증거의 발견을 불가능하게 하거나

곤란하게 하는 행위를 말한다. 위조란 새로운 증거를 만들어내는 것을 말한다. 변조란 이미 존재하는 증거를 변경하여 증거가치나 효력을 감소시키는 것을 말한다. 본죄의 위조·변조는 문서위조죄의 위조·변조와는 달리 작성권한이 없음을 요하지 않는다.

2. 공 범

타인을 교사하여 자기의 형사사건 또는 징계사건에 관한 증거를 인멸하는 등의 행위를 할 경우 본죄의 교사범이 성립하는가에 대해 판례는 긍정설을 따른다(대판 2000. 3. 24. 99도5275).

3. 친족간 범행의 특례

친족 또는 동거의 가족이 본인을 위하여 본조의 죄를 범한 때에는 처벌하지 아니한다(제4항). 행위자에게 기대가능성이 없음으로 인해 책임이 조각되는 경우이다. '친족 또는 동거의 가족', '본인을 위하여'의 개념은 범인은닉죄에서와 같다.

Ⅵ. 증인은닉·도피죄　　　　　　　　　　　　　　　　　　　[421]

제155조(증거인멸등과 친족간의 특례) ② 타인의 형사사건 또는 징계사건에 관한 증인을 은닉 또는 도피하게 한 자도 제1항의 형과 같다.
④ 친족 또는 동거의 가족이 본인을 위하여 본조의 죄를 범한 때에는 처벌하지 아니한다.

본죄의 객체는 타인의 형사사건 또는 징계사건에 관한 증인이다. 통설에 의하면 법률에 의해 선서한 증인에 국한되지 않고, 수사절차에서의 참고인도 본죄의 증인에 해당한다.

실행행위는 은닉 또는 도피하게 하는 것이다.

본죄에 대해서도 친족 또는 동거의 가족이 본인을 위하여 행한 범행에 대한 특례가 적용된다.

Ⅶ. 모해목적 증거인멸죄, 증인은닉·도피죄 [422]

> 제155조(증거인멸등과 친족간의 특례) ③ 피고인, 피의자 또는 징계혐의자를 모해할 목적으로 전2항의 죄를 범한 자는 10년 이하의 징역에 처한다.
> ④ 친족 또는 동거의 가족이 본인을 위하여 본조의 죄를 범한 때에는 처벌하지 아니한다.

모해목적으로 인해 형벌이 가중되는 범죄유형이다. 본죄에 대해서도 친족간 범행에 대한 특례가 적용된다.

제 5 관 무고의 죄

> 제156조(무고) 타인으로 하여금 형사처분 또는 징계처분을 받게 할 목적으로 공무소 또는 공무원에 대하여 허위의 사실을 신고한 자는 10년 이하의 징역 또는 1,500만원 이하의 벌금에 처한다.
> 제157조(자백·자수) 제153조는 전조에 준용한다.

Ⅰ. 보호법익 [423]

무고의 죄는 무고죄(제156조) 하나의 범죄로 구성되어 있다.

무고죄의 보호법익에 대해 통설·판례(대판 2006. 8. 25. 2006도3631)는 국가의 형사사법권 또는 징계권의 적정한 행사를 주된 보호법익으로 하고 개인이 부당하게 처벌 또는 징계받지 아니할 이익을 부수적으로 보호법익으로 한다고 한다. 본죄의 보호의 정도는 추상적 위험범이다.

본죄에 대해서는 제153조가 준용되므로(제157조), 본죄를 범한 자가 그 공술한 사건의 재판 또는 징계처분이 확정되기 전에 자백 또는 자수한 때에는 그 형을 감경 또는 면제한다.

Ⅱ. 구성요건 [424]

1. 실행행위

공무소 또는 공무원에 대하여 허위의 사실을 신고하는 것이다.

(1) 신고의 대상

공무소 또는 공무원에 대하여 허위의 사실을 신고해야 한다. 공무소 또는 공무원이란 형사처분에 있어서는 수사기관이나 수사기관의 공무원을 말하고, 징계처분에 있어서는 징계할 수 있는 기관이나 기관의 구성원을 의미한다.

(2) 허위의 사실

본죄에서 허위의 사실이란 객관적 진실에 반하는 사실을 의미한다(대판 1984. 5. 29. 83도2410). 이런 의미에서 위증죄에서의 허위개념과 구별된다. 따라서 진실한 사실을 허위의 사실로 오인하거나 허위의 사실을 진실한 사실로 오인하고 신고를 한 경우 본죄가 성립하지 않는다(대판 1991. 10. 11. 91도1950; 대판 1987. 12. 22. 87도1977). 신고한 사실이 허위인가의 여부는 핵심적 내용 또는 중요내용이 허위인가를 기준으로 판단해야 한다.

신고한 허위사실이 막연히 추상적인 내용인 경우에는 본죄가 성립할 수 없고, 그 내용이 형사처분이나 징계처분을 받을 수 있을 만큼의 구체성을 지녀야 한다(대판 1960. 10. 26. 4293형상259).

(3) 신 고

신고란 자발적으로 사실을 고지하는 것을 말한다. 신고의 방법에는 제한이 없다. 서면·구두, 자기명의·타인명의·익명 어느 방법에 의해도 상관없다. 부작위에 의한 신고도 가능한가에 대해 부정설(다수설)과 긍정설이 대립한다.

2. 주관적 구성요건

본죄는 고의 이외에 초과주관적 구성요건요소로서 '타인으로 하여금 형사처분 또는 징계처분을 받게 할 목적'이 있어야 성립하는 진정목적범이다. 따라서 단순히 사실의 진위를 가리기 위해 허위사실을 신고하는 경우에는 본죄가 성립하지 않는다.

타인이란 신고자 이외의 자로서 자연인뿐만 아니라 법인도 포함된다. 타인이 형사처분 또는 징계처분을 받을 자격이 있을 것을 요하는가에 대해 긍정설과 부정설이 대립한다. 타인을 무고해야 하므로 자기무고(自己誣告)는 본죄에 해당하지 않는다.

형사처분이란 형벌 이외에 모든 형사제재가 과해질 수 있는 처분을 말한다. 치료감호법상의 치료감호처분, 소년법상의 보호처분, 가정폭력특별법상의 보호처분, 청소년보호법이나 성매매처벌법상의 보호처분 등도 이에 해당한다. 징계처분이란 공법상의 징계처분만을 의미하고 사법상의 징계처분은 포함되지 않는다.

목적의 의미에 대해 형사처분 또는 징계처분을 의욕하는 확정적 목적이어야 한다는 견해(다수설)와 미필적 인식이어도 된다는 견해(판례)가 대립한다.

사 항 색 인

저자약력

현재 한양대학교 법학전문대학원 명예교수
서울대학교 법과대학 졸업(법학사)
서울대학교 대학원 석사과정 졸업(법학석사)
서울대학교 대학원 박사과정 졸업(법학박사)
강원대학교 법과대학 교수
독일 Bonn 대학, Konstanz 대학, Würzburg 대학에서 연구
한국형사정책연구원 초빙연구위원
사법시험, 행정고시, 입법고시 출제위원
한국형사법학회 회장, 한국피해자학회 회장, 한국형사판례연구회 회장, 한국교정학회 회장,
  한국소년정책학회 회장

주요 저서
형법총론(박영사)
형법각론(박영사)
형법연습(박영사)
객관식 형법(박영사)
로스쿨 형법(박영사)
범죄인의 사회 내 처우에 관한 연구 외 다수

제8판
신형법입문

초판발행   2009년 8월 20일
제8판발행   2022년 5월 20일

지은이   오영근
펴낸이   안종만·안상준

편 집   김선민
기획/마케팅   조성호
표지디자인   이수빈
제 작   우인도·고철민·조영환

펴낸곳   (주) 박영사
           서울특별시 금천구 가산디지털2로 53, 210호(가산동, 한라시그마밸리)
           등록 1959. 3. 11. 제300-1959-1호(倫)

전 화   02)733-6771
f a x   02)736-4818
e-mail   pys@pybook.co.kr
homepage   www.pybook.co.kr
ISBN   979-11-303-4199-6   93360

정 가   37,000원